J. von Staudingers
Kommentar zum Bürgerlichen Gesetzbuch
mit Einführungsgesetz und Nebengesetzen
Zweites Buch. Recht der Schuldverhältnisse
§§ 830−838

Kommentatoren

Dr. Karl-Dieter Albrecht
Vorsitzender Richter am Bayerischen Verwaltungsgerichtshof, München

Dr. Hermann Amann
Notar in Berchtesgaden

Dr. Martin Avenarius
Wiss. Assistent an der Universität Göttingen

Dr. Christian von Bar
Professor an der Universität Osnabrück

Dr. Wolfgang Baumann
Notar in Wuppertal

Dr. Okko Behrends
Professor an der Universität Göttingen

Dr. Detlev W. Belling, M.C.L.
Professor an der Universität Potsdam

Dr. Werner Bienwald
Professor an der Evangelischen Fachhochschule Hannover

Dr. Andreas Blaschczok
Professor an der Universität Leipzig

Dr. Dieter Blumenwitz
Professor an der Universität Würzburg

Dr. Reinhard Bork
Professor an der Universität Hamburg, Richter am Hanseatischen Oberlandesgericht zu Hamburg

Dr. Wolf-Rüdiger Bub
Rechtsanwalt in München

Dr. Elmar Bund
Professor an der Universität Freiburg i. Br.

Dr. Jan Busche
Wiss. Assistent an der Freien Universität Berlin

Dr. Michael Coester
Professor an der Universität München

Dr. Dagmar Coester-Waltjen, LL.M.
Professorin an der Universität München

Dr. Dr. h. c. mult. Helmut Coing
em. Professor an der Universität Frankfurt am Main

Dr. Matthias Cremer
Notar in Dresden

Dr. Hermann Dilcher †
em. Professor an der Universität Bochum

Dr. Heinrich Dörner
Professor an der Universität Düsseldorf

Dr. Christina Eberl-Borges
Wiss. Mitarbeiterin an der Universität Potsdam

Dr. Werner Ebke, LL.M.
Professor an der Universität Konstanz

Dr. Eberhard Eichenhofer
Professor an der Universität Jena

Dr. Volker Emmerich
Professor an der Universität Bayreuth, Richter am Oberlandesgericht Nürnberg

Dipl.-Kfm. Dr. Norbert Engel
Leitender Ministerialrat im Bayerischen Senat, München

Dr. Helmut Engler
Professor an der Universität Freiburg i. Br., Minister in Baden-Württemberg a. D.

Dr. Karl-Heinz Fezer
Professor an der Universität Konstanz, Richter am Oberlandesgericht Stuttgart

Dr. Johann Frank
Notar in Amberg

Dr. Rainer Frank
Professor an der Universität Freiburg i. Br.

Dr. Bernhard Großfeld, LL.M.
Professor an der Universität Münster

Dr. Karl-Heinz Gursky
Professor an der Universität Osnabrück

Dr. Ulrich Haas
Wiss. Assistent an der Universität Regensburg

Norbert Habermann
Richter am Amtsgericht Offenbach

Dr. Johannes Hager
Professor an der Humboldt-Universität Berlin

Dr. Rainer Hausmann
Professor an der Universität Konstanz

Dr. Dott. h. c. Dieter Henrich
Professor an der Universität Regensburg

Dr. Reinhard Hepting
Professor an der Universität Mainz

Joseph Hönle
Notar in Tittmoning

Dr. Bernd von Hoffmann
Professor an der Universität Trier

Dr. Heinrich Honsell
Professor an der Universität Zürich, Honorarprofessor an der Universität Salzburg

Dr. Dr. Klaus J. Hopt, M.C.J.
Professor, Direktor des Max-Planck-Instituts für Ausländisches und Internationales Privatrecht, Hamburg

Dr. Norbert Horn
Professor an der Universität zu Köln

Dr. Christian Huber
Professor an der Universität Augsburg

Dr. Heinz Hübner
Professor an der Universität zu Köln

Dr. Rainer Jagmann
Richter am Oberlandesgericht Karlsruhe

Dr. Ulrich von Jeinsen
Rechtsanwalt und Notar in Hannover

Dr. Dagmar Kaiser
Wiss. Assistentin an der Universität Freiburg i. Br.

Dr. Rainer Kanzleiter
Notar in Neu-Ulm, Professor an der Universität Augsburg

Wolfgang Kappe †
Vorsitzender Richter am Oberlandesgericht Celle a. D.

Ralf Katschinski
Notarassessor in Hamburg

Dr. Benno Keim
Notar in München

Dr. Sibylle Kessal-Wulf
Richterin am Schleswig-Holsteinischen Oberlandesgericht in Schleswig

Dr. Diethelm Klippel
Professor an der Universität Bayreuth

Dr. Hans-Georg Knothe
Professor an der Universität Greifswald

Dr. Helmut Köhler
Professor an der Universität München, Richter am Oberlandesgericht München

Dr. Jürgen Kohler
Professor an der Universität Greifswald

Dr. Heinrich Kreuzer
Notar in München

Dr. Jan Kropholler
Professor an der Universität Hamburg, Wiss. Referent am Max-Planck-Institut für Ausländisches und Internationales Privatrecht, Hamburg

Dr. Hans-Dieter Kutter
Notar in Schweinfurt

Dr. Gerd-Hinrich Langhein
Notar in Hamburg

Dr. Dr. h. c. Manfred Löwisch
Professor an der Universität Freiburg i. Br., vorm. Richter am Oberlandesgericht Karlsruhe

Dr. Dr. h. c. Werner Lorenz
Professor an der Universität München

Dr. Peter Mader
Univ. Dozent an der Universität Salzburg

Dr. Ulrich Magnus
Professor an der Universität Hamburg, Richter am Hanseatischen Oberlandesgericht zu Hamburg

Dr. Peter Mankowski
Wiss. Assistent an der Universität Osnabrück

Dr. Heinz-Peter Mansel
Akademischer Rat an der Universität Heidelberg

Dr. Peter Marburger
Professor an der Universität Trier

Dr. Wolfgang Marotzke
Professor an der Universität Tübingen

Dr. Dr. Michael Martinek, M.C.J.
Professor an der Universität des Saarlandes, Saarbrücken

Dr. Jörg Mayer
Notar in Pottenstein

Dr. Dr. h. c. mult. Theo Mayer-Maly
Professor an der Universität Salzburg

Dr. Dr. Detlef Merten
Professor an der Hochschule für Verwaltungswissenschaften, Speyer

Dr. Peter O. Mülbert
Professor an der Universität Trier

Dr. Dirk Neumann
Vizepräsident des Bundesarbeitsgerichts a. D., Kassel, Präsident des Landesarbeitsgerichts Chemnitz a. D.

Dr. Ulrich Noack
Professor an der Universität Düsseldorf

Dr. Hans-Heinrich Nöll
Rechtsanwalt in Hamburg

Dr. Jürgen Oechsler
Wiss. Assistent an der Universität des Saarlandes, Saarbrücken

Dr. Hartmut Oetker
Professor an der Universität Jena, Richter am Thüringer Oberlandesgericht

Wolfgang Olshausen
Notar in Rain am Lech

Dr. Dirk Olzen
Professor an der Universität Düsseldorf

Dr. Gerhard Otte
Professor an der Universität Bielefeld

Dr. Hansjörg Otto
Professor an der Universität Göttingen

Dr. Lore Maria Peschel-Gutzeit
Senatorin für Justiz in Berlin, Vorsitzende Richterin am Hanseatischen Oberlandesgericht zu Hamburg i. R.

Dr. Frank Peters
Professor an der Universität Hamburg, Richter am Hanseatischen Oberlandesgericht zu Hamburg

Dr. Axel Pfeifer
Notar in Hamburg

Dr. Alfred Pikalo †
Notar in Düren

Dr. Jörg Pirrung
Ministerialrat im Bundesministerium der Justiz, Bonn

Dipl.-Verwaltungswirt Dr. Rainer Pitschas
Professor an der Hochschule für Verwaltungswissenschaften, Speyer

Dr. Ulrich Preis
Professor an der Fern-Universität Hagen und an der Universität Düsseldorf

Dr. Manfred Rapp
Notar in Landsberg

Dr. Thomas Rauscher
Professor an der Universität Leipzig, Dipl. Math.

Dr. Peter Rawert, LL.M.
Notar in Hamburg

Eckhard Rehme
Vorsitzender Richter am Oberlandesgericht Oldenburg

Dr. Wolfgang Reimann
Notar in Passau, Professor an der Universität Regensburg

Dr. Gert Reinhart
Professor an der Universität Heidelberg

Dr. Dieter Reuter
Professor an der Universität Kiel, Richter am Schleswig-Holsteinischen Oberlandesgericht in Schleswig

Dr. Reinhard Richardi
Professor an der Universität Regensburg

Dr. Volker Rieble
Privatdozent an der Universität Freiburg i. Br.

Dr. Wolfgang Ring
Notar in Landshut

Dr. Herbert Roth
Professor an der Universität Heidelberg

Dr. Rolf Sack
Professor an der Universität Mannheim

Dr. Gottfried Schiemann
Professor an der Universität Tübingen

Dr. Eberhard Schilken
Professor an der Universität Bonn

Dr. Peter Schlosser
Professor an der Universität München

Dr. Jürgen Schmidt
Professor an der Universität Münster

Dr. Karsten Schmidt
Professor an der Universität Bonn

Dr. Günther Schotten
Notar in Köln, Professor an der Universität Bielefeld

Dr. Peter Schwerdtner
Professor an der Universität Bielefeld, Richter am Oberlandesgericht Hamm

Dr. Hans Hermann Seiler
Professor an der Universität Hamburg

Dr. Walter Selb †
Professor an der Universität Wien

Dr. Reinhard Singer
Professor an der Universität Rostock, Richter am Oberlandesgericht Rostock

Dr. Jürgen Sonnenschein
Professor an der Universität Kiel

Dr. Ulrich Spellenberg
Professor an der Universität Bayreuth

Dr. Sebastian Spiegelberger
Notar in Rosenheim

Dr. Hans Stoll
Professor an der Universität Freiburg i. Br.

Dr. Hans-Wolfgang Strätz
Professor an der Universität Konstanz

Dr. Gerd Stuhrmann
Ministerialrat im Bundesministerium der Finanzen, Bonn

Dr. Dr. h. c. Fritz Sturm
Professor an der Universität Lausanne

Dr. Gudrun Sturm
Assessorin, Wiss. Mitarbeiterin an der Universität Lausanne

Burkhard Thiele
Ministerialdirigent im Justizministerium des Landes Mecklenburg-Vorpommern, Schwerin

Dr. Bea Verschraegen, LL.M.
Professorin an der Universität Bielefeld

Dr. Reinhard Voppel
Rechtsanwalt in Köln

Dr. Günter Weick
Professor an der Universität Gießen

Gerd Weinreich
Richter am Oberlandesgericht Oldenburg

Dr. Birgit Weitemeyer
Wiss. Assistentin an der Universität Kiel

Dr. Joachim Wenzel
Richter am Bundesgerichtshof, Karlsruhe

Dr. Olaf Werner
Professor an der Universität Jena

Dr. Wolfgang Wiegand
Professor an der Universität Bern

Dr. Roland Wittmann
Professor an der Universität Frankfurt (Oder), Richter am Brandenburgischen Oberlandesgericht

Dr. Hans Wolfsteiner
Notar in München

Dr. Eduard Wufka
Notar in Starnberg

Redaktoren

Dr. Christian von Bar

Dr. Wolf-Rüdiger Bub

Dr. Heinrich Dörner

Dr. Helmut Engler

Dr. Karl-Heinz Gursky

Norbert Habermann

Dr. Dott. h. c. Dieter Henrich

Dr. Heinrich Honsell

Dr. Norbert Horn

Dr. Heinz Hübner

Dr. Jan Kropholler

Dr. Dr. h. c. Manfred Löwisch

Dr. Ulrich Magnus

Dr. Dr. Michael Martinek, M.C.J.

Dr. Gerhard Otte

Dr. Peter Rawert, LL.M.

Dr. Dieter Reuter

Dr. Herbert Roth

Dr. Wolfgang Wiegand

J. von Staudingers
Kommentar zum Bürgerlichen Gesetzbuch
mit Einführungsgesetz und Nebengesetzen

Zweites Buch
Recht der Schuldverhältnisse
§§ 830–838

Dreizehnte
Bearbeitung 1997
von
Detlev W. Belling
Christina Eberl-Borges

Redaktor
Norbert Horn

Sellier – de Gruyter · Berlin

Die Kommentatoren

Dreizehnte Bearbeitung 1997
DETLEV W. BELLING/CHRISTINA EBERL-BORGES

12. Auflage
Senatspräsident i. R. Dr. KARL SCHÄFER (1985)

11. Auflage
Senatspräsident i. R. Dr. KARL SCHÄFER (1969)

Sachregister

Rechtsanwalt Dr. Dr. VOLKER KLUGE, Berlin

Zitierweise

STAUDINGER/BELLING/EBERL-BORGES (1997) § 830 Rn 1

Zitiert wird nach Paragraph bzw Artikel und Randnummer.

Hinweise

Das **vorläufige Abkürzungsverzeichnis** für das Gesamtwerk STAUDINGER befindet sich in einer Broschüre, die zusammen mit dem Band §§ 985–1011 (1993) geliefert worden ist.

Der **Stand der Bearbeitung** ist jeweils mit Monat und Jahr auf den linken Seiten unten angegeben.

Am Ende des Bandes befindet sich eine Übersicht über den aktuellen **Stand des Gesamtwerks** STAUDINGER zum Zeitpunkt des Erscheinens dieses Bandes.

Die Deutsche Bibliothek – CIP-Einheitsaufnahme

J. von Staudingers Kommentar zum Bürgerlichen Gesetzbuch : mit Einführungsgesetz und Nebengesetzen / [Kommentatoren Karl-Dieter Albrecht ...]. – Berlin : Sellier de Gruyter.
Teilw. hrsg. von Günther Beitzke ... – Teilw. im Verl. Schweitzer, Berlin. – Teilw. im Verl. Schweitzer de Gruyter, Berlin.
Teilw. u. d. T.: J. v. Staudingers Kommentar zum Bürgerlichen Gesetzbuch.
ISBN 3-8059-0784-2

Buch 2. Recht der Schuldverhältnisse.
§§ 830–838 / von Detlev W. Belling ; Christina Eberl-Borges. Red. Norbert Horn. – 13. Bearb. – 1997.
ISBN 3-8059-0885-7

© Copyright 1997 by Dr. Arthur L. Sellier & Co. – Walter de Gruyter & Co., Berlin.

Dieses Werk einschließlich aller seiner Teile ist urheberrechtlich geschützt. Jede Verwertung außerhalb der engen Grenzen des Urheberrechtsgesetzes ist ohne Zustimmung des Verlages unzulässig und strafbar. Das gilt insbesondere für Vervielfältigungen, Übersetzungen, Mikroverfilmungen und die Einspeicherung und Verarbeitung in elektronischen Systemen.

Printed in Germany. – Satz und Druck: Buch- und Offsetdruckerei Wagner GmbH, Nördlingen. – Binderarbeiten: Lüderitz und Bauer, Buchgewerbe GmbH, Berlin. – Umschlaggestaltung: Bib Wies, München.

⊗ Gedruckt auf säurefreiem Papier, das die DIN ISO 9706 über Haltbarkeit erfüllt.

Inhaltsübersicht

Seite*

Zweites Buch. Recht der Schuldverhältnisse

Siebenter Abschnitt. Einzelne Schuldverhältnisse
Fünfundzwanzigster Titel. Unerlaubte Handlungen (§§ 830–838) ———— 1

Sachregister ———————————————————————— 313

---

* Zitiert wird nicht nach Seiten, sondern nach Paragraph bzw Artikel und Randnummer; siehe dazu auch S VI.

§ 830

[1] Haben mehrere durch eine gemeinschaftlich begangene unerlaubte Handlung einen Schaden verursacht, so ist jeder für den Schaden verantwortlich. Das gleiche gilt, wenn sich nicht ermitteln läßt, wer von den mehreren Beteiligten den Schaden durch seine Handlung verursacht hat.

[2] Anstifter und Gehilfen stehen Mittätern gleich.

Materialien: E I § 714; II § 753; III § 814; Mot II 738; Prot II 2790.

Schrifttum

ASSMANN, Multikausale Schäden im deutschen Haftungsrecht, in: FENYVES/WEYERS, Multikausale Schäden in modernen Haftungsrechten (1988) 99
BAUER, Die Problematik gesamtschuldnerischer Haftung trotz ungeklärter Verursachung, JZ 1971, 4
BENICKE, Deliktische Haftung mehrerer nach § 830 BGB, Jura 1996, 127
BODEWIG, Probleme alternativer Kausalität bei Massenschäden, AcP 185 (1985) 505
BRAMBRING, Mittäter, Nebentäter, Beteiligte und die Verteilung des Schadens bei Mitverschulden des Geschädigten (1973)
BREHM, Zur Haftung bei alternativer Kausalität, JZ 1980, 585
BRÜGGEMEIER, Die Haftung mehrerer im Umweltrecht, Multikausalität – Nebentäterschaft – „Teilkausalität", UTR 12 (1990) 261
BUXBAUM, Solidarische Schadenshaftung bei ungeklärter Verursachung im deutschen, französischen und anglo-amerikanischen Recht – Zur Anwendung des § 830 Abs. 1 S. 2 BGB (1965)
BYDLINSKI, Haftung bei alternativer Kausalität – Zur Frage der ungeklärten Verursachung, besonders nach österreichischem Zivilrecht, JurBl 1959, 1
ders, Mittäterschaft im Schadensrecht, AcP 158 (1959/60) 410
ders, Probleme der Schadensverursachung nach deutschem und österreichischem Recht (1964) 76
ders, Aktuelle Streitfragen um die alternative Kausalität, in: FS Beitzke (1979) 3
CYPIONKA, Deliktsrechtliche Haftung trotz ungeklärter Schadensverursachung (1985)
DEUBNER, Zur Haftung bei alternativer Kausalität – BGHZ 33, 286, JuS 1962, 383
DEUTSCH, Das Verhältnis von Mittäterschaft und Alternativtäterschaft im Zivilrecht, JZ 1972, 105
ders, Die dem Geschädigten nachteilige Adäquanz – Zur einschränkenden Auslegung des § 830 I 2 BGB durch den BGH, NJW 1981, 2731
DIEKMANN, Voraussetzungen und dogmatische Grundlagen des § 830 I 2 BGB (Diss Göttingen 1971)
EBERL-BORGES, § 830 BGB und die Gefährdungshaftung, AcP 196 (1996) 491
GERNHUBER, Haftung bei alternativer Kausalität, JZ 1961, 148
GOTTWALD, Kausalität und Zurechnung, Karlsruher Forum 1986, 1
HARTUNG, Möglichkeiten und Grenzen des zivilen Haftpflichtrechts bei Massenauffahrunfällen, VersR 1981, 696
HEINZE, Zur dogmatischen Struktur des § 830 I S. 2 BGB, VersR 1973, 1081
KLUGE, Alternative Kausalität (Diss Tübingen 1973)
KRAUSE/WESTPHAL, Demonstration als unerlaubte Handlung – Anmerkung zum Grohnde-Urteil des OLG Celle vom 16. 12. 1981, Krit Justiz 1982, 179

KREUTZIGER, Die Haftung von Mittätern, Anstiftern und Gehilfen im Zivilrecht (1985)
LAUENSTEIN, Ist § 830 Abs. 1 Satz 2 BGB auf Verkehrsunfälle anwendbar?, NJW 1961, 1661
RIES, Zur Haftung der Nebentäter nach § 830 und § 840 BGB, AcP 177 (1977) 543
SANDER, Teilnahme an unerlaubten Handlungen im Zivilrecht, insbesondere der Begriff der unerlaubten Handlung in § 830 BGB (Diss Göttingen 1925)
SCHANTL, Zum Anwendungsbereich des § 830 Abs. 1 Satz 2 BGB, VersR 1981, 105

STAUDER, Probleme der Mehrtäterschaft im deutschen, französischen und englischen Deliktsrecht (Diss Bonn 1964)
TRÄGER, Der Kausalbegriff in Straf- und Zivilrecht – Zugleich ein Beitrag zur Auslegung des BGB (1904) 273
WECKERLE, Die deliktische Verantwortlichkeit Mehrerer (1974)
WEIMAR, Die gesamtschuldnerische Haftung Beteiligter nach § 830 I 2 BGB, MDR 1960, 463.

Systematische Übersicht

I.	**Grundgedanken der Norm**	1
II.	**Mittäterschaft und Teilnahme (§ 830 Abs 1 S 1, Abs 2)**	
1.	Zweck der Norm	7
2.	Mittäterschaft (§ 830 Abs 1 S 1)	9
a)	Der Begriff des Mittäters; das Kausalitätserfordernis	10
aa)	Bewußtes und gewolltes Zusammenwirken hinsichtlich des Taterfolges; Verzicht auf das Kausalitätserfordernis	11
bb)	Verzicht auf das Erfordernis vorsätzlichen Zusammenwirkens hinsichtlich des Taterfolges	16
cc)	Erfordernis der Kausalität	19
dd)	Umkehr der Beweislast hinsichtlich der Kausalität	20
ee)	Kritik	21
b)	Fallbeispiele aus der Rechtsprechung	25
3.	Anstiftung und Beihilfe (§ 830 Abs 2)	26
a)	Anstiftung	27
b)	Beihilfe	37
c)	Begünstigung, Strafvereitelung und Hehlerei	48
4.	Der Sonderfall der unfriedlichen Großdemonstration	49
5.	Einzelfragen	54
a)	Anwendungsbereich	54
b)	Verletzung besonderer Pflichten	56
c)	Exzeß des Mittäters	57
d)	Rechtswidrigkeit	58
e)	Deliktsfähigkeit	59
f)	Mitverschulden	60
g)	Rücktritt von einer Verabredung	61
h)	Fortsetzungstat	62
i)	Selbständige Entscheidung des Zivilrichters	63
III.	**Beteiligte (§ 830 Abs 1 S 2)**	
1.	Regelungsbereich	64
2.	Zweck der Norm	65
3.	Alternative und kumulative Kausalität	66
4.	Unabhängigkeit der Handlungen	69
5.	Verwirklichung eines Haftungstatbestandes	70
a)	In Betracht kommende Haftungstatbestände	71
b)	Verwirklichung der Tatbestandsmerkmale durch jeden Beteiligten	78
6.	Unzweifelhaftes Bestehen eines Ersatzanspruchs	82
7.	Potentielle Kausalität	86
8.	Unaufklärbarkeit der Verursachung	89
a)	Sog Folgeschadensfälle	90
b)	Fälle vom Typ des „Kanalschachtbeispiels" des BGH	95
c)	Sonstige Fälle	98
9.	Weitere Voraussetzungen für eine Beteiligung iS des § 830 Abs 1 S 2	99
10.	Beweislastverteilung	105
11.	Fallbeispiele aus der Rechtsprechung	109

Alphabetische Übersicht

Alternative Kausalität	66	Kausalität	1 ff, 13, 19 ff, 34, 38 ff, 50, 61, 64
Anstiftung	26 ff, 48	Kausalitätsverdacht	20
		Kumulative Kausalität	67 f
Begünstigung	48		
Beihilfe	26, 37 ff	Mittäter	9, 11, 21, 50
Bestimmen zur Tat	28 f	Mitverschulden	60, 84
Beteiligter	64, 99 ff		
Beweislast	4, 20, 22, 24, 34, 40, 44, 105	Nebentäter	6, 64
Beweisnot	4, 7, 22, 65, 68, 73, 92 ff		
		Potentielle Kausalität	74, 86 ff
Deliktsunfähigkeit	35, 59, 80	Psychische Beihilfe	11, 40, 42 f, 48, 52
Demonstration	49 ff		
		Rechtswidrigkeit	58, 79
Exzeß	57	Rücktritt	61
Fahrlässigkeit	16 ff, 30 ff, 45	Strafvereitelung	48
Folgeschaden	90		
Fortsetzungstat	62	Tatentschluß, gemeinschaftlicher –	12, 51
Gefährdungshaftung	55, 71 ff, 85, 88	Verschulden	80
Gleichartigkeit	100, 104	Vorsatz	8, 16, 27, 30 ff, 45, 55
Hehlerei	48		

I. Grundgedanken der Norm

Das Deliktsrecht des BGB beruht auf dem Verursachungsprinzip, dh Schadensersatz **1** kann nur von demjenigen verlangt werden, der den Schaden verursacht hat. Die Verursachung, und zwar sowohl haftungsbegründende als auch haftungsausfüllende Kausalität, hat nach den allgemeinen Regeln über die Beweislastverteilung der Geschädigte zu beweisen.

Diese Grundsätze durchbricht § 830 im Hinblick auf zwei Fallgruppen, die beide **2** dadurch gekennzeichnet sind, daß nicht nur eine einzige Person als Schädiger in Betracht kommt, sondern bei der Entstehung des Schadens mehrere Personen im Spiel sind. Die in § 830 Abs 1 S 1 und Abs 2 geregelte Fallgruppe betrifft die Mittäterschaft (§ 830 Abs 1 S 1) und die Teilnahme (Anstiftung und Beihilfe, § 830 Abs 2) und zeichnet sich durch das bewußte und gewollte Zusammenwirken mehrerer bei einer unerlaubten Handlung aus. Die Norm bestimmt, daß Mittäter und Teilnehmer für den eingetretenen Schaden verantwortlich sind, und entbindet auf diese Weise den Geschädigten von dem Nachweis der Kausalität im Hinblick auf jeden einzelnen Mittäter und Gehilfen.

Die in § 830 Abs 1 S 2 geregelte zweite Fallgruppe unterscheidet sich von der ersten **3** dadurch, daß die verschiedenen Beteiligten unabhängig voneinander handeln, also nicht bewußt und gewollt zusammenwirken. Sie ist dadurch gekennzeichnet, daß jeder Beteiligte den Schaden verursacht haben kann, der wirkliche Urheber aber nicht zu ermitteln ist. Die Norm ordnet an, daß jeder Beteiligte für den Schaden verantwortlich ist, befreit den Geschädigten also auch hier vom Kausalitätsnachweis.

4 § 830 verfolgt somit bei beiden Fallgruppen das Ziel, die Beweisnot des Geschädigten zu beheben. Dabei verzichtet die Norm allerdings nicht auf das Kausalitätserfordernis, sondern kehrt lediglich die Beweislast um. Dem in Anspruch Genommenen steht also die Möglichkeit offen, sich zu entlasten.

5 Die nach § 830 Verantwortlichen haften dem Geschädigten nach §§ 840 Abs 1, 421 als Gesamtschuldner. Den Ausgleich im Innenverhältnis regelt § 426 (vgl BGHZ 9, 65, 67).

6 Liegt keine der beiden genannten Fallgruppen vor, so bleibt es bei der Haftung der – dann als Nebentäter bezeichneten – mehreren Personen nach den allgemeinen Zurechnungsregeln. Soweit sie für ein und denselben Schaden verantwortlich sind, haften auch sie nach §§ 840 Abs 1 gesamtschuldnerisch (BGHZ 17, 214, 221; MünchKomm/MERTENS Rn 6).

II. Mittäterschaft und Teilnahme (§ 830 Abs 1 S 1, Abs 2)

1. Zweck der Norm

7 In den von § 830 Abs 1 S 1, Abs 2 erfaßten Fällen ist der Anspruchsteller durch *eine* Tat geschädigt worden. Insofern steht die Ursache des Schadens fest. Außerdem ist sicher, daß ihm dieser Schaden zu ersetzen ist: nämlich von denjenigen, die diese Tat begangen haben. Da mehrere Personen an der Herbeiführung des Schadens teilgenommen haben und somit mehrere Kausalketten von verschiedenen Personen in Gang gesetzt worden sind und zusammengewirkt haben, ist es oft schwierig festzustellen, ob und inwieweit sich der Verursachungsbeitrag einer Person in dem eingetretenen Schaden niedergeschlagen hat. In dieser Situation hilft § 830 Abs 1 S 1, Abs 2 dem Geschädigten aus seiner Beweisnot.

8 Die ratio des § 830 Abs 1 S 1, Abs 2 erschließt sich von der Täterseite her, und zwar aus einem Element im subjektiven Bereich. Mittäter wollen die Tat als gemeinsame verwirklichen (vgl u Rn 11 f, 17 f); der Vorsatz von Anstiftern und Gehilfen ist nicht nur auf den eigenen Beitrag, sondern auch auf die Vollendung der Tat durch den Täter gerichtet (vgl u Rn 30 f, 45). Aus dieser zwischen den Beiträgen bestehenden Abhängigkeit ergibt sich die Beweisschwierigkeit im Hinblick auf die Kausalität. Da gerade das eingetreten ist, was Mittäter, Anstifter und Gehilfen wollten und worauf sie auch bewußt hinwirkten, erscheint es gerechter, diese mangels angetretenem oder gelungenem Entlastungsbeweis hinsichtlich der Kausalität haften zu lassen als den Anspruch des Geschädigten abzuweisen (vgl näher EBERL-BORGES AcP 196 [1996] 491, 495 ff).

2. Mittäterschaft (§ 830 Abs 1 S 1)

9 § 830 Abs 1 S 1 regelt die Haftung für den Fall, daß mehrere eine unerlaubte Handlung gemeinschaftlich begangen haben, also die Haftung von Mittätern (vgl § 830 Abs 2).

a) Der Begriff des Mittäters; das Kausalitätserfordernis
Zu der Frage, wie der Begriff des Mittäters zu bestimmen ist, werden unterschiedliche Ansichten vertreten.

aa) Bewußtes und gewolltes Zusammenwirken hinsichtlich des Taterfolges; Verzicht auf das Kausalitätserfordernis
Die Rechtsprechung hat keinen eigenen zivilrechtlichen Begriff der Mittäterschaft entwickelt. Sie nimmt vielmehr auf das Strafrecht bezug: Mittäterschaft ist iS von § 25 Abs 2 StGB zu verstehen (BGHZ 8, 288, 292 = NJW 1953, 499, 500; 63, 124, 126; 89, 383, 389 = NJW 1984, 1226, 1228; BGH LM Nr 15 = NJW 1972, 40, 41 = VersR 1971, 820, 821; BGH VersR 1967, 471, 473; ebenso: Esser/Weyers, Schuldrecht BT § 60 I 1 a; MünchKomm/Mertens Rn 7; Erman/Schiemann Rn 3; Soergel/Zeuner Rn 4; Palandt/Thomas Rn 3; kritisch Larenz/Canaris, Schuldrecht II/2, § 82 I 1 d). Das bedeutet, daß ein bewußtes und gewolltes Zusammenwirken zur Herbeiführung des Verletzungserfolges erforderlich ist (BGHZ 8, 288, 294 = NJW 1953, 499, 500; 17, 327, 333 = NJW 1955, 1274, 1275; BGH VersR 1960, 540; BGH NJW-RR 1990, 604, 605; MünchKomm/Mertens Rn 7; Soergel/Zeuner Rn 4; Larenz/Canaris, Schuldrecht II/2, § 82 I 2 c). Dabei tritt das objektive Element der Mittäterschaft gegenüber dem subjektiven in den Hintergrund: Auf Art und Umfang des objektiven Tatbeitrags kommt es nicht an. Es ist auch gleichgültig, wieviel der einzelne Mittäter zum Schaden beigetragen hat (BGHZ 8, 288, 294 = NJW 1953, 499, 500; 17, 327, 333 = NJW 1955, 1274, 1275; BGH LM Nr 15; MünchKomm/Mertens Rn 8). Insbesondere bedarf es einer physischen Mitwirkung bei der Ausführung der Tat nicht; auch eine rein intellektuelle, geistig bestimmende oder den Täter ermunternde Tätigkeit genügt (BGHZ 8, 288, 294 = NJW 1953, 499, 500; 17, 327, 333 = NJW 1955, 1274, 1275; 63, 124, 126; BGH VersR 1960, 540; MünchKomm/Mertens Rn 8; Erman/Schiemann Rn 3). Wer mit einem anderen einen gemeinschaftlichen Überfall verabredet, haftet, auch wenn die Tat von dem anderen in Ausführung des gemeinsamen Plans allein verübt wird (BGH VersR 1963, 1141). Im Einzelfall kann der mit der bloßen Anwesenheit verbundene psychische Unterstützungsbeitrag für die Begründung der Mittäterschaft ausreichen (BGHZ 8, 288, 294 = NJW 1953, 499, 500; BGH VersR 1960, 540).

In subjektiver Hinsicht ist ein gemeinschaftlicher Entschluß erforderlich. Die Mittäter müssen derartig vorsätzlich zusammenwirken, daß sich jeder Mittäter an der schadensstiftenden Handlung mit dem Willen beteiligt, sie als eigene Tat gemeinschaftlich mit anderen zu verwirklichen (BGHZ 63, 124, 126; BGH VersR 1960, 540; OLG Hamm NJW 1985, 203; AG Hamburg NJW 1981, 1454, 1455). Dabei braucht er nicht jede einzelne Handlung des oder der anderen zu kennen und den Schaden nicht in allen Einzelheiten vorauszusehen und zu billigen, vielmehr genügt es, wenn er ohne weiteres alles in Kauf nimmt, was der andere tut, um das gemeinsame Ziel zu erreichen (BGH VersR 1960, 540; RG WarnR 1929 Nr 144). Der gemeinsame Handlungswille kann aus äußeren Umständen geschlossen werden (BGH NJW 1972, 1571, 1572).

Das alleinige Abstellen auf das subjektive Element der Mittäterschaft hat zur Konsequenz, daß die Rechtsprechung und die ihr folgenden Stimmen in der Literatur nicht verlangen, der Tatbeitrag des einzelnen Mittäters müsse für den Erfolg kausal sein (BGHZ 63, 124, 126; BGH LM Nr 15; OLG Schleswig VersR 1977, 183; MünchKomm/Mer-

TENS Rn 8; BGB-RGRK/STEFFEN Rn 5; ERMAN/SCHIEMANN Rn 3). Das Tatbestandsmerkmal der Kausalität wird vielmehr durch den gemeinsamen Willen kompensiert: Weil jeder Mittäter den Willen habe, durch seine Handlung zugleich dieselbe Tat des anderen als eigene zu verwirklichen, hafte er gemäß § 830 Abs 1 S 1 ohne Rücksicht darauf, ob nun er oder der andere den Schaden verursacht hat (BGH LM Nr 15). Oder anders ausgedrückt: Schon der gemeinschaftliche Wille erzeugt die gemeinschaftliche Verursachung (BGHZ 17, 327, 333; BGH LM Nr 15; die Formulierung geht zurück auf RG Gruchot 51, 990, 994; vgl zu diesem Problemkreis BRAMBRING 20–29; anders, und zwar im Sinne einer Beweislastumkehr hinsichtlich der Kausalität anstatt eines Verzichts auf das Kausalitätserfordernis, MünchKomm/MERTENS Rn 3 f – die als Beleg angeführten Entscheidungen RGZ 121, 400 und BGHZ 55, 86 = NJW 1971, 506 beziehen sich allerdings nicht auf § 830 Abs 1 S 1, sondern lediglich auf § 830 Abs 1 S 2).

14 § 830 Abs 1 S 1 erlangt so die Funktion einer haftungsbegründenden Norm (BGHZ 72, 355, 358; HEINZE VersR 1973, 1081, 1085; MünchKomm/MERTENS Rn 2): Indem die Vorschrift den Verletzungserfolg allen Mittätern zurechnet, regelt sie nicht nur die Art und Weise einer sie nach anderen Deliktsvorschriften treffenden Verantwortlichkeit, sondern begründet selbst ihre Haftung; die einzelnen Mittäter müssen nicht etwa schon nach § 823 verantwortlich sein (BGH LM Nr 15; MünchKomm/MERTENS Rn 2). Dies entspreche gerade dem Zweck der Regelung: Für den Geschädigten könne es schwierig sein, den Nachweis zu führen, daß ohne den Beitrag des einzelnen Mittäters sein Schaden nicht eingetreten wäre; diesen Nachweis wolle die Norm dem Geschädigten ersparen. Da die Tat vom Bewußtsein und Wollen des Mittäters mitgetragen werde, liege es auf der Linie des Verschuldensprinzips, Kausalitätszweifel und -lücken zurücktreten zu lassen (BGHZ 63, 124, 126; BGB-RGRK/STEFFEN Rn 2).

15 Die von der Rechtsprechung abweichenden Auffassungen interpretieren den Begriff des Mittäters entweder im Hinblick auf die subjektive Komponente weiter (bb)) oder im Hinblick auf die Kausalität der Tatbeiträge enger (cc), dd)).

bb) Verzicht auf das Erfordernis vorsätzlichen Zusammenwirkens hinsichtlich des Taterfolges

16 Die ältere Rechtsprechung und Teile des (auch neueren) Schrifttums verzichten für die Mittäterschaft auf das Erfordernis vorsätzlichen Zusammenwirkens hinsichtlich des Taterfolges. Auch das bloße tatsächliche Zusammentreffen mehrerer vorsätzlicher oder fahrlässiger Handlungen soll nach der älteren Ansicht genügen, wenn der eingetretene Schaden das Ergebnis einer Gesamtwirkung aller feststellbaren Handlungstatbestände bildet (RGZ 58, 357, 359; vgl auch OLG Hamburg Recht 1912 Nr 1001: § 830 verlange die objektive Tatsache gemeinschaftlichen Handelns; PLANCK Anm 1; OERTMANN Anm 2 b). Nach einer neueren Ansicht setzt Mittäterschaft bei fahrlässigen Delikten voraus, daß jeden Täter dieselbe Pflicht trifft und sie durch ihr subjektiv gemeinschaftliches Zusammenwirken bei Steuerung des Geschehensablaufs unter Außerachtlassung der von jedem zu fordernden Sorgfalt den tatbestandsmäßigen Erfolg herbeiführen (WECKERLE 69; DEUTSCH JZ 1972, 105, 106; ders, Allgemeines Haftungsrecht [2. Aufl 1996] Rn 507; K SCHMIDT JZ 1978, 661, 666).

17 Diese Ansichten verwischen die Grenze zwischen § 830 Abs 1 S 1 und S 2 und führen zu einem Wertungswiderspruch (KREUTZIGER 131). Läßt sich nicht aufklären, wer von mehreren vorsätzlich oder fahrlässig Handelnden den Erfolg verursacht hat, es aber feststeht, daß es einer gewesen sein muß und jeder gewesen sein kann, so ist dies ein klassischer Fall für den Anwendungsbereich des § 830 Abs 1 S 2. Steht der unmittelbare Verursacher fest oder kann jedenfalls ein Beteiligter beweisen, daß er für den Erfolg nicht kausal geworden ist, so trifft diesen Beteiligten keine Haftung nach § 830 Abs 1 S 2 (su Rn 89, 106). Dieses Ergebnis würde überspielt, rechnete man diesem Beteiligten den Erfolg nach § 830 Abs 1 S 1 zu, weil seine Handlung mit den Handlungen anderer Beteiligter rein tatsächlich zusammentraf oder er gemeinsam mit den anderen lediglich *handeln* wollte, ohne daß ein gemeinsamer Tatentschluß bezüglich des *Erfolges* bestand (vgl auch BGH NJW 1988, 1719, 1720 bzgl des bloßen Einverständnisses mit dem gefährlichen *Tun* der anderen Täter).

Im übrigen begründen bei fahrlässigem Verhalten oft bereits die allgemeinen Zurechnungsnormen eine Haftung, weil jeder Beteiligte für den Erfolg kausal geworden ist. So liegt es etwa in WECKERLES Beispiel der beiden Bauarbeiter, die gemeinsam einen Balken sorgfaltswidrig vom Gerüst werfen (WECKERLE 70): Hier haften beide Bauarbeiter gemäß § 823 Abs 1 auf vollen Schadensersatz, weil sie den Erfolg pflichtwidrig (mit-) verursacht haben (KREUTZIGER 128 f).

Die Ansichten, die auf die subjektive Komponente der Mittäterschaft ganz verzichten oder jedenfalls einen gemeinsamen *Handlungs*willen genügen lassen, ohne einen gemeinsamen *Tat*willen zu fordern, sind daher abzulehnen.

cc) Erfordernis der Kausalität
Ein Teil der Literatur sieht in § 830 Abs 1 S 1 im Gegensatz zur Rechtsprechung keine haftungsbegründende, sondern lediglich eine haftungsklarstellende Norm. Das bedeutet, daß Mittäter nur sein kann, wer bereits Täter einer unerlaubten Handlung ist. Jeder Mittäter muß deshalb eine ursächliche Bedingung für den Schadenserfolg gesetzt haben. Der Sinn des § 830 Abs 1 S 1 liege darin, daß es auf das Maß des von jedem einzelnen Mittäter verursachten Schadens nicht ankomme. Vielmehr hafte jeder Mittäter für den gesamten Schaden, denn er wisse, daß er nicht allein, sondern mit anderen zusammen handele, und wolle deren Handlungen, gleichgültig, ob als eigene oder als fremde (BRAMBRING 48, 50 f; TRAEGER 278; TODENHÖFER, Die deliktische Haftung des Hehlers unter besonderer Berücksichtigung des § 830 BGB [Diss Freiburg 1969] 42, 45).

dd) Umkehr der Beweislast hinsichtlich der Kausalität
Eine weitere Ansicht in der Literatur verzichtet bei der Mittäterschaft nicht wie die Rechtsprechung auf das Kausalitätserfordernis, befürwortet hinsichtlich der Kausalität aber eine Umkehr der Beweislast. Sie leitet aus dem gemeinsamen Vorsatz nicht schlechthin die Feststellung, sondern nur die Möglichkeit oder Wahrscheinlichkeit der Kausalität ab. Das bewußte Zusammenwirken mehrerer Täter löse gegen jeden Beteiligten einen Kausalitätsverdacht aus. Die Haftung entfalle, wenn ein Beteiligter nachweisen könne, daß er durch seinen Beitrag keinen Schaden angerichtet habe (BYDLINSKI AcP 158 [1959/60] 410, 416 ff; MünchKomm/MERTENS Rn 3; KREUTZIGER 91; LARENZ/CANARIS, Schuldrecht II/2, § 82 I 2 b).

ee) Kritik
Bei der Bestimmung des Begriffs Mittäterschaft – wie der Begriffe Anstiftung und Beihilfe – an das Strafrecht anzuknüpfen, ist richtig und entspricht der Vorgehens-

weise des historischen Gesetzgebers, der diese Begriffe aus dem Strafgesetzbuch von 1871 übernommen und von einer eigenen Bestimmung abgesehen hat (vgl KREUTZIGER 15 ff). Die Rechtsprechung übersieht allerdings, daß der Begriff der Mittäterschaft im Strafrecht selbst nicht unbestritten ist. Die Strafgerichte wandten ursprünglich die extreme „animus-Theorie" an, stellten also für die Mittäterschaft auf das Wollen der Tat als eigener ab. Demgegenüber folgt die strafrechtliche Literatur im wesentlichen der sog Tatherrschaftslehre (vgl dazu ROXIN, Täterschaft und Tatherrschaft [6. Aufl 1994] 60 ff), dh sie bestimmt Mittäterschaft danach, ob der Beteiligte den tatbestandsmäßigen Geschehensablauf steuernd in Händen hält, und verlangt damit auch Kausalität als objektives Element (vgl statt aller ROXIN 277 ff). Die Rechtsprechung übersieht außerdem, daß hinsichtlich des Mittäterbegriffs im Strafrecht inzwischen ein gewisser Wandel eingetreten ist. Die „animus-Theorie", wie sie der BGH in Zivilsachen anwendet, wird heute im Strafrecht nicht mehr vertreten. Sie wird vielmehr ergänzt durch objektive Kriterien. Das ist gerade auf die in der Literatur entwickelte Tatherrschaftslehre zurückzuführen, die zumindest in Teilaspekten auch von der Rechtsprechung akzeptiert wurde und demgemäß gerade im Strafrecht eine Abkehr von der subjektiven Betrachtungsweise bewirkt hat.

22 Im Hinblick auf den Zweck des § 830 Abs 1 S 1, dem Geschädigten aus seiner Beweisnot zu helfen, verzichtet die Rechtsprechung unnötigerweise auf das Kausalitätserfordernis. Dieser Zweck kann auch erreicht werden, wenn insofern die Beweislast dem Mittäter auferlegt wird. Steht fest, daß ein Beteiligter nicht für den eingetretenen Schaden kausal geworden ist, so ist kein schützenswertes Interesse des Geschädigten dafür erkennbar, diesen Beteiligten dennoch haften zu lassen.

23 Die Ansicht, die § 830 Abs 1 S 1 nur eine klarstellende Funktion zuweist, berücksichtigt die Belange des Geschädigten insoweit zu wenig, als Zweifel an der Kausalität im haftungsbegründenden Bereich immer zu Lasten des Geschädigten gehen sollen.

24 Im Ergebnis ist deshalb an der Kausalität als Voraussetzung für eine Haftung nach § 830 Abs 1 S 1 festzuhalten. Die Beweislast trifft allerdings die Mittäter. Das bedeutet, daß der Geschädigte im Prozeß lediglich ein Verhalten des Mittäters darlegen und beweisen muß, das den Schaden verursacht haben *kann*. Gelingt ihm das, so obliegt es dem Mittäter, sich zu entlasten (vgl dazu KREUTZIGER 110 ff).

b) Fallbeispiele aus der Rechtsprechung

25 Der Grundstückseigentümer veräußert einzelne Inventarstücke zum Nachteil der Hypothekengläubiger an einen oder mehrere Erwerber, die Inventarstücke werden vom Grundstück weggeschafft (RG WarnR 1915 Nr 52); Verletzung durch mehrere bei einer Schlägerei (RG Gruchot 51, 990); Jugendliche bewerfen sich gegenseitig mit Steinen (BGH LM Nr 15 = NJW 1972, 40); gemeinsames Verprügeln eines Dritten (OLG Schleswig VersR 1977, 183); grober Behandlungsfehler bei gemeinsamer Operation durch zwei Tierärzte (OLG Oldenburg NJW 1978, 594, 595); an einem gestellten Unfall Beteiligte täuschen aufgrund gemeinsam gefaßten Tatplans die Haftpflicht- oder Kaskoversicherung (OLG Frankfurt ZfS 1995, 405, 406); gemeinsames Anhäufen von Verpackungsmüll durch Demonstranten (AG Hamburg NJW 1981, 1454).

3. Anstiftung und Beihilfe (§ 830 Abs 2)

Im zivilen Deliktsrecht werden Teilnehmer im Interesse des Geschädigten gegenüber dem unmittelbaren Schädiger haftungsrechtlich nicht privilegiert: Anstifter und Gehilfen stehen Mittätern gleich (§ 830 Abs 2). Damit legt das Deliktsrecht den extensiven Täterbegriff zugrunde, wodurch die im Strafrecht erforderliche Abgrenzung zwischen Täterschaft und Teilnahme hinfällig ist. Das ist interessengerecht: Das Strafrecht, das die Strafwürdigkeit eines Verhaltens zum Gegenstand hat, geht bei der Teilnahme von einem Unrecht minderer Art aus (vgl die obligatorische Strafmilderung bei der Beihilfe in § 27 Abs 2 S 2 StGB). Demgegenüber geht es im zivilen Deliktsrecht lediglich um den Ausgleich eines Schadens, bei dem der Grad der Verursachung bzw der Grad des Verschuldens – zumindest im Außenverhältnis zum Geschädigten – keine Rolle spielen darf (Kreutziger 138).

a) Anstiftung

Auch bei der Bestimmung des Begriffs Anstifter ist an das Strafrecht anzuknüpfen (§ 26 StGB; vgl BGHZ 8, 288, 292 = NJW 1953, 499, 500; 89, 383, 389 = NJW 1984, 1226, 1228; BGH VersR 1967, 471, 473). Anstifter ist danach, wer vorsätzlich einen anderen zu der von ihm vorsätzlich begangenen unerlaubten Handlung bestimmt hat.

„Bestimmen" bedeutet, daß der Anstifter beim Täter den Entschluß zur Tat hervorrufen muß. Im einzelnen ist die Auslegung dieses Tatbestandsmerkmals im Strafrecht umstritten. Nach einer Ansicht soll es für Anstiftung bereits genügen, eine Situation zu schaffen, die einen anderen zu einer rechtswidrigen Tat provoziert. Andere verlangen einen geistigen Kontakt zwischen Angestiftetem und Anstifter. Eine dritte Ansicht verlangt darüber hinaus ein kollusives Verhalten zwischen Anstifter und Angestiftetem (heute hM im Strafrecht; vgl die Darstellung der Meinungen bei Kreutziger 143 ff; Roxin, in: Strafgesetzbuch, Leipziger Kommentar [10. Aufl 1985] § 26 Rn 3). Die zivilrechtliche Rechtsprechung hat zu dieser Problematik noch nicht Stellung genommen.

Da der Begriff der Anstiftung seinen Ursprung im Strafrecht hat, muß die Auslegung bei § 26 StGB ansetzen. Diese Norm gibt zwar nicht selbst eine Auslegungshilfe, wohl aber ihr Vorläufer, § 48 aF StGB. Darin waren als Mittel der Anstiftung beispielhaft aufgezählt: die Bestimmung durch Geschenke oder Versprechen, durch Drohung, durch Mißbrauch des Ansehens oder durch Gewalt oder durch absichtliche Herbeiführung oder Beförderung eines Irrtums. Durch die Neufassung der Norm im heutigen § 26 StGB war keine sachliche Änderung beabsichtigt (vgl D Meyer, Das Erfordernis der Kollusion bei der Anstiftung [Diss Hamburg 1973] 57). Das Wesen der Anstiftung besteht demnach in der Willensbeeinflussung eines anderen bezogen auf ein konkretes Ziel. Diese Auslegung gilt auch für das Zivilrecht (vgl Kreutziger 151).

Hinsichtlich der Schuldform ist im Zivilrecht umstritten, ob – wie § 26 StGB bestimmt – Anstiftung nur eine *vorsätzliche* Bestimmung zum *vorsätzlichen* Delikt sein kann. Rechtsprechung und herrschende Lehre bejahen dies (BGH VersR 1967, 471, 473; vgl zur Beihilfe auch BGHZ 42, 118, 122; 70, 277, 285; RGZ 129, 330, 332; 133, 326, 329; Erman/Schiemann Rn 3; Palandt/Thomas Rn 4; BGB-RGRK/Steffen Rn 6; Soergel/Zeuner Rn 7, 8). Nach einer anderen Ansicht in der Literatur kommen alle denkbaren Kombinationen von Vorsatz und Fahrlässigkeit in Frage: vorsätzliche Bestimmung zum vorsätzlichen Delikt, vorsätzliche Bestimmung zum fahrlässigen Delikt sowie fahrlässige Bestimmung zum vorsätzlichen und fahrlässigen Delikt (Weckerle 77; Fraenkel, Tatbestand und Zurechnung bei § 823 Abs. 1 BGB [1979] 272, 279 ff). Eine weitere Ansicht verlangt Vorsatz beim Anstifter, läßt aber beim Angestifteten eine fahrlässige (Deutsch, Allgemeines Haftungsrecht [2. Aufl 1996] Rn 515; K Schmidt JZ 1978, 661, 666; ders ZIP 1980, 328, 329) oder gar schuldlose (Deutsch Rn 515) Tatausführung genügen. Eine letzte Ansicht unterscheidet danach, ob zu einer unmittelbaren Rechtsgutsverletzung (insbes § 823 Abs 1) oder zur Verletzung eines Schutzgesetzes (§ 823 Abs 2) angestiftet wird. Bei der Anstiftung zu einem unmittelbaren Eingriffsdelikt sei Doppelvorsatz erforderlich. Bei Schutzgesetz- und Verkehrspflichtverletzungen genüge es, wenn der Täter das Schutzgesetz oder die Verkehrspflicht vorsätzlich verletze, im Hinblick auf die deliktische Interessenverletzung aber nur fahrlässig handele; der „Anstifter" hafte lediglich, wenn er entweder eine eigene deliktische Handlung begehe, also selbst eine Verkehrspflicht verletze oder die Voraussetzungen des § 826 erfülle (Haftung als Täter), oder hinsichtlich der deliktischen Interessenverletzung vorsätzlich handle (Haftung als Anstifter) (MünchKomm/Mertens Rn 14 f; vgl auch Kreutziger 165, der auch beim Anstifter Fahrlässigkeit hinsichtlich des Erfolgseintritts genügen läßt).

31 Auch im Strafrecht war bis zum Inkrafttreten des 2. Strafrechtsreformgesetzes 1975 sehr streitig, welche Schuldform bei der Anstiftung zu verlangen sei. Der BGH hat zunächst auch die vorsätzliche Bestimmung zu unvorsätzlicher (dh meist fahrlässiger) Tat als Anstiftung anerkannt (vgl BGHSt 4, 355, 357 f; 5, 47, 48), verlangte dann aber die vorsätzliche Bestimmung zu vorsätzlicher Begehung (vgl BGHSt 9, 370, 375; ihm folgend für das Zivilrecht BGH VersR 1967, 471, 473). Diese Rechtslage ist heute in § 26 StGB klargestellt. Bereits die Anknüpfung des Begriffs Anstifter in § 830 Abs 2 an das Strafrecht spricht dafür, auch im Zivilrecht die vorsätzliche Bestimmung zu vorsätzlicher Tat zu fordern.

32 Dieses Ergebnis folgt auch aus dem Erfordernis des kollusiven Zusammenwirkens zwischen Anstifter und Angestiftetem, also aus dem Wesen der Anstiftung als Willensbeeinflussung eines anderen bezogen auf ein konkretes Ziel (so Rn 29). Danach muß der Anstifter einen *Tat*entschluß beim Täter wecken, nicht einen irgendwie gearteten *Handlungs*entschluß (vgl BGHSt 9, 370, 379 f). Das entspricht der Rechtslage bei der Mittäterschaft, wo sich der gemeinsame Tatentschluß nicht nur auf die Verletzungs*handlung*, sondern auch auf den Verletzungs*erfolg* beziehen muß (so Rn 17 f). Es reicht also nicht aus, wenn beim Schädiger der Entschluß nur bezogen auf ein gefährdendes Handeln geweckt wird oder wenn der Täter durch ein fahrlässiges Handeln des „Anstifters" zu seinem Entschluß gelangt.

33 In den Fällen der vorsätzlichen Bestimmung zu einem objektiv rechtswidrigen Verhalten, insbesondere einem Fahrlässigkeitsdelikt, hilft oft die Kategorie der mittelbaren Täterschaft. Sie kommt allerdings nicht in Betracht, wenn der „Hintermann" nicht Täter sein kann, weil ein Pflichtdelikt (zB § 64 Abs 1 GmbHG) in Rede steht und der „Hintermann" die erforderliche Pflichtstellung nicht innehat (vgl Kreutziger 162 ff).

34 Diese Grundsätze gelten auch bei Schutzgesetzverletzungen im Rahmen des § 823

Abs 2, wenn das Schutzgesetz ein Fahrlässigkeitsdelikt zum Gegenstand hat. Lediglich bei Gefährdungs- (vgl RGZ 166, 61, 63) und schlichten Tätigkeitsdelikten, die einen Verletzungserfolg gerade nicht tatbestandlich voraussetzen, ist Anstiftung möglich, ohne daß ein auf einen Verletzungserfolg gerichteter Tatentschluß beim Täter geweckt wird und ohne daß der Anstifter diesen Verletzungserfolg in seinen Vorsatz mit aufnimmt. In diesen Fällen genügt es, daß der Täter vorsätzlich dazu bestimmt wird, den Tatbestand des Gefährdungs- oder schlichten Tätigkeitsdelikts vorsätzlich zu erfüllen.

Parallel zu den bei der Mittäterschaft dargelegten Grundsätzen (so Rn 22 ff) trägt der **35** Anstifter die Beweislast dafür, daß seine Handlung für den Verletzungserfolg nicht kausal geworden ist (vgl dazu KREUTZIGER 185 ff). Das bedeutet, daß der Geschädigte – neben der Verursachung des Schadens durch den Täter – lediglich ein Verhalten des als Anstifter in Anspruch Genommenen darlegen und beweisen muß, das den Entschluß des Täters geweckt haben *kann*, also eine kollusive Einwirkung des Anstifters auf den Täter. Es ist dann Sache des Anstifters zu beweisen, daß seine Einwirkung für die Entstehung des Schadens nicht kausal geworden ist, der Täter also bereits zur Tat entschlossen war (vgl KREUTZIGER 189).

Wie im Strafrecht (vgl SCHÖNKE/SCHRÖDER/CRAMER, StGB Vorbem 36 zu §§ 25 ff) wird die Haftung des Anstifters nicht dadurch berührt, daß der Angestiftete – was der Anstifter nicht erkannte – deliktsunfähig (§§ 827, 828) ist (aA JAUERNIG/TEICHMANN Anm 3 a cc) oder daß er zwar einsichtsfähig iS des § 828 Abs 2 ist, seine Schuld aber bei Anwendung des alterstypischen Verschuldensmaßstabs verneint werden muß und er daher selbst nur ggf nach § 829 haftet. Denn § 26 StGB verlangt lediglich eine vorsätzlich begangene rechtswidrige Haupttat; die Schuld des Täters ist nicht Voraussetzung für eine Anstiftung. Kennt der Tatbeteiligte die Schuldunfähigkeit des Täters, so liegt regelmäßig mittelbare Täterschaft vor (vgl BGHZ 42, 118, 122).

Fallbeispiele aus der Rechtsprechung: **36**

Aufforderung zum Schießen an bewohnten Orten (RGZ 166, 61); Aufforderung, eine gemeinschaftliche Schwarzfahrt zu unternehmen (OLG Königsberg VerkehrsR 1941, 1821); Aufforderung, gegenüber einer Bank, mit der ein Globalabtretungsvertrag zur Sicherung eines Kredites besteht, zu verschweigen, daß die Forderungen selbst eingezogen werden (OLG Frankfurt VersR 1979, 162); ein Kreditinstitut verleitet einen Kunden dazu, vor der Antragstellung auf Eröffnung des Konkursverfahrens über sein Vermögen der Belastung seines Kontos auf Grund einer berechtigten Einziehungsermächtigungslastschrift allein deshalb zu widersprechen, um den Lastschriftbetrag einem anderen Gläubiger noch vor der Konkurseröffnung zuzuwenden, wodurch die Kreditverbindlichkeit dieses anderen Gläubigers gegenüber dem Kreditinstitut getilgt wird (BGH NJW 1987, 2370).

b) Beihilfe

Bei der Bestimmung des Begriffs Gehilfe ist wiederum an das Strafrecht anzuknüpfen **37** (§ 27 StGB; vgl BGHZ 63, 124, 126; 70, 277, 285 = NJW 1978, 816, 819; BAG NJW 1964, 887; BGB-RGRK/STEFFEN Rn 7; ERMAN/SCHIEMANN Rn 3). Gehilfe ist danach, wer vorsätzlich einem anderen zu dessen vorsätzlich begangener unerlaubter Handlung Hilfe geleistet hat.

38 Als Beihilfehandlung kommt jede physische oder psychische Förderung der Haupttat, auch im Stadium ihrer Vorbereitung, in Betracht (BGHZ 63, 124, 130; BGB-RGRK/STEFFEN Rn 7). Sehr umstritten ist dabei, ob die Beihilfehandlung für den Erfolg der Tat kausal geworden sein muß. Das gilt für das Zivilrecht genauso wie für das Strafrecht.

39 Die ältere Rechtsprechung des Reichsgerichts hat eine Haftung des Gehilfen gemäß § 830 Abs 2 nur bejaht, wenn der Erfolg der Haupttat durch den Tatbeitrag des Gehilfen mitverursacht wurde (RGZ 65, 157, 160; 101, 135, 140; RG WarnR 1917 Nr 17). Der BGH hat diese Rechtsprechung nicht fortgesetzt. Er geht von der Prämisse aus, der Tatbeitrag des Gehilfen brauche für den Taterfolg nicht ursächlich zu sein. Das bedeutet, daß auch bloße Solidarisierungshandlungen, die lediglich nach außen erkennbar geworden sind, sich aber nicht im Erfolg ausgewirkt haben, Beihilfehandlungen iS des § 830 Abs 2 darstellen (BGHZ 63, 124, 130; 70, 277, 285 = NJW 1978, 816, 819; ebenso BAG NJW 1964, 887). Dabei verweist der BGH auf die strafrechtliche Rechtsprechung, die die Formel geprägt hat: Der Gehilfe muß den *Erfolg* der Tat nicht ursächlich mitbewirkt haben; es genügt, daß die den Tatbestand verwirklichende *Handlung* durch die Hilfeleistung gefördert wird (vgl dazu RGSt 6, 169, 170; 58, 113, 114 f; 67, 191, 193; 71, 176, 178; 73, 52, 54; BGH bei DALLINGER in MDR 1972, 16; BGH StrafV 1981, 72 f; diese Rechtsprechung wird von der ganz überwiegenden Meinung in der strafrechtlichen Literatur abgelehnt, vgl zum Meinungsstand SCHÖNKE/SCHRÖDER/CRAMER, StGB § 27 Rn 7 ff).

40 Die Literatur folgt teilweise der Rechtsprechung ohne eigene Begründung (Münch-Komm/MERTENS Rn 17; SOERGEL/ZEUNER Rn 9; ERMAN/SCHIEMANN Rn 3; JAUERNIG/TEICHMANN Anm 3 a bb). Manche Autoren kommen zum gleichen Ergebnis, indem sie auf den gemeinschaftlichen Willen von Täter und Gehilfen abstellen, der Mängel im objektiven Bereich kompensiere (SPITZER, Teilnahme an unerlaubten Handlungen [1931] 34 f; WECKERLE 75 ff; FRAENKEL 285 f). Auch STEFFEN (BGB-RGRK Rn 7) meint, der Beitrag des Gehilfen müsse für den Erfolg nicht ursächlich gewesen sein. STEFFEN fordert allerdings, daß dieser Beitrag auf das Verhalten des Haupttäters eingewirkt, in der konkreten Tatverwirklichung wenigstens die Modalitäten in Richtung auf eine Erleichterung oder Begünstigung des Erfolgs, eine Verbesserung der Situation des Haupttäters beeinflußt haben müsse (unter Bezugnahme auf ROXIN, in: Strafgesetzbuch, Leipziger Kommentar [10. Aufl 1985] § 27 Rn 3 ff; sog „Verstärkerkausalität"). Im Falle psychischer Beihilfe reiche es aus, wenn dem Haupttäter das Gefühl der Alleinverantwortung genommen und er dadurch in seinem noch nicht ganz gefestigten Tatentschluß bestärkt werde; oder wenn ihm der Gehilfe – auch durch bloßes Dabeistehen – das Gefühl vermittle, in einer gewissen Anonymität wirken zu können. Ein weiterer Teil der Literatur will beim Gehilfen auf einen kausalen Tatbeitrag grundsätzlich nicht verzichten; allerdings soll die generell-abstrakte Eignung des Gehilfenbeitrags bzw die psychische Beihilfe genügen, wenn sich ein physischer Tatbeitrag im Erfolg nicht ausgewirkt hat (RUMPF, Die Teilnahme an unerlaubten Handlungen nach dem BGB [1904] 59 ff; TRAEGER 280). Eine letzte Ansicht hält streng am Kausalitätserfordernis fest, befürwortet diesbezüglich allerdings eine Umkehr der Beweislast zugunsten des Geschädigten (KREUTZIGER 229, 255).

41 Der hM, die auf das Kausalitätserfordernis bei der Beihilfe verzichtet, ist vorzuwerfen, daß sie die Grenze zwischen versuchter und vollendeter Beihilfe verwischt (vgl KREUTZIGER 211 ff). Diese Abgrenzung ist aber von entscheidender Bedeutung, da

§ 830 Abs 2 eine Schadensersatzpflicht desjenigen anordnet, der Hilfe geleistet hat, nicht aber desjenigen, der versucht hat, Hilfe zu leisten. Nicht der Eintritt des Schadens ist daher für die Frage der Schadensersatzpflicht ausschlaggebend, sondern die Beziehung des Verhaltens des Gehilfen zu diesem Schaden. Die Abgrenzung zwischen versuchter und vollendeter Beihilfe kann allein durch die Erfolgskausalität erreicht werden. Die bloße Absicht, Hilfe zu leisten, reicht für vollendete Beihilfe genauso wenig aus wie eine Einwirkung auf das Verhalten des Haupttäters, die für den Erfolg nicht kausal ist. Der gleiche Vorwurf der Grenzverwischung ist der Literaturmeinung zu machen, die die generell-abstrakte Eignung zur Schadensverursachung ausreichen läßt. Die Kausalität wird durch dieses Kriterium, das die Beihilfe zum Gefährdungsdelikt umfunktioniert, gerade ersetzt.

Auch bei der Beihilfe ist daher am Kausalitätserfordernis festzuhalten. Dabei ist **42** jede Hilfe, die die Rechtsgutsverletzung objektiv fördert, als kausaler Tatbeitrag ausreichend. Der Tatbeitrag des Gehilfen muß über die Tathandlung des Haupttäters bis zur Tatvollendung fortwirken (KREUTZIGER 232 f). Das gilt auch für die psychische Beihilfe. Beim Einwirken auf die intellektuelle Psyche des Täters (Fall der Rathilfe) liegt Erfolgskausalität vor, wenn der Täter den Rat des Gehilfen befolgt. Beim Einwirken auf die voluntative Psyche läßt sich die Erfolgskausalität nicht einfach damit begründen, der Haupttäter sei in seinem Tatentschluß bestärkt worden. Es kommt vielmehr darauf an, ob die vom Haupttäter herbeigeführte Rechtsgutsverletzung durch die psychische Bestärkung modifiziert worden ist oder nicht. Nur wenn das der Fall ist, also der Erfolg ohne die psychische Bestärkung so nicht eingetreten wäre, ist der Tatbeitrag des Gehilfen für den Erfolg kausal (KREUTZIGER 248 f).

Physische Beihilfe liegt danach beispielsweise vor, wenn der Gehilfe bei einem Ein- **43** bruchsdiebstahl Wache steht und über das bloße Wachestehen hinaus irgendetwas tut, was auf den Eintritt des tatbestandlichen Erfolges Einfluß hat (Ablenken von Passanten, Warnen des Diebes usw). Psychische Beihilfe durch Bestärkung des Tatentschlusses liegt beispielsweise vor, wenn der Eintritt des Erfolges erleichtert oder beschleunigt wurde. In jedem Fall ist die Gehilfenhandlung kausal, wenn der Haupttäter die Tat ohne den (physischen oder psychischen) Unterstützungsbeitrag nicht gewagt hätte.

Wie bei der Mittäterschaft und der Anstiftung ist es auch bei der Beihilfe gerecht- **44** fertigt, in der Kausalfrage die Beweislast umzukehren. Der potentielle Gehilfe trägt daher die Beweislast dafür, daß sein Tatbeitrag für den Erfolg nicht mitkausal geworden ist.

Nicht anders als der Anstifter muß auch der Gehilfe vorsätzlich handeln und muß die **45** unterstützte Haupttat vorsätzlich begangen werden (so die hM: RGZ 129, 330, 332; 133, 326, 329; BGHZ 42, 118, 122; 70, 277, 285 f = NJW 1978, 816, 819; BGH VersR 1967, 471, 473; PALANDT/THOMAS Rn 4; JAUERNIG/TEICHMANN Anm 3 b iVm 2 c; MünchKomm/MERTENS Rn 14, 17; ERMAN/SCHIEMANN Rn 3; SOERGEL/ZEUNER Rn 6; BGB-RGRK/STEFFEN Rn 7; LARENZ/CANARIS, Schuldrecht II/2 § 82 I 2 c; ausführlich KREUTZIGER 264 ff). Nicht ausreichend ist die vorsätzliche Förderung einer Fahrlässigkeitstat (so aber K SCHMIDT JZ 1978, 661, 666; ders ZIP 1980, 328, 329; SCHOLZ/K SCHMIDT, Kommentar zum GmbH-Gesetz, II. Bd [1995] § 64 Rn 45; KONOW GmbH-Rdsch 1975, 104, 106) oder die fahrlässige Förderung einer vorsätzlich oder fahrlässig begangenen unerlaubten Handlung (so aber WECKERLE 76 f; FRAENKEL

274; DEUTSCH, Allgemeines Haftungsrecht [2. Aufl 1996] Rn 516). Die Anknüpfung des Gehilfenbegriffs an das Strafrecht (§ 27 StGB) spricht für das Erfordernis des Vorsatzes sowohl beim Täter als auch beim Gehilfen. Im übrigen ist die vorsätzliche „Beihilfe" zu einer Fahrlässigkeitstat konstruktiv keine Beihilfe, sondern mittelbare Täterschaft. Mittelbare Täterschaft scheidet allerdings im Rahmen des § 823 Abs 2 aus, wenn es sich bei dem verletzten Schutzgesetz um ein Pflichtdelikt handelt und der Hintermann die betreffende Pflichtenstellung nicht innehat. Es bleibt dann nur der Weg über § 826. Wer eine fremde Tat nur fahrlässig unterstützt, ist nicht Gehilfe, sondern Täter (Nebentäter), weil er selbständig eine Ursache für die Erfolgsherbeiführung setzt. Im Falle der Verletzung eines Pflichtdelikts hilft allerdings § 826 nicht weiter, da es am notwendigen Vorsatz zur Schadensherbeiführung fehlt.

46 Im Strafrecht bereitet die Abgrenzung der Mittäterschaft von der Beihilfe mitunter Schwierigkeiten. Die praktische Bedeutung der Frage ergibt sich im Strafrecht daraus, daß nach § 27 Abs 2 StGB der Gehilfe milder als der Haupttäter (Mittäter) bestraft wird. Im Zivilrecht hat die Frage keine praktische Bedeutung, da § 830 Abs 2 haftungsrechtlich den Gehilfen dem Mittäter gleichstellt, einen Beteiligten also – soweit nicht ein Exzeß des andern vorliegt – ohne Rücksicht darauf, inwieweit der Schaden gerade durch sein Verhalten verursacht ist, in vollem Umfang für den von einem Haupttäter verursachten Schaden neben dem Haupttäter gesamtschuldnerisch haften läßt (BGHZ 63, 124, 126; LG Itzehoe NJW 1987, 1269, 1270).

47 Fallbeispiele aus der Rechtsprechung:

Die Gewerkschaft, die einen arbeitsrechtlich unzulässigen Streik zwar nicht beginnt und auch nicht übernimmt, jedoch an die Streikenden Gemaßregelten-Unterstützung zahlt und sie dadurch in ihrem Streikwillen bestärkt, haftet dem bestreikten Arbeitgeber als Gehilfin der streikenden Arbeitnehmer für alle durch den Streik entstandenen Schäden (BAG NJW 1964, 887). Der Hersteller von Tonbandgeräten, die für die Aufnahme und Wiedergabe von Musik eigens eingerichtet sind, haftet für Urheberrechtsverletzungen der Gerätebenutzer (§ 97 UrheberrechtsG 1965), wenn er die Geräte ohne Sicherungsmaßregeln in einer Weise vertreibt, daß sie von den Gerätebenutzern vorwiegend unter Verletzung urheberrechtlicher Rechte verwendet werden (BGHZ 42, 118, 133 zu § 36 des früheren LitUrhG). Der Verkäufer eines nicht zugelassenen und unversicherten Kfz, das der Käufer so im öffentlichen Verkehr benutzen will, begeht Beihilfe zum Verstoß gegen § 6 PflVG (OLG München VersR 1979, 656). Der Fluglotsenverband unterstützt einen Bummelstreik der Fluglotsen: Grundsätzlich kann der Koalition auch nicht im Blick auf Haftungsinteressen untersagt werden, sich in Verfolgung eigener koalitionsmäßiger Aufgaben mit den Zielen von Aktionen „Außenstehender" zu solidarisieren, die als solche rechtlich neutral und nur in ihrer Durchführung zu beanstanden sind, auch wenn damit zugleich das Vorgehen der „Außenstehenden" psychisch unterstützt wird; anderes muß gelten, wenn die Koalition als Repräsentant solcher Aktionen auftritt, mag sie sich auch innerlich von ihnen distanzieren (BGHZ 70, 277, 288 ff = NJW 1978, 816, 819 f).

c) Begünstigung, Strafvereitelung und Hehlerei
48 Begünstiger, Strafvereitler und Hehler (§§ 257, 258, 259 StGB) können Anstifter oder Gehilfen iS des § 830 Abs 2 sein, wenn sie durch die Inaussichtstellung eines späteren entsprechenden Verhaltens den Entschluß des Täters zur Tatbegehung her-

vorgerufen (Anstiftung; vgl OLG Koblenz NJW-RR 1988, 662, 663) oder ihn in seinem Entschluß zur Durchführung der Tat bestärkt haben (psychische Beihilfe; zu den genauen Voraussetzungen so Rn 42 f). Von diesen Fällen abgesehen, findet § 830 Abs 2 auf Begünstiger, Strafvereitler und Hehler keine Anwendung, weil ihr Verhalten nicht kausal für die vorangegangene unerlaubte Handlung des Vortäters ist (AG Essen VersR 1987, 472). Eine besondere Vorschrift für ihre Haftung hielt der Gesetzgeber nicht für erforderlich (Mot II 738, 749). Sie begehen selbständige unerlaubte Handlungen gemäß §§ 823, 826 und haften nach Maßgabe des von ihnen verursachten Schadens, zB wenn sie die Wiedererlangung der gestohlenen Sache verhindern (RG JW 1921, 1532; BGHZ 8, 288, 292). Ob, wenn der durch sie bewirkte Schaden mit dem durch die Vortat verursachten Schaden zusammenfällt, gesamtschuldnerische Haftung – gemäß § 840 Abs 1 oder nach §§ 823 iVm 421 – eintritt, ist streitig (mit Recht bejahend MANTEY LZ 1917, 455; verneinend STARCK LZ 1917, 314; s auch LG Berlin JW 1924, 333 mit abl Anm MERKEL).

4. Der Sonderfall der unfriedlichen Großdemonstration

Die Grundsätze der mittäterschaftlichen Haftung und der Teilnehmerhaftung finden **49** auch im Falle unfriedlich verlaufender Demonstrationen Anwendung (BGHZ 89, 383, 389 ff = NJW 1984, 1226, 1228 = JZ 1984, 521 mAnm STÜRNER; 59, 30, 41 f; 63, 124, 126; OLG Hamm NJW 1985, 203; AG Hamburg NJW 1981, 1454, 1455; MünchKomm/MERTENS Rn 13). Zwar ist in der Literatur teilweise versucht worden, dort, wo es um Eingriffe in den Gewerbebetrieb oder um den Nötigungstatbestand geht, über die Mittel-Zweck-Relation eine begrenzte Anwendung von Gewalt zuzulassen und demgemäß durch Art 8 GG als gedeckt anzusehen (DEUTSCH, Allgemeines Haftungsrecht [2. Aufl 1996] Rn 511; DIEDERICHSEN/MARBURGER NJW 1970, 777, 780 ff; SÄCKER ZRP 1969, 60, 65). Diese Ansicht haben auch einige Untergerichte vertreten (LG Köln JZ 1969, 80, 82; AG Bremen JZ 1969, 79, 80; AG Frankfurt DRiZ 1969, 94, 95). Die hM verneint jedoch bei Gewaltanwendung zu Recht eine Kollision des Demonstrationsrechts mit den Grundrechten der Betroffenen, da Art 8 GG nur das Recht zu friedlichen Versammlungen gewährleistet und damit jegliche Gewaltanwendung gegen Personen oder Sachen rechtswidrig bleibt (so ausdrücklich BVerfG NJW 1985, 2395, 2400 [Brokdorf]).

In der Grundsatzentscheidung BGHZ 89, 383 (= NJW 1984, 1226 = JZ 1984, 521 mAnm **50** STÜRNER) ist der BGH in wesentlichen Punkten von seiner bisherigen Rechtsprechung zu § 830 Abs 1 S 1, Abs 2 abgerückt und hat die Norm bedeutend restriktiver ausgelegt. Er verlangt für die Haftung als Mittäter oder Gehilfe in objektiver Hinsicht eine Beteiligung an der Ausführung der Tat, die in irgendeiner Form deren Begehung fördere und für diese relevant sei (BGHZ 89, 383, 389 = NJW 1984, 1226, 1228). Einen derartigen Tatbeitrag findet der BGH nur bei solchen Demonstranten, die sich aktiv an Gewaltaktionen beteiligt haben (BGHZ 89, 383, 395 = NJW 1984, 1226, 1229; bedenklich insofern LG Itzehoe NJW 1987, 1269, 1270, das Mittäterschaft eines Sympathisanten bejahte, der am Werkszaun stehend über ein Funksprechgerät mit Schornsteinbesetzern Kontakt hielt; vgl auch OLG Hamm NJW 1985, 203; in beiden Fällen handelte es sich allerdings nicht um Großdemonstrationen). Damit hat sich der BGH über den weiten Mittäterbegriff hinweggesetzt, der über Jahrzehnte hinweg mit dem Satz begründet wurde, der gemeinschaftliche Wille erzeuge die gemeinschaftliche Verursachung. Der BGH hat die entscheidenden Haftungskriterien nunmehr vom subjektiven in den objektiven Bereich verlagert. Indem der BGH eine Haftung nur derjenigen Demonstrationsteilnehmer bejaht, die selbst aktiv Gewalt ausgeübt haben, erkennt er an, daß im haftungsbegründenden Bereich ein Kausalbeitrag vorliegen muß.

51 Darüber hinaus schränkt der BGH im subjektiven Bereich die Reichweite des gemeinschaftlichen Tatentschlusses ein. Der BGH unterscheidet zwischen denjenigen Demonstrationsteilnehmern, die sich maßgeblich an vorbereitenden Planungen von bestimmten Gewalttätigkeiten beteiligen, und denjenigen, die sich nur verabreden, im Rahmen einer Großdemonstration ein Gelände notfalls mit Gewalt zu besetzen bzw sich erst im Verlauf der Demonstration aufgrund eines spontanen Entschlusses an der einen oder anderen gewalttätigen Handlung beteiligen (BGHZ 89, 383, 392 f = NJW 1984, 1226, 1228). Der BGH stellt klar, daß selbst die Planung von bestimmten Gewaltaktionen nicht allein das haftungsbegründende Kriterium sein könne, sondern nur die zusätzliche Beteiligung zur Durchsetzung des Planes in leitender Funktion (BGHZ 89, 383, 390, 392 f = NJW 1984, 1226, 1228). Bezüglich der zweiten Gruppe sei kein gemeinschaftlicher Tatentschluß im Hinblick auf alle im Verlauf der Demonstration von Mitdemonstranten verübten Körperverletzungen und/oder Beschädigungen anzunehmen. Der jeweilige Wille des einzelnen Demonstrationsteilnehmers zur Begehung von Gewalttaten sei in der Regel nur auf einen bestimmten Tatkomplex zu beziehen (BGHZ 89, 383, 292 = NJW 1984, 1226, 1228).

52 Den Anwendungsbereich der psychischen Beihilfe beschränkt der BGH bei Großdemonstrationen auf wenige Fälle, wobei er auch hier zu mehr objektiven Kriterien tendiert. Der sich an gewalttätigen Ausschreitungen nicht aktiv beteiligende Demonstrant werde nicht dadurch zum Mittäter oder Gehilfen, daß er bei Ausschreitungen an Ort und Stelle verharre, auch wenn er von vornherein mit Gewalttätigkeiten einzelner oder ganzer Gruppen rechne und wisse, daß er allein schon mit seiner Anwesenheit den Gewalttätern durch Gewährung von Anonymität Förderung und Schutz gewähre (BGHZ 89, 383, 395 = NJW 1984, 1226, 1229). Eine Haftung könne erst dort beginnen, wo sich der Demonstrant in eine überschaubare Gruppe begebe, aus der heraus Gewalt gegen Personen und Sachen verübt werde, und dort während schwerer Auseinandersetzungen ohne äußeren Zwang verbleibe, obwohl für ihn die Möglichkeit bestanden habe, sich vorher zu entfernen (BGH NJW 1984, 1226, 1232 [insofern in BGHZ 89, 383 nicht abgedruckt]). Es müsse sich allerdings um ein „ostentatives" Zugesellen (BGHZ 89, 383, 395 = NJW 1984, 1226, 1229) handeln oder um ein Verharren in der Gruppe in der „offenkundigen" Absicht, durch das Verschaffen eines Gefühls größerer Stärke Unterstützung zu leisten (BGH NJW 1984, 1226, 1234 [insofern in BGHZ 89, 383 nicht abgedruckt]). Das sei bei Bestärkung der Gruppe durch Anfeuerungsrufe (BGHZ 89, 383, 395 = NJW 1984, 1226, 1229) oder bei einem freiwilligen und bewaffneten Anschluß an die Gruppe (BGH NJW 1984, 1226, 1235 [insofern in BGHZ 89, 383 nicht abgedruckt]) der Fall.

53 Der BGH hat diese restriktive Auslegung des § 830 Abs 1 S 2, Abs 2 damit begründet, die Demonstrationsfreiheit dürfe nicht dadurch unterlaufen werden, daß an die Bejahung einer haftungsbegründenden Teilnahme an Gewalttaten anderer Demonstranten zu geringe Anforderungen gestellt würden (BGHZ 89, 383, 395 = NJW 1984, 1226, 1229). Es ist zu wünschen, daß diese Auslegung nicht auf Großdemonstrationen heutigen Stils beschränkt bleibt (vgl auch KREUTZIGER 313). Die Entscheidung sollte vielmehr zum Überdenken des allzu subjektiven Verständnisses der Mittäterschaft und Teilnahme im allgemeinen Anlaß geben (so auch ERMAN/SCHIEMANN Rn 4).

5. Einzelfragen

a) Anwendungsbereich

Die in § 830 Abs 1 S 1, Abs 2 normierte Voraussetzung der Beteiligung an einer 54 „unerlaubten Handlung" bedeutet nicht, daß alle Beteiligten nach den allgemeinen Deliktsvorschriften haften müßten. Gefordert wird nur, daß die Tat, wegen der neben dem Täter auch der Teilnehmer zur Verantwortung gezogen wird, die Merkmale einer unerlaubten Handlung (vorwiegend iS der §§ 823 ff, aber auch der in anderen Haftungsgesetzen normierten Deliktstatbestände) aufweist. Ist das zu bejahen, dann kann eine Sondervorschrift, die die Haftungsfolgen für einen Beteiligten besonders regelt (im Fall: § 78 BBG bzw § 14 BAT), allenfalls für *diesen* die Anwendung des § 830 einschränken. Für die übrigen Beteiligten, denen die Sonderregelung nicht zugute kommt, hat das keinen Einfluß (BGH NJW 1978, 816, 818 [insofern in BGHZ 70, 277 nicht abgedruckt]).

Auf die Gefährdungshaftung ist § 830 Abs 1 S 1, Abs 2 nicht anwendbar. Sie betrifft 55 die Haftung für Schäden, die durch eine an sich gestattete, spezifische Gefährdung entstehen. Von einem Vorsatz im Hinblick auf die Rechtsgutsverletzung – die unabdingbare Voraussetzung für Mittäterschaft, Anstiftung und Beihilfe (so Rn 17 f, 30 f, 45) – ist die Gefährdungshaftung unabhängig, dieser Vorsatz hat im Rahmen der Gefährdungshaftung keinerlei Bedeutung. Bei der Gefährdungshaftung ist deshalb eine bewußt und gewollt gemeinschaftliche Herbeiführung des Schadens nicht möglich. Ebensowenig ist ein auf Verwirklichung des Schadens durch einen anderen gerichteter Wille bei demjenigen haftungsrechtlich relevant, der den anderen zur Unterhaltung einer Gefahrenquelle im Sinne eines Gefährdungshaftungstatbestandes veranlaßt oder ihn dabei unterstützt hat. Weder Mittäterschaft noch Anstiftung oder Beihilfe sind demnach bei der Gefährdungshaftung denkbar (vgl dazu EBERL-BORGES AcP 196 [1996] 491, 498 ff). Unzutreffend ist daher die Ansicht des AG Hannover (NJW-RR 1986, 704; zu dieser Entscheidung EBERL-BORGES AcP 196 [1996] 491, 500, 523 f), das über einen Fall zu entscheiden hatte, in dem sich drei Hunde ineinander verbissen hatten, wodurch einer der Hunde verletzt wurde. Das Gericht entschied, die beiden anderen Hunde hätten nicht gemeinschaftlich gehandelt, wenn einer von ihnen zugebissen haben sollte, prüfte also offenbar § 830 Abs 1 S 1 iVm § 833 S 1, allerdings nicht im Hinblick auf eine Mittäterschaft der Hundehalter, sondern der Hunde (!). Richtigerweise wäre nicht § 830 Abs 1 S 1, sondern § 830 Abs 1 S 2 anzuwenden gewesen. Der danach dem Grunde nach zu bejahende Anspruch hätte aber in der Höhe gekürzt werden müssen, weil sich der Halter des verletzten Hundes die von diesem ausgehende Tiergefahr entsprechend § 254 anrechnen lassen muß (zu dieser Problematik EBERL-BORGES AcP 196 [1996] 491, 523 f).

b) Wenn es um die **Verletzung besonderer Pflichten** geht (§§ 142, 332 StGB), 56 kommt als Mittäter nur der Pflichtenträger in Frage. Entsprechendes gilt für Delikte mit besonderen Tätermerkmalen. Eigenhändige Delikte (Meineid: RGSt 61, 199, 201; § 173 StGB) können nur in Alleintäterschaft begangen werden. Insoweit kommt aber für den „Außenstehenden" eine Haftung nach § 830 Abs 2 in Betracht.

c) Überschreitet ein Täter den Rahmen des gemeinsam Gewollten, so haften die 57 anderen für diesen **Exzeß des Mittäters** nicht (BGHZ 59, 30, 42; 63, 124, 128; 89, 383, 396 = NJW 1984, 1226, 1229; BGH VersR 1960, 540; OLG Frankfurt NJW-RR 1989, 794, 795). Das gilt auch für Anstifter und Gehilfen, dh die Haftung nach § 830 Abs 2 greift nicht ein, soweit der Täter über das vom Vorsatz des Teilnehmers Umfaßte hinausgeht (BGHZ 89, 383, 396 = NJW 1984, 1226, 1229).

58 d) § 830 Abs 1 S 1 ist nur anwendbar, wenn und soweit alle Mittäter **rechtswidrig** handeln. Haben mehrere Personen durch teils erlaubte, teils unerlaubte Handlungen als einheitliche Ursache einen Schaden herbeigeführt, so ist für den ganzen Schaden nur haftbar, wem eine unerlaubte Handlung zur Last fällt (vgl RGZ 73, 289, 290). Auch Anstiftung und Beihilfe müssen rechtswidrig sein und sich auf eine rechtswidrige Haupttat beziehen.

59 e) Mittäterschaft, Anstiftung und Beihilfe werden nicht dadurch ausgeschlossen, daß einer der Mitwirkenden nicht **deliktsfähig** ist (§§ 827, 828). Dieser haftet dann nur nach § 829 (BGH LM Nr 15). Bei Deliktsunfähigkeit des „Haupttäters" wird aber vielfach mittelbare Täterschaft des „Anstifters" oder „Gehilfen" vorliegen (Münch-Komm/MERTENS Rn 18).

60 f) § 830 Abs 1 S 1 ist entsprechend anwendbar bei **Mitverschulden** (§ 254) des durch unerlaubte Handlung Verletzten, wenn an dem als Verschulden anzurechnenden Verhalten mehrere mittäterartig beteiligt sind (RG Recht 1911 Nr 2091).

g) Rücktritt von einer Verabredung
61 Verabreden A und B die gemeinsame Begehung einer unerlaubten Handlung und führt nur A die Tat aus, während B abredewidrig nicht mitwirkt oder gar seine Mitwirkung ausdrücklich verweigert, so ist B gleichwohl für den von A herbeigeführten Schaden in vollem Umfang haftbar, wenn sein vorangegangenes Verhalten kausal im Tun des A (durch Weckung des Tatentschlusses, Hinweise für die Durchführung der Tat) weiterwirkt (BGH VersR 1963, 1141).

62 h) Der Begriff der **Fortsetzungstat** – deren Anwendungsbereich auch für das Strafrecht durch den Beschluß des GrSenBGH v 3. 5. 1994 (BGHSt 40, 138) auf Ausnahmefälle eingeschränkt worden ist – ist für das Zivilrecht ohne Bedeutung. Im strafrechtlichen Sinn liegt eine fortgesetzte Handlung vor, wenn der Täter denselben Grundtatbestand durch Verletzung gleichartiger Rechtsgüter in gleichartiger Begehungsform auf Grund eines Gesamtvorsatzes durch mehrfache Einzelhandlungen verwirklicht; die Fortsetzungstat bildet dann juristisch (für die Bestrafung, Verjährung, Konsumtionswirkung des rechtskräftigen Urteils usw) eine einzige Handlung. Ob und inwieweit der Begriff der fortgesetzten Handlung auch im Zivilrecht verwendbar ist, bedarf hier keiner Erörterung. Denn schon im Strafrecht wird nicht die Folgerung gezogen, daß bei einer auf eine Einzelhandlung oder einen Teil der Einzelakte beschränkten Teilnahme (als Mittäter, Anstifter oder Gehilfe) der Täter als Teilnehmer an der gesamten Fortsetzungstat verantwortlich sei (vgl DREHER/TRÖNDLE, Strafgesetzbuch [47. Aufl 1995] Rn 37 vor § 52 StGB mNw). Auch im Bereich des § 830 beschränkt sich die zivilrechtliche Haftung des Teilnehmers für den angerichteten Schaden nur auf den Teil einer „fortgesetzten Handlung", an dem er ausführend, bestimmend oder fördernd mitgewirkt hat (BGH LM § 823 BGB [BE] Nr 4). Der von der Rechtsprechung entwickelte Begriff der Fortsetzungstat als einer Handlungseinheit trägt bestimmten spezifisch strafrechtlichen Bedürfnissen Rechnung und nötigt nicht dazu, aus ihm Folgerungen zu ziehen, die zu unangemessenen Ergebnissen – hier: dem Einstehen für den durch die Fortsetzungstat verursachten Schaden – führen.

i) Ob im Einzelfall Mittäterschaft vorliegt, **entscheidet der Zivilrichter selbständig.** 63
An eine abweichende rechtliche Beurteilung im Strafverfahren ist er nicht gebunden (BGHZ 8, 288, 293 = NJW 1953, 499, 500).

III. Beteiligte (§ 830 Abs 1 S 2)

1. Regelungsbereich

Auch § 830 Abs 1 S 2 betrifft – wie § 830 Abs 1 S 1, Abs 2 – den Fall, daß nicht nur 64 eine Person als Schädiger in Betracht kommt, sondern bei der Entstehung des Schadens mehrere Personen im Spiel sind. Anders als bei § 830 Abs 1 S 1, Abs 2 wirken diese mehreren Personen allerdings nicht bewußt und gewollt zusammen, sondern handeln unabhängig voneinander. Die Kategorie der Beteiligten iS des § 830 Abs 1 S 2 ähnelt somit in subjektiver Hinsicht der nicht im Gesetz geregelten Kategorie der Nebentäter, die durch selbständige Einzelhandlungen ohne bewußtes Zusammenwirken einen Schaden mitverursachen (BGHZ 30, 203, 206). Der Unterschied zwischen Nebentätern und Beteiligten besteht in folgendem: Der Nebentäter hat für die Folgen seines eigenen rechtswidrigen Verhaltens nach den allgemeinen Zurechnungsregeln einzustehen (BGH NJW 1988, 1719, 1720). Er haftet also auf das Ganze, wenn sein Verhalten den Gesamtschaden mitverursacht hat, sonst auf den bestimmten, unterscheidbaren Teil des Schadens, den sein Verhalten verursacht hat (MünchKomm/ Mertens Rn 6). Die Kausalität muß somit feststehen. Demgegenüber ist das Handeln der Beteiligten iS des § 830 Abs 1 S 2 nur potentiell kausal für den eingetretenen Schaden: Die Vorschrift ordnet die Verantwortlichkeit jedes Beteiligten an, wenn sich nicht ermitteln läßt, welcher Beteiligte ihn durch seine Handlung verursacht hat. Beteiligte sind damit potentielle Nebentäter.

2. Zweck der Norm

§ 830 Abs 1 S 2 verhilft dem Geschädigten zu einem Ersatzanspruch in Fällen, in 65 denen sich nicht ermitteln läßt, wer von mehreren Beteiligten den Schaden verursacht hat. Damit ist es Zweck der Vorschrift – nicht anders als bei § 830 Abs 1 S 1, Abs 2 – eine Beweisnot des Geschädigten zu beheben. Es haften dann neben dem, der den Schaden wirklich verursacht hat, aber nicht genau ermittelt werden kann, auch die weiteren Handelnden, die ihn nur möglicherweise verursacht haben. Die ratio des § 830 Abs 1 S 2 erschließt sich – anders als bei § 830 Abs 1 S 1, Abs 2 – nicht von seiten des potentiellen Schädigers her, sondern aus der Position des Geschädigten. Dieser hat einen Schaden erlitten, der nach den Gerechtigkeitsentscheidungen der Haftungsordnung unzweifelhaft auszugleichen, dh von Dritten zu ersetzen ist. Demgegenüber hat der Beteiligte – abgesehen vom Merkmal der Kausalität – einen Haftungstatbestand verwirklicht. Er hat eine Handlung vorgenommen, die zu dem eingetretenen Schaden führen konnte. Ob sie tatsächlich für ihn kausal wurde, war nur noch eine Frage des Zufalls. Wurde sie nicht kausal, so war dies jedenfalls kein Verdienst des Beteiligten. Unter diesen Voraussetzungen erscheint es gerechtfertigt, das Interesse des Geschädigten, überhaupt Ersatz zu erlangen, gegenüber den Interessen der Beteiligten, nicht ohne Kausalitätsnachweis haften zu müssen, höher zu bewerten und das Unaufklärbarkeitsrisiko auf die Beteiligten zu verlagern (vgl BAUER JZ 1971, 4, 6 f; EBERL-BORGES AcP 196 [1996] 491, 502 ff, insbes 510 f; MünchKomm/MERTENS Rn 4; SOERGEL/ZEUNER Rn 12).

3. Alternative und kumulative Kausalität

66 Seinem Wortlaut nach betrifft § 830 Abs 1 S 2 zunächst den Fall, daß der wirkliche Urheber des Schadens nicht ermittelt werden kann. Diese sog alternative Kausalität (auch Urheberzweifel genannt) ist durch vier Kriterien gekennzeichnet (vgl BGHZ 25, 271, 274; 33, 286, 292; 67, 14, 19; 72, 355, 358; BGH LM Nr 23; BGH NJW 1987, 2810, 2811):

(1) Mehrere Personen haben unabhängig voneinander eine für den Rechtskreis des Geschädigten gefährliche Handlung begangen.

(2) Eine dieser Handlungen hat den Schaden tatsächlich verursacht.

(3) Die Handlung einer jeden Person kann den Schaden verursacht haben.

(4) Der wirkliche Urheber des Schadens ist nicht zu ermitteln.

67 Seinem Sinn und Zweck nach wird § 830 Abs 1 S 2 auch auf den Fall erstreckt, daß sich nicht ermitteln läßt, welchen Schadensanteil der einzelne Beteiligte verursacht hat, sein Verhalten aber für den gesamten Schaden kausal sein kann. Diese sog kumulative Kausalität (auch Anteilszweifel genannt) läßt sich durch folgende vier Kriterien kennzeichnen (vgl BGHZ 33, 286, 292 f; 55, 86, 92 f; 72, 355, 358; 85, 375, 383; OLG Düsseldorf MDR 1984, 400, 401):

(1) Mehrere Personen haben unabhängig voneinander eine für den Rechtskreis des Geschädigten gefährliche Handlung begangen.

(2) Eine dieser Handlungen hat den Schaden tatsächlich verursacht, oder mehrere dieser Handlungen haben den Schaden gemeinsam tatsächlich verursacht.

(3) Die Handlung einer jeden Person kann den gesamten Schaden verursacht haben.

(4) Welchen Anteil jeder einzelne an dem Schaden wirklich hat, ist nicht zu ermitteln.

68 Eine kumulative Kausalität iS des § 830 Abs 1 S 2 liegt nicht vor, wenn feststeht, daß die Beteiligten nur je einen Teil des Schadens verursacht haben, aber unklar ist, wie groß die einzelnen Anteile sind. Hier besteht die für § 830 Abs 1 S 2 charakteristische Beweisnot des Verletzten nicht, weil der Schaden durch richterliche Schadensschätzung gemäß § 287 ZPO auf die verschiedenen Schädiger aufgeteilt werden kann (BGHZ 101, 106, 113; KG NZV 1989, 232). Diese – nicht von § 830 Abs 1 S 2 erfaßte – Fallgruppe ist in der Praxis anhand von Fallgestaltungen entwickelt worden, bei denen mehrere Täter gleichzeitig oder nacheinander in Ausnutzung derselben Gelegenheit, jedoch ohne Verbindung miteinander, aus einem Warenlager plünderten, ohne daß sich ermitteln ließ, wie hoch der Anteil des einzelnen an dem insgesamt

entstandenen Schaden war (vgl OLG Bamberg NJW 1949, 225 f; OLG Koblenz AcP 150 [1949] 453 f; OLG Braunschweig JR 1951, 658 f; OLG Hamburg MDR 1956, 676 f; BAUER JZ 1971, 4, 8; MünchKomm/MERTENS Rn 22).

4. Unabhängigkeit der Handlungen

Beiden Fallgruppen des § 830 Abs 1 S 2 ist das erste Kriterium gemein, daß mehrere Personen unabhängig voneinander eine für den Rechtskreis des Geschädigten gefährliche Handlung begangen haben. Dieses Kriterium bezeichnet zunächst die Beteiligung als „potentielle Nebentäterschaft" und grenzt die Vorschrift von § 830 Abs 1 S 1, Abs 2 ab (so Rn 64): Die mehreren Personen haben nicht bewußt und gewollt zusammengewirkt, sind also nicht Mittäter, Anstifter oder Gehilfen.

5. Verwirklichung eines Haftungstatbestandes

Darüber hinaus ist mit dem Merkmal der Begehung einer für den Rechtskreis des Geschädigten gefährlichen Handlung gemeint, daß jeder Beteiligte einen Haftungstatbestand verwirklicht haben muß, wobei abgesehen von der Kausalität alle Tatbestandsvoraussetzungen vorliegen müssen.

a) In Betracht kommende Haftungstatbestände

Es kommen alle Haftungstatbestände des 25. Titels in Betracht, einschließlich der Haftung für vermutetes Verschulden und der Gefährdungshaftung (BGHZ 55, 96, 98; BGH VersR 1956, 627, 629; OLG Düsseldorf VersR 1980, 1171; MünchKomm/MERTENS Rn 26) sowie der Billigkeitshaftung nach § 829 (RGZ 74, 143). Außerdem ist § 830 Abs 1 S 2 auf alle Gefährdungshaftungstatbestände außerhalb des BGB entsprechend anwendbar.

Das RG hat die Anwendbarkeit des § 830 Abs 1 S 2 auf Gefährdungshaftungstatbestände noch abgelehnt (RGZ 102, 316, 319 zu einem Fall der Haftung für Bergschäden nach § 148 des Preußischen Allgemeinen Berggesetzes) und darauf abgestellt, die Beweiserleichterung der Norm finde ihre Rechtfertigung im deliktischen Charakter der Handlung, der ein rechtswidriges und schuldhaftes Verhalten des Täters voraussetze (RGZ 102, 316, 320; zu dieser Argumentation EBERL-BORGES AcP 196 [1996] 491, 503 ff). Die Gefährdungshaftung betrifft demgegenüber Tatbestände, in denen eine Gefahrenquelle in rechtmäßiger und erlaubter Weise unterhalten wird.

Der innere Grund des § 830 Abs 1 S 2 erklärt sich jedoch nicht im Hinblick auf die Person des Beteiligten und sein vorwerfbares Verhalten, sondern im Hinblick auf die Person des Geschädigten und seine Beweisnot. Die Vorschrift hat die Überwindung einer Beweisschwierigkeit des Geschädigten zum Ziel, dessen Ersatzanspruch nicht daran scheitern soll, daß nicht mit voller Sicherheit festgestellt werden kann, wer von mehreren Beteiligten der eigentliche Schädiger gewesen ist. Dieser Gesetzeszweck kann auch dann zutreffen, wenn die mehreren Beteiligten eine Gefährdungshaftung trifft (vgl BGH LM Nr 12). Die dem § 830 Abs 1 S 2 zugrundeliegende Sach- und Interessenlage (so Rn 65) ist keine Besonderheit der Verschuldenshaftung; sie kann genauso vorliegen, wenn die Verwirklichung von Gefährdungshaftungstatbeständen in Rede steht. Der BGH ist der Argumentation des RG daher zu Recht nicht gefolgt und wendet mit der allgemeinen Meinung in der Literatur § 830 Abs 1 S 2 auch auf die Gefährdungshaftungstatbestände an (BGH LM Nr 12 [zu § 7 StVG]; BGHZ 101, 106, 111 = NJW 1987, 2811, 2812; ebenso OLG Stuttgart VersR 1973, 325, 327; EBERL-BORGES AcP 196 [1996] 491, 512 f; MünchKomm/MERTENS Rn 26; SOERGEL/ZEUNER Rn 14; SCHANTL VersR 1981, 105, 106; BAUER JZ 1971, 4, 10; WEIMAR MDR 1960, 463, 464; die analoge Anwendbarkeit ist allerdings – wegen weitgehend fehlender Gesetzeslücke – eingeschränkt im Hinblick auf § 22 WHG und § 1 UmweltHG, vgl EBERL-BORGES AcP 196 [1996] 491, 541 ff, 547 ff).

74 Es wird befürchtet, daß es durch diese Anwendung zu einer zu weitgehenden Ausdehnung der Gefährdungshaftung kommen könnte, weil sich neben dem sowieso schon entfallenden Verschuldensnachweis zusätzlich der Kausalitätsnachweis erübrige (vgl SCHANTL VersR 1981, 105, 106). Eine derartige Gefahr besteht jedoch nicht. Eine Ausuferung der Gefährdungshaftung wird verhindert durch das dritte Kriterium der alternativen und der kumulativen Kausalität: Die Unterhaltung der Gefahrenquelle muß den (gesamten) Schaden verursacht haben *können*. Diese potentielle Kausalität liegt nicht schon durch die generelle, abstrakte Gefährlichkeit der betriebenen Anlage, des gehaltenen Tieres usw vor, an die die Gefährdungshaftungstatbestände anknüpfen (su Rn 88).

75 § 830 Abs 1 S 2 ist auch anwendbar, wenn ein Verschuldenshaftungstatbestand mit einem Gefährdungshaftungstatbestand zusammentrifft (BGB-RGRK/STEFFEN Rn 15).

76 Auf vertragliche Schadensersatzansprüche ist § 830 Abs 1 S 2 entsprechend anwendbar (OLG Hamm, einschlußweise wiedergegeben in BGH VersR 1968, 493, 494; SCHANTL VersR 1981, 105, 107; der BGH hat die Frage in VersR 1968, 493, 494 offengelassen). Der historische Gesetzgeber hat den Fall, daß dem Geschädigten der Verursachungsnachweis infolge der Beteiligung mehrerer Vertragspartner erschwert sein kann, nicht absichtlich ungeregelt gelassen. Das gesetzgeberische Motiv für die Beweiserleichterung des § 830 Abs 1 S 2 rechtfertigt die analoge Anwendung (vgl SCHANTL VersR 1981, 105, 107 f). Sie setzt ein vertragswidriges Verhalten jedes Beteiligten voraus (BGH MDR 1968, 399; OLG Hamm NJW 1982, 2005, 2007).

77 Entsprechend anwendbar ist § 830 Abs 1 S 2 schließlich auch auf den Ausgleichsanspruch nach § 906 Abs 2 S 2 (BGHZ 101, 106, 111 = NJW 1987, 2811, 2812; PALANDT/THOMAS Rn 14), auf den Beseitigungsanspruch nach § 1004 Abs 1 (LG Köln NJW-RR 1990, 865, 866) sowie auf Entschädigungsansprüche aus enteignendem und enteignungsgleichem Eingriff (BGHZ 101, 106, 111 = NJW 1987, 2811, 2812; PALANDT/THOMAS Rn 14).

b) Verwirklichung der Tatbestandsmerkmale durch jeden Beteiligten

78 Die Voraussetzung, daß jeder Beteiligte einen Haftungstatbestand verwirklicht haben muß, bedeutet, daß abgesehen vom Tatbestandsmerkmal der Kausalität bei jedem Beteiligten die Voraussetzungen einer unerlaubten Handlung nach §§ 823 ff, eines außerhalb des BGB geregelten Gefährdungshaftungstatbestandes oder eines sonstigen Tatbestandes, auf den § 830 Abs 1 S 2 entsprechend anwendbar ist, vorliegen müssen (vgl BGH NJW 1989, 2943, 2944).

79 Im Falle eines Verschuldenshaftungstatbestandes muß das Verhalten jedes Beteiligten also insbesondere rechtswidrig sein (BGH VersR 1979, 822). § 830 Abs 1 S 2 entfällt, und zwar auch für den oder die anderen Beteiligten, wenn für einen Täter ein Recht-

fertigungsgrund eingreift. Denn es besteht die Möglichkeit, daß die Verletzung des Geschädigten zulässig war, und diese Zweifel räumt die Vorschrift nicht aus (BGH LM Nr 2; BGB-RGRK/STEFFEN Rn 17; MünchKomm/MERTENS Rn 25, 26; SOERGEL/ZEUNER Rn 15).

Gleiches gilt für das Verschulden: Handelt einer der möglichen Schädiger nicht vor- **80** sätzlich oder fahrlässig, so steht dem Geschädigten ein Ersatzanspruch nicht zweifelsfrei zu. § 830 Abs 1 S 2 ist in diesem Fall unanwendbar (BGH LM Nr 2; OLG Karlsruhe OLGRspr 9, 41; BAUER JZ 1971, 4, 7; LARENZ/CANARIS, Schuldrecht II/2 § 82 II 3 a; MünchKomm/MERTENS Rn 25). Umstritten ist, ob dies auch dann gilt, wenn einem Schädiger die Deliktsfähigkeit fehlt. Teilweise wird die Ansicht vertreten, daß die Deliktsunfähigkeit eines Beteiligten die übrigen nicht entlasten könne. Die Ersatzpflicht der anderen Beteiligten bleibt danach unberührt, und nur die Haftung des Zurechnungsunfähigen wird nach Maßgabe des § 829 beschränkt (MünchKomm/MERTENS Rn 25; BGB-RGRK/STEFFEN Rn 17; ebenso noch STAUDINGER/SCHÄFER[12] Rn 34; die zitierte Entscheidung RGZ 74, 143 besagt lediglich, daß im Rahmen des § 830 Abs 1 S 2 auch eine Haftung nach § 829 in Betracht kommt). Dem ist zu widersprechen (ebenso OLG Schleswig MDR 1983, 1023, 1024; SOERGEL/ZEUNER Rn 18; BYDLINSKI, in: FS Beitzke, 3, 19 ff; BAUER JZ 1971, 4, 7). § 830 Abs 1 S 2 betrifft den Fall, daß dem Geschädigten ein Ersatzanspruch zweifelsfrei zusteht und lediglich unklar ist, gegen wen er sich richtet. Ist ein Beteiligter deliktsunfähig, steht dem Geschädigten ein Ersatzanspruch gerade nicht zweifelsfrei zu: Ist der Deliktsunfähige der tatsächliche Verursacher, so kann ihn der Geschädigte nach der Risikoverlagerung der §§ 827, 828 nicht in Anspruch nehmen, sondern hat den Schaden hinzunehmen – es sei denn, die Billigkeitshaftung nach § 829 greift ein. Das Risiko, daß einer der Beteiligten schadensersatzrechtlich nicht belangt werden kann, soll dem Geschädigten nicht durch § 830 Abs 1 S 2 abgenommen werden. Er hat dieses Risiko genauso hinzunehmen, wie wenn er durch einen deliktsunfähigen Alleinbeteiligten geschädigt worden wäre. Bestünde dem deliktsunfähigen Beteiligten gegenüber ein Anspruch aus § 829, so haften alle Beteiligten nur dem sich daraus ergebenden Umfang.

Ist zweifelhaft, ob dem in Anspruch Genommenen überhaupt eine unerlaubte Hand- **81** lung zur Last fällt, so ist für die Anwendung des § 830 Abs 1 S 2 kein Raum (BGH NJW 1989, 2943, 2944; BGHZ 89, 383, 399 f = NJW 1984, 1226, 1230; BGH VersR 1961, 85, 86; 1965, 1046, 1048; OLG Stuttgart NJW 1968, 2202; OLG Hamburg MDR 1968, 321; MünchKomm/ MERTENS Rn 26; BGB-RGRK/STEFFEN Rn 17). § 830 Abs 1 S 2 kommt also nicht zum Tragen, wenn nur möglicherweise mehrere Beteiligte vorhanden sind (so aber LG Freiburg MDR 1981, 497). Hat sich ein Demonstrant erst ab einem bestimmten Zeitpunkt einer Gruppe von Gewalttätern angeschlossen und ist nicht feststellbar, ob die eingetretenen Schäden vor oder nach diesem Zeitpunkt entstanden sind, so läßt sich die Haftung nicht über § 830 Abs 1 S 2 begründen (BGHZ 89, 383, 399 f = NJW 1984, 1226, 1230).

6. Unzweifelhaftes Bestehen eines Ersatzanspruchs

Nach dem zweiten Kriterium muß eine der gefährlichen Handlungen den Schaden **82** tatsächlich verursacht haben (so bei alternativer Kausalität), oder es müssen jedenfalls mehrere dieser Handlungen den Schaden gemeinsam tatsächlich verursacht haben (so bei kumulativer Kausalität). Daraus folgt in Zusammenhang mit dem ersten Kriterium, daß dem Geschädigten auf jeden Fall ein Ersatzanspruch zustehen muß (vgl BGHZ 60, 177, 181; MünchKomm/MERTENS Rn 23). Es muß also sicher sein, daß der Schaden nicht auf anderen Ursachen als dem Verhalten der möglichen Schädiger beruht. § 830 Abs 1 S 2 ist demnach unanwendbar, wenn der Schaden auch durch Naturereignisse verursacht worden sein kann (MünchKomm/MERTENS Rn 24; BGB-RGRK/STEFFEN Rn 18; ERMAN/SCHIEMANN Rn 7).

83 Das gleiche gilt, wenn der Verletzte selbst als Verursacher des Schadens in Betracht kommt (BGHZ 60, 177, 181; 67, 14, 20; BGH NJW 1973, 1283; MünchKomm/MERTENS Rn 24; BGB-RGRK/STEFFEN Rn 19; ERMAN/SCHIEMANN Rn 7). Die Gegenmeinung bejaht eine nach § 254 geminderte Haftung (OLG Celle NJW 1950, 951 f; SOERGEL/ZEUNER Rn 18; WEKKERLE 146 f; DEUTSCH, Allgemeines Haftungsrecht [2. Aufl 1996] Rn 526 f; HEINZE NJW 1973, 2021, 2022; ders VersR 1973, 1081, 1086). Diese Ansicht verkennt, daß es nicht dem Zweck der Vorschrift entspricht, dem Geschädigten auch bei nur möglicher Berechtigung einen Ersatzanspruch zu verschaffen. Kommt allerdings nur eine Mitbeteiligungsquote des Geschädigten in Betracht, so bleibt § 830 Abs 1 S 2 wegen der (hypothetischen) Restquote anwendbar. Auszugehen ist dann von derjenigen Konstellation, die dem Geschädigten am ungünstigsten ist. Nur bezüglich dieser „geringsten" (hypothetischen) Restquote steht eine Haftung eines der übrigen Beteiligten zweifelsfrei fest (BGHZ 72, 355, 363; BGH LM Nr 23; BGH VersR 1976, 992, 995; BGB-RGRK/STEFFEN Rn 19; ERMAN/SCHIEMANN Rn 7).

84 Trifft den Geschädigten im Verhältnis zu einem von mehreren nach § 830 Abs 1 S 2 haftenden Beteiligten ein Mitverschulden, so können auch die anderen Beteiligten, wenn ihr Verursachungsbeitrag nicht positiv festgestellt ist, nur zu der geringsten (hypothetischen) Haftungsquote verurteilt werden (BGH LM Nr 23; MünchKomm/MERTENS Rn 35).

85 Vor allem im Rahmen der Gefährdungshaftung – namentlich bei der Kraftfahrzeughalterhaftung nach § 7 StVG angesichts der heutigen Intensität des Straßenverkehrs – kann die Situation eintreten, daß neben den sicheren Beteiligten weitere nur mögliche Beteiligte vorhanden sind oder nicht ausgeschlossen werden kann, daß es weitere mögliche Beteiligte gibt. Der ratio des § 830 Abs 1 S 2 entspricht es, die Norm auch in solchen Fällen anzuwenden, sofern nur der Geschädigte mit Sicherheit einen Ersatzanspruch hat. Der Geschädigte kann dann lediglich die erwiesenermaßen Beteiligten nach § 830 Abs 1 S 2 in Anspruch nehmen. Die nur möglicherweise Beteiligten sind insofern von Bedeutung, als in ihrer Person – die Verwirklichung eines Haftungstatbestandes unterstellt – kein Grund für einen Haftungsausschluß vorliegen darf (vgl EBERL-BORGES AcP 196 [1996] 491, 530 ff).

7. Potentielle Kausalität

86 Nach dem sowohl für die alternative als auch für die kumulative Kausalität maßgeblichen dritten Kriterium muß die Handlung eines jeden Beteiligten den Schaden verursacht haben können. Auf diese Weise wird die für einen Ersatzanspruch allgemein erforderliche (wenn auch – wie bei der Arzthaftung – teilweise vermutete) Kausalität durch die Voraussetzung ersetzt, daß das Verhalten jedes Beteiligten geeignet sein muß, den schädigenden Erfolg herbeizuführen. Die Anforderungen an

diese potentielle Kausalität sind je nach Art des in Frage kommenden Haftungstatbestandes unterschiedlich zu bestimmen.

Bei der Verschuldenshaftung kommt eine Anwendung des § 830 Abs 1 S 2 nur in **87** Betracht, wenn eine rechtswidrige und schuldhafte Verletzungshandlung im Sinne der Haftungsnorm vorliegt (so Rn 79 f). Eine Verletzungshandlung iS eines Verschuldenshaftungstatbestandes begründet bereits als solche die Gefahr eines Schadens. Bei der potentiellen Kausalität geht es dann nur noch um die Frage, ob der tatsächlich eingetretene Schaden von eben dieser Art ist. Ist das der Fall, so liegt ohne weiteres die potentielle Kausalität vor. Das gilt für die Deliktshaftung ebenso wie für die vertragliche Haftung.

Anders als bei der Verschuldenshaftung läßt sich bei der Gefährdungshaftung die **88** potentielle Kausalität nicht auf die Entstehung einer Gefahr stützen: Die Gefährdungshaftungstatbestände knüpfen an das – erlaubte – Unterhalten einer Gefahrenquelle an, eine Gefahr liegt also von vornherein vor. Da das betreffende Verhalten somit generell Schäden verursachen kann, stellt sich die Frage nach dem maßgeblichen Wahrscheinlichkeitsgrad. Die abstrakte, von der Gefahrenquelle generell ausgehende Gefahr genügt für die Bejahung der potentiellen Kausalität nicht. Vielmehr ist erforderlich, daß sich diese abstrakte Gefahr in einer bestimmten Weise konkretisiert hat, so daß die Verursachung des Schadens nicht nur als theoretisch denkbar, sondern als praktisch möglich erscheint (vgl BODEWIG AcP 185 [1985] 505, 520). Es muß eine Situation eingetreten sein, in der sich die ständig vorliegende, abstrakte Gefahr derart verdichtet hat, daß die Verursachung der Rechtsgutsverletzung nur noch eine Frage des Zufalls ist. Bei der Bestimmung dieser Situation im einzelnen kommt es auf die Art der Gefahrenquelle und die von ihr ausgehende abstrakte Gefahr an. Da die Gefährdungshaftung kein einheitlicher Tatbestand ist, sind die Anforderungen an die potentielle Kausalität für jeden Gefährdungshaftungstatbestand gesondert zu spezifizieren (vgl dazu eingehend EBERL-BORGES AcP 196 [1996] 491, 522 ff). Für die Beteiligung an einer nach § 7 StVG zu beurteilenden Körperverletzung eines von einem Kraftfahrzeug überfahrenen Mopedfahrers reicht es beispielsweise nicht aus, daß der in Anspruch genommene Kraftfahrer zur fraglichen Zeit mit seinem Kraftfahrzeug an der Unfallstelle vorbeigefahren ist und den Mopedfahrer daher überfahren haben könnte. Der Geschädigte hat vielmehr den Nachweis einer verkehrswidrigen Fahrweise des in Anspruch Genommenen zu führen (vgl OLG Düsseldorf VersR 1987, 568; strenger SCHANTL VersR 1981, 105, 106: Der Geschädigte müsse nachweisen, daß der in Anspruch Genommene ihn tatsächlich überfahren habe, offen könne nur bleiben, ob ihn nicht möglicherweise noch ein weiterer Kraftfahrer überfahren habe), einen Fehler in der Beschaffenheit des Fahrzeugs oder sonst den Eintritt einer kritischen Situation nachzuweisen, in der es nur noch vom Zufall abhing, ob ein Unfall passierte oder nicht. Entlaufen drei Pferde von einer Weide und kommt es 800 m von der Weide entfernt zu einem Zusammenstoß zwischen einem Pkw und einem Pferd, wobei sich mehr als drei Pferde an der Unfallstelle aufhalten, so ist im Hinblick auf eine Haftung des Halters jener drei Pferde nach §§ 833 S 1, 830 Abs 1 S 2 die potentielle Kausalität nicht zu bejahen (EBERL-BORGES AcP 196 [1996] 491, 524 f; aA OLG Köln NZV 1990, 351, 352).

8. Unaufklärbarkeit der Verursachung

89 Nach dem vierten Kriterium setzt § 830 Abs 1 S 2 voraus, daß unaufklärbar ist, welcher der Beteiligten den Verletzungserfolg verursacht hat (so bei alternativer Kausalität) oder jedenfalls zu welchem Anteil jeder daran mitgewirkt hat (so bei kumulativer Kausalität). Haftet auch nur einer der Beteiligten aus nachgewiesener Kausalität für den ganzen Schaden, kommt deshalb eine Haftung der übrigen, nur möglicherweise kausalen Schädiger nicht in Betracht (vgl MünchKomm/MERTENS Rn 28 mit umfangreichen Nachweisen aus Rechtsprechung und Schrifttum).

a) Sog Folgeschadensfälle

90 Diese Konsequenz ist Gegenstand einer Kontroverse im Hinblick auf die Fälle, in denen die mehreren Beteiligten zeitlich nacheinander unerlaubte Handlungen begehen, namentlich im Hinblick auf Verkehrsunfälle. Hier hat häufig der Ersttäter durch sein Verhalten schon eine adäquate Ursache für den gesamten Schaden gesetzt und haftet deshalb aus nachgewiesener Kausalität. So liegt es, wenn ein bei einem Verkehrsunfall Verletzter auf dem Transport ins Krankenhaus erneut einen Unfall erleidet (Fallkonstellation nach BGHZ 55, 86) oder ein auf der Straße liegendes Unfallopfer von einem weiteren Fahrzeug erfaßt wird (Fallkonstellation nach BGHZ 33, 286). Umstritten ist, ob der Geschädigte in diesen Fällen auch den Zweitschädiger über § 830 Abs 1 S 2 in Anspruch nehmen kann.

91 Der BGH hat die Anwendbarkeit des § 830 Abs 1 S 2 unter Hinweis auf die Beweisschwierigkeiten des Geschädigten zunächst bejaht (BGHZ 33, 286, 291, 292 = NJW 1961, 263, 264). Das Schrifttum hat diese Rechtsprechung überwiegend gebilligt (statt vieler zB DEUTSCH, Allgemeines Haftungsrecht [2. Aufl 1996] Rn 524). Teilweise hat sich aber auch Widerspruch erhoben: Da der Erstschädiger erwiesenermaßen den Schaden in vollem Umfang adäquat verursacht habe, komme eine Anwendung des § 830 Abs 1 S 2 und damit eine zusätzliche Haftung des potentiellen Zweitschädigers nicht in Betracht (sog Subsidiarität der Haftung aus § 830 Abs 1 S 2; GERNHUBER JZ 1961, 148; KÖNDGEN NJW 1970, 2281; HEINZE VersR 1973, 1081, 1086; BRAMBRING 113). Der BGH hat seine Rechtsprechung in BGHZ 55, 86 (= NJW 1971, 506) verteidigt: Auch wenn der Erstschädiger unter dem Gesichtspunkt der adäquaten Kausalität rechtlich für den gesamten Schaden hafte, sei ein berechtigtes Interesse des Geschädigten anzuerkennen, den Zweitschädiger in Anspruch zu nehmen, so wenn der Erstschädiger der Person nach nicht mehr festgestellt werden könne oder vermögenslos sei. § 830 Abs 1 S 2 verstehe das alternative Kausalverhältnis nur in einem natürlichen Sinne (BGHZ 55, 86, 90 ff).

92 Beginnend mit der Entscheidung BGHZ 67, 14 (= NJW 1976, 1934) hat der BGH seine Rechtsprechung geändert: Die Anwendbarkeit des § 830 Abs 1 S 2 entfalle, wenn einer der für die Beteiligung in Betracht Kommenden erwiesenermaßen hafte, denn in diesem Fall bestehe nicht die Beweisnot des Geschädigten, die dem Gesetzgeber Veranlassung zu der Sonderregelung des § 830 Abs 1 S 2 gegeben habe (BGHZ 67, 14, 19 f). Allerdings hat der BGH in dieser Entscheidung noch offengelassen, ob an der früheren Rechtsprechung festzuhalten sei, sofern es nicht nur ein Schadensereignis gebe, sondern jeder „Beteiligte" selbständig einen Schadensfall verursacht habe und sich der zweite Schadensfall als ein dem ersten Schädiger ursächlich zuzurechnender Folgeschaden darstelle (BGHZ 67, 14, 21 f). Erst in BGHZ 72, 355 (= NJW 1979, 544) hat

der BGH entschieden, daß diese „Privilegierung der Folgeschadensfälle" nicht aufrechterhalten werden könne (BGHZ 72, 355, 361; ihm folgend KG NZV 1989, 232). § 830 Abs 1 S 2 dürfe nicht dazu mißbraucht werden, dem Geschädigten weitere, eventuell solventere Schuldner zu verschaffen (BGHZ 72, 355, 361, 362). Im Schrifttum hat die Abkehr von der früheren Rechtsprechung teils Zustimmung gefunden (BAUMGÄRTEL, Handbuch der Beweislast I [2. Aufl 1991] Rn 10 mwN; MünchKomm/MERTENS Rn 29; BGB-RGRK/STEFFEN Rn 20; SCHNEIDER JR 1977, 330, 331), teils ist sie – insbesondere im Hinblick auf die ratio des § 830 Abs 1 S 2 – auf Kritik gestoßen (vgl insbes FRAENKEL NJW 1979, 1202 f; DEUTSCH NJW 1981, 2731; BREHM JZ 1980, 585; BYDLINSKI, in: FS Beitzke [1979] 3, 16 ff; ESSER/WEYERS, Schuldrecht BT, § 60 I 1 d; vgl detaillierter zur geschichtlichen Entwicklung STAUDINGER/SCHÄFER[12] Rn 22 ff).

Der neueren Rechtsprechung des BGH ist beizupflichten. Die Durchbrechung des **93** Kausalitätsprinzips in § 830 Abs 1 S 2 rechtfertigt sich aus dem Gedanken, daß es gerechter erscheint, auch die nur möglichen Schadensverursacher haften als den Geschädigten leer ausgehen zu lassen, falls eine Beweisnotlage eingetreten ist, die gerade darin besteht, daß der Geschädigte nicht nachzuweisen vermag, welche Gefährdungshandlung der potentiellen Schädiger seinen Schaden tatsächlich verursacht hat. Diese Beweisnotlage besteht in den Folgeschadensfällen gerade nicht. Der Schadensausgleich scheitert nicht an der Unmöglichkeit festzustellen, wer von mehreren den Schaden verursacht hat. Der Geschädigte erhält nur deshalb keinen Ausgleich, weil er den bestehenden Anspruch nicht durchsetzen kann, da sich die Identität des Schädigers nicht ermitteln läßt oder dieser vermögenslos ist. Diese Umstände sind von der in § 830 Abs 1 S 2 gemeinten Beweisnotlage völlig verschieden (BRAMBRING 116). Es handelt sich um Risiken, die bei jedem Schadensereignis auftreten können und keine Spezialität von Schadensfällen mit Beteiligung mehrerer Personen darstellen (vgl BRAMBRING 112; SOERGEL/ZEUNER Rn 20; das verkennen BREHM JZ 1980, 585 f; BYDLINSKI, in: FS Beitzke [1979] 4, 8 ff). Es ist nicht Zweck des § 830 Abs 1 S 2, dem Geschädigten auch diese Risiken abzunehmen.

Die gegen die neuere Rechtsprechung von Teilen der Literatur vorgebrachten Ein- **94** wände greifen nicht durch. Die von DEUTSCH (NJW 1981, 2731, 2732) der Vorschrift des § 830 Abs 1 S 2 zugrundegelegte Zweckerwägung, es erscheine gerecht, lieber mehrere gefährlich Handelnde gemeinschaftlich haften als den Verletzten ohne Anspruch ausgehen zu lassen, ist zwar nicht falsch. Diese Zweckerwägung gilt aber nur auf der Grundlage der soeben dargelegten Beweisnot des Geschädigten, nicht im Hinblick auf sonstige Umstände, die bei Folgeschadensfällen allein vorliegen, wie die Nichtermittelbarkeit der Person des Schädigers oder dessen Vermögenslosigkeit. Ob es eine zweite wesentliche Funktion des § 830 Abs 1 S 2 ist, einen gerechten Ausgleich zwischen Erst- und Zweitschädiger zu ermöglichen (so FRAENKEL NJW 1979, 1202; DEUTSCH NJW 1981, 2731, 2732), erscheint zumindest zweifelhaft. Jedenfalls hat diese Erwägung allein den Ausgleichsanspruch des Erstschädigers gegen den Zweitschädiger im Blick. Für den – auf der Grundlage dieser Ansicht – vom Geschädigten nach § 830 Abs 1 S 2 in Anspruch genommenen Zweitschädiger ist dagegen ein gerechter Ausgleich gerade nicht möglich, wenn die Person des Erstschädigers nicht zu ermitteln oder dieser vermögenslos ist.

b) **Fälle vom Typ des „Kanalschachtbeispiels" des BGH**
Eine ähnliche Problematik wie in den Folgeschadensfällen entsteht, wenn neben **95**

einer Schadensursache, die aus einem Kreis von Alternativtätern stammt, eine eigenständige weitere Schadensbedingung vorliegt, für die ein anderer aus feststehender Verursachung haftet. Zur Veranschaulichung diene das berühmte „Kanalschachtbeispiel" des BGH: Auf der Straße steht ein Kanalschacht offen, weil der für die Abdeckung Verantwortliche schuldhaft seine Pflicht versäumt hat; der Verletzte fällt, von zwei Personen angestoßen, infolge des einen (welchen?) der Stöße in den Kanalschacht (BGHZ 67, 14, 20; 72, 355, 359). In diesem Fall haftet der für die Nichtabdeckung des Schachts Verantwortliche für die Verletzungen aus dem Sturz, so daß – wie in den Folgeschadensfällen – ein dem Geschädigten erwiesenermaßen Haftender feststeht. Gleichwohl soll nach Ansicht des BGH (BGHZ 67, 14, 20; 72, 355, 359) – ihm folgend die Literatur (MünchKomm/MERTENS Rn 30; SOERGEL/ZEUNER Rn 21; BGB-RGRK/STEFFEN Rn 21) – § 830 Abs 1 S 2 gegenüber den beiden Alternativtätern anwendbar bleiben.

96 Die vom BGH für diese Privilegierung gegenüber den Folgeschadensfällen angegebenen Gründe leuchten nicht ein. Der BGH führt an, der Zugriff auf den sicher Haftenden könne aus rechtlichen wie aus wirtschaftlichen Gründen weniger erfolgreich sein (BGHZ 72, 355, 359). Jedoch können wirtschaftliche Gründe für die Frage der Anwendbarkeit des § 830 Abs 1 S 2 keine Rolle spielen (so Rn 92 f). Welche rechtlichen Gründe der BGH im „Kanalschachtbeispiel" im Blick hat, ist nicht erkennbar. Denkbar sind andere Fälle, in denen der aus feststehender Verursachung Haftende nicht für den gesamten Schaden einzustehen hat, weil er ihn nur zum Teil verursacht hat. Hier ist bezüglich des restlichen Schadensanteils § 830 Abs 1 S 2 ohne weiteres auf die Alternativtäter anwendbar, die als Verursacher ausschließlich in Frage kommen. In wieder anderen Fällen mag dem feststehenden Verursacher ein Rechtfertigungsgrund zur Seite stehen oder er mag entschuldigt gehandelt haben oder deliktsunfähig sein. Jedoch besteht das Risiko, von einer solchen Person geschädigt zu werden, auch in Alleintäterfällen. Der Geschädigte hat dieses Risiko nach der Rechtsordnung zu tragen, und auch § 830 Abs 1 S 2 nimmt es ihm nicht ab (so Rn 79 f).

97 Die selbständige Anwendung des § 830 Abs 1 S 2 auf den Gefahrenkreis der beiden Beteiligten, die den Geschädigten angerempelt haben – im Unterschied zur Anwendung des § 830 Abs 1 S 2 auf das Schadensereignis als solchem – rechtfertigt sich allerdings mit der Erwägung, daß im Unterschied zu den Folgeschadensfällen eine haftungsbegründende Schadensverursachung aus ihrem Kreis feststeht (vgl SOERGEL/ZEUNER Rn 21). Der Geschädigte hat also insbesondere auch dann mit Sicherheit einen Ersatzanspruch, wenn die Haftung des für die Abdeckung des Kanalschachts Verantwortlichen entfällt, weil er beispielsweise gerechtfertigt oder entschuldigt handelte. § 830 Abs 1 S 2 verhilft dem Geschädigten somit in Fällen vom Typ des „Kanalschachtbeispiels" zu einem (uU zusätzlichen) Ersatzanspruch gegen die Alternativtäter.

c) Sonstige Fälle

98 Der Grundsatz, wonach eine Haftung der nur möglicherweise kausalen Schädiger nicht in Betracht kommt, wenn ein weiterer Beteiligter aus nachgewiesener Kausalität für den ganzen Schaden haftet, steht der Anwendung des § 830 Abs 1 S 2 nicht entgegen, wenn ein sicherer Ersatzanspruch aufgrund eines Versicherungsvertrages besteht (BGHZ 55, 86, 90; MünchKomm/MERTENS Rn 30; SOERGEL/ZEUNER Rn 21). Denn der

Versicherer haftet nicht aus feststehender Verursachung für den Schaden. Aus dem gleichen Grund schließt die rechtskräftige Verurteilung eines der Alternativtäter die Inanspruchnahme eines anderen nicht aus (BGH LM Nr 23; SOERGEL/ZEUNER Rn 21; MünchKomm/MERTENS Rn 30).

9. Weitere Voraussetzungen für eine Beteiligung iS des § 830 Abs 1 S 2

Ob die Anwendbarkeit des § 830 Abs 1 S 2 von weiteren Voraussetzungen im Hinblick auf den Begriff des Beteiligten abhängt, ist in Rechtsprechung und Literatur umstritten. **99**

Die Rechtsprechung und ihr folgend ein Teil des Schrifttums verlangen, daß die **100** mehreren selbständigen Gefährdungshandlungen in räumlicher und zeitlicher Hinsicht einen tatsächlich zusammenhängenden einheitlichen Vorgang bilden, der insbesondere durch die Gleichartigkeit der Gefährdungshandlungen gekennzeichnet ist (BGHZ 25, 271, 274; 33, 286, 291; 55, 86, 93, 95 f; OLG Köln MDR 1982, 408 f; offengelassen in BGHZ 101, 106 112; vgl auch PALANDT/THOMAS Rn 9). Teilweise zusätzlich zu dieser objektiven Voraussetzung fordert eine weitere Ansicht in der Literatur, daß zwischen den potentiellen Schädigern auch eine subjektive Verbindung besteht, indem sie voneinander wissen (TRAEGER 284 ff; OERTMANN Anm 3; ebenso noch die ältere Rechtsprechung, RGZ 96, 224, 226; vgl auch RG JW 1909, 687) oder wissen müssen (DEUTSCH, Allgemeines Haftungsrecht [2. Aufl 1996] Rn 523; ders JZ 1972, 105, 106 f). Die hL lehnt demgegenüber jede Einschränkung objektiver oder subjektiver Art ab (SOERGEL/ZEUNER Rn 16 f; BGB-RGRK/STEFFEN Rn 25; MünchKomm/MERTENS Rn 31 f; ERMAN/SCHIEMANN Rn 8; ESSER/WEYERS, Schuldrecht BT § 60 I 1 b; BYDLINSKI JurBl 1959, 1, 12; BAUER JZ 1971, 4, 5; DEUBNER JuS 1962, 383, 385 f; BRAMBRING 48).

Die Ansicht, die auf eine subjektive Verbindung der Beteiligten abstellt, ist abzulehnen. **101** Haftungsgrundlage des § 830 Abs 1 S 2 ist nicht das besondere Risiko gemeinschaftlicher Gefährdung oder deren Erkennbarkeit durch die Beteiligten, sondern die zurechenbare Rechtsgutsgefährdung durch jeden einzelnen der Beteiligten (vgl MünchKomm/MERTENS Rn 21). Würde gerade die bewußte Beteiligung an einem gefährlichen Tun die Mitverantwortung aller Beteiligten begründen, hätte § 830 Abs 1 S 2 den Charakter eines Gefährdungstatbestandes. Jeder Beteiligte müßte bereits wegen dieser Beteiligung haften, ohne Rücksicht darauf, ob er oder ein anderer den Schaden verursacht hat, so daß eine Entlastung insoweit ausgeschlossen wäre. Über die Zulässigkeit des Entlastungsbeweises besteht jedoch seit RGZ 121, 400, 404 in Rechtsprechung und Lehre zu Recht Einigkeit (vgl BAUER JZ 1971, 4, 5; BRAMBRING 88 f; s zum Entlastungsbeweis auch u Rn 106–108). Im übrigen dürften Fallgestaltungen, in denen mit einer hinzutretenden Gefährdungshandlung eines weiteren Beteiligten nach dem Sorgfaltsmaßstab des § 276 Abs 1 S 2 nicht gerechnet werden müßte, kaum denkbar sein (vgl BGB-RGRK/STEFFEN Rn 25).

Auch das Erfordernis eines objektiv einheitlichen Vorgangs ist durch das Ziel des **102** § 830 Abs 1 S 2, die Beweisnot des Verletzten zu beheben, nicht bedingt. Zwar wird sich in den meisten Fällen gerade infolge eines nahen örtlichen und zeitlichen Zusammenhangs der Handlungen und der Gleichartigkeit der Gefährdung die Schadensursache sehr schwer oder gar nicht aufklären lassen. Doch ist das allenfalls die typische Situation, die nicht allein deswegen zur einschränkenden Haftungsvoraussetzung erhoben werden darf. Die gleichen Beweisschwierigkeiten können sich bei zeitlich und örtlich weit auseinanderliegenden, verschiedenartigen Deliktshandlungen ergeben, so namentlich bezüglich einer alternativen Kausalität für Spät- und Folgeschäden (BAUER JZ 1971, 4, 6; DEUBNER JuS 1962, 383, 385 f). Sofern eine Ersatzberechtigung des Verletzten feststeht, ist es auch in diesen Fällen interessengerecht, die Unaufklärbarkeit des Kausalzusammenhangs dem möglichen Schädiger anzulasten.

103 Die Bedeutung des Streits relativiert sich dadurch, daß das Erfordernis des objektiv einheitlichen Vorgangs soweit ersichtlich in der Praxis bisher nur ein einziges Mal, und zwar in einer Entscheidung des RG vom 9. 6. 1913 (RG Recht 1913 Nr 2415) streitentscheidend gewesen ist. Dort war die Klägerin, die in längeren Zeitabständen mit mehreren syphilitisch erkrankten Männern geschlechtlich verkehrt hatte, an Syphilis erkrankt. Das Gericht verneinte die zeitliche und örtliche Einheitlichkeit des Vorgangs. In den beiden anderen Entscheidungen des RG (RGZ 96, 224 und RG Warn 1908 Nr 315), die immer wieder als Beleg für das Erfordernis des objektiv einheitlichen Vorgangs in der Rechtsprechung angeführt werden (vgl BGB-RGRK/STEFFEN Rn 24; ebenso STAUDINGER/SCHÄFER[12] Rn 39), scheiterte die Anwendbarkeit des § 830 Abs 1 S 2 schon aus anderen Gründen (vgl WECKERLE 127). In der Entscheidung RGZ 96, 224, die einen ähnlichen Sachverhalt wie RG Recht 1913 Nr 2415 betrifft, schied eine Haftung bereits deshalb aus, weil nicht nachgewiesen war, daß der Beklagte zu der Zeit, als er mit der Klägerin geschlechtlich verkehrte, geschlechtskrank war; es stand somit nicht fest, ob der Beklagte überhaupt – abgesehen vom Merkmal der Kausalität – den Tatbestand einer unerlaubten Handlung verwirklicht hatte. In RG Warn 1908 Nr 315 ging es um einen Fall, in dem sich in einem Treppenhaus Glatteis gebildet hatte, auf dem der Kläger ausrutschte und zu Fall kam. Es ließ sich nicht feststellen, ob das Wasser, das zur Glatteisbildung führte, durch das schadhafte Dach eingedrungen oder ob es vom Dienstmädchen eines Mieters dort verschüttet worden war. Es stand demnach gar nicht fest, ob mehrere zur Herbeiführung des Schadens geeignete Handlungen gegeben waren; es mangelte also nicht am einheitlichen Vorgang, sondern am Nachweis mehrerer rechtsgutsgefährdender alternativ ursächlicher Handlungen.

104 Dem BGH lagen zunächst keine Fälle zur Entscheidung vor, in denen eine Haftung am Fehlen des objektiv einheitlichen Vorgangs hätte scheitern müssen. Erst die Intensivierung des Kraftfahrzeugverkehrs führte zu Sachverhalten, in denen dieses Kriterium problematisch wurde (vgl BRAMBRING 86). Der BGH ließ allerdings in keinem Fall die Haftung wegen des fehlenden zeitlichen oder örtlichen Zusammenhangs scheitern, sondern verringerte schrittweise die Anforderungen an die Einheitlichkeit. Der zeitliche Zusammenhang wurde beispielsweise in einem Fall bejaht, in denen der hilflos auf einer wenig befahrenen Straße liegende Geschädigte nachts in Abständen von vielen Stunden mehrfach überfahren wurde (BGH VersR 1967, 999). Am örtlichen Zusammenhang sollte es in einem Fall nicht fehlen, in dem der bei einem Verkehrsunfall Verletzte auf dem Transport ins Krankenhaus 2,5 km von der ersten Unfallstelle entfernt einen zweiten Unfall erlitt (BGHZ 55, 86, 95 f). Der zeitliche und örtliche Zusammenhang ist damit so weit relativiert, daß diesen beiden Merkmalen heute keine praktische Bedeutung mehr zukommen dürfte. Die Gleichartigkeit der Gefährdungshandlungen – die vom Kriterium des objektiv einheitlichen Vorgangs noch übrig bleibt – ist bereits in dem Merkmal enthalten, daß das Verhal-

ten jedes Beteiligten geeignet sein muß, den Schaden herbeizuführen. Insofern erscheint das Kriterium der Einheitlichkeit heute nur noch als Sicherheitsvorbehalt der Rechtsprechung gegenüber nicht abschätzbaren besonderen Fallkonstellationen, für die Möglichkeiten der Haftungsbeschränkung nicht verschlossen werden sollen (BGB-RGRK/STEFFEN Rn 25). Ein solcher Sicherheitsvorbehalt ist allerdings unnötig. Die Gefahr einer „uferlosen Ausweitung" (BGHZ 55, 86, 94) des § 830 Abs 1 S 2 besteht nicht, wenn nur das Tatbestandsmerkmal der potentiellen Kausalität (s dazu o Rn 88) mit der erforderlichen Genauigkeit angewandt wird.

10. Beweislastverteilung

Der Geschädigte muß für jeden Beteiligten die Voraussetzungen eines Haftungstatbestandes – allerdings ohne die haftungsbegründende Kausalität – nachweisen. Der Geschädigte hat ferner zu beweisen, daß das Verhalten aller Beteiligten geeignet war, den schädigenden Erfolg herbeizuführen (BGHZ 89, 383, 399 = NJW 1984, 1226, 1230; BGH MDR 1968, 399, 400; MünchKomm/MERTENS Rn 27). **105**

Jeder Beteiligte vermag sich durch den Nachweis zu entlasten, daß sein Verhalten für den Verletzungserfolg nicht ursächlich war (ganz hM, vgl u a BGHZ 33, 286, 292; BGH NJW 1960, 862, 863; MünchKomm/MERTENS Rn 27; weitere Nachweise aus Rechtsprechung und Schrifttum bei BAUMGÄRTEL, Handbuch der Beweislast I [2. Aufl 1991] Rn 6; **aA** – gegen die widerlegbare „Kausalitätsvermutung" – DEUTSCH, Allgemeines Haftungsrecht [2. Aufl 1996] Rn 528). Für einen solchen Beweis des Gegenteils gelten keine erleichternden Beweisregeln. Der Beweis ist nur geführt, wenn das Gericht die Überzeugung gewonnen hat, daß der in Anspruch Genommene als Verursacher nicht in Betracht gezogen werden kann (BGH VersR 1962, 430, 431). **106**

Nach den zu den Folgeschadensfällen dargelegten Grundsätzen (so Rn 90 ff) kann sich jeder Beteiligte außerdem dadurch entlasten, daß er nachweist, daß ein anderer Beteiligter den ganzen Schaden tatsächlich verursacht hat. Denn bei feststehender Verursachung eines der Beteiligten scheidet nach den oben dargelegten Grundsätzen eine Anwendung des § 830 Abs 1 S 2 aus. **107**

Schließlich entlastet es den Beteiligten, wenn er nachweist, daß ein anderer Beteiligter einen Rechtfertigungs- oder Entschuldigungsgrund hat, als Deliktsunfähiger handelte, ohne daß § 829 eingreift, oder der Geschädigte sich selbst verletzt hat bzw als potentieller Schadensurheber in Betracht kommt (vgl PALANDT/THOMAS Rn 12). **108**

11. Fallbeispiele aus der Rechtsprechung

Zwei Jäger schießen gleichzeitig, getroffen wird ein Passant (RG Recht 1911 Nr 1551); Gallenanfall, ausgelöst durch drei von verschiedenen Personen schuldhaft verursachten Erregungen in der gleichen Nacht, von denen jede den Anfall zur Folge haben konnte (RGZ 148, 154, 166; BGHZ 33, 286, 288); ein Hauseinsturz konnte sowohl auf Mängeln der gelieferten Tragbalken wie auch auf dem fehlerhaften Einbau dieser Balken durch einen anderen Unternehmer beruhen (BGH LM Nr 4); Gesundheitsschädigung einer Frau, mit der zwei Personen in derselben Nacht und in dem gleichen Raum den Beischlaf vollzogen (RG WarnR 1912 Nr 387); mehrere Personen bewerfen sich mit Steinen, ein Mensch wird verletzt (RG JW 1909, 136; BGH NJW 1960, **109**

862); mehrere Personen werfen Knallerbsen auf Menschen, ein Mensch wird verletzt (RGZ 58, 357); ein infolge schuldhafter Vernachlässigung verkehrsunsicherer Weg verläuft über die unmittelbar benachbarten Grundstücke verschiedener verkehrssicherungspflichtiger Eigentümer, und ein Wegebenutzer kommt infolge dieser Vernachlässigung im Grenzbereich zu Fall, wobei nicht festgestellt werden kann, ob sich der Unfall auf dem einen oder auf dem anderen Grundstück ereignet hat (BGHZ 25, 271); Steine, die von Häusern verschiedener Eigentümer herabfallen, beschädigen eine Sache (BGH VersR 1956, 627, 629); ein von einem Bau, an dem Arbeiter mehrerer Baufirmen arbeiten, herabfallender Stein verletzt einen Fußgänger, beide Baufirmen haben ihre Pflicht zur Sicherung des Verkehrs gegen herabfallende Steine und sonstige Gegenstände schuldhaft verletzt (BGH BB 1960, 1181); bei einem Silvesterfeuerwerk entsteht durch einen Feuerwerkskörper ungeklärter Herkunft ein Schaden (OLG München MDR 1967, 671; OLG Köln MDR 1982, 408); auf ein haltendes Kfz fährt schuldhaft das nachfolgende und auf dieses schuldhaft ein drittes Kfz auf; ob der an dem haltenden Kfz entstandene Schaden schon durch den ersten oder erst durch den zweiten Aufprall verursacht wurde, ist nicht festzustellen (LG Essen VersR 1963, 100); zwei benachbarte Hauseigentümer haben beide ihre Streupflicht verletzt; unaufklärbar ist, welcher von ihnen die Ursache für den Sturz eines Passanten auf dem vereisten Bürgersteig gesetzt hat (OLG Bamberg VersR 1968, 1069).

§ 831

[1] Wer einen anderen zu einer Verrichtung bestellt, ist zum Ersatz des Schadens verpflichtet, den der andere in Ausführung der Verrichtung einem Dritten widerrechtlich zufügt. Die Ersatzpflicht tritt nicht ein, wenn der Geschäftsherr bei der Auswahl der bestellten Person und, sofern er Vorrichtungen oder Gerätschaften zu beschaffen oder die Ausführung der Verrichtung zu leiten hat, bei der Beschaffung oder der Leitung die im Verkehr erforderliche Sorgfalt beobachtet, oder wenn der Schaden auch bei Anwendung dieser Sorgfalt entstanden sein würde.

[2] Die gleiche Verpflichtung trifft denjenigen, welcher für den Geschäftsherrn die Besorgung eines der im Abs. 1 Satz 2 bezeichneten Geschäfte durch Vertrag übernimmt.

Materialien: E I §§ 711, 712; II § 754; III § 815;
Mot I 736, Prot II 596.

Schrifttum

vBar, Verkehrspflichten (1980)
ders, Gutachten und Vorschläge zur Überarbeitung des Schuldrechts, Bd II (1981) 1716
ders, culpa in contrahendo und Schutzwirkung zugunsten Dritter, JuS 1982, 16
Baumgärtel, Handbuch der Beweislast im Privatrecht, Bd I (2. Aufl 1991)
Baums, Haftung für Verrichtungsgehilfen nach deutschem und schweizerischem Recht, in: FS Rudolf Lukes (1989) 623
Baur, Zur dogmatischen Einordnung der Haftung für „Verrichtungsgehilfen", Karlsruher Forum 1962, 16
Belling/Riesenhuber, Beweislastumkehr und Mitverschulden, ZZP 108 (1995) 455
Belling, Die Haftung des Betriebsrats (1990)

BRÜGGEMEIER, Organisationshaftung, AcP 191 (1991) 33
BURHOFF, Haftungsfragen beim Einsatz von Hilfspersonal. Abgrenzung von Erfüllungs- und Verrichtungsgehilfen, Neue Wirtschaftsbriefe 1989, 2569
vCAEMMERER, Wandlungen des Deliktsrechts, Hundert Jahre deutsches Rechtsleben, in: FS 100 DJT, Bd 2 (1960) 49
CANARIS, Ansprüche wegen „positiver Vertragsverletzung" und „Schutzwirkung für Dritte" bei nichtigen Verträgen, JZ 1965, 475
ders, Schutzgesetze – Verkehrspflichten – Schutzpflichten, in: FS Karl Larenz z 80. Geburtstag (1983) 26
DENCK, Die Haftung des Vertragsschuldners für den Hauptgläubiger als Erfüllungsgehilfen im Vertrag mit Schutzwirkung für Dritte, JuS 1976, 429
ders, Der Schutz des Arbeitnehmers vor der Außenhaftung (1980)
DEUTSCH, Allgemeines Haftungsrecht (2. Aufl 1996)
DIETZ, Anspruchskonkurrenz bei Vertragsverletzung und Delikt (1939)
DUBISCHAR, Richtiges und Mißverständliches am Begriff der Haftungseinheit, NJW 1967, 608
ERDSIEK, Karlsruher Forum (1960)
ESSER/WEYERS, Schuldrecht II (7. Aufl 1991)
ESSER, Die Verantwortung des Verletzten für mitwirkendes Verschulden seiner Hilfspersonen, JZ 1952, 257
ders, Grundlagen und Entwicklung der Gefährdungshaftung (2. Aufl 1969) 37
FIKENTSCHER, Das Schuldrecht (8. Aufl 1992)
FOERSTE, Deliktische Haftung für Schlechterfüllung, NJW 1992, 27
FUCHS, Arbeitsteilung und Haftung, JZ 1994, 533
GERNHUBER, Drittwirkungen im Schuldverhältnis kraft Leistungsnähe, in: FS Arthur Nikisch (1958) 249
ders, Gläubiger, Schuldner und Dritte, JZ 1962, 553
ders, Das Schuldverhältnis (1989)
HASSOLD, Die Lehre vom Organisationsverschulden, JuS 1982, 583
HEISEKE/LARENZ, Zur Schutzwirkung eines Schuldvertrages gegenüber dritten Personen, NJW 1960, 77
HELM, Rechtsfortbildung und Reform bei der Haftung für Verrichtungsgehilfen, AcP 166 (1966) 389
HERBER, Das neue Haftungsrecht der Schiffahrt (1989)
HUBER, Zivilrechtliche Fahrlässigkeit, in: FS Ernst Rudolf Huber (1973) 255
HÜBNER, Diskussionsbeitrag, Karlsruher Forum 1962, 24
JAKOBS, Über die Notwendigkeit einer Reform der Geschäftsherrenhaftung, VersR 1969, 1061
vJHERING, Culpa in contrahendo oder Schadensersatz bei nichtigen oder nicht zur Perfektion gelangten Verträgen, JherJb 4 (1861) 1
KONOW, Probleme der Eisenbahnhaftung, DB 1983, 1185
KÖTZ, Deliktsrecht (6. Aufl 1994)
KREUZER, Culpa in contrahendo und Verkehrspflichten, Freiburger Habilitationsschrift (1972)
ders, Prinzipien des deutschen außervertraglichen Haftungsrechts, in: FS Werner Lorenz (1991) 109
KUPISCH, Die Haftung für Verrichtungsgehilfen (§ 831 BGB), JuS 1984, 250
LANDWEHR, Die Haftung der juristischen Person für körperschaftliche Organisationsmängel, AcP 164 (1964) 482
LARENZ, Vertrag und Unrecht, Teil 1 (1936), Teil 2 (1937)
LARENZ/CANARIS, Lehrbuch des Schuldrechts II/2 (13. Aufl 1994)
LESSMANN, Haftung für schädigendes Drittverhalten, JA 1980, 193
LORENZ, Die Einbeziehung Dritter in vertragliche Schuldverhältnisse – Grenzen zwischen vertraglicher und deliktischer Haftung, JZ 1960, 108
LÜKE, Die persönliche Haftung des Konkursverwalters (1986)
MARTINEK, Repräsentantenhaftung (1979)
MEDICUS, Zur Verantwortlichkeit des Geschädigten für seine Hilfspersonen – Das Zusammentreffen von Sonderverbindung und Delikt, NJW 1962, 2081
MÜNZBERG, Verhalten und Erfolg als Grundlagen der Rechtswidrigkeit und Haftung (1966)
NIPPERDEY, Rechtswidrigkeit, Sozialadäquanz,

Fahrlässigkeit, Schuld im Zivilrecht, NJW 1957, 1777
NITSCHKE, Die Anwendbarkeit des im § 31 BGB enthaltenen Rechtsgedankens auf alle Unternehmensträger, NJW 1969, 1737
PICKER, Positive Forderungsverletzung und culpa in contrahendo – zur Problematik der Haftung „zwischen" Vertrag und Delikt, AcP 183 (1983) 369
ders, Vertragliche und deliktische Schadenshaftung, JZ 1987, 1041
SCHLECHTRIEM, Vertragsordnung und außervertragliche Haftung (1972)
E SCHMIDT, Zur Dogmatik des § 278 BGB, AcP 170 (1970) 502

K SCHMIDT, „Amtshaftung" und „interne Verantwortlichkeit" des Konkusverwalters. Eine Analyse des § 82 KO, KTS 1976, 191
SEILER, Die deliktische Gehilfenhaftung in historischer Sicht, JZ 1967, 525
THIELE, Leistungsstörung und Schutzpflichtverletzung, JZ 1967, 649
WEITNAUER, Grundsätze der Haftung, Karlsruher Forum 1962, 3
WESTERMANN, Haftung für fremdes Handeln, JuS 1961, 333
WIETHÖLTER, Der Rechtfertigungsgrund des verkehrsrichtigen Verhaltens (1960)
ZWEIGERT/KÖTZ, Einführung in die Rechtsvergleichung, Bd II: Institutionen (2. Aufl 1984).

Systematische Übersicht

A. **Die Grundsätze**
I. Die Entstehungsgeschichte _____ 1
II. Der Grundgedanke der Regelung
1. Die Haftung für vermutete eigene Schuld _____ 2
2. Die Folgerungen _____ 8
3. Die Geschäftsherrenpflichten als gesetzlich konkretisierte Verkehrssicherungspflichten – Verhältnis zu den Organisationspflichten _____ 9

B. **Die Zusammenhänge zwischen der Haftung des Geschäftsherrn und der des Verrichtungsgehilfen**
I. Die Gesamtschuld im Außenverhältnis _____ 13
II. Der Regreß im Innenverhältnis _____ 14
III. Der innerbetriebliche Schadensausgleich und der Freistellungsanspruch _____ 15
IV. Die Mehrzahl von Gesamtschuldnern _____ 16
V. Der Haftungsausschluß _____ 17

C. **Das Verhältnis von § 831 zu anderen Vorschriften**
I. Die Vorschriften des BGB
1. § 823 _____ 18
a) Die Grundlagen _____ 18
b) Die Haftung für betriebliches Organisationsverschulden _____ 19
2. Die Vertragshaftung und § 278 _____ 22
a) Die Unterschiede zu § 831 _____ 23

b) Die Ausdehnung der Vertragshaftung 25
aa) Die vertraglichen und vertragsähnlichen Nebenpflichten _____ 25
bb) Der Vertrag mit Schutzwirkung zugunsten Dritter _____ 31
cc) Die faktischen Vertragsverhältnisse und Verträge aus sozialtypischem Verhalten _____ 34
c) Die Anspruchskonkurrenz und Wechselwirkungen _____ 35
aa) Die grundsätzliche Gleichrangigkeit _____ 35
bb) Die Wechselwirkungen _____ 36
d) Die Stellungnahme _____ 37
3. § 254 _____ 38
a) Die „Gehilfenhaftung" des Geschädigten _____ 39
b) Das mitwirkende Verschulden des Verletzten _____ 40
4. § 839, Art 34 GG _____ 41
5. §§ 31, 89 _____ 42
6. §§ 701 f, die Gastwirtshaftung _____ 43
II. Die Vorschriften außerhalb des BGB
1. Die Schiffahrt _____ 44
2. § 431 HGB, die Haftung des Frachtführers _____ 45
3. §§ 453 bis 459 HGB, die Haftung der Eisenbahn _____ 46
4. § 33 Abs 2 BJagdG, die Haftung des Jagdausübungsberechtigten _____ 47
5. §§ 13 Abs 3, 14 Abs 3 UWG, die Haf-

	tung des Geschäftsinhabers bei Wettbewerbshandlungen der Angestellten	48	bb) Das Handeln „bei Gelegenheit der Ausführung"	79
6.	§ 7 StVG	49	cc) Die Abgrenzung	80
7.	§§ 25, 26 AtomG	50	dd) Die vorsätzlichen Handlungen des
8.	§ 22 WHG	51	Bestellten	81
9.	§§ 640 f RVO, die Regreßhaftung des		ee) Beispiele für den inneren Zusammenhang zwischen Verrichtungsausführung und Schadenszufügung	84
	Unternehmers bei Arbeitsunfällen	52
10.	Die Patentverletzungen etc	53
11.	Der Konkursverwalter und die Konkursmasse	54	ff) Beispiele für das Fehlen des inneren Zusammenhangs zwischen Verrichtungsausführung und Schadenszufügung	85
III.	Die Zusammenfassung	55
D.	Die Verantwortlichkeit des Geschäftsherrn		c) Die Schadenszufügung durch Verrichtungsgehilfen beim Führen eines Kraftfahrzeugs	86
I.	Die Bestellung eines Gehilfen zu einer Verrichtung
1.	Die funktionale Begriffsbestimmung	56	aa) Die Schwarzfahrt	86
2.	Der Gehilfe	59	bb) Der Grundsatz, die Ausnahmen	87
3.	Der Geschäftsherr	63	cc) Einzelfälle	88
4.	Die Einzelfälle	66	(1) Das Abweichen vom Auftrag	88
II.	Die widerrechtliche Schadenszufügung in Ausführung der Verrichtung		(2) Verbotswidrige Mitnahme betriebsfremder Personen	89
1.	Kein eigener Begriff der Widerrechtlichkeit	67	dd) Die Haftung des Halters wegen Schaffung einer besonderen Gefahrenquelle durch Zulassung der Fahrt	90
2.	Die Abgrenzung von Handlungs- und Erfolgsunrecht	68
a)	Die Lehre vom Erfolgsunrecht	69	III. Die Entlastung: Die Pflichtverletzung durch den Geschäftsherrn
aa)	Die Grundsätze	69
bb)	Die Modifizierung bei mittelbaren Ursachen	69	1. Die Grundlagen	91
			2. Die Personenverantwortung	92
b)	Die Lehre vom Handlungsunrecht	69a	a) Die allgemeinen Regeln	92
c)	Die Konsequenzen der Unterscheidung	70	aa) Die Beobachtung der im Verkehr erforderlichen Sorgfalt	92
aa)	Der Grundsatz: Keine Konsequenz	70	bb) Das Verhältnis von Auswahl und Überwachungspflicht	94
bb)	Die Ausnahme: § 831	71
(1)	Das Erfolgsunrecht	72	cc) Die Auswirkungen nachträglicher Änderungen auf die Sorgfaltsanforderungen	96
(2)	Das Handlungsunrecht	73
(3)	Das Verschulden als Regelerfordernis	74	dd) Die Mehrzahl von Gehilfen	98
(4)	Die Rechtsprechung	75	b) Die Auswahlsorgfalt	99
(5)	Die Leitentscheidung BGHZ 24, 21	76	c) Die Übertragungssorgfalt	102
3.	Das Handeln in Ausführung der Verrichtung	77	d) Die Überwachungssorgfalt	103
			aa) Die Grundlagen	103
a)	Die allgemeine Umschreibung	77	bb) Die Einzelfälle	104
b)	Im einzelnen	78	e) Die Leitungssorgfalt	105
aa)	Das Erfordernis eines objektiv bestehenden unmittelbaren inneren Zusammenhangs	78	3. Die Sachverantwortlichkeit – Die Sorgfalt bei der Beschaffung von Vorrichtungen und Gerätschaften	106
			a) Die Systematik	106
			b) Das Bestehen einer Beschaffungspflicht	107

c) Die Vorrichtungen und Gerätschaften 109
d) Der Inhalt der Beschaffungspflicht ___ 110
aa) Allgemeines 110
bb) Die Delegierbarkeit 110
IV. Die Entlastung: Kausalität
1. Der Grundgedanke der Regelung ___ 111
2. Die Varianten der Entlastung 112
a) Der Schadenseintritt auch bei erforderlicher Sorgfalt 113
aa) Das Auswahlverschulden 113
bb) Das Aufsichtsverschulden 113
cc) Die Beschaffung von Gerätschaften _ 113
b) Das verkehrsrichtige Verhalten des Gehilfen 114
3. Die Anforderungen an den Entlastungsbeweis 115
a) Allgemeines 115
b) Die Unterschiedlichkeit der Haftungslage 116

c) Die Kritik 117
V. Der dezentralisierte Entlastungsbeweis
1. Die Regelungssituation 118
2. Die Entwicklung der Rechtsprechung ... 119
3. Die Stellungnahme 120
E. Die Übernehmerhaftung, § 831 Abs 2
I. Der Grundgedanke der Regelung ___ 121
II. Die Anforderungen an den Vertrag ___ 122
III. Die Einzelfälle 123
F. Die Reformvorschläge zu § 831 124
I. Der Referentenentwurf eines Gesetzes zur Änderung und Ergänzung schadensersatzrechtlicher Vorschriften des Bundesministeriums der Justiz von 1967 (E-1967) 125
II. Die Kritik der Literatur zum E-1967 _ 126
III. Die Stellungnahme 127

Alphabetische Übersicht

Abgrenzung von § 831 und § 823 ___ 10 ff, 18 ff
Abstufung der Sorgfaltspflichten bei Gehilfenauswahl .... 92 ff, 99 f
Abweichungen des KFZ-Fahrers vom Fahrauftrag 88
Allgemeine Verkehrssicherungspflicht s Verkehrssicherungspflicht
Allgemeine Aufsichtsanordnungen .... 119 f
Amtliche Befähigungsnachweise 101
Amtspflichtverletzung 41, 66
Angestellte .... 14 f, 41, 119 f
Anscheinsbeweis 21, 116, 120
Anspruchskonkurrenz 21, 35, 37, 44
Arbeitnehmer .... 1, 5, 9, 12 ff, 33, 44, 60, 66, 80, 101, 118, 126, 127
Arbeitsunfälle 52
Architekt 60, 66
Arzt .... 41 f, 56, 66, 96 f, 105
Aufsichtspflicht 9, 11, 21, 66
Aufsichtsanweisungen 20, 119
Ausdehnung der Vertragshaftung .... 23 ff, 32, 36, 66, 122, 127
Ausführung der Verrichtung .... 1, 5, 21, 42, 44 f, 66 f, 77 ff, 87 ff, 105, 106, 125, 126
Ausführung bei Gelegenheit _ 42, 45, 47, 79 ff
Auskunfteiunternehmen 66

Ausübung öffentlicher Gewalt 41, 47, 66
Auswahl, Sorgfaltspflicht bei – .... 1 ff, 10 ff, 21, 39 f, 55, 65, 72, 75, 82, 87, 91 ff, 102 ff, 112 ff, 118 ff, 121, 125
Auszubildender 59, 66, 80
Außenhaftung, subsidiäre – 13
Außenverhältnis 13, 16, 42, 121
Baggerführer .... 64 f, 84, 88, 95
Bahnangestellte 66, 82
Bank 42, 66, 84
Bauherr 60, 66
Bauunternehmer .... 60, 65 f
Beschaffungspflicht hinsichtlich der Vorrichtungen und Gerätschaften .... 106 ff
– Delegierbarkeit der – 110
Bestellung zu einer Verrichtung .... 56 ff, 63 ff, 66, 83, 111, 126
Betriebsrisiko 5, 7, 40
Betriebsvorschriften 105
Beweislast .... 6, 9 ff, 18, 21, 23, 40, 76, 91, 105, 116 f, 119, 125 ff
Beweislastregel 10, 40
Beweislastumkehr .... 126 f

Culpa in contrahendo 31, 126

25. Titel.
Unerlaubte Handlungen

§ 831

– in eligendo — 1, 86

Dezentralisierter Entlastungsbeweis —
  — 11 f, 19, 114, 118 ff, 121, 124
Dienstanweisungen — 11, 105
Dienstvertrag — 60
Drittauskünfte — 101
Drittschäden — 24

Ehegatten — 66
Eigenhaftung
 – des Beamten — 41
 – des nicht beamteten Mitarbeiters — 41
 – des Verrichtungsgehilfen — 13, 40, 44, 120
 – des Konkursverwalters — 54
Eignungszweifel — 96 f, 100 f, 103
Eingrenzung d Betriebsbereichs — 43, 94 f, 101
Einweisungspflicht — 94 f, 101
Einzelanweisungen — 97
Eisenbahn — 21, 35 f, 46, 66, 76, 84, 105
Entlastungsbeweis s Exculpationsbeweis
Entlastung, graduelle – — 40
Entstehungsgeschichte — 1
Erfolgsunrecht — 68 ff
Erfüllungsgehilfe — 23, 39, 44 f
Erlaubtes Risiko — 69
Erschöpfende Regelung — 35
Exculpationsbeweis — 115

Fahrlehrer — 66, 92
Fahrschule — 66
Faktisches Vertragsverhältnis — 34
Fiktionshaftung — 42
Fiskus — 41
Frachtführer — 35 f, 45
Freier Mitarbeiter — 66
Freistellungsanspruch — 14 f
Führungszeugnis — 101

Garantiehaftung — 24, 46
Gastwirt — 43, 66
Gefährdungshaftung — 7, 49, 51, 69, 86 f
Gehilfenhaftung s Eigenhaftung d Verrichtungsgehilfen
Gemeindliche Unternehmen — 66
Gerichtsvollzieher — 66
Gesamtschuldner — 13, 16, 44, 65, 121
Gesamtschuldnerausgleich — 13
Geschäftsherr — 63 ff

Geschäftsherrenpflichten — 9 ff, 91 ff
Geschäftsführer — 66, 101, 123
Gesellschafter (§ 705) — 66
Gesellschaftsjagd — 66
Gesetzlicher Vertreter — 31, 61
Gewässerverunreinigung — 51
Gewerbetreibende — 60
Gewerkschaft — 42
Grundgedanke der Regelung — 2 ff

Haftpflichtversicherung — 125, 127
Haftungsausschluß — 17, 44
Haftungsbegründendes deliktisches Verhalten — 3, 19
Haftungsbeschränkung — 35 f, 43 f
Haftungseinheit — 16
Haftungskonzept, individualistisches — 5
Haftungssubsidiarität — 41
Handelsvertreter — 60
Handlungsunfähigkeit — 4
Handlungsunrecht — 68 ff
Handwerker — 60
Haushalt — 66, 126
Hauskind — 66
Hausangestellte — 33, 66
Hebamme — 66
Heilung unterbliebener Eignungsnachforschung — 96
Herstellerhaftung s Produzentenhaftung

Indizwirkung der Rechtsgutsverletzung — 69
Innenverhältnis — 7, 13 f, 16, 121
Integritätsverletzung — 30, 35

Jagdaufseher — 47, 66, 85, 105
Jagdausübungsberechtigter — 66
Jagdgast — 66
Jagdrevierinhaber — 66
Jagdschaden — 47, 66
Juristische Person — 11, 39, 42, 61

Kartelle — 42
Kausalzusammenhang — 78
Kernanlagen — 50
KFZ-Führer — 66, 86
Konkursverwalter — 54
Konstruktionsfehler — 66
Körperschaft des öffentlichen Rechts —
  — 41, 61, 66

Kranführer — 66
Krankenhausträger — 66
Kreditvermittler — 66
Kritik am dezentralisierten Entlastungsbeweis — 120

Lehre vom betrieblichen und körperschaftlichen Organisationsverschulden — 19, 42
Landwirt — 66
Lehrling s Auszubildender
Leiharbeit — 65 f
Leitende Angestellte — 12, 119, 123
Leitungssorgfalt — 105 f
Leitungspflicht — 94 ff, 105 f
Lotse — 44

Maßstab der Verhaltenspflicht — 92 ff, 97, 101
Mehrzahl von Gehilfen — 98
Mehrzahl von Gesamtschuldnern — 16
Mehrzahl Geschäftsherren — 65
Mietvertrag — 32 f
Mitarbeit im Beruf (Geschäft) des anderen Ehegatten — 66
Miterben — 66
Mitnahme betriebsfremder Personen — 89 ff
Mitwirkendes Verschulden des Verletzten — 40 ff

Nebenpflicht, vertragliche, vertragsähnliche — 25 ff
Nichtrechtsfähiger Verein — 42

Oberaufsicht des Unternehmers — 20, 119
Obhutspflicht — 28, 35
Ölheizungsanlagen — 102
Organgemeinschaften — 66
Organhaftung — 5, 19, 42
Organisationshaftung — 21, 126
Organisationsmangel — 9, 11, 42, 66, 83
Organisationspflichten, betriebliche, körperschaftliche, allgemeine — 9 ff, 19 f, 119
Organisationsverschulden
– betriebliches – — 19 ff
– korporatives s Fiktionshaftung
Organpflichten — 42
Organverschulden — 42

Patentverletzung — 53

Pflichtwidrigkeitszusammenhang — 21, 96, 111
Positive Forderungsverletzung — 24, 27, 126
Produzentenhaftung — 10, 21

Rechtfertigungsgrund des verkehrsrichtigen oder ordnungsgemäßen Verhaltens — 76, 114
Rechtsanwalt — 42, 66
Rechtswidrigkeit — 67 ff
Redakteur — 66
Reeder — 44
Referentenentwurf — 1, 66, 125
Reformbestrebungen — 124 ff
Reformentwurf von 1958 — 125
Reformkommission — 125
Regreß — 14 f, 44, 52
Reiseveranstalter — 66
Repräsentantenhaftung — 42, 127

Sachkunde, Prüfung der – — 57, 101
Schadensausgleich, innerbetrieblicher — 14 f
Schiffseigner — 16, 44, 60
Schiffskollision — 44
Schmerzensgeld — 24, 52
Schuldhaftes Handeln des Verrichtungsgehilfen — 71 ff
Schuldlosigkeit, Nachweis der – — 40
Schuldunfähigkeit des Verrichtungsgehilfen — 74
Schutzbereich eines Vertrags — 33
Schutzwirkung für Dritte — 31
Schwarzfahrt — 86
Selbständig Handelnde — 24, 56 f, 59 f
Selbstauskünfte — 101
Sonderaufsicht — 105
Sonderverbindung — 23, 26, 37, 39, 52
Sorgfaltsmaßstab — 97
Sorgfaltsmängel — 96
Staatshaftung s Amtshaftung
Staatliche Unternehmen — 66
Statiker — 60, 66
Stauerei — 60
Straftaten des Verrichtungsgehilfen bei der Verrichtung — 12, 81 f
Streupflicht — 9, 21, 66, 119
Substantiierungslast — 93

Taxifahrer — 66
Tätigkeit kraft Amtes — 62

Testamentsvollstrecker	23, 62	Verschuldensstufen	40, 92
Transportunternehmer	60, 66	Vertrag, Haftung aus –	
Treibjagd	66		22 ff, 25 ff, 31 ff, 35 ff, 42, 46, 122
		Vertragliche Übernahme der Verkehrssicherungspflicht	121 ff
Übernahmevertrag	122		
Übernehmerhaftung	121 ff	Vertraglicher Haftungsausschluß	17, 42
Überschreitung der aufgetragenen Verrichtung	78	Vertrauenstatbestand, Haftung aus –	23, 87, 127
Übertragungssorgfalt	102	Vormund	23
Überwachungspflicht und -sorgfalt	2, 94 ff, 103	Vorrichtung und Gerätschaften	6, 106 ff
		Vorsätzliche Schädigung durch den Verrichtungsgehilfen	82
Umkehr der Beweislast s Beweislastumkehr			
Universitätsklinik	97	Vorstand einer juristischen Person	42, 66
Unternehmer	20, 24, 57, 60	Vorstrafen	95, 101
Unterschiede der Haftung	23 ff	WasserhaushaltsG (WHG)	51
Unterweisungspflicht s Einweisungspflicht		Wechselwirkungen der Ansprüche	36
		Weisungsgebundenheit	56 ff, 59 ff, 66
Vereinsmitglieder	33, 66	Weisungsrecht, – gewalt	57 f, 60, 63, 65 f
Verfassungsmäßig berufener Vertreter	9, 11, 42, 66	Werkvertrag	28 f, 33, 60
Verfrachter	44	Wettbewerbshandlungen	48
Verhältnis zwischen Auswahl-, Einweisungs-, und Überwachungspflichten	94 f	Widerrechtlichkeit s Rechtswidrigkeit	
Verjährung	24, 31, 35 f, 44	Zeugnisse	101
Verkehrsrichtiges Verhalten s Rechtfertigungsgrund des –		Zivildienstleistende	65
Verkehrssicherungspflichten	2, 5, 8 ff, 18 f, 100	Zurechnung d Gehilfenverhaltens	40, 42, 46, 54 f, 66, 120, 127
Verleger	66	Zusammenhang, innerer-zwischen Verrichtungsausführung und Schadenszufügung	84 f
Vermutung für eigene Schuld und Kausalzusammenhang	2 ff, 10, 17, 23 f, 39 f, 46, 71, 91, 121	Zusammenhänge zwischen der Haftung des Geschäftsherrn und der des Verrichtungsgehilfen	13 ff
Verrichtungen	56, 64 f, 77, 78, 81, 87, 89, 92, 102, 105, 125 f	Zuverlässigkeit, Prüfung der – des Verrichtungsgehilfen	92, 97, 101, 113
– Erweiterungen der –	97, 101	Zuweisung von Arbeitskräften	101
Verrichtungsgehilfe	4, 13, 15, 55 f, 59 f, 66	Zweistufenaufsicht	83
– Qualifikation des –	100 ff	Zwischengehilfe	65, 98, 118 ff

A. Die Grundsätze

I. Die Entstehungsgeschichte

Das römische Recht kannte mehrere Tatbestände einer Haftung für Hilfspersonen **1** (SEILER JZ 1967, 525, 526), namentlich die Haftung der Schiffer, Wirte und Stallhalter (WAENTIG, Ueber die Haftung für fremde unerlaubte Handlungen nach römischem, gemeinem, königlich sächsischem und neuerem deutschen Reichsrechte [1975] 51), aber keine geschlossene Regelung der Gehilfenhaftung (H H JAKOBS VersR 1969, 1061, 1065 Fn 26) wie nach § 831.

Im Anschluß an das gemeine Recht (WINDSCHEID, Lehrbuch des Pandektenrechts II Bd, § 455, 642 Fn 12, 645 Fn 27a) und das preußische Recht (ALR I 13 § 36, 6 §§ 53, 64, 65) erkannte E 1, strikt am *Schuldprinzip* festhaltend, die Ersatzpflicht des Geschäftsherrn für den durch Handlungen seiner Angestellten oder Arbeiter in Ausübung ihrer geschäftlichen Verrichtungen verursachten Schaden nur insoweit an, als den *Geschäftsherrn* ein *eigenes Verschulden* trifft. Gesetzesvorschläge, die sich von dem Erfordernis eigenen Verschuldens des Schadensersatzpflichtigen lösten und – wie art 1384 Code Civil (Abs 5: „Les maîtres et les commettants, du dommage causé par leurs domestiques et préposés dans les fonctions auxquelles ils les ont employés;"), Art 2049 Codice Civile *(*"I padroni e i committenti... sono responsabili per i danni... arrecati dal fatto illecito di loro domestici e commessi nell'esercizio delle incombenze a cui sono adibiti.") oder Art 55 Schweiz OR (Abs 1: „Der Geschäftsherr haftet für den Schaden, den seine Arbeitnehmer oder andere Hilfspersonen in Ausübung ihrer dienstlichen oder geschäftlichen Verrichtungen verursacht haben, wenn er nicht nachweist, dass er alle nach den Umständen gebotene Sorgfalt angewendet hat, um einen Schaden dieser Art zu verhüten, oder dass der Schaden auch bei Anwendung dieser Sorgfalt eingetreten wäre.") – darauf abzielten, daß der Geschäftsherr für seinen Vertreter bzw der Unternehmer für die von ihm zur Leitung oder Beaufsichtigung des Betriebs oder der Arbeitnehmer einem Dritten zugefügten Schaden unbedingt veantwortlich sei, wurden abgelehnt (Prot II 2777 f). Namentlich O MEYER setzte sich auf dem 17. Deutscher Juristentag (Verh I 125 ff; II 124 ff) für eine unbedingte Einstandspflicht der Dienstherren und Auftraggeber für ihre Leute im Dienst ein. Das Prinzip, daß derjenige, der einen anderen zur Verrichtung einer Rechtshandlung oder tatsächlichen Handlung beauftragt, für die vom Beauftragten in Vollziehung des Auftrags begangenen Delikte hafte, wurde zurückgewiesen (Mot II 736) und hat sich bis heute im deutschen Deliktsrecht nicht durchgesetzt, obwohl es entsprechende rechtspolitische Vorstellungen gab (Referentenentwurf eines Ge z Änderung und Ergänzung schadensersatzrechtlicher Vorschriften 1967: „(§ 831) Wer einen anderen zu einer Verrichtung bestellt, ist, wenn der andere in Ausführung der Verrichtung durch eine vorsätzlich oder fahrlässig begangene unerlaubte Handlung einem Dritten einen Schaden zufügt, neben dem anderen zum Ersatz des Schadens verpflichtet."). Stattdessen begründet § 831 die Pflicht, eine geeignete Person zur Verrichtung auszuwählen und die zu einer Verrichtung bestellte Person zu beaufsichtigen (Mot II 736 f) und knüpft an die Verletzung dieser Pflicht die Haftung des Geschäftsherrn. Sein Verschulden wurde darin gesehen, daß dieser es bei der Auswahl oder bei der Beaufsichtigung des Ausführenden an der erforderlichen Sorgfalt hat fehlen lassen oder zur Ausführung fehlerhafte Werkzeuge (culpa in eligendo sive custodiendo sive inspiciendo) gestellt hat. Diese Pflichten sind nicht abschließend, sondern beispielhaft (E SCHMIDT AcP 170 [1970] 502, 520).

II. Der Grundgedanke der Regelung

1. Die Haftung für vermutete eigene Schuld

2 Die Vorschrift begründet eine Haftung für die Verletzung einzelner *Verkehrssicherungspflichten*, die sich daraus ergeben, daß der Geschäftsherr nicht selbst tätig wird, sondern ungeeignete Hilfspersonen einsetzt, deren Tun und Lassen er steuern (beherrschen) kann. Die Haftung des Geschäftsherrn greift ein, wenn er schuldhaft iSv § 276 seine Auswahl-, Ausrichtungs- oder Überwachungspflicht (zur letzten RGZ 128, 149, 153) verletzt und ein anderer dadurch einen Schaden erlitten hat, der von der Hilfsperson durch eine unerlaubte Handlung rechtswidrig herbeigeführt wurde

(BGH LM Nr 1 zu § 831 F c). Durch die Verletzung der Auswahl-, Ausrichtungs- oder Überwachungspflicht und das dadurch ermöglichte unerlaubte Gehilfenhandeln muß der Geschäftsherr nicht in ein nach § 823 Abs 1 absolut geschütztes Rechtsgut des Geschädigten eingegriffen haben; es genügt, daß sein Vermögen beeinträchtigt wird (LARENZ/CANARIS, Schuldrecht II/2 § 79 III 1c). Es ist also – im Gegensatz zu § 823 Abs 1 und 2 – möglich, daß der Geschäftsherr für einen fahrlässig verursachten Vermögensschaden haftet (CANARIS, Schutzgesetze, in: FS Larenz [1983] 26, 82).

Der Tatbestand von § 831 Abs 1 wird gelegentlich vergröbernd dadurch gekennzeichnet, daß er sich aus dem (vermuteten) ursächlichen Verschulden des Geschäftsherrn und aus der Tat des Gehilfen zusammensetze (RG JW 1933, 830, 831). Das *haftungsbegründende deliktische Verhalten* besteht in der Verletzung von Verhaltenspflichten (Verkehrspflichten), nämlich der Auswahl-, Ausrichtungs- oder Überwachungspflicht, durch den Geschäftsherrn. Dem Geschäftsherrn wird vorgeworfen, daß er Verrichtungen von dazu ungeeigneten Personen vornehmen läßt, ohne die notwendigen Sicherheitsmaßnahmen zu treffen (H H JAKOBS VersR 1969, 1061, 1065). Darauf muß sich das Verschulden beziehen. Die Haftung wird dadurch freilich noch nicht ausgelöst. Denn der Pflichtverstoß als solcher hat noch keine schädigende Außenwirkung, sondern ist nur eine *mittelbare Verletzung* (LARENZ/CANARIS, Schuldrecht II/2 § 79 III 1a). Der Pflichtverstoß des Geschäftsherrn läßt nur eine von der Rechtsordnung mißbilligte Gefahr entstehen, indem das sorgfaltswidrige Handeln des Gehilfen tendenziell begünstigt wird (E SCHMIDT AcP 170 [1970] 502). Die Gefahr muß sich erst durch ein nachfolgendes Ereignis, eine fremde (nicht notwendig schuldhafte) Tat, das unerlaubte rechtswidrige Handeln des unzureichend ausgewählten, angeleiteten oder überwachten Gehilfen, realisieren. Da es sich um die Tat eines anderen handelt, wird sie dem Geschäftsherrn nicht vorgeworfen, sondern ist für seine Haftung nur insofern von Bedeutung, als sie *weitere* notwendige *Bedingung für den Schadenseintritt* ist *(schadensauslösende Ursache).*

Nicht jede Schädigung durch einen Gehilfen führt zur Haftung des Geschäftsherrn nach § 831, sondern nur eine solche, die unter einen Haftungstatbestand des Deliktsrechts fällt (BGHZ 24, 21, 24) und widerrechtlich ist. Für die unerlaubte Handlung des Gehilfen ist es ohne Bedeutung, ob er Tatbestände der §§ 823 ff oder solche außerhalb des BGB (zB im UWG oder etwa § 92 BinnSchG, § 739 Abs 2 HGB) erfüllt (vgl RG HRR 1929 Nr 704). § 831 bezieht sich auf unerlaubte Handlungen aller Art, auch solcher, die unter § 823 Abs 2 und § 826 fallen, also dem Schutz reiner Vermögensinteressen dienen (CANARIS, Schutzgesetze, in: FS Larenz [1983] 26, 82). § 831 setzt eine Handlung des Gehilfen voraus. Daher kommt es zu keiner Haftung des Geschäftsherrn, wenn der Verrichtungsgehilfe nicht handeln konnte, weil er vor dem Unfall handlungsunfähig war (BGH VersR 1978, 1163 betr Entgleisen eines Zugs infolge plötzlich eingetretener Handlungsunfähigkeit – Verlust oder Trübung des Bewußtseins – des Lokomotivführers). Es ist erforderlich, genügt aber auch, daß der Verrichtungsgehilfe *objektiv rechtswidrig* gehandelt hat, also sein Handeln auch nicht gerechtfertigt ist (BGHZ 24, 21). Ein Verschulden des zur Verrichtung Bestellten ist aber nicht erforderlich (RGZ 50, 60, 65, 67; 91, 60; BGHZ 24, 21, 29; aA vCAEMMERER, Wandlungen Ges Schr I 537 – restriktive Interpretation). Die Haftung des Geschäftsherrn greift daher auch ein, wenn beim Verrichtungsgehilfen die Verantwortlichkeit nach §§ 827, 828 fehlt (RGZ 129, 60; 135, 149, 155; 142, 368; RG JW 1931, 3319).

5 § 831 knüpft nicht einfach an die Schädigung durch die Hilfsperson eine Haftung des Geschäftsherrn (keine Verursachungshaftung). Es handelt sich um keine Haftung für unerlaubte Handlungen anderer, wie vLISZT (Die Deliktsobligationen im System des Bürgerlichen Gesetzbuchs [1989] 101) noch annahm. Der Geschäftsherr hat nur für die von ihm selbst aus *(vermutetem) eigenem Verschulden begangene unerlaubte Handlung* einzustehen (BGHZ 32, 53, 59), nämlich die *Verletzung einer* vom Gesetzgeber aufgestellten *Verkehrspflicht* (ESSER/WEYERS, Schuldrecht II § 58 I 1; LARENZ/CANARIS, Schuldrecht II/2 § 79 III 1a), haftet aber nicht für die unerlaubte Handlung der Hilfsperson (RGZ 78, 107, 108; 140, 386, 392; 151, 296, 297; KUPISCH JuS 1984, 250, 251), *nicht für fremdes Delikt* (dazu H H JAKOBS VersR 1969, 1061, 1064). Die Tat des Verrichtungsgehilfen wird also nicht zur eigenen Tat des Geschäftsherrn. Es handelt sich somit um eine Haftung für (vermutetes) *Geschäftsherrnverschulden*, und nicht um eine Haftung für (nachzuweisendes) Gehilfenverschulden. § 831 beruht auf dem *individualistischen Haftungskonzept*: Jeder haftet nur für die eigene unerlaubte schuldhaft begangene Handlung, nicht für eine fremde Tat und nicht für fremde Schuld (sehr klar H H JAKOBS VersR 1969, 1061). § 831 knüpft an die persönliche Verantwortung des Geschäftsherrn an. Zweck der Bestimmung ist aber nicht die Zuordnung der Wagnisse, die mit der Arbeitsteilung verbunden sein mögen. Das Haftungskonzept, das § 831 zugrundeliegt, unterscheidet sich damit von demjenigen der §§ 31, 89 (Organhaftung), § 278, § 3 HaftpflichtG, §§ 3, 4, 114 BinnSchG, §§ 485, 510 HGB. Es geht nicht – wie in diesen Bestimmungen – um eine Haftung für fremde Schuld und auch nicht um eine Haftung für fremde objektive Schadenszufügung. Die deliktsrechtliche Einstandspflicht (gegenüber jedermann) folgt nicht schon daraus, daß jemand die wirtschaftlichen Vorteile der Arbeitsteilung für sich nutzt; denn diese hat also solche keine besondere Gefährdung anderer zur Folge (vCAEMMERER, Wandlungen Ges Schr I 531; BÖHMER JR 1963, 134; H H JAKOBS VersR 1969, 1061, 1064; anders WEITNAUER VersR 1970, 585, 593). Erst wenn jemand die Arbeitsteilung nicht ordnungsgemäß betreibt, indem er seine Hilfspersonen nicht sorgfältig genug auswählt, anleitet, ausrüstet oder beaufsichtigt, schafft er einen erhöhten Gefahrenbereich (ähnlich E SCHMIDT AcP 170 [1970] 502), für dessen typische Folgen er einstehen muß. Deliktisch wird nur für die Risiken gehaftet, die aus der vom Geschäftsherrn *fehlerhaft* organisierten und geführten Unternehmens-, Betriebs- oder (allgemein) Arbeitsorganisation hervorgehen. In der Regelung kommt – wenn auch unvollkommen – der **Gedanke des Einstehens für das Betriebsrisiko**, namentlich das Organisationsrisiko, zum Ausdruck (BGHZ 24, 21, 30) – freilich nicht losgelöst vom Vorwurf des persönlichen Verschuldens. Dieses Risiko trägt der Unternehmer im Verhältnis zum Arbeitnehmer (BAG AP Nr 101 zu § 611 BGB Haftung des Arbeitnehmers) zwar verschuldensunabhängig, im Verhältnis zum geschädigten Dritten dagegen nur, wenn er es schuldhaft ausgelöst hat. Das Personalrisiko, also das Risiko, daß dem Gehilfen bei Ausführung der ihm übertragenen Tätigkeit ein Versehen unterläuft, liegt aber nicht beim Geschäftsherrn (anders nach § 278 dazu BGHZ 31, 358, 366). Denn nach dem Willen des Gesetzgebers ist er gegenüber der Allgemeinheit nur zur ordnungsgemäßen Auswahl und Aufsicht der Hilfsperson (Mot II 736 f), also nur zur Beachtung von eigenen Verkehrssicherungspflichten, verpflichtet, aber eben nicht zur ordnungsgemäßen Verrichtung selbst. Das letzte ist typischerweise eine vertragliche Pflicht, die grundsätzlich nur gegenüber dem Gläubiger besteht; dieser hat einen Anspruch auf obligationsmäßige Erfüllung. Damit bleiben die deliktsrechtlichen Pflichten deutlich hinter den vertragsrechtlichen zurück. Daraus folgt: Hat der Geschäftsherr seine Sphäre ordnungsgemäß organisiert, haftet er *deliktisch nicht*, wenn bei der Ausführung Störungen durch seine Hilfspersonen auftreten (BGHZ 24, 188, 194; Esser/Weyers, Schuldrecht II § 58 I 1). Gegenüber dem Partner in einer individualisierten und konkretisierten Rechtsbeziehung (Sonderverbindung) wird dagegen schärfer gehaftet. Der Schuldner in einer Sonderverbindung hat gegenüber seinem Partner erklärt oder zumindest in ihm das Vertrauen hervorgerufen, daß *er* alle eingegangenen Verpflichtungen *ordnungsgemäß* erfüllen, die Leistungshandlung also fehlerfrei durchführen werde, damit der Leistungserfolg eintritt. Der Schuldner trägt alle Einzelverbindlichkeiten selbst; denn er hat sie willentlich übernommen, ohne Rücksicht darauf, ob er sie „eigenhändig" erfüllt oder durch einen anderen ausführen läßt. Bedient er sich dazu eines Gehilfen, muß er sich nach § 278 so behandeln lassen, als wäre er selbst tätig geworden. Die Arbeitsteilung soll nicht zu Lasten dessen wirken, der an sich eigenes Tätigwerden des Schuldners erwarten kann (E Schmidt AcP 170 [1970] 502). Die Erfüllungshandlungen werden daher an der Person des Schuldners gemessen (E Schmidt aaO): Das Gehilfenhandeln wird dem Schuldner wie eigenes zugerechnet. Im Gegensatz dazu hat der Geschäftsherr im Sinne von § 831 keine derartige Verpflichtung gegenüber dem Geschädigten übernommen. Dieser kann berechtigterweise nicht erwarten, daß der Geschäftsherr selbst handelt. Der Haftungsgrund ist also jeweils verschieden: Die Haftung nach § 831 kompensiert nur die schuldhaft erzeugten Gefahren gegenüber der Allgemeinheit, die daraus erwachsen, daß der Geschäftsherr andere für sich arbeiten läßt, ohne diese sorgfältig ausgewählt, angeleitet oder ausgerüstet zu haben. Die Haftung in der Sonderverbindung beruht darauf, daß der Schuldner diese willentlich (privatautonom) für seine Person eingegangen ist und für die ordnungsgemäße Ausführung einsteht. Diese strukturellen Unterschiede rechtfertigen die vergleichsweise schwächere Haftung nach § 831, wenn auch nicht einzelne Unzulänglichkeiten, die der Entlastungsbeweis mit sich bringt. Die §§ 31, 89, § 3 HaftpflichtG, § 3 BinnSchG, §§ 485, 510 HGB zeigen freilich, daß auch dem deutschen Recht die Haftung für das Verschulden Dritter außerhalb von Sonderbeziehungen nicht fremd ist, jedoch läßt sich diesen Bestimmungen kein verallgemeinerungsfähiger Grund für die Zurechnung fremden Verschuldens entnehmen, der im Deliktsrecht tragfähig wäre. Zu berücksichtigen ist aber stets, daß das Deliktsrecht des BGB nur allgemeine Rechtspflichten begründet (BGHZ 9, 301, 302; 24, 188, 191), „die allen Rechtsgenossen im Interesse des Zusammenlebens auferlegt sind" (Heinrich Stoll AcP 136 [1932] 257, 298), also nur die gesamtgesellschaftlichen Rahmenbedingungen für ein Minimum an gesicherten Lebensverhältnissen der Bürger zueinander schafft (Staudinger/J Schmidt [1995] § 242 Rn 1223). Gegenüber der Allgemeinheit wird nicht ordnungsgemäße Verrichtung, nur gegenüber dem Vertragspartner wird ordnungsgemäße Erfüllung geschuldet. Das rechtfertigt es, die deliktsrechtlichen Pflichten des Geschäftsherrn – wie oben beschrieben – zu begrenzen.

Zwar hält § 831 am Verschuldensprinzip fest. Der Geschädigte braucht das Verschulden des Geschäftsherrn aber nicht zu beweisen. Das Gesetz stellt eine – widerlegbare – *Verschuldens- und Kausalitätsvermutung* auf und bewirkt dadurch eine Umkehr der Beweislast zu Lasten des Geschäftsherrn. Durch die Verschuldensvermutung wird das Verschuldensprinzip abgeschwächt. Denn zur Haftung kann es auch kommen, wenn der Entlastungsbeweis mißlingt, ein Verschulden positiv aber nicht festgestellt werden kann (vBar, Verkehrspflichten S 240). Vermutet wird, a) daß der Geschäftsherr bei der Auswahl, Überwachung und Leitung des Verrichtungsgehilfen und bei der Beschaffung der erforderlichen Vorrichtungen und Gerätschaften nicht die gebotene Sorgfalt hat walten lassen und b) daß zwischen der Sorgfaltsverletzung und dem durch den Verrichtungsgehilfen bewirkten Schaden ursächlicher Zusammenhang bestehe (BGHZ 32, 53, 59; BGH VersR 1966, 564). Die Verschuldensvermutung bezieht sich nicht auf das Handeln des Gehilfen, denn dessen Handeln muß nur rechtswidrig sein (BGHZ 24, 21, 29; aA vCAEMMERER, Wandlungen Ges Schr I 537 – restriktive Interpretation). Bei ungeklärtem Schadenshergang begünstigt die Verschuldensvermutung den Geschädigten insofern, als er bei einer eigenen unmittelbar schädigenden Handlung des Geschäftsherrn dessen Verschulden beweisen müßte (BGHZ 24, 21, 30; ablehnend vCAEMMERER, Wandlungen Ges Schr I 540).

7 Da es sich – im Gegensatz zu § 833 S 1 – um eine Verschuldenshaftung, nicht um eine Gefährdungshaftung handelt, muß die gesetzliche Vermutung durch den Beweis des Gegenteils widerleglich sein. Der Exculpationsbeweis ist das Gegenstück zur Verschuldensvermutung. Es ist einseitig, die „Schwäche der Rechtsposition des Geschädigten" auf die „Möglichkeit des Entlastungsbeweises" zurückzuführen (HASSOLD JuS 1982, 583, 584). Durch den Exculpationsbeweis wird die Verschuldensvermutung kompensiert. Welches Gewicht dem Verschulden im Rahmen § 831 zukommt, wird dadurch bestimmt, welche Anforderungen an die Entlastung gestellt werden: Sind diese hoch, wird die Vermutung zunehmend unwiderleglich oder gar fiktiv. Wer die Abschaffung des Entlastungsbeweises forciert oder durch die Konstruktion von Organisationspflichten in § 823 oder in § 31 ausweicht, muß bekennen, daß er das Verschuldensprinzip preisgibt und nicht mehr Unrecht auszugleichen, sondern Unglück „nach objektiven, sozial abgestuften, Verantwortungskreisen" (ESSER AcP 148 [1947] 121, 139) zu verteilen bestrebt ist. ESSER (VersR 1953, 129) führte dieses Streben „auf die allgemeine Versorgungsmanie und" die „populäre Überzeugung zurück, daß es keinerlei Unfallrisiko ohne Haftpflichtigen geben dürfe". Nach § 831 Abs 1 S 2 entgeht der Geschäftsherr der Haftung, wenn er wenigstens *eine* der beiden Vermutungen widerlegt. Dazu ist der Nachweis erforderlich, entweder daß der Geschäftsherr die ihm durch § 831 auferlegten Verkehrssicherungspflichten erfüllt hat oder daß die Schädigung unabhängig von seiner Pflichtverletzung eingetreten ist, also etwa auch ein sorgfältig ausgewählter und beaufsichtigter Angestellter in der gegebenen Lage nicht anders hätte handeln können (RGZ 79, 312, 315). Die gesetzlichen Vermutungen sind weniger dadurch gerechtfertigt, daß der Geschäftsherr Gefahren geschaffen hat, indem er Verrichtung auf einen Gehilfen übertragen hat und nur jener die daraus erwachsenden Gefahren übersehen und kraft seiner Organisationsgewalt beherrschen kann. Wesentlich ist, daß es für den Geschädigten kaum möglich ist, Unzulänglichkeiten in der Organisationssphäre des Geschäftsherrn (dem „'Innenverhältnis' zwischen Geschäftsherrn und Gehilfen" [BGB-RGRK/STEFFEN Rn 2]; LARENZ/CANARIS, Schuldrecht II/2 § 79 III 1b; BGHZ 24, 188, 195) darzulegen und zu beweisen und noch den Beweis zu erbringen, daß gerade diese zum Schaden geführt haben. Dagegen ist der Schädiger, der den Einsatz des Gehilfen beherrscht, eher als der Geschädigte in der Lage, seine schadensverhütenden Vorkehrungen offenzulegen. Daher ist es gerechter, ihm das Risiko der Unaufklärbarkeit aufzuerlegen (BGHZ 51, 91, 106). Demjenigen, der das Betriebsrisiko trägt, ist die Beweisführung über das Zustandekommen der Schädigung eher zuzumuten, als demjenigen, auf den das Ereignis zugekommen ist (BGHZ 24, 21, 30; krit LARENZ/CANARIS, Schuldrecht II/2 § 79 III 1b).

2. Die Folgerungen

Da § 831 den Schadensersatzanspruch an die *schuldhafte* Verletzung bestimmter Ver- **8** kehrssicherungspflichten knüpft, entfällt die Haftung, wenn der Geschäftsherr nach §§ 827, 828 nicht verantwortlich ist. Der Beweis obliegt ihm (BGHZ 39, 103, 108). Möglich bleibt aber die Haftung des deliktsunfähigen Geschäftsherrn nach § 829.

3. Die Geschäftsherrnpflichten als gesetzlich konkretisierte Verkehrssicherungspflichten – Verhältnis zu den Organisationspflichten

Verkehrssicherungspflichten obliegen demjenigen, der eine Gefahrenquelle schafft. **9** Er haftet für die Gefahrenverwirklichung, wenn er schuldhaft mögliche (und zumutbare) Maßnahmen zur Abwehr der Gefahr unterlassen hat. § 831 ist ein *Sondertatbestand* gegenüber § 823 (CANARIS, Schutzgesetze, in: FS Larenz [1983] 26, 82; LARENZ/ CANARIS, Schuldrecht II/2 § 79 III 1d; aA H H JAKOBS VersR 1969, 1061, 1062, der § 831 nur eine Regelung der Beweislast entnimmt) insofern, als *einzelne Verkehrssicherungspflichten* im Rahmen der Exculpation (§ 831 Abs 1 S 2) beispielhaft konkretisiert werden. Der Geschäftsherr hat unter anderem die *Pflicht*, eine geeignete Person zur Verrichtung auszuwählen, sowie die *Pflicht*, die zu einer Verrichtung bestellte Person zu beaufsichtigen. Nach heutigem Verständnis ist dem Geschäftsherrn eine allgemeine und dauernde Aufsichtspflicht auferlegt (BGH VersR 1959, 994, 995). Diese Pflichten wurden im I. Entwurf zum BGB (§§ 711, 712) noch ausdrücklich statuiert. Daneben hat die Rechtsprechung später im Rahmen von § 823 allgemeine Verkehrssicherungspflichten, namentlich die *(betrieblichen und körperschaftlichen) Organisationspflichten* entwickelt. Dadurch entstand die Frage nach dem Verhältnis von § 831 zum deliktsrechtlichen Grundtatbestand § 823 und zur Organhaftung nach § 31 (dazu Rn 19). *Betriebliche Organisationspflichten* sollen den Geschäftsherrn treffen, wenn er ihm obliegende Verkehrssicherungspflichten durch Hilfspersonen erfüllen läßt. Dabei kann es sich um allgemeine Verkehrssicherungspflichten (zB Streupflicht, BGH VersR 1962, 1013, 1014) handeln oder auch um die besonderen Pflichten aus § 831, also die Pflicht zur ordnungsgemäßen Auswahl, Überwachung und Anleitung. In den letztgenannten Fällen obliegt es dem Geschäftsherrn, durch allgemeine Aufsichtsanordnungen dafür zu sorgen, daß die Aufsichtspersonen unerlaubte Handlungen durch die Arbeitnehmer unterbinden (BGHZ 32, 53, 59). *Körperschaftliche Organisationspflichten*, die aus § 31 hervorgehen, betreffen Mängel der körperschaftlichen Struktur, die unzureichende Organbestellung (ie unten, Rn 42). Es wird als haftungsbegründender Organisationsmangel angesehen, wenn die Körperschaft nicht für die Bestellung eines verfassungsmäßigen Vertreters nach § 31 oder eines Sondervertreters nach § 30 gesorgt hat, für die sich die Körperschaft nicht wie nach § 831 Abs 1 S 2 entlasten kann, sondern „nur" Verrichtungsgehilfen einsetzt (dazu ESSER/WEYERS, Schuldrecht II § 58 I 2). Das Organisationsverschulden gipfelt darin, daß die Körperschaft sich die Exculpationsmöglichkeit im Wege der Einsetzung eines Verrichtungsgehilfen offenzuhalten versucht (zu der parallelen Entwicklung körperschaftlichen Organisationsverschuldens einerseits und der teleologischen Erweiterung der Haftung nach § 31 näher unten, Rn 42).

Vereinzelt wird ein tatbestandliches Nebeneinander von § 831 und § 823 angenom- **10** men: Dieselben Verkehrssicherungspflichten, die § 831 begründe, seien auch § 823 zu entnehmen (MünchKomm/MERTENS Rn 3). § 831 beträfe danach nur gesetzlich geregelte Anwendungsfälle aus dem Haftungsspektrum von § 823 (so BGB-RGRK/STEFFEN Rn 4). Folgerichtig wird § 831 für weitgehend obsolet gehalten (vBAR, Verkehrspflichten S 243), zumindest wenn Kausalität und Verschulden feststehen (BGB-RGRK/STEFFEN Rn 4). Andererseits wird gefordert, beide Haftungsgrundlagen sorgfältig auseinanderzuhalten (KÖTZ, Deliktsrecht Rn 293). Der tatbestandlichen Abgrenzung zwischen § 831 und § 823 bedarf es vor allem deshalb, weil die Darlegungs- und Beweislast unterschiedlich verteilt ist (RGZ 53, 53, 57; HASSOLD JuS 1982, 583, 585). Eine Kausalitäts- und Verschuldensvermutung und eine Exculpationsmöglichkeit ist in § 831 Abs 1 S 2, aber nicht in § 823 vorgesehen, wenngleich die Vermutung – im Bereich der Produkthaftung – auf § 823 übertragen wird. Hinzu kommt, daß § 831 – im Gegensatz zu § 823 Abs 1 – auch zur Haftung führt, wenn der Geschäftsherr fahrlässig Vermögensschäden durch sein Auswahl-, Leitungs- und Aufsichtsverschulden herbeiführt, indem der Verrichtungsgehilfe gegen ein entsprechendes Schutzgesetz (etwa § 263 oder § 266 StGB) verstößt oder den Tatbestand von § 826 erfüllt (KUPISCH JuS 1984, 250, 253). Die Abgrenzung ist umstritten und wirkt mitunter zufällig: § 831 sei anzuwenden, wenn der Schaden durch das fehlerhafte Verhalten eines mit einer bestimmten Aufgabe betrauten Gehilfen verursacht worden sei. Dagegen sei auf § 823 zurückzugreifen, wenn den Geschäftsherrn ein sonstiges Organisationsverschulden, namentlich der Vernachlässigung der allgemeinen Aufsicht, treffe (KÖTZ, Deliktsrecht Rn 293; RGZ 53, 53, 57; 128, 149, 153; BGHZ 4, 1, 2 f; 24, 200, 214; BGH MDR 1957, 214 215 m zust Anm ESSER; anders noch RGZ 78, 107, 110; RG JW 1914, 758, 760; 1920, 492; 1933, 831). Die „konkrete, praktische Aufsicht", die „Aufsicht im einzelnen" sei Gegenstand der Pflichten aus § 831 Abs 1, die fehlerhafte Wahrnehmung der Leitungsfunktionen der Unternehmensführung im Großbetrieb stelle dagegen ein Organisationsverschulden dar (HASSOLD JuS 1982, 583, 585). Kaum erklären läßt sich, warum die Verletzung der in § 831 erfaßten speziellen Organisationspflichten hinsichtlich der Kausalitäts- und Verschuldensvermutung anders zu behandeln sein soll als die Verletzung der allgemeinen Organisationspflichten. Wenn § 831 den Zweck hat, die Verletzung der in dieser Bestimmung konkretisierten Verkehrssicherungspflichten „einer abweichenden Beweislastregel zuzuführen" (BGB-RGRK/STEFFEN Rn 4), so müßte ein Differenzierungsgrund ersichtlich sein. Erkannt wurde dieser bislang nicht.

11 CANARIS (Schutzgesetze, in: FS Larenz [1983] 26, 82) bezeichnet es als gedankenlos, allgemeine Organisationspflichten in § 823 anzusiedeln. In der Tat: *Sedes materiae* für diese ist § 831. Hat der Geschäftsherr seine Auswahl-, Leitungs-, Aufsichtspflichten oder andere Verkehrssicherungspflichten Hilfspersonen auferlegt, so stellt die Verletzung der dem Geschäftsherrn obliegenden Organisationspflichten – entgegen der herrschenden Lehre und Rechtsprechung – keine eigenständige unerlaubte Handlung iSv § 823 dar, sondern schließt nur den Entlastungsbeweis nach § 831 Abs 1 S 1 aus. Denn diese Organisationspflichten erwachsen dem Geschäftsherrn anstelle seiner ursprünglich eigenen Verkehrssicherungspflichten (vgl LANDWEHR AcP 164 [1964] 482, 486). Die weithin vorherrschende Ansicht, die Organisationspflichten seien Teil der allgemeinen Verkehrssicherungspflichten, erklärt sich aus dem rechtspolitischen Anliegen, die Schwächen der Gehilfenhaftung nach § 831 – vor allem wegen der Möglichkeit des (dezentralisierten) Entlastungsbeweises – zu vermeiden (vBAR, Gutachten, Bd II [1981] S 1716) und im Ergebnis eine unbedingte Einstandspflicht zu begründen (ESSER, Grundlagen S 37). Ausgangspunkt nicht nur für die Lehre vom körperschaftlichen Organisationsverschulden waren Fälle, „wo das Unerträgliche einer

Entlastungsmöglichkeit aus § 831 ... besonders in die Augen sprang" (RGZ 162, 129, 166). Pointiert, aber keineswegs unzutreffend, meint H H JAKOBS (VersR 1969, 1061, 1063) freilich, die angeblichen Mängel von § 831 seien vor allem Mängel des herrschenden Verständnisses dieser Vorschrift. Es ist ihre gegenwärtige Interpretation, die das Bemühen nahelegt, den Anwendungsbereich einzuschränken, die Vorschrift „zu entschärfen" (vBAR, Verkehrspflichten S 241), „sozusagen scheibchenweise auszuschalten" (KUPISCH JuS 1984, 250, 256). Man versucht dieses Ziel zu erreichen, zum einen indem der Tatbestand von § 823 um Organisations-Verkehrssicherungspflichten erweitert wird (vgl KUPISCH JuS 1984, 250, 256), zum anderen indem Verrichtungsgehilfen von juristischen Personen fiktiv zu verfassungsmäßigen Vertretern oder Sondervertretern gemacht werden (Beispiele bei ESSER, Grundlagen S 34). Die Geltung von § 31, der zur Haftung für fremdes Verschulden (ohne Exculpation) führt, soll auf nicht zu Organen bestellte Personen erstreckt werden (NITSCHKE NJW 1969, 1737, 1739; LANDWEHR AcP 164 [1964] 482, 513). Methodisch ist das aber eine – vom RG (RGZ 78, 107, 110; 79, 101, 106) noch gemiedene – Fehlentwicklung, die LANDWEHR (AcP 164 [1964] 482, 514) hinsichtlich der Lehre vom körperschaftlichen Organisationsverschulden bereits aufgezeigt hat. Heute wird zugegeben, daß die Lehre vom betrieblichen und körperschaftlichen Organisationsverschulden überholt wäre, wenn der Gesetzgeber den Exculpationsbeweis fallen ließe (HASSOLD JuS 1982, 583, 585). Damit erweist sich die Lehre vom betrieblichen und körperschaftlichen Organisationsverschulden als nur scheinbar „geschickter Kunstgriff", um den Entlastungsbeweis abzuschneiden (NITSCHKE NJW 1969, 1737, 1739), also eine rechtspolitische Korrektur vorwegzunehmen, die vorzunehmen der Gesetzgeber bislang nicht bereit war. Mit einer restriktiven Auslegung oder teleologischen Reduktion hat das wenig zu tun. Es geht vor allem darum, das Schuldprinzip zurückzudrängen, indem die Beweislast des Geschädigten durch den Beweis des ersten Anscheins erleichtert wird, während der Entlastungsbeweis ausgeschlossen ist. Das wird durch die Heranziehung von § 31 in Bezug auf das körperschaftliche Organisationsverschulden besonders deutlich (vgl OLG Stuttgart NJW 1951, 525). In Wahrheit handelt es sich um einen methodischen Mißgriff, der zu Wertungswidersprüchen führen muß. Sie ergeben sich daraus, daß die Verletzung ähnlicher Verkehrssicherungspflichten verschieden behandelt wird. Weitere Konsequenz ist, daß die juristische Person – und im Wege der Analogie auch die OHG und KG (BGH NJW 1952, 537, 538; BGH VersR 1962, 664) – uU im Vergleich zur natürlichen Person schärfer haftet, nämlich ohne Entlastungsgmöglichkeit, indem man ihr die Möglichkeit beschneidet, Verrichtungsgehilfen einzusetzen. Warum eine Körperschaft sich nur in geringerem Maße der Tätigkeit von Verrichtungsgehilfen soll bedienen können als eine natürliche Person, läßt sich deliktsrechtlich nicht rechtfertigen (dazu auch MARTINEK, Repräsentantenhaftung [1979] 32 ff). Darüber hinaus ist es widersinnig, den dezentralisierten Entlastungsbeweis (BGHZ 4, 1, 2 f) infolge einer Überspannung des Schuldprinzips oder aus Zweckmäßigkeits- und Billigkeitsgründen zuzulassen, das als unbefriedigend empfundene Ergebnis aber durch die Entwicklung von Verkehrssicherungspflichten (Organisationsverschulden) zu korrigieren, die § 823 zugeordnet werden, um schließlich bei einer Erfolgshaftung zu enden. Auf diesen Zusammenhang weisen deutlich ESSER/WEYERS (Schuldrecht II, § 58 I 2) hin. Dieser Vorwurf trifft freilich nicht in erster Linie das RG, sondern vor allem den BGH hinsichtlich seiner frühen Rechtsprechung (BGHZ 4, 1, 2 f), wie JAKOBS (VersR 1969, 1061, 1068 f) nachgewiesen hat. Des Rückgriffs auf § 823, des „Gegengewichts" (so BGB-RGRK/STEFFEN Rn 8), bedarf es im übrigen nicht, um den dezentralisierten Entlastungsbeweis zu vermeiden: Hat der Geschäftsherr seine Verkehrssicherungspflichten auf Gehilfen übertragen, so genügt zu seiner Entlastung nicht schon, daß er diese sorgfältig ausgewählt und überwacht hat. Denn mit der Delegation erwachsen für ihn allgemeine (den von § 831 vorausgesetzten eng verwandte) Organisationspflichten, die er zusätzlich erfüllen muß, um sich nach § 831 Abs 1 S 2 zu exculpieren. Er kann sich nicht schon durch den bloßen Nachweis entlasten, daß er Aufsichtspersonen ordnungsgemäß ausgewählt und überwacht hat. In diesem Sinne ist auch das RG (RGZ 78, 107, 110; 79, 101, 106; RG, JW 1914, 758, 760; 1933, 831) zu verstehen. Wie OLG München (VersR 1963, 1208, 1209) zutreffend erkannt hat, führt daher ein schuldhafter Organisationsmangel, der sich in der Lückenhaftigkeit von Dienstanweisungen äußere, zur Haftung nach § 831 Abs 1. Der BGH läßt in BGHZ 32, 53, 59 offen, wo das Organisationsverschulden anzusiedeln ist, weist aber zutreffend darauf hin, daß die Entlastungsmöglichkeit entfällt (zum dezentralisierten Entlastungsbeweis näher unten, Rn 117–119).

12 Auszugehen ist davon, daß die in § 831 Abs 1 S 2 im Rahmen der Exculpation konkretisierten Verkehrssicherungspflichten nur *beispielhaften Charakter* haben (E Schmidt AcP 170 [1970] 502, 520, Fn 67). Danach lassen sich sämtliche Organisationspflichten, die den von § 831 Abs 1 S 1 vorausgesetzten Pflichten wesentlich ähneln, durch die (analoge) Anwendung dieser Bestimmung erfassen. Zugleich müssen freilich ihre Schwächen punktuell beseitigt werden. Das bedeutet vor allem, die Exculpationsmöglichkeit einzuschränken (Esser/Weyers, Schuldrecht II § 58 I 2). Wird der dezentralisierte Entlastungsbeweis gemieden, was der Tendenz der Rechtsprechung ohnehin entspricht (BGH NJW 1968, 247, 248; NJW 1973, 1602, 1603), besteht kein Grund, durch neue Rechtsinstitute wie die Lehren vom betrieblichen bzw körperschaftlichen Organisationsverschulden auf § 823 oder § 31 auszuweichen. Anstatt betriebliche Organisationspflichten im Rahmen von § 823 und körperschaftliche Organisationspflichten im Rahmen von § 31 zu konstruieren, ist § 831 auf derartige Pflichten (analog) anzuwenden. Dem Geschäftsherrn ist demnach die Exculpation zu versagen, wenn er die ihm nach § 831 obliegenden Verkehrssicherungspflichten durch Hilfspersonen (leitende Angestellte) erfüllen läßt, diese also zur Auswahl, Überwachung und Anleitung seiner Arbeitnehmer einsetzt, ohne seine Gehilfen so einzuteilen, ohne ihre Vertretung so zu regeln, ohne sie zur Sorgfalt derart anzuhalten, wie es unter den gegebenen Umständen von einem sorgfältigen Unternehmer zu verlangen war. Es ist auch kaum zu rechtfertigen, daß der Geschäftsherr nach § 823 haften soll, wenn sein Kontrollpersonal bei der Aufsicht versagt, er aber nach § 831 haften soll, wenn er kein Aufsichtspersonal eingeteilt, also weniger für die Sicherung getan hat (so aber BGHZ 11, 151, 155). Wertungsmäßig liegt es näher, beide Fälle gleichzubehandeln, indem § 831 analog auf den zweiten Fall angewendet wird. Begeht der Gehilfe eine Vermögensstraftat, so müßte die Haftung des Geschäftsherrn wegen Organisationsverschuldens nach § 823 ausscheiden, während die analoge Anwendung von § 831 seine Haftung zuläßt. In § 823 sind dagegen diejenigen Verkehrssicherungspflichten anzusiedeln, die sich von den in § 831 vorausgesetzten im wesentlichen unterscheiden, wie zB die Pflichten, die daraus resultieren, daß jemand sein Eigentum dem allgemeinen Verkehr öffnet oder einen gefährlichen Gewerbebetrieb ausübt (vgl RGZ 53, 53, 57).

B. Die Zusammenhänge zwischen der Haftung des Geschäftsherrn und der des Verrichtungsgehilfen

I. Die Gesamtschuld im Außenverhältnis

Im Verhältnis zum Geschädigten bestehen die Haftung des Geschäftsherrn und die **13** des Verrichtungsgehilfen unabhängig voneinander. Erfüllt der Verrichtungsgehilfe selbst die Voraussetzungen der §§ 823 ff, weil er nicht nur objektiv rechtswidrig, sondern auch schuldhaft unerlaubt gehandelt hat, so haftet er persönlich und unabhängig davon, ob der Geschäftsherr nach § 831 verantwortlich ist (RG JW 1910, 653; Recht 1911 Nr 1745). Haften Geschäftsherr und Verrichtungsgehilfe nebeneinander, so sind sie Gesamtschuldner nach § 840 Abs 1. Der Geschädigte kann also nach § 421 wählen, ob er den Geschäftsherrn oder den Verrichtungsgehilfen in Anspruch nimmt. *Rechtspolitisch* wird von HEINZE (NZA 1986, 545, 550) gefordert, entsprechend § 771 nur eine subsidiäre Außenhaftung des Arbeitnehmers (für den Fall der Insolvenz des Arbeitgebers) neben einer primären Außenhaftung des Arbeitgebers einzuführen. Es ist zumindest widersprüchlich, die Gleichstufigkeit der Haftung des Geschäftsherrn und der des Verrichtungsgehilfen aufzugeben, im Innenverhältnis aber – so HEINZE (aaO) – den Gesamtschuldnerausgleich nach § 426 Abs 1 zuzulassen. Was im Außenverhältnis (zum Geschädigten) keine Gesamtschuld mehr ist, wird im Innenverhältnis (zwischen den Schädigern) als solche behandelt.

II. Der Regreß im Innenverhältnis

Hat der Geschäftsherr Schadensersatz geleistet, kann er im Innenverhältnis beim **14** Verrichtungsgehilfen in **vollem Umfang Regreß** nehmen (§ 840 Abs 2). Dabei handelt es sich um eine andere Bestimmung des Ausgleichs im Sinne von § 426 Abs 1 zu Lasten des Verrichtungsgehilfen. Der Regreß des Geschäftsherrn entfällt jedoch (oder ist nur teilweise möglich), wenn der Verrichtungsgehilfe Arbeitnehmer ist und im Wege des innerbetrieblichen Schadensausgleichs einen Freistellungsanspruch gegen den Arbeitgeber bzw Geschäftsherrn hat (dazu unten Rn 15). Hat der Verrichtungsgehilfe seinerseits Schadensersatz geleistet, kann er grundsätzlich – wegen § 840 Abs 2 – keinen Regreß (nach § 426) beim Geschäftsherrn nehmen. Ist der Verrichtungsgehilfe aber Arbeitnehmer, so führt der innerbetriebliche Schadensausgleich dazu, daß jener entsprechend seinem Verschuldensanteil bei seinem Arbeitgeber (Geschäftsherrn) vollständig oder teilweise Regreß nehmen kann (dazu unten Rn 15). § 840 Abs 2 wird insoweit durch das arbeitsrechtliche Haftungsprivileg verdrängt.

III. Der innerbetriebliche Schadensausgleich und der Freistellungsanspruch

Ist der Verrichtungsgehilfe Arbeitnehmer und haftet er dem Geschädigten etwa nach **15** § 823, so steht ihm gegenüber seinem Arbeitgeber, dem Geschäftsherrn, im Wege des *innerbetrieblichen Schadensausgleichs* ein *Freistellungsanspruch* zu (RAG ARS 41, 55, 61; 43, 108, 111 f; BAGE 1, 5, 19; BAG AP Nr 37 und 94 zu § 611 BGB Haftung des Arbeitnehmers; BAG NJW 1963, 1940, 1941; NJW 1963, 411, 412; BGHZ 41, 203, 204; NJW 1961, 2156; HELM AcP 160 [1961] 134; ACHTERBERG AcP 164 [1964] 14, 47; CANARIS RdA 1966, 47; KÖBLER RdA 1975, 97; GICK JuS 1980, 399; MÜNCHARBR/BLOMEYER, Bd 1 [1992] § 58 Rn 3, 4), der sich nach dem Verschuldensmaß des Arbeitnehmers richtet. Der Freistellungsanspruch besteht auch, wenn sich der Geschädigte nicht aus dem Vermögen des Arbeitnehmers bzw Verrichtungsgehilfen befriedigen kann (BGHZ 66, 1). Ob der Arbeitgeber sich nach § 831 entlasten kann, ist für den Freistellungsanspruch ohne Bedeutung. Hat der Arbeitnehmer den Schadensersatzanspruch bereits erfüllt, so hat er einen – ebenfalls von seinem Verschuldensmaß abhängigen – *Regreßanspruch* gegen den Arbeitgeber bzw Geschäftsherrn (vgl oben Rn 14).

IV. Die Mehrzahl von Gesamtschuldnern

16 Kommt eine Haftung noch anderer Gesamtschuldner – außer dem Geschäftsherrn und dem Verrichtungsgehilfen – in Betracht, so bilden bei der Ausgleichung Geschäftsherr und Verrichtungsgehilfe eine Einheit, weil die Haftung des Geschäftsherrn von der des Gehilfen „abgeleitet" ist (BGHZ 6, 3, 28; vgl DUBISCHAR NJW 1967, 608). Gemeint ist damit, daß die Haftungseinheit beim Ausgleich unter den Gesamtschuldnern wie ein einziger Schuldner zu behandeln ist. Die „Zusatzhaftung", die durch § 831 im Außenverhältnis entsteht, wird im Innenverhältnis eliminiert (Dubischar NJW 1967, 608, 609), weil die Haftung für den Verrichtungsgehilfen im Interesse des Geschädigten besteht, nicht aber, um einen Mitschädiger zu entlasten. Diese „abgeleitete" Haftung ist aber nicht „adjektizischer Natur" wie die des Reeders und Schiffseigners (unten Rn 44), derart, daß bei rechtskräftiger Abweisung der Klage gegen den Verrichtungsgehilfen der Geschäftsherr nicht mehr in Anspruch genommen werden könnte (vgl BGH VersR 1965, 230). Vielmehr liegt eine gewöhnliche Gesamtschuld vor, für die der Grundsatz des § 425 gilt.

V. Der Haftungsausschluß

17 Die Haftung des Geschäftsherrn für den Verrichtungsgehilfen kann nach § 276 durch vorherige Vereinbarung in vollem Umfang ausgeschlossen werden. Zwar schließt § 276 Abs 2 aus, daß der Geschäftsherr sich für eigenen Vorsatz freizeichnet. § 276 Abs 2 hindert aber nicht den vertraglichen Haftungsausschluß des Geschäftsherrn für vorsätzliches Handeln des Verrichtungsgehilfen, eben weil die Haftung aus § 831 keine Haftung für die unerlaubte Handlung der Hilfspersonen, sondern nur eine Haftung aus vermuteter Fahrlässigkeit des Geschäftsherrn darstellt (RGZ 157, 288; HRR 1929 Nr 1728). Im übrigen umfaßt ein zugunsten des Geschäftsherrn vereinbarter Haftungsausschluß im allgemeinen auch die Haftung aus § 831 (OLG Hamm VersR 1976, 764; s auch BGH VersR 1976, 1129).

C. Das Verhältnis von § 831 zu anderen Vorschriften

I. Die Vorschriften des BGB

1. § 823

a) Die Grundlagen

18 Das Verhältnis von §§ 823, 831 wird von der hM dahin bestimmt, § 831 enthalte für eine beschränkte Zahl von Verkehrssicherungspflichten, die grundsätzlich bei § 823 zu lokalisieren sind, eine Sonderregelung. Es handelt sich danach bei § 831 wie bei

§ 836 um einen Fall normierter Verkehrssicherungspflichten bezüglich derer die Beweislastverteilung besonders ausgestaltet ist.

Zur Eigenhaftung des Gehilfen aus § 823 bereits oben (Rn 13).

b) Die Haftung für betriebliches Organisationsverschulden*

Die Haftung für betriebliches Organisationsverschulden (zum körperschaftlichen Organisationsverschulden unten Rn 42) wurde im Rahmen von § 823 mit dem Ziel entwickelt, den Anwendungsbereich von § 831 zu verlassen. Methodisch handelt es sich dabei – wie bereits gezeigt (oben Rn 11) – um eine Fehlentwicklung. Betriebliche Organisationspflichten sollen den Geschäftsherrn treffen, wenn er ihm obliegende Verkehrssicherungspflichten durch Hilfspersonen erfüllen läßt (RGZ 53, 53, 57; 128, 149, 153; BGHZ 4, 1, 2 f; 24, 200, 214; BGH MDR 1957, 214, 215; BGH VersR 1962, 1013, 1014). Er kann sich durch deren Einsatz seiner Verkehrssicherungspflichten nicht völlig entledigen. Anstelle der ursprünglichen Pflichten muß er den Einsatz der Hilfspersonen ordnungsgemäß organisieren. Da durch deren Versagen der Schaden ausgelöst wird, liegt das haftungsbegründende Verhalten des Geschäftsherrn offenkundig nicht darin, die letzte Verletzungsursache gesetzt zu haben. Ihm wird vielmehr vorgeworfen, bei der Organisation des von ihm zu betreuenden Verkehrsbereichs die erforderliche Sorgfalt nicht beobachtet und dadurch Gefahren nicht vermieden zu haben, so daß diese sich in einem Schaden realisieren konnten. Dadurch, daß die Haftung auf § 823 zurückgeführt wird, wird der dezentralisierte Entlastungsbeweis (dazu unten Rn 117 ff) vermieden.

Während das Reichsgericht in gewissem Umfange eine Haftung für Organisationsverschulden § 831 unterstellte (RGZ 78, 107, 110; RG JW 1914, 758, 760; 1920, 492; 1933, 831; anders dagegen RGZ 53, 53, 57; 113, 293, 297: § 823), ordnet die hM (BGB-RGRK/STEFFEN Rn 6; MünchKomm/MERTENS § 823 Rn 195, 321) nunmehr die Organisationspflichten den allgemeinen Verkehrspflichten nach § 823 zu (dazu kritisch oben Rn 11). Für den Geschädigten hat das beweisrechtliche Nachteile zur Folge, da ihm keine Kausalitäts- und Verschuldensvermutung zugute kommt. Dementsprechend entfällt auch die Exculpationsmöglichkeit nach § 831 Abs 1 Satz 2 (s sogleich).

Wegen Organisationspflichtverletzung haftet der Geschäftsherr, wenn er es schuldhaft versäumt hat, die stets ihm verbleibende allgemeine Oberaufsicht auszuüben, vor allem allgemeine Aufsichtsanweisungen zu geben (BGH NJW 1968, 247, 248). Namentlich der Unternehmer eines größeren, arbeitsteilig organisierten Betriebs hat die erforderliche Organisation derart auszugestalten, daß Schädigungen vermieden werden (MünchKomm/MERTENS § 831 Rn 18 ff; FIKENTSCHER, Schuldrecht § 107 I 2 e cc).

Nach verbreitetem Verständnis steht die Haftung wegen Organisationsverschuldens selbständig neben der Haftung aus § 831. Sofern das Organisationsverschulden sich auf eine der in § 831 normierten Verkehrspflichten bezieht, wird die Haftung aus § 823 praktisch freilich nicht zum Zuge kommen (BGHZ 24, 188, 199). Wird dem Geschäftsherrn ein Organisationsverschulden außerhalb der ordnungsgemäßen Auswahl und Überwachung vorgeworfen, liegt eine echte *Anspruchskonkurrenz* vor (etwa RGZ 53, 53, 57: Die Eisenbahn konnte sich hinsichtlich der Auswahl des Gehilfen entlasten,

---

* **Schrifttum**: HASSOLD, JuS 1982, 583 ff.

der für die verletzungsursächlich unzureichende Beleuchtung des Zufahrtswegs zuständig war; das RG erwägt eine Haftung wegen mangelhafter Überwachung aus § 823; ähnlich RGZ 113, 293, 295: – Streupflicht – Exculpation hinsichtlich des Gehilfen, aber Haftung wegen Verletzung der allgemeinen Aufsichtspflicht).

Ansprüche wegen Organisationsverschuldens nach § 823 erfordern den vollen *Beweis* einschließlich der Schuld; eine Kausalitäts- oder Verschuldensvermutung greift nicht ein (RGZ 53, 53, 57). Allerdings hat die Rechtsprechung die Darlegungs- und Beweislast des Geschädigten durch den *Anscheinsbeweis* erleichtert. Bestand über längere Zeit ein nach der Lebenserfahrung im Organisationsverschulden fußender sorgfaltswidriger Zustand, so begründet das die vom Beklagten zu erschütternde Vermutung des Verschuldens bzw des Pflichtwidrigkeitszusammenhangs (RGZ 113, 293, 294: „Die in ihrem äußeren Tatbestand gegebene Verletzung des öffentlichrechtlichen Schutzgesetzes über die Streupflicht rechtfertigt zunächst [für die erste Betrachtung] auch die Folgerung des Berufungsgerichts, daß die Unterlassung gehörigen Streuens auf einem Verschulden der Beklagten als der Trägerin der Streupflicht beruhe. Es ist Sache der Beklagten, den Widerlegungsbeweis zu führen, daß sie dasjenige getan habe, was geeignet gewesen sei, die Ausführung des Schutzgesetzes zu sichern, oder welche besonderen Umstände sie von dem Vorwurf eines für den Unfall ursächlichen Verschuldens entlasten." [zuvor ähnlich RGZ 89, 136]). Auch BGH NJW 1968, 247, 248 f wendet in einem Produkthaftungsfall wohl den Anscheinsbeweis an: „Schon nach der Lebenserfahrung deutet es zunächst auf einen fahrlässigen Mangel im Organisationsbereich der Beklagten hin, wenn diese dem Autohersteller ein für die Betriebssicherheit des Kraftwagens entscheidendes Werkstück in schadhaftem Zustand anliefert und wenn zudem feststeht, daß die Herstellung fehlerhaft und eine Stückkontrolle unzureichend war. ... Es ist ... Sache des Produzenten, sich zu entlasten ..."

Die Organisationshaftung greift weiterhin unabhängig von der *Gehilfen*eigenschaft eines etwaigen Letztverursachers ein.

Schließlich sind Organisationspflichten nur beschränkt *delegierbar* (so Rn 11).

2. Die Vertragshaftung und § 278*

22 Nach § 278 hat der Schuldner ein Verschulden der Personen, deren er sich zur Erfüllung seiner Verbindlichkeit bedient (dazu sowie zur Erweiterung der „Haftung für eingeschaltete Gehilfen" vgl die Kommentierung von STAUDINGER/LÖWISCH [1995] § 278 Rn 13 ff), in gleichem Umfang zu vertreten wie eigenes Verschulden.

a) Die Unterschiede zu § 831

23 Strukturell unterscheiden sich die vertragliche und vertragsähnliche Haftung „in Verbindung mit" § 278 von derjenigen nach § 831 dadurch, daß jene auf einer Zurechnung (nachzuweisenden) fremden Verschuldens, des Gehilfen, beruht, diese hingegen einen Haftungstatbestand für vermutetes eigenes Verschulden, des Geschäftsherrn, vorsieht (kritisch H H JAKOBS VersR 1969, 1061, 1063, der in § 831 lediglich eine

---

* **Schrifttum:** PICKER AcP 183 (1983) 369 ff; und ders JZ 1987, 1041 ff; CANARIS, Schutzgesetze, in: FS Larenz (1983) 27 ff.

Vorschrift über die Beweislast sieht). Wie aufgezeigt (oben Rn 5), setzt der Plan des Gesetzes für die garantiegleiche Einstandspflicht über § 278 das Bestehen einer **Sonderverbindung** voraus, also einer Verbindlichkeit, die bereits vor dem Schadenseintritt besteht, und nicht erst durch den Schadenseintritt entsteht (BGHZ 24, 188, 192). § 278 bringt dieses Erfordernis dadurch zum Ausdruck, daß sich die Bestimmung auf den „Schuldner" und die Erfüllung seiner Verbindlichkeit bezieht. Der Gesetzgeber ging dabei ersichtlich von einem eng umgrenzten Begriff der „Verbindlichkeit" aus. Gedacht war vornehmlich an die Vertragsverbindung (MUGDAN II 16: „Wenn der Schuldner eine Leistung *versprochen* hat, so erblickt der heutige Verkehr in diesem Versprechen auch die Übernahme einer Garantie für das ordnungsmäßige Verhalten derjenigen, deren Mitwirkung bei der Leistung sich zu bedienen dem Schuldner ausdrücklich oder stillschweigend gestattet ist."); nichts Abweichendes gilt für die Legalobligationen etwa des Vormunds (§ 1833) oder des Testamentsvollstreckers (§ 2219). Die nachzuzeichnende (unten Rn 25 ff) Ausdehnung der Vertragshaftung hat den Anwendungsbereich von § 278 erheblich erweitert. Außerhalb des vertraglichen Kontakts sind danach Sonderverbindungen auch in sozialen Beziehungen zu erblicken, sofern diese bestimmte *Pflichtverstärkungsfaktoren* aufweisen, nämlich die Inanspruchnahme gewährten Vertrauens und die erhöhte Einwirkungsmöglichkeit auf die Rechtsgüter des Partners (dazu mwNw zum Diskussionsstand BELLING, Haftung 89 ff und krit PICKER AcP 183 [1983] 369 ff und JZ 1987, 1042 ff: PICKER nimmt an, jegliche Ersatzhaftung beruhe auf einem einheitlichen Rechtsgrund, der dem vorpositiven Grundsatz „neminem laedere" entstamme. Die unterschiedliche Ausgestaltung von Vertrags- und Deliktshaftung rühre nur aus einer technisch auf verschiedenen Wegen begründeten Haftungsbegrenzung. Im Deliktsrecht verwirkliche die Beschränkung auf die sozial offenkundigen Schutzgüter des § 823 Abs 1 die Haftungsbeschränkung, in der Sonderverbindung die anfängliche Individualität und Vereinzelung der Partner).

Auf der Grundlage dieser Strukturen sind im einzelnen folgende Hauptunterschiede **24** hervorzuheben: Da § 278 eine Garantiehaftung für zu beweisendes fremdes Verschulden bedeutet, nicht eine Haftung für vermutetes eigenes Verschulden, kommt ein Entlastungsbeweis des Geschäftsherrn nicht in Betracht. Die iVm § 278 begründete Vertragshaftung greift entsprechend der allgemeinen Systematik auch bei bloßen *Vermögensschäden* ein und nicht allein bei der Verletzung der deliktisch geschützten Rechtsgüter und absoluter Rechte (§ 823 Abs 1; anders nur §§ 823 Abs 2 und 826). Der Begriff des Erfüllungsgehilfen ist von dem des Verrichtungsgehilfen verschieden: Während in § 831 der Kreis der Hilfspersonen auf Weisungsunterworfene beschränkt ist (LARENZ/CANARIS, Schuldrecht II/2 § 79 III 2a), können auch selbständige Unternehmer *Erfüllungs*gehilfen iSv § 278 sein (zum Begriff des Erfüllungsgehilfen BGHZ 13, 111; BGH VersR 1965, 240, 241). Art und Umfang des Ersatzes aufgrund der Vertragshaftung unterliegt der Beschränkung auf das materielle Interesse (§ 253 gegenüber dem *Schmerzensgeld*anspruch nach § 847; Ausnahme freilich: § 651f Abs 2) sowie auf das Gläubigerinteresse (wohingegen im Rahmen von §§ 844, 845 Abs 2 in begrenztem Umfang auch *Drittschäden* zu ersetzen sind). Den *Beweis* erleichtern im Rahmen der Vertragshaftung die Vorschriften der §§ 282, 285, die weithin auch bei positiver Vertragsverletzung Anwendung finden.

Während die Möglichkeit des Ersatzes von immateriellen Schäden den Haftungstatbestand des § 831 attraktiv macht, hat sich in der Praxis die – auch nur drohende – Entlastungsmöglichkeit als ein wesentliches Hindernis herausgestellt. Um den Mängeln der Deliktshaftung (hier sind neben der Gehilfenhaftung vor allem die anfänglich unzureichend ausgebauten Verkehrs(sicherungs)pflichten und die Verjährungsregel des § 852 zu nennen) zu begegnen und um die bereits vor Erlaß von § 831 geforderte Garantiehaftung zu erreichen, haben Literatur und Rechtsprechung verschiedene Wege zur Ausdehnung der Vertragshaftung gefunden.

b) Die Ausdehnung der Vertragshaftung*
aa) Die vertraglichen und vertragsähnlichen Nebenpflichten

25 Als „genuin deliktisch" (vBar JZ 1979, 7; Nirk RabelsZ 18 [1953] 310, 311, 350 ff; dagegen Canaris, Schutzgesetze, in: FS Larenz [1983] 27, 85 ff) angesehene Pflichten zur Integritätswahrung wurden von der Rechtsprechung weithin zugleich zu Vertragspflichten erhoben und somit – auch – der Gehilfenhaftung iVm § 278 unterstellt.

26 Im Bereich der Haftung wegen Verschuldens bei *Vertragsverhandlungen* (rechtsvergleichend dazu Nirk RabelsZ 18 [1953] 310 ff) nahm diese Entwicklung ihren Ausgang in der *Linoleumteppich*-Entscheidung des RG (RGZ 78, 239). Eine von einem Angestellten des Kaufhauses versehentlich gekippte Linoleumrolle fiel um und verletzte die Kundin. Ein Vertrag kam nicht zustande. Anders als in früheren Entscheidungen, die auf dem Boden der Deliktstheorie gestanden hatten (RG JW 1909, 683, 684; 1910, 784), gewährte das RG nunmehr einen „vertraglichen" Schadensersatz gegen den Inhaber des Kaufhauses als potentiellen Vertragspartner.

Die Entscheidung des RG aus dem Jahre 1911 bildet den Ausgangspunkt für eine Entwicklung, die eine Hilfsfunktion (Soergel/Wiedemann vor § 275 Rn 108), der von Jhering begründeten Lehre (JherJb 4 [1861]) in den Vordergrund rückt, nämlich den Integritätsschutz. Entgegen der ursprünglichen Konzeption geht es nicht allein um vertragsbezogene Pflichten; Ansprüche aus cic werden auch außerhalb des Bereichs gewährt, der allein die *Sonderverbindung* der Parteien ausmacht.**

27 Eine entsprechende Tendenz, allgemeine Verkehrspflichten in größerem Umfang vertragsrechtlich zu bewehren, ist auch bezüglich der (nach-)*vertraglichen Nebenpflichten* festzustellen. Zunächst – im Jahr 1926 – wurde eine Vertragshaftung des Zeitungsunternehmens für Verletzungen, die ein Kunde nach Aufgeben einer Anzeige bei einem Sturz auf dem unzureichend gestreuten Gehweg vor dem Geschäftshaus erlitt, noch abgelehnt (RGZ 113, 293, 294; sa RGZ 74, 124, 125). Entsprechend der Annahme von Staub (Die positive Vertragsverletzung und ihre Rechtsfolgen, in: FS DJT [1901/1902] 29), blieb die positive Vertragsverletzung zunächst auf die Bewehrung von leistungsbezogenen Pflichten beschränkt. Die grundsätzliche Möglichkeit eines Ersatzanspruchs wegen vertraglicher Schutzpflichtverletzung ist demgegenüber in dieser Fallkonstellation heute allgemein anerkannt (Soergel/Wiedemann vor § 275 Rn 518). So hat der BGH (VersR 1965, 241) eine Vertragshaftung für die Verletzung durch ein herabfallendes Brett bei Verlassen des Ladenlokals bejaht.

28 Sofern das Eigentum im Rahmen der Vertragsdurchführung der Einwirkung des Vertragspartners ausgesetzt ist, vor allem Miet- und Werkverträgen, führt die Verletzung von Obhutspflichten ebenso zu einer Vertragshaftung (BGH VersR 1966, 1154 –

---

* **Schrifttum:** Lorenz JZ 1960, 108 ff; Gernhuber JZ 1962, 553 ff; Esser JZ 1952, 257 ff; vBar, Verkehrspflichten § 8 II, 220 ff.

** **Schrifttum:** Kreuzer (Freiburger Habilitationsschrift, 1972) und ders JZ 1976, 778 ff.

Brennprobe –: Vertragshaftung für Feuerschäden am Gebäude des Bestellers, die aufgrund eines von Arbeitern des Unternehmers „aus Neugier" verursachten Brandes entstanden; BGH VersR 1983, 891: Werkvertrag über den Ausbau von Mieträumen schützt auch den Mieter).

Die – uU erst durch Annahme vertraglicher Schutzpflichten eröffnete – Vertragshaf- **29** tung hat die Rechtsprechung noch um ein Element des Deliktsschutzes erweitert: Im Wege der entsprechenden Anwendung von § 618 im Bereich des Werkvertrags finden im Rahmen der Vertragshaftung (§ 278!) auch die §§ 842–846 Anwendung (RGZ 159, 268, 269 ff; BGH [GS] BGHZ 5, 62, 66: „[Es] wäre in hohem Maße unbillig, den Hinterbliebenen vertragliche Schadensersatzansprüche aus dem formalen Grunde zu versagen, daß nur der tödlich Verunglückte, aber nicht sie selbst Vertragspartner gewesen seien, und sie, obwohl der tödliche Unfall auf ein *vertragliches* Verschulden des Dienstherrn zurückgeht, auf den Nachweis einer unerlaubten Handlung zu verweisen, und dem Dienstherrn die weitgehende Entlastungsmöglichkeit des § 831 BGB für Verrichtungsgehilfen zu eröffnen." [Hervorhebung im Original]; BGHZ 26, 365, 370, 372 [„Fürsorgepflicht" unabdingbar]; BGH VersR 1963, 1076, 1077). Argumentativ handelt es sich um einen beachtlichen Kunstgriff, der praktisch bedeutet, sich selbst an den eigenen Haaren emporzuheben. Denn auf der selbstgeschaffenen Plattform der Vertragshaftung für Deliktsunrecht wird nunmehr postuliert, diese Haftung dürfe hinter der deliktischen nicht zurückstehen und damit die Erweiterung der Vertragshaftung begründet.

Die Annahme vertraglicher Ersatzansprüche wegen Integritätsverletzung stellt im **30** internationalen Vergleich eine Besonderheit dar (zur cic: SOERGEL/WIEDEMANN vor § 275 Rn 124 mwNw; zur pVV: SOERGEL/WIEDEMANN vor § 275 Rn 484; LORENZ JZ 1995, 317). Die Ursache ihrer Ausbildung liegt besonders in der Ausgestaltung der Deliktshaftung (MünchKomm/EMMERICH Rn 72 und 294 vor § 275; auch SOERGEL/WIEDEMANN vor § 275 Rn 484).

bb) Der Vertrag mit Schutzwirkung zugunsten Dritter*

Die Rechtsprechung hat in Anlehnung an § 328 und als besondere Art der vertrag- **31** lichen Drittberechtigung den Vertrag mit Schutzwirkung zugunsten Dritter herausgebildet. Dieses Rechtsinstitut beruht auf richterlicher Rechtsfortbildung auf der Grundlage von § 242; es ergänzt das dispositive Recht. Die Schutzwirkung für Dritte wird heute fast einhellig anerkannt (GERNHUBER, Schuldverhältnis § 21; MünchKomm/ GOTTWALD § 328 Rn 78 ff; grundsätzlich ablehnend: ERNST WOLF, Schuldrecht § 187 A IV; ZIEGLER JuS 1979, 328; HATTENHAUER, Grundbegriffe des Bürgerlichen Rechts [1982] 95 f). Der Grund für die Entwicklung dieses Rechtsinstituts ist der begrenzte Schutz des Deliktsrechts, das in § 823 Abs 1 das Vermögen nicht schützt, in § 831 Abs 1 S 2 die Exculpation des Geschäftsherrn zuläßt und nur die dreijährige Verjährungsfrist nach § 852 kennt. Beim Vertrag mit Schutzwirkung für Dritte handelt es sich um ein vertragsähnliches gesetzliches Schuldverhältnis. Das Entstehen der Ersatzansprüche des objektiv geschützten Dritten ist daher vom Willen der Parteien unabhängig. Durch den Vertrag mit Schutzwirkung für Dritte soll ein bei der Vertragsabwicklung geschädigter Dritter in der Weise in die vertraglichen Sorgfalts- und Obhutspflichten einbezogen sein, daß er bei deren Verletzung vertragliche Schadensersatzansprüche geltend

---

* **Schrifttum:** GERNHUBER JZ 1962, 553 ff; ders, in: FS Nikisch (1958) 249 ff; ders, Das Schuldverhältnis § 21; LARENZ Anm NJW 1956, 1193 f; HEISEKE und LARENZ NJW 1960, 77 ff; CANARIS JZ 1965, 475 ff; vBAR JuS 1982, 16 ff; LORENZ JZ 1960, 108 ff.

machen kann (vgl BGHZ 49, 350, 353; BGH NJW 1959, 1676 f). Die vertragliche Ersatzpflicht stellt den Geschädigten günstiger, weil sie das Verschulden des Erfüllungsgehilfen dem Schuldner der Pflicht ohne Exculpationsmöglichkeit zurechnet (§ 278), die Verschuldensvermutung des Schädigers nach den §§ 282, 285 vorsieht und die Ansprüche grundsätzlich erst nach 30 Jahren verjähren läßt (§ 195). Nachteilig für den geschädigten Dritten wirkt sich freilich aus, daß er sich gegenüber einem deliktischen Anspruch ein Mitverschulden seiner gesetzlichen Vertreter und Hilfspersonen sowie nach hM auch des Gläubigers analog zu den §§ 334, 846 anrechnen lassen muß, § 254 (vgl dazu BGHZ 9, 316, 318).

Wurde mit dem Ausbau von Nebenpflichten die Vertragshaftung in ihrem sachlichen Anwendungsbereich erweitert, so ermöglichte die Konstruktion von drittschützenden Vertragspflichten den Ausbau in persönlicher Hinsicht. Die Schutzwirkung bedeutet, daß nunmehr die – wie dargestellt erheblich ausgeweiteten – vertraglichen Nebenpflichten auch Dritten gegenüber bestehen. Der Anwendungsbereich kann sich auf schuldrechtliche Verpflichtungsverträge jeder Art, die culpa in contrahendo (vgl BGHZ 66, 51, 56) und nichtige Verträge wie auch öffentlichrechtliche Nutzungsverhältnisse (BGH NJW 1974, 1816 f) erstrecken. Der Haftungsgrund ist also unabhängig vom Abschluß und der Wirksamkeit des Vertrags zwischen den Hauptparteien (GERNHUBER, Schuldverhältnis § 8 I 1 c).

32 Zur Vermeidung einer konturenlosen Ausdehnung der vertragsähnlichen Haftung sind an die Einbeziehung Dritter in den vertraglichen Schutz strenge Anforderungen zu stellen (vgl BGHZ 51, 91, 96; 69, 82, 86; BGH NJW 1976, 1843 f). Die Einbeziehung des Dritten setzt deshalb voraus: (1) *(Leistungsnähe)* Der Dritte muß sich durch Vermittlung oder mit Willen des primären Anschlußgläubigers obligationsgemäß im Leistungsbereich aufhalten und den Gefahren von Schutzpflichtverletzungen ebenso ausgesetzt sein wie der Gläubiger selbst (vgl BGHZ 49, 350, 354; 70, 327, 329). Ein nur zufälliger Leistungskontakt genügt nicht. Der einbezogene Personenkreis muß eng und überschaubar sein. (2) *(Gläubigernähe)* Der Gläubiger muß ein berechtigtes Interesse am Schutz des Dritten haben. Die Rechtsprechung hat eine solche Schutzpflicht ursprünglich nur bejaht, wenn der Gläubiger für das „*Wohl und Wehe*" des Dritten mitverantwortlich war (vgl BGHZ 51, 91, 96; 56, 269, 273; BGH NJW 1970, 38, 40) (Fälle sozialer Abhängigkeit des Dritten im Bereich des Familien-, Arbeits- und Sozialrechts). Nunmehr ist anerkannt, daß ein Drittschutz auch zu bejahen ist, wenn der Dritte mit der im Vertrag versprochenen Leistung bestimmungsgemäß in Kontakt kommt (vgl BGH NJW 1976, 1843, 1844; 1985, 489) oder wenn sich aus dem Verhältnis des Dritten zum Leistungsgegenstand Anhaltspunkte für einen auf den Schutz des Dritten gerichteten Parteiwillen ergeben (vgl BGHZ 69, 82, 86; BGH NJW 1984, 355, 356; dazu CANARIS, Bankvertragsrecht Rn 21 ff; GERNHUBER, Schuldverhältnis § 21 II 6 h). Die Entwicklung geht nunmehr in die von GERNHUBER schon früh (in: FS Nikisch [1958] 249 ff) vorgeschlagene Richtung, wonach die Leistungsnähe, nicht die Gläubigernähe das entscheidende Kriterium darstellt. (3) *(Erkennbarkeit)* Leistungsnähe und Schutzpflicht des Gläubigers müssen für den Dritten beim Vertragsschluß subjektiv erkennbar, dh übersehbar, kalkulierbar und ggf versicherbar sein (vgl BGHZ 49, 350, 354 f; 75, 321, 323; BGH NJW 1985, 489 u 2411). Grund: Er muß wissen, auf welches Risiko er sich einläßt. (4) *(Schutzbedürftigkeit)* Der Dritte muß schutzbedürftig sein. Daran soll es fehlen, wenn der Dritte selbst vertragliche Ansprüche gegen den Anschlußgläubiger hat (vgl BGHZ 70, 327, 329 f [Mietvertrag schützt nicht den Untermieter, der selbst Vertragsansprüche gegen den Mieter hat]; BGH NJW 1995, 1739, 1747). Der Schadensersatzanspruch erstreckt sich auf alle Rechtsgüter des Dritten, also nicht nur auf Personen-, sondern auch auf Sach- und Vermögensschäden (vgl BGHZ 49, 350, 355; 69, 82; BGH NJW 1977, 2073, 2074). Er setzt voraus, daß das Integritätsinteresse des Dritten verletzt ist. (Zur Kritik der vorgestellten Konzeption der Schutzwirkung, wie sie von der Rechtsprechung im Anschluß an LARENZ NJW 1956, 1193 entwickelt wurde, sowie zu anderen Ansätzen GERNHUBER, Schuldverhältnis § 21; GERNHUBER selbst hat bereits früh [in: FS Nikisch (1958) 249 ff, 270] eine eigene Konzeption entwickelt und hebt hervor, daß es sich um die Teilhabe am Schuldverhältnis als Fall der Sozialwirkungen des Schuldverhältnisses handelt).

Beispiele für die drittschützende Wirkung finden sich besonders im Mietrecht, im **33** Arbeitsrecht sowie im Werkvertragsrecht. Familienangehörige und Hausangestellte sowie sonstige Dritte, die mit der Mietsache bestimmungsgemäß in Kontakt kommen, unterstehen dem Schutzbereich (BGHZ 49, 350, 353; BGH NJW 1965, 1757, 1758: Mietvertrag des Vereins schützt dessen Mitglieder). Arbeitnehmer, die vertragsgemäß mit dem dem Arbeitgeber gelieferten Material in Berührung kommen, können von dem Schutzbereich des Liefervertrags erfaßt sein (BGH VersR 1959, 645, 646 ff – Capuzol – und dazu HEISEKE und LARENZ NJW 1960, 77, 79). Gehilfen einer Werkvertragspartei, die der Vertragssphäre ausgesetzt sind, genießen vertraglichen Integritätsschutz (BGHZ 33, 247, 248 f [von Unternehmer errichtete Decke stürzt auf Arbeitnehmer des Bestellers]; BGH VersR 1983, 891, 892 [Werkvertrag mit dem Eigentümer schützt auch den Mieter und dessen Eigentum]).

cc) **Die faktischen Vertragsverhältnisse und Verträge aus sozialtypischem Verhalten**

Schließlich mag auch die Annahme „faktischer Verträge" („fehlerhafte Gesell- **34** schaft"; „faktisches Arbeitsverhältnis"; zum Ganzen FLUME, Das Rechtsgeschäft [4. Aufl 1992] § 8) im Zusammenhang mit den Defiziten der Deliktshaftung gesehen werden. Namentlich der erstrebte Vertragsschutz für Dritte (oben Rn 31) war anfänglich mit der Konstruktion faktischer Verträge gesucht worden (vgl SOERGEL/HADDING Anh § 328 Rn 3 mwNw). Heute ist insbesondere bei in Vollzug gesetzten Dauerschuldverhältnissen anerkannt, daß „vertragliche" Verhaltenspflichten trotz Vertragsnichtigkeit entstehen können. Freilich dürften diese eher dem Bereich der erörterten gesetzlichen Schutzpflichten zuzuordnen sein (oben Rn 25 ff; zur Diskussion um das „einheitliche gesetzliche Schutzpflichtverhältnis" vgl SOERGEL/WIEDEMANN vor § 275 Rn 362 f; GERNHUBER, Schuldverhältnis § 2 IV 4).

c) **Die Anspruchskonkurrenz und Wechselwirkungen***
aa) **Die grundsätzliche Gleichrangigkeit**

Vertragsansprüche wegen Integritätsverletzung werden aufgrund des parallelen **35** Ausbaus vertraglicher Nebenpflichten und deliktischer Verkehrspflichten weithin zusammentreffen mit deliktischen Ansprüchen. Diese Ansprüche stehen grundsätzlich gleichrangig nebeneinander. Es handelt sich um eine Anspruchskonkurrenz im Gegensatz zur Gesetzeskonkurrenz. Erfüllt ein Vorgang sowohl den Tatbestand des

---

* **Schrifttum:** SCHLECHTRIEM, Vertragsordnung (1972); LARENZ, Vertrag und Unrecht II: Die Haftung für Schaden und Bereicherung (1937) §§ 38–40 (S 74 ff); DIETZ, Anspruchskonkurrenz bei Vertragsverletzung und Delikt (1939); MEDICUS NJW 1962, 2081 ff; DENCK JuS 1976, 429 ff.

Vertragsrechts als auch des Deliktsrechts, so folgt aus jedem Rechtsgrund ein Schadensersatzanspruch (BGHZ 9, 301, 302). Jeder Anspruch folgt seinen eigenen Regeln, etwa seiner eigenen Verjährungsfrist (RGZ 49, 92, 95 f; RAG ARS 26, 13, 15; RGZ 66, 86, 88 [Ansprüche aus §§ 463 und 826 verjähren nach den jeweiligen Bestimmungen]; BGHZ 9, 301, 304 ff [deliktische Verjährung nach § 852 bleibt von § 414 HGB unberührt]; 17, 214, 217 f – Rübenschnitzel – [Deliktsansprüche bestehen neben Ansprüchen aus Beförderungsvertrag; die Haftungsbeschränkung der §§ 82 ff EVO betrifft nur die beförderten Gegenstände, nicht sonstiges Eigentum]; 24, 188, 191 f [Die beschränkte Vertragshaftung der Eisenbahn gem §§ 454, 459 HGB iVm EVO stellt keine „erschöpfende Regelung" dar und berührt daher deliktische Ansprüche nicht.]; 32, 194, 203 f [Ersatzansprüche aus KVO und Delikt stehen gleichrangig nebeneinander.]; 46, 140, 141 [Die Beschränkung der Frachtführerhaftung gem § 430 HGB läßt deliktische Ansprüche unberührt]; BGHZ 86, 256, 260 = JZ 1983, 499 m Anm v STOLL – Gaszug – [Abgrenzung von Produzenten- und Gewährleistungshaftung]).

Die Vertragshaftung in Verbindung mit § 278 und die Deliktshaftung nach § 831 schließen sich nicht gegenseitig aus, wenn sie sich tatbestandlich überschneiden. Vertraglich und deliktisch haftet daher der Geschäftsherr, wenn seine Hilfsperson, die zugleich Verrichtungs- und Erfüllungsgehilfe ist, vertrags- und rechtswidrig sowie schuldhaft seinen Vertragspartner schädigt (RGZ 88, 433; 131, 67, 73 f; RGZ 99, 265; BGHZ 24, 188, 193 ff. Anders BGHZ 4, 138, 152 wonach neben § 278 im Rahmen eines öffentlich-rechtlichen Schuldverhältnisses für § 831 kein Raum ist). So kann die Hilfsperson beispielsweise gleichzeitig die Verkehrssicherungspflicht und die sich aus Vertrag ergebende Obhutspflicht verletzen (BGH VersR 1965, 240, 241).

bb) Die Wechselwirkungen

Jedoch können die Haftungsregime nicht ohne Wechselwirkungen nebeneinander bestehen, da sonst verschiedene Haftungsprivilegierungen – etwa jene der §§ 521, 599, 690, 708 – aber auch ein Ausschluß von Schadensersatz (BGH NJW 1954, 145) oder eine Haftungsverschärfung – etwa die längere Vertragsverjährung – vereitelt würden. Dieser komplexe Bereich kann nur andeutungsweise behandelt werden; im übrigen ist auf die Kommentierung zu den jeweiligen Normen zu verweisen (vgl § 852). Eine einheitliche Aussage über die Wechselwirkungen kann mit Rücksicht auf die jeweilige Zwecksetzung der Haftungsausgestaltung nicht gemacht werden (zum Ganzen ausführlich SCHLECHTRIEM, Vertragsordnung, 3. Teil).

Die Rechtsprechung hat weithin angenommen, die **Haftungsbeschränkung** auf Vorsatz und grobe Fahrlässigkeit (§§ 521, 599, 690) finde auch im Rahmen deliktischer Haftung Anwendung (RGZ 66, 363; 88, 317; NJW 1954, 145; VersR 1960, 802 m Anm v BÖHMER VersR 1960, 943; ESSER/WEYERS, Schuldrecht II § 112 V 3; ENNECCERUS/LEHMANN § 232, S 934, 935; BGHZ 93, 23 ff – Kartoffelpülpe – m Anm v SCHLECHTRIEM BB 1985, 1356 und STOLL JZ 1985, 384 ff; BGH NJW 1954, 145 [Rücktritt vom Vertrag schließt auch deliktischen Schadensersatzanspruch wegen eines Verhaltens aus, das zugleich den Tatbestand der Vertragsverletzung erfüllt]). Anderen Haftungsbeschränkungen wurde diese „durchschlagende" Wirkung nicht zuerkannt (BGHZ 46, 140, 144 f [Frachtführerhaftung aus § 430 HGB]; BGHZ 24, 188, 192 f mwNw [Haftung der Eisenbahn nach §§ 454, 459 HGB]). Vertragliche Erweiterungen der Zurechnung können sich auch auf deliktische Ansprüche auswirken (MEDICUS NJW 1962, 2081 zur Anwendung von §§ 254, 278 auf deliktische Ansprüche).

Diese Rechtsprechung hat nicht uneingeschränkt Zustimmung gefunden. Problematisch ist besonders die Anwendung einer vertraglichen Haftungsmilderung (zB § 521 im Kartoffelpülpe-Fall) im Bereich der (Integritäts-) Schutzpflichten; insoweit kann die Privilegierung schon im Bereich der Vertragshaftung nicht überzeugen (SCHLECHTRIEM, Vertragsordnung [1972] 333, 442 und Anm in BB 1985, 1356). Eine Ausdehnung auf die Deliktshaftung überzeugt erst recht nicht (so aber BGHZ 93, 23, 29 ohne Begründung mit Hinweis auf BGHZ 46, 140, 145).

Soweit eine kurze **Verjährung** eingreift, hat die Rechtsprechung diese tendenziell – aber nicht ohne Einschränkungen – auch im Deliktsbereich eingreifen lassen (RGZ 66, 363 – §§ 558, 606; aber RGZ 49, 92, 95; 77, 317, 321 betr § 414 HGB). Anderes gilt für die Rügepflicht nach § 377 HGB (BGHZ 101, 337 – Korkenfall –): Die Verletzung der Rügepflicht hat nicht den Verlust deliktischer Ansprüche zur Folge, da diese auf der Verletzung von Verkehrspflichten durch den Verkäufer beruhen und nicht auf der vertraglichen Beschaffenheit der gelieferten Sache; aus der Unterlassung der Rüge kann nicht geschlossen werden, der Käufer habe in die Verkehrspflichtverletzung und die daraus resultierende Beschädigung eigener Rechtsgüter eingewilligt. Zu den Konkurrenzen im Bereich der Verjährung vgl ie die Kommentierung zu § 852.

d) Die Stellungnahme
Der Ausbau der (deliktischen) Verkehrspflichten durch die Rechtsprechung könnte **37** es ermöglichen, integritätsschützende vertragliche Nebenpflichten in den Bereich der Deliktshaftung zurückzuführen (vBAR, Verkehrspflichten 248; MEDICUS, Bürgerliches Recht Rn 199). Das **Sachproblem** der deliktischen **Gehilfenhaftung** bleibt einstweilen jedoch ungelöst. Insoweit behalten die vorgestellten Instrumentarien der „Deliktshaftung nach vertragsrechtlichen Grundsätzen" (MünchKomm/MERTENS § 823 Rn 179) – trotz weithin zweifelhafter Konstruktionen – ihre Bedeutung (SOERGEL/WIEDEMANN vor § 275 Rn 125).

Die Vertragshaftung bietet jedoch zum einen nur in begrenztem Umfang Lösungen: etwa hinsichtlich der mitunter willkürlich ausfallenden Abgrenzung des Kreises vertraglich geschützter Dritter. Zum anderen sind die immanenten Grenzen der Vertragshaftung (vCAEMMERER, Wandlungen Ges Schr I 466 f), namentlich die Möglichkeit der Freizeichnung (dazu SOERGEL/HADDING Anh § 328 Rn 20 ff) zu erwähnen.

Weiterhin verdeutlicht die angesprochene Problematik der Anspruchskonkurrenz die Gefahren einer *unbedachten* Ausweitung vertraglicher Schutzpflichten. Denn wie die Diskussion um § 521 ausweist, entspricht die Anwendung der Vertragsnormen auf diese Pflichten nicht dem Plan des Gesetzes. Die von der Rechtsprechung gefundene Lösung des – erst durch die Ausweitung von integritätsschützenden Vertragspflichten entstandenen – Konkurrenzproblems, wonach die Haftungsprivilegierung auch außerhalb der Sonderverbindung gelten soll, stellt sodann lediglich eine Verschärfung der Problematik dar. Positiv gewendet ist bei der – kaum noch umkehrbaren – Anwendung der Vertragshaftung wegen Schutzpflichtverletzung im Einzelfall sorgsam zu prüfen, ob die vom Gesetz vorgegebenen Vertragshaftungsinstrumentarien ihrem Zweck nach auf die Schutzpflichten zugeschnitten sind. Dies gilt freilich erst recht bei Annahme einer Durchwirkung auf den Bereich der Deliktshaftung.

Es ist aber im Blick zu behalten, daß das Sachproblem im Bereich der deliktischen

Gehilfenhaftung zu lokalisieren ist; hier ist in erster Linie anzusetzen. Zur Korrektur ist freilich angesichts der derzeitigen Rechtslage der Gesetzgeber aufgerufen (z Reformbestrebungen näher unten Rn 124 ff). Solange eine Reform ausbleibt, sind jedoch Restriktionen hinsichtlich des Entlastungsbeweises und Erweiterungen hinsichtlich der von § 831 erfaßten Verkehrspflichten angebracht. Nur eine anforderungsgerechte Auslegung vermag die zu verzeichnende „zentrifugale Wirkung" abzumildern.

3. § 254*

38 Im Verhältnis zu § 254 sollen hier nur zwei Problemkreise vorgestellt werden, die im Zusammenhang mit der Struktur des § 831, der *Verschuldensvermutung* und dem *Entlastungsbeweis* stehen. Auf angrenzende Fragen, die sich etwa bei § 17 StVG stellen, kann nur hingewiesen werden.

a) Die „Gehilfenhaftung" des Geschädigten

39 § 254 Abs 2 S 2 sieht vor, daß auch der Geschädigte für seine Erfüllungsgehilfen einzustehen hat, § 278. Nach überwiegender Meinung gilt das auch für den Tatbestand des Abs 1 (STAUDINGER/MEDICUS[12] § 254 Rn 76). Wie oben (Rn 23) ausgeführt, setzt die Haftung iVm § 278 eine Sonderverbindung voraus. Nichts anderes gilt auch hinsichtlich der Mitverschuldenszurechnung. § 254 Abs 2 S 2 ist insoweit als Rechtsgrundverweisung zu verstehen (RGZ 62, 346, 349 f; MEDICUS NJW 1962, 2081 und ders in STAUDINGER § 254, Rn 77 ff). Virulent wird die Frage der Sonderverbindung jedoch nur im Fall des Abs 1. Denn in den Fällen des Mitverschuldens bei der Schadensabwendungs- oder Schadensminderungspflicht besteht die Sonderverbindung bereits in Form der Ersatzpflicht.

Auch außerhalb von Sonderverbindungen soll sich jedoch der Geschäftsherr das bei der Schadensentstehung mitursächliche Verhalten von Verrichtungsgehilfen entgegenhalten lassen. Die Rechtsprechung wendet insoweit *§ 831 entsprechend* an: Der Geschädigte muß sich sein vermutetes, nicht widerlegtes (Entlastungsbeweis!) Auswahl- oder Überwachungsverschulden im Rahmen von § 254 zurechnen lassen (BGHZ 1, 249; 3, 49; 73, 192; NJW 1977, 1148; 1980, 2575); entsprechend wird bei juristischen Personen etc § 31 hinsichtlich des mitursächlichen Verhaltens von Organen angewandt (BGHZ 68, 151; LM HGB § 126 Nr 1).

Die Beachtlichkeit der Haftung des Geschädigten für Gehilfenverhalten kann auch in der Sonderverbindung eine Rolle spielen. Wenn etwa der verschuldensunfähige Gehilfe den Lieferwagen des Verkäufers derart einweist, daß ein Schaden am Eigentum des Geschäftsherrn entsteht, so kommt eine Haftung über § 278 BGB, §§ 276 Abs 1 S 3, 827, 828 nicht in Betracht. §§ 254 Abs 2 S 2, 831 heranzuziehen hat dann für den Schädiger den Vorteil der Verschuldensvermutung.

b) Das mitwirkende Verschulden des Verletzten

40 Bei der nach § 254 vorzunehmenden Abwägung ist stets im Auge zu behalten, daß es sich bei der Haftung nach § 831 um eine solche *wegen vermuteten eigenen Verschuldens* handelt. Das eigene Verschulden des Geschäftsherrn ist also jenem des Verletz-

---

* **Schrifttum:** MEDICUS NJW 1962, 2081 ff.

ten gegenüberzustellen, nicht ein etwaiges Verschulden des Gehilfen. Auf dessen Verschulden kommt es nicht an. Für den Grundsatz, daß im Falle vorsätzlicher Schädigung eine Schadensteilung zu Lasten des Geschädigten nicht in Betracht kommt (dazu und zu den Einschränkungen STAUDINGER/MEDICUS[12] § 254 Rn 101; RGZ 148, 48, 58; BGHZ 98, 148, 158), kommt es also nicht auf das Verhalten des Gehilfen, sondern jenes des Geschäftsherrn an, dem regelmäßig nur Fahrlässigkeit zur Last fallen wird (RGZ 157, 228, 233).

Dies ist im Grundsatz unbestritten. Gleichwohl wird dafür gehalten, „auch das gesamte **Verhalten des Verrichtungsgehilfen** zu berücksichtigen, da die unmittelbare Verletzungshandlung zusammen mit der mangelnden Sorgfalt des Geschäftsherrn die Haftungsgrundlage bildet" (STAUDINGER/SCHÄFER[12] Rn 32; BGB-RGRK/STEFFEN Rn 13; RGZ 139, 302, 304; 140, 386, 392; 142, 356, 368; Recht 1923 Nr 882; JW 1931, 3306, 3308). Dem liegt der Gedanke zugrunde, daß der Tatbestand des § 831 gleichsam die Zusammenfügung des objektiven Deliktstatbestands des Gehilfen mit dem vom Geschäftsherrn verwirklichten subjektiven Tatbestand darstellt (RG JW 1933, 830, 831). Da es aber für die Frage des Mitverschuldens auch auf die Kausalitätsbeiträge ankommt, soll der objektive Tatbestand, also das Gehilfenverhalten ebenfalls Gewicht gewinnen.

Die vorgestellte Meinung ist **abzulehnen**, das Gehilfenverhalten ist – vom Standpunkt des § 831 aus – nicht in die Abwägung nach § 254 einzubeziehen. Bereits das Bild von dem „zusammengesetzten Tatbestand" ist schief: Die Haftung nach § 831 ist eine solche für durch eigenen schuldhaften Verstoß gegen die Verkehrssicherungspflicht herbeigeführte Verletzung (so Rn 3). Die klare Abgrenzung zu der Haftung für zugerechnetes fremdes Verschulden (nämlich über § 278) ist auch im Rahmen von § 254 durchzuhalten. Es kommt überhaupt nicht darauf an, ob ein Gehilfenverschulden vorliegt. Neben diesen aus der Normstruktur abgeleiteten Bedenken ist zu beachten, daß die Zurechnung des Gehilfenverhaltens zu dem Beitrag des Geschäftsherrn im Falle schuldhaften Gehilfenhandelns dazu führte, das „Gehilfenverhalten" doppelt zu berücksichtigen, nämlich auch noch im Rahmen von dessen Eigenhaftung. Liegt auf der anderen Seite ein Verschulden des Gehilfen nicht vor, so bedeutete die Berücksichtigung seines Verhaltens zu Lasten des Geschäftsherrn die Begründung einer Haftung für das allgemeine Lebensrisiko des Geschädigten: Denn von zB einem Verschuldensunfähigen geschädigt zu werden, ist nur allgemeines Lebensrisiko. Freilich wird hier nicht verkannt, daß in der Auswahl eines (im Beispiel) Verschuldensunfähigen selbst ein (erhöhtes) Auswahlverschulden liegen mag; das aber ist nicht im Rahmen einer „Berücksichtigung des gesamten Verhaltens des Verrichtungsgehilfen" einzustellen. Es gilt die allgemeine Regel, daß die nach § 254 maßgebenden *Umstände* kein Einfallstor für eine allgemeine Billigkeitshaftung sind (MünchKomm/GRUNSKY § 254 Rn 66; STAUDINGER/MEDICUS[12] § 254 Rn 99). Auch hinsichtlich der Berücksichtigung des *Verursachungsbeitrags* gilt nichts anderes: Auch insoweit ist nur der aus der Verletzung der Verkehrssicherungspflicht fließende eigene Verursachungsbeitrag des Geschäftsherrn in die Abwägung einzustellen.

Völlig unberücksichtigt bleibt aber das Verhalten des Gehilfen letztendlich nicht: Im Rahmen von § 254 selbst, der dem Wortlaut nach auf Zwei-Personen-Verhältnisse zugeschnitten ist, hat – nachdem die Haftungsanteile nach je eigenem Verschulden dem Grunde nach erkannt wurden – eine *Gesamtschau* zu erfolgen (im einzelnen STAUDINGER/MEDIUCS[12] § 254 Rn 120 ff mwNw).

Die Maßgeblichkeit des – bis dahin **nur vermuteten** – Geschäftsherrn-Verschuldens bringt Schwierigkeiten hinsichtlich der **Abwägung** mit sich. Denn für § 254 kommt es maßgeblich auf den *Grad des Verschuldens* an. Demgegenüber wird das *Vorliegen eines Verschuldens* gem § 831 vermutet und ist der Verschuldensgrad gem § 276 für den Haftungsgrund nicht entscheidend. § 254 erfordert sogar die Feststellung des Verschuldensumfangs, § 831 verzichtet völlig auf einen Nachweis des Verschuldens. Entsprechende Fragen tauchen auch an anderer Stelle auf, wenn es nicht nur auf das Vorliegen, sondern auf den Umfang des Verschuldens ankommt, etwa im Rahmen von § 486 HGB, Art 4 Londoner Übereinkommen (dazu näher unten II 1, Rn 44; zu weiteren Konstellationen BELLING/RIESENHUBER ZZP 108 [1995] 455 ff).

Unproblematisch sind Fälle, in denen sich im Rahmen des Entlastungsversuchs auch der Verschuldensgrad ergibt. Bleibt aber der Verschuldensgrad unklar – etwa weil ein Entlastungsbeweis gar nicht angetreten wurde – so stellt sich die Frage, welcher Verschuldensgrad auf seiten des Schädigers einzustellen und mit dem – feststehenden – Mitverschulden des Geschädigten abzuwägen ist.

Die Rechtsprechung und ihr folgend die hL löst die Problematik mit dem Hinweis, daß bei der Abwägung im Rahmen von § 254 nur feststehende Umstände berücksichtigt werden dürfen, bloß vermutetes Verschulden müsse außer Betracht bleiben; die Verschuldensvermutung des § 831 habe Bedeutung nur für die Haftungsbegründung, nicht auch für die Schadensteilung (BGH LM StVG § 17 Nr 10; BGH NJW 1957, 99; MünchKomm/GRUNSKY § 254 Rn 61; aE HERM LANGE, Schadensersatz § 10 IX 1a] und XI 2; kritisch STAUDINGER/MEDICUS[12] § 254 Rn 102; weitere Nachweise zum Meinungsstand bei BELLING/RIESENHUBER ZZP 108 (1995) 455, 457 f).

Die **hM** greift indes zu kurz. Sie führt zunächst praktisch zu einer Art Culpacompensation, insofern die Haftung praktisch *wegen* des Mitverschuldens des Geschädigten gekürzt wird oder entfällt; das widerspricht dem in § 254 ausgedrückten Verantwortungsprinzip. Die Behauptung des BGH, die Schadensteilung sei losgelöst von der Haftungsbegründung zu sehen, trifft nicht zu und kann deshalb einer Anwendung der Beweislastregel im Rahmen der Schadensteilung nicht entgegenstehen. Darüber hinaus verfehlt die **hM** den Normzweck der Beweislastregel, der für deren Anwendung auch im Rahmen der Schadensteilung Geltung beansprucht. § 831 beruht auf einer Sphärenabgrenzung, die dem Geschäftsherrn das Betriebsrisiko zuweist. Der Geschädigte, der den Bereich des Geschäftsherrn regelmäßig schwerlich einsehen kann, wird um den Verschuldensnachweis entlastet; dem Geschäftsherrn wird die Widerlegung der „Verschuldensvermutung" zugemutet, da sie ihm praktisch unschwer möglich sein wird. Darüber hinaus soll der Geschäftsherr das durch den Gehilfeneinsatz erweiterte Betriebsrisiko tragen. Diese Normzwecke greifen auch dann Platz, wenn den Geschädigten ein Mitverschulden trifft.

Allerdings erfordert die Anwendung der Beweislastregel im Falle des Mitverschuldens eine teleologische Erweiterung: Denn eine Beweislastregel ermöglicht nur die Bestimmung des „Ob", nicht des „Wie". Für die Schadensteilung ist es aber – darin ist dem BGH zuzustimmen – erforderlich, einen bestimmten Verschuldensgrad einzustellen. Um der Beweislastregel einen bestimmten Verschuldensgrad zu entnehmen, ist sie dahin zu modifizieren, daß sie eine Vielzahl von Einzelregeln enthält, die die verschiedenen Verschuldensstufen betreffen. Vereinfachend kann man sich die

Beweislastregel fünfstufig vorstellen: Sie betrifft dann den direkten und den Eventualvorsatz sowie die grobe, die mittlere und die leichte Fahrlässigkeit. Gelingt dem Geschäftsherrn die Entlastung auf der Ebene der Haftungsbegründung nicht, so ist es im Rahmen der Schadensteilung an ihm, sich *graduell zu entlasten* (zum Ganzen ausführlich BELLING/RIESENHUBER ZZP 108 (1995) 455, 465 ff).

4. § 839, Art 34 GG

Soweit der „Beamte im haftungsrechtlichen Sinne" (vgl die Kommentierung zu § 839) **in Ausübung öffentlicher Gewalt** durch Verletzung einer drittbezogenen Amtspflicht schuldhaft einen geschützten Dritten verletzt, kommt eine Haftung (grundsätzlich:) der Anstellungskörperschaft gem § 839 iVm Art 34 GG in Betracht (RGZ 155, 257, 266 f). Für § 831, insbesondere den **Entlastungsbeweis** ist insoweit **kein Raum** (RGZ 139, 149, 151 f). Die Bedeutung der Amtshaftung ist besonders mit Rücksicht auf den weiten haftungsrechtlichen Beamtenbegriff, die Verantwortlichkeit für Organisationsfehler sowie die Entbehrlichkeit der Individualisierung des betreffenden Beamten erheblich (MünchKomm/PAPIER § 839 Rn 107 f).

Im **fiskalischen Bereich** kommt dagegen eine Haftung des Staates allein nach § 831 bzw §§ 31, 89 in Betracht; Art 34 GG ordnet die Haftungsübernahme nur im Falle der Ausübung öffentlicher Gewalt an (BGH NJW 1980, 1901, 1902 [Krankenbehandlung durch beamteten Arzt]). Es ist zu beachten, daß die vorgenannte Haftung der Körperschaft nur eintritt, *soweit zugleich eine allgemeine deliktische Verhaltenspflicht verletzt wurde*. Für die Wahrung von Amtspflichten steht die Körperschaft nur nach Art 34 GG („nach außen gewandte Innenhaftung"), nicht aber nach §§ 831, 31, 89 ein (RGZ 78, 325, 329; 131, 239, 249; BGHZ 42, 176, 178).

Die **Eigenhaftung des Beamten** (nunmehr: im statusrechtlichen Sinne, vgl die Kommentierung zu § 839) kann in diesem Bereich aus allgemeinen Deliktsnormen ebenso wie aus § 839 begründet sein; doch umfaßt der Kreis der Amtspflichten zugleich sämtliche deliktische Verhaltenspflichten und stellt § 839 die *lex specialis* dar. Die Eigenhaftung aus § 839 hat in zweierlei Hinsicht Bedeutung: Auf der einen Seite kann die Haftung aus § 839 gegenüber jener aus § 823 weiter gehen, insofern die Amtspflichten über den Bereich der Verkehrspflichten hinausgehen können. Andererseits greift im Falle der nur in § 839 begründeten Eigenhaftung die Subsidiaritätsklausel des § 839 Abs 1 S 2 Platz, die eine Realisierung der Eigenhaftung praktisch ausschließt, soweit eine Haftung des Staates nach §§ 831, 31, 89 gegeben ist, es sei denn, der Beamte hätte vorsätzlich gehandelt (RGZ 155, 257, 269). Die Körperschaft kann sich auf die Haftungsprivilegien des § 839 nicht berufen.

Die **Eigenhaftung eines nicht-beamteten Mitarbeiters** richtet sich allein nach allgemeinem Deliktsrecht, § 839 greift nicht ein. Die Gehilfenhaftung des Dienstherrn kann auch hier nur aus § 831 oder §§ 31, 89 begründet sein.

Die Haftung aus § 839 iVm Art 34 GG (hoheitliches Handeln) kann mit jener aus §§ 831, 31, 89 (fiskalisches Handeln) konkurrieren (BGH NJW 1955, 1025: Amtspflichtverletzung ist zugleich Verkehrspflichtverletzung im nicht-hoheitlichen Bereich; RGZ 151, 385: Verkehrspflichtverletzung durch nicht-beamtete Gehilfen im fiskalischen Bereich wirkt mit Amtspflichtverletzung im hoheitlichen Bereich zusammen).

5. §§ 31, 89*

42 Für amtliches Handeln von verfassungsmäßig berufenen Vertretern haften juristische Personen sowie OHG und KG wie für eigenes Verhalten (Organhaftung). Auf die Tendenz zur Repräsentantenhaftung ist hier nur hinzuweisen (näher MünchKomm/ REUTER § 31 Rn 1 ff). Das Organverschulden wird der Körperschaft zugerechnet. Eine Entlastung kommt hier nicht in Betracht. Soweit diese Organhaftung reicht, ist § 831 ausgeschlossen (RGZ 55, 171, 176; 155, 257, 266 f). Im Verhältnis zu § 831 ist daher besonders die Abgrenzung von Gehilfen und Organen von Bedeutung. Dabei sind die verschiedenen Erweiterungen der Organhaftung zu berücksichtigen, die weithin aus dem Bestreben ersonnen wurden, den Entlastungsbeweis des § 831 zu vermeiden (BGHZ 49, 19, 21: „Bei einer solchen Sachlage wäre es unangemessen, der juristischen Person den Entlastungsbeweis nach § 831 zu eröffnen.").

Während § 31 nur Vorstandsmitglieder und verfassungsmäßig berufene Vertreter erwähnt, knüpft die Rechsprechung nicht so sehr an diese formalen Kriterien an. Maßgeblich sind vorwiegend materielle, einer teleologischen Auslegung entnommene Gesichtspunkte. Danach sind verfassungsmäßig berufene Vertreter „nicht nur Personen, deren Tätigkeit in der Satzung der juristischen Person vorgesehen ist; auch brauchen sie nicht mit der rechtsgeschäftlichen Vertretungsmacht ausgestattet zu sein. Vielmehr genügt es, daß dem Vertreter durch die allgemeine Betriebsregelung und Handhabung bedeutsame, wesensmäßige Funktionen der juristischen Person zur selbständigen, eigenverantwortlichen Erfüllung zugewiesen sind, daß er also die juristische Person auf diese Weise repräsentiert" (BGHZ 49, 19, 21 [Filialleiter einer Auskunftei]; BGH NJW 1980, 1901, 1902 [im medizinischen Bereich weisungsfrei arbeitender Chefarzt]; BAG NJW 1989, 57, 61 = JZ 1989, 85 m Anm LÖWISCH/RIEBLE [Streikleitung der Gewerkschaft]). Der Vertreter muß eine gewisse Selbständigkeit haben (RGZ 157, 228, 236). Entscheidend ist der „Verkehrsschutz im Außenverhältnis, nicht (der) interne ‚Rang' des Berufenen" (BGH NJW 1977, 2259, 2260 [Leiter der Zweigstelle einer Bank]).

In anderer Hinsicht hat die Rechtsprechung die Organhaftung mittels der Haftung für korporatives Organisationsverschulden (auch sog Fiktionshaftung) erweitert (RGZ 89, 136, 137 f; 157, 228, 234 f; 162, 129, 166; 163, 29, 30; RG JW 1932, 2076 Nr 9; JW 1932, 3702 Nr 1; JW 1936, 915 Nr 1; RG DR 1944, 287; BGHZ 24, 201, 213; BGH VersR 1965, 1055, 1056; OLG Stuttgart NJW 1951, 525; OLG Celle VersR 1961, 1143; LANDWEHR AcP 164 [1964] 482, 483, 498; WEITNAUER VersR 1970, 585, 593 f; HASSOLD JuS 1982, 583, 586 – wenn auch die Notwendigkeit dieser Lehre mit Blick auf die vorgestellte weite Definition des verfassungsmäßigen Vertreters obsolet bzw redundant erscheinen mag. Diese Lehre fußt einerseits auf einer teleologischen Auslegung von § 31, andererseits auf den Grenzen der Übertragbarkeit von Verkehrspflichten. Die korporative Organisationspflicht geht dahin, genuine Organpflichten von Organen betreuen zu lassen, für die keine Entlastungsmöglichkeit nach § 831 Abs 1 S 2 besteht. Werden diese nicht bestellt, obwohl der Vorstand nicht in der Lage ist, den Verpflichtungen zu genügen, denen eine Körperschaft wie jede natürliche Person nachkommen muß, soll darin ein Organisationsmangel liegen. MaW soll die Organhaftung nicht durch das Unterlassen des Einsatzes von Organen oder durch den Einsatz von Verrichtungsgehilfen umgangen werden [teleologische Auslegung]). Hinsichtlich nicht-

---

* **Schrifttum:** MARTINEK, Repräsentantenhaftung (1979) und dazu JOHN AcP 181 (1981) 150 ff.

delegierbarer Pflichten wird die juristische Person so gestellt, als sei eine Übertragung auf ein Organ erfolgt. Die Definition der genuinen Organpflichten bereitet freilich Schwierigkeiten. Bei ihrer Bestimmung darf nicht der rechtspolitische Wunsch der Haftungsbegründung maßgebend sein; das öffnete die Tür zu einer Billigkeitshaftung (bedenklich daher Formulierungen wie zB anderenfalls „könnten sich Körperschaften ihrer Haftung aus § 31 allzu leicht entziehen" [RGZ 163, 21, 30] oder mit Blick auf den „gebotenen Rechtsschutz" sei so zu organisieren, daß eine haftungsrechtliche Entlastung nicht in Betracht komme [BGH NJW 1980, 2810, 2811]). Auch hier gilt, daß die Mängel von § 831 primär in ihren Ursachen zu beheben sind (dazu bereits oben, Rn 11). Entscheidendes Sachkriterium für die Bestimmung ist die Unentbehrlichkeit der Tätigkeit für die juristische Person, die anzunehmen ist, wenn ohne den Vertreter Grundfunktionen der Rechtsperson nicht ausgefüllt werden könnten (RGZ 157, 228, 235 f; BGH NJW 1980, 2810, 2811 [Übertragung der Prüfung eines gefährlichen Buchbeitrages auf einen dem Unternehmen nicht angehörenden Rechtsanwalt begründet Fiktionshaftung]; BGHZ 11, 151, 155 f [Pflicht, Monteure auf der Baustelle zu überwachen, kann delegiert werden, so daß nur noch die Gehilfenhaftung aus § 831 verbleibt.]).

Der vorgestellte weite Bereich der Organhaftung gilt im wesentlichen auch für juristische Personen des öffentlichen Rechts, § 89 (RGZ 62, 31, 34 ff; BGH NJW 1972, 334 [zur Definition des verfassungsmäßigen Vertreters]; RGZ 53, 53, 57; 157, 228, 235; BGH NJW 1980, 1901, 1902 [zum Organisationsverschulden]).

Ferner haften nichtrechtsfähige Vereine, § 54, analog § 31 für das Handeln verfassungsmäßiger Vertreter nach den vorgestellten Grundsätzen (SOERGEL/HADDING § 54 Rn 24; BGHZ 42, 216; BAG NJW 1989, 57, 61 [Gewerkschaft]; anders noch die Rechtsprechung des RG, RGZ 135, 242).

Für nicht rechtsfähige Kartelle bestimmt § 37 GWB: „Die Mitglieder eines Kartells, das nicht rechtsfähig ist, sind als Gesamtschuldner für den Schaden verantwortlich, den ein Beauftragter des Kartells durch eine in Ausführung der ihm zustehenden Verrichtungen begangene, auf Grund dieses Gesetzes zum Schadensersatz verpflichtende Handlung einem Dritten zufügt."

Jedes ersatzbegründende Verhalten kommt für die Zurechnung in Betracht und zwar sowohl als Vertragshaftung als auch als Deliktshaftung. Erforderlich ist freilich, daß es im Rahmen der Amtstätigkeit, also „in Ausführung der zustehenden Verrichtung" geübt wurde. Das Verhalten muß dabei nicht organspezifisch erscheinen (BGH NJW 1972, 334); es kann auch über die Vertretungsmacht hinausgehen. Die Handlungen dürfen nur nicht „so sehr außerhalb (des) sachlichen Wirkungsbereichs liegen, daß der innere Zusammenhang zwischen ihnen und dem allgemeinen Rahmen der dem Vertreter übertragenen Obliegenheiten nicht mehr erkennbar und der Schluß geboten ist, daß er nur bei Gelegenheit, aber nicht in Ausführung der ihm zustehenden Verrichtungen gehandelt habe" (RGZ 162, 129, 169; BGHZ 98, 148, 152; 99, 298, 300; NJW 1980, 115).

Die Haftung kann gem § 40 nicht durch Satzung ausgeschlossen werden. Die Haftung juristischer Personen des öffentlichen Rechts kann nur durch Gesetz, nicht auch durch Ortssatzung eingeschränkt werden (BGHZ 61, 7, 14 f – Schlachthof –).

Unbenommen bleibt der vertragliche Haftungsausschluß im Einzelfall. Bei Organen ist dieser jedoch gem § 276 Abs 2 auf den Ausschluß der Fahrlässigkeitshaftung beschränkt, da es insoweit um *eigenes Verschulden* der juristischen Person geht.

6. §§ 701 f, die Gastwirtshaftung

43 Verschuldensunabhängige Erfolgshaftungstatbestände bedeuten stets zugleich eine unbedingte Einstandspflicht für Gehilfen – kommt es doch auf die Art und Weise der Erfolgsverwirklichung nicht an (s Rn 46). Das zeigt etwa die Gastwirtshaftung für eingebrachte Sachen (§§ 701 f). *Insoweit*, nämlich hinsichtlich der Gehilfen, greift die Entlastung nach § 701 Abs 3 nicht ein. Wenn § 701 Abs 2 auf ein Verhalten der „Leute" des Gastwirts abstellt, so geht es nicht um das Verschulden hinsichtlich der Verletzung, sondern um die Eingrenzung des Betriebsbereichs, für den die Einstandspflicht besteht. Eine eigene Anspruchsgrundlage, nicht nur eine Ausnahme von der Haftungsbeschränkung, findet sich in § 702 Abs 2. Nach dessen Nr 1 trifft den Gastwirt (auch) eine gesetzliche (Sachschadens-) Haftung wegen zugerechneten Gehilfenverschuldens, mithin also unabhängig von eigenem Verschulden. Die deliktische Haftung steht selbständig neben jener aus § 701 f. Sie hat wegen der Haftungsbeschränkung nach § 702 Gewicht.

II. Die Vorschriften außerhalb des BGB

1. Die Schiffahrt*

44 Der Reeder (§ 484 HGB; ebenso der Ausrüster, § 510 HGB) haftet gem § 485 S 1 HGB für Schäden, die von Schiffsbesatzung oder Lotsen (die möglichen Hilfspersonen behandelt ie PRÜSSMANN/RABE, Seehandelsrecht, § 485 Anm D 1; BGHZ 26, 152 stellt Stauervizen der Schiffsbesatzung gleich) in Ausführung von Dienstverrichtungen *schuldhaft* einem Dritten zugefügt werden. Dabei kann sich das Verschulden auf vertragliche sowie gesetzliche, insbes auch deliktsrechtliche Pflichten beziehen (BGH VersR 1967, 599; BGHZ 22, 197, 198). Die Haftung besteht (nur) neben der jeweiligen Eigenhaftung des Gehilfen (adjektizische Haftung). § 485 HGB stellt also nicht etwa einen eigenen Haftungstatbestand dar. Der Tatbestand unterscheidet sich von § 278 insofern, als es dort nur auf das Verschulden des Gehilfen ankommt: § 485 HGB setzt nicht nur ein Gehilfenverschulden, sondern eine Gehilfenhaftung voraus (RGZ 9, 158, 160 ff zu Art 451 ADHGB). Eine sonstige deliktische Eigen- oder Gehilfenhaftung des Reeders konkurriert mit § 485 HGB (RGZ 151, 296; BGHZ 26, 152). Eine Haftung aus Sonderverbindung iVm § 278 tritt mit Rücksicht auf § 485 S 2 HGB nur subsidiär ein. Reeder und Gehilfe haften gesamtschuldnerisch (BGHZ 26, 152, 158).

§ 486 Abs 1 HGB erlaubt die Beschränkung der Haftung nach dem Übereinkommen von 1976 (BGBl II 1986, S 786), auf die sich nach dessen Art 1 Abs 4 auch eine Hilfsperson berufen kann. Zu den Hilfspersonen, für welche die Haftungsbeschränkung eingreift, gehören – nicht zuletzt zwecks Vermeidung einer Haftung im Regreßwege – nicht nur Arbeitnehmer oder unselbständige Gehilfen. Auch eine Haftung aus § 831, die freilich solche für Eigenverschulden ist, unterfällt der Haftungsbeschränkung nach Art 1 Abs 4 des Übereinkommens. Mit Unsicherheiten belastet die

---

* **Schrifttum**: HERBER, Haftungsrecht (1989).

Haftungsbeschränkung zugunsten der Hilfsperson die Tatsache, daß sie nur eingreifen soll, wenn auch eine Haftung des Reeders in Betracht kommt. Steht nur eine Haftung aus § 831 in Rede und kann sich der Reeder schon entlasten, so steht dem Verrichtungsgehilfen die Berufung auf das Haftungsprivileg nicht offen. (Im einzelnen HERBER, Haftungsrecht 25 f, 49 f).

Neben der Haftung aus § 485 HGB besteht im Falle der *Weisung* des Reeders jene nach § 512 Abs 3 HGB, für die der Haftungsausschluß des § 485 S 2 HGB nicht gilt.

Beim Zusammenstoß von Schiffen haftet der Reeder deliktisch nach §§ 734 HGB ff und hat dabei für ein Verschulden der Besatzung gem §§ 735, 736 HGB einzustehen (für Schiffe verschiedener [Vertrags-] Staaten gilt die Regelung des Internationalen Übereinkommens zur einheitlichen Feststellung von Regeln über den Zusammenstoß von Schiffen [IÜZ] v 23. 9. 1910, in Kraft getreten am 1. 3. 1913 [RGBl 1913, 49]; Haftung aus Art 3 IÜZ verdrängt jene aus § 831; die Verjährung folgt einheitlich § 902 Nr 2 HGB, BGH MDR 1981, 120).

Der Schiffseigner haftet nach § 3 Abs 1 BinSchG für eine schuldhafte Schädigung Dritter durch die Besatzung oder einen an Bord tätigen Lotsen. Diese Haftung ist unter den in §§ 4, 114 BinSchG näher beschriebenen Voraussetzungen begrenzt auf Schiff und Fracht, nach § 4a BinSchG ist der Ersatzanspruch wegen Verletzung oder auf dem Schiff beförderten Reisenden nicht beschränkt auf Schiff und Fracht, jedoch durch einen Höchstbetrag begrenzt (BGH VersR 1966, 335; 1967, 469; BGHZ 70, 127). Im Gegensatz zu der Haftung aus § 831 handelt es sich um eine Einstandspflicht für fremdes Verschulden. Die Haftung aus § 831 besteht neben derjenigen nach dem BinSchG und wird von deren Beschränkungen nicht berührt (RGZ 151, 296; HRR 1941, Nr 42; VersR 1957, 286; 1958, 163; 1967, 599; BGHZ 6, 102, 107; 82, 162).

Der Verfrachter haftet gem §§ 606—607a HGB gegenüber den Ladungsbeteiligten und zwar gem § 607 HGB auch für „seine Leute", also unselbständige Hilfspersonen. Die „Haftung für Leute" ist gegenüber der Haftung für Erfüllungsgehilfen insofern weiter, als der Geschäftsherr auch für jene Gehilfen einstehen muß, deren er sich nicht zur Erfüllung seiner Verbindlichkeiten bedient hat. Die Gehilfenhaftung gem § 607 HGB entspricht strukturell jener des § 278, doch ist das Einstehenmüssen des Verfrachters für Gehilfen gem § 607 Abs 2 HGB in bestimmten Fällen eingeschränkt. Des weiteren sieht der Abschnitt über Seefracht verschiedene Haftungsbefreiungen und Haftungsbeschränkungen vor, auf die sich gem § 607a HGB auch die „Leute des Verfrachters" berufen können (dazu auch DENCK, Schutz [1980]).

Das im Zusammenhang mit der Vertragshaftung (oben Rn 35 ff) angesprochene Problem der Anspruchskonkurrenz hat § 607a Abs 1 HGB für den Ausschnitt der Haftungsprivilegien durch eine Erstreckung auch auf die Deliktshaftung („Himalaya-Klausel") ausdrücklich gelöst (HERBER, Haftungsrecht 198 f).

Die Vertragshaftung iVm § 278 findet für andere als in § 606 HGB genannte Schäden Anwendung. Die Deliktshaftung, § 831, tritt neben die Verfrachterhaftung, entspricht ihr aber inhaltlich, § 607a HGB.

2. § 431 HGB, die Haftung des Frachtführers

45 Den Frachtführer trifft einerseits eine Haftung für Leute, andererseits eine Einstandspflicht für Erfüllungsgehilfen, § 431 HGB. In Struktur und Rechtsfolge entspricht die Vorschrift jener des § 278. Die Haftung für „Leute" bewirkt einen gegenüber der Haftung für Erfüllungsgehilfen erweiterten Einstandskreis. Denn sie greift auch ein, wenn die fragliche Person nicht im Rahmen der fraglichen Verbindlichkeit tätig wurde. Ausreichend ist, daß die Anstellung den Schadenseintritt erleichtert hat. „Da der Frachtführer nicht nur einen Frachtvertrag durchführt, sondern eine Vielzahl von Frachtgeschäften bei ihm zusammenkommt, hält man es für ungerecht, wenn seine Haftung für seine Gehilfen jeweils davon abhängig wäre, ob der Gehilfe von ihm gerade bei der Ausführung des betreffenden Frachtgeschäfts hinzugezogen war oder nicht." (DENCK, Schutz 153; SCHLEGELBERGER/GESSLER, HGB [5. Aufl 1977] § 431 Anm 1; K SCHMIDT, in: FS Raisch 189 ff, der annimmt, die Leutehaftung sei heute obsolet, da sie in der Erfüllungsgehilfenhaftung aufgehe).

Nach RGZ 7, 125 geht die Haftung für Leute sogar so weit, daß nicht einmal ein Zusammenhang zwischen schädigender Handlung und der Tätigkeit erforderlich ist: Auch für Freizeit- und Gelegenheitsverhalten seiner Leute hat danach der Frachtführer einzustehen (ferner RGZ 101, 349 zu § 417 HGB).

3. §§ 453 bis 459 HGB, die Haftung der Eisenbahn*

46 Eine Gehilfenhaftung der Bahn kann wegen Verlusts und Beschädigung des beförderten Gutes, § 454 HGB, sowie allgemein aus § 456 HGB eintreten. Bei der Haftung aus § 454 HGB handelt es sich nicht um eine Haftung wegen vermuteten Verschuldens, denn dies würde voraussetzen, daß die Exculpation – also die Widerlegung der Vermutung – möglich ist. Eher stellt sie eine vertragliche Garantiehaftung (für Verlust und Beschädigung) dar. Da allein Verlust bzw Beschädigung zwischen Annahme und Ablieferung vorausgesetzt sind, hat die Bahn auch für Gehilfenverhalten (jeder Art) einzustehen. Die Bahn kann sich unter näher bezeichneten Gesichtspunkten entlasten; die Entlastung bezieht sich aber nicht auf ein vermutetes Eigenverschulden. Näher ausgestaltet wird die Haftung gem § 458 durch §§ 83 ff Eisenbahn-Verkehrsordnung (EVO) v 8.9.1938 (RGBl II S 663). § 831 BGB findet neben § 454 HGB Anwendung (BGHZ 24, 188).

§ 456 HGB ist keine eigene Anspruchsgrundlage, sondern, insofern § 278 BGB ähnlich, eine Zurechnungsnorm für Drittverhalten. § 456 HGB findet nur im Rahmen der Vertragshaftung Anwendung, für die Deliktshaftung gilt § 831 BGB.

4. § 33 Abs 2 BJagdG, die Haftung des Jagdausübungsberechtigten

47 Den Jagdausübungsberechtigten (§§ 3, 11 BJagdG) trifft nach § 33 Abs 2 S 2 BJagdG (siehe STAUDINGER/SCHÄFER[12] § 835 Rn 5) eine unbedingte Einstandspflicht für von Jagdaufseher oder Jagdgast verursachtem Jagdschaden; eine Exculpation ist nicht möglich. Demgegenüber stellt die Haftung nach § 33 Abs 2 Hs 1 BJagdG eine Verschuldenshaftung dar. Für Gelegenheitsschäden haftet der Jagdausübungsbe-

---

* **Schrifttum**: KONOW DB 1983, 1185.

rechtigte nicht. Für Schadenszufügung durch andere Gehilfen haftet der Jagdausübungsberechtigte nach § 831 BGB. Soweit der behördlich bestätigte (§ 25 BJagdG) Jagdaufseher in Ausübung der ihm übertragenen öffentlichen Gewalt handelt, greift nicht § 33 BJagdG, sondern die Haftung gem § 839 BGB, Art 34 GG ein. (Vgl auch STAUDINGER/SCHÄFER[12] § 835.)

5. §§ 13 Abs 3, 14 Abs 3 UWG, die Haftung des Geschäftsinhabers bei Wettbewerbshandlungen der Angestellten

Eine Erfolgshaftung, die freilich nur auf Unterlassung und Beseitigung, nicht auch auf Schadensersatz gerichtet ist (das gilt auch im Rahmen der Verweisung von § 14 Abs 3 UWG, BGH NJW 1980, 941), bestimmen §§ 13 Abs 4 und 14 Abs 3 UWG. Der Betriebsinhaber kann sich insofern nicht entlasten. Zweck der Regelung ist es, einer Umgehung durch Vorschieben von Hilfspersonen von vornherein den Weg zu versperren (RGZ 151, 287, 292). § 831 BGB behält für den Schadensersatzanspruch seine Bedeutung (BGH NJW 1980, 941; näher BAUMBACH/HEFERMEHL, Wettbewerbsrecht § 13 Rn 60–73). 48

6. § 7 StVG

Die unbedingte Einstandspflicht für Hilfspersonen ist folgerichtig auch im Rahmen erfolgsbezogener Gefährdungshaftung gegeben. Soweit § 7 Abs 2 S 2 StVG gleichwohl auf die Sorgfaltsbeobachtung abstellt, handelt es sich nur um die Bestimmung eines unabwendbaren Ereignisses. 49

7. §§ 25, 26 AtomG

Strukturell verhält es sich ebenso bei der Haftung für Kernanlagen. Auch dort soll § 26 Abs 2 S 2 AtomG die Haftung nur im Falle unabwendbarer Ereignisse vermeiden. 50

8. § 22 WHG

Entsprechendes gilt für die (ebenfalls erfolgsbezogene) Anlagenhaftung nach § 22 Abs 2 WHG: Auch sie begründet zwanglos eine Einstandspflicht auch für Gehilfenverhalten. Demgegenüber enthält § 22 Abs 1 WHG eine handlungsbezogene Gefährdungshaftung; hier ist § 831 BGB anwendbar. Manche verneinen insoweit die Zulässigkeit der Exculpation (GIESEKE/WIEDEMANN/CZYCHOWSKI, WasserhaushaltsG § 22 Rn 6a). Richtig ist, daß die widerrechtliche Schadenszufügung iSv § 831 BGB auch in einer Gewässerverunreinigung gem § 22 Abs 1 WHG liegen kann und zwar auch bei schuldlosem Gehilfenverhalten. Doch wird darüber § 831 noch nicht zu einem Gefährdungshaftungstatbestand; solches liefe auf eine dem Gesetzgeber vorbehaltene Erweiterung der Gefährdungshaftung hinaus. Wie sonst auch steht daher die Exculpation offen. 51

9. §§ 640 f RVO, die Regreßhaftung des Unternehmers bei Arbeitsunfällen

Die Regreßhaftung für Arbeitsunfälle gem § 640 RVO greift gem § 641 RVO auch dann ein, wenn ein Gehilfe den Arbeitsunfall vorsätzlich oder grob fahrlässig her- 52 beigeführt hat. Das ist insofern bemerkenswert, als durch die Einschaltung der Unfallversicherung insoweit der Haftungsbereich des Unternehmers erweitert wird: Denn nach Zivilrecht bräuchte er nur im Rahmen der Sonderverbindung für Fremdverschulden einzustehen, hinsichtlich der schuldhaften Herbeiführung des Arbeitsunfalles durch einen Verrichtungsgehilfen könnte er sich entlasten. Deutlich wird das, wenn der von einem Verrichtungsgehilfen grob fahrlässig verletzte Arbeitnehmer vom Arbeitgeber gem §§ 831, 847 ein Schmerzensgeld verlangt und die Berufsgenossenschaft Regreß gem §§ 640 f RVO nimmt: Gegenüber dem Arbeitnehmer, nicht aber gegenüber der Berufsgenossenschaft kann sich der Arbeitgeber exculpieren.

10. Die Patentverletzung etc

53 Nach der bis 1980 gültigen Regelung war zweifelhaft, ob § 831 BGB auch im Rahmen von Patentverletzungen Anwendung finden könnte, da in § 47 aF PatG Vorsatz oder grobe Fahrlässigkeit des Verletzers vorausgesetzt war. § 831 BGB setzt demgegenüber ein Verschulden des Gehilfen nicht voraus (BGHZ 24, 21, 29; aA vCAEMMERER, Wandlungen Ges Schr I 537) und nur irgendein Verschulden des Geschäftsherrn, das noch dazu vermutet wird. Das Reichsgericht (RGZ 70, 74, 76 f; ebenso OLG Düsseldorf GRUR 1951, 316) hat daher angenommen, § 831 BGB finde keine Anwendung, da die damit einhergehende Haftungserweiterung dem Gesetzgeber vorbehalten sei. § 139 PatG fordert demgegenüber nurmehr einfaches Verschulden; § 831 ist uneingeschränkt anwendbar.

11. Der Konkursverwalter und die Konkursmasse*

54 Die Eigenhaftung des Konkursverwalters gegenüber den „Beteiligten" aus Verletzung konkursspezifischer Pflichten bestimmt sich nach § 82 KO. Da insoweit ein gesetzliches Schuldverhältnis besteht (W LÜKE § 4, S 37 ff), bestimmt sich die Gehilfenhaftung nach § 278 BGB (KUHN/UHLENBRUCK, KO § 82 Rn 1g f; freilich entnimmt BGH NJW 1985, 1161 m abl Anm W LÜKE die Verjährung wegen der deliktsrechtlichen Natur des Anspruchs § 852 BGB). Davon zu unterscheiden sind die sonstigen Pflichten gegenüber Dritten (BGH NJW 1987, 844 m Bespr K SCHMIDT S 812; W LÜKE § 7 S 121 ff). Eine deliktische Haftung kann neben jene aus der Sonderverbindung treten, damit auch § 831 BGB.

Begründung und Umfang der Haftung der Masse für Handlungen des Konkursverwalters sind umstritten. Während weithin die Beschränkung der Zurechnung auf Verhaltensweisen im Rahmen von Schuldverhältnissen, die die Masse betreffen, befürwortet wird (dann analog § 278), befürwortet eine vordringende Meinung die Anwendung von § 31 (ausführlich W LÜKE § 6, S 106 ff).

III. Die Zusammenfassung

55 Die Haftung bei Verwendung von Hilfspersonen läßt sich in folgende Fallgruppen einteilen.

---

* **Schrifttum:** W LÜKE, Die persönliche Haftung des Konkursverwalters (1986) (dazu GERHARDT ZIP 1987, 760 ff.); K SCHMIDT KTS 1976, 191.

Die unbedingte Einstandspflicht. Eine solche ist stets bei Erfolgshaftung gegeben, kommt es dann doch auf die Art und Weise der Schadensverursachung gar nicht an. Darüber hinaus sieht etwa § 33 BJagdG eine unbedingte Einstandspflicht für bestimmte Hilfspersonen vor.

Die Zurechnung von Gehilfenverschulden. Fremdes Verschulden wird dem Geschäftsherrn wie eigenes zugerechnet in folgenden Fällen: §§ 278, 702 Abs 2 Nr 2 BGB, §§ 431, 454, 607 HGB.

Die Haftung für Eigenverschulden. Das Eigenverschulden bei der Gehilfenauswahl und -überwachung erfaßt § 831 BGB.

Die adjektizische Haftung. Adjektizisch ist die Haftung nach § 485 HGB.

Die Haftung für Verrichtungsgehilfen findet grundsätzlich auch dann Anwendung, wenn der Gehilfe Deliktstatbestände außerhalb des BGB verwirklicht.

Die Verschuldensvermutung des § 831 BGB kann sich auch im Rahmen von haftungsausfüllenden Vorschriften, namentlich bei § 254 BGB auswirken.

D. Die Verantwortlichkeit des Geschäftsherrn

I. Die Bestellung eines Gehilfen zu einer Verrichtung

1. Die funktionale Begriffsbestimmung

Die von § 831 normierte Verkehrspflicht beruht auf dem Gedanken, daß derjenige, der weitere Personen in seinen Verantwortungsbereich einschaltet, dafür Sorge zu tragen hat, daß sich dadurch das Gefahrenpotential nach außen nicht erhöht. An dieser ratio muß sich die Auslegung und Begriffsbestimmung orientieren. Der Verantwortungsbereich des Geschäftsherrn ist dabei jedoch normativ bestimmt und unterliegt nicht seiner Disposition; disponieren kann der Geschäftsherr lediglich durch völlige Übertragung *des Verantwortungsbereichs*, nicht bereits durch die vordergründige Gestaltung (OLG Köln VersR 1982, 677, 678 [Daß der Stationsarzt mit der selbständigen Leitung der Abteilung betraut war und der Chefarzt ihm dabei völlig freie Hand ließ, hinderte das OLG Köln nicht, ihn als Verrichtungsgehilfen zu qualifizieren.]). Darüber darf es nicht hinwegtäuschen, wenn die Abgrenzung von Gehilfen und Selbständigen zur Bestimmung des Anwendungsbereichs in den Vordergrund gerückt wird. Die Weisungsgebundenheit als greifbare Einordnung in die Organisationssphäre wird daher durch normative, teleologische Bestimmung erst tauglicher Abgrenzungskriterium. Aus diesem Grunde kommt eine schematische Anwendung des Merkmals nicht in Betracht. Im Einzelfall ist die Konkretisierung des Tatbestands stets mit Rücksicht auf die vorgestellte *ratio* vorzunehmen; dabei darf der bloß vermittelnde Charakter der Begriffsbestimmungen nicht übersehen werden.

Unter Berücksichtigung dieser Einschränkungen ist aber weiterhin die Weisungsgebundenheit das nächste Kriterium für die Abgrenzung des Tatbestands. Die Weisungsbindung trägt zugleich dem Verschuldensprinzip Rechnung, da sie die

Beherrschbarkeit berücksichtigt. Die Weisungsgebundenheit manifestiert die Zuordnung des Gehilfen zur Herrschaftssphäre des Geschäftsherrn (LARENZ/CANARIS, Schuldrecht II/2 § 79 III 2a). Weisungsgebundenheit als Ausdruck der Eingrenzung der Organisationssphäre ist denn auch entscheidend für die Bestimmung, ob ein Verrichtungsgehilfe gehandelt hat, für welchen Geschäftsherrn usw. Da es um die Abgrenzung der Verantwortungsbereiche geht, ist für die Weisungsgewalt nicht erforderlich, daß der Geschäftsherr fachlich mitsprechen kann. „Das Weisungsrecht braucht nicht ins einzelne zu gehen. Es genügt, daß der Geschäftsherr die Tätigkeit des Handelnden jederzeit beschränken oder entziehen oder nach Zeit und Umfang bestimmen kann" (BGHZ 45, 311, 313). Irreführend ist es daher, wenn darauf abgestellt wird, daß selbständig sei, wer „gemäß eigener Sachkunde und Erfahrung ausführt" (RGZ 58, 199, 201; 92, 345, 349; HRR 1933 Nr 371; BGH VersR 1957, 301 [Rechtsanwalt als Verrichtungsgehilfe des Mandanten]). Nicht das, sondern die Tätigkeit im eigenen Verantwortungsbereich ist entscheidend. Erst durch die Ergänzung der Definition durch das kumulative Erfordernis, daß der Betreffende „über seine Person frei verfügen und Zeit und Umfang der Tätigkeit selbst bestimmen kann" (RGZ 92, 345, 349), wird der erforderliche Bezug auf den Verantwortungsbereich hergestellt. Die teleologische Blickrichtung eröffnet übrigens auch, daß das gelegentlich angeführte Erfordernis der Abhängigkeit nur iS einer Weisungsbindung zu verstehen ist; eine soziale Abhängigkeit o dgl ist nicht erforderlich. Auch die Rechtsprechung versäumt es nicht, neben der Selbständigkeit die teleologische Absicherung der Einordnung aufzuzeigen: Nach der Feststellung, daß die Baufirma selbständige Unternehmerin gewesen sei, führt das OLG Stuttgart (VersR 1954, 39) aus: „Die Beklagte durfte sich darauf verlassen, daß die Baufirma ... den Träger sachgemäß lagern würde." (BGHZ 24, 247, 248 [Hausschlachter des Käufers trägt als Unternehmer die alleinige Verantwortung für die sachgemäße Durchführung seiner Aufgabe]; zweifelhaft hingegen RGZ 120, 154, 161 [private Vereinbarung, der Fahrer der Mieterin gelte als in den Diensten des Auto-Vermieters stehend, mache den Fahrer zum Verrichtungsgehilfen des Vermieters]).

58 Die Weisungsbeziehung beschreibt ein tatsächliches Verhältnis. Diesem wird häufig eine rechtliche Beziehung zugrunde liegen, erforderlich ist das nicht. Ein *Weisungsrecht* ist daher nicht erforderlich, maßgeblich ist die tatsächliche Steuerungsmöglichkeit. Auch ein Geschäftsunfähiger, der eine rechtliche Weisungsbeziehung nicht begründen könnte, kann danach einer Weisungsbindung in dem für § 831 maßgeblichen Sinne unterliegen.

2. Der Gehilfe

59 Verrichtungsgehilfe iS der Vorschrift ist demnach, wer weisungsabhängig in fremdem Verantwortungsbereich tätig wird (RGZ 51, 199, 201 [der in Abwesenheit seines Meisters beauftragte Lehrling ist dem Auftraggeber gegenüber weisungsgebunden und insoweit dessen Verrichtungsgehilfe]).

Dem Verrichtungsgehilfen wird zur Abgrenzung der Selbständige gegenübergestellt. Nach der schon bekannten Definition wird der Selbständige gekennzeichnet durch die autonome Tätigkeit (RGZ 92, 345; 148, 154, 161; BGHZ 14, 163, 177; 24, 247, 248; 26, 152; 45, 311, 313; BGH VersR 1964, 46; 1965, 185; SOERGEL/ZEUNER Rn 15; ESSER/WEYERS, Schuldrecht II § 58 I 2).

Nur als Faustregel kann der Satz dienen, daß der „selbständige Unternehmer, Handwerker oder Gewerbetreibende" kein Verrichtungsgehilfe sei (BGHZ 24, 247, 248; 26, 152, 159 [Stauervize und Stauereifirma sind im Verhältnis zum Reeder keine Verrichtungsgehilfen]; RG HRR 1933, Nr 371 [Töpfermeister]; RGZ 79, 312, 315 [Inhaber der Autoreparaturwerkstatt im Verhältnis zum Fahrzeughalter]; RGZ 78, 179; RG JW 1915, 1357 [Schleppunternehmer]; LG Hannover VersR 1967, 962 [Reinigungsunternehmen, das mit der Gehwegreinigung beauftragt ist für den Hauseigentümer]; BGHZ 42, 374, 375 [Architekt, Statiker und Bauunternehmer sind selbständig und nicht Verrichtungsgehilfen]; BGHZ 80, 1, 3 [Transportunternehmer ist gegenüber dem Spediteur selbständiger Unternehmer; auch sein Fahrer ist Weisungen des Spediteurs nicht unterworfen]; OLG Stuttgart VersR 1954, 39 [Baufirma ist nicht Verrichtungsgehilfin]; RG WarnR 1911 Nr 180; 1912 Nr 301 [jeweils: selbständiger Straßenbauunternehmer ist nicht Verrichtungsgehilfe der das Werk bestellenden Gemeinde]; BGH VersR 1953, 358 [selbständiger Unternehmer ist nicht Verrichtungsgehilfe des sich die Oberleitung vorbehaltenen Bauherrn]; BGH VersR 1974, 243 [Arbeiter bleiben Verrichtungsgehilfen ihres Bauunternehmers, auch wenn eine Bauoberleitung mit Überwachungs- und Weisungsrecht vorhanden ist]). Entscheidend ist aber nicht eine allgemeine Qualifikation, sondern der jeweilige Einsatz. Je nach den Umständen kann auch ein Selbständiger derart in einen Organisationsbereich eingegliedert sein, daß er als Verrichtungsgehilfe erscheint (BGH NJW 1956, 1715 f [Ein sonst selbständiger Generalvertreter ist Verrichtungsgehilfe, soweit er vertragsstrafe- und kündigungsbewehrten Weisungen unterliegt]; BGH NJW 1980, 941 = BB 1979, 1734 [Der selbständige Handelsvertreter <§ 84 Abs 1 HGB> ist Verrichtungsgehilfe, soweit er einen Messestand betreut]). Entsprechendes gilt für die Bezugnahme auf die vertragliche Ausgestaltung: Dienstvertrag oder Werkvertrag. Diese führt zu dem Kriterium der Weisungsgebundenheit, insofern der Dienstverpflichtete (besonders der Arbeitnehmer) der Direktion (§ 315) durch den Dienstberechtigten unterliegt. Demgegenüber ist der Werkunternehmer regelmäßig nicht weisungsunterworfen (BGH MDR 1953, 666, 667 [Bauunternehmer ist auch dann nicht Verrichtungsgehilfe, wenn der Bauherr sich eine gewisse Oberleitung vorbehält]; VersR 1956, 504, 505 [Schlepperführer, der aufgrund des Werkvertrags tätig wird und die nautische Leitung innehat, ist nicht Verrichtungsgehilfe des Schiffseigners. Entscheidend sind Überlegungen zu den jeweiligen Verantwortungsbereichen, die ihren Niederschlag in der Frage der nautischen Leitung finden.]). Doch können auch Dienstverpflichtete selbständig tätig werden. Das gilt grundsätzlich für den Handelsvertreter, dessen Vertrag einen Dienstvertrag über Geschäftsbesorgung darstellt: Er ist nur in besonderen Fällen Verrichtungsgehilfe (BGH NJW 1956, 1715 f; 1980, 941). Umgekehrt ist eine Weisungsbindung des Unternehmers, dessen Einsatz schon gemäß § 649 jederzeit gesteuert werden kann, nicht ausgeschlossen.

Kein Verrichtungsgehilfe ist derjenige, dessen Tätigkeit nicht auf dem Willen eines Bestellers, sondern unmittelbar auf dem Gesetz beruht. Keine Verrichtungsgehilfen sind daher die Organe juristischer Personen, ebenso nicht die gesetzlichen Vertreter natürlicher Personen; für diese gilt aber § 278. Ein unter elterlicher Sorge stehendes Kind oder ein Mündel kann daher grundsätzlich nicht aus § 831 für die unerlaubten Handlungen seines gesetzlichen Vertreters haftbar gemacht werden (RGZ 67, 154; 121, 118; 132, 76, 80). Ferner sind die kraft verfassungsrechtlicher Regelung mit der Verwaltung der Bundesstraßen betrauten Länder und Selbstverwaltungskörperschaften nicht Verrichtungsgehilfen des Bundes iSv § 831 (BGHZ 16, 95, 98).

Kein Verrichtungsgehilfe ist ferner derjenige, der für einen anderen kraft Amts Geschäfte besorgt, die sich nicht aus dem Willen des anderen herleiten. So ist zB der Testamentsvollstrecker nicht Verrichtungsgehilfe des Erben, da ihm seine Befugnisse nicht von diesem übertragen sind; für unerlaubte Handlungen bei der Ausübung seines Amts haftet der Testamentsvollstrecker ausschließlich persönlich (RGZ 144, 401; 158, 361; BGHZ 21, 285; BGH VersR 1957, 297).

3. Der Geschäftsherr

63 Auf der Grundlage der durch den Schutzzzweck abgesicherten Maßgabe der Weisungsbindung ist der Geschäftsherr derjenige, der den Gehilfeneinsatz durch seine Weisungsgewalt planvoll steuern kann.

Nichts anderes besagt es der Sache nach, wenn man auf die Bestellung abstellt: Wer einen anderen bestellt, ist der Geschäftsherr. Die Bestellung ist die willentliche Indienstsetzung, der tatsächliche Vorgang, mit dem der Verrichtungsgehilfe eingestellt wird. Auf ein etwa zugrundeliegendes Rechtsverhältnis, kommt es nicht an.

64 Mißverständlich ist es, wenn angenommen wird, der Gehilfe müsse nicht notwendig eine Tätigkeit für den Geschäftsherrn entfalten (STAUDINGER/SCHÄFER[12] § 831 Rn 76). Zutreffend ist, daß der Geschäftsherr von dem Verrichtungseinsatz nicht unmittelbar zu profitieren braucht. Auch wenn der Arbeitgeber seinen Baggerführer anweist, gefälligkeitshalber für den Nebenunternehmer zu planieren, wird jedoch der Baggerführer für seinen Arbeitgeber – soweit hier relevant genauer: in dessen Verantwortungsbereich – tätig (RGZ 170, 321; BGHZ 80, 1, 3).

65 Kommen mehrere Geschäftsherren in Betracht, so entscheidet maßgeblich, welchem für die schadenbringende Verrichtung das letztverbindliche Weisungsrecht zustand, in wessen Verantwortungsbereich maW der Gehilfe schadensursächlich geworden ist (BGH JZ 1983, 764, 764 m Anm PAPIER [Der dem Roten Kreuz von der Bundesrepublik Deutschland zugewiesene Zivildienstleistende ist bei seiner Tätigkeit bei dem DRK – Krankenfahrt – nicht Verrichtungsgehilfe der Bundesrepublik. Der BGH stützt sich auf die Weisungsbefugnis nach § 30 ZDG]). Regelmäßig wird sich bei dieser Prüfung nur *ein* weisungsbefugter Geschäftsherr ergeben. So ist der von der Bundesbahn bestellte Schrankenwärter, der eine gemeinsam mit einer Privatbahn benutzte Gleisanlage betreut, nur der Bundesbahn weisungsunterworfen und nicht auch Verrichtungsgehilfe der Privatbahn, die sich insoweit des maßgeblichen Verantwortungskreises insgesamt, nicht nur der ausfüllenden Tätigkeit entledigt hat (RGZ 170, 321). Ebenso wird der Lastkraftfahrer nicht zum Verrichtungsgehilfen des Dritten, für den der Transportunternehmer tätig wird (BGHZ 80, 1, 3). Anders verhielte es sich dann, wenn – im Fall von BGHZ 80, 1 – Lastwagen und Fahrer dem Dritten zum eigenverantwortlichen Einsatz überlassen gewesen wären (RG WarnR 1908 Nr 56 [Unternehmer „vermietet" Bagger und Fahrer]). Im Falle echter Leiharbeit ergänzen sich die Verantwortungskreise der beteiligten Arbeitgeber, so daß hier eine eindeutige Zuordnung möglich ist: Die Auswahlsorgfalt hat der Verleiher zu beobachten. Demgegenüber obliegt dem Entleiher die Einweisung und Überwachung (so wohl auch OLG München VersR 1985, 271; BGH VersR 1968, 779, 780 und 1979, 674, 675 [jeweils Gestellung eines Baggers mit Führer]; eine mögliche Haftung des Verleihers wegen Auswahlverschuldens vernachlässigt LG Dortmund VersR 1965, 887, 888 [Der verliehene Baggerführer, über dessen Einsatz der Entleiher disponieren kann, sei nicht Verrichtungsgehilfe des Verleihers]). MaW ist auch der Verleiher hinsichtlich der Auswahl nicht Zwischengehilfe des Entleihers, sondern

ohne weiteres selbständiger Unternehmer: Denn ihm wird nicht die Auswahl übertragen, er beherrscht den gesamten Verantwortungsbereich schon kraft normativer Zuordnung. Denkbar ist freilich, daß Ent- und Verleiher jeweils eigene Pflichtverstöße begehen, einerseits bei der Auswahl, andererseits bei der Überwachung. Sie haften dann bei Vorliegen der übrigen Voraussetzungen gesamtschuldnerisch (§ 840) jeweils aus § 831. Im Falle einer „Gehilfenüberlassung" können sich Zweifel ergeben, wenn der Überlassende sich Aufsichtsrechte vorbehält (dazu bereits oben, 2 b) und somit der Gehilfe auf den ersten Blick zwei Herren dient. Lassen sich die konkurrierenden Weisungsbefugnisse nicht schon (wie im Falle der Leiharbeit) gegenständlich nach Verantwortungsbereichen abgrenzen, so kommt es darauf an, welches den höheren und damit letztverbindlichen Rang einnimmt (BGH LM Nr 3 zu § 831 C; zweifelhaft: BGH VersR 1956, 322 [Verantwortlicher Geschäftsherr bleibt der Bauunternehmer, der einem Dritten für einen eigenen Tätigkeitsbereich Arbeiter überläßt, die in dessen Betrieb nicht eingegliedert, aus dem eigenen Betrieb nicht herausgelöst werden]; OLG Köln DRW 1940, 723; BGH VersR 1974, 243; 1979, 674; BB 1968, 809; LG Lübeck BB 1965, 689). Sofern gleichrangig mehrere Geschäftsherrn in demselben Verantwortungsbereich anweisen, können sie ausnahmsweise gemeinsam verantwortlich sein (MünchKomm/MERTENS § 831 Rn 36).

4. Die Einzelfälle

Arbeiter: Der verleihende Arbeitgeber haftet im Rahmen eines Leiharbeitsvertrages **66** für die Fehler, die seinen Arbeitnehmern bei der Ausführung ihrer Arbeit unterlaufen, falls nicht der entliehene Arbeitnehmer so in das entleihende Unternehmen eingegliedert wird, daß die Abhängigkeit vom bisherigen Arbeitgeber aufgehoben wird (BAG NZA 1989, 340; BAG DB 1989, 131; OLG Düsseldorf NJW-RR 1995, 1430; aA DENKKER ZfA 1989, 267). Der als freier Mitarbeiter tätige Warenhausdetektiv ist Verrichtungsgehilfe des Warenhausinhabers (OLG Frankfurt NJW-RR 1989, 794). Arbeiter bleiben Verrichtungsgehilfen ihres Bauunternehmers, auch wenn eine Bauoberleitung mit Überwachungs- und Weisungsrecht vorhanden ist (BGH VersR 1974, 243). Zur Arbeitnehmerüberlassung: OLG München VersR 1985, 271; BGH VersR 1968, 779, 780 und 1979, 674, 675.

Architekt: Fachleute zur Durchführung eines Bauvorhabens sind wegen ihrer Selbständigkeit und Weisungsunabhängigkeit grundsätzlich keine Verrichtungsgehilfen, so daß der Bauherr für deren Versäumnisse nicht nach § 831 BGB haftet (OLG Hamm ZfS 1996, 6). So sind zB Architekt, Statiker und Bauunternehmen beim Anbau einer halbscheidigen Giebelwand nicht Verrichtungsgehilfen des Bauherrn (BGHZ 42, 374, 375).

Arzt: Der Vertrauensarzt einer Krankenkasse ist deren Verrichtungsgehilfe, nicht jedoch der Kassenarzt an sich (RGZ 131, 67). Die Urlaubsvertretung eines Arztes ist dessen Verrichtungsgehilfe (BGH NJW 1956, 1834 = VersR 1956, 714).

Im Krankenhaus ist die angestellte Krankenschwester Verrichtungsgehilfin des Krankenhausträgers, bei Behandlung eines Patienten nach den Weisungen des Arztes auch dessen Verrichtungsgehilfin (RGZ 139, 255). Die angestellte Hebamme ist Verrichtungsgehilfin des Krankenhausträgers, des Arztes jedoch nur, wenn dieser sie als seinen Weisungen unterworfene Gehilfin bei einer spezifisch ärztlichen Verrichtung heranzieht (BGH VersR 1982, 677).

Der angestellte Chefarzt einer Klinik, der im medizinischen Bereich weisungsfrei ist, ist insoweit als Organ (verfassungsmäßig berufener Vertreter) des Krankenhausträgers anzusehen (BGHZ 77, 74 = NJW 1980, 1901 unter teilweiser Aufgabe von BGHZ 1, 383; 4, 138; s auch LIPPERT NJW 1984, 2606; vgl auch BVerfG NJW 1981, 1995). In sonstigen Fällen ist er wie alle angestellten Ärzte Verrichtungsgehilfe des Krankenhausträgers (BGH VersR 1956, 221; NJW 1975, 1463), es sei denn, er hat eine selbstliquidierende Stellung im Rahmen eines gespaltenen Aufnahmevertrags (BGH NJW 1975, 1463). Überwacht der Chefarzt den Stationsarzt der ihm zur selbständigen Leitung übertragenen Abteilung nicht, haftet er für dessen Behandlungsfehler nach § 831 (OLG Köln VersR 1982, 677).

Ein Krankenhausträger ist auch für das Verhalten eines Kinderarztes verantwortlich, der als ansonsten frei praktizierender Arzt vertraglich die kinderärztliche Versorgung der Neugeborenen in dem Krankenhaus übernommen hat, wenn dieser während der Zeit seiner Anwesenheit auf der Station bei der ärztlichen Notfallversorgung fehlerhaft handelt (OLG Oldenburg VersR 1989, 1300).

Die niedergelassene Konsiliarärztin ist jedoch nicht Verrichtungsgehilfin des Krankenhauses, weil sie durch die konsiliarische Hinzuziehung nicht in den Betrieb des Krankenhauses eingebunden wird, sondern selbständige niedergelassene Ärztin bleibt, und es daher an der für eine Zurechnung nach § 831 BGB erforderlichen Weisungsabhängigkeit fehlt (OLG Stuttgart VersR 1992, 55).

Begibt sich ein Patient während eines stationären Krankenhausaufenthalts in die Behandlung eines in Absprache mit dem Klinikträger tätigen Belegarztes, so hat in der Regel allein dieser haftungsrechtlich für in sein Fachgebiet fallende Fehlleistungen einzustehen, während der Klinikträger die Gewähr für eine einwandfreie Tätigkeit der im übrigen hinzugezogenen, bei ihm angestellten Ärzte übernehmen muß (OLG Düsseldorf NJW-RR 1993, 483).

Der Träger des Belegkrankenhauses hat weder für Fehler des Belegarztes noch der Beleghebamme einzustehen, da er deren Leistungen nicht schuldet (BGH NJW 1995, 1611).

Zwischen Ärzten, die in einer Gemeinschaftspraxis zusammen arbeiten, besteht grundsätzlich kein Verhältnis, das es rechtfertigt, den einen als den Verrichtungsgehilfen des anderen einzuordnen. Dies gilt jedenfalls für die Fälle einer gemeinschaftlichen Zusammenarbeit von Ärzten, die über gleiche berufliche Erfahrungen und Qualifikationen verfügen (OLG Düsseldorf OLG-Rp Düsseldorf 1991, Nr 6)

Auszubildender: Ein Lehrling ist nur dann Verrichtungsgehilfe des Meisters, wenn er mit der selbständigen Ausführung von Arbeiten betraut ist (OLG Celle VersR 1959, 379).

Bahn: Bahnangestellte sind bezüglich der Beförderung von Gepäckstücken Verrichtungsgehilfen, wenn sie mit der Beförderung des Gutes dienstlich beauftragt waren (RGZ 120, 313; RG SeuffA 80, Nr 174; BGHZ 24, 188).

Bank: Der Leiter einer Zweigniederlassung einer Bank kann je nach Satzung sein:

Vertreter nach § 31, wenn er dem Gesamtvorstand angehört, besonderer Vertreter nach § 30, wobei zur satzungsmäßigen Bestellung genügt, daß die Zweigniederlassung ausdrücklich vorgesehen ist und die Stellung des Leiters durch Satzungsauslegung ermittelt wird, oder lediglich Angestellter und damit Verrichtungsgehilfe (vgl RGZ 91, 3; 94, 318; 117, 61; 157, 28; RG JW 1930, 2927; 1933, 2513). Entsprechendes gilt für den Vorsteher der Depositenkasse einer Bank (RGZ 94, 318; JW 1930, 2927).

Da es an einer Weisungsabhängigkeit fehlt, ist der Kreditvermittler nicht Verrichtungsgehilfe der Bank, die auch nicht das Risiko der Veruntreuung trägt (OLG Frankfurt WM 1989, 1461).

Bei einem Auskunfteiunternehmen dagegen kann der durch eine täuschende Handelsauskunft einer örtlichen „Erledigungsstelle" Verletzte das Auskunftsunternehmen selbst in Anspruch nehmen, auch wenn die „Erledigungsstelle" die Auskunft selbständig erteilte (BGH VersR 1968, 92; aA OLG Frankfurt MDR 1962, 987).

Bedienungspersonal: Wird ein Kran nebst Bedienungspersonal für mehrere Tage vermietet, um nach Anweisung des Mieters Arbeiten auszuführen, ist der Kranführer während dieser Arbeiten Verrichtungsgehilfe des Mieters (OLG Düsseldorf NJW-RR 1995, 1430). Das gleiche gilt bei der Vermietung einer Spezialpumpe nebst Bedienungspersonal (Hanseatisches OLG Hamburg BauR 1994, 529). Überläßt ein Unternehmer einem anderen zu betrieblichen Zwecken ein Fahrzeug nebst Bedienung, so ist das Bedienungspersonal in aller Regel nicht Erfüllungs- oder Verrichtungsgehilfe des Vermieters oder Verleihers, und zwar auch dann nicht, wenn die dem Fahrer übertragenen Aufgaben zeitlich, örtlich und dem Gegenstand nach genau abgegrenzt sind (LG Kaiserslautern VersR 1992, 55).

Ehegatte: Der den Haushalt führende Ehegatte ist nicht Verrichtungsgehilfe des anderen Ehegatten, da die Haushaltsführung als Beitrag zum ehelichen Unterhalt (§ 1360) in eigener Verantwortung erfolgt (GERNHUBER/COESTER-WALTJEN, Lehrbuch des Familienrechts [4. Aufl 1994] § 20 I 5). Dies gilt auch bei einer Tätigkeit im Rahmen des § 1357; das entspricht der bereits unter der Herrschaft des § 1357 aF vertretenen hM (vgl WEIMAR JR 1967, 248; SCHLOSSER FamRZ 1961, 287; MERTENS FamRZ 1968, 130). Auch ein Ehegatte, der zur Entlastung des Haushaltsführenden im Haus mitwirkt, ist nicht dessen Verrichtungsgehilfe.

Eine sich aus der Lebensgemeinschaft (§ 1353) ergebende Mitwirkung des Ehegatten im Beruf oder Geschäft des anderen macht den Mitarbeitenden grundsätzlich nicht zum Verrichtungsgehilfen (anders unter dem früher geltenden § 1365 Abs 2, dazu RGZ 152, 222). So ist zB die als Fleischverkäuferin in dem Metzgereibetrieb ihres Mannes mitarbeitende Ehefrau in der Regel nicht dessen Verrichtungsgehilfin, weil sie nicht dessen Weisungen unterworfen ist (OLG Düsseldorf OLG-Rp Düsseldorf 1992, 83). § 831 greift jedoch, wenn der Ehegatte in einem Anstellungsverhältnis zu dem anderen steht oder der eine Ehegatte vom anderen mit bestimmten Verrichtungen besonders betraut ist (vgl BGB-RGRK/STEFFEN § 831 Rn 21 – unter „Ehegatten"). So kommt nach WEIMAR (JR 1979, 271) § 831 in Betracht, wenn in der Zugewinngemeinschaft ein Ehegatte Grundeigentum einbringt und mit Tätigkeiten, die sich daraus ergeben, den anderen Ehegatten „beauftragt", zB die Ehefrau als Hauseigentümerin den Ehemann mit der Erfüllung der Streupflicht auf dem Gehweg vor dem Haus.

Eine Bestellung iS des § 831 kann darin liegen, daß ein Ehegatte dem anderen Generalvollmacht zur Verwaltung seines Vermögens erteilt (RGZ 91, 363). Überläßt ein Ehepartner dem anderen ein KFZ zur Führung, wird dieser nicht zum Verrichtungsgehilfen (BGH VersR 1956, 211; 1972, 832; offen gelassen in BGH VersR 1980, 740; OLG Nürnberg VersR 1954, 132). Der Ehegatte, der in dem vom anderen Ehegatten gehaltenen und geführten KFZ mitfährt, hat die Führung nicht iS des § 831 an diesen übertragen (BGHZ 35, 317).

Zum Entlastungsbeweis, wenn im Einzelfall ein Ehegatte als Verrichtungsgehilfe des anderen anzusehen ist, vgl RGZ 152, 222; WEIMAR JR 1967, 248; 1979, 271.

Im Haushalt, soweit es sich um Hausangestellte, Kinderbetreuer oder Hauskinder (§ 1619) handelt, ist § 831 uneingeschränkt anwendbar (vgl dazu aus der Begr [Bd II 110] zum Referentenentwurf eines Ges z Änd schadensersatzrechtlicher Vorschriften 1967: „Eingehende Erörterungen haben gezeigt, daß eine Ausnahme [für den Bereich des Haushalts] sich nicht rechtfertigen ... läßt" sowie BGH NJW 1996, 53, der eine Ausdehnung des Haftungsprivilegs des § 1664 auf andere Personen ablehnt).

Gastwirt: Der Inhaber einer Gaststätte ist bei einer von ihm veranstalteten Tanzunterhaltung Geschäftsherr der Musizierenden (OLG Kiel HRR 1941 Nr 635).

Gerichtsvollzieher: Der Gerichtsvollzieher ist nicht Verrichtungsgehilfe der Partei, die den Auftrag erteilte, obwohl er zT an deren Weisungen gebunden ist. Er haftet aus § 839 BGB, Art 34 GG (dazu unten zu § 839).

Jagdverhältnisse: Der Jagdrevierinhaber ist Geschäftsherr des von ihm bestellten Jagdpersonals (RG WarnR 1928 Nr 76; 1930 Nr 103). Dies gilt jedoch nur mit den folgenden Einschränkungen:

Nach § 33 Abs 2 HS 2 BJagdG haftet der Jagdausübungsberechtigte ohne die Entlastungsmöglichkeit nach § 831 für den Jagdschaden, der durch einen von ihm bestellten Jagdaufseher (oder durch einen Jagdgast) angerichtet wird.

Ein behördlich bestätigter Jagdaufseher, der bei Ausübung des Jagdschutzes (vgl § 25 BJagdG) Zwangsmaßnahmen anwendet, handelt in Ausübung der ihm durch die Bestätigung übertragenen öffentlichen Gewalt. Demzufolge haftet bei schuldhafter Amtspflichtverletzung nicht der private Revierinhaber, der ihn bestellt, sondern gemäß Art 34 GG der Staat, dessen Behörde ihn bestätigt hat (RGZ 142, 190; OLG Celle VersR 1962, 451), oder die öffentlichrechtliche Körperschaft (Gemeinde, Jagdgenossenschaft), in deren Diensten er steht (vgl MITZSCHKE/SCHÄFER, BJG[4] Rn 28 zu § 25 BJG).

Treib- oder Gesellschaftsjagden sind in der Regel gesellschaftliche Veranstaltungen, Einladungen und Teilnahme sind Gefälligkeiten ohne rechtlichen Charakter. Der veranstaltende Jagdherr ist daher nicht Geschäftsherr der teilnehmenden Jagdgäste und haftet bei Jagdunfällen nicht für diese aus § 831, wenn sie sich gegenseitig oder wenn sie Treiber oder unbeteiligte Dritte verletzen. Er kann sich aber selbst im Einzelfall aus § 823 verantwortlich machen, wenn er schuldhaft ungeeignete Personen (zB ohne Jagdschein oder ihm als unvorsichtig bekannte Schützen, RGZ 128, 39) zuläßt oder wenn er als Veranstalter (Jagdleiter) nicht die erforderlichen Vorkehrungen zur gefahrlosen Durchführung der Jagd trifft (vgl dazu BGH vom 7. 12. 1965 – VI ZR 118/64 – in „Entscheidungen in Jagdsachen" II [1967] 30) oder unsachgemäße Anordnungen über die Durchführung der Jagd erteilt.

Kraftfahrer: Der mit der Führung, Pflege und Beaufsichtigung des KFZ betraute Kraftfahrer ist Verrichtungsgehilfe des Halters, der ihn bestellt hat (RGZ 128, 149; 135, 149; 146, 97; BGH VersR 1965, 290), auch der Fahrer eines für längere Zeit vom Halter an einen Dritten vermieteten Fahrzeugs (OLG Köln DR 1940, 723; im Ergebnis anders OLG Düsseldorf VersR 1979, 674; LG Kaiserslautern VersR 1992, 705). Ebenso verhält es sich mit dem Angestellten, der sich zur Erledigung seiner Aufgaben des vom Geschäftsherrn zur Verfügung gestellten Kraftwagens bedient (OLG Köln DRW 1941, 383; OLG Hamm, RuS 1989, 182). Der Fahrlehrer ist Verrichtungsgehilfe des Inhabers einer Fahrschule (KG VersR 1966, 1036).

Es besteht kein Gehilfenverhältnis, wenn der KFZ-Halter seinen Wagen einem Dritten zur selbständigen Benutzung überläßt (BGH VersR 1966, 877). Der im Firmenwagen beförderte Angestellte einer Firma ist für das Verhalten des Firmenchauffeurs nicht ohne weiteres Geschäftsherr iS des § 831 (RG JW 1938, 456; BGH VersR 1962, 475). Auch der Arbeitnehmer ist nicht Gehilfe des Arbeitgebers, den er in seinem eigenen Wagen gelegentlich einer von ihm ohnehin durchgeführten Fahrt mitnimmt, auch wenn dies ohne das bestehende Arbeitsverhältnis nicht geschehen wäre (BGH NJW 1978, 1920).

Nicht Verrichtungsgehilfe, sondern selbständiger Unternehmer ist der Taxifahrer gegenüber dem Fahrgast, da dieser ihm nur Weisungen hinsichtlich des Fahrtziels, nicht jedoch über die technische Durchführung der Fahrt erteilen kann (RG JW 1935, 35).

Landwirt: Der Landwirt, dem ein Reitpferd in „Pension" gegeben wird, ist in der Regel nicht Verrichtungsgehilfe des Eigentümers und Halters des Pferdes (OLG Hamm OLG-Rp Hamm 1993, 240).

Personen-/Organgemeinschaften: Miterben und Mitglieder eines aus mehreren Personen bestehenden Organs stehen ebenso wie die Gesellschafter einer GbR grundsätzlich nicht im Verhältnis von Geschäftsherrn und Verrichtungsgehilfen, wenn sie die ihnen obliegenden Aufgaben untereinander aufteilen (RGZ 91, 72). Eine Bestellung zum Verrichtungsgehilfen kann aber vorliegen, wenn ein Gesellschafter einer OHG oder ein Geschäftsführer einer GmbH im Einzelfall von den übrigen zu einer Verrichtung bestellt wird (vgl RGZ 91, 72). Mitglieder eines Vereins können Verrichtungsgehilfen der staatlichen Luftaufsicht (nicht des Vereins) sein, wenn sie zu Startleitern bestellt sind (OLG Hamm VersR 1995, 309). Ein eingetragener Verein, der eine Therapie zur Heilung Drogenabhängiger durchführt, haftet jedoch in vollem Umfang, wenn sein Therapieleiter die Teilnehmer aufgefordert hat, ohne Sicherheitsvorkehrungen eine mehr als 6 m hohe Eiche zu besteigen, und ein Teilnehmer sich bei einem Absturz aus dieser Höhe verletzt (OLG Frankfurt SpuRt 1994, 93).

Rechtsanwalt: Der als Prozeßvertreter bestellte Rechtsanwalt ist nach der Rspr Verrichtungsgehilfe der Partei, auch bei unbeschränkter Vollmacht (RGZ 96, 177; BGH

VersR 1957, 301; LM Nr 5 zu § 823 Hb; aA BGB-RGRK/STEFFEN Rn 21 – unter Rechtsanwalt –, der dies nur für den Syndikus, nicht jedoch für das Verhältnis zum normalen Mandanten gelten lassen will; kritisch auch MünchKomm/MERTENS Rn 33; SOERGEL/ZEUNER Rn 20). Die Partei haftet für ehrverletzende Äußerungen in den Schriftsätzen ihres Rechtsanwalts auch dann, wenn diese nicht auf ihren Informationen beruhen (BGH NJW 1962, 1390).

Zur Haftung eines Rechtsanwalts für eine von seinem Bürovorsteher erteilte Auskunft s RG Recht 1906 Nr 1168.

Reiseveranstalter: Für ein fehlerhaftes Verhalten der Hotelleitung trifft den Reiseveranstalter nach § 831 BGB keine Haftung. Die Hotelleitung ist nämlich nicht Verrichtungsgehilfe des Reiseveranstalters, da es insoweit an jeglicher Weisungsgebundenheit fehlt (BGHZ 103, 298; LG Frankfurt RRa 1995, 84; LG Frankfurt RRa 1994, 98; AG Baden-Baden RRa 1994, 16; LG Hamburg RRa 1995, 187). Der selbständige und nicht weisungsgebundene Transportunternehmer kann nicht als Verrichtungsgehilfe des Reiseveranstalters angesehen werden (LG Konstanz RRa 1994, 152; AG Königstein RRa 1994, 46; LG Frankfurt transpR 1991, 443; OLG Frankfurt NJW-RR 1993, 1329; LG Frankfurt TranspR 1993, 442).

Staatliche/gemeindliche Unternehmen: § 831 ist hier nur anwendbar, wenn es sich nicht um Amtspflichtverletzungen in Ausübung öffentlicher Gewalt handelt, wo nur Haftung aus § 839 BGB, Art 34 GG in Betracht kommt, und wenn der Schädigende nicht als verfassungsmäßig berufener Vertreter iS der §§ 30, 31, 89 anzusehen ist. Auch ist zu prüfen, falls ein Vertreter iS der §§ 30, 31 fehlt, ob ein Organisationsmangel darin liegt, daß trotz der Art und Bedeutung der Verrichtung die Bestellung eines besonderen Vertreters unterblieben ist. Siehe dazu aus der Rspr.

für den Generaldirektor eines staatlichen Hüttenwerks (RG SeuffA 96 Nr 68)

für den Vorstand eines staatlichen Wasser- und Straßenbauamts (RG DRW 1940, 2105)

für einen Offizier in Angelegenheiten der militärischen Vermögensverwaltung (RGZ 120, 304)

für den Vorsteher eines Stadtbauamts (RGZ 157, 228)

für den Direktor einer Staatsbank (RGZ 157, 228)

für den Betriebsdirektor einer städtischen Straßenbahn (RG WarnR 1916 Nr 125)

für den Leiter der städtischen Gasanstalt (RGZ 74, 21; JW 1915, 395)

für einen Sparkassenrendanten (RGZ 162, 202)

für einen Sachbearbeiter einer Oberpostdirektion (RGZ 162, 129)

für den Zugführer eines Straßenbahnunternehmens (BGH VersR 1959, 375) für den Lokführer eines Eisenbahnunternehmens (BGH VersR 1959, 310)

Die verkehrssicherungspflichtige Gemeinde muß sich einen Konstruktionsfehler einer Rutsche nicht zurechnen lassen, denn der dafür verantwortliche Hersteller ist nicht als ihr Verrichtungsgehilfe zu werten (OLG Hamm OLG-Rp Hamm 1995, 174).

Subunternehmer: Der Subunternehmer, der vom Bauunternehmer zur Durchführung der ihm vom Bauherrn übertragenen Arbeiten eingeschaltet wird, ist im allgemeinen kein Verrichtungsgehilfe des Bauunternehmers iSv § 831 BGB (BGH NJW 1994, 2756).

Verleger: Der Verleger haftet für einen Redakteur, der von seinen Weisungen abhängt (BGHZ 3, 270; VersR 1965, 477). Ist dies nicht der Fall, kann der Herausgeber Geschäftsherr sein (BGHZ 14, 163). Hier kann sich jedoch eine Haftung des Verlegers aus § 823 wegen Veletzung der allgemeinen Aufsichtspflicht ergeben (BGHZ 14, 163).

II. Die widerrechtliche Schadenszufügung in Ausführung der Verrichtung

1. Kein eigener Begriff der Widerrechtlichkeit

Der in § 831 verwendete Begriff der Widerrechtlichkeit entspricht dem in §§ 823 f Verwendeten (BGB-RGRK/STEFFEN Rn 27).

2. Die Abgrenzung von Handlungs- und Erfolgsunrecht

Wie bei § 823 stellt sich auch bei § 831 die Frage, ob die Widerrechtlichkeit eines Verhaltens bereits aus der Herbeiführung des deliktischen Erfolgs – der Verletzung eines der in §§ 823 f geschützten Rechte bzw Rechtsgüter – durch den Handelnden folgt oder ob es zur Feststellung der Rechtswidrigkeit noch weiterer Voraussetzungen bedarf. Die zu dieser Frage vertretenen Auffassungen werden herkömmlicherweise unter den Oberbegriffen „**Erfolgsunrecht**" und „**Handlungsunrecht**" zusammengefaßt. Grundlage des Rechtswidrigkeitsurteils ist nach der Lehre vom Erfolgsunrecht der negative Erfolg als solcher, nach der Lehre vom Handlungsunrecht dagegen der Verstoß gegen ein Verhaltensgebot bzw -verbot (MünchKomm/ HANAU § 276 Rn 26; LARENZ/CANARIS, Schuldrecht II/2 § 75 II 3a aE). Die Lehre vom Erfolgsunrecht stellt demnach geringere Anforderungen an die Rechtswidrigkeit als die Lehre vom Handlungsunrecht. Anders als bei § 823 hat die Unterscheidung zwischen Erfolgs- und Handlungsunrecht bei § 831 praktische Auswirkungen, weil es nach dieser Bestimmung entscheidend auf die Rechtswidrigkeit des Gehilfenhandelns ankommt, während nach überwiegender Auffassung das Verschulden des Gehilfen irrelevant ist. Es wirkt sich für den Geschäftsherrn haftungsverschärfend aus, wenn die Anforderungen an die Rechtswidrigkeit des Gehilfenhandelns gering sind.

a) Die Lehre vom Erfolgsunrecht
aa) Die Grundsätze
Nach der herkömmlichen Betrachtungsweise vom Erfolgsunrecht, wie sie von der Rechtsprechung (zB RG JW 1926, 364; RGZ 50, 60, 65; BGHZ 24, 21, 27; 39, 103, 108; 74, 9, 14; 90, 255, 257; BGH NJW 1993, 2614) und Teilen des Schrifttums (etwa MünchKomm/HANAU

§ 276 Rn 27; ERMAN/SCHIEMANN § 823 Rn 139; JAUERNIG/TEICHMANN § 823 Anm IV 1 B; PALANDT/THOMAS § 823 Rn 33) vertreten wird, ergibt sich die Rechtswidrigkeit eines Verhaltens im Regelfall schon aus der Tatsache, daß durch dieses Verhalten der deliktische Erfolg herbeigeführt wird. Der Verletzungserfolg „indiziert" also die Rechtswidrigkeit (BGHZ 74, 9, 14). Die Erkennbarkeit und Vermeidbarkeit der Rechtsgutverletzung durch den Schädiger ist danach erst bei der Frage des Verschuldens zu erörtern und ggf zu berücksichtigen. Sie wirkt sich nicht auf das Rechtswidrigkeitsurteil aus (BGB-RGRK/STEFFEN § 823 Rn 107). Diese Indizwirkung gilt nicht bei den sog Rahmenrechten oder offenen Deliktstatbeständen, also vor allem nicht bei Verletzungen des durch § 823 geschützten allgemeinen Persönlichkeitsrechts oder des Rechts am eingerichteten und ausgeübten Gewerbebetrieb (BGHZ 74, 9, 14). Hier bedarf es zur Beurteilung der Rechtswidrigkeit stets einer einzelfallbezogenen Güter- und Interessenabwägung, bei der die Interessen und Motive des Rechtsinhabers und die des Handelnden zu berücksichtigen sind, bevor das Unwerturteil der Rechtswidrigkeit ausgesprochen werden kann. Die Indizwirkung wird widerlegt, wenn zugunsten des deliktisch Handelnden ausnahmsweise ein besonderer Rechtfertigungsgrund (Notwehr, Notstand, [mutmaßliche] Einwilligung usw) eingreift.

Sofern die Indizwirkung eingreift, bewirkt sie eine Beweiserleichterung zugunsten des Geschädigten. Zwar hat an sich der Kläger alle Voraussetzungen des deliktischen Ersatzanspruchs zu beweisen. Die Widerrechtlichkeit des Verletzungserfolgs wird aber vermutet, so daß der Schädiger ggf das Vorliegen eines Rechtfertigungsgrunds für sein Verhalten zu beweisen hat (DEUTSCH, Haftungsrecht Rn 254 f; zur Darlegungslast BGH NJW 1993, 2614).

bb) Die Modifizierung bei mittelbaren Ursachen
Um zu vermeiden, aufgrund der Indizwirkung der Rechtsgutverletzung auch solche Handlungen als rechtswidrig einstufen zu müssen, die zwar adäquat kausal zur Schädigung des fremden Rechtsguts beigetragen haben, aber nach allgemeinem Urteil als bloße **„mittelbare Eingriffe"** (LARENZ/CANARIS, Schuldrecht II/2 § 75 II 364) dennoch nicht rechtswidrig sind – Schulbeispiel ist die Herstellung eines später an einem Unfall beteiligten Kraftfahrzeugs oder einer Waffe, die dann zur Verletzung eines Menschen verwendet wird – beschränkt ein Teil der Lehre die Indizwirkung auf unmittelbare Handlungen, dh auf Handlungen, die selbst ohne weitere, von dritter Seite hinzutretende Zwischenschritte zur Rechtsgutverletzung führen (etwa LARENZ, in: FS Dölle Bd 1 [1963], 187 f; vCAEMMERER, in: FS 100 Jahre DJT [1960] Bd 2, 49 [77 f]); näher dazu DEUTSCH, Haftungsrecht Rn 237).

Die übrigen Vertreter der Lehre vom Erfolgsunrecht müssen in den Fällen nur mittelbarer Rechtsgutverletzung bereits die adäquate Kausalität des Verhaltens für die Rechtsgutverletzung verneinen, um so nicht zur Erörterung der Rechtswidrigkeit zu kommen (etwa JAUERNIG/TEICHMANN § 823 Anm IV 1 b). Dieser Weg erscheint unbefriedigend, da es nicht außerhalb aller Lebenswahrscheinlichkeit liegt, daß durch das Kraftfahrzeug oder die Waffe künftig Menschen zu Schaden kommen, die Adäquanz sich in diesen Fällen also kaum leugnen läßt (KÖTZ, Deliktsrecht Rn 102). vCAEMMERER (Wandlungen Ges Schr I 537) bezeichnet die Heranziehung der Kausalitätstheorie für die Abgrenzung des deliktischen Verhaltens als „abwegig".

b) Die Lehre vom Handlungsunrecht

Nach der Lehre vom Handlungsunrecht kann nicht vom eingetretenen Schaden auf **69 a** die Rechtswidrigkeit der Handlung rückgeschlossen werden. Handlungen oder Unterlassungen sind rechtswidrig, wenn oder weil sie den Geboten oder Verboten der Rechtsordnung widersprechen (vCaemmerer, Wandlungen Ges Schr I 537). Dagegen ist der Verletzungserfolg allein im Regelfall nicht geeignet, die Rechtswidrigkeit des Handelns zu begründen; mit dem Verschuldensprinzip sei das schwerlich vereinbar. An den Verletzungserfolg anzuknüpfen, sei nur bei vorsätzlichem Handeln angebracht, da die Rechtsordnung die vorsätzliche Schädigung Rechtsgüter Dritter schlechthin verbieten wolle (Kötz, Deliktsrecht Rn 98). Bei einer lediglich fahrlässigen Verletzung der Rechtsgüter eines anderen kann dagegen, so die Grundidee des Handlungsunrechts, das Unwerturteil der Rechtswidrigkeit nur ausgesprochen werden, wenn der Schädiger gegen spezielle Verhaltensnormen verstoßen oder aber die generell von der Rechtsordnung zur Vermeidung eines Schadenseintritts geforderte Sorgfalt (§ 276 Abs 2 S 2 BGB) außer acht gelassen hat (Nipperdey NJW 1957, 1777 f; Münzberg, Verhalten [1966] 49 f, 141 f; Wiethölter, Rechtfertigungsgrund 33 f; Staudinger/ Löwisch [1995] § 276 Rn 10; vgl auch § 1 Abs II Entwurf einer deutschen Schadensordnung, Akademie für Deutsches Recht 1933–1945, Protokolle der Ausschüsse, hrsg v Schubert/Schmid/ Regge [1993] 688). Denn wenn die Rechtsordnung ein potentiell gefährdendes Verhalten wie die Teilnahme am Straßenverkehr oder den Betrieb eines gefährlichen Industriebetriebs zuläßt und reglementiert, so können Rechtsgutverletzungen, die trotz Einhaltung der zugrundeliegenden Regeln entstehen, nicht rechtswidrig sein. Denn die Rechtsordnung spricht durch die Zulassung und Reglementierung des gefährdenden Verkehrs gleichzeitig aus, daß sich ein Verhalten unter Beachtung der erlassenen Vorschriften im Rahmen des Rechts hält (Nipperdey NJW 1957, 1777, 1779; vCaemmerer, in: FS 100 DJT [1960] Bd 2, S 49, 77 f; so auch BGHZ GS 24, 21, 26). Der Verstoß gegen die Sorgfaltspflicht stellt nach diesem Ansatz also kein Element des Verschuldens dar, sondern ist ein Merkmal der Rechtswidrigkeit (Esser/Weyers, Schuldrecht II § 55 II 3).

Die trotz Einhaltung der Regeln entstehenden Schäden sind nach der Lehre vom Handlungsunrecht lediglich das erlaubte Risiko der erlaubten gefährlichen Betätigung und stellen als solche nicht Unrecht, sondern nur ein Unglück dar (Nipperdey NJW 1957, 1777, 1778). Der Ausgleich eines solchen Schadens könne daher nicht die Aufgabe des Deliktsrechts sein, sondern müsse grundsätzlich einer verschuldensunabhängigen Gefährdungshaftung vorbehalten bleiben, deren Risiko durch die Möglichkeit des Abschlusses entsprechender Versicherungen einzugrenzen sei (Nipperdey NJW 1957, 1778).

c) Die Konsequenzen der Unterscheidung
aa) Der Grundsatz: Keine Konsequenz

Im allgemeinen Deliktsrecht stellt die Unterscheidung zwischen Erfolgs- und Hand- **70** lungsunrecht mehr eine Frage der systematischen Einordnung der Pflichtverletzung in den Deliktsaufbau als eine Kontroverse von praktischer Bedeutung dar. Die von der Lehre vom Handlungsunrecht geforderte Prüfung einer Sorgfaltspflichtverletzung wird auch von den Anhängern der Lehre vom Erfolgsunrecht befürwortet, allerdings nicht schon beim Merkmal der Rechtswidrigkeit, sondern (erst) bei der Schuld (Staudinger/Löwisch [1995] § 276 Rn 12). Im Rahmen der verschuldensabhängigen Deliktstatbestände der §§ 823 f wird es bei dieser bloß terminologischen Unterscheidung kaum zu unterschiedlichen Ergebnissen kommen. Denn ob ein pflichtgemäßes („verkehrsrichtiges") Verhalten des Schädigers bereits die Rechtswidrigkeit seines Tuns oder aber erst sein Verschulden entfallen läßt, wirkt sich hier nicht aus (BGH NJW 1981, 570, 571).

Zu Abweichungen kommt es nur bei der Frage, ob gegen eine ein Rechtsgut verletzende, aber nicht sorgfaltswidrige Handlung Notwehr oder negatorischer Rechtsschutz möglich ist (dazu PALANDT/THOMAS § 823 Rn 33; LARENZ, in: FS Dölle Bd 1 [1963] 169, 173; BAUR AcP 160 [1961] 466, 469).

bb) Die Ausnahme: § 831

71 Auswirkungen haben die beiden Konzeptionen aber bei der Haftung für den Verrichtungsgehilfen nach § 831. Die Rechtswidrigkeitstheorien führen bei konsequenter Anwendung in Fällen, in denen der Verrichtungsgehilfe zwar adäquat kausal den deliktischen Erfolg verursacht, dabei aber nicht sorgfaltspflichtwidrig handelt, zu unterschiedlichen Ergebnissen. Denn es kommt nicht darauf an, ob der Verrichtungsgehilfe schuldhaft gehandelt hat (BGHZ 24, 21, 29; aA vCAEMMERER, Wandlungen Ges Schr I 537). Die Frage nach dem Rechtwidrigkeitsbegriff hat daher praktische Bedeutung (STAUDINGER/LÖWISCH [1995] § 276 Rn 12). Die Frage stellt sich, wenn der Verrichtungsgehilfe bei seiner Tätigkeit jede erforderliche Sorgfalt beachtet hat, die durch ihn erfolgte Schädigung aber nicht durch einen besonderen Rechtfertigungsgrund gerechtfertigt ist.

Nach dem Wortlaut der Norm, die nur die „Widerrechtlichkeit" der Schädigung als Voraussetzung für eine Haftung des Geäftsherrn voraussetzt, ist ein schuldhaftes Handeln des Verrichtungsgehilfen nicht erforderlich, um die Haftung auszulösen (vgl dazu RGZ 50, 60, 65; BGHZ 24, 21, 29; aA vCAEMMERER, Wandlungen Ges Schr I 537). Als subjektives Element wird lediglich gefordert, daß in Fallgestaltungen, in denen die Widerrechtlichkeit erst durch Kenntnis der Tatumstände begründet wird, welche die Tat zB zu einer sittenwidrigen machen, diese Kenntnis bei dem Verrichtungsgehilfen vorhanden ist (BGH NJW 1956, 1715; ERMAN/SCHIEMANN § 831 Rn 13). Der Verzicht auf ein schuldhaftes Handeln des Verrichtungsgehilfen entspricht grundsätzlich dem Sinn der Norm, die eine Haftung für ein vermutetes eigenes Verschulden des Geschäftsherrn begründet.

(1) Das Erfolgsunrecht

72 Nach der Lehre vom Erfolgsunrecht sind in diesen Fällen die Voraussetzungen für eine Haftung nach § 831 grundsätzlich erfüllt: Die vom Gesetz geforderte Widerrechtlichkeit des Handelns des Verrichtungsgehilfen ist gegeben, sie wird durch die Erfolgsverursachung indiziert; denn Rechtfertigungsgründe greifen nicht ein. Einer darüber hinausgehenden Sorgfaltspflichtverletzung durch den Verrichtungsgehilfen – an der es hier fehlt – bedarf es nach der Lehre vom Erfolgsunrecht zur Bejahung der Widerrechtlichkeit nicht.

Gleichwohl soll, obwohl die Voraussetzungen von § 831 erfüllt sind, eine Haftung in derartigen Fällen ausscheiden (MünchKomm/HANAU § 276 Rn 39, MünchKomm/MERTENS Rn 54; PALANDT/THOMAS Rn 11). Zur Begründung wird angeführt, daß es in diesen Fällen an dem Zusammenhang zwischen dem widerrechtlichen Verhalten des Gehilfen und dem entstandenen Schaden fehle, da niemand sich korrekter als ein sorgfältiger

Verrichtungsgehilfe verhalten könne. Das soll konsequenterweise auch gelten, wenn dem Geschäftsherrn ein Auswahl- oder Überwachungsverschulden anzulasten ist, da dieses bei einem nicht sorgfaltswidrig handelnden Verrichtungsgehilfen für den Schaden nicht ursächlich wird (ERMAN/SCHIEMANN Rn 13): Auch ein sorgfältig ausgesuchter bzw beaufsichtigter Gehilfe hätte diesen Schaden verursacht (KÖTZ, Deliktsrecht Rn 279).

(2) Das Handlungsunrecht
Dagegen fehlt es bei Zugrundelegung der Lehre vom Handlungsunrecht bereits an einer Tatbestandsvoraussetzung für die Haftung des Geschäftsherrn. Denn der sorgfältig – nicht vorsätzlich oder fahrlässig – handelnde Verrichtungsgehilfe verstößt nicht gegen die allgemeine oder eine spezielle Sorgfaltspflicht. Ohne einen solchen Pflichtverstoß ist das Handeln des Verrichtungsgehilfen nicht rechtswidrig (NIPPERDEY NJW 1957, 1777, 1779). Die Lehre vom Handlungsunrecht gelangt so zu einer einheitlichen Einstufung des verkehrsgerechten oder sozialadäquaten Verhaltens in § 823 und § 831 BGB. Denn bei verkehrsrichtigem Verhalten kommt nach diesem Ansatz weder § 823 noch – bei Handeln eines Verrichtungsgehilfen – § 831 zur Anwendung; es fehlt jeweils am Tatbestandsmerkmal der Rechtswidrigkeit (NIPPERDEY aaO).

(3) Das Verschulden als Regelerfordernis
Von einem anderen Ansatz her verneint ein Teil der Literatur die Haftung des Geschäftsherrn, wenn der Verrichtungsgehilfe schuldlos handelt: Aus der Gesetzgebungsgeschichte ergibt sich, daß durch das Absehen vom Verschulden des Verrichtungsgehilfen – während der Beratungen zum BGB wurde die Fassung von § 831 dahingehend abgeändert, daß statt auf die Zufügung einer unerlaubten Handlung durch den Verrichtungsgehilfen auf dessen widerrechtliches Verhalten abgestellt wurde – verhindert werden sollte, daß sich ein Geschäftsherr eines schuldunfähigen Verrichtungsgehilfen bediene und sich bei der Inanspruchnahme aus § 831 auf dessen Unzurechnungsfähigkeit berufen könne (vCAEMMERER, Wandlungen Ges Schr I 534; ESSER/WEYERS, Schuldrecht II § 58 I; BGB-RGRK/STEFFEN Rn 28; ausführlich zur Entwicklung der Norm während der Beratungen des Bürgerlichen Gesetzbuchs STOLL JZ 1958, 137, 138). Keinesfalls sollte durch die Änderung des Wortlauts bewirkt werden, daß nunmehr auch alle Fälle von § 831 erfaßt werden, in denen der Verrichtungsgehilfe nicht schuldhaft handelt (STOLL aaO). Die Haftung des Geschäftsherrn sei nur gerechtfertigt, wenn sich aus dem schuldlosen Verhalten des Verrichtungsgehilfen auf ein Verschulden des Geschäftsherrn schließen läßt (STOLL JZ 1958, 137, 138; SOERGEL/ZEUNER Rn 32; KUPISCH JuS 1984, 250, 253). Das sei etwa der Fall, wenn der Geschäftsherr einen deliktsunfähigen Gehilfen einstellt oder den Gehilfen fehlerhaft anleitet und dieser deshalb die schädigende Handlung vornimmt (RGZ 50, 60, 67; WIEACKER JZ 1957, 535; KUPISCH JuS 1984, 250, 253; BGB-RGRK/STEFFEN[12] Rn 28 f). In allen anderen Fällen sei das Verschulden des Verrichtungsgehilfen – entgegen dem Gesetzeswortlaut – Voraussetzung für die Haftung des Geschäftsherrn (SOERGEL/ZEUNER Rn 32; STOLL JZ 1958, 137, 138; KUPISCH JuS 1984, 250, 253).

(4) Die Rechtsprechung
In der Rechtsprechung ist wiederholt der **Grundsatz** aufgestellt worden, daß der Geschäftsherr nicht wegen des schädigenden Verhaltens des Verrichtungsgehilfen haften soll, wenn er für dasselbe Verhalten nicht haften müßte, hätte er selbst gehandelt. Wenn danach der Geschäftsherr bei eigenem Handeln wegen fehlenden Ver-

schuldens nicht gehaftet hätte, so müsse er auch nicht haften, wenn nicht ein eigenes, sondern ein sorgfältiges Verhalten des Verrichtungsgehilfen den Schaden herbeigeführt habe (RGZ 76, 35, 48; RG JW 1936, 2394, 2396; BGHZ 12, 94, 96, BGH VersR 1957, 247; 1975, 447, 440; OLG Celle VersR 1958, 405; OLG Oldenburg NJW-RR 1988, 36). Dieser Ausgangspunkt ist nach Sinn und Zweck von § 831 zutreffend; denn die Haftung des Geschäftsherrn ist nur gerechtfertigt, wenn er die Gefahr eines Schadens durch den Einsatz einer Hilfsperson erhöht hat. Eine erhöhte Gefahr entsteht aber nicht, wenn die Hilfsperson mit aller erdenklichen Sorgfalt vorgeht, so wie der Geschäftsherr selbst auch gehandelt hätte. Die von der Rechtsprechung entwickelte Regel ist teilweise *neben* einer nach dem Sachverhalt gegebenen Exculpation des Geschäftsherrn nach § 831 Abs 1 S 2 zu dessen Entlastung herangezogen worden (RG JW 1936, 2394, 2396; wohl auch OLG Celle VersR 1958, 405), teilweise aber auch als Anwendungsfall des § 831 Abs 1 S 2 betrachtet worden: Der Geschäftsherr werde bei einem verkehrsrichtigen Verhalten nach § 831 Abs 1 S 2 auch entlastet, wenn ihn ein Überwachungs- bzw Auswahlverschulden treffe (OLG Oldenburg NJW-RR 1988, 38; zur Exculpation wegen verkehrsrichtigen Verhaltens siehe unten Rn 77). Zumeist hat die Rechtsprechung die Möglichkeit einer Exculpation aber mit dem Argument offengelassen, eine solche sei nicht erforderlich, wenn der Verrichtungsgehilfe so handele, wie sich eine mit Sorgfalt ausgewählte Person verhält (BGHZ 12, 94, 96; BGH VersR 1957, 247; 1975, 447, 449; wohl auch schon RGZ 78, 35, 48).

(5) Die Leitentscheidung BGHZ 24, 21

76 Der Große Zivilsenat des BGH hat anläßlich einer Vorlage nach § 137 GVG für einen begrenzten Lebensbereich zu der Frage Stellung genommen, ob die Rechtswidrigkeit einer deliktischen Schädigung nur angenommen werden kann, wenn besondere Sorgfaltspflichten verletzt sind.

In dem zugrundeliegenden Fall wollte der Kläger auf einen Straßenbahnwagen aufspringen. Dabei wurde er von der anfahrenden Bahn überrollt und schwer verletzt. Die Beklagte, Betreiberin der Straßenbahn, hatte zum Ablauf des Geschehens vorgetragen, der Kläger sei überraschend der anfahrenden Bahn nachgeeilt und habe versucht aufzuspringen, nachdem Schaffner und Fahrer sich an der Haltestelle ordnungsgemäß versichert hätten, daß keine Fahrgäste mehr zusteigen wollten, und daher das Abfahrtsignal gegeben bzw den Zug in Bewegung gesetzt hätten. Dagegen hatten nach der Darstellung des Klägers der Schaffner das Abfahrtsignal gegeben und der Fahrer den Zug in Bewegung gesetzt, obwohl für beide erkennbar war, daß der Kläger Anstalten machte, die Zugplattform zu besteigen. Es ließ sich nicht klären, wessen Sachverhaltsdarstellung richtig war. Den Entlastungsbeweis nach § 831 Abs 1 S 2 trat die Beklagte nicht an.

Anläßlich der Prüfung, ob die Beklagte unter diesen Umständen nach § 831 für den vom Schaffner und Fahrer adäquat kausal verursachten Schaden des Klägers haften müsse, hat der vorlegende Zivilsenat dem Großen Zivilsenat die Frage zur Entscheidung vorgelegt, ob „Widerrechtlichkeit" iSv § 831 BGB im Bereich des Straßen- und Eisenbahnverkehrs schon bei einer kausalen Rechtsgutverletzung (durch den Verrichtungsgehilfen) gegeben sei, oder ob dazu weiter Voraussetzung sei, daß sich der Verrichtungsgehilfe im Verkehr objektiv ordnungswidrig (verkehrswidrig) verhalten habe.

Der Große Senat hat den **Rechtfertigungsgrund des verkehrsrichtigen oder ordnungsgemäßen Verhaltens** entwickelt. Er hat in diesem Zusammenhang ausgeführt: Die Rechtsordnung reglementiere den Straßen- und Bahnverkehr in immer größerem Umfang. Mit dieser Rechtsentwicklung sei nicht vereinbar, auch unvermeidbare Schädigungen der Rechtsgüter Dritter durch diesen Verkehr deliktsrechtlich als rechtswidrige Eigentums- bzw Körperverletzungen zu betrachten und die Schadenshaftung in diesen Fällen erst unter dem Gesichtspunkt fehlender Schuld zu verneinen (BGHZ 24, 21, 24). Indem die Rechtsordnung den Straßen- und Bahnverkehr zulasse und reglementiere, spreche sie zugleich aus, daß sich ein Verhalten unter Beachtung dieser Regeln im Rahmen des Rechts halte. Ein solches Verhalten könne deshalb nicht mit dem negativen Urteil der Rechtswidrigkeit versehen werden.

Als Konsequenz aus seinen Überlegungen hat der Große Zivilsenat in seinem Beschluß den Satz aufgestellt, daß bei verkehrsrichtigem (ordnungsgemäßem) Verhalten eines Teilnehmers am Straßen- oder Eisenbahnverkehr, das zu einer Schädigung der Rechtsgüter Dritter führe, eine rechtswidrige Schädigung nicht vorliege. Dabei hat er nicht das verkehrswidrige Verhalten als Voraussetzung für die Rechtswidrigkeit, sondern das **verkehrsrichtige Verhalten** ausdrücklich als **Rechtfertigungsgrund** eingeordnet.

Daraus ergeben sich Konsequenzen für die Beweislastverteilung. Zu der ebenfalls von der Vorlage umfaßten Frage, welche Seite **beweispflichtig** dafür sei, daß sich der Verrichtungsgehilfe verkehrsrichtig oder ordnungsgemäß verhalten habe, hat der Große Zivilsenat folgendes ausgeführt: Wie bei anderen Rechtfertigungsgründen auch obliege dem **Verletzer** eines fremden Rechtsguts im Rahmen von § 823 der **Beweis seines verkehrsrichtigen Verhaltens** im Straßen- bzw Eisenbahnverkehr, während der Geschädigte die adäqat kausale Rechtsgutverletzung, die – freilich indizierte – Rechtswidrigkeit und das Verschulden zu beweisen hat (BGHZ 24, 21, 28/29). Auch bei § 831 müsse der Geschädigte die adäqat kausale Rechtsgutverletzung, aber nicht deren Rechtswidrigkeit beweisen; dem Geschäftsherrn obliege die Beweislast für die Rechtmäßigkeit des Gehilfenhandelns, also dafür, daß sich der Verrichtungsgehilfe verkehrsrichtig verhalten habe.

Werden diese Grundsätze angewendet, wird der Geschädigte bei einem nicht aufklärbaren Unfallhergang besser gestellt, wenn ein Verrichtungsgehilfe den Unfall verursacht, als wenn ein Verhalten des Geschäftsherrn selbst zur Rechtsgutschädigung führt: Handelt der Geschäftsherr selbst, so wird seine Haftung häufig daran scheitern, daß der Geschädigte – trotz des ihm zugutekommenden Beweises des ersten Anscheins – nicht das Verschulden des Schädigers zu beweisen vermag, also die im Verkehr erforderliche Sorgfalt außer acht gelassen hat (bei Fahrlässigkeit); die mangelnde Aufklärung geht zu seinen Lasten. Hat dagegen der Verrichtungsgehilfe adäquat kausal die Rechtsgutverletzung herbeigeführt, so wird der auf § 831 Abs 1 gestützte Anspruch regelmäßig begründet sein, weil es dem Geschäftsherrn schwerlich gelingt, sich zu exculpieren: Dazu muß er nämlich beweisen, daß sich der Verrichtungsgehilfe (rechtmäßig) verkehrsrichtig verhalten hat (BGHZ 24, 21, 29). Zweifel gehen zu Lasten des Geschäftsherrn. Auf ein Verschulden des Verrichtungsgehilfen, das der Geschädigte zu beweisen hätte – kommt es dagegen nicht an (BGHZ 24, 21, 29; aA vCAEMMERER, Wandlungen Ges Schr I 537. Somit wirkt sich die Beweislast anders als bei § 823 aus. Der BGH hat diese Besserstellung erkannt und damit begründet, daß der Gesetzgeber sie erkennbar gewollt und daher geringere Anspruchsvoraussetzungen aufgestellt habe BGHZ 21, 24, 30]). Die beweisrechtliche Besserstellung des durch einen Verrichtungsgehilfen Geschädigten sei gerechtfertigt, weil der von einem Verrichtungsgehilfen Geschädigte im übrigen schlechter gestellt sei, da sich der Geschäftsherr häufig entlasten könne.

Der Beschluß des Großen Zivilsenats aus dem Jahr 1957 hat eine lebhafte Diskussion mit weit auseinandergehenden – wenn auch zumeist kritischen – Einschätzungen der Entscheidung zur Folge gehabt (nachgewiesen bei WIETHÖLTER, Rechtfertigungsgrund 13 Fn 32; MÜNZBERG, Verhalten [1966] 5 Fn 12; WUSSOW/KUNTZ, Unfallhaftpflichtrecht Rn 23; LARENZ/CANARIS, Schuldrecht II/2 § 79 III 2c). So bezeichnete vCAEMMERER (Wandlungen Ges Schr I 551) die Annahme eines Rechtfertigungsgrunds des verkehrsrichtigen Verhaltens als „geradezu anstößig". Diese Diskussion war geprägt von der Frage, wie der aus dem Strafrecht bekannte Begriff der Sozialadäquanz für das Zivilrecht fruchtbar zu machen sei. Zutreffend weisen LARENZ/CANARIS (Schuldrecht II/2 § 79 III 2c) darauf hin, daß es um die objektive Vermeidbarkeit der Verletzung und damit des Vorliegens einer zurechenbaren Handlung geht. Dafür obliegt dem Verletzten die Beweislast.

Große praktische Auswirkungen hat die Entscheidung dagegen nicht gehabt (vgl DUNZ in: 100 Jahre Karlsruher Forum, Beiheft zu VersR 1983, 99; WUSSOW/KUNTZ, Unfallhaftpflichtrecht Rn 23). Zwar hat die Rechtsprechung in späteren Entscheidungen an dem Ansatz festgehalten, daß es im Straßen- und Schienenverkehr einer besonderen Pflichtverletzung bedürfe, um die Rechtswidrigkeit feststellen zu können (etwa BGH VersR 1957, 519, 520; 1958, 626; BGH NJW 1971, 31, 32; KG VersR 1977, 723, 724; offenlassend BGH NJW 1981, 570, 571). Infolge der Bewertung des verkehrsrichtigen Verhaltens als Rechtfertigungsgrund durch den Großen Zivilsenat änderte sich aber im praktisch bedeutsamen Bereich der Beweislast nichts: Indem der Große Zivilsenat nicht das verkehrswidrige Verhalten als Voraussetzung der Rechtswidrigkeit bewertete, sondern das verkehrsrichtige Verhalten als Rechtfertigungsgrund, für dessen Vorliegen der Geschäftsherr den Beweis zu führen hat, ließ er die Haftung des Geschäftsherrn bestehen. Mußte der Geschäftsherr bei pflichtwidrigem Verhalten des Verrichtungsgehilfen nach herkömmlicher Sichtweise haften, weil er den Entlastungsbeweis nach § 831 Abs 1 S 2 nicht führen konnte, so tritt die Haftung jetzt bereits ein, da der Geschäftsherr den Rechtfertigungsgrund des verkehrsrichtigen Verhaltens nicht beweisen kann (STOLL JZ 1958, 137; DUNZ NJW 1960, 507, 508; BGB-RGRK/STEFFEN Rn 31). Allerdings hätte sich dieser Aufwand zur Sicherung der bisherigen Beweislastverteilung auch vermeiden lassen, da der Geschäftsherr, wenn er das verkehrsrichtige Verhalten seines Verrichtungsgehilfen beweisen kann, regelmäßig auch die Kausalitätsvermutung des § 831 Abs 1 S 2 widerlegen kann (BÖHMER MDR 1958, 745; DUNZ NJW 1960, 507, 509; MEDICUS, Bürgerliches Recht Rn 782; ERMAN/SCHIEMANN Rn 13; ESSER/WEYERS, Schuldrecht II § 58 I 2).

In dem hier interessierenden Zusammenhang wurde die Entscheidung des Großen Zivilsenats sowohl als Ausdruck der Lehre vom Erfolgsunrecht (HAASE NJW 1957, 1315) als auch als Hinwendung des BGH zum Handlungsunrecht bewertet (LARENZ, in: FS Dölle Bd 1 170; MEDICUS, Bürgerliches Recht Rn 606). Tatsächlich enthält die Entscheidung Elemente beider Theorien, da sie von der Indizwirkung der Rechtsgutverletzung und damit vom Erfolgsunrecht ausgeht, für den Bereich des Auto- und

Schienenverkehrs mit dem Erfordernis der Pflichtverletzung auf der Rechtswidrigkeitsebene aber den Ansatz des Handlungsunrechts aufgreift. Da der Große Zivilsenat aber mit dem Ziel der Aufrechterhaltung der bisherigen Beweislastverteilung (Stoll JZ 1958, 137, 140) das verkehrsrichtige Verhalten als vom Geschäftsherrn zu beweisenden Rechtfertigungsgrund einordnet, kommt er zu einem anderen Ergebnis als bei konsequenter Anwendung der Lehre vom Handlungsunrecht: Danach hätte die Klage abgewiesen werden müssen; denn der Geschädigte konnte das verkehrswidrige Verhalten als Rechtswidrigkeitsvoraussetzung nicht beweisen. Ob die Entscheidung des Großen Senats die Lehre vom Handlungsunrecht stützt, ist zweifelhaft. Der Große Zivilsenat legt zwar den Rechtswidrigkeitsbegriff des Handlungsunrechts zugrunde, verteilt aber die Beweislast nach der Lehre vom Erfolgsunrecht (Kötz, Deliktsrecht Rn 280, 281), ohne sich einer Auffassung klar anzuschließen.

3. Das Handeln in Ausführung der Verrichtung

a) Die allgemeine Umschreibung

(Vgl dazu ergänzend auch die Auslegung des Merkmals „in Ausübung eines ihm anvertrauten öffentlichen Amtes" [Art 34 GG] in § 839 Rn 89). Der Geschäftsherr haftet nur für solche widerrechtlichen Schädigungen des Verrichtungsgehilfen, die dieser *„in Ausführung der Verrichtung"* begeht. Die schädigende Handlung kann dabei wie nach § 823 Abs 1 in einem Tun oder in der Unterlassung einer auftrags- oder pflichtgemäß vorzunehmenden Tätigkeit bestehen (RG JW 1910, 334; 1911, 183), zB in der nicht gehörigen Erfüllung einer aufgetragenen Verkehrssicherungspflicht (RGZ 159, 283, 290; vgl dazu oben Rn 12). Der Schaden ist „in Ausführung der Verrichtung" zugefügt, wenn die schädigende Handlung noch in den Kreis der Tätigkeiten fällt, welche die Verrichtung mit sich bringt, also der Tätigkeiten, welche die Ausführung der aufgetragenen Verrichtung darstellen (BGH VersR 1955, 214; 1966, 1074; 1968, 93).

b) Im einzelnen
aa) Das Erfordernis eines objektiv bestehenden unmittelbaren inneren Zusammenhangs

Ein Handeln in Ausführung der Verrichtung erfordert nicht, daß gerade die den Schaden unmittelbar verursachende Handlung dem Verrichtungsgehilfen aufgetragen war (RG JW 1909, 358, 360; 1915, 704; WarnR 1913 Nr 55; BGH MDR 1955, 288; VersR 1982, 498, 499). Ausreichend ist, daß die Handlung zu dem Geschäftskreis des Bestellten im allgemeinen gehört (RGZ 92, 345). Ein nur örtlicher oder zeitlicher Zusammenhang wie zB die Schädigung Dritter durch einen Unfall des Gehilfen in unmittelbarer Nähe der Arbeitsstelle (BGH VersR 1960, 424) genügt jedoch nicht. Das gleiche gilt für das Vorliegen eines nur adäquaten Kausalzusammenhangs zwischen der Beauftragung des Gehilfen und dessen widerrechtlicher Handlung (aM Weimar DRiZ 1958, 21). Über den äußeren Zusammenhang hinaus ist vielmehr erforderlich (und ausreichend), daß das Handeln der Hilfsperson mit dem ihr übertragenen Aufgabenkreis nach Zweck und Art objektiv in einem *engen oder unmittelbaren inneren (sachlichen) Zusammenhang* steht (BGHZ 11, 152; VersR 1955, 205, 214; 1960, 134 = NJW 1960, 335; BGH MDR 1958, 680; VersR 1966, 1074; 1967, 354; NJW 1971, 31; NJW-RR 1989, 723, 725; HansOLG Hamburg MDR 1977, 752, 753). Es muß sich um eine noch im Leistungsbereich liegende Fehlleistung handeln (Fikentscher, Schuldrecht § 107 I 2 c). Die irrtümliche und selbst die eigenmächtige Überschreitung der Grenzen eines Auftrags stellt das Handeln des Gehilfen nicht außerhalb des Kreises der ihm aufgetragenen Verrichtungen, solange es mit dem Aufgabenkreis noch in dem inneren Zusammenhang steht (RG WarnR 1928 Nr 74; SeuffA 80 Nr 174; JW 1910, 652; 1938, 2744; RAG 16, 226, 229; BGHZ 11, 151, 153; VersR 1955, 205, 214; 1960, 134, 137; 1963, 1076; 1967, 354; NJW 1971, 31; OLG München HRR 1939 Nr 1220; OLG Düsseldorf DR 1939, 1238).

bb) Das Handeln „bei Gelegenheit der Ausführung"

79 Wird der Auftrag aber nicht nur nicht ordnungsgemäß erledigt, sondern ist der innere Zusammenhang mit dem erteilten Auftrag gänzlich entfallen, so ist lediglich ein Handeln „bei Gelegenheit" oder „aus Anlaß" der Ausführung der Verrichtung gegeben; § 831 kommt nicht zur Anwendung. An dem inneren Zusammenhang fehlt es, wenn sich die Verrichtungsperson mit ihrem Handeln vom Auftrag löst (zB während der Erledigung des Auftrags vergiftet der Geselle des Malermeisters vorsätzlich den Hund des Bestellers) oder sich bei Gelegenheit der Verrichtung einem anderen Tätigkeits- oder Gefahrenkreis zuwendet (der Geselle des Malermeisters hilft dem Besteller zusätzlich bei Malerarbeiten am Haus, die nicht mehr zu seinem Auftrag gehören) (BGB-RGRK/STEFFEN Rn 23). Dann ist die schädigende Handlung dem zugewiesenen Aufgabenbereich fremd, so daß sie nicht mehr der Vollziehung des Auftrags dient und mithin nicht Grundlage für die Haftung nach § 831 sein kann. Der Gehilfe ist ggf aus § 823 allein verantwortlich (RG JW 1910, 652; BGH MDR 1955, 282; WM 1959, 80).

cc) Die Abgrenzung

80 Ob wegen des objektiv bestehenden inneren Zusammenhangs mit dem übertragenen Aufgabenbereich ein Handeln in Ausführung der Verrichtung vorliegt, oder ob die schädigende Handlung nur bei Gelegenheit, nur aus Anlaß der Ausführung der Verrichtung vorgenommen wurde, weil es an dieser Voraussetzung fehlt, richtet sich nach den *Umständen des Einzelfalls*, vor allem nach dem Grad der Abweichung von dem erteilten Auftrag. So fehlt zB der objektive Zusammenhang, wenn der Kraftfahrer eines Unternehmens, ohne daß diesbezüglich eine vertragliche Rechtspflicht des Unternehmens besteht, beim Abladen des Transportguts behilflich ist und es dabei beschädigt; denn er handelt insoweit nicht mehr im Rahmen des Auftrags (OLG Hamburg VersR 1974, 52; OLG Köln VersR 1996, 523). Ebenso verhält es sich, wenn der Geschäftsherr den Lehrling beauftragt, gelegentlich bei der Heimfahrt von der Arbeitsstelle eine Besorgung mitzuerledigen und der Lehrling auf dem Heimweg einen Unfall verursacht. Denn durch den Besorgungsauftrag wurde die Unfallgefahr weder begründet noch erhöht; der Verrichtungsauftrag war für die Schädigung nicht adäquat ursächlich (BGH NJW 1958, 774 = VersR 1958, 549 = MDR 1958, 680; s auch BGH VersR 1955, 205). Auch bei Fahrten eines Arbeitnehmers (mit dem Fahrrad usw) zur Arbeits- oder Verrichtungsstelle fehlt es an dem inneren Zusammenhang, wenn er dabei einem Dritten widerrechtlich Schaden zufügt (RG DRW 1942, 1280).

Fehlt objektiv der innere Zusammenhang, so wird er durch die bloß irrtümliche Annahme (etwa eines Geisteskranken), in Ausführung eines Auftrags zu handeln, nicht ersetzt (RG JW 1910, 652; WarnR 1928 Nr 74).

dd) Die vorsätzlichen Handlungen des Bestellten

81 Vorsätzliche Schadenshandlungen wie zB Diebstähle und Unterschlagungen, zu denen der Gehilfe durch den Auftrag veranlaßt oder angereizt wurde, erfolgen nach hA idR nicht in Ausführung, sondern bei Gelegenheit der Ausführung der Verrich-

tung (RGZ 65, 292; JW 1920, 284; BGH VersR 1964; BGHZ 11, 153; BGH NJW-RR 1989, 723, 725). Die Pflicht, strafbare Handlungen zu unterlassen, besteht allgemein für jedermann jedem anderen gegenüber. Durch das Hinzutreten eines Schuldverhältnisses gewinnt diese keinen spezifisch neuen Inhalt (HansOLG Hamburg MDR 1977, 752). Für solche Pflichtverletzungen soll der Geschäftsherr nicht einstehen müssen. Es besteht hier kein innerer Zusammenhang mehr mit der Auftragserfüllung. Eine andere Auffassung vertreten LARENZ/CANARIS (Schuldrecht II/2 § 79 III 2 d). Der Geschäftsherr soll vor der Einstandspflicht für *nur* solche Taten bewahrt werden, bzgl derer die Einschaltung von Gehilfen keine spezifische Risikoerhöhung darstellt. Bei Straftaten der Hilfspersonen verwirkliche sich aber gerade das spezifische Risiko des Einsatzes von diesen Gehilfen. Denn ein entsprechendes Verhalten des Geschäftsherrn selbst wäre keineswegs „ebenso gut vorstellbar" (CANARIS s oben). Es ist jedoch nicht ausgeschlossen, daß der Geschäftsherr, erledigte er selbst den Auftrag, dabei strafbare Handlungen begeht. Seine Stellung als Geschäftsherr garantiert nicht sein ordnungsgemäßes Verhalten. Das Risiko einer strafbaren Handlung besteht beim Geschäftsherrn und Gehilfen in gleichem Maße. Des weiteren wird der geforderte innere Zusammenhang bei dieser Betrachtungsweise außer Acht gelassen. Nach § 831 *muß* die Handlung in Ausführung der Verrichtung begangen werden. Strafbare Handlungen fallen aber idR gerade nicht unter den Kreis der Tätigkeiten, welche die Verrichtung mit sich bringt. Die Verrichtung ist nur der Anlaß dafür (zB BGH NJW 1989, 723, 725). Möglich bleibt aber eine Haftung des Geschäftsherrn aus § 823 im Hinblick auf die schuldhafte Verletzung von ihm obliegenden Sicherungs- und Organisationspflichten.

Vorsätzliche Straftaten schließen jedoch den inneren Zusammenhang nicht notwendig aus. § 831 ist anwendbar, wenn die Hilfsperson durch die vorsätzliche unerlaubte Handlung **gerade der besonderen Verpflichtung zuwiderhandelt**, deren Wahrnehmung den Inhalt ihres Auftrags bildet (RG SeuffA 84 Nr 174; BGHZ 24, 188, 196; VersR 1968, 93; BGB-RGRK/STEFFEN Rn 23), vor allem wenn die Hilfsperson durch die vorsätzliche unerlaubte Handlung ein fremdes Gut verletzt, das ihrem Schutz anvertraut ist, und das sie gegen entsprechende Angriffe seitens Dritter schützen soll. Wenn zB der zur Sicherung fremder Güter bestellte Bewacher seine Aufgabe schlecht erfüllt und dadurch dem Auftraggeber ein Schaden entsteht (es kommt trotz der Bewachung zum Diebstahl), ist diese Schädigung in Ausübung der Verrichtung erfolgt. Vergreift sich der Bewacher selbst an den zu sichernden Gütern, erfüllt er seinen Auftrag damit *„noch schlechter"*. Es ändert sich nur die „Qualität der Schlechtleistung". Der innere Zusammenhang zwischen Auftrag und schädigender Handlung ist aber noch gegeben. Die vorsätzliche Schädigungshandlung ist in diesen Fällen in Ausführung der Verrichtung begangen (vgl dazu die Parallele bei der Auslegung des Begriffs „in Ausübung eines öffentlichen Amtes" in § 839 Rn 89). Der Geschäftsherr soll für die Zuverlässigkeit seines Gehilfen *nach Art und Umfang der übertragenen Tätigkeit* einstehen müssen, wenn ihn ein eigenes Auswahl- oder Überwachungsverschulden trifft. **Beispiele**: Der Bürovorsteher unterschlägt die für den Rechtsanwalt in Empfang genommenen Fremdgelder; der mit der Beförderung von Gütern dienstlich beauftragte Bahnangestellte beseitigt Stücke (RGZ 120, 313; SeuffA 80 Nr 174; BGHZ 24, 188, 196), oder er wirkt bei einem Betrug mit einem gefälschten Frachtbriefduplikat mit (RG JW 1924, 1714); ein Finanzierungsvermittler, der mit dem Verkauf eines Gutes beauftragt war, verkauft es vorsätzlich für eigene Rechnung oder veruntreut den Erlös (BGH VersR 1964, 754); der Filialleiter eines Auskunfteiunternehmens erteilt bewußt falsche Kreditauskünfte und nimmt an den dadurch ermöglichten Betrügereien Dritter teil (BGH VersR 1968, 92); der Angestellte, der eine Arbeitsbaracke gegen das Betreten durch Unbefugte zu sichern hat, läßt eigenmächtig Freunde darin übernachten, beheizt in ihrem Interesse den Raum und verursacht dabei einen Brand (vgl BGH VersR 1967, 353, 354); ein nicht inkassoberechtigter Angestellter nimmt vom Kunden den Kaufpreis an und gibt ihn nicht an den Berechtigten weiter (OLG Saarbrücken NJW-RR 1986, 672).

83 Die Haftung des Geschäftsherrn nach § 831 kann in Betracht kommen, auch wenn eine Hilfsperson durch vorsätzliche unerlaubte Handlung sich völlig von ihrem Aufgabenbereich löst, zB die auf einem Grundstück beschäftigten Arbeiter die Gelegenheit benutzen, dort Diebstähle zu begehen. Voraussetzung für die Haftung ist, daß es nach den Umständen des Falls (zB wegen des erkennbar bestehenden großen Anreizes zum Diebstahl) geboten war, diese Hilfspersonen durch eine andere Hilfsperson zu überwachen und der mit der Überwachung Beauftragte seine Aufgabe nicht erfüllt hat, unerlaubte Handlungen zu verhindern (BGHZ 11, 150) *(Zweistufenaufsicht)*. Ist die gebotene Bestellung einer Aufsichtsperson unterblieben, so kann darin ein haftungsbegründender Organisationsmangel liegen (vgl auch unten Rn 164). Auch kann die Bestellung eines Verrichtungsgehilfen in Kenntnis seiner Neigung zu unerlaubten Handlungen den Geschäftsherrn aus § 823 Abs 1 haftbar machen (RG JW 1910, 652).

Einzelfälle wegen der Benutzung von Kraftfahrzeugen s auch unten Rn 86 ff.

ee) Beispiele für den inneren Zusammenhang zwischen Verrichtungsausführung und Schadenszufügung

84 Ein höherer Angestellter einer Bank erteilt trotz Verbots der Auskunfterteilung eine falsche Auskunft (RGZ 94, 318); ein Baggerführer führt den Auftrag, den Bagger zur Reparaturwerkstatt verbringen zu lassen, entgegen der allgemeinen Weisung, daß der Bagger nur auf einem Tieflader mit dem dazu bestellten Fahrer befördert werden dürfe, in der Weise aus, daß er den Bagger selbst ohne Tieflader fährt, und verursacht dabei einen Unfall (BGH VersR 1966, 1074); die mit Abbrucharbeiten beauftragten Arbeiter reißen versehentlich einen nicht abbruchreifen Teil des Gebäudes mit ab; der mit der Bedienung einer Maschine betraute Arbeiter betätigt sie weiter entgegen der Anordnung, sie bei bestimmten gefährlichen Situationen zeitweise abzuschalten; Arbeiter, die ein Dach reparieren und den dabei anfallenden Schutt hinunter schaffen sollen, werfen nicht nur den Schutt, sondern weiteres auf dem Dachboden lagerndes Gerümpel auf die Straße; das Gerümpel trifft einen Passanten (OLG Nürnberg VersR 1966, 767); der Führer einer Spätschicht, der die Arbeitsbaracke außerhalb der normalen Arbeitszeit gegen unbefugte Benutzung zu sichern hat, aber spät eintreffende Fernfahrer übernachten lassen darf, läßt eigenmächtig Touristen übernachten und verursacht beim Beheizen der Baracke einen Brand, der auf Nachbargebäude übergreift (BGH VersR 1967, 354); Hilfspersonen, die mit der Beaufsichtigung lagernden Brennholzes betraut sind, vertreiben spielende Kinder durch Werfen mit Holzstücken (BGH LM Nr 2 zu § 831 D = MDR 1955, 282); Arbeiter, die an Stellen oder Maschinen arbeiten, die mit Gefahren für Dritte verbunden sind, halten auftragswidrig Dritte nicht von der Gefahrenquelle fern, zB sie dulden das Betreten eines für Dritte gefährlichen Bauplatzes (RG JW 1911, 182); Arbeiter, die ein fremdes Haus zur Vornahme von Reparaturarbeiten betreten, beschädigen dabei dessen Einrichtung (BGHZ 11, 151); ein nicht inkassoberechtigter Angestellter nimmt vom Kunden den Kaufpreis an und gibt ihn nicht an den Berechtigten weiter (OLG Saarbrücken NJW-RR 1986, 672); Führer von Kraftfahrzeugen, Straßen- oder Eisenbahnen verstoßen gegen die Verkehrs- oder Bedienungsvorschriften und verursachen dadurch Personenschäden (zB NJW 1971, 31, 32).

ff) Beispiele für das Fehlen des inneren Zusammenhangs zwischen Verrichtungsausführung und Schadenszufügung

Nur „bei Gelegenheit", „aus Anlaß" der Verrichtung handelt der Geselle des Malermeisters, der bei der Ausführung von Anstreicharbeiten in einem fremden Haus nicht nur durch Unvorsichtigkeit die Möbel beschmutzt, sondern bei dieser Gelegenheit auch einen Diebstahl begeht; der Jagdaufseher, der die Gelegenheit eines Kontrollgangs benutzt, um im Nachbarrevier zu wildern; ein nicht vertretungsberechtigter Angestellter einer Sparkasse, der eine Bürgschaftserklärung abgibt (RG JW 1929, 1002); der Kassierer einer Genossenschaft, der nicht zum Abschluß von Verträgen ermächtigt ist, wenn er Darlehen für die Genossenschaft aufnimmt und das Geld unterschlägt (RGZ 65, 292); der Sparkassenangestellte, der von dem Einleger lediglich mit der Einzahlung auf ein Sparbuch beauftragt ist und das durch Mißbrauch des Sparbuchs erlangte Geld unterschlägt (RG DRW 1943, 984); der Fahrer, den der Geschäftsherr einem Dritten zur Beförderung seiner Waren zur Verfügung stellte, wenn er dabei Unterschlagungen begeht (RG JW 1920, 284); der beauftragte Privatpilot, der mit den wartenden Passagieren den geplanten Rundflug entgegen der Anweisung des Geschäftsherrn unternimmt und dabei einen Absturz verusacht (NJW-RR 1989, 723, 725). Der Geschäftsherr haftet nicht, wenn ein Angestellter, der nur mit laufenden Geschäften eines Betriebs betraut ist, außergewöhnliche Handlungen vornimmt, zB hohe Kredite aufnimmt (RG JW 1938, 2744). Siehe ferner BGH NJW 1967, 2255, 2257. Nach OLG Hamburg VersR 1974, 52 handelt der mit dem Transport des Gutes beauftragte Kraftfahrer nicht mehr als Verrichtungsgehilfe eines Unternehmens, wenn er nach der Erledigung seines Auftrags und ohne rechtliche Verpflichtung sich bei dem Abtransport des Gutes beteiligt und es dabei beschädigt (vgl auch OLG Köln VersR 1996, 523).

c) Die Schadenszufügung durch Verrichtungsgehilfen beim Führen eines Kraftfahrzeugs

aa) Die Schwarzfahrt

Fügt ein Verrichtungsgehilfe einem Dritten widerrechtlich Schaden bei der Führung eines Kfz des Geschäftsherrn zu, der zugleich dessen Halter ist, so ist zu unterscheiden zwischen der Haftung des Geschäftsherrn aus § 831 wegen *culpa in eligendo vel custodiendo* und der Gefährdungshaftung des Halters, wenn das Fahrzeug ohne Wissen und Willen des Halters (Schwarzfahrt) benutzt wird.

bb) Der Grundsatz, die Ausnahmen

Benutzt der Verrichtungsgehilfe das Kfz ohne Wissen und Willen des Geschäftsherrn, so handelt er regelmäßig nicht **in** Ausführung der ihm aufgetragenen Verrichtung; § 831 ist also unanwendbar (RGZ 135, 149, 154; 161, 145, 149; BGHZ 1, 388, 390; VersR 1966, 1074; NJW 1971, 31). Hinsichtlich der *Gefährdungshaftung* bestimmt § 7 Abs 3 StVG: „(1) Benutzt jemand das Fahrzeug ohne Wissen und Willen des Fahrzeughalters, so ist er an Stelle des Halters zum Ersatz des Schadens [gem § 7 Abs 1, 2] verpflichtet; daneben bleibt der Halter zum Ersatz des Schadens verpflichtet, wenn die Benutzung des Fahrzeugs durch sein Verschulden ermöglicht worden ist. (2) Satz 1 findet keine Anwendung, wenn der Benutzer vom Fahrzeughalter für den Betrieb des Kraftfahrzeugs angestellt oder wenn ihm das Fahrzeug vom Halter überlassen worden ist". Danach besteht grundsätzlich keine Haftung des Halters aus Gefährdung für Schädigungen Dritter durch den Schwarzfahrer (§ 7 Abs 3 S 1 HS 1). Dieser **Grundsatz** ist aber in zweierlei Hinsicht durchbrochen.

Die Haftung des Halters bleibt nach § 7 Abs 3 S 1 HS 2 neben der des Benutzers bestehen, wenn der Halter durch sein Verschulden – durch schuldhafte Unterlassung der Sicherungsvorkehrungen gegen unbefugte Benutzung – die Benutzung des Fahrzeugs ermöglicht hat. Der Halter haftet nur nach dem StVG, wenn sich sein Verschulden darin erschöpft, daß er die Benutzung des Fahrzeugs ermöglicht hat. Geht sein Verschulden aber darüber hinaus, so kommt auch gem § 16 StVG eine Haftung nach § 823 ff in Betracht, nämlich dann, wenn sich das Verschulden darauf bezieht, daß das Fahrzeug in verkehrsgefährlicher Art benutzt worden ist. Er haftet dafür, daß er durch *Verletzung der allgemeinen Verkehrssicherungspflicht* schuldhaft eine adäquate Ursache für die durch verkehrswidriges Verhalten des Schwarzfahrers hervorgerufenen Schädigungen gesetzt hat; zur Haftung für diese Schäden genügt, wenn er bei Beachtung der erforderlichen Sorgfalt die Möglichkeit des schädigenden Erfolgs seines Verhaltens *im allgemeinen hätte* erkennen können (BGH VersR 1958, 413; 1960, 736; 1962, 333; 1966, 79, 166; vHIPPEL VersR 1966, 507). Diese Voraussetzung ist erfüllt, wenn der Halter grob fahrlässig eine unbefugte Benutzung ermöglicht, die von vornherein ungewöhnlich ist, zB die Benutzung durch einen jugendlichen Fahrer ohne Führerschein, dessen Neigung zu verbotswidrigem Fahren der Halter kennt (BGH MDR 1962, 393).

Nach § 7 Abs 3 S 2 ist für die Schädigungen bei Schwarzfahrten des (für den Betrieb) *angestellten Fahrers* der arbeitgebende Kfz-Halter stets nach dem StVG haftbar, also ohne daß es darauf ankommt, ob der Halter die Schwarzfahrt schuldhaft ermöglicht hat. § 831 ist im Hinblick auf die abschließende Regel des § 7 Abs 3 StVG unanwendbar, wenn eine zur Überwachung des Fahrdiensts bestellte Aufsichtsperson pflichtwidrig eine Schwarzfahrt nicht verhindert hat (RGZ 136, 15; BGHZ 1, 388, 390).

In gleicher Weise haftet der Halter bei Schwarzfahrten von Personen, denen er das Fahrzeug *überlassen*, dh die tatsächliche Benutzungsmöglichkeit eingeräumt hat (BGHZ 5, 269 = NJW 1952, 581; NJW 1954, 392). Diese Haftung beruht auf dem Gesichtspunkt der Verantwortlichkeit für die Auswahl der Personen, denen der Halter sein Vertrauen geschenkt hat.

Für die Anwendbarkeit von § 831 kommt es darauf an, wann eine dienstliche Fahrt des beauftragten Fahrers durch **eigenmächtige Abweichung vom Fahrauftrag in eine Schwarzfahrt übergeht**. Maßgeblich sind auch hier die Umstände des Einzelfalls, vor allem der Grad der Abweichung vom erteilten Auftrag.

cc) Einzelfälle*
(1) Das Abweichen vom Auftrag
88 *In Ausführung* der Verrichtung handelt noch der Kraftfahrer, der bei der ihm auf-

---

* Vgl hierzu auch § 839 Rn 83.

getragenen Fahrt trotz Verbots mit einem Anhänger gefahren ist, durch dessen Schleudern ein Dritter verletzt wurde (BGH NJW 1971, 31) oder der entgegen der Anordnung des Geschäftsherrn, nach Erledigung seines Auftrags sofort zurückzukehren, die Fahrt eigenmächtig in mäßigem Umfang ausdehnt (vgl dazu einerseits RG Recht 1913 Nr 193, andererseits RG JW 1927, 921). **Umwege** bei Fahrten, die sich noch im Rahmen des Fahrauftrags halten, sind keine Schwarzfahrten (BGH VersR 1955, 345), dagegen ist ein längerer Umweg entgegen ausdrücklichem Verbot eine Schwarzfahrt (BAG VRS 21, 398). Eine Schwarzfahrt oder schwarzfahrtähnliche Willkür liegt auch nicht vor, wenn der Fahrer eine Probefahrt nicht, wie vorgeschrieben, auf dem Werkshof, sondern auf der Straße ausführt (OGH Köln VRS 2, 374), ebenso nicht, wenn ein Baggerführer, der den Bagger grundsätzlich mit Wissen und Willen des Halters benutzt, die Weisung, den Bagger nur mittels Tiefladers mit besonderem Fahrer zum Bestimmungsort zu verbringen, überschritt und den Bagger selbst unter Verzicht auf den Tiefladertransport auf der Straße fährt (BGH VersR 1966, 1074). Ein Schwarzflug und damit ein Handeln bei Gelegenheit der Ausführung der Verrichtung liegt vor, wenn ein beauftragter Privatpilot trotz gegenteiliger Anweisung des Geschäftsherrn den geplanten Rundflug mit den wartenden Passagieren unternimmt und dabei den Absturz verursacht (BGH NJW-RR 1989, 723, 725).

(2) Verbotswidrige Mitnahme betriebsfremder Personen
Streitig ist, ob und inwieweit der angestellte Fahrer nicht mehr in Ausführung der ihm aufgetragenen Verrichtung handelt, wenn er entgegen dem Verbot des Geschäftsherrn eine betriebsfremde Person auf einer ihm aufgetragenen Geschäftsfahrt mitnimmt und diese durch fahrlässige Fahrweise schädigt. Nach der vom RG (Recht 1913 Nr 194; Gruchot 51, 604, 607) vertretenen und auch im Schrifttum (STOLL, Handeln auf eigene Gefahr [1961] 52) gebilligten Auffassung bewegt sich der Fahrer noch in Ausführung seiner ihm aufgetragenen Verrichtung. Dagegen läßt sich nach BGH MDR 1965, 197 = VersR 1965, 131 (s auch BGH NJW 1971, 31) ein solcher Grundsatz nicht allgemein aufstellen. Es kommt auf die Umstände des Einzelfalls an. Danach kann zB jemand, der nachts auf längerer Strecke als Privatgast mitgenommen werden will, verständigerweise nicht ohne weiteres davon ausgehen, der Dienstherr des Fahrers werde damit einverstanden sein; die Beschränkung der Aufgaben des Fahrers (durch das Mitnahmeverbot) sei einem solchen Benutzer gegenüber wirksam. Daher fehle der innere Zusammenhang zwischen der dem Fahrer aufgetragenen Tätigkeit und der Schädigung, auch wenn die Fahrt selbst keine Schwarzfahrt ist (ebenso OLG Bamberg NJW 1949, 506). Dieser Auffassung ist zuzustimmen. 89

dd) Die Haftung des Halters wegen Schaffung einer besonderen Gefahrenquelle durch Zulassung der Fahrt
Der Halter kann sich bei gestatteten Fahrten, die keine Verrichtungsausführung darstellen, für Schäden, die der angestellte Fahrer Dritten widerrechtlich zufügt, unmittelbar aus § 823 haftbar machen, wenn er durch die Zulassung der Fahrt schuldhaft eine besondere Gefahrenquelle schafft. Gestattet zB der Halter seinem wegen Trunkenheit am Steuer erheblich vorbestraften Fahrer die Benutzung des Fahrzeugs für private Zwecke nach Feierabend, so haftet er dem Geschädigten für Schäden, die der Fahrer bei einer solche Privatfahrt im Zustand der Trunkenheit verursacht hat (OLG Hamm MDR 1962, 570). 90

Geschädigter iS des § 831 kann auch eine bei der gleichen Verrichtung mitwirkende andere Hilfsperson des gleichen Geschäftsherrn sein (RG JW 1912, 96).

III. Die Entlastung: Die Pflichtverletzung durch den Geschäftsherrn

1. Die Grundlagen

91 Bei § 831 handelt es sich um einen Deliktstatbestand, der nur hinsichtlich der Beweislast besonderen Regeln folgt. Das Vorliegen zweier Deliktsmerkmale (1) des Verschuldens des Geschäftsherrn und (2) der Kausalität der Sorgfaltspflichtverletzung für den Schaden wird vermutet. Da die beiden der Vermutung unterliegenden Elemente zur Haftungsbegründung ebenso erforderlich sind wie die weiteren vom Kläger zu beweisenden Tatbestandsmerkmale, reicht es aus, wenn der Beklagte zu seiner Entlastung eine der genannten Vermutungen entkräftet. Hat der Geschäftsherr dargetan und bewiesen, daß sich sein Verrichtungsgehilfe so verhalten hat, wie sich jede mit Sorgfalt ausgewählte und beaufsichtigte Person verhalten hätte, kommt es auf eine Entlastung hinsichtlich der Auswahl und Leitung nicht mehr an. Nach verbreiteter Auffassung fehlt es bereits am Pflichtwidrigkeitszusammenhang (BGHZ 12, 94, 96; BGH VersR 1957, 2467; 1966, 564; OLG Köln NZV 1992, 279).

2. Die Personenverantwortung

a) Die allgemeinen Regeln
aa) Die Beobachtung der im Verkehr erforderlichen Sorgfalt

92 Wie die allgemeine Delikthaftung erfordert die Haftung des Geschäftsherrn nach § 831 Verschulden, das freilich vermutet wird. Für die Bestimmung des **Verschuldensmaßstabs** und dementsprechend für die Anforderungen an den Entlastungsbeweis gelten die allgemeinen zu § 276 entwickelten Regeln. Danach kann die im Verkehr erforderliche Sorgfalt (§ 276 Abs 1 S 2) nicht allgemein bestimmt werden; sie richtet sich nach den Umständen des Einzelfalls. Es ist eine Konkretisierung erforderlich, die sich an typischen Fallgruppen orientieren kann (STAUDINGER/LÖWISCH [1995] § 276 Rn 32 ff).

Bei ganz **einfachen Verrichtungen** und untergeordneten Tätigkeiten, etwa jenen einer Haushaltsgehilfin, genügt es im allgemeinen, daß der Gehilfe nach Beruf, Alter und Geschlecht geeignet und zuverlässig erscheint und besondere Bedenken gegen die Übertragung der Verrichtung nicht aufgetreten sind (OLG Stuttgart OLGZ 9, 42). Strengere Anforderungen sind bei **höheren Verrichtungen** zu stellen, die mit erhöhter Verantwortung oder mit Gefahren für die öffentliche Sicherheit, besonders für Menschenleben, verbunden sind (RGZ 142, 356; BGH VersR 1961, 330; OLG Köln VersR 1988, 44, st Rspr). Einen solchen, besonders strengen Sorgfaltsmaßstab legt die Rechtsprechung etwa bei der Auswahl von Fahrern schwerer, besonders großer, schwer lenkbarer oder zum Massentransport bestimmter Fahrzeuge an, etwa bei Zugmaschinen (BGH VersR 1955, 186), Omnibussen (BGH VersR 1957, 63; OLG Koblenz VRS 1972, 466), schweren Lastkraftwagen (RGZ 159, 312; Lastzügen BGH VersR 1966, 929), Lokomotiven und Straßenbahnen (RG JW 1920, 492). Auch für Fahrlehrer gelten entsprechende Sorgfaltsmaßstäbe (KG VersR 1966, 1036) sowie für Gehilfen, die mit anderen gefahrdrohenden Verrichtungen beschäftigt werden, wie Öllieferanten (OLG Düsseldorf NJW-RR 1991, 1178), Dachdecker in feuergefährdeten Betriebsstellen (OLG Köln

VersR 1992, 115), Feuerwerker (RG JW 1913, 737). UU kann weitergehend auch eine Zuverlässigkeitsprüfung zur erforderlichen Sorgfalt zählen.

Die Anforderungen an den Beklagtenvortrag unterliegen den allgemeinen Regeln zur Substantiierungslast. Der Geschäftsherr muß demgemäß anhand *konkreter Tatsachen* aufzeigen, daß er die erforderliche Sorgfalt beobachtet oder sich eine Sorgfaltspflichtverletzung nicht ausgewirkt habe. Da es um ein konkretes Verschulden und nicht um eine Beurteilung der „allgemeinen Lebensführung" des Geschäftsherrn geht, ist es nicht ausreichend, darauf hinzuweisen, daß die ordentliche Auswahl nach dem Ruf des Geschäfts oder der Bedeutung und dem Ansehen der Behörde selbstverständlich sei (RGZ 87, 1, 4; 159, 283; BGH VersR 1955, 746, 747). Es genügt nicht, pauschal darauf hinzuweisen, der Geschäftsherr habe bei der Auswahl des Verrichtungsgehilfen „größtmögliche Sorgfalt" aufgewandt; dieser habe seine Arbeit „optimal und ohne jede Beanstandung" ausgeführt (BGH NJW 1980, 1901, 1902). Der Geschäftsherr muß den Verrichtungsgehilfen namhaft machen, der den Schaden herbeigeführt hat; lediglich vorzutragen, der eingesetzte (Ersatz)mann sei zuverlässig und hinreichend ausgebildet, genügt den zu stellenden Anforderungen nicht (BGH NJW 1968, 247, 248). 93

bb) Das Verhältnis von Auswahl und Überwachungspflicht
Während § 831 BGB lediglich von der Auswahlsorgfalt spricht, hat bereits das Reichsgericht angenommen, daß der Geschäftsherr auch für die **Überwachung** der Gehilfen verantwortlich sei. Zu diesem Grundsatz, den auch der BGH anerkannt hat (BGH NJW 1972, 42), gelangt das Reichsgericht dadurch, daß es annimmt, der Sorgfaltsbeweis müsse für die Auswahl zu der schadenbringenden Verrichtung erbracht werden (RGZ 53, 53). Mit anderen Worten versteht das Reichsgericht die Überwachung als „Auswahl in der Zeit". Diese – gedankliche – Unterscheidung der von § 831 normierten Pflichten des Geschäftsherrn wird teilweise noch weiter ausdifferenziert. Als Unterfall der Überwachungspflicht wird eine **Einweisungspflicht** angenommen usw (zur Leitungspflicht nach § 831 Abs 1 S 2 und ihrem Verhältnis zu den hier besprochenen Pflichten unten Rn 105). 94

Daher ist zu erkennen, daß die „Auswahl" in § 831 *pars pro toto* für einen umfassenden Pflichtenkreis der Verkehrspflichten bei Einschaltung von Verrichtungsgehilfen steht. Eine Beschränkung auf die „Auswahl" ieS ist oftmals, besonders bei länger dauernder Tätigkeit, sinnlos. Die Auswahl läßt sich zwar gedanklich, selten aber sachlich von der Überwachung und Einweisung scharf trennen. Ohne Einweisung und Überwachung kann in vielen Fällen auch die sorgfältige Auswahl nicht befriedigen. Dementsprechend darf auch die Einteilung in die drei genannten Pflichtenkreise nicht zu der Annahme verleiten, es handele sich um eine abschließende Aufzählung aller maßgeblichen Pflichten. Mit Auswahl, Einweisung und Überwachung sollen lediglich die Verkehrspflichten des Geschäftsherrn entsprechend der praktischen Bedeutung kategorisiert werden.

Auswahl-, Einweisungs- und Überwachungspflichten stehen nicht beziehungslos nebeneinander. Verallgemeinernd läßt sich sagen, daß die Überwachungspflichten um so geringer sind, je sorgfältiger und strenger der Gehilfe ausgewählt und eingewiesen wurde. Der Geschäftsherr, der einen makellosen Gehilfen einstellt, dessen Fähigkeiten ihm aussagekräftig bescheinigt wurden, braucht ohne besonderen 95

Anhalt (zB bei hohem Schwierigkeitsgrad der übertragenen Aufgabe) eine besondere Überwachungssorgfalt nicht walten zu lassen. Wer hingegen einen „unsicheren Kandidaten" einstellt, muß das Defizit bei der Auswahl durch erhöhte Überwachungsmaßnahmen ausgleichen. Stellt der Geschäftsherr einen Verrichtungsgehilfen ein, der wegen seiner Vorstrafen als unzuverlässig zu gelten hat, muß er diesen über einen angemessenen Zeitraum hinweg besonders intensiv überwachen. Entsprechend verhält es sich mit der Einweisungspflicht. Unzureichende praktische Erfahrungen können durch eine eindringliche und umfassende Instruktion wettgemacht werden. Und umgekehrt bedarf etwa der berufserfahrene Baggerführer keiner detaillierten Hinweise zur Bedienung seines Geräts.

cc) Die Auswirkungen nachträglicher Änderungen auf die Sorgfaltsanforderungen

96 Aus dem Vorgenannten ergibt sich zugleich die Möglichkeit einer Art „Heilung" von vorangegangenen Sorgfaltsmängeln, wenn eine längere Beschäftigung und ausreichende Aufsicht bei dem Geschäftsherrn die Überzeugung von der Eignung der Hilfsperson begründen durfte. Bei sorgfaltswidriger Einstellung genügt es zur Entlastung jedoch noch nicht, daß der Geschäftsherr die Hilfsperson täglich mehrfach kontrolliert hat, wenn der Schaden kurze Zeit nach Dienstantritt verursacht wurde, wenn mit anderen Worten die Dauer der Beschäftigung die Überzeugung des Geschäftsherrn von der Eignung des Gehilfen noch nicht begründen konnte (RG JW 1931, 3340; BGH VersR 1963, 1076).

Die Kausalität der Sorgfaltspflichtverletzung ist von der hier behandelten Frage zu trennen. Wer eine unzureichende Auswahl durch besondere Überwachung ausgleicht, der handelt schon nicht sorgfaltswidrig; die Frage des Pflichtwidrigkeitszusammenhangs stellt sich nicht erst.

Sind bei der Erkundung Mängel hervorgetreten, aber unberücksichtigt geblieben, oder sind solche Mängel infolge unzulänglicher oder unterbliebener Nachforschung nicht bekannt geworden, so ist es für das Mißlingen des Entlastungsbeweises ohne Bedeutung, ob die spätere Schadenszufügung gerade auf diese Mängel zurückzuführen ist (BGH LM [1950–1965] Nr 6 Fa; VersR 1961, 848). Dieser Grundsatz gilt auch bezüglich schuldhaft nicht erkannter Mängel bei der Überwachungspflicht: auch hier braucht sich im Schadensfall nicht derjenige Mangel ausgewirkt zu haben, den der Geschäftsherr schuldhaft nicht beachtet hat (BGH NJW 1978, 1681 betr Krankenhausarzt). Verursacht zB ein Kraftfahrer, bei dessen Einstellung infolge unzulänglicher Erkundigung unbekannt blieb, daß er zu alkoholischen Exzessen neigt, durch verkehrswidriges Verhalten einen Unfall, so ist es ohne Bedeutung, ob zur Unfallzeit infolge Alkoholgenusses verkehrsuntüchtig war oder ob er sich in nüchternem, verkehrstüchtigem Zustand befand (RG JW 1920, 492; 1934, 2973; s auch RGZ 146, 97).

97 Ebenso wie Bewährung des Gehilfen einerseits ein Auswahlverschulden „heilen", andererseits die Überwachungsanforderungen senken kann, können nachträglich auftretende Zweifel an der Eignung zu einer **Verschärfung** der Sorgfaltspflichten führen. Die Orientierung des Sorgfaltsmaßstabs der *Verkehrserforderlichkeit* bringt es notwendig mit sich, daß die Verhaltensanforderungen variabel nach Lage des Falls ausgestaltet sind.

Sehr strenge Anforderungen an die Überwachungspflicht sind zu stellen, wenn sich ergibt, daß der zunächst sorgfältig ausgewählte *Gehilfe sich als unzuverlässig erweist*. Erfährt **zum Beispiel** der Geschäftsherr, daß der Baggerführer entgegen einer ihm allgemein erteilten Weisung ohne Führerschein einen für den Verkehr nicht zugelassenen Bagger auf öffentlicher Straße gefahren hat, statt ihn mittels Tiefladers durch einen anderen Fahrer befördern zu lassen, so braucht er ihn zwar nicht schon deshalb aus seiner Stellung zu entfernen. Er muß aber mit besonderer Sorgfalt dafür sorgen, daß sich dies nicht wiederholt, namentlich wenn es sich um einen jugendlichen Verrichtungsgehilfen handelt. Nachdem es sich erwiesen hat, daß dieser nicht so zuverlässig ist, um das Vertrauen, er werde früher erteilte allgemeine Weisungen ohne weiteres befolgen, zu rechtfertigen, genügen weitere Maßnahmen allgemeiner Natur nicht mehr. Nicht ausreichend wären etwa tägliche Besuche des Geschäftsherrn auf der Baustelle oder auf dem Bauhof, um sich im allgemeinen über die Arbeitsweise zu unterrichten. Vielmehr müßte im Einzelfall der Geschäftsherr bei einem neuen Auftrag, der mit einem Transport des Baggers auf öffentlicher Straße verbunden ist, den Baggerführer mindestens nochmals ausdrücklich darauf hinweisen, wie der Transport richtig durchzuführen ist (BGH VersR 1966, 1074; vgl auch RGZ 78, 107; KG DRW 1939, 168; BGH VersR 1955, 746; BGB-RGRK/STEFFEN Rn 43 mwN zur Rspr).

Die Pflicht zu detaillierten Einzelanweisungen ergibt sich auch bei mit Veränderungen verbundener *Erweiterung bisheriger Verrichtungen*, vor allem bei Unterweisungsbedürftigkeit aus Anlaß neuer Techniken, neu erkannter Gefährdungsquellen usw (BGH VersR 1978, 722).

Bei *langer Bewährung* hingegen eines sorgfältig ausgewählten Fachkundigen können sich weitere Überwachungsmaßnahmen erübrigen; sie zu fordern, bedeutete eine Überspannung der Anforderungen an die Sorgfaltspflicht (BGHZ 1, 383 betr Chefarzt und Operationsschwester; siehe auch KG VersR 1968, 286 betr Oberarzt – „hochqualifizierter Wissenschaftler" – einer Universitätsklinik und BGH VRS 69, 403 hinsichtlich Kraftfahrer). Ebenso darf der Geschäftsherr davon ausgehen, daß ein sorgfältig ausgewählter Gehilfe *einfache Arbeiten* auch ohne Überwachung pünktlich verrichten wird, sofern kein besonderer Anlaß zu Zweifeln an seiner Zuverlässigkeit auftritt (RGZ 53, 53).

dd) Die Mehrzahl von Gehilfen
Sind **mehrere** (gleichrangige) **Gehilfen** an der schadenbringenden Verrichtung beteiligt, so genügt es für eine Haftung aus § 831, wenn die Voraussetzungen hinsichtlich eines Gehilfen erfüllt werden (RGZ 157, 228). Der Verletzte (Kläger) muß weiterhin nur dartun, daß der Schaden durch einen der Verrichtungsgehilfen rechtswidrig verursacht wurde. Der Kläger muß die konkreten Umstände des schädigenden Ereignisses so genau bezeichnen, daß der Geschäftsherr daraus entnehmen kann, wer als Beteiligter in Betracht kommt; den konkreten Schädiger braucht der Geschädigte nicht aufzuzeigen (RGZ 70, 379; 87,1; 159, 283, 290; RG JW 1933, 824). Für den Umfang der an den Geschäftsherrn zu stellenden Entlastungsanforderungen kommt es dann auf den Einzelfall an: Sofern der Geschäftsherr den Schädiger nicht identifizieren kann, muß er sich hinsichtlich aller in Betracht kommenden Hilfskräfte entlasten (RGZ 70, 379; 87, 1; RG JW 1914, 759; BGH VersR 1955, 746; 1958, 107; 1967, 1199; NJW 1968, 247; 1973, 1603; MünchKomm/MERTENS Rn 61). Kann der Geschäftsherr den oder die Verantwortlichen genau aufzeigen, so beschränkt sich seine Entlastungsobliegenheit entsprechend (KUCHINKE, in: FS Laufke 113, 128).

Sofern der Geschäftsherr seine Sorgfaltspflichten auf einen **Zwischengehilfen** delegiert, stellt sich die Frage, ob zu seiner Entlastung die sorgfältige Auswahlüberwachung dieses Mittlers ausreicht (**dezentralisierter Entlastungsbeweis**, vgl dazu unten Rn 118 ff).

b) Die Auswahlsorgfalt

99 Die Auswahlsorgfalt beschreibt diejenigen Verhaltensmaßstäbe, die bei der **Erstübertragung** neuer Aufgaben anzuwenden sind. Sie ist nicht allein bei der Neueinstellung eines Mitarbeiters anzuwenden, sondern auch, wenn einem Verrichtungsgehilfen neue Aufgaben mit anderem Anforderungsprofil erstmals übertragen werden. Die Auswahlsorgfalt ist daher anläßlich der Einführung neuer Techniken anzuwenden, aber auch, wenn lediglich neue Gefahrstellen erkannt werden (BGH VersR 1978, 722).

100 Gegenstand der Auswahl ist die Befähigung des Gehilfen für die zu übernehmende Tätigkeit. Es kommt auf seine Qualifikation an, die Verrichtung ohne Schädigung Dritter auszuführen. Da es um die Schadensvermeidung, nicht um den angemessenen Schadensausgleich geht, kommt jedenfalls *hier* nicht in Betracht, eine Pflicht zur Auswahl eines potenten Schuldners anzunehmen bzw mangels dessen für Versicherungsschutz zu sorgen. Denn damit würde der Bereich des Integritätsschutzes verlassen. Dahinstehen kann an dieser Stelle, ob es eine Pflicht gibt, für einen solventen Schuldner im Rahmen der Übertragung von Verkehrssicherungspflichten zu sorgen (bejahend FUCHS JZ 1994, 533, 536; MünchKomm/MERTENS § 823 Rn 197).

Welche Qualifikationen im Einzelfall zu fordern sind, läßt sich nicht abstrakt beschreiben. Das hängt von der Art der zu übertragenden Verrichtung und den sonstigen Sicherungsmaßnahmen ab. Beispielsfälle werden nachfolgend im Zusammenhang mit den einzelnen Auswahlkriterien behandelt (sogleich cc).

In jedem Fall obliegt es dem Geschäftsherrn nachzuweisen, welcher Mittel er sich zum Zeitpunkt der Einstellung bedient hat, um eine positive Überzeugung von der Eignung des Verrichtungsgehilfen zu erhalten (RG WarnR 1912 Nr 388).

101 Sofern der Geschäftsherr den Verrichtungsgehilfen nicht bereits aus einer Vorbeschäftigung (etwa Lehre) kennt, ist er in erster Linie darauf angewiesen, **Auskünfte Dritter** einzuholen. Der Wert solcher Drittauskünfte hängt besonders davon ab, auf welcher Grundlage sie erteilt wurden und zu welchem Zeitpunkt. Die sachlichen und zeitlichen Grenzen sind am Einzelfall zu erarbeiten (so darf etwa die ältere Rspr zu der bei Kraftfahrern anzuwendenden Auswahl- und Überwachungssorgfalt nicht ohne weiteres übernommen werden; es ist insbesondere festzustellen, daß sich die Anforderungen an die Führerscheinprüfung verändert haben und zusätzliche Prüfungen für besondere Kraftfahrzeugarten bestehen; zweifelhaft RGZ 142, 357, 361 wonach der Geschäftsherr den Personenkraftfahrer dazu anhalten müsse, bei Bahnübergängen besondere Sorgfalt walten zu lassen). Sofern es sich bei der zu übertragenden Tätigkeit nicht lediglich um eine solche von höchst untergeordneter Bedeutung handelt, wird die **Selbstauskunft** des Gehilfen regelmäßig nicht ausreichen. Auf der anderen Seite ist als Minimum der Auswahlsorgfalt die Nachfrage bei dem einzustellenden Gehilfen doch erforderlich.

Amtliche Befähigungsnachweise wie etwa der Führerschein oder die Approbation, die zur Ausübung der fraglichen Verrichtung zwingend *erforderlich* sind, sind stets maßgebliche Auswahlkriterien (RG Recht 1908 Nr 3606; 1913 Nr 940; LZ 1923, 229). *Ausreichend* ist deren Vorlage jedenfalls, wenn – wie etwa bei Rechtsanwälten – eine weitere Kontrolle nicht erwartet wird oder dem Geschäftsherrn nicht möglich ist. Im Regelfall, wenn also keine besonderen Schwierigkeiten die Verrichtung prägen, genügt es den Sorgfaltsanforderungen, wenn der Geschäftsherr sich die entsprechenden Befähigungsnachweise vorlegen läßt (RG Recht 1908 Nr 3606; 1913 Nr 940; LZ 1923, 229). Dabei wird man es bei der Heranziehung älterer Entscheidungen beachten müssen, wenn die Prüfungsanforderungen gestiegen, der Tätigkeitsbereich jedoch wesentlich gleich geblieben ist. Der Geschäftsherr muß sich dabei die fraglichen Unterlagen selbst vorlegen lassen und darf nicht auf Auskünfte Dritter vertrauen (BGH VersR 1955, 186; Wussow/Kuntz, Unfallhaftpflichtrecht Rn 368).

Befähigungsnachweise besitzen naturgemäß nur eingeschränkte Aussagekraft. Auch die Vorlage eines Befähigungsnachweises enthebt den Geschäftsherrn daher nicht der Beaufsichtigungs- und Überwachungspflichten hinsichtlich der erforderlichen Sachkunde (OLG Karlsruhe VersR 1989, 1053), besonders wenn es dem Gehilfen an *praktischer Erfahrung* fehlt. Ein Befähigungszeugnis berechtigt darüber hinaus nur zu der Annahme, daß die allgemein erforderlichen *Grundkenntnisse* vorliegen, nicht auch daß der Inhaber besonderen, schwierigen Aufgaben gewachsen sei. Da die einschlägigen Befähigungsnachweise sich regelmäßig auf einen bestimmten *Zeitpunkt* beziehen, können sie einen Nachweis der Sachkunde dann nicht ausreichend erbringen, wenn eine Einweisung hinsichtlich zwischenzeitlicher Entwicklungen nicht erfolgt ist (BGH VersR 1960, 19). Praktisch wird das etwa, wenn eine approbierte Pharmazeutin wegen zwischenzeitlicher Kindererziehung nach mehreren Jahren erstmals als Apothekerin tätig wird.

Zeugnisse früherer Dienstherren können unter Berücksichtigung der ihnen eigenen Grenzen zur Eignungsprüfung herangezogen werden (RG JW 1921, 526). Als Eignungsnachweis sind sie jedoch nur in Ausnahmefällen (RG VR 1939, 1295) geeignet, da in Zeugnissen negative Tatsachen oftmals nicht direkt ausgesprochen werden oder unerwähnt bleiben. Umstritten ist, ob Erkundigungen bei einem früheren Arbeitgeber, insbesondere die Einsicht in Personalakten verlangt werden kann, wie das noch das Reichsgericht annahm (RG Recht 1912 Nr 57; 1913 Nr 1139; DRiZ 1929 Nr 251, 1062; JW 1931, 3340). Auszugehen ist davon, daß nach wohl herrschender Meinung der frühere Arbeitgeber berechtigt und auf Wunsch des Arbeitnehmers auch verpflichtet ist, dem prospektiven neuen Arbeitgeber Auskünfte zu erteilen (MünchArbR/Wank § 124 Rn 57 ff), sofern dem Geschäftsherrn nach der Durchsicht eines Zeugnisses Zweifel der Eignung des Gehilfen bleiben oder ein Zeugnis völlig fehlt, ist er auf diese – nächstliegende – Möglichkeit der Eignungsprüfung zu verweisen. Sofern in diesem Zusammenhang der Persönlichkeitsschutz des Arbeitnehmers berührt wird, ist der Geschäftsherr verpflichtet, den prospektiven Gehilfen in Kenntnis zu setzen und um Zustimmung zur Auskunftserteilung zu ersuchen. Lehnt der Gehilfe dies ab, so obliegt es der Entscheidung des Geschäftsherrn, von der Einschaltung dieses Gehilfen abzusehen oder sie unter Anwendung besonderer Überwachungsmaßnahmen gleichwohl vorzunehmen.

Sofern der betreffende Gehilfe von dritter Stelle **vermittelt** wurde, enthebt das den Geschäftsherrn nicht von der Beobachtung der Auswahlsorgfalt. Ausnahmsweise kann eine *bindende behördliche Zuweisung* von Arbeitskräften für eine bestimmte Verrichtung bewirken, daß eine weitere Prüfung seitens des Arbeitgebers nicht erforderlich ist (LG Berlin VersR 1956, 230; Wussow/Kuntz, Unfallhaftpflichtrecht Rn 361); auch in diesem Fall trifft jedoch den Geschäftsherrn die Überwachungs- und Einweisungspflicht (BGH JZ 1983, 764 mAnm Papier JZ 1983, 766, 767). Auch wenn eine echte *Auswahl* zwischen mehreren Gehilfen nicht besteht, bleibt der Geschäftsherr an die Auswahlpflichten gebunden. Arbeitskräfteknappheit reduziert den Sorgfaltsmaßstab nicht. Wählt er in dieser Situation einen nicht voll geeigneten oder unzureichend überprüften Gehilfen, so wirkt sich auch das wieder auf den Maßstab der Überwachungssorgfalt aus.

Die Vorlage eines **polizeilichen Führungszeugnisses** ist zu fordern, wenn andere Informationsquellen nicht offen stehen. Vor allem kommt das in Betracht, wenn der prospektive Gehilfe bislang einer selbständigen Tätigkeit nachgegangen ist (BGH VersR 1966, 929). Weiterhin ist die Einholung von tätigkeitsspezifischen Informationen bezüglich Vorstrafen nicht nur (arbeits-)rechtlich zulässig, der Geschäftsherr ist dazu auch verpflichtet. Nach dem Grundsatz der Einheit der Rechtsordnung kann darüber hinaus nicht zweifelhaft sein, daß der Geschäftsherr nur insoweit zur Erkundigung verpflichtet sein kann, wie er dazu gegenüber den einzustellenden Gehilfen berechtigt ist (ebenso MünchKomm/Mertens Rn 13). Divergenzen zwischen Arbeitsrecht und Deliktsrecht dürfen dabei nicht auftreten. Soweit deliktsrechtlich die Überprüfung auch auf „nicht einschlägige" Vorstrafen hin gefordert wird, ist diese Terminologie schief. „Tätigkeitsspezifisch" und damit arbeitsrechtlich zulässig können nämlich auch solche Vorstrafen sein, die zwar mit der auszuübenden Tätigkeit konkret nichts zu tun haben, die jedoch Mängel in der *erforderlichen* charakterlichen Eignung aufweisen. Auch hinsichtlich der Vorstrafen muß die Verweigerung der Auskunft durch den einzustellenden Gehilfen Zweifel an der Eignung wecken.

Eine **Zuverlässigkeitsprüfung**, die über die Nachprüfung hinausgeht, ob der Gehilfe die erforderlichen technischen Fähigkeiten, Sachkunde und Geschicklichkeit, die Vertrautheit mit den einschlägigen Vorschriften usw. besitzt, kann erforderlich werden, wenn der Gehilfe mit der Ausführung höherer Verrichtungen betraut wird. Diese Zuverlässigkeitsprüfung erstreckt sich auf die Vergewisserung darüber, ob der Gehilfe für eine gewissenhafte Ausführung der Verrichtung die nötigen sittlichen, moralischen und charakterlichen Eigenschaften (Besonnenheit, Gewissenhaftigkeit, Verantwortungsbewußtsein, bei Jugendlichen etwa auch die Reife) besitzt, die ihn vor leichtfertiger Gefährdung fremder Schutzgüter bewahrt (BGH VersR 1957, 463). Namentlich bei *Kraftfahrern* ist zu prüfen, ob der Gehilfe bei der Berufsausübung zu Alkoholkonsum neigt (BGH VersR 1967, 53). Die mangelnde Zuverlässigkeit des Gehilfen kann sich aus Vorstrafen ergeben, sofern diese einen Rückschluß zulassen, ob dem Betreffenden die für eine einwandfreie Leistung erforderlichen charakterlichen und anderen Eigenschaften fehlen: Die starke Neigung zu Straftaten gegen das Vermögen und entsprechende einschlägige Vorstrafen lassen einen Mitarbeiter als Geschäftsführer des Maklergeschäfts ungeeignet erscheinen (BGH NJW 1970, 1314); Vorstrafen wegen Verkehrsdelikten und Körperverletzung führen bei einem Planierraupenführer zu Zweifeln an der Zuverlässigkeit (BGH VersR 1963, 1076). Die charakterliche Unzuverlässigkeit kann sich auch aus für die Verrichtung nicht *einschlägigen Vorstrafen* ergeben, wie aus einer Bestrafung wegen Meineides oder anderer schwerer Strafen (RG JW 1931, 3340, 3343; 1932, 2393). Etwa hat der BGH einen

Lastzugführer, der wegen Diebstahls, Urkundenfälschung, Untreue und mehrfachen Fahrens mit nicht zugelassenen oder nicht haftpflichtversicherten Fahrzeugen vorbestraft war, für diesen Beruf für ungeeignet gehalten, da sich aus den Vorstrafen ein Mangel an Verantwortungsgefühl ergebe (BGH VersR 1966, 929). Hält der Geschäftsherr trotz der bei Erkundigung erlangten Kenntnis mangelnder Zuverlässigkeit des Gehilfen eine Einstellung für vertretbar oder erforderlich, so bedarf es jedenfalls einer ganz besonders sorgfältigen Überwachung und fortlaufender Kontrolle.

c) **Die Übertragungssorgfalt**

Gedanklich läßt sich von der Auswahlsorgfalt die Übertragungssorgfalt trennen, welche vor allem die Pflicht zur **Einweisung** in die zu übernehmende Tätigkeit umfaßt. Diese Einweisung ist im Regelfalle bereits von der Auswahl erfaßt: denn ohne eine Einweisung in die zu übernehmende Tätigkeit läßt sich die Qualifikation des Bewerbers nicht sinnvoll überprüfen. Auch über die Übertragungssorgfalt lassen sich nur allgemeine Angaben machen, maßgebend ist letztlich der Einzelfall, sie ist *dynamisch*. Unverzichtbar werden in den meisten Fällen grundsätzliche Verhaltensunterweisungen sein. Auf die üblichen Gefahrsituationen muß der Geschäftsherr hinweisen (BGH VersR 1966, 387); ebenso wie die allgemeine Auswahl, hat auch die Einweisung in der Überprüfungssorgfalt ein Korrelat bei längerdauernder Verrichtungstätigkeit: Der Geschäftsherr muß sich uU der Einhaltung seiner Anweisungen vor Ort überzeugen (OLG Düsseldorf BauR 1993, 233). Die bei der Übertragung zu beachtende Sorgfalt gebietet es zum Beispiel, den Tankkraftfahrer, der auch mit dem Betanken von Ölheizungsanlagen betraut wird, über die üblichen technischen Einrichtungen der in Betracht kommenden Tankanlagen zu unterrichten und darüber, wie der Abfüllvorgang zu überwachen ist (BGH NJW 1972, 42; BGH MDR 1982, 733 Instruktionspflicht).

102

Wie auch bei den sonstigen Verkehrspflichten richtet sich der Umfang der zu beobachtenden Sorgfalt vor allem auch danach, welche Erwartungen der Geschäftsherr an den Gehilfen stellen darf und welche Verletzungsrisiken die übertragene Tätigkeit mit sich bringt. Eine Verrichtung, die hohe Verletzungsrisiken birgt, erfordert entsprechend detaillierte Einweisung (RGZ 120, 154, 161; 128, 149, 153; BGH VersR 1954, 414; 1955, 746; OLG Koblenz VRS 72, 466; OLG Köln NJW 1987, 2302). Etwa kann es erforderlich sein, Personenkraftfahrer auf besondere Gefahrensituationen nachdrücklich hinzuweisen (RGZ 142, 356, 361 f; die Entscheidung dürfte freilich in ihrer *konkreten* Aussage heute überholt sein).

d) **Die Überwachungssorgfalt**
aa) **Die Grundlagen**

Bereits das Reichsgericht hat von der Auswahlsorgfalt, die § 831 Abs 1 S 2 erwähnt, die Überwachungssorgfalt unterschieden. Diese hat es nicht in Analogie zu der Vorschrift entwickelt, sondern aus dem Grundsatz, daß es für die Beurteilung der Sorgfaltspflichtverletzung auf den Verletzungszeitpunkt ankomme. Überwachung ist damit gleichsam als *„Auswahl in der Zeit"* herausgebildet worden (RGZ 78, 109, 110; 79, 106, 109; 87, 1, 4; 136, 4, 11; JW 1928, 1046, 1047; BGH NJW 1972, 42; 1977, 2259, 2260; 1986, 776, 777; 1989, 769, 771; anders noch RGZ 53, 53). Der Geschäftsherr kann sich mit anderen Worten nicht schon durch die sorgfältige Auswahl (bei der Einstellung) entlasten, „nur ein wohl beaufsichtigtes und überwachtes Personal darf als wohl ausgewählt gelten" (RGZ 79, 101; 128, 140, 153; BGH VersR 1966, 1074; KG VersR 1966, 1036; OLG Celle,

103

VRS 1978, 171). Demgemäß ist der Geschäftsherr bei längerer Dauer der Anstellung verpflichtet, sich über die allgemeine Dienstführung seines Angestellten so planvoll auf dem Laufenden zu halten, daß er keinen Anlaß hat, an der (fort-) bestehenden Eignung für die aufgetragene Verrichtung zu zweifeln (BGHZ 8, 239, 243).

bb) Die Einzelfälle
Es richtet sich jeweils nach den Umständen des Einzelfalls, welche Anforderungen an die Überwachungssorgfalt zu stellen sind (BGH VersR 1966, 364). Dabei ist immer die Person des Gehilfen und die Art seiner Tätigkeit zu beachten. So sind Gehilfen, deren Tätigkeit mit Gefahren für Leib und Leben anderer verbunden ist, besonders aufmerksam zu überwachen. Wenn keine Anhaltspunkte für eine etwaige Unzuverlässigkeit des Gehilfen vorliegen, genügt die regelmäßige und unauffällige Kontrolle desselben (RGZ 142, 356).

104 Kraftfahrer: Die Überwachungssorgfalt bei angestellten Kraftfahrern hat sich nicht nur auf die **fachliche**, sondern auch auf die **charakterliche Eignung** zum Führen von Kraftfahrzeugen zu erstrecken (BGHZ 8, 239). Die Eignung eines Kraftfahrers kann nicht allein aus der Tatsache abgeleitet werden, daß er einen Führerschein erhalten hat, vielmehr bedarf es der **regelmäßigen Kontrolle** und **Anweisungen** (RGZ 142, 356 auch bzgl des Verhaltens an Bahnübergängen). Insbesondere bei Lastkraftfahrern ist eine charakterliche Überprüfung geboten, vor allem bei einem mehrfach vorbestraften Fahrer (BGH VersR 1966, 929), zumal von Lastzügen im Vergleich zu Personenkraftwagen eine erhöhte Gefährdung Dritter ausgeht. Beim Einsatz von Müllwagen muß der Geschäftsherr auf das Verantwortungsgefühl des Fahrers achten und auf die erheblichen Gefahren der Tätigkeit am Wagen hinweisen, sowie das Personal laufend auf seine Eignung überprüfen (OLG Düsseldorf VersR 1971, 573). Sofern kein besonderer Anlaß besteht, muß der Halter eines Traktors den Fahrer nicht darauf hinweisen, daß er sein Fahrzeug selbst zu führen hat und nicht Dritten überlassen darf (RGZ 158, 352). Es genügt nicht, sich auf die über den Fahrer eingeholten Auskünfte zu verlassen (RGZ 136, 11). Als Entlastung genügt nicht der Nachweis, der Führer habe sich von Jugend auf mit den Verrichtungen bei der Lenkung von Kfz vertraut gemacht, sei bisher unfallfrei gefahren und habe schon öfter mit Eisenträgern beladene LKW gelenkt (BGH VersR 1961, 447). Hat ein Fahrer bereits Unfälle verursacht, sind sogar zusätzliche Kontrollen erforderlich (BGHZ 8, 239).

Zur Entlastung des Geschäftsherrn ist daher neben dem Nachweis der sorgfältigen Auswahl bei der früheren Einstellung auch der Nachweis erforderlich, daß der Unternehmer den Fahrer während seiner bisherigen Tätigkeit überwacht und keinen Anlaß gegeben hat, an seiner Eignung zu zweifeln (RGZ 128, 150; 136, 4; 142, 356; BGHZ 8, 239). An die planmäßige und dauernde Beaufsichtigung ist ein **strenger Maßstab** anzulegen (RGZ 120, 161; 128, 153; 142, 356; 158, 352; BGH VersR 1965, 473), insbesondere, wenn der Fahrer erst 22 Jahre alt ist und über nur 10 Monate Fahrpraxis verfügt (RGZ 135, 156) oder zuvor einen anderen Beruf ausgeübt hat (OLG Celle VersR 1977, 84). Dabei kann die laufende Überwachung auch durch verschiedene Vorgesetzte vorgenommen werden (BGH VersR 1963, 239 [Krankentransporter]). Die Überwachung darf aber nicht bloß flüchtig erfolgen, so durch zufällig gleiches Abfahren vom Hof hinsichtlich eines LKW-Fahrers mit gefährlichen Walzentransporten (BGH VersR 1970, 284) oder bei zufälligem Antreffen auf der Autobahn (BGH VersR 1961, 330). Stattdessen ist die Überwachung unauffällig vorzunehmen, etwa durch unbemerktes Hinterherfahren oder durch so häufiges Mitfahren des Vorgesetzten, daß es nicht mehr als Kontrolle empfunden wird (BGH VersR 1966, 364). Bei Spezialtransportern sind auch bzgl der Befestigung verladener Maschinen **Stichproben** durchzuführen (BGH VersR 1970, 318). Nicht erforderlich ist dagegen, einen Fahrer über das Einstellungsverfahren hinaus auch weiterhin auf seine **körperliche Eignung** untersuchen zu lassen (LG Baden-Baden VersR 1972, 163), außer bei gesetzlichen Vorgaben oder bei konkreten Zweifeln des Geschäftsherrn (BGH NJW 1964, 2401).

Die Aufsichtspflicht erstreckt sich auch darauf zu verhindern, daß der Führer das Fahrzeug zu **Schwarzfahrten** mißbraucht (RGZ 119, 58), da diese Versuchung regelmäßig selbst bei erfahrenen Fahrzeugführern besteht, denen eine große Freiheit eingeräumt wird. Hierbei ist die größte Aufmerksamkeit zu verlangen, zumal bei Schwarzfahrten die Kfz-Führer öfter die verkehrserforderliche Sorgfalt außer Acht lassen und damit die Betriebsgefahr erhöhen (RGZ 119, 347).

Allerdings dürfen die Anforderungen an die den Geschäftsherrn treffenden Überwachungspflichten **nicht überspannt** werden (BGH VersR 1983, 668; BGH ZfSch 1986, 37), ein Fahrer ist nicht immer unauffällig zu überwachen und unvermutet zu kontrollieren (BGH LM Nr 8; VersR 1960, 473). Es gibt **keine starre Regel**; ist ein Fahrer nach sorgfältiger Überprüfung eingestellt worden, scheitert der Entlastungsbeweis nicht schon am Fehlen einer unerwarteten Prüfung (BGH VersR 1958, 29; VersR 1960, 473). Öfteres Mitfahren des Dienstherrn genügt, wenn auch unauffällige Kontrollen, etwa durch unbemerktes Hinterherfahren häufig erforderlich erscheinen (BGH VersR 1955, 745; VersR 1966, 364). Bei längerer unfallfreier Tätigkeit kann der Geschäftsherr die Fahrerqualität nicht nur durch seinen persönlichen Eindruck, sondern auch durch die Auswertung des Fahrtenschreibers bewerten (BGH VersR 1984, 67; anders BGH VersR 1961, 330, wonach ein Fahrtenschreiber einem anderen Zweck dient).

Auch ist zur **Entlastung** zu berücksichtigen, wenn sich ein Fahrer bei Nottransporten des Roten Kreuz bewährt hat und sodann einen Lieferwagen 9 Jahre unfallfrei gefahren hat. Wenn der Geschäftsherr gelegentlich mitfährt und sich auch von anderem Personal berichten läßt, muß er einen solchen Fahrer nicht noch unauffällig beobachten (BGH VersR 1965, 473). Der Entlastungsbeweis kann auch darauf gestützt werden, daß der Arbeitgeber dem Fahrer nach längerer Tätigkeit den Erwerb des Führerscheins Klasse 2 zum Führen schwerer Lastzüge des Betriebs finanziert hat. Daraus ist zu entnehmen, daß er sich von dessen Besonnenheit und zuverlässiger Fahrweise überzeugt hat, insoweit sind anschließende sporadische Kontrollen ausreichend (KG VerkMitt 1995 Nr 54).

Je nach Fahrzeugtyp können **besondere Anforderungen** bestehen, zB für Bagger (KG Berlin VersR 1967, 560: insbesondere bzgl des Verbots der Benutzung öffentlicher Verkehrswege); Fahrschulwagen (KG Berlin NZV 1989, 150); Krankentransporte (BGH VersR 1963, 239); Müllwagen (OLG Düsseldorf VersR 1971, 573); Omnibusse (BGH VersR 1970, 327); Pferdefuhrwerke (BGH VersR 1965, 37); schwere Lastzüge (KG Berlin VerkMitt 1995 Nr 54); Spezialfahrzeuge (OLG Celle VersR 1975, 572); Spezialtransporte (BGH VersR 1970, 318); Taxis im großstädtischen Verkehr (BGH VersR 1965, 290); Trecker (BGH VersR 1969, 906).

Entsprechendes gilt für den **Schienenverkehr** zB für Straßenbahnführer (BGHZ 24, 21);

Triebwagenführer (BGH VersR 1978, 1163 mwN) und sonstige mit der Personen- und Güterbeförderung beauftragte Personen (vgl dazu BGB-RGRK/STEFFEN Rn 44).

Krankenhaus: Bezüglich der Aufsicht über **angestellte Ärzte in leitender Position** hatte die Rspr ursprünglich einen großzügigen Maßstab angelegt. Sofern eine langjährige pflichtgemäße Durchführung der übertragenen Aufgaben durch den Arzt gegeben war, wurde ein weiterer Entlastungsbeweis iSd § 831 für dem Geschäftsherrn nicht zumutbar gehalten (BGHZ 71, 383 betr Chefarzt und Operationsschwester; BGHZ 4, 138 betr Leiter einer chirurgischen Abteilung; BGH LM Nr 1 zu § 831 [Fc] BGB betr leitenden Arzt in einem Hygieneinstitut). Diese Sichtweise wird seit der Entscheidung BGHZ 77, 74 (= NJW 1980, 1901) nicht mehr in vollem Umfang aufrechterhalten. Danach ist ein leitender Arzt entweder verfassungsmäßig bestelltes Organ (§§ 31, 89) des Krankenhausträgers oder aber dessen Verrichtungsgehilfe. Die Unterscheidung ist danach zu treffen, ob der Arzt in seiner konkreten Position weisungsgebunden ist und fachlicher Aufsicht unterliegt oder nicht, was sich etwa aus einer im Krankenhaus geltenden, die interne Organisation regelnden Dienstanweisung ergeben kann. Liegt dienstliche Weisungs- und Aufsichtsgebundenheit vor, so ist der Arzt Verrichtungsgehilfe und unterliegt dann auch der laufenden allgemeinen Pflicht zur Überwachung seiner Tätigkeit (BGHZ 77, 74, 78). Anderenfalls bestünde die Gefahr, daß sich der Krankenhausträger der Verantwortung für den Arzt dadurch entzieht, daß er ihn einerseits von jeder sachlichen Einflußnahme freistellt und damit die Anwendung des § 831 ausschließt, andererseits den Arzt aber auch nicht zum verfassungsmäßigen Vertreter iSd §§ 30, 31 BGB bestellt (BGHZ 77, 74, 77; vgl auch OLG Bamberg VersR 1994, 813). Die damit bei Weisungsgebundenheit des Arztes grundsätzlich bestehende Pflicht zu seiner Beaufsichtigung und Kontrolle kann sich aber bei langjähriger Zuverlässigkeit, für deren Fortbestehen die Lebenserfahrung spricht, auf die Prüfung beschränken, daß diese Zuverlässigkeit nicht durch nachfolgende Entwicklungen (Krankheiten, außerdienstliche Einflüsse und Belastungen) gemindert wird (OLG Köln VersR 1989, 708; wohl auch OLG Bamberg VersR 1994, 813). Diese Kontrolle soll schon durch die Teilnahme des Arztes am Dienst im Krankenhaus gewährleistet sein, da im Rahmen einer arbeitsteiligen Patientenversorgung – insbesondere bei großen Operationen – ein Arzt der hinreichenden Kontrolle seiner Arbeit durch Kollegen und sonstiges Personal unterliege (OLG Köln VersR 1989, 708 für einen Chirurgen). Mit dieser großzügigen Handhabung der Überwachungspflicht nähert sich das OLG Köln aaO der früheren BGH-Rechtsprechung an, wonach eine neben den regulären Dienstbetrieb tretende Kontrolle nicht erforderlich war. Ist die fachliche Überwachung eines Arztes nicht mehr möglich, weil er aufgrund seiner Ausbildung besser qualifiziert ist als die für ihn zuständige Kontrollinstanz, so entlastet dieser Umstand den Krankenhausträger nicht. Es bleibt dann bei der Haftung aus § 831 Abs 1 S 1, da es sich um einen Fall der Nichterbringung des Entlastungsbeweises handelt, der sich nach der gesetzlichen Wertung zulasten des Geschäftsherrn auswirken muß (OLG Bamberg VersR 1994, 813).

Naturgemäß bestehen für die Tätigkeit von weniger erfahrenen **Assistenzärzten** strengere Überwachungsmaßstäbe. Hier ist zunächst zu prüfen, ob der Arzt über das für die *spezielle übertragene Aufgabe* erforderliche Maß an Wissen und Erfahrung verfügt (BGH NJW 1978, 1681; vgl auch BGH NJW 1988, 2298). Werden dienstliche Anweisungen erteilt, so ist zumindest in der Anfangszeit regelmäßig deren Einhaltung durch den Assistenzarzt zu kontrollieren (BGH NJW 1988, 2298). In diesem Zusammenhang hat der Krankenhausträger die Pflicht zu überwachen, ob der Arzt im gebotenen Umfang der Pflicht zur Aufklärung der Patienten über die Risiken der geplanten Behandlung nachkommt (BGH NJW 1956, 1106). Dazu ist es nicht ausreichend, wenn der Chefarzt in schwierigen Fällen floskelhaft auf das Risiko einer Operation hinweist und die Patienten im übrigen nur fragt, ob sie die vom Stationsarzt gegebene ausführliche Aufklärung verstanden haben, nicht aber kontrolliert hat, ob diese Aufklärung in der angeordneten Form und mit entsprechendem Inhalt überhaupt durchgeführt wird (OLG Köln NJW 1987, 2302). Darüber hinaus ist zu prüfen, ob der Verrichtungsgehilfe *allgemein* die erforderliche fachliche und charakterliche Qualifikation besitzt (BGH NJW 1978, 1681, wo diese Qualifikation in Frage gestellt wird, weil der Assistenzarzt bei einer Entbindung einen nicht durch den Arztkittel abgedeckten Shetland-Pullover trug). Besonderheiten gelten bei der sog Anfängeroperation. Hier muß der Krankenhausträger zwar nicht unbedingt den Patienten darauf hinweisen, daß die angesetzte Operation durch einen unerfahrenen Assistenzarzt durchgeführt werden soll (BGH NJW 1984, 655 mAnm DEUTSCH S 650). Er muß aber eine zusätzliche Gefährdung des Patienten dadurch vermeiden, daß er sich besonders gründlich der theoretischen Kenntnisse und praktischen Fähigkeiten des Assistenten vergewissert, derer es zur Durchführung der in Rede stehenden Operation bedarf. Erforderlichenfalls ist eine zusätzliche Unterweisung und Belehrung bezüglich der anatomischen Gegebenheiten der Operation, ihrer besonderen Risiken und deren Vermeidung durchzuführen. Generell ist die Überlassung einer Operation erst nach einer hinreichenden Zahl von Operationsassistenzen und anfänglich auch nur unter fachkundiger Überwachung zulässig (BGH NJW 1984, 655 mAnm DEUTSCH S 650). Der Umfang der Aufsichtspflicht vermindert sich bei einem langjährig bewährten Assistenzarzt, der am Ende seiner Facharztausbildung steht, deutlich (BGH VersR 1989, 1270).

Bei selbständigen Tätigkeiten von **Krankenschwestern, Arzthelferinnen und anderem medizinischen Hilfspersonal** ist zunächst zu fragen, ob nicht schon in der Übertragung der Tätigkeit auf das Hilfspersonal ein eigener Behandlungsfehler des Arztes liegt. Diese Frage, die sich in der Praxis namentlich bei der Verabreichung von Injektionen und der selbständigen Bedienung von Geräten durch medizinisches Hilfspersonal stellt, wurde in der früheren Rechtsprechung nicht einheitlich beurteilt (offengelassen von BGH NJW 1959, 2302; VersR 1960, 19; weitere Nachweise bei BGH NJW 1979, 1935 mAnm RIEGER; OLG Köln VersR 1988, 44). Heute ist wohl von der grundsätzlichen Zulässigkeit der Übertragung bei der Verabreichung von Injektionen auszugehen, soweit es sich um qualifiziertes Hilfspersonal handelt (also nicht, wenn ein Medizinstudent im 3. Semester, der im Rahmen seines Studiums den vorgeschriebenen Pflegedienst im Krankenhaus ableistet, dort auch Injektionen verabreicht, OLG Köln VersR 1988, 44), das besonders angewiesen und belehrt wurde und daneben kontinuierlich überwacht wird (LG Berlin NJW-RR 1994, 801; in diese Richtung schon BGH NJW 1959, 2302 für besonders problemträchtige Injektionen bei Kindern; BGH VersR 1960, 19; näher zur Zulässigkeit der Übertragung bei der Verabreichung von Injektionen RIEGER NJW 1979, 1936). Das gilt aber nur, solange nicht wegen der Art der Erkrankung und der Lokalisation der Spritze besondere Komplikationen drohen (LG Berlin NJW-RR 1994, 801). Entsprechende Überwachungspflichten gelten auch bei der Bedienung medizinischer Apparate durch Hilfspersonal (RG JW 1935, 354 betr Röntgenapparat; BGH VersR 1960, 371 betr elektrisches Messer).

Auch **Hebammen** können – abhängig von ihrer Weisungsgebundenheit in der jeweiligen Stellung – von § 831 erfaßt sein. Ist das der Fall, so sind auch sie planmäßig und dauerhaft zu überwachen (BGH VersR 1964, 948, wo eine erhöhte Überwachungspflicht aufgrund des fortgeschrittenen Alters der Hebamme – 68 Jahre – gefordert wird). Im Regelfall wird aber von einer deutlichen Trennung der Aufgabenbereiche von ärztlicher Tätigkeit und den Aufgaben einer Hebamme auszugehen sein, so daß Hebammen häufig nicht als Verrichtungsgehilfen zu betrachten sein werden (vgl BGH VersR 1966, 580).

sonstige Fälle: Im Rahmen seiner Verkehrssicherungspflicht ist ein Hauseigentümer gehalten, die Tätigkeit eines von ihm beauftragten Hausverwalters hinsichtlich der verschiedenen Tätigkeiten in geeigneter Weise zu überwachen (BGH VersR 1967, 877). Ein Unternehmer, der auf einem fremden Grundstück eine nicht unbeträchtliche Anzahl von Arbeitern für eine nicht unerhebliche Zeit beschäftigt, ist, wenn die Gefahr planmäßiger Diebstähle auf dem Grundstück des Auftraggebers durch seine Arbeiter erkennbar ist, verpflichtet, entsprechende Überwachungsmaßnahmen zu ergreifen (BGHZ 11, 151). Die Überwachungspflicht des Geschäftsherrn umfaßt bei der Einführung neuer Arbeitsvorgänge auch eine entsprechende Schulung des Personals. So muß zB die Forstverwaltung ihre Bediensteten über die Wirkungsweise und Anwendung chemischer Unkrautbekämpfungsmittel in der Weise unterrichten, daß sie über deren Einsatz verantwortlich entscheiden können (OLG Karlsruhe MDR 1972, 144). Wegen ungenügender Überwachung der beauftragten Personen haftet der Unternehmer von Abflußreinigungsarbeiten für ein durch die Verschmutzung eines fließenden Gewässers mit Fettabfällen hervorgerufenes Fischsterben. Auch wenn der Vorarbeiter Fachmann war und bisher keinen Anlaß zu Beanstandungen gegeben hat, durfte der Unternehmer unter den besonderen Verhältnissen nicht darauf vertrauen, daß seine Arbeiter nicht der Versuchung unterlagen, den Abraum in den nahegelegenen Bach zu schütten. Er hätte seine Leute ausdrücklich auf die Möglichkeit der Verschmutzung aufmerksam machen und sie vor deren Folgen warnen müssen (BGH VersR 1965, 183, 185). Überträgt der Anlieger seine Streupflicht auf einen Gehilfen, sind wegen der besonderen Gefährlichkeit von Glatteis an dessen Überwachung strenge Anforderungen zu stellen (OLG Frankfurt VersR 1985, 768; s auch BGH BB 1957, 15). So ist es zB nicht ausreichend, wenn ein Hauseigentümer, der die Wahrnehmung der Streupflicht vor seinem Haus auf den dortigen Hausmeister überträgt, mit seinem PKW an dem Haus vorbeifährt, denn im Vorbeifahren sind gefährliche Stellen nicht zu erkennen. Eine telefonische Nachfrage, ob gestreut worden ist, genügt der ihm obliegenden Überwachungspflicht ebenfalls nicht. Es sind vielmehr fortdauernde unerwartete und genaue Kontrollen notwendig (OLG Celle VersR 1990, 169). Die Überwachung von Dachdeckern, die an feuergefährdeten Betriebsstätten arbeiten, erfordert, daß der Geschäftsherr genau prüft, ob die Sicherheitsvorkehrungen beachtet werden. Er muß deren Beachtung anordnen und die Durchführung seiner Anordnungen sicherstellen (OLG Köln VersR 1992, 115). Der Geschäftsherr genügt seiner Überwachungspflicht nach § 831 nicht schon dadurch, daß er den Verrichtungsgehilfen regelmäßig auf die Notwendigkeit der Beachtung von Unfallverhütungsvorschriften hinweist. Er muß sich durch Kontrollen vor Ort vielmehr davon überzeugen, daß die Unfallverhütungsvorschriften auch tatsächlich eingehalten werden (OLG Düsseldorf BauR 1993, 233).

e) Die Leitungssorgfalt

Die Pflicht zur Beobachtung der Leitungssorgfalt, die in § 831 Abs 1 S 2 gesondert ausgewiesen ist, unterscheidet sich von den anderen bislang erörterten Pflichten dadurch, daß sie nach dem Wortlaut des Gesetzes nur in *besonderen Fällen* Anwendung findet. Sie ist aus diesem Grunde gedanklich und terminologisch von den übrigen Pflichten zu unterscheiden und insbesondere nicht mit der Pflicht zur Übertragungs- und Überwachungssorgfalt zu vermengen. Will man dem im Gesetz ausgedrückten Anliegen, die Leitungssorgfalt besonders zu behandeln, genüge tun, so muß man bereits bei der Herausarbeitung des entsprechenden Pflichtenkreises ansetzen. Die Leitungspflicht unterscheidet sich nicht nur graduell, sondern qualitativ von den „allgemeinen Auswahlpflichten", die ihr in § 831 gegenübergestellt sind (zur Beschränkung der Leitungspflicht auch vBAR, Verkehrspflichten § 9 I 1 und § 1 III 3 c mit Hinweis auf Prot II 598 und 603).

Unter **Leitung** der Ausführung der Verrichtung ist eine in Einzelheiten gehende Anleitung und Betreuung bei der Durchführung der Verrichtung zu verstehen. Erfaßt werden nur jene Fälle, in welchen es nach der Verkehrsanschauung, mit Rücksicht auf die Umstände des Falles erforderlich ist, daß sich der Geschäftsherr bzw der verantwortliche Delegatar des Falls im Sinne einer „Fachaufsicht" annimmt (RGZ 53, 53, 56; JW 1911, 403; Recht 1924 Nr 27; WarnR 1938 Nr 155). Es handelt sich mithin um eine Sonderaufsicht über einzelne konkrete Verrichtungen, die bei einfachen Tätigkeiten nicht schon erwartet wird (RGZ 53, 53; 82, 206; 142, 356).

Die **Erforderlichkeit** der beschriebenen Fachaufsicht ist im Einzelfall festzustellen, sie kann besonders mit Rücksicht auf die Natur der Verrichtung, die Eigenschaften des Gehilfen oder die Umstände der Ausführung gegeben sein (RGZ 82, 206; JW 1935, 3540). Aus der *Natur der Verrichtung* folgt die Pflicht zur Leitung der Ausführung bei besonders gefährlichen Tätigkeiten, vor allem dann, wenn diese über den Regelbetrieb hinausgehen (RG Recht 1910 Nr 3494; OLG Nürnberg VersR 1966, 767 nimmt zB eine Leitungspflicht bei Dachreparaturen dahingehend an, daß der Geschäftsherr die Arbeiter in regelmäßigen Abständen über die Dringlichkeit der Beachtung von Vorkehrungen zum Schutz der Sicherheit Dritter zu belehren und überwachen hat, soweit das Herabwerfen von Schutt in Frage steht). Der BGH (NJW 1972, 42) hat eine solche Leitungspflicht gegenüber dem Tanklastfahrer angenommen, der mit dem Betanken der Ölheizungsanlagen betraut ist: Der Geschäftsherr muß diesen über Lage und Beschaffenheit von Einfüllstutzen unterrichten und Verhaltensmaßregeln aufstellen für den Fall, daß Ölstandsmesser und Warnanlage nicht funktionieren. Auch *Eigenschaften der Verrichtungsperson*, etwa jugendliches Alter oder Unerfahrenheit können eine Leitungspflicht begründen. Das kann etwa dann der Fall sein, wenn der Chefarzt einen Assistenzarzt mit der Übernahme einer gefahrträchtigen Behandlung betraut (BGH NJW 1978, 1681 betr Kaiserschnitt). Bieten Art und Umstände der Verrichtung nach Lage des Falls einen besonders hohen Anreiz zum Diebstahl, so soll entsprechende Vorsorge Teil der Leitungspflicht sein (BGHZ 11, 151, 154 f).

Umstritten ist, wer die **Beweislast** für die *Erforderlichkeit der Ausführungsleitung* trägt. BAUMGÄRTEL (Handbuch I Rn 12 mwN) rechnet diese Frage zu der innerbetrieblichen Sphäre des Geschäftsherrn und begründet damit dessen Beweislast. Angesichts des eindeutigen Wortlauts („sofern") überzeugt das nicht. Mit der herrschenden Meinung ist daher davon auszugehen, daß den Kläger insoweit die Darlegungs- und Beweislast trifft (RGZ 53, 123, 125).

Der **Umfang der erforderlichen Leitungssorgfalt** bestimmt sich wiederum nach den Gegebenheiten des einzelnen Falls. Die Sonderleitung kann in geeigneten Fällen auch durch Dienstanweisungen erfolgen (RGZ 142, 356). Eine eingehende vorher erfolgende Unterweisung mag die Überwachung erübrigen (RG JW 1910, 111). Der Geschäftsherr kann die Sonderleitung auch durch geeignete Hilfspersonen ausüben (RGZ 53, 123, 125; RG JW 1910, 111; 1913, 33; LZ 1928, 53).

Beispiele: Bei einem Gasrohrbruch, der die Räumung eines gasbedrohten Anwesens erforderlich macht, müssen die Bediensteten des Gasversorgungsbetriebes sich auch überzeugen, ob nicht schlafende Bewohner zurückbleiben. Eine Entlastung nach § 831 beim Tod eines unentdeckt gebliebenen Bewohners ist ausgeschlossen, wenn die Betriebsvorschriften keine Weisungen an die Bediensteten für den Fall enthalten, daß Wohnungs- oder Zimmertüren versperrt sind und nicht mit voller Gewißheit festgestellt werden kann, ob sich jemand in den verschlossenen Räumen befindet (OLG München VersR 1963, 1208). Vgl ferner wegen der Anforderungen an die „Leitung" aus der Rechtsprechung RGZ 142, 356 betr Dienstanweisung an die Fahrer eines Kraftfahrunternehmens über notwendige Maßnahmen bei Annäherung an Eisenbahnübergänge; RG SeuffA 88 Nr 40 betr Leitung der Verrichtungen der Lernschwestern eines Krankenhauses; OLG Düsseldorf DRW 1939, 1238 betr Anleitung des Lehrlings einer Reparaturwerkstätte; RG WarnR 1928 Nr 76 betr Anleitung eines Jagdaufsehers; RG JW 1934, 3126; 1937, 1917; OLG Celle VRS 78, 171 betr Anleitung des Hausverwalters zur Überwachung des Hauswarts. (Weitere Beispiele bei BGB-RGRK/STEFFEN Rn 51.)

3. Die Sachverantwortung – Die Sorgfalt bei der Beschaffung von Vorrichtungen und Gerätschaften

a) Die Systematik

106 Strukturell entspricht die Beschaffungssorgfalt der Leitungssorgfalt. Auch hier handelt es sich nicht um eine allgemeine Pflicht des Geschäftsherrn, sondern um eine besondere, die sich nur aktualisiert, wenn die Ausführung der Verrichtung die Beschaffungen erforderlich macht. Dementsprechend obliegt hier – wie auch bei der Leitungspflicht (so Rn 105) – dem Verletzten zunächst der Beweis, daß eine Beschaffungspflicht überhaupt bestand. Erst wenn das feststeht, trifft den Geschäftsherrn die Beweislast, den Anforderungen an die Beschaffungssorgfalt genügt zu haben (RGZ 53, 123; 82, 206 mwN; JW 1911, 403 und 939; 1928, 1726; 1935, 3540; Recht 1924 Nr 27; WarnR 1938 Nr 155).

b) Das Bestehen einer Beschaffungspflicht

107 Eine allgemeine Formel dafür, ob eine Beschaffungspflicht besteht, läßt sich schwerlich aufstellen. Denn die Beschaffungspflicht hängt von den Umständen des Falls und der Verkehrsauffassung ab. Die Umstände des Einzelfalls erlauben die Berücksichtigung zB der gewählten Ausführungsweise. Die Verkehrsauffassung, auf der anderen Seite, orientiert sich auch an dem, was technisch machbar ist. So kann man formulieren:

Eine Beschaffungspflicht besteht, wenn nach den Umständen des Falls, der Verkehrsauffassung und dem Stand der Technik die betreffende Verrichtung in ihrer konkreten Ausführungsweise nur mittels Vorrichtungen oder Gerätschaften zuverlässig ausgeführt werden kann.

Eine Beschaffungspflicht des Geschäftsherrn wurde zB in folgenden Fällen ange- **108** nommen: Der Leiter des Unternehmens muß die zum Transport von Gerüstholz erforderlichen Gerätschaften beschaffen (RGZ 53, 123). Der Dienstherr hat dafür Sorge zu tragen, daß dem angestellten Kutscher eine verkehrstüchtige Droschke zur Verfügung steht (RG JW 1931, 862). Ebenso muß dem beschäftigten Fahrer zur Ausführung seiner Tätigkeit ein Fahrzeug mit ordnungsgemäßer Bremsanlage bereitgestellt werden (BGH VersR 1953, 117). Ein Unternehmer hat das erforderliche Baugerät zu beschaffen. Eine Sorgfaltspflichtverletzung liegt vor, wenn diesen Geräten die nach den Unfallverhütungsvorschriften erforderlichen Schutz- und Sicherungsvorkehrungen fehlen (OLG Köln VersR 1979, 266). Der Krankenhausträger muß die notwendigen Gerätschaften für die Behandlung der Patienten beschaffen; er haftet für seine Verrichtungsgehilfen, wenn er bei der Beschaffung nicht die im Verkehr erforderliche Sorgfalt beachtet hat (LG Karlsruhe KH 1955, 279). Röntgenapparate muß er dabei zB, wenn diese Apparate Serienware sind, keiner gesonderten Prüfung unterziehen (RG JW 1935, 3540). Für den Krankenhausträger besteht des weiteren die allgemeine Verpflichtung, für die jeweilige Operation mangelfreie Geräte bereitzustellen. Durch technische Kontrollen muß gewährleistet werden, daß die entsprechenden Geräte, wenn sie zum Einsatz kommen, funktionsfähig sind und fehlerfrei arbeiten (BGH VersR 1985, 744).

c) Die Vorrichtungen und Gerätschaften

Vorrichtungen sind die Einrichtungen des Betriebs als sachliche Voraussetzungen für **109** die Tätigkeit, Gerätschaften sind das Arbeits- und Werkzeug. Beide Bereiche gehen ineinander über, sie zu trennen besteht aber wegen der gesetzlichen Gleichbehandlung kein Anlaß. Die Formulierung ist dahin zu verstehen, daß *alle sachlichen Hilfsmittel* für die Gehilfentätigkeit erfaßt sein sollen.

Als Vorrichtungen hat die Rechtsprechung zum **Beispiel** die Gleisanlage bei Bahnbetrieb angesehen (RG Recht 1914, 2073).

Gerätschaften sind zB für den Kraftfahrer das betriebssichere Fahrzeug (BGH VersR 1966, 564 – Brems- und Lenkvorrichtung –; OLG Köln NZV 1992, 279 – Betriebssicherheit eines Busses –), das auch die nach den Umständen erforderliche Ausstattung wie etwa Schneeketten, Gepäcksicherung usf haben muß (RG WarnR 1916 Nr 165; 1919 Nr 36; HRR 1933 Nr 751; BGH LM Nr 1 zu § 831 FB). Bei Bauarbeiten gehört zu den Gerätschaften das Material und Werkzeug für die Errichtung von Bauzaun (RG Recht 1908 Nr 741), Gerüst, Schutzdächern, Schutzverschalungen usw (RG Recht 1914 Nr 1418; WarnR 1916 Nr 304). Zur Frage der Haftung des Krankenhauses nach § 831 und des Beginns der Entlastungsnotwendigkeit bei Fehlfunktionen eines gelieferten technischen Geräts (hier: Narkosegerät, vgl DEUTSCH JZ 1978, 278 und NJW 1978, 1658).

d) Der Inhalt der Beschaffungspflicht
aa) Allgemeines

Die Beschaffungspflicht läßt sich in die Beschaffung, die Bereitstellung und die Ein- **110** weisung unterteilen. Der Geschäftsherr muß die Vorrichtungen oder Gerätschaften zunächst erwerben und in concreto bereitstellen. Sie müssen im Hinblick auf die auszuführende Verrichtung tauglich sein. Je nach Gefährlichkeit der Verrichtung und Besonderheit des fraglichen Sachmittels sind außerdem mehr oder weniger detaillierte Anweisungen zu fordern. Gehört das fragliche Gerät zu der „Standardausrüstung" und kann der Geschäftsherr erwarten, daß der von ihm ausgewählte Verrichtungsgehilfe damit umgehen kann, genügt die bloße Beschaffung und Bereitstellung. Je nach Schwierigkeitsgrad der Bedienung des Geräts ist eine Einweisung erforderlich, die den Umfang einer speziellen Ausbildung annehmen kann.

bb) Delegierbarkeit

Ebenso wie die anderen Pflichten des Geschäftsherrn kann auch die Beschaffungspflicht auf Mitarbeiter übertragen werden (RGZ 53, 123, 124). Die Pflicht zur Beschaffung der Vorrichtungen oder Gerätschaften bedingt nicht, daß der Geschäftsherr in jedem Einzelfall aus den vorhandenen Stücken das vorhandene Gerät selbst (persönlich) auswählt und dem Verrichtungsgehilfen speziell zuweist. Das kann durch allgemeine Anweisung geregelt oder dem fachkundigen Ermessen eines Betriebsleiters oder Poliers überlassen werden. Es gelten die ausgeführten allgemeinen Grundsätze. Die Übertragung muß ihrerseits sorgfältig erfolgen. Die Grenze der Übertragbarkeit ist auch hier die Organebene.

IV. Die Entlastung: Die Kausalität

1. Der Grundgedanke der Regelung

111 Nach § 831 Abs 1 S 2 kann der Geschäftsherr sich auch hinsichtlich des **Pflichtwidrigkeitszusammenhangs** entlasten. MaW entfällt die Haftung, wenn der Geschäftsherr den Beweis erbringt, seine Pflichtwidrigkeit iSv Abs 1 S 1 sei für den eingetretenen Schaden nicht ursächlich geworden.

Das Fehlen des ursächlichen Zusammenhangs kann aber nicht daraus hergeleitet werden, daß für den Schaden nicht gerade der Mangel des Verrichtungsgehilfen ausschlaggebend war, der ihn bei Beachtung aller nötigen Sorgfalt durch den Geschäftsherrn als ungeeignet für die Bestellung zur Verrichtung erwiesen hätte (RG JW 1934, 2973; BGH NJW 1978, 1681). Da der Geschäftsherr die Bestellung bei Beobachtung der verkehrserforderlichen Auswahl- und Überwachungssorgfalt unterlassen hätte, wäre es in diesem Fall nicht zur Schadenszufügung gekommen. Vereinzelt wird auch angenommen, § 831 verzichte auf den konkreten Rechtswidrigkeitszusammenhang zwischen der Fehlhandlung des Geschäftsherrn und der Schädigung durch den Verrichtungsgehilfen (MünchKomm/Mertens Rn 55) (Haftung für abstrakte Gefahrerhöhung).

Der Geschäftsherr kann sich auf die fehlende Kausalität auch berufen, wenn ihm der Beweis nach Abs 1 Satz 1 nicht gelungen ist. Diesen Einwand muß er im Prozeß jedoch selbst vorbringen (BGH NJW 1978, 1681; Baumgärtel, Handb I Rn 16 Fn 53). Auch steht ihm offen, sich von vornherein auf die Entlastung wegen mangelnder Kausalität zu berufen, ohne den Versuch zu unternehmen, sich nach Abs 1 S 1 zu entlasten.

Inhalt dieses Entlastungsbeweises ist es darzutun, daß der gleiche Schaden mit Gewißheit auch eingetreten wäre, wäre dem Geschäftsherrn kein Pflichtversäumnis nach Abs 1 S 1 vorzuwerfen (RGZ 128, 149; BGH VersR 1952, 117). Ein Beweis dahingehend, daß der gleiche Schaden bei pflichtgemäßem Verhalten möglicherweise auch hätte eintreten können, ist dagegen nicht ausreichend (RGZ 159, 283, 312; RG WarnR 1916 Nr 304; Recht 1919 Nr 1448; JW 1930, 3213; 1934, 90; BGH MDR 1980, 647).

2. Die Varianten der Entlastung

Für den Entlastungsbeweis mangels Ursächlichkeit kommen zwei Möglichkeiten in Betracht: **112**

a) Der Schadenseintritt auch bei erforderlicher Sorgfalt
aa) Das Auswahlverschulden
Sind dem Geschäftsherrn Versäumnisse bei der Auswahl des Gehilfen vorzuwerfen, muß er nachweisen, daß auch die (unterbliebenen) ausreichenden Ermittlungen über die Zuverlässigkeit des Gehilfen dazu geführt hätten, diesen als geeignet und vertrauenswürdig einzustufen (RG JW 1921, 526; BGHZ 4, 1). **113**

bb) Das Aufsichtsverschulden
Trifft den Geschäftsherrn ein Aufsichtsverschulden, muß er nachweisen, daß der Gehilfe auch bei genügend sorgfältiger Aufsicht den Schaden angerichtet hätte (zB indem er sich der Beaufsichtigung auf raffinierte Weise entzogen hätte).

cc) Die Beschaffung von Gerätschaften
Trotz Vernachlässigung der verkehrserforderlichen Sorgfalt bei der Beschaffung von Gerätschaften ist der Geschäftsherr durch den Nachweis entlastet, daß derselbe Schaden eingetreten wäre, wenn das schadhafte Gerät sich in einwandfreiem Zustand befunden hätte (BGH VersR 1953, 117).

b) Das verkehrsrichtige Verhalten des Gehilfen
Zur Entlastung mangels Ursächlichkeit genügt auch der Nachweis, daß sich der Gehilfe selbst trotz der Pflichtverletzungen des Geschäftsherrn nach Abs 1 S 1 bei der Verrichtung entsprechend der gegebenen Sachlage so verhalten hat, wie sich jede andere zuverlässige Person verhalten hätte. Verhält sich demnach ein solcher Gehilfe zB in einer Gefahrensituation objektiv falsch, muß der Geschäftsherr nachweisen, daß sich auch ein fehlerfrei ausgewählter und überwachter Gehilfe in dieser Situation ebenso falsch verhalten hätte (RGZ 135, 149; 159, 312; RG JW 1921, 526; 1943, 2973; BGHZ 4, 1; 12, 94; BGH NJW 1957, 1149; VersR 1957, 247, 519; 1959, 104; 1966, 564; 1975, 447; KG VersR 1968, 1036; OLG Köln NZV 1992, 279). **114**

Kann der Geschäftsherr den Beweis erbringen, daß sich sein Gehilfe im Straßenverkehr verkehrsrichtig verhalten hat, ist er schon deshalb entlastet, weil es an der Widerrechtlichkeit der Schadenszufügung fehlt (dazu oben Rn 76).

In den Fällen des sog dezentralisierten Entlastungsbeweises genügt es der Rspr zur Entlastung des Geschäftsherrn, wenn er zwar für die Aufsichtsperson den Nachweis sorgfältiger Auswahl usw nicht führen kann oder will, aber dartun kann, daß der von der Zwischenperson bestellte unmittelbare Verrichtungsgehilfe sich sachgemäß verhalten hat (RG JW 1906, 547; WarnR 1914 Nr 53; BAUMGÄRTEL, Handb I Rn 26).

Schuldloses Verhalten des Gehilfen allein genügt zur Entlastung jedoch nicht, da eine objektiv widerrechtliche Schadenszufügung ausreicht, die Haftung des Geschäftsherrn auszulösen. Der Beweis mangelnden Verschuldens kann es allerdings erleichtern, den Nachweis nach Punkt 2 a) (s oben) zu führen. In diesem Fall hätte auch ein sorgfältig ausgewählter und beaufsichtigter Gehilfe nicht anders handeln können (RG JW 1911, 979; BGHZ 4, 1).

3. Die Anforderungen an den Entlastungsbeweis

a) Allgemeines

115 Der Entlastungsbeweis der mangelnden Kausalität oder der fehlenden Widerrechtlichkeit wegen verkehrsrichtigen Verhaltens der Verrichtungsperson obliegt in vollem Umfang dem Geschäftsherrn. Die Rechtsprechung stellt strenge Anforderungen an den Entlastungsbeweis. Jede Unaufklärbarkeit eines Unfallhergangs geht zu Lasten des Geschäftsherrn. Mißlingt der Entlastungsbeweis, so erhält der Verletzte Schadensersatz, möglicherweise ohne daß in Wahrheit überhaupt ein Verschulden gegeben ist, sei es auf seiten des Geschäftsherrn, sei es auf seiten des Gehilfen.

b) Die Unterschiedlichkeit der Haftungslage

116 Bei einem Unfall mit ungeklärtem Hergang befindet sich der Verletzte beweisrechtlich in einer günstigeren Lage, wenn ein Verrichtungsgehilfe den Schaden bewirkt hat. Ein Beispiel (vgl vCaemmerer, Wandlungen Ges Schr I 539 f mit ähnlichen Fallgestaltungen) mag den Unterschied verdeutlichen: Ein Verkehrsteilnehmer kommt bei einem Überholvorgang am Steuer seines PKW von der Spur ab und stößt auf der Gegenfahrbahn mit einem anderen PKW zusammen. Dessen Fahrer wird verletzt. Fordert dieser Schadensersatz, trägt er als Kläger die Beweislast für das Verschulden des Schädigers. Der zunächst für ein Verschulden des Schädigers sprechende Anscheinsbeweis läßt sich durch die Feststellung entkräften, daß er durch einen dritten Wagen beim Überholvorgang in seiner Weiterfahrt behindert und gefährdet worden ist. Kann der Kläger nicht beweisen, daß der Schädiger noch andere Ausweichmöglichkeiten hatte, mißlingt der Schuldbeweis. Läßt sich der besagte Verkehrsteilnehmer jedoch von einem Angestellten chauffieren, der den Unfall verursacht, obliegt dem Chauffierten der Beweis des verkehrsrichtigen Verhaltens seines Fahrers. Dieser Beweis mißlingt, wenn es nicht unmöglich erscheint, daß zum Unfall auch ein waghalsiges Verhalten des Chauffeurs beigetragen hat. Die Entkräftung der Vermutung mangelnder Beaufsichtigung mißlingt, wenn sich nicht ausschließen läßt, daß der Chauffierte die Fahrweise seines Fahrers billigte. Der Beweis, daß auch ein pflichtgemäßes Anhalten zu besonnener Fahrweise an dem Unfall nichts geändert hätte, läßt sich bei der ungeklärten Sachlage nicht führen (BGH VersR 1967, 583).

Bei unaufklärbarem Unfallhergang ersetzen hier also die durch den Beweis des Gegenteils nicht positiv auszuschließenden „Möglichkeiten" der mangelnden Beaufsichtigung seitens des Geschäftsherrn und des verkehrswidrigen Verhaltens seitens des Verrichtungsgehilfen den Verschuldensbeweis, den der Verletzte führen müßte, wenn der Chauffierte selbst den Wagen gesteuert hätte.

c) Die Kritik

117 Die von der Rspr aus § 831, namentlich der Einstufung des verkehrsrichtigen Verhaltens als Rechtfertigungsgrund (nicht als Rechtswidrigkeitvoraussetzung), abgeleitete unterschiedliche Beweislastverteilung hat im Schrifttum berechtigte Kritik ausgelöst (statt vieler vCaemmerer, Wandlungen Ges Schr I 539 f; Larenz/Canaris, Schuldrecht II/2 § 79 III 2c). vCaemmerer bezeichnet das Ergebnis als „unmöglich" und fordert deshalb, daß der Verletzte das Verschulden des Täters (sei dieser auch Verrichtungs-

gehilfe) beweisen muß. Ein wesentlicher Grund für die Vorschläge zur Umgestaltung des § 831 ist, eine unterschiedliche Beweislastverteilung, je nachdem ob der Täter Verrichtungsgehilfe ist oder nicht, *de lege ferenda* im Bereich der Verschuldenshaftung zu vermeiden (Begr II 96 zum Referentenentwurf eines Gesetzes zur Änderung und Ergänzung schadensersatzrechtlicher Vorschriften 1967, vgl unten Rn 125 ff).

V. Der dezentralisierte Entlastungsbeweis

1. Die Regelungssituation

Der in § 831 BGB vorgesehene Entlastungsbeweis beruht auf der Vorstellung, daß **118** der Geschäftsherr sich eines von ihm selbst ausgewählten und überwachten Verrichtungsgehilfen bedient und dieser den Schaden unmittelbar herbeiführt. In der Praxis, vor allem in Großbetrieben, ist der Geschäftsherr aber regelmäßig nicht selbst in der Lage, die Auswahl, Beaufsichtigung und Leitung sämtlicher Verrichtungsgehilfen wahrzunehmen. In einem Unternehmen mit einer Vielzahl von Arbeitnehmern ist ihm die persönliche Auswahl und Beaufsichtigung weder möglich noch zumutbar. Ohne die Dezentralisierung dieser Aufgaben wäre ein größeres Unternehmen nicht funktionsfähig, so daß die Delegation der Auswahl-, Beaufsichtigungs- und Leitungsfunktionen unumgänglich ist (BGB-RGRK/STEFFEN Rn 52). Der Geschäftsherr ist auf Mittelspersonen oder Zwischengehilfen (Auswahl- und Aufsichtspersonen [zB Personalleiter]) angewiesen, auf die er seine Pflichten überträgt. Sie sind seine (nächsten) Verrichtungsgehilfen bei der Auswahl, Beaufsichtigung und Leitung; unter Umständen müssen diese ihrerseits wieder Auswahl- und Aufsichtspersonen einsetzen. Es entsteht eine mehrstufige Einschaltung von Verrichtungsgehilfen, die der Organisationshierarchie im Unternehmen entspricht. Die unmittelbar schädigende Handlung führt der unterste Verrichtungsgehilfe aus. Problematisch ist, wofür sich der Geschäftsherr entlasten muß: für jede oder nur für die nächste Hierarchieebene. Obwohl auch zur Zeit des Inkrafttretens des BGB Großbetriebe nicht unbekannt waren, läßt § 831 ungeregelt, ob sich der Geschäftsherr für die ordnungsgemäße Auswahl, Beaufsichtigung und Leitung sämtlicher Verrichtungsgehilfen oder nur für die sorgfältige Auswahl und Aufsicht des mit der Überwachung betrauten höheren Angestellten zu exculpieren braucht (so RGZ 78, 107; 89, 136; BGHZ 4, 1, 2; VersR 1974, 244; 1978, 723). Ausschlaggebend ist, in welchem Umfang der Geschäftsherr seine Pflichten delegieren kann bzw welcher Pflichtenkreis unübertragbar beim Geschäftsherrn verbleibt; auf diesen muß sich der Entlastungsbeweis beziehen.

2. Die Entwicklung der Rechtsprechung

Die Rechtsprechung des Reichsgerichts (RGZ 78, 107, 108; offenbar zum Auswahlverschul- **119** den bereits die unveröffentlichte Entscheidung vom 6. 3. 1911, Rep VI 435/10), die vom BGH fortgeführt wurde (BGHZ 4, 1, 2 f „Gutsverwalter"), hat den sogenannten *dezentralisierten Entlastungsbeweis* eingeführt. Wenn der Umfang des Betriebs oder persönliche Hindernisse dem Geschäftsherrn selbst die Auswahltätigkeit hinsichtlich der niederen Angestellten unmöglich machen und diese einem Angestellten höherer Ordnung übertragen werden muß, soll sich der Entlastungsbeweis nur auf diese letztere Person beziehen (RGZ 78, 107, 108). Für die Entlastung genügt die Darlegung sorgfältiger Pflichterfüllung auf der ersten (obersten) Stufe. Freilich hat schon das Reichsgericht (RGZ 78, 107, 109) hervorgehoben, daß lediglich die „praktische Aufsichtstätigkeit" vom Geschäftsherrn auf einen höheren Angestellten übertragbar sei, während die allgemeinen Aufsichtsanordnungen die Aufgabe des Geschäftsherrn selbst blieben. Der BGH (BGHZ 4, 1, 2) bezieht den Sorgfaltsbeweis des Geschäftsherrn ebenfalls auf die Auswahl und Beaufsichtigung des von ihm ausgewählten höheren Angestellten. Es reiche demnach aus, daß der Geschäftsherr den mit der Auswahl und Einstellung weiterer Mitarbeiter betrauten sog Zwischengehilfen sorgfältig ausgewählt und überwacht habe. Dagegen komme es für die Entlastung des Geschäftsherrn nicht darauf an, ob der zur Überwachung des unteren Verrichtungsgehilfen eingesetzte Angestellte seine Pflichten erfüllt habe (BGHZ 4, 1). Der BGH erkannte ebenfalls an, daß es Aufgabe des Geschäftsherrn sei, allgemeine Aufsichtsanordnungen zu treffen. Vernachlässige der Geschäftsherr diese allgemeine Pflicht, scheitere deshalb aber nicht der Exculpationsbeweis, sondern der Geschäftsherr hafte wegen Mängeln der Organisation aus § 823 Abs 1. Davon ist der BGH (BGHZ 32, 53, 59) abgerückt. Die allgemeinen Aufsichtanordnungen seien Aufgabe des Geschäftsherrn selbst; vernachlässige er diese, indem er die Führung des Betriebs den leitenden Angestellten zur eigenständigen Erledigung überlasse, so daß diese völlig selbständig schalten könnten, entfalle für den Geschäftsherrn jede Entlastungsmöglichkeit. In einem späteren Urteil läßt der BGH (NJW 1968, 247, 248) offen, ob an der Rechtsprechung zum dezentralisierten Entlastungsbeweis festzuhalten sei, und verweist wiederum darauf, daß der Unternehmer jedenfalls nicht der Pflicht enthoben sei, die allgemeinen Aufsichtsanweisungen selbst zu treffen (Pflicht zur allgemeinen Oberaufsicht). Vor allem im Zusammenhang mit fehlerhaften Produkten hat sich der BGH vom dezentralisierten Entlastungsbeweis entfernt: Nach dem Urteil (BGH VersR 1973, 862) hat der Geschäftsherr (Hersteller von Knallkörpern) für Fehlleistungen aller zur Fertigung herangezogener Personen einzustehen. Er muß diese nicht nur benennen, sondern sich bezüglich der Auswahl und Überwachung jedes einzelnen entlasten (BGH VersR 1973, 862, 863). Dabei trägt der Geschädigte die Beweislast dafür, daß sein Schaden auf dem Versagen eines Verrichtungsgehilfen beruht, während der Hersteller beweisen muß, daß der organisierte Produktionsablauf keiner Störung durch individuelle Fehlleistungen von Bediensteten ausgesetzt war. Gestützt auf diese BGH-Rechtsprechung hat das OLG Stuttgart (VersR 1977, 846) den dezentralisierten Entlastungsbeweis aufgegeben (Haftung des Krankenhauses für ärztlichen Fehler). Zur Entlastung genüge nicht der Nachweis, daß der Geschäftsherr seine höheren Angestellten sorgfältig ausgewählt und überwacht habe. Erforderlich sei vielmehr, daß die Aufsichtsperson ihrerseits den schadenstiftenden Betriebsangehörigen sorgfältig ausgewählt und überwacht habe.

Während der BGH (BGHZ 4, 1, 2) den dezentralisierten Entlastungsbeweis auf Zweckmäßigkeits- und Billigkeitsgründe stützt, blieb das Reichsgericht eine Begründung für die „Dezentralisierung" schuldig; es verweist lediglich auf eine unveröffentlichte Entscheidung vom 6. 3. 1911. Es ist aber anzunehmen, daß das Reichsgericht die später besorgte Begünstigung von Großbetrieben gar nicht in der Beschränkung auf die sorgfältige Auswahl des Zwischengehilfen angelegt sah. Denn bereits in RGZ 78, 107, 109 f ist die Unterscheidung zwischen „praktischer Aufsichtstätigkeit auf der Grundlage der vom Geschäftsherrn getroffenen allgemeinen Aufsichtseinrichtungen" und den „allgemeinen Aufsichtseinrichtungen" selbst getroffen. Letztere sind nicht delegierbar, für ihre Beobachtung „muß der Geschäftsherr den Sorgfaltsbeweis für seine eigene Tätigkeit führen". Eben letzterem ist zu entnehmen, daß es sich hier nicht um die später entwickelten Organisationspflichten, für deren Verletzung nach

§ 823 gehaftet wird, sondern um Überwachungspflichten handeln soll, die unter § 831 BGB fallen (ähnlich RGZ 87, 1, 5 hinsichtlich der „allgemeinen Oberaufsicht, deren er sich niemals entschlagen kann und die er auch den sorgfältig ausgewählten Aufsichtsbeamten nicht selbständig überlassen kann": auch deren Wahrnehmung ist vom Geschäftsherrn zur Entlastung zu beweisen).

3. Die Stellungnahme

Die Entwicklung des dezentralisierten Entlastungsbeweises hat teils Zustimmung, teils Ablehnung erfahren, teils wird er als überholt angesehen (ERMAN/SCHIEMANN Rn 21). **120**

Von den Kritikern wird darauf hingewiesen, daß die Lösung der Rechtsprechung zu einer Besserstellung größerer, gut durchorganisierter Unternehmen führe (vCAEMMERER, Wandlungen Ges Schr I 534; MünchKomm/MERTENS Rn 62; H H JAKOBS VersR 1969, 1061, 1062; NIPPERDEY, Gutachten zum 34. Deutschen Juristentag 1927, 411; vgl auch § 6 Abs 2 S 3 des Entwurfs einer deutschen Schadensordnung [1940]; danach sollte es für die Entlastung auf das Auswahl- und Überwachungsverhalten des Zwischengehilfen ankommen). Eine sachliche Rechtfertigung für die haftungsrechtliche Besserstellung größerer Unternehmen fehle indes. Auch drängt der Utilitätsgrundsatz, wonach „derjenige, der die Vorteile eines Unternehmens genießt, auch für die Schäden, welche für Dritte daraus [entstehen] einzustehen [hat]" (MUGDAN II S 1094; Dig 50, 17, 149), dahin, eine Entlastung auch hinsichtlich der Auswahl und Überwachung des Verrichtungsgehilfen zu fordern. Der Geschäftsherr, der den größeren Nutzen aus der Organisation zieht, müsse auch die erweiterten Risiken tragen. Die ältere BGH-Rechtsprechung zum dezentralisierten Entlastungsbeweis wird auch aus anderen Gründen angegriffen. Es ist unzureichend, den Geschädigten auf die Eigenhaftung des Gehilfen zu verweisen; denn dieser ist kein vollwertiger Übernehmer der Sorgfaltspflichten des Geschäftsherrn (MünchKomm/MERTENS Rn 63): Der Zwischengehilfe haftet nämlich regelmäßig nicht selbst aus § 831, weil er nicht Unternehmer ist (so Rn 65). Seine Haftung nach § 823 BGB folgt einer für den Geschädigten weniger günstigen Beweislastverteilung. Auch ist er finanziell regelmäßig weniger haftungspotent als der Geschäftsherr. Unangebracht ist auch, im Rahmen von § 823 die deliktische Verantwortlichkeit des Unternehmers durch den Ausbau der Verkehrspflichten und die Entwicklung des Organisationsverschuldens zu erweitern (so Rn 11; auf diese Haftung verweist bereits RG JW 1932, 2076; 1938, 1651; RGZ 113, 293, 296; BGHZ 4, 1, 3; 11, 151, 155; WESTERMANN JuS 1961, 333, 343), um den angenommenen Schwächen des dezentralisierten Entlastungsbeweises zu entgehen (ähnlich ESSER/WEYERS, Schuldrecht II § 58 I 2 c; BGB-RGRK/STEFFEN Rn 56). Die Zweispurigkeit der Haftung aus § 831 und § 823 Abs 1 führt ohne Grund zu höheren Beweisanforderungen für den Geschädigten im Hinblick auf das Organisationsverschulden.

Der dezentralisierte Entlastungsbeweis erscheint problematisch, weil vielfach zu geringe Anforderungen an die Entlastung gestellt werden. Nach dem geltenden, auf dem individuellen Schuldprinzip beruhenden Recht ist der dezentralisierte Entlastungsbeweis nicht vollends aufzugeben, sondern daran auszurichten, daß im Großbetrieb die Auswahl, Überwachung und Anleitung auch in der ordnungsgemäßen Organisation besteht. Vom Geschäftsherrn ist dagegen nicht zu verlangen, daß er sich für sämtliche Gehilfen entlastet, bis hin zu dem am Ende der Kette stehenden, in der Hierarchie untersten Mitarbeiter. Der Geschäftsherr kann nicht ohne weiteres dafür einstehen, daß auch der Zwischengehilfe den Verrichtungsgehilfen sorgfältig ausgewählt und überwacht hat. Denn das bedeutete die Zurechnung fremden Verschuldens und somit die Anwendung von § 278 BGB außerhalb des Rechts der Sonderverbindung. (Tatsächlich hatte die Berufungsinstanz in RGZ 113, 293, 296 sich darauf gestützt, das Überwachungsverschulden des Zwischengehilfen müsse sich der Geschäftsherr gem § 278 zurechnen lassen, da in der gesetzlichen Streupflicht eine Sonderverbindung liege.) Es ist daran festzuhalten, daß § 831 keine Haftung für fremdes Verschulden, sondern für eigenes Verschulden des Geschäftsherrn begründet (RGZ 78, 107, 108; BGHZ 32, 53, 59). Diese setzt voraus, daß ihm ein persönlicher, kein fremder, Pflichtverstoß vorzuwerfen ist. Da es unzumutbar ist, daß der Geschäftsherr in einem Unternehmen sämtliche Verrichtungsgehilfen persönlich auswählt und überwacht, und ihm zuzubilligen ist, seine Sorgfaltspflichten (zumindest teilweise) zu delegieren, wird dadurch der Kreis der Pflichten des Geschäftsherrn begrenzt, deren Verletzung den Schuldvorwurf begründet. Der Geschäftsherr hat die höheren Angestellten auf der ihm nächsten Hierarchieebene (zB Personalleiter) ordnungsgemäß auszuwählen, zu beaufsichtigen und anzuleiten. Begehen diese Mittelspersonen oder Zwischengehilfen eigenständige Pflichtverletzungen bei der Auswahl und Überwachung, ist deren Verschulden dem Geschäftsherrn grundsätzlich nicht vorzuwerfen. Zumutbar ist dem Geschäftsherrn freilich, seine Pflichten bis zur untersten Hierarchieebene ordnungsgemäß zu delegieren, dh durch allgemeine Arbeitsanweisungen eine Organisation zu schaffen, welche die ordnungsgemäße Auswahl und Überwachung der unteren Gehilfen gewährleistet und dem Organisationsgehilfen die wirksame Kontrolle seiner Untergebenen ermöglicht. Diese Organisationspflicht ist nicht delegierbar (BGB-RGRK/Steffen Rn 52). Demnach muß sich der Geschäftsherr, der Zwischengehilfen einsetzt, im Rahmen von § 831 Abs 1 in zweifacher Hinsicht entlasten: zum einen muß er seinen nächsten Verrichtungsgehilfen (höheren Angestellten, zB Personalleiter) ordnungsgemäß ausgewählt und überwacht haben; zum anderen muß er die Auswahl und Aufsicht durch seine Zwischengehilfen durch allgemeine Anforderungsprofile, Aufsichtsanordnungen und Sicherheitsvorschriften sorgfältig organisiert haben (Jauernig/Teichmann 3b) cc); BGHZ 32, 53, 59). Ein Geschäftsherr, der entweder die konkrete Auswahl, Überwachung und Anleitung seiner nächsten Angestellten vernachlässigt oder seine allgemeine Organisationspflicht verletzt, kann sich nicht exculpieren, wenn dadurch das schädigende Fehlverhalten des Verrichtungsgehilfen ausgelöst wird. Der Geschäftsherr hat aber nicht dafür einzustehen, daß die Zwischengehilfen seine ordnungsgemäßen allgemeinen Auswahl- und Überwachungsinstruktionen mißachten und der untere Gehilfe infolgedessen Schäden verursacht. Wird der dezentralisierte Exculpationsbeweis so verstanden, verringert sich die angebliche haftungsrechtliche Besserstellung der Großunternehmen (unter Wahrung des individuellen Schuldprinzips), und es wird überflüssig, in die allgemeine deliktische Haftung (wegen Organisationsverschuldens) nach § 823 auszuweichen (so aber BGH VersR 1978, 722, 723). Das bedeutet beispielsweise, daß der Geschäftsherr sich nur exculpiert, wenn er technische Anweisungen sowohl den ihm unmittelbar unterstellten Angestellten erteilt, als auch durch allgemeine organisatorische Maßnahmen sichergestellt hat, daß diese Anweisungen den letztlich ausführenden Angestellten erreichen. Die genannten Umstände, die zur Entlastung führen, hat der Geschäftsherr darzulegen und zu beweisen (BGH NJW 1986, 776, 777). Indem vermieden wird, in die allgemeine deliktische Haftung wegen Organisationsverschuldens (§ 823 Abs 1) auszuweichen, braucht der Verletzte das Vorliegen eines

Organisationsmangels nicht zu beweisen. Er benötigt keine Beweiserleichterung durch den Anscheinsbeweis (so aber BGHZ 51, 91, 97; BGH VersR 1956, 410; BGH NJW 1968, 247, 248; BGH DB 1974, 426), weil die Kausalitäts- und Verschuldensvermutung nach § 831 Abs 1 S 2 (auch hinsichtlich des Organisationsverschuldens) zu seinen Gunsten eingreift (BGB-RGRK/Steffen Rn 56).

E. Die Übernehmerhaftung, § 831 Abs 2

I. Der Grundgedanke der Regelung

Übernimmt jemand für den Geschäftsherrn vertraglich die Auswahl, Überwachung, Ausstattung oder Leitung von Verrichtungsgehilfen, haftet er nach Abs 2 ebenso wie der Geschäftsherr nach Abs 1. Den Übernehmer trifft bezüglich der Vermutung des Verschuldens und der Kausalität die gleiche Verantwortung für Schäden durch Verrichtungsgehilfen wie den Geschäftsherrn; er haftet neben diesem. § 831 Abs 2 begründet eine gesamtschuldnerische Haftung im Außenverhältnis gem § 840 unabhängig davon, wie Geschäftsherr und Übernehmer die Verantwortlichkeit im Innenverhältnis verteilt haben. **121**

Nach § 421 kann der Verletzte wahlweise gegen den Geschäftsherrn nach § 831 Abs 1 oder gegen den Übernehmer nach § 831 Abs 2 vorgehen. Im Ergebnis wird die Person des Schuldners davon abhängen, wer von ihnen den Entlastungsbeweis nach § 831 Abs 1 S 2 führen kann. Nur wenn der Geschäftsherr nachweist, daß er gerade durch die Übertragung nach § 831 Abs 2 die verkehrserforderliche Sorgfalt beachtet hat, kann er sich von der Haftung befreien. Die Übertragung allein schützt ihn nicht vor der Regreßpflicht, anders als – nach verbreitetem Verständnis – beim dezentralisierten Entlastungsbeweis; denn Abs 2 betont die grundsätzlich parallele Haftung von Geschäftsherrn und Übernehmer. Zusätzlich steht die Haftung aus § 831 Abs 2 neben der aus Organisationsverschulden des Geschäftsherrn, sofern sich diese aus § 823 ergibt (vgl dazu oben Rn 19).

II. Die Anforderungen an den Vertrag

Voraussetzung der Haftung aus Abs 2 ist die vertragliche Übernahme der Haftung für Verrichtungsgehilfen, das bloß tatsächliche Übernehmen genügt nicht. Auch ist die Übernahme der Haftung durch GoA nicht ausreichend; denn es fehlt an der rechtsgeschäftlichen Gewährsübernahme, die § 831 Abs 2 ausdrücklich fordert (zur dann aber möglichen Haftung aus § 823 vgl BGB-RGRK/Steffen Rn 64). **122**

Erforderlich ist nach herrschender Meinung die Wirksamkeit des Übernahmevertrags (Erman/Drees Rn 27; BGB-RGRK/Steffen Rn 64; Staudinger/Schäfer[12] Rn 255). Die Vertreter der Gegenmeinung kritisieren, daß damit allgemeinen Grundsätzen der Übernehmerhaftung nicht gerecht werde. Der deliktische Haftungsgrund für die Übernehmerhaftung sei allein in dem Äquivalent dafür zu sehen, daß die Rechtsordnung dem Erstgaranten die Übertragung seiner Obliegenheiten auf einen anderen erlaube und ihn dann nur zu sorgfältiger Auswahl und Überwachung verpflichte (MünchKomm/Mertens § 831 Rn 64, § 823 Rn 198 mit Verweis auf Ulmer JZ 1969, 163, 174). Auf das Erfordernis eines wirksamen Vertrags müsse verzichtet werden, weil die

Entlastungsmöglichkeit des Erstgaranten der Ausdehnung der deliktischen Handlungspflichten auf denjenigen entsprechen müsse, auf den sich der Erstgarant zu Recht verlassen dürfe. Allerdings sei die Haftung aus § 831 Abs 2 dabei auf solche Übernehmer zu beschränken, für die der Geschäftsherr nicht nach § 831 Abs 1 oder § 31 hafte, also in der Regel auf selbständige Unternehmer (MünchKomm/Mertens Rn 64).

Diese Überlegung aus der Übernehmerhaftung nach § 823 ist jedoch nur eingeschränkt auf § 831 Abs 2 übertragbar. Zum einen setzt § 831 Abs 2 explicit einen Vertrag voraus. Das ist unter dem Gesichtspunkt einer gerechten Risikoverteilung angemessen. Denn in der Regel wird der Übernehmer durch den Abschluß des Vertrags durch eine Gegenleistung für das aufgebürdete Risiko entschädigt. Zum anderen kann die Begrenzung auf selbständige Unternehmer nicht überzeugen, weil diese Eingrenzung der möglichen Übernehmerhaftung zugleich eine nicht gerechtfertigte Einschränkung der Vertragsfreiheit bedeutete.

Dagegen ist im weiteren nicht erforderlich, daß der Vertrag unmittelbar mit dem Übernehmer geschlossen wird; der Abschluß kann auch über einen Dritten erfolgen (RGZ 82, 206, 217).

III. Die Einzelfälle

123 *Aufsichtspersonal*: Leitende Angestellte übernehmen in der Regel vertraglich die Pflichten der Geschäftsherrn (Werks- und Betriebsleiter, Poliere, Vorarbeiter, vgl RG Gruchot 51, S 997).

Ärzte: Chefärzte sind üblicherweise in Krankenhäusern vertraglich zur Aufsicht über Krankenschwestern beauftragt (vgl BGH VersR 1960, 371, 372).

Geschäftsführer: Ein Sonderfall betrifft Geschäftsführer einer GmbH. Nach § 43 Abs 2 GmbHG sind die Geschäftsführer bei Verletzung ihrer Obliegenheiten nur der Gesellschaft, nicht aber den Gläubigern gegenüber verantwortlich. Auch eine unerlaubte Handlung, die der Geschäftsführer in Ausübung seiner Verrichtung einem Dritten zufügt, läßt nur die Gesellschaft haften (Scholz, Kommentar zum GmbHG [4. Aufl] § 36 Rn 8). Der Geschäftsführer haftet unmittelbar nur, wenn er persönlich eine unerlaubte Handlung begeht (BGH NJW 1974, 1371; BGHZ 56, 73, 77 = NJW 1971, 1358). Kann demnach ein GmbH-Geschäftsführer nicht nach § 831 Abs 2 in Anspruch genommen werden, scheidet generell auch eine Durchgriffshaftung aus (BGH NJW 1974, 1371 = LM § 831 B Nr 7; MünchKomm/Mertens Rn 69; aM Franck BB 1975, 588).

F. Die Reformvorschläge zu § 831

124 Der Schwerpunkt der Reformdiskussion liegt bei der Exculpationsmöglichkeit, namentlich dem dezentralisierten Entlastungsbeweis. Dieser hat auch den stärksten Anstoß für die Reformdebatte gegeben. Der Gedanke einer Unternehmerhaftung unabhängig von der Eigenverantwortlichkeit des Unternehmers hat im 1978 novellierten Haftpflichtgesetz (§ 3 HaftpflG) und vor allem im Referentenentwurf des

Bundesministeriums der Justiz zur Neugestaltung des Schadensersatzrechts von 1967 Ausdruck gefunden. Doch hat auch dieser Entwurf die schon 1940 geführte Reformdiskussion (NIPPERDEY NJW 1967, 1985 mwN) nicht beenden können.

I. Der Referentenentwurf eines Gesetzes zur Änderung und Ergänzung schadensersatzrechtlicher Vorschriften des Bundesministeriums der Justiz von 1967 (E-1967)

Der Entwurf ersetzt vollständig die geltende Regelung. Die **Neufassung von § 831** sollte lauten: *„Wer einen anderen zu einer Verrichtung bestellt, ist, wenn der andere in Ausführung der Verrichtung durch eine vorsätzlich oder fahrlässig begangene unerlaubte Handlung einem Dritten einen Schaden zufügt, neben dem anderen zum Ersatz des Schadens verpflichtet"*. Nicht mehr vorgesehen war der S 2 eines ansonsten entsprechenden **Reformentwurfs von 1958**: *„Ist der Verrichtungsgehilfe für einen von ihm verursachten Schaden aufgrund der §§ 827, 828 nicht verantwortlich, so hat gleichwohl der Geschäftsherr den Schaden insoweit zu ersetzen, als die Billigkeit nach den Umständen, insbesondere nach den Verhältnissen der Beteiligten eine Schadloshaltung erfordert."*

In der Begründung, Teil II des Referentenentwurfs, betonen die Mitglieder der Kommission (BAUR, vCAEMMERER, DÖLLE, ERMAN, ESSER, HAUSS, LARENZ, LORENZ, NIPPERDEY, REINHARDT, SCHMIDT-RIMPLER, WUSSOW) die Notwendigkeit einer Reform von § 831 unter verschiedenen Aspekten: In der Generalbegründung (Begr II 11f) fordern sie die Abkehr vom Entlastungsbeweis der bisherigen Regelung und den Übergang zu einem **System unbedingten Einstehens des Geschäftsherrn für seine Verrichtungsgehilfen**. Wie in den weltweit meisten Rechtsordnungen müsse die Geschäftsherrnhaftung die Handlungen umfassen, die ein Verrichtungsgehilfe in Ausübung der ihm übertragenen Tätigkeit schuldhaft begeht, ohne daß es auf eigenes Verschulden des Geschäftsherrn bei Auswahl, Unterweisung oder Überwachung ankomme. Wegen der zahlreichen Umgehungen der rechtlichen Folgerungen aus § 831 werde dessen Grundgedanke in der praktischen Rechtsanwendung verneint. Daran zeige sich, daß sich die Norm nicht bewährt habe. Gefordert wird statt dessen die **Angleichung von § 831 an § 278 BGB** (Begr II 12).

Im einzelnen argumentiert die Kommission in der General- und Spezialbegründung: Wegen der erforderlichen **Harmonisierung der europäischen Rechtsordnungen** und zur **internationalen Rechtsvereinheitlichung** über diese Grenzen hinaus bestehe ein Bedürfnis zur Abkehr vom Entlastungsbeweis. Denn weder im anglo-amerikanischen Rechtskreis noch im Code Civil sowie mit Ausnahmen im nordischen Rechtskreis sei ein dem § 831 BGB entsprechender Entlastungsbeweis vorgesehen. Das schweizerische (Art 55 schweiz Obligationenrecht) und österreichische Recht (§§ 1314, 1315 öABGB), sehen zwar einen Entlastungsbeweis generell vor, doch werde dessen Anwendungsbereich beschränkt (Begr II 11 ff, 78 ff).

Die Begründung im Referentenentwurf verweist zudem darauf, daß im Fall des § 2 RHaftpflG (jetzt § 3 HaftpflG 1978) für die Gehilfenhaftung ein Verschulden des Gehilfen und nicht des Geschäftsherrn vorausgesetzt werde. Für die unterschiedliche Regelung in § 831 sei eine Rechtfertigung nicht zu erkennen, die Norm müsse daher auch zur **nationalen Rechtsvereinheitlichung** reformiert werden.

Ferner sei im Schadensfall die folgende Unterscheidung der Haftungsvoraussetzungen nicht gerechtfertigt: Während sich die Beweislast des Verletzten bei einer unerlaubten Handlung des Schädigers nach § 823 auf dessen Verschulden richte, werde im Falle einer unerlaubten Handlung des Verrichtungsgehilfen nach § 831 eine Beweislast des Geschäftsherrn für die eigene Sorgfalt begründet. Dieses **Auseinanderklaffen der jeweiligen Prozeßgegenstände** sei unter zwei Gesichtspunkten fragwürdig. Zum einen ergebe sich ein **soziales Bedenken** daraus, daß § 831 dazu zwinge, stets das Vorleben des Verrichtungsgehilfen ohne konkreten Bezug zum schädigenden Ereignis zu durchleuchten und ihn im Schadensfall für die Zukunft zu brandmarken. Zum anderen entstehe durch die unterschiedlichen Haftungsvoraussetzungen ein **unübersehbares Prozeßrisiko** für den Geschädigten. Könne er die Prozeßvoraussetzungen bezüglich eines Verschuldensnachweises des Schädigers noch einschätzen, entzögen sich die betriebsinternen Voraussetzungen des Entlastungsbeweises regelmäßig seinem Beurteilungsvermögen.

Die Kommission **mißbilligt rechtspolitisch**, daß selbst bei Verschulden des Verrichtungsgehilfen der Verletzte nicht entschädigt werde, wenn der Entlastungsbeweis gelinge und der Gehilfe selbst zum Schadensersatz wirtschaftlich nicht in der Lage sei. Umgekehrt könne das Mißlingen des Entlastungsbeweises auch dazu führen, daß unter Umständen der Geschäftsherr hafte, obwohl weder ihn noch den Gehilfen ein Verschulden treffe.

Wenn auch meistens die Haftpflichtversicherung des Geschäftsherrn die Schäden durch Verrichtungsgehilfen umfasse und der Entlastungsbeweis somit wirtschaftlich an Bedeutung verliere (zB Pflichtversicherung der Kfz-Halter, Jäger, Betriebs- und Haushaltsversicherung), so würden dennoch oft aus Prestigegründen der Unternehmer sowie wegen der gerichtlichen und außergerichtlichen Kosten **unnötige Prozesse** wegen des Entlastungsbeweises geführt.

II. Die Kritik der Literatur zum E-1967

126 Die überwiegend **zustimmende Meinung** hält eine Reform von § 831, wie sie der E-1967 vorsieht, für wünschenswert (zur Reformdiskussion vor allem vBAR, Gutachten 1758 f, 1776 f mwN; dort auch SCHLECHTRIEM 1616 f; SOERGEL/ZEUNER Rn 2). Begrüßt wird der vorhersagbare **Verzicht auf Notlösungen** wie die culpa in contrahendo, die positive Forderungsverletzung, den Vertrag mit Schutzwirkung für Dritte, teilweise auch die Drittschadensliquidation, auf die nach einer befriedigenden Reform nicht mehr zurückgegriffen werden müßte (JAUERNIG/TEICHMANN Anm 1d; ESSER/WEYERS, Schuldrecht II § 58 I 2). Auch müsse die richterrechtliche Fortentwicklung der Geschäftsherrnhaftung im Rahmen der Organisationshaftung konsequenterweise aus § 823 Abs 1 in den § 831 zurückverlagert werden (BRÜGGEMEIER AcP 191 [1991] 33 ff mwN). Die Rechtfertigung der Reform wird nicht nur im verbesserten **Schutz für den Geschädigten** gesehen (anders Hinweis bei WEITNAUER, Karlsruher Forum 1962, 7 auf das Bedenken von HANS STOLL, das sich in erster Linie auf die Produktenhaftung bezieht), sondern auch im **Schutz des Verrichtungsgehilfen**. Dieser werde nicht mehr wie bei der sozial unangemessenen bisherigen Regelung primär und gegebenenfalls allein der Klage des Geschädigten ausgesetzt (DENCK, Schutz 172, 174). Für die verschärfte Haftung des Geschäftsherrn, dem nach der Reform der Entlastungsbeweis nicht mehr zugute kommt, spreche dabei der **Gedanke des Unternehmerrisikos** im Verhältnis zum Geschädigten. Wer den

Nutzen aus der Beschäftigung von Gehilfen im eigenen Betrieb ziehe, und so den Tätigkeitsbereich ausweite, müsse auch für das erhöhte Haftungsrisiko einstehen (DENCK, Schutz 175 mit Verweis auf vCAEMMERER, Wandlungen Ges Schr I 531 f; ders ZfRV 1973, 261). In rechtstechnischer Hinsicht füge sich die neue Vorschrift als Ausdruck einer „**Bereichshaftung**" in den Rahmen von § 1004, des § 2 RHaftpflG (jetzt § 3 HaftpflG 1978) und der Haftung des Reeders im Schiffahrtsrecht ein (BAUR, Karlsruher Forum 1962, 16; ders in Sachenrecht [10. Aufl 1978] § 5 II 1c, cc; ders BB 1989, 1192 ff). Darüber hinaus wird der E-1967 auch als ein Schritt zur **internationalen Rechtsvereinheitlichung** befürwortet (ZWEIGERT/KÖTZ, Rechtsvergleichung II, Institutionen § 18, 391).

Obwohl generell für notwendig erachtet wird, daß die Entlastungsmöglichkeit im Zuge der Reform wegfällt, wird dennoch nicht verkannt, daß auch ein gewisses Bedürfnis für die Exculpation besteht. Die Entlastungsmöglichkeit solle für **Kleinbetriebe** bleiben, die überwiegend mit Familienangehörigen arbeiteten, sowie für Hilfskräfte in **privaten Haushalten**. Denn insoweit gelte die berechtigte Erwägung der Verfasser der alten Regelung fort, daß der Kleinunternehmer nur selten von den ihm zu Gebote stehenden Versicherungsmöglichkeiten Gebrauch mache (LARENZ/CANARIS, Schuldrecht II/2 § 79 III 6, mit Verweis auf MUGDAN II, S 1094; im Gegensatz dazu vgl Begr II, 110 und vCAEMMERER ZfRV 1973, 241, 251ff; WEITNAUER VersR 1970, 585, 593 ff, 596). Demgegenüber wird nach anderer Auffassung weniger das Interesse des Kleinunternehmers als vielmehr der Arbeitnehmerschutz in den Vordergrund gestellt. Zugunsten des Arbeitnehmers (als auch des Geschädigten) solle nicht nur die Entlastungsmöglichkeit einheitlich wegfallen, wie es der E-1967 bereits vorsehe, sondern zudem eine **Beweislastumkehr für das Gehilfenverschulden** zu Lasten des Geschäftsherrn eingefügt werden. Es solle gerade auch der kleine Unternehmer gezwungen werden, Versicherung zu nehmen (DIEDERICHSEN ZRP 1968, 61; so auch BGB-RGRK/STEFFEN § 831 Rn 3; vgl zusätzlich für die Pflichtwidrigkeit der Gehilfenhandlung E SCHMIDT AcP 170 [1970], S 530).

Eine andere modifizierende Auffassung (vBAR, Gutachten 1706 f, 1762, 1776) schlägt den folgenden Wortlaut vor: „*Wer einen anderen zu einer Verrichtung bestellt, hat für den Schaden einzustehen, den der andere einem Dritten in Ausführung der Verrichtung widerrechtlich zufügt. Die Ersatzpflicht des Geschäftsherrn nach Satz 1 ist ausgeschlossen, wenn den Geschäftsherrn kein Verschulden trifft.*"

Die **Gegner der Reform** kritisieren, daß diese bei richtiger dogmatischer Einordnung und **Verschärfung der bestehenden Regelung** nicht nötig sei (JAKOBS VersR 1969, 1061; vgl auch HELM AcP 166 [1966] 389 ff, 408; MünchKomm/MERTENS Rn 6; dogmatische Bedenken vor allem bei E SCHMIDT AcP 170 [1970] 525). Mit der beabsichtigten Annäherung der Geschäftsherrnhaftung an § 278 seien die aktuellen Probleme noch nicht gelöst (E SCHMIDT AcP 170 [1970] 529; ähnlich HELM AcP 166 [1966] 389, 406), etwa die zentrale Frage, welche Bestellung zu einer Verrichtung tatbestandsmäßig ist (KUPISCH JuS 1984, 250 ff). Im übrigen trügen die **rechtsanwendenden Instanzen** die Verantwortung für eine gerechtere Haftung nach § 831, auch wenn sie nur kasuistisch reagieren könnten (KUPISCH aaO). Gegen den E-1967 spreche auch, daß er nicht für **private Haushalte** und für die im wesentlichen mit Familienangehörigen arbeitenden **Kleinbetriebe** passe. Um den größten Unzuträglichkeiten des § 831 zu begegnen, gestalte sich vielmehr die Lehre vom **Organisationsverschulden** als flexibler und daher geeigneter (LESSMANN JA 1980, 193 ff). Ebenso könne die uneingeschränkte Abschaffung des Entlastungsbeweises auch dann nicht zu gerechten Ergebnissen führen, wenn von der Einschaltung des Verrichtungsgehilfen keine **erhöhte Gefährdung** des Publikums ausgehe (Esser/ Weyers, Schuldrecht II § 58 I 2).

III. Die Stellungnahme

127 Angesichts der Fülle der Rechtsprechung und der Streitpunkte zu § 831 stellt sich die berechtigte Frage, ob die Norm sich in den fast hundert Jahren ihres Bestehens bewährt hat. vCaemmerer (Wandlungen Ges Schr I 529) behauptet, die Bestimmung habe sich „in der Praxis als mißlungen erwiesen". Dafür könnte sprechen, daß zur Umgehung des Entlastungsbeweises eine starke Verlagerung der Geschäftsherrnhaftung in den vertraglichen Bereich stattgefunden hat, etwa durch Ausdehnung der vertraglichen Schutzpflichten auf Dritte. Deshalb aber vom Versagen der Norm zu sprechen (E-1967, Begr II 12), geht zu weit. Es darf aber nicht vergessen werden, daß es sich bei dem BGB um ein **alterndes Gesetz** (Fikentscher, Methodenlehre des Rechts I 3) handelt, das in allen seinen Feinheiten und Interpretationen nunmehr herangereift ist. Die Norm lebt in der Zeit (Fikentscher S 4) und die Geschäftsherrnhaftung wird heute nicht nur in rechtlicher, sondern auch in gesellschaftspolitischer Hinsicht anders gedeutet als beim Inkrafttreten des BGB. Die später entwickelten und herangezogenen alternativen Grundlagen für die Geschäftsherrnhaftung, wie die cic, pFV, der Vertrag mit Schutzwirkung für Dritte, Schutzverbindlichkeiten aus sozialem Kontakt und die Organisationshaftung, sind Rechtsfortbildungen, die eine **permanente, konstruktive Kritik** an § 831 darstellen. Jede Anwendung der Norm durch die Rechtsprechung läßt diese nicht unberührt, sondern bestimmt ihre konkrete Bedeutung fortdauernd weiter (Canaris, Schutzgesetze, in: FS Larenz [1983] 161 ff). Die Dynamik der Rechtsordnung erlaubt der Wissenschaft und Rechtsprechung den Vorbehalt der besseren Erkenntnis, was durch die genannten Rechtsfortbildungen bestätigt wird. Dieser Zustand ist Ausdruck der Offenheit der Rechtsordnung und als solcher nicht aus sich heraus zu kritisieren (Larenz, Methodenlehre der Rechtswissenschaft 115 ff). Zwar gleicht das genannte Richterrecht nur kasuistisch die Schwächen von § 831 aus, doch wurde damit ein funktionierendes Haftungssystem entwickelt, das noch immer nicht seine Grenzen erreicht haben mag. Es ist fraglich, ob eine Reform des § 831, wenn sie auch Schwächen wie den Entlastungsbeweis beseitigt, zu allseits befriedigenden Ergebnissen führt oder ob dann eine Verlagerung der Probleme, etwa in den prozessualen Bereich bei der Beweisführung stattfindet (Helm AcP 166 [1966] 406; E Schmidt AcP 170 [1970] 529).

Neben der Frage nach dem Funktionieren der bestehenden Regelung stellt sich jene nach der Erforderlichkeit ihrer **Anpassung an andere nationale Haftungsinstitute**, wie § 3 HaftpflG, § 1004 BGB, § 31 BGB und Art 34 GG. Diesen Bestimmungen eine gemeinsame und generalisierende Tendenz im Sinne einer Haftung für den eigenen Lebensbereich zu entnehmen (Baur Karlsruher Forum 1962, 16), wird mit Recht bezweifelt (E Schmidt AcP 170 [1970] 502 ff). Die Haftung für Verrichtungsgehilfen nach dem E-1967 ist weder mit einer Zustandshaftung, wie nach § 1004 BGB, noch mit einer Repräsentantenhaftung, wie in § 3 HaftpflG oder in § 31 BGB und in Art 34 GG, vergleichbar. Vielmehr ist die geplante Regelung schlicht eine eng begrenzte Haftung für eigenes Verschulden beim Einsatz von Hilfspersonen, die am ehesten § 278 BGB gleicht. Doch die **Angleichung an § 278 BGB**, wie sie der E-1967 erstrebt (Begr II 12), besitzt die geringste dogmatische Legitimation. Zu Recht wird bezüglich der Verschuldenszurechnung durch § 278 BGB darauf verwiesen, daß der gesteigerte soziale Kontakt „mit seinen besonderen Vertrauensgewährungen und -erwartungen (...) die weite Einstandspflicht des Vertrauensempfängers rechtfertigt" (Jakobs VersR 1969, 1061, 1064). Diese **gezielte Verantwortlichkeit** kennt das Deliktsrecht nicht (E Schmidt AcP 170 [1970] 502, 531). Der Forderung nach nationaler Rechtsvereinheitlichung aus systemimmanenten Gründen ist daher zu widersprechen. Die Angleichung war von den Verfassern des BGB nicht gewollt, wenn sie auch zuvor auf dem 17. Deutschen Juristentag befürwortet wurde (vgl Prot II 2777 f; O Meyer auf dem 17. Deutschen Juristentag, Verh I 125 ff; II 124 ff).

Ganz anders stellt sich die Reformfrage im Zusammenhang mit dem **Bedürfnis nach einer internationalen Rechtsvereinheitlichung**, vor allem im Bereich der EU-Staaten. So ausgefeilt und überwiegend funktionierend die jetzige Rechtslage in Deutschland erscheint, muß sie doch bei Juristen aus anderen Rechtsordnungen Unverständnis erwecken. Vor allem die anglo-amerikanischen und romanischen Rechtsordnungen weisen für die Geschäftsherrnhaftung denkbar einfache Lösungen auf, wie sie auch im E-1967 aufgegriffen worden sind. In diesen Ländern ist daher nie der Gedanke einer Reform so weit voran getrieben worden wie in Deutschland. Im Gegenteil werden eher die Schwächen des eigenen Systems akzeptiert, als eine Änderung zu fordern (vCaemmerer 251 ff), auch wenn das teilweise zu einer erheblichen Tatbestandseinengung etwa des ansonsten weitgefaßten Art 1384 Code civil geführt hat (Helm AcP 166 [1966] 389, 407; Hübner Karlsruher Forum 1962, 24 mit der gleichen Befürchtung für den E-1967). Mit Recht wird vor der Abschaffung der Einstandspflicht für Delikte der eigenen Leute gewarnt, wie sie im Common Law anerkannt ist. Die Folge wäre nämlich: „*a huge expansion of implied, i.e. fictitious contracts, to no great advantage of either law or conscience*" (Pollock in Holmes-Pollock-Letters, 1872–1932, Mark de Wolfe Howe [Hrsg] [Cambridge 1961] 234, dazu Zweigert/Kötz, Rechtsvergleichung II, Institutionen § 18).

Die kritische Frage, warum Deutschland mit dem am **feinsten durchgebildeten Haftungssystem** den Anfang für eine internationale Rechtsvereinheitlichung machen solle (E Schmidt AcP 170 [1970] 502, 526), wirkt vor diesem Hintergrund verfehlt. Daß ein Handlungsbedarf für eine Angleichung der Geschäftsherrnhaftung an die Systeme im Common Law, im Code civil und auch im Codice civile besteht, ist in anderen Rechtsordnungen erkannt worden. So haben in Schweden und Finnland, wo früher der Geschäftsherr auch nur im Fall eigenen Verschuldens haftete (Andresen RabelsZ 27 [1962/63] 252), die Gesetzgeber den Entlastungsbeweis inzwischen beseitigt (Zweigert/Kötz Rechtsvergleichung 374 mit Verweis auf Woellert, Die außervertragliche Gehilfenhaftung im nordischen Recht, RabelsZ 39 [1975] 304). Zumindest das Erfordernis einer starken Einschränkung des Entlastungsbeweises ist gesehen worden, etwa für die Rechtslage, die Art 55 Schweizer OR geschaffen hat. Zwar ist der sog „Befreiungsbeweis" gemäß Art 55 OR durch den Geschäftsherrn führbar, doch genügt nicht allein dessen Beachtung der „üblichen Sorgfalt", sondern erst aller objektiv gebotenen Maßnahmen (BGE 47 II 425 / 428; BGE 56 II 283 / 287, Nachweis bei Brehm, Berner Kommentar, Das Obligationenrecht, VI 1 3 1, Art 41–61 OR [1990] Art 55 OR). Der Einwand, daß auch die unserem Rechtssystem am engsten verbundenen Nachbarländer keinen Grund zur Rechtsanpassung sehen (Helm AcP 166 [1966] 389, 407), ist daher heute nicht mehr tragfähig. In die gleiche haftungsrechtliche Richtung, nur vor einem anderen gesellschaftspolitischen Hintergrund, ging die Lösung des § 331 des Zivilgesetzbuchs der ehemaligen DDR (Zweigert/Kötz Rechtsvergleichung, 379).

Zu befürworten sind die Bemühungen um ein **einheitliches EU-Schuldrecht**, die aber ins Stocken gerieten, weil vor allem Kompetenzfragen ungeklärt sind (ARMBRÜSTER RabelsZ 60 [1996] 88). Wenn auch deshalb die Entwicklung einer Richtlinie über die Haftung bei Dienstleistungen zur Zeit nicht weiter vorangetrieben wird (Schreiben an die deutsche Regierung vom 10. 6. 1994 – IP/94/524, BLE 27. 6. 1994, S 4), ist der E-1967 jedenfalls im Hinblick auf eine internationale Rechtsvereinheitlichung vernünftig.

Die Reform von § 831 ist nur im **Rahmen des E-1967** zu vertreten, der einschränkende Vorschlag durch die Vornahme einer Differenzierung zwischen Klein/Großunternehmen (LARENZ/CANARIS, Schuldrecht II/2 § 79 III 6 mit Verweis auf MUGDAN II S 1094) ist kaum durchführbar, da vor allem die Grenzziehung nicht ohne Willkür erfolgen könnte (überzeugend vCAEMMERER ZfRvgl 14 [1973] 241, 252 f). Auch sollte die Reichweite der Geschäftsherrnhaftung nicht von schwankenden Umsatz- oder Beschäftigungszahlen abhängig gemacht werden, da kein innerer Bezug zwischen Haftung und Umsatz oder Beschäftigungskapazität besteht (vBAR, Gutachten 1776). Vielmehr ist darauf zu verweisen, daß jeder Unternehmer und Privatmann sich hinsichtlich seiner Arbeitnehmer bzw Haushaltsangestellten versichern kann (DENCK, Schutz 179).

Für die **einheitliche Haftung** aller Geschäftsherrn ohne Unterscheidung spricht der Gedanke des von jedem zu tragenden Unternehmerrisikos. Derjenige soll das Risiko tragen, der auch den Nutzen aus der Verrichtung zieht (vCAEMMERER, Wandlungen Ges Schr I 531). Dieser Aspekt des *qui sentit commodum debet sentire et onus* besteht sowohl im Code Civil als auch im Common Law (zur „l'idée de profit" wird die Frage gestellt: „N'est-ce pas le service dont le maître profite qui a produit le mal qu'on le condamne à réparer ?", MAZEAUD, TUNC, Responsabilité Civile, Tome Premier, Nr 930; idS auch PS ATIYAH's Vicarious Liability in the Law of Torts 12 ff). Rechtspolitisch über den Utilitätsgrundsatz hinausgehend, aber durchaus überzeugend argumentiert auch die Lehre in den USA zur Fortentwicklung der Unternehmerhaftung (respondeat superior): Es soll derjenige die Haftung für Schäden aus Unfällen tragen, der sich am besten dagegen versichern kann. Das ist für Schäden durch Verrichtungsgehilfen weder der Geschädigte noch der Gehilfe, sondern der Geschäftsherr. Zudem hat dieser als einziger die Möglichkeit, die Kosten der Versicherung durch die eigene Preisgestaltung auf die Allgemeinheit umzulegen; er ist daher der beste *„risk absorber"* (ZWEIGERT/KÖTZ, Rechtsvergleichung 390/391). Oder wie es CJ HOLT bereits 1701 in *Hern v Nichols* formulierte: *„somebody must be a loser by this deceit, it is more reason that he that employs and puts a trust and confidence in the deceiver should be a loser, than a stranger"* (aus CRONIN and GRIME, Labour Law, 160/161, Fn 14). Bei privaten Hausangestellten wird das Schadensrisiko in der Regel durch die Privathaftpflichtversicherung prämienfrei mitgedeckt (DENCK, Schutz S 165 ff, 179 mit Verweis auf BRUCK/MÖLLER/JOHANNSEN, VVG IV, H. 11; STELZER VersR 1962, 307 f). Zudem gilt der Gedanke des Unternehmerrisikos unterschiedslos für jegliche Gehilfenhaftung.

Noch weitergehende Vorschläge, wie eine **Beweislastumkehr** für das Verschulden zugunsten des Verletzten (WEITNAUER Karlsruher Forum 1962, 7) sind jedoch unberechtigt und verlassen den Rahmen der Rechtsvereinheitlichung. Der **Widerspruch zur Produkthaftpflicht**, auf den hingewiesen wird (eingehend DENCK, Schutz 173), hat seinen Grund darin, daß das Anbieten von Dienstleistungen und von Waren nur eingeschränkt vergleichbar sind. Die Arbeitskraft mit einer Ware gleichzustellen, hieße dem Arbeitnehmer jedes Maß an Eigenverantwortlichkeit und -ständigkeit abzusprechen. Die Tätigkeit eines Arbeitnehmers in Ausübung einer Verrichtung ist kein Produkt, für das der Unternehmer uneingeschränkt garantieren könnte und sollte, ohne daß es auf ein Verschulden des Arbeitnehmers ankäme. Denn das bedeutete, jeden Arbeitnehmer als potentielles Schadensrisiko einzustufen, was nur in seltenen Fällen gefährlicher Verrichtungen zutrifft.

§ 832

[1] **Wer kraft Gesetzes zur Führung der Aufsicht über eine Person verpflichtet ist, die wegen Minderjährigkeit oder wegen ihres geistigen oder körperlichen Zustandes der Beaufsichtigung bedarf, ist zum Ersatze des Schadens verpflichtet, den diese Person einem Dritten widerrechtlich zufügt. Die Ersatzpflicht tritt nicht ein, wenn er seiner Aufsichtspflicht genügt oder wenn der Schaden auch bei gehöriger Aufsichtsführung entstanden sein würde.**

[2] **Die gleiche Verantwortlichkeit trifft denjenigen, welcher die Führung der Aufsicht durch Vertrag übernimmt.**

Materialien: E I § 710; II § 755; III § 816; Mot II 734; Prot II 593.

Schrifttum

ADEN, Die Beweislast des Klägers in § 832, MDR 1974, 9
ALBILT, Haften Eltern für ihre Kinder? (Pfaffenweiler 1987)
BARFUSS, Verantwortlichkeit und Haftung des Ausbilders im Berufsausbildungsverhältnis, BB 1976, 935
BERNING/VORTMANN, Haftungsfragen bei von Kindern verursachten Schäden unter besonderer Berücksichtigung der Brandstiftung, JA 1986, 12
BOSCHER, Haftung Minderjähriger und ihrer aufsichtspflichtigen Eltern – eine Übersicht über die Rechtsprechung –, VersR 1964, 888
BUSCHMANN, Die Haftung von Aufsichtspflichtigen und Kindern, RdJ 1967, 12
DAHLGRÜN, Aufsichtspflicht der Eltern nach § 832 (Diss München 1979)
DEINERT/SCHREIBAUER, Haftung und Haftungsübernahme im Betreuungsverhältnis, BT-Prax 1993, 185
dies, Die Haftung bei einer Schadensverursachung durch den Amtsvormund, Amtspfleger, Amtsbeistand und Behördenbetreuer,
DAVorm 1993, 1145
DEUTSCH, Urteilsanmerkung, JZ 1969, 233
ECKERT, Wenn Kinder Schaden anrichten (2. Aufl 1993)
FUCHS, Studien zur elterlichen Aufsichtspflicht (Diss Bonn 1995)
GROSSFELD/MUND, Die Haftung der Eltern nach § 832 I BGB, FamRZ 1994, 1504
vHIPPEL, Zur Haftung Aufsichtspflichtiger für durch Kinder verursachte Schäden, FamRZ 1968, 574
IMMENGA, Aufsichtspflichtverletzung und Gleichberechtigung, FamRZ 1969, 313
KOEBEL, Aufsichtspflicht der Eltern und Gleichberechtigten, NJW 1960, 2227
KUHFUHS, Haftet der Lehrherr gemäß § 832 für schadenstiftende Handlungen seines Lehrlings?, GewArch 1969, 7
MARBURGER, Therapie und Aufsichtspflicht bei der stationären Behandlung psychisch Kranker, VersR 1971, 777
O MAYR, Die Aufsichtspflicht der Eltern nach dem BGB, SeuffBl 71, 109
OHM, Die Aufsichtspflicht der Eltern unter Be-

rücksichtigung der neueren Rechtsprechung, VersR 1959, 780
OLLMANN, Zur Aufsichtspflicht in Jugendschutz- und Bereitschaftspflegestellen, ZfJ 1986, 349
PREISS, Die Haftpflichtversicherung des Aufsichtspflichtigen, VersPrax 1968, 63
RAUSCHER, Haftung der Eltern für ihre Kinder, JuS 1985, 757
RIEDEL, Aufsichts- und Erziehungspflicht, DJZ 1905, 693 ff
ROTH-STIELOW, Haftung der Eltern für Verkehrsunfälle durch spielende Kinder, NJW 1957, 489
SCHEFFEN, Der Kinderunfall – Eine Herausforderung für Gesetzgebung und Rechtsprechung, DAR 1991, 121
SCHEFFEN/PARDEY, Schadensersatz bei Unfällen mit Kindern und Jugendlichen, München 1995
SCHLEGELMILCH, Die elterliche Aufsichtspflicht – Haftungsfragen, ZAP Fach 2, S 121
SCHMID, Die Aufsichtspflicht nach § 832 BGB, VersR 1982, 822

SCHNITZERLING, Schäden am Wohngebäude und auf dem Wohngelände durch Kinder, DWW 1966, 386
ders, Die Aufsichtspflicht über Minderjährige im Straßenverkehr, DAR 1967, 151
ders, Grenzen elterlicher Aufsichtspflicht, Staats- und Kommunalverwaltung 1969, 44
ders, Aufsichts- und Verkehrssicherungspflichten gegenüber Kindern im Haus- und Grundstücksbereich, BlGBW 1978, 28
E SCHULTZE, Schadensersatzpflicht des Anstaltsarztes für die Handlungen der seiner Aufsicht unterstellten Geisteskranken, ArchBürgR 17, 99
THEDA, Die Haftung Minderjähriger und ihrer Eltern, VW 1969, 361
WEIMAR, Zur Haftung bei Aufsichtsverschulden gem § 832 Abs 2 BGB, MDR 1962, 356
ders, Zur Haftung bei Aufsichtsverschulden gem § 832 Abs 2, VersR 1967, 117
ders, Rechtsfragen zu Heimverträgen, ZMR 1976, 136.

Systematische Übersicht

I. Die Grundsätze der Regelung
1. Die Entstehungsgeschichte ___ 1
2. Der Regelungsgedanke/die Schutzrichtung ___ 2
a) Der Regelungsgedanke ___ 2
b) Die Schutzrichtung ___ 4
3. Die Tatbestandsstruktur/die Haftung für vermutetes eigenes Verschulden ___ 5
4. Die Analogiefähigkeit der Vorschrift ___ 7

II. Der Aufsichtsbedürftige und die Adressaten der Aufsichtspflichten
1. Der Kreis der Aufsichtsbedürftigen ___ 9
a) Die Minderjährigen ___ 9
b) Die Volljährigen ___ 10
2. Die Aufsichtspflichten kraft Gesetzes 11
a) Aufsichtspflichten über Minderjährige ___ 11
aa) nach BGB ___ 11
bb) nach Vorschriften außerhalb des BGB ___ 21
b) Aufsichtspflichten über Volljährige ___ 24

c) Fehlende Entäußerbarkeit der gesetzlichen Aufsichtspflicht ___ 28
3. Die vertragliche Übernahme der Aufsichtsführung ___ 29
a) Der Übernahmevertrag ___ 29
aa) Die Entstehungsgeschichte ___ 29
bb) Die Bedeutung der vertraglichen Übernahme ___ 30
cc) Der Vertragspartner ___ 31
dd) Das Zustandekommen des Vertrags ___ 32
ee) Die Unwirksamkeit des Vertrags ___ 40
b) Die tatsächliche Übernahme der Beaufsichtigung ___ 41
c) Die Bedeutung der vertraglichen Aufsichtsübernahme für die Beaufsichtigungspflicht des gesetzlich Aufsichtspflichtigen ___ 42
d) Fehlende Entäußerbarkeit der vertraglichen Aufsichtspflicht ___ 43
4. Die analoge Anwendung ___ 44

25. Titel. Unerlaubte Handlungen

III. Die widerrechtliche Schadenszufügung durch den Aufsichtsbedürftigen	45
1. Die unerlaubte Handlung	46
a) „Dritter" – der Kreis der geschützten Personen	47
b) Die zurechenbare Verursachung des Schadens	48
c) Die subjektiven Tatbestandselemente	49
2. Die Rechtswidrigkeit	50
3. Das Verschulden des Aufsichtsbedürftigen	51
IV. Die Aufsichtspflicht und ihre Verletzung	
1. Allgemeines/methodisches Vorgehen	52
a) Der konkrete Inhalt der Aufsichtspflicht	54
b) Die Erfüllung der Aufsichtspflicht in ihrer konkreten Gestalt	57
2. Der Aufsichtsanlaß	58
a) Die Eigenschaften des Aufsichtsbedürftigen	59
aa) Die „Normaleigenschaften"	60
bb) Abweichende individuelle Eigenschaften	62
b) Die Schadensgeneigtheit des Umfelds/die Gefährlichkeit des Verhaltens	67
3. Die die Aufsichtsanforderungen mindernden Umstände	70
a) Die Zumutbarkeit für den Aufsichtspflichtigen	71
aa) Bei der gesetzlichen Aufsichtspflicht	73
bb) Bei der vertraglichen Aufsichtsübernahme	76
b) Der Erziehungsauftrag/therapeutische Zielsetzungen	77
aa) Der Erziehungsauftrag	78
bb) Die therapeutischen Zielsetzungen	86
c) Die Reichweite der vertraglich übernommenen Aufsicht	87
4. Gebotene Aufsichtsmaßnahmen im Einzelfall	89
a) Allgemeines	89
b) Der pädagogische Ermessensfreiraum/die Erschöpfung zumutbarer Maßnahmen	96
5. Die Einzelfälle	97
a) Die Verkehrsgefahren durch spielende Kinder	97
b) Die Kinder als Fußgänger im Straßenverkehr	100
aa) Die Kinder ohne Begleitung Erwachsener	100
bb) Die Kinder in Begleitung Erwachsener	101
c) Die Kinder als Verkehrsteilnehmer mit Fahrzeugen oder anderem Mitteln zu schnellerer Fortbewegung	102
aa) Mit Fahrrädern	102
bb) Mit Rollern oder ähnlichen Fortbewegungsmitteln	103
cc) Mit Rollschuhen	104
dd) Mit Kraftfahrzeugen	105
d) Der Umgang mit gefährlichem Spielzeug	107
aa) Die Begriffsbestimmung	107
bb) Die Sorge um die Freizeitgestaltung des Kinds	108
e) Der Umgang mit Zündmitteln	109
f) Der Umgang mit Schußwaffen	111
6. Die „unmittelbare" und „mittelbare" Aufsichtspflicht – die Übertragung der Aufsicht als pflichteinschränkender Faktor?	112
a) Die herrschende Konzeption zur Übertragung der Aufsicht	113
b) Die Kritik	122
7. Die Erfüllung der Aufsichtspflicht in ihrer konkreten Gestalt	127
a) Allgemeines	127
b) Die Erfüllung durch teilweise Aufsichtsübertragung	128
8. Das Prinzip der Einzelverantwortung	131
9. Die Ursächlichkeit der Aufsichtspflichtverletzung für den Schadenseintritt	132
V. Das Verschulden	135
VI. Die Verteilung der Darlegungs- und Beweislast	
1. Allgemeines	137
2. Die Beweislastumkehr nach § 832 Abs 1 S 2	140

a)	Die ratio		140
b)	Die Reichweite der Beweislastumkehr		141
aa)	Hinsichtlich des „Genügens der Aufsichtspflicht" (§ 832 Abs 1 S 2, 1. Alt)		141
bb)	Hinsichtlich der Kausalität der Pflichtverletzung für den Schaden (§ 832 Abs 1 S 2, 2. Alt)		145
cc)	Hinsichtlich des Verschuldens		146
3.	Die für die Bestimmung der konkret gebotenen Aufsichtsmaßnahmen maßgeblichen Tatsachen		148
a)	Die den Aufsichtsanlaß kennzeichnenden Tatsachen		149
b)	Die die Aufsichtsanforderungen mindernden Tatsachen		151
4.	Die Vermutungsbasis		152

VII. Die Bedeutung des Mitverschuldens des Verletzten
1. Das Mitverschulden des verletzten Dritten _____ 153
2. Das Mitverschulden des Aufsichtspflichtigen bei Schädigungen seiner Person durch den Aufsichtsbedürftigen _____ 154

VIII. Die Haftung wegen der Verletzung einer Verkehrssicherungspflicht
1. In der Haus- und Familiengemeinschaft _____ 155
2. Bei Übernahme der tatsächlichen Aufsicht/Duldung von gefährlichem Tun _ 160

IX. Das Verhältnis zu anderen Vorschriften
1. § 823 _____ 162
2. § 831 _____ 164
3. § 839 _____ 166

X. Die Eigenhaftung des Aufsichtsbedürftigen _____ 168

XI. Exkurs: Die Schädigung des Aufsichtsbedürftigen
1. Die Schädigung durch den Aufsichtspflichtigen _____ 169
2. Die Schädigung durch einen Dritten und den Aufsichtspflichtigen _____ 170
a) Das Gesamtschuldverhältnis _____ 170
b) Zur Anrechnung des Mitverschuldens des Aufsichtspflichtigen _____ 172
3. Die GoA _____ 175

XII. Die Reformtendenzen _____ 176

Alphabetische Übersicht

Adäquanz _____ 48
Analoge Anwendung der Norm 7 f, 21, 30, 44
Anstalt _____ 38 f, 159
Aufsichtsbedürftigkeit _____ 9
– Minderjähriger _____ 9
– Volljähriger _____ 10
Aufsichtsanlaß _____ 55, 58 ff
– besonderer _____ 62 ff, 82 ff
Aufsichtsmaßnahmen
– erzieherische _____ 91, 93, 114, 142
– im Einzelfall gebotene _____ 89 ff
– Katalog der _____ 90
– Verhältnismäßigkeit der _____ 90
Aufsichtspflicht
– Abwägung mit Erziehungsauftrag _____ 80 ff
– Inhaltsänderung der _____ 123 ff, 130
– Konkretisierung der _____ 54
Aufsichtspflichten, gesetzliche _____ 11 ff

– außerhalb des BGB _____ 21
– familienrechtliche _____ 11 ff
– über Minderjährige _____ 11 ff
– "mittelbare" _____ 115 ff
– über Volljährige _____ 24 ff
– Zielrichtung der _____ 11
Aufsichtsübernahme, tatsächliche _____ 29 f, 32 f, 41, 44, 121, 126, 160
Aufsichtsübernahme, vertragliche
– bei Auszubildenden _____ 21
– Bedeutung _____ 30
– Indizien für rechtsgeschäftlichen Charakter _____ 33
– Umfang _____ 86
– Vertragspartner _____ 31
– Wirksamkeit des Vertrags _____ 40
– Zustandekommen des Vertrags _____ 32
Auswahlpflicht _____ 11, 39, 42, 120, 123, 126

25. Titel.
Unerlaubte Handlungen

§ 832

Auszubildende	21	Fahrräder	61, 64, 102
		Feuer	69, 73, 109, 114
Behinderte	86, 100, 177	Freizeitgestaltung des Kinds	108
Belehrungen	90, 93	Fußballspiel	64, 98
Berufstätigkeit des Aufsichtspflichtigen	74		
Besuche bei anderen Kindern	36, 66	Gefährlichkeit des Verhaltens	67 ff
Betreuung	10, 24 f,	Gefälligkeit	32, 35 f, 121
Bewährungshelfer	20	Gegenvormund	17
Beweislastumkehr	140 ff	Geisteskranke	8, 25, 27, 156 ff
– ratio der	3, 8, 140	Gesamtschuldverhältnis	131, 170 f
– hinsichtlich der Kausalität	3, 6, 145	GoA	175
– Reichweite der	141 ff	Großeltern	34, 74, 116
– hinsichtlich des Verschuldens	146 f	Haftung für vermutetes Verschulden	6, 145
– Vermutungsbasis	152	Haftungseinheit	170, 172
Darlegungs- und Beweislast	137 ff	Informationspflicht	28, 42 f, 119 f, 126, 129
– hinsichtlich Aufsichtsanlaß	148 ff	Instruktionspflicht	
– hinsichtlich Rechtswidrigkeit	139		28, 39, 42 f, 117, 123 f, 126, 129
– tatsächliche Vermutung für normalen Aufsichtsanlaß	150	Kausalität	
Dritter	47	– der Aufsichtspflichtverletzung für den Schaden	3, 132 ff
Eigenhaftung des Aufsichtsbedürftigen	168	– doppelte Anknüpfung der	5
Eigenschaften des Aufsichtsbedürftigen	58 ff	– des Verhaltens des Aufsichtsbedürftigen für den Schaden	48
– Individuelle Eigenschaften	62 ff	Kenntnis vom Aufsichtsanlaß	136
– Normaleigenschaften	60 f	Kinder	
Einstandspflicht des Aufsichtspflichtigen für Hilfspersonen	124 f	– spielende	97 ff
Einzelverantwortung, Prinzip der	131	– als Fußgänger	100 f
Entäußerbarkeit der Aufsichtspflicht, fehlende	28, 42 f, 128	Kindergärtnerinnen	38
Entstehungsgeschichte	1, 29	Kinderheim	31, 38
Entwicklung des Minderjährigen	9, 59 ff	Kontrollpflicht	92, 118, 120, 126
Entwicklungsfreiräume für Kinder	82 f, 91	Kraftfahrzeuge	105 f
Erfüllung der Aufsichtspflicht	57, 127	Krankenhaus	39, 76, 120, 163 f,
– durch Übertragung der Aufsichtspflicht	28, 42 f, 127 ff	Lehrer an öffentlichen Schulen	22, 166
Entgeltlichkeit der Aufsichtsübernahme	33, 38, 76	Lehrherr	21
Erziehung		Mahnungen	90, 93
– Haftung für fehlgeschlagene	84 ff	Mehrere Aufsichtspflichtige	18, 125, 131
– Erfolg der	63, 78 f, 83 f	Militärische Vorgesetzte	23
– Trennung von der Aufsicht	63, 78, 91	Minderjähriger, verheirateter	13
– Stand der	59, 63	Mitverschulden	153 f
Erziehungsauftrag	56, 70, 77 ff	– des verletzten Dritten	153
Erziehungsbeistand	17, 20	– des Aufsichtspflichtigen bei Verletzung seiner Person	154
Erziehungshilfe	19, 95		
Erziehungsmaßregel	19	– Zurechnung des Mitverschuldens des	

Aufsichtspflichtigen bei Drittschädigung _____ 172 ff

Nichteheliche Kinder _____ 15

Organisationspflicht _____
_____ 39, 74, 120, 125 f, 130, 134, 164

Pädagogischer Ermessensfreiraum _____ 96
Personensorge _____ 11
– Beschränkung, Entziehung der _____ 14
– elterliche _____ 12
Pflegeeltern _____ 37
Pflegeheim _____ 38 f, 156, 159
Pflegschaft _____ 10, 16, 24, 26 f

Rechtswidrigkeit der Schadenszufügung _____ 50
Rechtswidrigkeitszusammenhang _____ 132
Reformtendenzen _____ 175 f
Regelungsgedanke _____ 2, 3
Roller _____ 61, 94, 103
Rollschuhe _____ 104

Schadensgeneigtheit des Umfelds _____ 67 ff
Schadensverursachung _____ 5, 48, 145
Schädigung des Aufsichtsbedürftigen _____ 169 ff
– durch den Aufsichtspflichtigen _____ 169
– durch Dritten und Aufsichtspflichtigen 170 ff
Schulen _____ 22, 38, 166
Schußwaffen _____ 111, 162
Schutzrichtung _____ 4
Spielzeug, gefährliches _____ 107 f
Stiefeltern _____ 8, 159
Stiefkind _____ 37, 155
Strafvollzugsbeamte _____ 23
Straßenverkehr _____ 48, 68 f, 97 f, 100 f

Tatbestandsstruktur _____ 5
Therapeutische Zielsetzungen _____ 77, 85

Übertragung der Aufsicht _____ 112 ff
– auf ältere Kinder _____ 116

– auf Ehegatten _____ 116, 125 f, 130
– Erfordernis rechtsgeschäftlicher _____ 121, 126
– auf Großeltern _____ 116
Überwachung _____ 90, 92 f
Unerlaubte Handlung
– objektiver Tatbestand _____ 46
– subjektiver Tatbestand _____ 49
Unmöglichmachen von Verhaltensweisen _____
_____ 90, 94
Umgangsrecht, elterliches _____ 14
Unterlassungsdelikt _____ 2

Verbot _____ 90, 92
Verhaltensgestörtheit _____ 64, 74, 93
Verhältnis zu anderen Vorschriften
– § 823 _____ 2, 162 f
– § 831 _____ 164 f
– § 839 _____ 166 f
Verkehrs(sicherungs)pflicht _____ 2, 21, 41
Verletzung der Verkehrssicherungspflicht _____
_____ 155 ff
– bei Duldung gefährlichen Tuns _____ 161
– in der Haus- und Familiengemeinschaft _____
_____ 155 ff
– bei Übernahme tatsächlicher Aufsicht _____ 160
Vermutung s Beweislastumkehr
Verschulden
– des Aufsichtsbedürftigen _____ 51
– des Aufsichtspflichtigen _____ 135 f, 146
Verschuldenshaftung _____ 5
Vormundschaft _____ 16

Widerrechtliche Schadenszufügung _____ 45 ff

Zumutbarkeit _____ 56, 58, 70 ff
– bei Aufsicht über mehrere Kinder _____ 76
– Maßstab der _____ 72 ff
Zündeln _____ 73, 110
– Neigung zum _____ 64, 66, 69, 74, 82, 93, 110
Zündmittel _____ 61, 69, 109 f
Zurechenbarkeit des Schadens _____ 48

I. Die Grundsätze der Regelung

1. Die Entstehungsgeschichte

1 Zur **Entstehungsgeschichte** s Mot II 734 ff; ZG II 406 ff, VI 515; JACUBEZKY Bem 167;

Prot II 593 ff; D 102. Nach E I sollte jede Verletzung einer gesetzlichen Aufsichtspflicht einen Schadensersatzanspruch begründen, so daß auch die aus dem Gewerbe-, Schul-, Gesinderecht usw sich ergebenden Fälle gesetzlicher Aufsichtspflicht mitumfaßt waren (Mot II 735; ZG II 406 ff). Die II. Komm hielt das für zu weitgehend und beschloß die jetzige Fassung. Die Minderjährigen und die ihnen wegen geistiger oder körperlicher Mängel gleichgestellten Personen seien wegen ihres Zustands, der in ihrem eigenen Interesse die Aufsicht über sie notwendig mache, gefährlich. Die Aufsichtsführung müsse sich deshalb auch darauf erstrecken, den Gefahren vorzubeugen, welche Dritten von dem zu Beaufsichtigenden drohen. Die Aufsicht über Volljährige dagegen, wie sie im Heeresdienst, im Staat und in der Kirche im Verhältnis des Vorgesetzten zu den Untergebenen, im Hauswesen im Verhältnis des Dienstherrn zu dem Gesinde stattfinde, habe nicht den Zweck, Dritte vor Beschädigung zu schützen, sondern diene anderen Interessen. Der zur Führung der Aufsicht Berufene begehe demgemäß durch Vernachlässigung der Aufsichtspflicht kein Unrecht gegen denjenigen, welchem der zu Beaufsichtigende einen Schaden zufüge. Er dürfe daher auch dann nicht für den Schaden haften, wenn dieser bei ordnungsmäßiger Führung der Aufsicht nicht entstanden wäre. Ein Volljähriger, der in ein solches Verhältnis trete, werde hierdurch dritten Personen nicht gefährlicher, als er es vorher gewesen sei (Prot II 594 ff; D 102). Eine weitere von der II. Komm beschlossene Änderung der E I besteht in der Umkehrung der Beweislast (vgl unten Rn 3).

2. Der Regelungsgedanke / die Schutzrichtung

a) Der Regelungsgedanke

§ 832 stellt im Rahmen der Verschuldenshaftung einen eigenständigen Haftungstatbestand in Form eines Unterlassungsdelikts dar. Er regelt den Sonderfall einer Verkehrspflichtverletzung (LARENZ/CANARIS, Schuldrecht II/2 § 79 IV 1; ALBILT 20) und ist damit Spezialnorm zu § 823 Abs 1. Die Gefahr geht hier von denjenigen Eigenschaften des Aufsichtsbedürftigen aus, die seine Aufsichtsbedürftigkeit begründen. Die Zuweisung der „Zuständigkeit" für die Abwehr der Gefahr folgt, anders als bei den sonstigen Fällen der Verkehrssicherungspflicht, nicht allein aus der faktischen Beherrschbarkeit der Gefahrenquelle (so aber ADEN MDR 1974, 9, 11), sondern auch und vor allem aus einer dem Deliktsrecht vorgelagerten gesetzlichen oder vertraglichen Aufsichtspflicht (ALBILT 20). Hierin liegt der Umstand, der die Spezialität von § 832 gegenüber der allgemeinen Haftungsnorm von § 823 Abs 1 (Gesichtspunkt der Verkehrspflichtverletzung) begründet. 2

Der Aufsichtspflichtige ist nach § 832 Abs 1 S 1 für den Schaden verantwortlich, den der Aufsichtsbedürftige einem Dritten rechtswidrig zufügt. Abs 1 S 2 schließt die Haftung aus, wenn der Aufsichtspflichtige seiner Aufsichtspflicht genügt hat oder der Schaden auch bei gehöriger Aufsicht eingetreten wäre, es also an der Kausalität der Pflichtverletzung für den Schaden fehlt. Die ratio der damit ausgesprochenen Pflichtwidrigkeits- und Kausalitätsvermutung ist nicht ganz klar. Deutlich ist zunächst nur, daß die Rechtfertigung der vergleichbaren Regelungen in den §§ 831 Abs 1 S 2, 833 S 2, 834 S 2, 836 Abs 1 S 2 die Beweislastumkehr in § 832 nicht (mehr) trägt (DEUTSCH JZ 1969, 233, 234; GROSSFELD/MUND FamRZ 1994, 1504, 1508). Während dort die Belastung des Schädigers mit der Beweislast den Ausgleich dafür bietet, daß dieser eine Gefahrenlage entweder freiwillig geschaffen oder zur vorteilhaften Gestaltung seiner Verhältnisse ausnutzt, fehlt es bei der Aufsichtshaftung an einem 3 wirtschaftlichen Nutzen des Aufsichtspflichtigen, der eine entsprechende Haftungsverschärfung als konsequent erscheinen ließe: Kinder stellen heute nicht mehr die wirtschaftliche Sicherung der Eltern dar, vielmehr sind sie ein für die Allgemeinheit kostbares Gut, das den Eltern erhebliche wirtschaftliche Opfer abverlangt. Die II. Komm (Prot II 595 f) stützte die Beweislastumkehr primär auf die Erwägung, der Aufsichtspflichtige sei leichter im Stande, sein Verhalten zu belegen, als es dem Geschädigten falle, belastende Momente darzutun. Auch dieser zunächst einleuchtende Aspekt trägt die Beweislastumkehr nicht. Zwar ist der Aufsichtspflichtige bei aller Schwierigkeit, die familienintern vor sich gehenden Aufsichtsmaßnahmen zu substantiieren und zu beweisen (vgl dazu BGH NJW 1990, 2553, 2554, unten Rn 142), in einer beweisnäheren Position als der Geschädigte. Diesen Umstand haben die Aufsichtsfälle jedoch mit allen übrigen Konstellationen der Garantenstellung für Gefahrenquellen gemein, ohne daß für § 823 Abs 1 eine generelle Beweislastumkehr vertreten würde. Tragfähiger erscheint demgegenüber der zweite Gedanke, der bei den Gesetzesverfassern anklingt. Dem Wesen der Aufsichtspflicht als einer gesetzlichen Pflicht gegenüber dem Geschädigten entspreche es, daß der Pflichtige Rechenschaft darüber ablege, was er zur Erfüllung seiner Pflicht getan habe (Prot II 595; JAKUBETZKY, Bemerkungen zu dem Entwurfe eines Bürgerlichen Gesetzbuches für das Deutsche Reich 167). Das entspricht allgemeinen Grundsätzen, die ihren Niederschlag in §§ 282, 285 gefunden haben. Insgesamt jedoch ist denen beizupflichten, die die legislatorische Grundlage von § 832 Abs 1 S 2 für recht schmal halten (so DEUTSCH JZ 1969, 233, 234; vgl auch DAHLGRÜN 43).

b) **Die Schutzrichtung**

4 Aus dem Charakter als spezieller Verkehrspflichtentatbestand folgt die begrenzte Schutzrichtung von § 832. Die Aufsichtspflicht iS dieser Norm dient dem Schutz der Allgemeinheit. § 832 bietet daher nur für die Schäden eine Haftungsgrundlage, die der Aufsichtsbedürftige Dritten zugefügt hat. Erleidet der Aufsichtsbedürftige selbst durch die Verletzung der Aufsichtspflicht Schaden, so haftet der Aufsichtspflichtige ihm uU aus Vertrag, aus Verletzung familienrechtlicher Pflichten oder aus § 823 (BGHZ 73, 190, 192; NJW 1984, 789, 790; s auch Rn 169), aber nicht nach § 832 (RGZ 75, 253; WarnR 1911 Nr 472; JW 1914, 1037; BGHZ 73, 190, 194; OLG Celle VersR 1978, 1172; ENNECCERUS/LEHMANN § 242 I 2; WEIMAR MDR 1962, 356). Zu der Frage, ob und inwieweit sich eine Beschränkung der Haftung aus § 1664 ergibt, vgl STAUDINGER/SCHÄFER[12] § 840 Rn 67.

3. **Die Tatbestandsstruktur / die Haftung für vermutetes eigenes Verschulden**

5 Nach dem Wortlaut der Regelung scheint für die Haftungsbegründung nur das Bestehen einer Aufsichtspflicht über eine aufsichtsbedürftige Person sowie ein von dieser einem Dritten widerrechtlich, nicht notwendig schuldhaft (s nur BGH NJW 1985, 667, 668) zugefügter Schaden vorausgesetzt zu sein. Abs 1 S 2 lehrt jedoch, daß damit der Tatbestand unvollständig beschrieben ist: Erforderlich ist zudem die **Verletzung der Aufsichtspflicht in ihrer konkreten Gestalt**. Darin liegt der eigentlichen Anknüpfungspunkt für die Haftung (FUCHS 119; ALBILT 20), die wie bei § 831 nicht wegen fremder, sondern wegen eigener vorwerfbarer Pflichtwidrigkeit einsetzt. Ferner muß die Pflichtverletzung auch ursächlich für den Schaden geworden sein. Der Schaden muß also mit der Handlung des Aufsichtsbedürftigen und der Aufsichtspflichtverletzung eine **doppelte kausale Verknüpfung** aufweisen. Schließlich setzt die Haftung

Verschulden des Aufsichtspflichtigen in bezug auf die konkrete Aufsichtspflichtverletzung voraus (allgM, BGB-RGRK/STEFFEN Rn 2). Zwar läßt die Fassung von § 832 Abs 1 S 2 im Gegensatz zu der vergleichbaren Regelungen in den §§ 831 Abs 1 S 2, 833 S 2, 834 S 2, 836 Abs 1 S 2 nicht auf ein Verschuldenserfordernis schließen. Für einen Schluß, daß damit der Boden der Verschuldenshaftung verlassen werden sollte, fehlt jedoch jeder Anhalt (vgl auch Mot II 735).

Der Vergleich mit den genannten Beweislastregeln wirft jedoch die Frage auf, ob **6** § 832 Abs 1 S 2 das Verschulden ebenso vermutet wie jene. Denn entgegen dem Beschluß der II. Komm (Prot II 593) und anders als bei §§ 831, 833 ff fehlt hier die Bestimmung, daß sich die Entlastung auf die Beobachtung der „im Verkehr erforderlichen Sorgfalt" und damit auch auf das Verschulden zu beziehen habe (vgl FUCHS 206). Ein Umkehrschluß ist gleichwohl nicht gerechtfertigt. Wie §§ 282, 285 zeigen, ist der Gesetzgeber am ehesten geneigt, Beweiserleichterungen bei der Kategorie des Verschuldens zuzulassen. Vor diesem Hintergrund liegt es nahe anzunehmen, daß bei einer Vermutung sogar der Pflichtwidrigkeit und ihrer Kausalität für den Schaden erst recht von einer Beweislastumkehr beim Verschulden auszugehen ist. Im Ergebnis zu recht – wenn auch etwas voreilig – geht daher die allgemeine Meinung davon aus, § 832 regele eine Haftung für „vermutetes eigenes Verschulden" (s etwa BGH LM Nr 11 = NJW 1976, 1685). Zur Reichweite der Beweislastumkehr s unten Rn 141–147.

4. Die Analogiefähigkeit der Vorschrift

An eine analoge Anwendung von § 832 ließe sich in zweierlei Hinsicht denken: hin- **7** sichtlich des Kreises der Aufsichtsbedürftigen wie auch desjenigen der Aufsichtspflichtigen. Eine Ausweitung von § 832 auf andere Aufsichtsbedürftige als die in der Norm genannten scheitert jedoch an der bewußten Entscheidung des Gesetzgebers für eine insoweit restriktive Fassung des Tatbestands (s oben Rn 1).

Demgegenüber wird **beim Kreis der Aufsichtspflichtigen** eine Analogie erörtert. In **8** Betracht kommt eine Einbeziehung derjenigen, die zwar nicht kraft Gesetzes oder Vertrags aufsichtspflichtig sind, wohl aber die tatsächliche Obhut über eine aufsichtsbedürftige Person innehaben. Dazu gehören etwa Eltern ohne Sorgerecht, Stiefeltern sowie alle, die sich um einen geisteskranken oder gebrechlichen Verwandten, Ehegatten oder auch Dritten kümmern. Wer eine solche tatsächliche Aufsicht führt, wird nicht selten unter dem Aspekt der Verkehrspflicht iSd § 823 Abs 1 aufgrund der tatsächlichen Beherrschung einer in seiner Sphäre befindlichen Gefahrenquelle haftbar sein (s unten Rn 155 ff). In diesem Sinne kann man von einer deliktsrechtlichen „Aufsichtspflicht" sprechen. Bezüglich dieser „Aufsichtspflichtigen" wird teilweise eine analoge Anwendung von § 832 vertreten (MünchKomm/MERTENS Rn 10, 12; ERMAN/ SCHIEMANN Rn 4; BERNING/VORTMANN JA 1986, 12, 15). Zu Recht lehnt dagegen die ganz hM eine Erstreckung von § 832 auf andere „Aufsichtsverhältnisse" ab (RGZ 53, 312, 314; BGH LM Nr 6 = NJW 1958, 1775; OLG Celle NJW 1961, 223; BGB-RGRK/KREFT Rn 5). In den in Frage kommenden Fällen wird regelmäßig nach § 823 gehaftet. Daher geht es bei einer Analogie zu § 832 im Kern um eine solche zur Beweislastumkehr von § 832 Abs 1 S 2. Deren ratio aber steht einer Erstreckung auf die Fälle bloß tatsächlicher Obhut unüberwindbar entgegen: Die einzig tragfähige Rechtfertigung der Beweislastumkehr liegt gerade in der die Fälle von § 832 qualifizierenden **vordeliktsrecht-**

lichen Pflichtenstellung gesetzlicher oder vertraglicher Art (s oben Rn 3). Daran aber fehlt es gerade in den Fällen bloß tatsächlicher Obhut. § 832 ist daher **in keiner Hinsicht analogiefähig**.

II. Der Aufsichtsbedürftige und die Adressaten der Aufsichtspflichten

1. Der Kreis der Aufsichtsbedürftigen

a) Die Minderjährigen

9 Aufsichtsbedürftig sind alle Minderjährigen, nicht etwa nur solche Minderjährigen, bei denen im Einzelfall ein Bedürfnis zur Beaufsichtigung besteht. Denn die Vorschriften, welche die Aufsichtspflicht regeln (s Rn 11 ff), statuieren eine solche Pflicht gegenüber allen Minderjährigen, weil die Minderjährigkeit als solche der Zustand ist, der eine **generelle** Aufsichtsbedürftigkeit begründet (RGZ 52, 69, 73; BGH FamRZ 1965, 75; LM Nr 1; allgM). Das gilt auch für Minderjährige, die kurz vor der Volljährigkeit stehen (BGH NJW 1980, 1044; OLG Hamm OLGZ 1992, 95, 96). Eine strikt davon zu trennende Frage ist, welches Maß an Aufsicht im Einzelfall **konkret** verlangt war, um Dritte vor Schäden zu bewahren. Allein in diesem Kontext sind Alter und individuelle Entwicklung eines Minderjährigen von (entscheidender) Bedeutung (s unten Rn 55, 59 ff). Daher wird die (generelle) Aufsichtsbedürftigkeit iSd Vorschrift selbst dann nicht berührt, wenn in der zum Schaden führenden Situation eine konkrete Aufsichtsmaßnahme des Aufsichtspflichtigen gar nicht angezeigt war (zu einem solchen Fall OLG-Rep Köln 1996, 85; vgl auch OLG Hamm OLGZ 1992, 95, 96 zum Zurücklassen eines 17jährigen Auszubildenden während des Urlaubs der Eltern).

b) Die Volljährigen

10 Volljährige sind aufsichtsbedürftig, wenn und soweit sie wegen ihres geistigen oder körperlichen Zustands **im Einzelfall** beaufsichtigt werden müssen, so zB Geistesgestörte, Epileptiker, Blinde, Taubstumme usw. Hier ist stets der Nachweis der Aufsichtsbedürftigkeit im Einzelfall erforderlich. Praktisch ist er jedoch als erbracht anzusehen, wenn der Volljährige unter Betreuung oder Pflegschaft steht und diese gerade zum Schutz der Allgemeinheit vor Schädigungen angeordnet worden ist.

2. Die Aufsichtspflichten kraft Gesetzes

a) Aufsichtspflichten über Minderjährige
aa) nach BGB

11 **Nach den familienrechtlichen Vorschriften des BGB** besteht eine Aufsichtspflicht über Minderjährige nur als Bestandteil der Sorge für ihre Person (vgl § 1631 Abs 1 BGB). Eine Aufsichtspflicht, die von der Personensorge gelöst ist, findet im BGB keine Grundlage (OLG Düsseldorf NJW 1959, 2120, 2121). Die Aufsichtspflicht als Bestandteil der Personensorge hat eine zweifache Zielrichtung. Sie dient einerseits – und primär – dem Schutz des minderjährigen Kindes vor Schäden. Die abverlangte Aufsicht dient jedoch daneben dem Schutz Dritter, die durch ein Verhalten des Minderjährigen geschädigt werden könnten. Nur an diese selbständige Dimension der familienrechtlichen Aufsichtspflicht knüpft § 832 an.

Aufsichtspflichtig iSd § 832 ist demnach, wem nach den familienrechtlichen Vorschriften die Sorge für die Person des Minderjährigen zusteht. Im einzelnen:

Bei Kindern unter elterlicher Sorge (§§ 1626, 1671 ff, 1705, 1719, 1739, 1754, 1765) **12** steht die Personensorge grundsätzlich dem Inhaber der elterlichen Sorge zu. Das sind bei bestehender Ehe beide Elternteile (§ 1626), nach Auflösung der Ehe durch Tod der überlebende Ehegatte allein (§ 1681), nach Scheidung der Ehe und bei dauerndem Getrenntleben während fortbestehender Ehe der Elternteil, dem nach Entscheidung des Familiengerichts die elterliche Sorge zusteht (§§ 1671, 1672 u BVerfG NJW 1983, 101). Das Sorgerecht des Elternteils entfällt grundsätzlich (Ausnahme: § 1673 Abs 2 Satz 2), wenn die elterliche Sorge ruht oder entzogen ist (§§ 1673 ff); inwieweit der andere Elternteil sorgeberechtigt ist, ergibt sich aus §§ 1678, 1680.

Ein **Minderjähriger** (Mann oder Frau), **der verheiratet ist oder war**, unterliegt keiner **13** Beaufsichtigung (§ 1633).

Ist **das Sorgerecht der Eltern beschränkt oder entzogen** (§§ 1666, 1666 a), so haben sie **14** insoweit auch dann keine Aufsichtspflicht, wenn das Kind weiter in ihrem Haushalt verbleibt, da es eine abstrakte, vom Personensorgerecht abgelöste Aufsichtspflicht nicht gibt (OLG Düsseldorf NJW 1959, 2120), s aber unten Rn 155–159. Eine Ausnahme gilt jedoch, soweit der nicht sorgeberechtigte Elternteil sein Umgangsrecht nach § 1634 ausübt. Dieses stellt einen nicht entziehbaren Restbestand elterlicher Sorge dar und schränkt, soweit es wahrgenommen wird, die elterliche Personensorge des sorgeberechtigten Elternteils ein (SOERGEL/STRÄTZ § 1634 Rn 6). Da dieser insoweit tatsächlich an der Ausübung der Personensorge gehindert ist, obliegt im Rahmen der Ausübung des Umgangsrechts auch die gesetzliche Aufsichtspflicht dem zwar nicht sorge-, aber umgangsberechtigten Elternteil.

Bei **nichtehelichen Kindern** steht der Mutter die elterliche Sorge zu (§ 1705). **15**

Bei minderjährigen Kindern, die unter **Vormundschaft** stehen oder für die ein **Pfleger** **16** mit dem Recht der Personensorge bestellt ist, ist der Vormund oder Pfleger aufsichtspflichtig (§§ 1793, 1794; 1800, 1909, 1915).

Dem **Beistand** und dem **Gegenvormund** obliegt dagegen die Personensorge nicht **17** (§ 1685, § 30 SGB VIII; § 1799). Sie sind daher hinsichtlich des Kindes nicht kraft Gesetzes aufsichtspflichtig.

Mehrere Aufsichtspflichtige. Steht die Personensorge **zwei** Personen zu (beiden Eltern- **18** teilen gemäß § 1626, einem Elternteil neben einem Vormund in den Fällen von § 1673 Abs 2), so sind beide Personen aufsichtspflichtig (zur Möglichkeit, in diesem Fall die Aufsichtsmaßnahmen funktionsteilig durchzuführen, unten Rn 125). Verletzen beide ihre Aufsichtspflicht, haften sie dem Verletzten nach Maßgabe der §§ 832, 840 als Gesamtschuldner.

Erziehungshilfe, Erziehungsmaßregeln. Die Aufsichtspflicht der Eltern, Vormünder **19** und Pfleger besteht nicht (ruht), solange das Sorgerecht nicht ausgeübt werden kann, weil der Minderjährige nach Anordnung von Maßnahmen der Erziehungshilfe (§§ 33–35a, 38 SGB VIII) oder Erziehungsmaßregeln nach § 9 JGG oder einer Anordnung nach § 1666 a Abs 1 BGB in einer anderen Familie oder in einem Heim untergebracht ist. Sie lebt aber auf, wenn der Minderjährige infolge Beurlaubung oder Entweichens zu dem Aufsichtspflichtigen zurückkehrt (RGZ 98, 246, 247). Bei einer solchen Unterbringung haften, wenn sie in einer anderen Familie durchgeführt wird, diejenigen nach § 832 Abs 2, denen die Erziehung übertragen worden ist. Bei einer Heim-(Anstalts-)Unterbringung richtet sich die Haftung der für die Beaufsichtigung Verantwortlichen nach § 839, Art 34 GG. Wegen des Falls, daß den Eltern das Sorgerecht entzogen worden ist, das Kind aber trotzdem weiter in ihrem Haushalt verbleibt, s Rn 160 f.

20 **Erziehungsbeistand, Bewährungshelfer.** Die Bestellung eines Erziehungsbeistands gemäß § 30 SGB VIII oder § 9 JGG hat keinen Einfluß auf die Aufsichtspflicht des kraft Gesetzes Erziehungsberechtigten. Denn die Erziehungsbeistandschaft dient nur der Unterstützung des Personensorgeberechtigten bei der Erziehung (§ 58 JWG). Diese Aufgabe des Erziehungsbeistands umfaßt nicht die allgemeine Beaufsichtigung des Minderjährigen. Entsprechendes gilt, wenn einem straffällig gewordenen Jugendlichen die Verhängung von Jugendstrafe oder die Vollstreckung der erkannten Jugendstrafe oder eines Strafrests zur Bewährung ausgesetzt und er für die Dauer der Bewährungszeit unter Bewährungshilfe gestellt wird (§§ 24, 25, 29, 88 JGG). Denn auch die Aufgaben des Bewährungshelfers bestehen nur in betreuender Hilfe (§ 24 Abs 2 JGG), ohne Eingriff in Rechte und Pflichten des Sorgeberechtigten (vgl DALLINGER/LACKNER[2] Rn 30 zu § 24 JGG).

bb) nach Vorschriften außerhalb des BGB

21 **Auszubildende.** Zur bis 1969 geltenden Rechtslage wurde – mit diversen Differenzierungen – vertreten, daß die Vorschriften der GewO (§§ 127, 127 a) sowie später die §§ 26–28 HandwO eine „gesetzliche Aufsichtspflicht" des Lehrherrn für die ihm anvertrauten Lehrlinge begründeten (ausführliche Darstellung bei STAUDINGER/SCHÄFER[12] Rn 17–19). Nunmehr sind die Pflichten des Ausbildenden abschließend in § 6 BerufsbildungsG (BBiG) v. 14. 8. 1969 (BGBl I 1112) geregelt. Danach hat der Ausbildende neben der rein fachlichen Ausbildung lediglich dafür zu sorgen, „daß der Auszubildende charakterlich gefördert sowie sittlich und körperlich nicht gefährdet wird". Damit sind die letzten Anklänge an eine patriarchalische Stellung des Lehrherrn, die noch in § 28 HandwO idF von 1965 zurückblieben (seiner „väterlichen Obhut anvertraut"), verschwunden. Überraschenderweise wird gleichwohl fast allgemein weiterhin vertreten, der „Lehrherr" sei iSd § 832 kraft Gesetzes aufsichtspflichtig, wenn auch, sofern der Auszubildende nicht in den Hausstand des Ausbildenden aufgenommen ist, nur für die Aufenthaltsdauer im Betrieb (BARFUSS BB 1976, 935, 937; PALANDT/THOMAS Rn 5; ECKERT 13; BGB-RGRK/KREFT Rn 17; MünchKomm/MERTENS Rn 5). Begründet wird das auch für die Geltung von § 6 BBiG damit, der Auszubildende sei in den Betrieb eingegliedert und der Auszubildende stelle wegen seiner Jugend dort ein Sicherheitsrisiko dar (BARFUSS BB 1976, 835, 837). Diese Auffassung geht am normativen Gehalt von § 6 BBiG vorbei. Die dort festgelegte Betreuungspflicht bezweckt ersichtlich ausschließlich die Förderung und den Schutz des Auszubildenden. Mit einer Pflicht zur Beaufsichtigung des Auszubildenden zwecks Abwendung von Schädigungen Dritter hat sie nichts zu tun.

Eine andere Fragestellung ist diejenige nach der **Haftung des Ausbildenden für die aus seinem Betrieb hervorgehenden Gefahren** für Dritte. In diesem Rahmen haftet er auch für die Gefahren, die im Zusammenhang mit der betrieblichen Tätigkeit von Dienstverpflichteten und damit auch von Auszubildenden stehen. Die Verletzung dieser

Verkehrssicherungspflicht macht aus §§ 823 Abs 1, 831 haftbar, nicht jedoch aus § 832. Eine Analogie zu dieser Vorschrift scheidet aus (s oben Rn 8).

In Betracht kommt schließlich die Übernahme der Aufsichtsführung durch Vertrag (§ 832 Abs 2); diese liegt aber nicht schon ohne weiteres – stillschweigend vereinbart – in der Aufnahme des Auszubildenden in die häusliche Gemeinschaft des Lehrherrn (ähnlich BGB-RGRK/KREFT Rn 17). Durch eine solche Aufnahme entfällt im übrigen die Aufsichtspflicht der Eltern grundsätzlich nicht, sondern beschränkt sich nur auf die aus der räumlichen Trennung sich ergebenden tatsächlichen Möglichkeiten (OLG Köln MDR 1957, 227 = VersR 1957, 401).

Lehrer an öffentlichen Schulen, gleichviel ob beamtet oder nicht, sind zwar kraft der 22 Schulgesetze gegenüber minderjährigen Schülern aufsichtspflichtig. Die Haftung bei Verletzung der Aufsichtspflicht regelt sich aber entgegen der früher vertretenen Auffassung (vgl RGZ 65, 290 und Anm II 1 a ß der 9. Aufl mit weiteren Nachweisen) nicht nach § 832, sondern ist abschließend in § 839, Art 34 GG geregelt (hM; vgl BGHZ 13, 25; LM Nr 4 und das gesamte Schrifttum). Wegen der Einzelheiten vgl STAUDINGER/SCHÄFER[12] § 839 Rn 592 sowie FRIEBE, Die Haftung des Lehrers und Schulträgers[2] (1957) und PFRETSCHNER, ZfBeamtenR 1956, 389. Auch aus der Stellung eines Lehrers als Vater des einen Unfall verursachenden Schülers ergibt sich keine Haftung aus § 832, wenn § 839, Art 34 GG Anwendung finden (vgl RG WarnR 1939 Nr 135).

Das gleiche gilt, wenn ein **militärischer Vorgesetzter** minderjährige untergebene Sol- 23 daten (§ 41 WehrstrafG), ein **Strafvollzugsbeamter** minderjährige Gefangene nicht pflichtgemäß beaufsichtigt und diese rechtswidrig andere Personen verletzen.

b) Aufsichtspflichten über Volljährige
Eine gesetzliche Aufsichtspflicht über Volljährige kommt nur in Betracht, wenn sie 24 unter Betreuung oder Pflegschaft stehen. Da die aus dem BGB folgenden gesetzlichen Aufsichtspflichten untrennbar mit der Personensorge verbunden sind, besteht eine Aufsichtspflicht für Betreuer oder Pfleger nur, wenn und soweit die Personensorge zum übertragenen Aufgabenkreis gehört.

Wenn aus der fehlenden Verweisung des Betreuungsrechts (§§ 1896 ff) auf die Vor- 25 schriften über die Personensorge (§§ 1631, 1793, 1800) gefolgert wird, für den **Betreuer** komme eine Aufsichtspflicht – anders als beim Vormund – nicht mehr in Betracht (FUCHS 98), so geht das fehl. Das Gesetz folgt insoweit der Zielsetzung, prinzipiell lediglich einzelne Aufgabenkreise, also Teilausschnitte der Personensorge, auf den Betreuer zu übertragen (§ 1896 Abs 2) (JÜRGENS/KRÖGER/MARSCHNER/WINTERSTEIN, BetreuungsR Rn 81 ff), weshalb eine Generalverweisung auf die Personensorgevorschriften nicht in Betracht kam. Daraus folgt aber bloß die Einschränkung, daß der Betreuer nur aufsichtspflichtig ist, wenn ihm entweder die gesamte Personensorge zugewiesen oder er vom Gericht besonders mit der Aufsicht betraut ist (JÜRGENS/KRÖGER/MARSCHNER/WINTERSTEIN Rn 257). Beispiel: Der zum Betreuer seiner geisteskranken Ehefrau bestellte und mit der Aufsicht gerichtlich betraute Ehemann ist – wie unter Geltung des Vormundschaftsrechts – dafür verantwortlich, daß die Geisteskranke nicht durch schwere Beschimpfungen Dritter fortdauernd den nachbarlichen Frieden erheblich stört (vgl die zum Vormundschaftsrecht ergangene Entscheidung BGH MDR 1961, 222).

26 Der **Pfleger** ist nur insoweit aufsichtspflichtig, wie die Personensorge zu seinem Aufgabenbereich gehört und es der **Zweck der Pflegschaft erfordert** (§§ 1901, 1906, 1909, 1910, 1915). Beispiel: Der Gebrechlichkeitspfleger hat für den Schutz des Gebrechlichen, nicht aber den Dritter Sorge zu tragen.

27 Steht ein Volljähriger nicht unter Betreuung oder Personenpflegschaft, so ist, auch wenn er wegen seines geistigen oder körperlichen Zustands (zB als Epileptiker) der Beaufsichtigung bedarf, eine kraft Gesetzes aufsichtspflichtige Person iS von § 832 nicht vorhanden (RG LZ 1915, 624). Auch hier läßt sich eine gesetzliche Aufsichtspflicht nicht durch *entsprechende* Anwendung von § 832 begründen (zur fehlenden Analogiefähigkeit der Norm s Rn 8). § 832 ist also zB nicht anwendbar, wenn sich ein volljähriger Sohn weiterhin im Haushalt der Eltern befindet (RGZ 92, 126; BGH LM Nr 6 = NJW 1958, 1775 betr volljährigen vorbestraften Sohn, der Dritte durch Unterschlagungen schädigt); ein Ehemann ist nicht gesetzlich aufsichtspflichtig iS des § 832 hinsichtlich der geisteskranken Ehefrau (RGZ 70, 48, s aber Rn 155 ff). Ggf können aber die Voraussetzungen von § 832 Abs 2 vorliegen, zB bei der Unterbringung eines Geisteskranken in einer offenen Anstalt (s unten Rn 39). Bei Unterbringung eines Geisteskranken in einer geschlossenen Anstalt kann sich eine Haftung für Schädigungen Dritter durch den Geisteskranken aus § 839, Art 34 GG ergeben. Wegen einer Haftung aus § 823 s Rn 154–160.

c) Fehlende Entäußerbarkeit der gesetzlichen Aufsichtspflicht

28 Häufig wird davon gesprochen, daß der kraft Gesetzes Aufsichtspflichtige seine Pflicht auf andere „delegieren" könne. Diese Formulierung ist mißverständlich. Seiner generellen gesetzlichen Aufsichtspflicht kann sich niemand dadurch entledigen, daß ein anderer im Wege der Übertragung iSe Sukzession in die Pflichtenstellung eintritt. In diesem Sinne gibt es keine privative Pflichtenübernahme (vgl KOEBEL NJW 1960, 2227). Die Übertragung der Aufsicht auf eine andere, geeignete Person kann jedoch nach ganz hM für den Pflichtigen eine Beschränkung seiner Aufsichtspflicht auf deren ordnungsgemäße Instruktion, Kontrolle und auf Information bewirken. Daher kann in der Übertragung der Aufsicht, Instruktion usw eine – auf den Zeitraum und die Reichweite der Übertragung beschränkte – **teilweise Erfüllung der Aufsichtspflicht** zu sehen sein (s dazu unten Rn 113 ff, 128 f).

3. Die vertragliche Übernahme der Aufsichtsführung

a) Der Übernahmevertrag
aa) Die Entstehungsgeschichte

29 Die gleiche Verantwortlichkeit wie einen kraft Gesetzes Aufsichtspflichtigen trifft nach § 832 Abs 2 denjenigen, der die Führung der Aufsicht über eine wegen Minderjährigkeit oder wegen ihres geistigen oder körperlichen Zustands aufsichtsbedürftige Person durch Vertrag übernommen hat. Nach E I sollte – außer den kraft Gesetzes aufsichtspflichtigen Personen – entsprechend §§ 831 Abs 2, 834 Satz 1, 838 ersatzpflichtig nur sein, wer die Aufsichtsführung *für* den durch das Gesetz Verpflichteten übernommen hat. Der in der II. Komm gestellte Antrag auf Beseitigung dieser Einschränkung wurde abgelehnt. Durch die geltende, auf Beschluß der Reichstagskomm beruhende Fassung sollte klargestellt werden, daß einerseits Personen, welche nur tatsächlich sich der Beaufsichtigung unterzogen haben (vgl unten Rn 41, 150) nicht haften, daß aber andererseits der vertragsmäßig zur Aufsichtsführung Verpflichtete auch haftet, wenn es an einem kraft Gesetzes Verpflichteten fehlt (Mot II 735 ff, ZG II 406 ff, Prot II 596; RTK 103). In der II. Komm wurde ebenfalls beantragt, es solle schon die Übernahme tatsächlicher Obhut für eine Gleichstellung mit den kraft Gesetzes Aufsichtspflichtigen ausreichen. Diese Position wurde ausdrücklich verworfen (Prot II 596).

bb) Die Bedeutung der vertraglichen Übernahme
Die Abgrenzungsfunktion des Merkmals der Übernahme „durch Vertrag" wird aus der Entstehungsgeschichte heraus deutlich (soeben Rn 29): Es sollte gerade nicht die rein tatsächliche Obhut über eine aufsichtsbedürftige Person den Fällen der gesetzlichen Aufsichtspflicht gleichgestellt sein. Die erleichtert eingreifende Haftung nach § 832 setzt voraus, daß sich der die Aufsicht Übernehmende dabei einer rechtlichen Bindung – gleich wem gegenüber – unterwirft. Nur dann tritt er – auch subjektiv – verbindlich an die Stelle dessen, der gegenüber Dritten die Zuständigkeit für die Beherrschung der Gefahrenquelle innehat. Dieser verstärkte Grad an rechtlichem Bewußtsein beim Übernehmer ist für die Überbürdung der Haftung aus § 832 auf einen anderen unverzichtbar (vgl BERNING/VORTMANN JA 1986, 12, 15). Aus diesem Grunde scheidet auch eine Analogie von § 832 Abs 2 auf die vom Gesetzgeber bewußt ausgenommenen Fälle bloß tatsächlicher Obhutsübernahme aus (vgl oben Rn 8). 30

Die **besondere haftungsrechtliche Bedeutung von § 832 Abs 2** wird darin gesehen, daß der obligatorischen Bindung Außenwirkung beigelegt wird und die vertragliche Übernahme nach außen wie eine gesetzliche Verantwortung haftbar macht. Das ist jedoch nicht so zu verstehen, daß hier die relative Wirkung der Obligation überwunden würde. Vielmehr achtet der Gesetzgeber den Umstand rechtsverbindlicher Übernahme von Verantwortung für eine aufsichtsbedürftige Person (gleich gegenüber wem, s sogleich Rn 31) der Zuständigkeitsbegründung über eine gesetzliche Aufsichtspflicht gleich.

cc) Der Vertragspartner
Ob der Vertrag mit der kraft Gesetzes aufsichtspflichtigen Person oder mit der der Aufsicht bedürftigen Person bzw deren gesetzlichem Vertreter oder mit einem Dritten abgeschlossen wurde, ist für die Anwendbarkeit von § 832 Abs 2 bedeutungslos (OLG Köln OLGE 34, 121; ALBILT 29; SCHEFFEN/PARDEY Rn 118). So liegt zB eine vertragliche Übernahme der Aufsicht vor, wenn ein schwer erziehbares Kind auf Anordnung des Jugendamts in einem von einem privaten Rechtsträger unterhaltenen Kinderheim untergebracht wird. Dem Inhaber des Heims werden damit nicht etwa hoheitliche Machtbefugnisse übertragen; für Schäden aus Verletzung der Beaufsichtigungspflicht haftet er aus § 832 Abs 2, nicht etwa das Jugendamt aus § 839, Art 34 GG (BGH VersR 1965, 48). 31

dd) Das Zustandekommen des Vertrags
Der Aufsichtsvertrag kann ausdrücklich, aber auch stillschweigend geschlossen werden (RG SeuffA 89, 39; BGH FamRZ 1968, 587; s auch BOSCHER VersR 1964, 888). Eine Übernahme der Aufsicht wird selten ausdrücklich vertraglich vereinbart. Daher liegt die Hauptproblematik der Vorschrift in der Bestimmung der Voraussetzungen, unter denen bei tatsächlicher Übernahme der Aufsicht ein über eine Gefälligkeit hinausgehender rechtsgeschäftlicher Übernahmewille (BGH LM Nr 9 = NJW 1968, 1874) 32

angenommen werden kann. Daß an das Zustandekommen eines stillschweigend geschlossenen Vertrags keine hohen Anforderungen zu stellen sind (BGH LM Nr 10 = NJW 1976, 1145, 1146), ist richtig, hilft insoweit aber nicht weiter. Untauglich ist die Aufstellung pauschaler Regeln, etwa derart, daß der Aufenthalt von Kindern bei Verwandten stets auf Basis einer bloßen Gefälligkeit (so LG Osnabrück VersR 1954, 518) oder immer auf rechtsgeschäftlicher Grundlage erfolge (so WEIMAR MDR 1962, 356, 357, der § 832 Abs 2 erklärtermaßen extensiv auslegen möchte). Unzulässig ist erst Recht, die Haftung nach § 832 Abs 2 in eine allgemeine Haftung des Hausvorstands oder des „Familienoberhaupts" entsprechend der Regelung in § 333 schweiz ZGB umzufunktionieren (so aber WEIMAR MDR 1962, 356, 357). Maßgeblich ist vielmehr, ob nach den Umständen des Einzelfalls **die Zuständigkeit für die in den Eigenschaften des Aufsichtsbedürftigen liegende Gefahrenquelle gerade im Hinblick auf Dritte rechtsverbindlich übernommen sein soll**. Ob das so ist, bestimmt sich nach einer Reihe von Indizien:

33 Die **Unentgeltlichkeit** der Aufsichtsübernahme hindert entgegen DEUTSCH (JZ 1969, 233, 234) die Annahme rechtsgeschäftlicher Bindung nicht prinzipiell (OLG Düsseldorf VersR 1992, 310). Umgekehrt aber läßt die **Entgeltlichkeit** auf ein zugrunde liegendes Rechtsverhältnis schließen.

Von Bedeutung ist, ob mit der tatsächlichen Aufsicht auch andere Elemente der Personensorge (zB Erziehung) Dritten zur Ausübung überlassen werden und damit die Einräumung einer umfassenderen Verantwortung für den Aufsichtsbedürftigen gewollt ist. Dafür spricht etwa die Eingliederung in eine häusliche Gemeinschaft oder ein Heim sowie die Verbringung an einen anderen Ort.

Aussagekräftig kann auch sein, wie intensiv und weitreichend die tatsächlichen Einwirkungsmöglichkeiten auf den Aufsichtsbedürftigen sind, die mit der Übernahme der Obhut verbunden sind (BGH NJW 1976, 1145, 1146). Soweit aber eine rechtsgeschäftliche Übernahme ausschließlich bei einer weitreichenden Obhut von längerer Dauer und weitgehender Einwirkungsmöglichkeit angenommen wird (BGH LM Nr 9 = NJW 1968, 1874; OLG Schleswig VersR 1980, 242, 243), ist das zu eng und verkennt, daß es sich dabei lediglich um wichtige, nicht aber die einzigen Indizien für einen Rechtsbindungswillen handelt.

Daß eine danach festzustellende rechtsgeschäftliche Aufsichtsübernahme in erster Linie die Interessen des Kindes bezweckt, ist mit der Annahme, daß zu den übernommenen Aufgaben der Schutz Dritter vor Gefahren gehört, die von dem Kind ausgehen, nicht unverträglich (RG HRR 1934 Nr 1449 betr Aufnahme des minderjährigen Bruders nach dem Tod der Eltern in den Haushalt der verheirateten Schwester mit Zustimmung des Vormunds).

Einzelfälle:

34 Ein Besuch bei Großeltern oder anderen Verwandten während der **Ferien** geht regelmäßig mit einer umfassende Einwirkungsmöglichkeit bedeutenden Eingliederung in die Hausgemeinschaft einher und beinhaltet regelmäßig eine rechtsgeschäftliche Zuständigkeitsübernahme. Insbesondere gilt das, wenn ein Kind mit in die Ferien genommen wird (OLG-Rep Celle 1994, 221).

Die kurzfristige Aufsichtsübernahme aus reiner „Gefälligkeit", etwa unter Nachbarn, **35** läßt regelmäßig nicht auf eine umfassende Verantwortungsübernahme gerade im Hinblick auf den Schutz Dritter schließen. Ein Vertrag liegt daher meist nicht vor. Der nur für kurze Zeit und gefälligkeitshalber Beaufsichtigende darf nicht mit einem erheblich gesteigerten Haftungsrisiko „bestraft" werden (Scheffen/Pardey Rn 118). Beispiele: „Babysitter"; Eltern holen neben ihrem eigenen noch ein anderes Kind vom Kindergarten ab (LG Karlsruhe VersR 1981, 142, 143). Erst recht gilt das, wenn in der Übernahme der Obhut des Aufsichtsbedürftigen eine Geschäftsführung ohne Auftrag liegt. Beispiel: Das von der Mutter allein gelassene Kind schreit und wird von einer mitleidigen Nachbarin bis zur Rückkehr der Mutter versorgt; die Nachbarin fällt nicht unter § 832 Abs 2 (aM Weimar MDR 1962, 356, 357).

Besuche bei anderen Kindern, um bei und mit ihnen zu spielen, implizieren ebenfalls **36** normalerweise keine Gewährsübernahme durch deren Eltern (BGH NJW 1968, 1874; BGH VersR 1964, 1085, 1086). Gleiches gilt für die Ausrichtung eines Kindergeburtstags durch Eltern. Anders kann die Bewertung ausfallen, wenn ein außenstehender Dritter über eine Gefälligkeit hinausgehend selbständig die Ausrichtung übernimmt (OLG Celle NJW-RR 1987, 1384: 21jähriger Absolvent einer Kinderpflegeschule im Rahmen eines Praktikums).

Eine vertragsmäßige Übernahme wird regelmäßig vorliegen, wenn ein **Stiefkind** dau- **37** erhaft in die häusliche Gemeinschaft aufgenommen wird (BGH LM Nr 3; OLG Düsseldorf VersR 1992, 310). Gleiches gilt bei Pflegeeltern.

Der Übernahme von **Aufsicht gegen Entgelt** liegt ein Vertrag zugrunde. Das gilt nicht **38** nur für die unmittelbaren Beziehungen zwischen Aufsichtspflichtigen und Kinderpflegerinnen, Tagesmüttern usw. In gleicher Weise wird die Aufsicht iSd § 832 Abs 2 vertraglich übernommen von denen, die mit einem seinerseits kraft Vertrags aufsichtspflichtigen Rechtsträger ein Dienstverhältnis eingehen, das zumindest auch die Aufsicht über beaufsichtigungsbedürftige Personen zum Gegenstand hat (Marburger VersR 1971, 777, 783; vgl BGH VersR 1956, 520; 1957, 370). Beispiele: Kindergärtnerinnen, Erziehungspersonal von privaten Schulen oder Kinderheimen, Krankenpflegern und beim ärztlichen und Pflegepersonal privater Heil- und Pflegeanstalten.

Erfolgt wegen der Aufsichtsbedürftigkeit eine **Unterbringung in Anstalten, Kranken-** **39** **häusern, Heimen** usw, liegt regelmäßig eine vertragliche Aufsichtsübernahme vor. Die Heilbehandlung von Kranken erfolgt auch in öffentlichen Krankenhäusern regelmäßig auf privatrechtlicher Basis, so daß § 832 Abs 2 nicht in Konkurrenz zu § 839 tritt (BGH NJW 1985, 677, 678). § 839 verdrängt allerdings § 832, wo es sich um eine Zwangsbehandlung handelt oder wo der Arzt unmittelbar in Ausübung eines öffentlichen Amtes tätig wird, zB als Amtsarzt (BGH aaO). Zur Konkurrenz zwischen § 832 und § 839 unten Rn 166 f. Vertragspartner ist bei der Krankenhaus- oder Heimaufnahme der Rechtsträger oder Leiter. Das Personal ist Verrichtungs- und Erfüllungsgehilfe. Begeht das Personal eine Aufsichtspflichtverletzung nach § 832 Abs 2 (s Rn 38), so muß der Rechtsträger gem §§ 278, 831 einstehen (zur Haftung des Aufsichtspflichtigen nach § 831 s unten Rn 164 f). Auch eine Haftung aus § 832 Abs 2 kommt nach ganz hM (nur) in Betracht, wenn dem Rechtsträger ein Auswahl-, Instruktions- oder Organisationsverschulden zur Last fällt (s unten Rn 113 ff, 129). Ein solches liegt schon darin, daß zur Erfüllung der Beaufsichtigung ungeeignetes Personal verwendet, zB die Aufsicht über schwer erziehbare Kinder einem 17jährigen überlassen wird (BGH VersR 1965, 48).

Der Träger eines Krankenhauses übernimmt mit dem auf die Aufnahme eines 7jährigen gerichteten Krankenhausvertrag zugleich auch vertraglich die Aufsicht (BGH NJW 1976, 1145). Wenn ein Säugling dadurch zu Schaden kommt, daß sich der im Nebenzimmer untergebrachte 7jährige an ihm zu schaffen macht – hier: es aus dem Bettchen nimmt und fallen läßt –, kann daher der Krankenhausträger aus §§ 831, 823 oder § 832 Abs 2 haften.

Anders als bei einem Pflegeheim hat die Aufnahme in ein Altenheim oder Seniorenwohnheim noch nicht ohne weiteres eine vertragliche Übernahme auch der Aufsicht iS von § 832 zum Gegenstand (OLG Celle NJW 1961, 223; WEIMAR ZMR 1976, 136, 137). Eine später eintretende Aufsichtsbedürftigkeit kann allerdings nachträglich zu einer konkludenten rechtsgeschäftlichen Übernahme der Aufsichtspflicht führen. Eine Gefahrenabwendungspflicht kann sich hier aber jedenfalls unter dem Aspekt der Verkehrssicherungspflicht ergeben (OLG Celle NJW 1961, 223; vgl unten Rn 159 ff).

Wegen weiterer Kasuistik vgl zB OLG Hamburg VersR 1973, 828 betr von gemeinnützigen Organisationen und Sozialwerken für Kinder einkommensschwacher Eltern veranstaltete Ferienaufenthalte; LG München II NJW 1978, 108 betr Zeltlagerveranstaltungen für in einem Heim untergebrachte Jugendliche. Zum Umfang der nach § 832 zu beurteilenden Pflicht zur Beaufsichtigung von Personen, die sich wegen ihres geistigen Zustands freiwillig oder im Einverständnis ihres gesetzlichen Vertreters in einer von einer Körperschaft des öffentlichen Rechts getragenen **offenen** psychiatrischen Klinik befinden, vgl BGH VersR 1984, 460.

ee) Die Unwirksamkeit des Vertrags

40 Umstritten ist, ob ein *nichtiger* Übernahmevertrag die Wirkungen von § 832 Abs 2 begründen kann (so OERTMANN 1 b; MünchKomm/MERTENS 13; FUCHS 101). Zwar liegt der Fall, daß ein Übernahmevertrag geschlossen wurde, dem die Wirksamkeit fehlt, im Ausgangspunkt anders als die Konstellationen, bei denen es völlig an einem rechtsgeschäftlichen Element fehlt (FUCHS 101). Gleichwohl reicht die äußere Hülle einer unwirksamen rechtsgeschäftlichen Einigung nicht aus, um eine Haftung aus § 832 Abs 2 zu begründen (hM, BGB-RGRK/KREFT Rn 22; ALBILT 39; ECKERT 19 f). Das erhellt, wenn man sich klar macht, daß es hier praktisch nur um die Fälle der Aufsichtsübernahme durch Geschäftsunfähige oder beschränkt Geschäftsfähige geht. Deren Schutz verlangt es, in der aufgrund fehlerhaften Rechtsgeschäfts erfolgenden Übernahme eben nur eine rein tatsächliche Übernahme der Aufsicht zu sehen, welche die Gleichstellung mit dem Fall der gesetzlichen Aufsichtspflicht nicht trägt (s oben Rn 8, 41; zur vertraglichen Übernahme der Aufsicht durch Minderjährige ECKERT 19 f).

b) Die tatsächliche Übernahme der Beaufsichtigung

41 Den Gegensatz zur vertraglichen Übernahme der Aufsichtsführung bildet die bloß tatsächliche Übernahme der Aufsicht, die – im Gegensatz zum stillschweigend geschlossenen Übernahmevertrag (§ 832 Abs 2) – vorliegt, wenn es an einem Verpflichtungswillen des Übernehmenden fehlt oder der Übernahmevertrag unwirksam ist (Rn 40); § 832 Abs 2 ist nicht – auch nicht entsprechend – anwendbar (Rn 8). In Betracht kommt aber die Verletzung einer Verkehrspflicht und damit eine Haftung nach § 823 Abs 1 (BGH LM Nr 9; OLG Celle NJW 1961, 223; ERMAN/SCHIEMANN Rn 5; dazu s unten Rn 160 f).

c) Die Bedeutung der vertraglichen Aufsichtsübernahme für die Beaufsichtigungspflicht des gesetzlich Aufsichtspflichtigen

Wer die Aufsicht auf Grundlage eines Vertrags übernimmt, wird damit Adressat **42** einer eigenen und gegenüber der des gesetzlich zur Aufsicht Verpflichteten **selbständigen** Aufsichtspflicht iSd § 832. Der Bestand der gesetzlichen Aufsichtspflicht wird dadurch im Grundsatz nicht berührt: Es findet keine Rechtsnachfolge, **keine privative Pflichtenübernahme** statt (Rn 28). Die Übertragung der Aufsicht auf eine andere, geeignete Person kann nach der Konzeption der hM zu einer Reduzierung der Aufsichtspflicht auf eine Pflicht zur ordnungsgemäßen Auswahl, Instruktion, Kontrolle des übernehmenden Dritten und zur Information führen; wird dieser „mittelbaren" Aufsichtspflicht genügt, hat der Aufsichtspflichtige § 832 Abs 2 entsprochen (s unten Rn 113 ff, 128 ff).

d) Fehlende Entäußerbarkeit der vertraglichen Aufsichtspflicht

Auch der durch Vertrag übernommenen Aufsichtspflicht kann man sich nicht durch **43** deren Weiterübertragung entäußern. Der Gesetzgeber achtet die vertraglich übernommene Aufsichtspflicht in § 832 Abs 2 der gesetzlichen gleich. Daher gilt auch das zur fehlenden Entäußerbarkeit der gesetzlichen Aufsichtspflicht und zum Ausschluß einer privativen Pflichtenübernahme Ausgeführte (oben Rn 28) entsprechend: Die Weiterübertragung der Aufsicht durch den vertraglich Aufsichtspflichtigen kann nach der Konzeption der hM zu einer Reduzierung der Aufsichtspflicht auf eine Pflicht zur ordnungsgemäßen Auswahl, Instruktion, Kontrolle des übernehmenden Dritten und zur Information führen; wird dieser „mittelbaren" Aufsichtspflicht genügt, hat der Aufsichtspflichtige § 832 Abs 2 entsprochen (s unten Rn 113 ff, 128 ff).

4. Die analoge Anwendung

Eine analoge Anwendung von § 832 auf Fälle lediglich tatsächlicher Obhut und Auf- **44** sicht über eine aufsichtsbedürftige Person kommt nicht in Betracht (RGZ 53, 312, 314; 70, 48, 50; BGH LM Nr 6 = NJW 1958, 1775; OLG Celle NJW 1961, 223; BGB-RGRK/KREFT Rn 5). In diesen Fällen fehlt es an der vordeliktsrechtlichen Zuständigkeit für die von einem aufsichtsbedürftigen ausgehenden Gefahren, die § 832 – in Abgrenzung zu § 823 Abs 1 (Verkehrspflichtverletzung) – voraussetzt (s oben Rn 8). Eine Haftung richtet sich vielmehr nur nach letzterer Vorschrift (s unten Rn 155 ff).

III. Die widerrechtliche Schadenszufügung durch den Aufsichtsbedürftigen

Voraussetzung für die Haftung des gesetzlich oder vertraglich Aufsichtspflichtigen **45** ist zunächst, daß der Aufsichtsbedürftige einem Dritten widerrechtlich Schaden zugefügt hat.

1. Die unerlaubte Handlung

Die Schadenszufügung muß den objektiven Tatbestand einer unerlaubten Handlung **46** erfüllen (BGH NJW 1990, 2553, 2554; OLG Oldenburg Nds Rpfl 1974, 135). Allgemein wird zu der Frage, unter welchen Voraussetzungen die objektive Verwirklichung des Tatbestands einer unerlaubten Handlung vorliegt und die Widerrechtlichkeit der Schadensverursachung gegeben ist, auf die Ausführungen zu den entsprechenden Merkmalen von § 831 (vgl dort ab Rn 67) verwiesen.

a) „Dritter" – Der Kreis der geschützten Personen

47 Dritter, dem der Schaden zugefügt wird, kann nach der Schutzrichtung von § 832 jeder außer dem Aufsichtsbedürftigen und dem oder den Aufsichtspflichtigen sein (OLG Stuttgart FamRZ 1983, 68, 69 verneint mit Recht die Eigenschaft als Dritter für den Fall, daß ein Kind mit der Mutter zusammenlebt und dem noch nicht geschiedenen und daher noch aufsichtspflichtigen Vater einen Schaden zufügt). Dritter ist daher auch eine Person, die der Aufsicht desselben Aufsichtspflichtigen unterliegt wie der verletzende Aufsichtsbedürftige (RG DJZ 1907, 657; Fuchs 114).

b) Die zurechenbare Verursachung des Schadens

48 Der eingetretene Schaden muß durch ein Verhalten des Aufsichtsbedürftigen verursacht und bei wertender Betrachtung diesem als sein Werk objektiv zurechenbar sein. Es muß sich gerade das vom Aufsichtsbedürftigen rechtswidrig gesetzte Risiko im Schaden realisieren. Die Rspr verlangt neben der Kausalität iSe conditio sine qua non in einem wertenden Schritt deren Adäquanz (RG LZ 1918, 501). Der Verletzungserfolg braucht danach nicht die unmittelbare Folge seines Verhaltens zu sein. Es genügt auch eine mittelbare Verursachung in dem Sinn, daß der Aufsichtsbefohlene eine, wenn auch entferntere Ursache gesetzt hat, sofern die eingetretene Folge nicht so ungewöhnlich ist, daß damit nach der Erfahrung des Lebens vernünftigerweise nicht zu rechnen ist (BGH VersR 1966, 386). Eine objektiv zurechenbare Verursachung liegt zB vor, wenn ein 12jähriger beim Spielen mit einem gefährlichen Wurfpfeil den Pfeil einem 6jährigen mit der Weisung überläßt, ihn nicht weiterzugeben, der 6jährige den Pfeil aber doch weisungswidrig einem gleichaltrigen Spielkameraden übergibt oder sich den Pfeil von diesem im Spieleifer abnehmen läßt und der letztere mit dem gefährlichen Werkzeug einen anderen verletzt (BGH VersR 1966, 368, die Adäquanz bejahend): Es verwirklicht sich hier das wegen der geringen Einsichtsfähigkeit des 6jährigen vom 12jährigen gesetzte Risiko. Zurechenbare Verursachung liegt auch vor, wenn ein Kraftfahrer, um ein im Straßenverkehr sich verkehrswidrig verhaltendes Kind nicht zu verletzen, Maßnahmen ergreift, durch die er selbst zu Schaden kommt (BGH NJW 1967, 249 m krit Anm Ganzeschian-Fink NJW 1968, 641). So, wenn ein 4jähriges Kind die Fahrbahn einer belebten Straße betreten hat und ein entgegenkommender Kraftfahrer, der befürchtet, das Kind werde die Fahrbahn überquerend weiterschreiten und mit ihm kollidieren, scharf abbremst und das Steuer herumreißt, dabei ins Schleudern gerät und Schaden erleidet. Es kommt dabei nicht darauf an, ob das Kind wirklich weitergelaufen wäre oder angehalten und das Vorbeifahren des Kfz abgewartet hätte. Denn angesichts der Unberechenbarkeit des Verhaltens von Kleinkindern, das allein schon das Betreten der Fahrbahn als widerrechtlich erscheinen läßt, durfte der Fahrer nicht darauf vertrauen, daß das Kind, nachdem es einmal verkehrswidrig die Fahrbahn betreten hatte, sich jetzt – wie ein Erwachsener – verkehrsrichtig verhalten und sein Vorbeifahren abwarten würde. Er mußte vielmehr, da bei Kleinkindern grundsätzlich unbesonnenes Verhalten in Rechnung zu stellen ist, rechtzeitig Maßnahmen zur Vermeidung eines Zusammenstoßes treffen. Dabei ist es für die Zurechenbarkeit zu der durch das kindliche Verhalten gesetzten Unfallursache bedeutungslos, ob der Fahrer die geeignetsten Mittel zur Gefahrenabwehr

gewählt hat, da auch ein schuldhaftes Vergreifen im richtigen Mittel mit Rücksicht darauf, daß bei einer gefahrträchtigen Lage rasche Entschlüsse zu fassen sind, nicht außerhalb des durch das Verhalten des Kindes gesetzten Risikos liegt (vgl die Adäquanzbetrachtungen des BGH aaO; dazu krit Anm der Schriftleitung in FamRZ 1968, 29). Ebenfalls eine zurechenbare Schadensfolge kann vorliegen, wenn ein $2^{1}/_{2}$jähriges Kind einen Beinahe-Unfall mit einem herzkranken Autofahrer verursacht und dieser infolge der Schrecksituation 40 Minuten später den Herztod erleidet (OLG Düsseldorf VersR 1992, 1233, 1234). Das Risiko, daß der mit einer von einem Kind verursachten Gefahrensituation Konfrontierte schreckbedingt Gesundheitsschäden erleidet, gehört mit zu den Risiken, die mit unkontrolliertem kindlichen Verhalten im Straßenverkehr verbunden sind.

Die Haftung des Aufsichtspflichtigen erstreckt sich auf den Fall von § 830 Abs 1 Satz 2 (OLG Stuttgart LZ 1914, 596).

c) Die subjektiven Tatbestandselemente

Was die *subjektive* Seite anbelangt, so gilt auch für § 832, daß da, wo zur Erfüllung **49** des Tatbestands eine bestimmte Willensrichtung gehört oder wo die Rechtswidrigkeit von subjektiven Merkmalen abhängt, diese subjektiven Merkmale (im „natürlichen" Sinn) auch bei dem Deliktsunfähigen oder schuldlos Handelnden gegeben sein müssen (RGZ 73, 434; HRR 1929 Nr 705; WEIMAR MDR 1962, 356; PALANDT/THOMAS Rn 10; allgM). ZB muß beim Betrug die Absicht, sich einen rechtswidrigen Vermögensvorteil zu verschaffen, bei der Sittenwidrigkeit eines Verhaltens iRd § 826 etwa die Kenntnis der die Sittenwidrigkeit begründenden Tatumstände feststellbar sein.

2. Die Rechtswidrigkeit

Die Widerrechtlichkeit der Schadenszufügung ist nur ausgeschlossen, wenn das schä- **50** digende Verhalten des Aufsichtsbedürftigen von einem Rechtfertigungsgrund gedeckt ist. Im übrigen sei auf die Darstellung bei § 831 (dort ab Rn 67) verwiesen.

3. Das Verschulden des Aufsichtsbedürftigen

Ein Verschulden des Aufsichtsbedürftigen ist nicht erforderlich; es ist gerade eine **51** wichtige Funktion der Vorschrift, eine Verantwortlichkeit für solche Fälle zu gewährleisten, in denen der unmittelbare Verursacher deliktsunfähig (§§ 827, 828) oder zwar einsichtsfähig iS von § 828 Abs 2 ist, aber wegen der an Jugendliche seiner Altersstufe zu stellenden geringeren Sorgfaltsanforderungen (s § 828 Rn 17) nicht schuldhaft gehandelt hat (RGZ 50, 65; 53, 315; BGH VersR 1954, 558; 1966, 368; einhellige Meinung). Andererseits wird die Haftung aus § 832 aber auch nicht dadurch ausgeschlossen, daß der Aufsichtsbedürftige den Schaden schuldhaft verursacht hat.

IV. Die Aufsichtspflicht und ihre Verletzung

1. Allgemeines/methodisches Vorgehen

Üblicherweise gehen Rspr und Literatur bei der Festlegung des Prüfungsprogramms **52** für die entscheidende Tatbestandsvoraussetzung der Aufsichtspflichtverletzung von der Formulierung von § 832 Abs 1 S 2 aus. Danach tritt die Haftung ua nicht ein, wenn der Aufsichtspflichtige seiner Aufsichtspflicht „genügt" hat. Das ist nach einhelliger Auffassung der Fall, wenn er zur Verhinderung der Schädigung Dritter alles getan hat, was von einem verständigen Aufsichtspflichtigen in seiner Lage nach den Umständen des Einzelfalls vernünftiger- und billigerweise verlangt werden konnte (BGH VersR 1965, 606; 1969, 523; 1980, 278, 279; FamRZ 1968, 455; BGH NJW 1976, 1684; 1980, 1044; 1984, 2575; 1993, 1003 f; 1995, 3385 f; 1996, 1404 f; OLG Köln VersR 1975, 162; OLG Karlsruhe VersR 1979, 58; OLG Oldenburg FamRZ 1994, 834; NJW-RR 1996, 153). Dabei ist ausschlaggebend, ob der Aufsichtspflichtige in bezug auf die konkrete Gefahrensituation diejenigen erforderlichen und verhältnismäßigen (insbesondere zumutbaren) Aufsichtsmaßnahmen schuldhaft unterlassen hat, die verständige Aufsichtspflichtige zur Verhinderung derartiger Schädigungen nach vernünftigen Anforderungen hätten ergreifen müssen (BGH VersR 1957, 799; 1965, 137; 1980, 279; FamRZ 1965, 77; 1968, 454; NJW 1984, 2575; NJW-RR 1987, 13, 14; 1987, 1430; 1990, 1248; RuS 1992, 233 f; NJW 1993, 1003; OLG Celle FamRZ 1966, 107; OLG Oldenburg VersR 1976, 199; OLG Koblenz VersR 1980, 752; OLG Oldenburg FamRZ 1994, 834).

53 Diese richtigen Grundaussagen orientieren sich an der Beweislastregelung von § 832 Abs 1 S 2. Diese Ausrichtung trägt nicht zu einer systematisch sauberen Prüfung der Frage einer Aufsichtspflichtverletzung bei. Tatbestandsmerkmal und somit Anknüpfungspunkt für die Haftung aus § 832 ist die **Verletzung der Aufsichtspflicht** (s oben Rn 5), und zwar **in ihrer konkreten Gestalt**. Der Aufsichtspflichtige muß maW diejenigen Verhaltensanforderungen unerfüllt gelassen haben, die vernünftigerweise zu beachten waren, um der **allgemeinen Pflicht**, durch die Aufsicht über den Aufsichtsbedürftigen die Schädigung Dritter zu verhindern, **für die konkrete Gefahrensituation zu genügen**.

Diese Umschreibung der maßgeblichen Tatbestandsvoraussetzung von § 832 läßt die Frage der Beweislastumkehr bewußt zunächst außer acht. Sie verdeutlicht die für eine methodisch korrekte Vorgehensweise erforderliche **Zweistufigkeit der Prüfung**: Zunächst sind die **Anforderungen der Aufsichtspflicht** an ihren Adressaten **für den konkreten Fall herauszuarbeiten (a)**. Sodann ist im Wege der Subsumtion des festgestellten Sachverhalts unter diese Anforderungen **zu prüfen, ob der Aufsichtspflichtige dem entsprochen, er also seine Pflicht erfüllt hat (b)**.

a) Der konkrete Inhalt der Aufsichtspflicht
54 Die Konkretisierung der Anforderungen bezüglich der allgemeinen Aufsichtspflicht für den Einzelfall bildet zunächst den Schwerpunkt der Tatbestandsproblematik von § 832. Die Frage, was an Aufsichtsmaßnahmen konkret geboten war, ist **reine Rechtsfrage**.

55 Ihre Beantwortung bemißt sich im Ausgangspunkt nach der **konkreten Vorhersehbarkeit von Schäden** (BGH RuS 1992, 233; OLG Hamm VersR 1990, 743, 744; OLG Nürnberg RuS 1992, 233; SCHMID VersR 1982, 822, 823). Dieses Kriterium ist gleichbedeutend mit der Frage, ob ein entsprechender **Aufsichtsanlaß** gegeben war. Ein solcher ist Voraussetzung dafür, daß sich die allgemeine Aufsichtspflicht überhaupt konkret zu einem bestimmten Handlungsgebot für den Aufsichtspflichtigen verdichtet (OLG Köln VersR 1976, 162; OLG-Rep 1996, 85; ADEN MDR 1974, 9, 10; RAUSCHER JuS 1985, 757, 761). Der konkrete **Aufsichtsanlaß** bestimmt sich nach zwei Faktoren: den **Eigenschaften des Aufsichtsbedürftigen** sowie der **Schadensgeneigtheit des Umfelds bzw der Situation**.

Stehen Art und Reichweite des Aufsichtsanlasses aufgrund des Tatsachenmaterials **56** fest, hat der Richter **zu werten, welche Maßnahmen der Aufsicht erforderlich und verhältnismäßig** gewesen wären, um der Pflicht zur Schadensverhinderung zu genügen. Im Rahmen dieser Wertung sind auch die **Zumutbarkeit für den Aufsichtspflichtigen** zu berücksichtigen und eine **Abwägung mit dem Erziehungsauftrag von § 1631 Abs 2 und der Erziehungszielbestimmung von § 1626 Abs 2** vorzunehmen.

b) Die Erfüllung der Aufsichtspflicht in ihrer konkreten Gestalt
Nach der Bestimmung dessen, was an Aufsichtsmaßnahmen geboten war, ist daran **57** das tatsächliche Verhalten des Aufsichtspflichtigen zu messen, wie es sich nach dem Parteivortrag und dem Ergebnis der Beweisaufnahme darstellt. Hat danach der Aufsichtspflichtige der Aufsichtspflicht nicht genügt, greift, sofern dies zu seinem Verschulden gereicht, die Haftung gem § 832 Abs 1 S 1 ein.

2. Der Aufsichtsanlaß

Der Grad des Aufsichtsanlasses bestimmt maßgeblich die Erforderlichkeit und **58** Zumutbarkeit von Aufsichtsmaßnahmen. Entscheidend für das Gewicht des Aufsichtsanlasses ist das Ausmaß der Gefahr, die außenstehenden Dritten durch den Aufsichtsbedürftigen droht. Dieses wird bestimmt durch die **Eigenschaften** des Aufsichtsbedürftigen und die **Schadensgeneigtheit des Umfelds**, in dem sich der Aufsichtsbedürftige konkret befindet, bzw der von ihm ausgeübten Tätigkeit.

a) Die Eigenschaften des Aufsichtsbedürftigen
Das Gewicht des Aufsichtsanlasses richtet sich einerseits nach den Eigenschaften des **59** Aufsichtsbedürftigen wie Alter, geistige Fähigkeiten, Eigenart, Charaktereigenschaften (BGH NJW 1984, 2474, 2475; 1995, 3385; 1996, 1404 f; OLG Oldenburg FamRZ 1994, 834), sowie dem Stand der Erziehung (RGZ 98, 246; WarnR 1910 Nr 60; 1911 Nr 241; 1912 Nr 28; BGH VersR 1965, 48; NJW 1980, 1044; NJW 1984, 2575; DAHLGRÜN 56). Daraus lassen sich Art und Maß der von ihm drohenden Gefahr ableiten.

Allein entscheidend sind die **individuellen Eigenschaften** des Aufsichtsbedürftigen. Deren Feststellung wird jedoch dadurch erleichtert, daß mangels anderweitiger Indizien regelmäßig **typisierend von altersentsprechenden Eigenschaften und einem „normalen" Entwicklungsstand auszugehen ist** (BGH NJW 1984, 2574, 2575). Verbreitet wird gar von einer tatsächlichen Vermutung dieses Inhalts gesprochen (LG Heilbronn VersR 1955, 414; ADEN MDR 1974, 9, 10; FUCHS 221; DAHLGRÜN 114, 174; ALBILT 238; dazu näher unten Rn 150). Maßgeblich bleiben jedoch die individuellen Gegebenheiten des Aufsichtsbedürftigen. Praktisch bedeutsam werden sie freilich nur dort, wo sie negativ oder positiv vom regelmäßigen Normalbild abweichen. Bei volljährigen Aufsichtsbedürftigen spielt dagegen das Erforschen von „Normaleigenschaften" keine Rolle, da sie nur aufsichtsbedürftig iSd Norm sind, wenn und soweit ihre Eigenschaften gefahrbegründend von den altersgemäßen abweichen.

aa) Die „Normaleigenschaften"
Verbreitet werden in der Rspr Ausführungen zu den üblichen Eigenschaften und **60** dem „normalen Entwicklungsstand" von Kindern gemacht (zB BGH NJW 1995, 3385; NJW 1996, 1404, 1405; OLG Hamm VersR 1990, 743; OLG München FamRZ 1990, 159). Stets dienen solche Überlegungen als Basis für die konkrete Erörterung des Einzelfalls. So

vorsichtig man mit solchen Erfahrungssätzen sein muß, so geben sie doch eine wichtige Grundlage, von der aus die Anforderungen an die konkrete Aufsicht zu entwickeln sind, wenn entweder keine besonderen gefahrsteigernden oder -mindernden Eigenschaften vorgetragen sind oder es insoweit bei einem „non liquet" bleibt (FUCHS 221). Beispielhaft seien folgende Erfahrungssätze genannt:

Generell verlaufen die fortschreitende Entwicklung des Kindes und das Wachsen der Fähigkeit zur vernunftsmäßigen Verhaltenssteuerung umgekehrt proportional zum Grad der zur Gefahrenneutralisierung erforderlichen Aufsicht:

61 Wegen ihres Entwicklungsstands, der eine rationale Verhaltenssteuerung nicht zuläßt, sind Kleinkinder (bis 4 Jahre) generell in ihrem Verhalten unberechenbar und impulsiv. Sie bedürfen daher allgemein besonderer Aufsicht (OLG Düsseldorf VersR 1992, 1233; FUCHS 230). Umgekehrt besteht bei Minderjährigen, die kurz vor der Volljährigkeit stehen und deren Lebensführung bislang sonst keinen Anlaß zu außergewöhnlichen Maßnahmen gab, allgemein kein Aufsichtsanlaß (RG Recht 1909 Nr 681; BGH LM Nr 1; s auch RG JW 1914, 298 betr das Maß der Aufsichtspflicht bei einem fast volljährigen Sohn, der sich zu Erwerbszwecken außerhalb des Elternhauses aufhält). Generell kann davon ausgegangen werden, daß 17jährige auch über einen längeren Zeitraum hinweg sich selbst überlassen werden können (OLG Hamm OLGZ 1992, 95, 96: urlaubsbedingte Abwesenheit der Eltern; vgl allg FUCHS 240). 7–8jährige haben üblicherweise die Fähigkeit, sich Ermahnungen entsprechend verhalten zu können, so daß es keiner Überwachung auf Schritt und Tritt bedarf (BGH NJW 1995, 3385; BGH NJW 1996, 1404). Ein 11jähriger darf in der Regel für einige Zeit allein in der Wohnung gelassen werden (BGH VersR 1957, 131). Ein sorgfältig eingewiesenes Kind im Grundschulalter kann seinen Schulweg generell allein bewältigen. Geübtes Radfahren ist bei Kindern im allgemeinen vor Erreichen von etwa 7 Jahren nicht anzunehmen (AG Frankfurt/M VD 1995, 67). Es besteht kein genereller Anlaß, 6–8jährige ohne weiteres regelmäßig auf den Besitz von Streichhölzern oder Feuerzeugen hin zu durchsuchen (BGH VersR 1969, 523; OLG-Rep Celle 1994, 221; RAUSCHER JuS 1985, 757, 762). Für 4jährige ist das Überqueren eines Fußgängerüberwegs mit einem Roller ein schwieriges Unterfangen (OLG Hamm NZV 1995, 112). Ein altersgerecht entwickeltes 5jähriges Kind ist, wenn es bereits seit einem Jahr mit dem Fahrradfahren vertraut ist, üblicherweise in der Lage, die Funktionen des Fahrrads weitgehend zu beherrschen (LG Düsseldorf VersR 1994, 484).

bb) Abweichende individuelle Eigenschaften

62 Von besonderer Bedeutung sind individuelle Eigenarten des Aufsichtsbedürftigen, die sich gefahrsteigernd auswirken und daher einen **besonderen Aufsichtsanlaß** bewirken. Die Bedeutung solcher gesteigerter Aufsichtsanlässe umschreibt der BGH treffend: „Außergewöhnliche Gefahren erfordern im Einzelfall auch ein außergewöhnliches Maß an Aufsicht" (BGH NJW 1996, 1404 f; 1995, 3385 f; OLG Hamm FamRZ 1990, 741 f). Denkbar sind allerdings auch individuelle Besonderheiten, die einen Aufsichtsanlaß mindern können (Beispiel: 3jähriger fährt geübt auf verkehrsberuhigten Flächen, AG Bersenbrück VersR 1994, 108). Praktisch relevanter sind dagegen vor allem geringer Erziehungsstand, Charaktermängel, schadensträchtige Gewohnheiten. Im einzelnen seien genannt:

63 Der **Stand und der bisherige Erfolg der Erziehung** ist ein entscheidender Gradmesser zur Bestimmung des Gewichts des Aufsichtsanlasses (RG JW 1926, 1149; BGH VersR 1957, 131, 370; 1960, 355; 1962, 783; FamRZ 1962, 424; NJW 1980, 1044; 1993, 1003). Zwar müssen auch an sich wohlerzogene Kinder beaufsichtigt werden (RG Recht 1911 Nr 1554). Je weniger Erfolg die bisherigen Erziehungsbemühungen jedoch gezeigt haben, desto größer ist der Aufsichtsanlaß (RGZ 98, 246; WarnR 1910 Nr 60; 1911 Nr 241; 1912 Nr 28; BGH VersR 1965, 48; NJW 1980, 1044; NJW 1984, 2575; NJW 1995, 3385; NJW 1996, 1404; OLG Hamm VersR 1990, 743, 744; DAHLGRÜN 56). Zwar wird mit Recht darauf hingewiesen, daß Erziehung und Aufsicht iRd § 832 zu trennen sind und nur die Verletzung der konkreten Aufsichtspflicht und nicht etwa ein allgemeines Versagen bei der Erziehung den Haftungsgrund darstellt (RG WarnR 1914 Nr 217; BGH VersR 1958, 85, 86; OLG Köln VersR 1975, 162; OLG Koblenz VersR 1980, 753; FUCHS 146). Daß sich jedoch der Erfolg oder Mißerfolg der bisherigen Erziehung auf das Maß des konkreten Aufsichtsanlasses auswirkt, ist evident; dessen (mittelbare) Berücksichtigung iRd § 832 verstößt deshalb nicht gegen die Beschränkung von § 832 auf die Fälle gerade der Aufsichts-(und nicht der Erziehungs-)pflichtverletzung (FUCHS 202). Bei Minderjährigen, die zu üblen Späßen neigen, die sich als **schwer erziehbar** erwiesen haben oder gar schon **straffällig** geworden sind, besteht ein besonders gewichtiger Aufsichtsanlaß (BGH NJW 1980, 1044, 1045; NJW 1995, 3385; NJW 1996, 1404; OLG Hamm NJW-RR 1988, 798; OLG Hamburg NJW-RR 1988, 799). Hier ist ein hohes Maß an Aufsicht geboten (BGH NJW 1996, 1404, 1405; OLG Hamburg aaO).

Ferner begründen individuell gesteigerte Aufsichtsanlässe: Abgleiten eines Jugendlichen in die Drogenszene wegen der damit verbundenen Gefahr der Beschaffungskriminalität; **schwere Verhaltensgestörtheit** mit ausgeprägter Aggressionsneigung (BGH NJW 1995, 3385; OLG Hamm VersR 1990, 743); bereits mehrfach zu Tage getretene **Zündelneigung** (BGH FamRZ 1996, 600, 601); Neigung eines Kindes zu **Rennfahrten mit dem Fahrrad** (BGH VersR 1961, 838) oder zu **Fußballspielen auf öffentlichen Straßen** (BGH VersR 1961, 998). Es entspricht allgemeiner Erfahrung, daß Kinder mit zunehmendem Alter sich den Belehrungen der Erziehungsberechtigten nicht grundsätzlich verschließen, die Erfahrungen des Lebens mit seinen Gefahren in sich aufnehmen und ihr Verhalten entsprechend ausrichten. Bleibt ein Kind hingegen etwa aufgrund seiner psychischen Situation in seinem Entwicklungszustand hinter gleichaltrigen Kindern zurück, geht von ihm für Dritte eine erhöhte Gefahr aus, die eine intensivere Beaufsichtigung erfordert.

Eine spezielle Eigenschaft des Aufsichtsbedürftigen ist bei der Bewertung des Aufsichtsanlasses jedoch nur zu berücksichtigen, wenn gerade sie Einfluß auf die Verursachung des konkreten Schadens hatte (BGH VersR 1957, 799).

Auch bei einem prinzipiell gesteigerten Aufsichtsanlaß, wenn etwa eine Zündelneigung bereits zutage getreten ist, bleiben **Exzesse** des Aufsichtsbedürftigen bei der Bewertung des Aufsichtsanlasses außer Betracht, sofern der Aufsichtspflichtige damit wegen ihrer Außergewöhnlichkeit unter keinen Umständen hätte rechnen müssen. Dazu OLG Oldenburg FamRZ 1994, 834: Dort hatte ein 6jähriger die Kleidung seiner Spielkameradin angezündet. Der Täter war vorher zwar schon einmal wegen Kokelns aufgefallen. Mit dem Anzünden von Menschen war gleichwohl nicht zu rechnen. Darauf hätten sich die Aufsichtspflichtigen daher nicht einstellen und etwa Besuche bei anderen Kindern verbieten müssen. Das OLG verurteilte die Mutter des Täters jedoch deshalb, weil die Tat darauf schließen lasse, daß die wegen der bekannten Neigungen besonders intensiv zu erwartenden Ermahnungen und Warnungen der Mutter offenbar nicht eindringlich genug gewesen seien.

b) Die Schadensgeneigtheit des Umfelds / die Gefährlichkeit des Verhaltens

67 Die Eigenschaften des Aufsichtsbedürftigen gewinnen ihre eigentliche Aussagekraft für die konkrete Gewichtung des Aufsichtsanlasses erst im Zusammenspiel mit der Schadensgeneigtheit des Umfelds, in dem sich der Aufsichtsbedürftige aufhält, bzw. der Gefahrenträchtigkeit des Verhaltens. In der Relation beider Faktoren ergibt sich ein **flexibles System an Graden von Aufsichtsanlässen**. Beispiele:

68 So haben die Eltern eines 2jährigen ersichtlich unterschiedlichen Anlaß zur Aufsicht, je nachdem, ob sich das Kind in einem geschützten Garten ohne Nähe zum Straßenverkehr aufhält oder ob es in einem stark besuchten Kaufhaus zwischen den Kunden auf dem Boden herumkrabbelt (s zum letztgenannten Fall OLG Düsseldorf FamRZ 1980, 181). Ein 4jähriges Kind darf niemals ohne Begleitung Erwachsener eine belebte Straße überqueren (BGH NJW 1967, 249), wohl aber auf einem Spielplatz in der Nähe des Elternhauses eine gewisse Zeit unbeaufsichtigt spielen (BGH VersR 1964, 313, 314).

69 Eine besonders hohe Gefahrträchtigkeit und Schadensgeneigtheit weist außer dem Straßenverkehr vor allem der Umgang mit Feuer auf. Je jünger die Minderjährigen, desto weniger ist ihnen die Beherrschung von Streichhölzern oder Feuerzeugen zuzutrauen. Generell besteht daher in diesem Bereich ein gewichtiger Aufsichtsanlaß. Hat das Kind bislang keine Zündelneigung offenbart, haben die Aufsichtspflichtigen gleichwohl stets durch wiederholte und nachdrückliche Belehrung über die Gefahren des Feuers aufzuklären und zudem Streichhölzer und Feuerzeuge für Kinder unerreichbar aufzubewahren (BGH NJW 1990, 2553, 2555). So darf der Vater eines 8jährigen kein Feuerzeug unbeaufsichtigt in einer abgelegten Hose aufbewahren (OLG Hamm MDR 1995, 370). Das Postulat der Unerreichbarkeit gilt eingeschränkt für ältere Kinder (ab zwölf Jahre), die wegen ihrer größeren Reife eher für Aufsichtsmaßnahmen auf der intellektuellen Ebene zugänglich sind. Hier reicht neben Belehrungen und Erklärungen, daß etwa ein Feuerzeug nicht beliebig erreichbar ist (BGH NJW 1993, 1003). 7–8jährige sind nicht generell regelmäßig auf Streichhölzer/ Feuerzeuge zu durchsuchen (OLG-Rep Celle 1994, 221). Sind dies die abgestuften Grade von Aufsichtsanlässen bei in bezug auf Feuer bislang unauffälligen Kindern, bilden die Fälle mit schon bekannter Zündelneigung eine andere Kategorie: Eine hartnäckige Neigung eines Kindes zum Zündeln stellt wegen der besonderen Schadensträchtigkeit dieser Eigenschaft den denkbar schwersten Aufsichtsanlaß dar, der eine engmaschige Überwachung des Kindes verlangt (BGH NJW 1995, 3385; NJW 1996, 1404, 1405).

3. Die die Aufsichtsanforderungen mindernden Umstände

70 Der Aufsichtsanlaß bestimmt zwar entscheidend die Anforderungen, die für den Aufsichtspflichtigen im Einzelfall aus der Aufsichtspflicht folgen. Bei der wertenden Entscheidung, welche Aufsichtsmaßnahmen geboten sind, müssen jedoch weitere Umstände einbezogen werden, welche die Anforderungen im Einzelfall mindern können: die Zumutbarkeit für den Aufsichtspflichtigen (a), der Erziehungsauftrag (§ 1631 Abs 1), das Erziehungsziel (§ 1626 Abs 2), bei psychisch Kranken thera-

peutische Erwägungen (b) sowie – bei der vertraglichen Aufsichtsübernahme – die im vertraglichen Innenverhältnis vereinbarte Reichweite der übernommenen Aufsicht (c).

a) Die Zumutbarkeit für den Aufsichtspflichtigen
Die Rspr betont, daß bei der Konkretisierung der Anforderungen der Aufsichtspflicht auch die Verhältnisse des Aufsichtspflichtigen zu berücksichtigen sind. Diese seien maßgeblich für die ihm nach seiner Lebenslage, seinen wirtschaftlichen Verhältnissen sowie nach seinen Kräften möglichen und vernünftigerweise zumutbaren Abwehr- und Überwachungsmaßnahmen (RGZ 50, 60; JW 1914, 298; BGH VersR 1957, 370; 1960, 355; 1965, 48, 137; NJW 1980, 1044; FamRZ 1962, 424; 1964, 84; 1966, 228; Koebel NJW 1960, 2227). Die Zumutbarkeit stellt somit eine Grenze für das Maß der zu stellenden Anforderung dar (vgl BGHZ 44, 103, 106; NJW 1980, 1044; OLG Hamm NZV 1995, 112 f). Das Abstellen auf die persönlichen Verhältnisse des Pflichtigen wird von Schmid (VersR 1982, 822 f) unter Verweis auf den bewußt objektiv gefaßten Pflichten- und Sorgfaltsmaßstab von § 276 kritisiert, der keinen Raum für eine Berücksichtigung subjektiver Verhältnisse des Aufsichtspflichtigen lasse. Diese Kritik überzeugt indes nicht. Durch das Abstellen auch auf die individuelle Zumutbarkeit bei der Festlegung der konkret gebotenen Aufsichtsmaßnahmen wird lediglich einem allgemeinen Rechtsgrundsatz entsprochen. Denn in unserer Rechtsordnung ist jegliche Art von Pflichtenstellung begrenzt durch die Zumutbarkeit der Pflichtenbefolgung (s hierzu im gegebenen Zusammenhang Albilt 164). Durch das Korrektiv der individuellen Zumutbarkeit ist zugleich der Gefahr einer unerträglichen Überspannung der Anforderungen an die Aufsichtspflicht vorgebeugt. 71

Mit der Anerkennung des Zumutbarkeitskorrektivs ist freilich noch nichts über den anzuwendenden **Zumutbarkeitsmaßstab** gesagt. Im allgemeinen ist eine Lockerung der Aufsichtsanforderungen mit Blick auf die individuellen Gegebenheiten des Aufsichtspflichtigen nur unter strengen Voraussetzungen anzuerkennen. Zu differenzieren ist dabei zwischen den Fällen gesetzlicher und vertraglicher Aufsichtspflicht. 72

aa) Die gesetzliche Aufsichtspflicht
Selbstverständlich ist, daß im Rahmen der Aufsichtspflicht **Unmögliches nicht verlangt werden kann.** So kann von Eltern eines 6jährigen nicht verlangt werden, daß sie ihre Warnungen vor den mit Feuer verbundenen Gefahren darauf erstrecken, daß man beim Zündeln anderer Kinder nicht psychische Beihilfe leisten darf (BGH NJW 1990, 2553, 2554 f). 73

Hauptfall, in dem die Begrenzung der Aufsichtsanforderungen unter dem Aspekt der Zumutbarkeit erörtert wird, ist die **Berufstätigkeit** des Aufsichtspflichtigen (RGZ 98, 248; JW 1926, 1149). Soweit seine Berufstätigkeit zeitlich reicht, ist ein Aufsichtspflichtiger zur Aufsicht faktisch außerstande. Entschieden ist jedoch der denkbaren Folgerung entgegenzutreten, daß dies bereits ausreiche, um die normative Reichweite des konkreten Aufsichtsgebots unter Verweisung auf eine Unzumutbarkeit zu beschränken (so auch Albilt 156 f). Im Fall der tatsächlichen Verhinderung – etwa durch Berufstätigkeit – aktualisiert sich die Aufsichtspflicht in Form einer **Organisationspflicht**: Wer zur Aufsicht außerstande ist, hat für eine anderweitige ordnungsmäße Beaufsichtigung Sorge zu tragen (Albilt 156). Dieser Aspekt der Aufsichtspflicht ist dem Einwand der Unzumutbarkeit nur sehr begrenzt zugänglich. Er 74 kommt von vornherein nur in Betracht, wo die Berufstätigkeit existenziell erforderlich ist und es zudem aus besonderen – etwa wirtschaftlichen – Gründen faktisch ausgeschlossen ist, für eine anderweitige Aufsicht Rechnung zu tragen (ALBILT 158). Aber auch hier gelten desto strengere Anforderungen, je größer an sich der Aufsichtsanlaß ist. So führt der Einwand der Mutter eines hochgradig verhaltensgestörten, aggressiven und zum Zündeln neigenden Kindes, sie sei alleinerziehend und berufstätig, nicht dazu, das wegen des extremen Aufsichtsanlasses bestehende Gebot „engmaschiger Überwachung" abzumildern (BGH NJW 1996, 1404, 1405; auch BGH NJW 1995, 3385). Insgesamt ist die Berufstätigkeit von Aufsichtspflichtigen somit nur unter engen Voraussetzungen geeignet, unter dem Zumutbarkeitsaspekt mildere Aufsichtsanforderungen zu begründen. Regelmäßig stellt sich vielmehr die andere Frage, unter welchen Voraussetzungen und mit welcher Reichweite der beruflich verhinderte Aufsichtspflichtige seine Pflicht durch die Übertragung der Aufsicht auf Dritte (den anderen Elternteil, Großeltern, Geschwister usw) erfüllt (s dazu unten Rn 113 ff, 129 f).

75 Eine Milderung der Aufsichtsanforderungen unter Zumutbarkeitsgesichtspunkten kommt ferner in Betracht, wenn etwa eine **Mutter mehrerer Kinder** rein tatsächlich nicht zur Führung der Aufsicht im an sich gebotenen Maß in der Lage ist (BGH VersR 1957, 340; VersR 1965, 385). Auch wenn die Mutter nicht berufstätig ist, spielt die **Zahl und das Alter** der von ihr zu betreuenden minderjährigen Kinder eine wesentliche Rolle (vgl ua BGH FamRZ 1966, 228, 230). Eine Mutter, die fünf minderjährige Kinder zu betreuen hat, kann den 11jährigen Sohn beim Rollschuhlaufen auf der Straße nicht ständig überwachen (BGH VersR 1965, 385). Aber auch hier ist zu verlangen, daß der überforderte Aufsichtspflichtige primär dafür Rechnung trägt, daß Unterstützung durch den Ehegatten oder Dritte gewährleistet ist. So ist es auch einer Mutter mit 4 minderjährigen Kindern zuzumuten, Maßnahmen – sei es auch nur durch Unterrichtung des Ehemannes – zu ergreifen, um eine Beteiligung ihrer Kinder an gefährlichen Spielen zu verhindern, die tagelang unter den Fenstern der ehelichen Wohnung stattfinden (BGH VersR 1966, 368). Erst wo die Beschaffung von Unterstützung nicht möglich oder zumutbar ist, kann in der eigenen Überlastung ein entlastender Faktor erblickt werden. Zu beachten ist, daß ein berufstätiger Elternteil, der die ihm gebotene Aufsicht einem zwar zu Hause bleibenden, jedoch überforderten Elternteil überträgt, seine Aufsichtspflicht nicht erfüllt (unten Rn 116, 125).

bb) Die vertragliche Aufsichtsübernahme

76 Regelmäßig **kein Raum** für die Berücksichtigung individueller Belange des Aufsichtspflichtigen unter dem Zumutbarkeitsaspekt dürfte im Fall der **vertraglichen Übernahme der Aufsicht** bestehen. Denn hier ist die Aufsicht mit der damit verbundenen Verantwortung willentlich und in Kenntnis der eigenen Verhältnisse übernommen worden (ALBILT 169 f). Damit ist in einem gewissen Umfang die Übernahme des Risikos von individuellen Schwierigkeiten bei der Durchführung der Aufsicht verbunden. In besonderem Maße gilt das, wenn die Aufsicht gegen Entgelt übernommen wurde. Der Zumutbarkeitsaspekt kann sich daher nur unter engsten Voraussetzungen auswirken, etwa wenn sich die Verhältnisse des Übernehmers völlig unvorhersehbar geändert haben. Ein Krankenhaus etwa, das die Aufsicht über einen Patienten vertraglich übernimmt, hat uneingeschränkt dafür Sorge zu tragen, daß das erforderliche Maß an Aufsicht gewährleistet ist (MARBURGER VersR 1971, 777, 785).

b) Der Erziehungsauftrag / therapeutische Zielsetzungen

Zu den Faktoren, die Maß und Art der gebotenen Aufsicht entscheidend mitbestimmen, gehören vor allem der mit der elterlichen Sorge untrennbar verbundene Erziehungsauftrag (§ 1631 Abs 1) mit dem in § 1626 Abs 2 beschriebenen Ziel der Einübung selbständigen und verantwortlichen Handelns. Bei Personen, die wegen eines psycho-pathologischen Befunds der Aufsicht bedürfen, sind Erfordernisse der Therapie geeignet, die Reichweite der Aufsicht mitzubestimmen.

aa) Der Erziehungsauftrag

Aufsicht und Erziehung werden in § 1631 nebeneinander genannt. Beides ist zu trennen. Daran ändert nichts, daß etwa eine elterliche Belehrung sowohl Erziehungs- als auch Aufsichtmaßnahme und damit doppelfunktional sein kann (ALBILT 73 f). Für § 832 spielt ausschließlich der Aspekt der Verletzung der konkreten Aufsicht eine Rolle (RG WarnR 1914 Nr 217; BGH VersR 1958, 86; OLG Köln VersR 1975, 162; GROSSFELD/MUND FamRZ 1994, 1504, 1507). Gleichwohl stehen Aufsicht und Erziehung in § 1631 wie iRd § 832 in einer komplexen Beziehung, die durch zwei verschiedene Einwirkungsweisen des Erziehungs- auf den Aufsichtsaspekt gekennzeichnet ist.

Einerseits bestimmt das **Maß des bisherigen Erziehungserfolgs** den Grad des Aufsichtsanlasses mit (RGZ 98, 246, 248; BGB-RGRK/KREFT Rn 11, s oben Rn 63). In diesem Sinne kann der Aspekt der Erziehung auch im allein auf die Aufsichtspflichtverletzung abstellenden § 832 eine mittelbare, aber im Einzelfall durchaus entscheidende Bedeutung gewinnen.

Andererseits begrenzt der zukunftsgerichtete Erziehungsauftrag die Anforderungen, die aus der Aufsichtspflicht für den Einzelfall wertend abzuleiten sind. Der Inhaber der elterlichen Sorge ist Adressat einer auf den Minderjährigen bezogenen Erziehungs- und einer auch auf den Schutz Dritter gerichteten Aufsichtspflicht (§ 1631). Die Erziehungspflicht mit der Vorgabe, mit dem Minderjährigen selbständiges und verantwortungsbewußtes Handeln einzuüben (§ 1626 Abs 2), steht dabei in einem Spannungsverhältnis zu den Erfordernissen der Aufsicht. Denn im Rahmen der Aufsicht im Drittinteresse an sich angezeigte Maßnahmen wie Belehrungen, Kontrollen, Verbote, Unmöglichmachen von Verhaltensweisen wirken mit zunehmendem Alter des Minderjährigen als Gängelung und Freiheitsbeschränkung und können die Entwicklung zu Selbständigkeit und Verantwortung behindern. Die Sorgeberechtigten befinden sich insoweit in einer **Pflichtenkollision**. Diese kann nicht im Sinne des allgemeinen absoluten Vorrangs einer der beiden Pflichten aufgelöst werden. Wenn teilweise gemeint wird, letztlich sei der Erziehung der Vorrang einzuräumen, da die Eltern nicht von § 832 zu etwas gezwungen werden könnten, was ihnen § 1631 verbietet (FUCHS 158; KÖTZ, Deliktsrecht Rn 319; GROSSFELD/MUND FamRZ 1994, 1504, 1507), so verkennt das die Kollisionslage bereits innerhalb von § 1631 und wird den methodischen Erfordernissen bei der Kollisionslösung nicht gerecht. **Beide Aspekte** sind vielmehr **zu einem Ausgleich zu bringen** (BGH NJW 1980, 1044, 1045), was freilich nicht ausschließt, daß der eine oder der andere Aspekt im Einzelfall einmal zurückzutreten hat. Die Problematik läßt sich anhand einer Entscheidung des LG Hildesheim (VersR 1972, 672) veranschaulichen: Ein 15jähriger war bereits mehrfach wegen KFZ-Diebstahls verurteilt. Da auch andere Maßnahmen nicht gefruchtet hatten, sah das Gericht allein die Heimeinweisung durch die Eltern als geeignete Aufsichtsmaßnahme an. Gleichwohl hielt es diese Maßnahme für unverhältnismäßig, da diese Maßnahme den Abbruch einer Lehre und deren erzieherischer Wirkungen bedeutet hätte. Das Verhalten des Jugendlichen wertete das Gericht demgegenüber als nicht schwerwiegend genug, um den Erziehungsaspekt derart zurücktreten zu lassen. Die Entscheidung ist nachvollziehbar, bewegt sich aber wohl an der Grenze des Vertretbaren.

81 Grundlegende Aussagen zu den Auswirkungen des Erziehungsziels auf die Aufsichtsanforderungen enthält die Entscheidung BGH NJW 1984, 2574. Dort betont das Gericht zu Recht mit Nachdruck, daß Kindern **Freiräume zur eigenen Entwicklung** zugestanden werden müssen, in denen sie – durchaus auch noch unsicher tastend – Neuland entdecken und erobern können; andernfalls würde jede vernünftige Entwicklung gehemmt, vor allem der Lernprozeß im Umgang mit der Gefahr (eingehend BGH NJW 1984, 2574, 2575; BGH FamRZ 1976, 330, 331: Heranführung an die Gefahren eines Holzkohlegrills; auch GROSSFELD/MUND FamRZ 1994, 1504, 1507). Das gilt für Kinder aller Altersgruppen, wobei die Freiräume jeweils anders gelagert sind. **Normal entwickelte 8–9jährige** dürfen im Freien ohne Aufsicht auch in einem räumlichen Bereich spielen, der den Eltern ein sofortiges Eingreifen nicht ermöglicht (BGH NJW 1957, 869; NJW 1984, 2574, 2575). Es genügt im allgemeinen, daß sich die Eltern über das Tun und Treiben in großen Zügen einen Überblick verschaffen. Es bedarf auch keines verbalen Verbots, bestimmte Örtlichkeiten und Räumlichkeiten nicht zu betreten sowie fremdes Gut nicht anzutasten, wenn dazu nicht besonderer Anlaß besteht. Denn „die zu jeder Erziehung gehörige Bewußtseinsbildung, grundsätzlich fremdes Eigentum zu achten, vollzieht sich im allgemeinen weniger in verbalen Verboten als in einem gemeinsam erlebten und vorgelebten Umgang mit fremden Sachen" (BGH NJW 1984, 2574, 2575). Es besteht auch grundsätzlich keine allgemeine Pflicht der Eltern, Kinder dieses Alters jeweils nach Rückkehr von einer „Unternehmung" zu befragen, was sie im einzelnen gemacht haben. „Solche Anforderungen an die Sorgfaltspflicht würden den notwendigen Entwicklungsprozeß zur Selbständigkeit stören und auch der Lebenswirklichkeit nicht entsprechen" (BGH aaO). In diesem vom BGH einfühlsam und treffend umschriebenen Rahmen ist ein gewisses und damit notwendig verbundenes Maß an Schadensrisiko hinzunehmen (OLG Celle VersR 1979, 476; BGH NJW 1984, 2574, 2575 spricht davon, daß die Eroberung von Neuland nicht generell zu untersagen sei, „wenn damit nicht besondere [!] Gefahren für das Kind oder für andere verbunden sind"). Im Interesse der Kindesentwicklung zu selbständigem und verantwortungsvollem Handeln ist damit das **Maß der gebotenen Aufsicht erheblich zu reduzieren**. Insoweit ist umgekehrt der Allgemeinheit ein höherer Grad an Umsicht und Vorsicht in der Begegnung mit Kindern zuzumuten.

82 Uneingeschränkt gilt das jedoch nur für **normal entwickelte Kinder**, „bei denen vorauszusetzen ist, daß sie sich den Belehrungen der Erziehungsberechtigten nicht grundsätzlich verschließen, die Erfahrungen des Lebens mit seinen Gefahren in sich aufnehmen und ihr Verhalten im allgemeinen altersentsprechend danach ausrichten" (BGH NJW 1995, 3385, 3386; NJW 1996, 1404, 1405). **Die Konzessionen an das Erziehungsziel sind jedoch umso stärker abzuschwächen, je mehr sich der Aufsichtsanlaß im Einzelfall vom Normalmaß entfernt**. „Bei außergewöhnlichen Gefahren ist auch ein außergewöhnliches Maß an Aufsicht" angezeigt, das nicht ohne weiteres unter Hinweis auf die „vernünftige Entwicklung des Kindes" zu mindern ist (BGH NJW 1996, 1404, 1405, für den Fall eines geistig zurückgebliebenen 10jährigen, der vorher durch Aggressivität und Zündelneigung aufgefallen war; auch BGH NJW 1995, 3385). Aber auch insoweit sind Abstufungen

vorzunehmen, und vor überzogenen Anforderungen ist zu warnen; eine Grenze ist auch bei einem besonderen Aufsichtsanlaß – etwa bei schwer erziehbaren Kindern – regelmäßig dort erreicht, wo eine effektive Gefahrenabwehr nur bei einem gefängnisartigen Einschließen des Aufsichtsbedürftigen gewährleistet wäre. Solange kein Fall von Gemeingefährlichkeit vorliegt, bei welchem dem Schutz der Allgemeinheit Priorität gebührt, ist eine solche Aufsichtsmaßnahme pädagogisch nicht vertretbar und dem Aufsichtspflichtigen nicht geboten (so zu Recht OLG Hamburg NJW-RR 1988, 799 im Fall zweier 14- bzw 15jähriger, die aus einem im übrigen gute pädagogische Betreuung bietenden Heim entwichen waren und zwei Tage in einem entwendeten Boot auf einem Fluß verbracht hatten).

Schwierig ist die Bestimmung des gebotenen Maßes an Aufsicht bei **Jugendlichen, die** **83** **sich der Volljährigkeit nähern** und bei denen **alle Erziehungs- und Aufsichtsbemühungen fehlgeschlagen** sind. Mit einem solchen Fall befaßt sich BGH NJW 1980, 1044: Ein 17³/₄jähriger hatte sich in einer Gastwirtschaft mehrfach in Schlägereien mit Gästen verwickelt und im letzten dieser Fälle einen Gast (Kläger) schwer verletzt, der sowohl den Sohn wie auch – aus § 832 – den Vater in Anspruch nahm. Dem war vorausgegangen, daß der Jugendliche schon während seiner Unterbringung in einem Lehrlingsheim zu trinken begonnen hatte; die Eltern hatten sich jeweils bei Stellen- und Arbeitswechsel bemüht, ihm eine neue Stelle zu verschaffen; das Landesjugendamt hatte auf ihren Antrag freiwillige Erziehungshilfe gewährt; sie hatten ihn ohne Ergebnis in einer Nervenklinik untersuchen lassen. Der Kläger sah die Aufsichtsverletzung darin, daß die Eltern in der Gaststätte kein Lokalverbot erwirkt und ihm durch Belassung seiner Lehrlingsvergütung von monatlich 300 DM den Gaststättenbesuch geradezu ermöglicht hätten. Dem widersprach der BGH aaO: Die Vorenthaltung der Lehrlingsvergütung wäre kein pädagogisch erwägbares Mittel zur Verhinderung des Wirtshausbesuchs gewesen. Dem Sohn wäre es, vom Vater unbemerkt, ein Leichtes gewesen, sich das zum Wirtshausbesuch erforderliche Geld auf andere Weise zu verdienen, oder er hätte gar ohne Geldmittel das Lokal in der Hoffnung besuchen können, ein anderer werde ihm ein Bier spendieren.

In solchen Fällen, in denen der Aufsichtspflichtige mit einer nachvollziehbaren Hilf- **84** losigkeit dem Aufsichtsbedürftigen gegenübersteht, ist nicht etwa von der Ableitung einer konkreten Verhaltenspflicht aus § 832 abzusehen (BGH NJW 1980, 1044, 1045: Der Aufsichtspflichtige bleibt gehalten, Einfluß auf dessen Lebensführung zu behalten). IRd § 832 ist diejenige Verhaltensweise geboten, die den meisten Erfolg bei dem Unterfangen verspricht, „**zu retten, was zu retten ist**". In einer solchen Situation können strenge Aufsichtsmaßnahmen gerade in Anbetracht des Schwunds an tatsächlichem Einfluß des Aufsichtspflichtigen auf den noch Minderjährigen nicht nur wenig erfolgversprechend, sondern darüber hinaus geradezu kontraproduktiv wirken. Durch an sich angezeigte Maßnahmen kann ein letzter Rest von Einflußnahmemöglichkeit und Verhältnis zum Minderjährigen zerstört werden (OLG Hamm NJW-RR 1988, 798). Hier wird angemessen sein, mit „sanfteren" und letztlich gerade deshalb effektiveren Mitteln vorzugehen (vgl BGH aaO). **Pädagogisch objektiv Sinnloses** verlangt § 832 in einer solchen Situation nicht ab (BGH aaO; LARENZ/CANARIS, Schuldrecht II/2 § 79 IV 2 c). Sind aber die Aufsichtsmaßnahmen, die in einer solchen Sondersituation aus § 832 ableitbar sind, regelmäßig gerade nicht so streng, wie das Gewicht des Aufsichtsanlasses an sich nahelegt, wird sich eine Haftung aus § 832 oftmals nicht begründen lassen (anders MünchKomm/MERTENS 18: § 832 gebiete zwar nicht völlig lebensfremde und praktisch undurchführbare Aufsichtsmaßnahmen, aber hier sei die Einschränkung „angebracht, daß ein Autoritätsverlust der Eltern, der den Versuch ihrer Einflußnahme auf den Jugendlichen als aussichtslos erscheinen läßt, ihre Verantwortung gegenüber dem Verkehr nicht aufheben kann"). Es sollte (so Rn 19) „das Pendel ... nicht allzuweit zugunsten einer Berücksichtigung emanzipatorischer Pädagogik und praktischer Hilflosigkeit der Eltern ausschlagen". Die Situation zeigt zwar, daß der Erziehungsberechtigte offenbar mit dem Gesamtplan seiner Erziehung gescheitert ist. Das ist jedoch, da § 832 ausdrücklich an die Verletzung der konkreten Aufsichts- und gerade nicht der allgemeinen Erziehungspflicht anknüpft, ein haftungsrechtlich irrelevanter Umstand. Daß es de lege lata **keine Haftung der Sorgeberechtigten für ihren erzieherischen Mißerfolg** (RG JW 1914, 298; OLG Köln VersR 1975, 162) gibt, zeigt sich an dieser Sonderkonstellation mit aller Deutlichkeit.

85 Führen die Berücksichtigung des Erziehungsziels oder – bei sich der Volljährigkeit nähernden Minderjährigen – der Ausschluß erfolgversprechender und zumutbarer Einwirkungsmaßnahmen im Einzelfall zu einer deutlichen Absenkung des gebotenen Aufsichtsmaßes, wird oftmals aus diesem Grund eine Haftung der Aufsichtspflichtigen aus § 832 im Ergebnis scheitern. Der Geschädigte bleibt dann auf **Ansprüche gegen den Minderjährigen** verwiesen (so auch SCHMID VersR 1982, 822, 824). Gerade bei sich der Volljährigkeit nähernden Jugendlichen ist diese Verschiebung der Verantwortlichkeit von den Aufsichtspflichtigen hin zu den jugendlichen Schädigern eine konsequente Entwicklung, die ohnehin ihre Vollendung an dem Tag findet, da der Jugendliche volljährig wird.

bb) Die therapeutischen Zielsetzungen

86 Das in Ansehung des Erziehungsauftrags (§§ 1631, 1626 Abs 2) Ausgeführte gilt in gleicher Weise für therapeutische Zielsetzungen bei psychisch kranken Erwachsenen und Minderjährigen. Auch hier kann ein Spannungsverhältnis zwischen der bestimmte Aufsichtsmaßnahmen an sich verlangenden Aufsichtspflicht und einer Pflicht entstehen, gerade durch das Schaffen von individuellen Freiräumen der Menschenwürde der Kranken und therapeutischen Zielsetzungen Rechung zu tragen. Auch hier bedarf es einer Ausgleich schaffenden Interessenabwägung bei der Konkretisierung des gebotenen Aufsichtsmaßes (MARBURGER VersR 1971, 777, 784; vgl auch DEINERT/SCHREIBAUER DAVorm 1993, 1145). Hinsichtlich der dabei zu beachtenden Grundsätze wird auf die Abwägung des Aufsichtsanlasses mit dem Erziehungsziel verwiesen (s oben insbes Rn 80, 82). Zu beachten ist freilich, daß etwa gegenüber gemeingefährlichen Kranken oder Behinderten, wenn also hochgradige Gefahren vom Aufsichtsbedürftigen ausgehen, der Schutz der Allgemeinheit Vorrang genießt (vgl MARBURGER VersR 1971, 777, 784).

Beispiele: § 832 verlangt nicht von der Mutter eines körperlich und geistig behinderten 13jährigen, den Jungen auf einem Spaziergang zu begleiten, den dieser auf Anraten der Ärzte aus therapeutischen Gründen allein machen soll (LG Arnsberg FamRZ 1995, 602). Bei der Beaufsichtigung erwachsener geistig Behinderter ist deren Würde zu wahren. Wenn kein besonderer Aufsichtsanlaß besteht, darf der Aufsichtspflichtige einen Behinderten in der Küche eines Heims mit einem Messer arbeiten lassen (OLG Hamm NJW-RR 1994, 86).

c) Die Reichweite der vertraglich übernommenen Aufsicht

Die konkrete Ausprägung der Aufsichtspflicht desjenigen, der die Aufsicht durch Vertrag übernommen hat, richtet sich nicht allein nach einer Abwägung zwischen der Bewertung des Aufsichtsanlasses einerseits und den die Aufsichtsanforderungen senkenden Faktoren andererseits. Zunächst ist maßgeblich, welche Maßnahmen der übernehmenden Person nach dem Übernahmevertrag oblagen. Das **Maß der gebotenen Aufsicht und die Reichweite der zu treffenden Maßnahmen richtet sich in erster Linie nach dem Umfang der vertraglichen Aufsichtsübernahme**. Beispiel: Hat das 18jährige Nachbarsmädchen es übernommen, während der Abwesenheit der Eltern morgens von 10–12 Uhr und nachmittags von 14–16 Uhr auf das 8jährige Kind gegen ein geringes Entgelt aufzupassen, so obliegt ihr die Aufsichtspflicht iSd § 832 von vornherein nur für den vereinbarten Zeitraum. Wenn das Kind einen Dritten nach 18 Uhr schädigt, kommt eine Haftung des Mädchens nicht in Betracht. Die gleiche Beschränkung gilt, wenn der die Aufsicht Übernehmende sich nur zur Durchführung bestimmter Maßnahmen verpflichtet hat. Auch hier besteht die Aufsichtspflicht iSd § 832 nur im vertraglich festgelegten Rahmen (eingehend ALBILT 175 f). Allgemein läßt sich sagen, daß Unterlassungen außerhalb der vertraglich vereinbarten Aufsichtsgrenzen, also maW **vertragsgerechtes Verhalten, keine Haftung des Übernehmers nach § 832 zu begründen vermag** (ALBILT 176). Eine Konkretisierung von Aufsichtsanforderungen kommt daher nur im Rahmen des Umfangs der übernommenen Aufsicht in Betracht. Insoweit gelten die allgemeinen Wertungsgrundsätze (s oben ab Rn 58).

Scheidet eine Haftung des Übernehmers gerade wegen der begrenzten Aufsichtsübernahme aus, so bleibt es bei der Haftung des Aufsichtspflichtigen, der die Aufsicht übertragen hat. Dieser hat durch die nur begrenzte Aufsichtsübertragung seine eigene Aufsichtspflicht nicht erfüllt. In der Übertragung der Aufsicht kann nämlich nur insoweit eine Erfüllung der eigenen Aufsichtspflicht liegen, wie tatsächlich ein geeigneter Dritter an die Stelle des Pflichtigen tritt und die Aufsicht statt seiner ausübt (s unten Rn 116, 129).

4. Gebotene Aufsichtsmaßnahmen im Einzelfall

a) Allgemeines

Welche Aufsichtsmaßnahmen im Einzelfall rechtlich geboten sind, ist **Ergebnis einer Wertung**. Die Konkretisierung der Aufsichtspflicht ist Rechtsfrage. Verlangt ist eine **Abwägung** zwischen dem **Gewicht des Aufsichtsanlasses** einerseits (s Rn 58 ff) und den **die Anforderungen mindernden Faktoren** (Zumutbarkeit für den Aufsichtspflichtigen, Erziehungsgebot/therapeutische Erwägungen, Reichweite einer vertraglichen Aufsichtsübernahme [dazu im einzelnen Rn 71 ff]) andererseits.

Als Aufsichtsmaßnahmen stehen im wesentlichen zur Verfügung: Belehrung, Erklärung, Einübung, Kontrolle, Verbot, Überwachung, Unmöglichmachen von Verhaltensweisen, Inanspruchnahme fremder (ggfs staatlicher) Erziehungs- und Aufsichtshilfe. Welche der unterschiedlich intensiven Maßnahmen im Einzelfall geboten sind, bestimmt sich unter **Verhältnismäßigkeitsgesichtspunkten** (SCHMID VersR 1980, 822, 823; ALBILT 98; ECKERT 61 f), also unter dem Aspekt der Erforderlichkeit und der Verhältnismäßigkeit ieS (Zumutbarkeit und Berücksichtigung des Erziehungszwecks). So ist konsequenterweise dort, wo überhaupt kein Aufsichtsanlaß besteht, auch keine Maßnahme erforderlich (RAUSCHER JuS 1985, 757, 761; ADEN MDR 1974, 9, 10).

91 Im allgemeinen ist, soweit Aufsichtsbedürftige von ihrer Entwicklung dafür zugänglich sind, mit den mehr erzieherisch ausgerichteten Maßnahmen zu beginnen. Im pädagogischen Bereich sollte der Ausgangspunkt und – wenn möglich – der Schwerpunkt liegen. Es ist von essentieller Bedeutung für die Entwicklung eines Kindes, daß es sich von Anfang an **Freiräume** erarbeitet, in denen es an Herausforderungen wachsen kann. Das entspricht der zu verfolgenden rechtspolitischen Zielsetzung, eine kinderfreundlichere Gesellschaft anzustreben. Dazu sollten – im Grundsatz – von den Aufsichtspflichtigen zunächst diejenigen Maßnahmen verlangt werden, welche die **Entwicklung des Kindes fördern**. Ins Zentrum zu stellen sind daher Belehrungen, Erklärungen, wobei das Einüben von Verhaltensweisen und das Umgehen mit Gefahren im Vordergrund stehen sollte (SCHEFFEN/PARDEY Rn 140). Danach ist etwa nicht unbedingt das Fernhalten von jedem Gegenstand erforderlich, der bei unsachgemäßem Umgang gefährlich werden kann: „Gerade die Erziehung des Kindes zu verantwortungsbewußtem Hantieren mit einem solchen Gegenstand ist oft der bessere Weg zur Schadensverhütung" (BGH NJW 1976, 1684). Daß somit vorrangig gleichzeitig erzieherisch wirkende Maßnahmen geboten sind, steht nicht in Widerspruch zu dem Umstand, daß § 832 nur die Aufsichts-, nicht aber die Erziehungspflichtverletzung sanktioniert (vgl aber die dahingehende Kritik von FUCHS 167 ff). Die Maßnahmen, die auch erzieherischen Charakter und damit eine Doppelnatur aufweisen, sind – im Ausgangspunkt – schlicht die sinnvollsten und effektivsten Aufsichtsmaßnahmen. Sie sind iRd § 832 geboten, weil und soweit sie auch Aufsichtsmaßnahmen sind.

92 Der Erfolg dieser erzieherischen Maßnahmen ist durch Kontrollen, die mit Ermahnungen oder Lob verbunden sein sollten, zu ergründen (vgl unten Rn 108). Erst wenn diese zutage fördern, daß bisherige Maßnahmen fruchtlos geblieben sind, ist zu stärkeren Mitteln wie Verboten und Überwachungen zu greifen. Verbote sind freilich auf ihre pädagogische Eignung im Einzelfall – besonders bei älteren Jugendlichen – zu überprüfen. Bei entsprechend entwickelter Aufnahmefähigkeit ist ein Verbot mit der Erklärung dieser Maßnahme zu versehen, um deren Akzeptanz zu erhöhen (BGH VersR 1964, 313, 314; RAUSCHER JuS 1985, 757, 762). Allerdings ist auf Erklärungen dort zu verzichten, wo der Aufsichtsbedürftige wegen zu geringer Einsichtsfähigkeit Erklärungen eher als verwirrend empfinden würde (BGH VersR 1964, 313, 314 für den Fall eines 4jährigen; kritisch dazu RAUSCHER aaO).

93 Mahnungen und Verbote genügen aber nur, wenn der Aufsichtspflichtige nach Lage des Falls von ihrer Wirkung überzeugt sein durfte (vgl BGH VersR 1965, 137). Meist – und bei Kleinkindern, deren Verhalten unberechenbar ist, regelmäßig – muß dazu je nach den Umständen des Einzelfalls die offene oder unauffällige, ständige oder stichprobenweise Überwachung treten (vgl RGZ 69, 76; BGH FamRZ 1964, 84). Überwachungen sind zusammen mit verschärften Ermahnungen jedoch nur dann vorzunehmen, wenn Anzeichen dafür sprechen, daß Belehrungen, Einübungen usw (noch) nicht angenommen worden sind. Generelle Überwachungen „auf Schritt und Tritt" kommen dabei in aller Regel nicht in Betracht (RGZ 50, 60, 63; BGH NJW 1984, 2574, 2575; OLG Köln VersR 1969, 44; OLG Oldenburg VersR 1987, 915). Sie ist normalerweise nicht erforderlich, praktisch schwer realisierbar, vor allem aber pädagogisch ungeeignet, da sie dem Einüben von selbständigem und verantwortungsvollem Handeln entgegenstehen und das für erfolgversprechende Erziehungs- und Aufsichtsmaßnahmen erforderliche Vertrauensverhältnis zwischen Aufsichtsbedürftigem und -pflichtigem beeinträchtigen können (OLG Karlsruhe VersR 1979, 58; Celle VersR 1979, 476; OLG Düsseldorf NWVBl 1996, 78; BERNING/VORTMANN JA 1986, 12, 18). Das heißt freilich nicht, daß in Fällen mit besonders gewichtigem Aufsichtsanlaß (etwa bei Verhaltensgestörtheit und ausgeprägter Zündelneigung) nicht auch eine „engmaschige Überwachung" geboten sein kann (BGH NJW 1996, 1404, 1405).

Ggfs müssen die Eltern die Gefahrenquelle verstopfen, indem sie das gefahrbringende Verhalten unmöglich machen. So ist, immer unter der Voraussetzung, daß mildere und erzieherisch wertvollere Maßnahmen keinen hinreichenden Erfolg gezeitigt haben, zB dem tollkühn rollernden Sohn der Roller (vgl unten Rn 103) oder dem mit gefährlichem Spielzeug hantierenden Kind das Spielzeug wegzunehmen und sicher zu verwahren. Jedoch braucht der Aufsichtspflichtige ohne besonderen Anlaß nicht damit zu rechnen, daß das Kind diese Maßnahmen umgehen könnte, wenn er sich üblicher und sachentsprechender Vorkehrungsmaßnahmen bedient (vgl unten Rn 103, 106). 94

Wenn die üblichen Vorkehrungs- und Erziehungsmaßregeln nicht ausreichen, müssen die Eltern das Kind notfalls in strenger Obhut halten oder es in einer anderen Familie bzw in einem Heim unterbringen (RG Recht 1911 Nr 3326; JW 1914, 298), den Vormundschaftsrichter anrufen (§ 1631 Abs 3) oder beim Landesjugendamt Erziehungshilfe beantragen. Bei diesen Alternativen handelt es sich allerdings um ganz erhebliche Einschränkungen des Erziehungsrechts, das Eltern nur als allerletztes Mittel geboten sein kann. Die Anforderungen sind hier äußerst hoch anzusiedeln (dazu LG Hildesheim VersR 1972, 672: Eine als einziges geeignetes Mittel zur „Gefahrenabwehr" noch in Frage kommende Heimeinweisung war im Einzelfall im Hinblick auf den Erziehungsaspekt unverhältnismäßig, s oben Rn 80). 95

b) Der pädagogische Ermessensfreiraum / die Erschöpfung zumutbarer Maßnahmen

Bei der wertenden Bestimmung der gebotenen Aufsichtsmaßnahmen ist dem Aufsichtspflichtigen im Hinblick auf den Erziehungsaspekt ein „gewisser Freiraum pädagogisch vertretbarer Maßnahmen" zuzugestehen (BGH NJW 1980, 1044, 1045; 1984, 2574, 2576; OLG Hamm NJW-RR 1988, 798; GROSSFELD/MUND FamRZ 1994, 1504, 1507; SCHEFFEN/PARDEY Rn 132). Dieser Ermessensspielraum wirkt sich vor allem in den Fällen aus, in denen es um Aufsichtsmaßnahmen gegenüber einem sich der Volljährigkeit nähernden Jugendlichen geht, die angesichts des Aufsichtsanlasses an sich streng sein müßten (dazu oben Rn 83 ff). Zwar ist der Aufsichtspflichtige hier nicht völlig davon freigestellt, Aufsichtsmaßnahmen zu ergreifen (BGH NJW 1980, 1044, 1045). Andererseits gibt es aber gerade in diesem Fall Grenzen (s Rn 84). So wäre es lebensfremd und wohl auch unter dem Aspekt der möglichst effektiven Aufsicht kontraproduktiv, von dem Vater eines fast 18jährigen Sohns zu verlangen, diesem generell zu verbieten, in seiner Freizeit Gaststätten oder Parties zu besuchen (BGH NJW 1980, 1044, 1045; vgl LARENZ/CANARIS, Schuldrecht II/2 § 79 IV 2 c und OLG Karlsruhe VersR 1975, 430). Vielmehr kann es iR pädagogischen Ermessens uU angezeigt sein, „keine allzu große Strenge walten zu lassen und nicht auf strikter Einhaltung elterlicher Weisungen oder Empfehlungen zu bestehen, um den Kontakt zu dem Jugendlichen und die Einflußnahme auf ihn nicht zu verlieren" (BGH aaO; s dazu oben Rn 84). Insgesamt gilt grds, daß die Aufsichtsanforderungen dort erheblich abzusenken sind, wo nach den Umständen des Falls, insbesondere nach allen vorausgegangenen und fehlgeschlage- 96 nen Aufsichtsmaßnahmen, die Erfolglosigkeit aller weiteren Bemühungen offensichtlich ist (dazu oben Rn 84).

5. Die Einzelfälle

a) Die Verkehrsgefahren durch spielende Kinder*

97 Die Möglichkeit zum Aufenthalt und Spielen im Freien muß auch Kleinkindern erhalten bleiben, wenn es mit den Verkehrsverhältnissen irgendwie vereinbar ist. Zur Erfüllung der Aufsichtspflicht genügen dann aber bloße Belehrungen und Verbote (die Fahrbahn nicht ohne Begleitung Erwachsener zu überqueren usw) nicht. Es muß wegen der Unberechenbarkeit des Verhaltens von Kleinkindern eine ausreichende und zumutbare Überwachung hinzutreten. Eine ständige Beobachtung ist dagegen nicht erforderlich (BGH FamRZ 1964, 84; s auch NJW 1967, 249 und vgl oben Rn 93). Bei noch nicht schulpflichtigen Kindern muß allerdings bei Fehlen eigenen Verantwortungsbewußtseins damit gerechnet werden, daß sie im Eifer des Spiels aus geringstem Anlaß jede Mahnung vergessen und unbesonnen auf die Fahrbahn laufen. Ein 2^{1}/$_{2}$jähriges Kind muß daher im Straßenverkehr noch an der Hand gehalten werden oder die Eltern müssen in der Lage sein, zumindest jederzeit korrigierend in den Geschehensablauf eingreifen zu können (OLG Düsseldorf VersR 1992, 1233). Bloße Mahnungen ohne Überwachungsmaßnahmen sind deshalb unzulänglich (OLG Köln VersR 1969, 44). Bedenklich erscheint eine Entscheidung des OLG Bremen (VersR 1958, 64): Danach braucht eine Mutter, die ohne Hilfe drei minderjährige Kinder zu versorgen hat, ein zweijähriges Kind, das auf der Straße spielt, nicht ständig zu beobachten. Darüber hinaus müssen kleine Kinder unter allen Umständen von gefahrdrohenden Stellen ferngehalten werden (BGH VersR 1965, 137; OLG München VersR 1962, 747). Grundsätzlich ist es allerdings zulässig, ein 5jähriges Kind nach gehöriger Belehrung über das Verhalten im Straßenverkehr und gelegentlicher Überwachung allein auch auf dem Bürgersteig einer verkehrsreichen Straße spielen zu lassen (BGH VersR 1957, 340; 1958, 85; OLG Stuttgart VersR 1955, 685; OLG Bremen VersR 1958, 64; OLG Celle FamRZ 1966, 107; für den Fall eines 6jährigen Kindes vgl LG Hildesheim RuS 1985, 174). Ein normal entwickeltes 8jähriges Kind darf ohne besondere Überwachungsmaßnahmen zum Spielen auf die Straße gelassen werden (LG Passau VersR 1956, 428).

98 **Fußballspielen** von Kindern auf der Straße ist für die Verkehrsteilnehmer gefährlich. Es besteht die Gefahr, daß der Ball andere Personen trifft oder daß die Spieler im Eifer ohne Rücksicht auf den Verkehr dem Ball nachlaufen. Das Fußballspiel des 13jährigen Sohnes auf der Straße muß deshalb der Vater mit aller Strenge unterbinden. Ein bloßes Verbot genügt nicht (BGH FamRZ 1961, 523).

99 Auf das **Spielen und Aufhalten jüngerer Kinder auf dem Gehweg** muß sich auch der Kraftfahrer einstellen. Stellt er zB sein Kfz so in den Gehweg hinragend ab, daß für Fußgänger nur ein schmaler Durchgang bleibt, hat er es sich selbst zuzuschreiben (§ 254), wenn Kinder wegen der Enge des Raums aus Unvorsichtigkeit an das Kfz anstoßen und es beschädigen. Von den Eltern kann nicht verlangt werden, daß sie den Kindern das Spielen auf Gehwegen verbieten oder sie dabei beaufsichtigen,

---

* **Schrifttum:** SCHNITZERLING, Die Aufsichtspflicht über Minderjährige im Straßenverkehr, DAR 1967, 151; ders VersPraxis 1977, 70; GAISBAUER VersPraxis 1974, 190.

damit den Gehweg versperrende Autos nicht beschädigt werden (AG Rendsburg VersR 1966, 839).

b) Die Kinder als Fußgänger im Straßenverkehr
aa) Die Kinder ohne Begleitung Erwachsener

100 Inwieweit jüngeren Kindern gestattet werden kann, sich **allein als Fußgänger** auf der Straße zu bewegen, hängt ua von der Beschaffenheit der Straße (ruhige verkehrsarme Straße im Gegensatz zu belebter Durchgangsstraße, ländliche Gegend mit geringem Kfz-Verkehr im Gegensatz zur verkehrsreichen Großstadt), von Alter und Einsicht des Kindes, von seiner Vertrautheit mit den Gefahren des Wegs, von der Gewöhnung daran und von der Kenntnis verkehrsrichtigen Verhaltens beim Überqueren der Straße ab. Ein 5jähriges Kind darf nach gehöriger Einweisung und unter gelegentlicher Kontrolle auch allein auf den Weg zur Erledigung von Besorgungen (zum Kaufmann usw) geschickt werden (OLG Stuttgart VersR 1955, 685, 686; OLG Celle VersR 1969, 333, 334). Ein fast 7jähriges normal oder gar überdurchschnittlich veranlagtes Kind, das über die wichtigsten Regeln des Straßenverkehrs belehrt ist, bedarf auf dem Schulweg keiner ständigen unmittelbaren Beobachtung und Beaufsichtigung. Das gilt auch, wenn dabei eine Bundesstraße überquert werden muß, sofern es des öfteren begleitet sowie mit den Besonderheiten und Gefahren des Schulwegs vertraut gemacht worden ist (OLG Celle VersR 1979, 476; LG Aachen RuS 1987, 225). Eine stichprobenweise Überwachung, ob sich das Kind auf dem Schulweg insbesondere beim Übequeren von Straßen verkehrsgerecht verhält, reicht aus. Dies gilt besonders dann, wenn die Eltern, der Vater durch seine Berufstätigkeit, die Mutter durch die Sorge um weitere kleine Kinder, an einer ständigen Begleitung verhindert sind. Von einem solchen Kind gehen dennoch natürlicherweise Gefahren aus, zB wenn es sich vor dem Überqueren einer Straße zwar nach beiden Seiten umsieht, aber die Geschwindigkeit eines herannahenden Kfz nicht richtig einschätzt; diesen Umständen müssen die übrigen Verkehrsteilnehmer ihrerseits durch entsprechendes vorsichtiges und verantwortungsbewußtes Verhalten Rechnung tragen (LG Berlin VersR 1967, 237). Kleine (3- und 4jährige) Kinder dürfen die Eltern auf verkehrsarmen Gemeindewegen spazierengehen lassen, wenn sie von einem geeigneten älteren Kind (einer 9jährigen Schülerin) begleitet und beaufsichtigt werden (LG Oldenburg VersR 1966, 1064). Einem 4jährigen Kind dagegen müssen die Eltern das Überqueren einer Straße mit lebhaftem Kraftfahrzeugverkehr ohne Begleitung Erwachsener verbieten und die Beachtung des Verbots überwachen. Bloße Belehrungen und Ermahnungen des Kleinkindes zur Vorsicht beim Überschreiten der Straße genügen nicht (BGH NJW 1968, 249; s auch OLG Karlsruhe VersR 1978, 575). Nach LG Nürnberg-Fürth (VersR 1969, 576) darf ein 4jähriges Kind überhaupt nicht allein Zutritt zu Örtlichkeiten außerhalb des Hauses haben, wo durch Neugierde und Spieltrieb für ihn und andere Gefahren entstehen können. Dem ist zuzustimmen, sofern das erzieherische Anliegen, das Kind Neuland entdecken zu lassen, durch eine erkennbare Gefahrenträchtigkeit der Umgebung wertungsmäßig überwogen wird. Einem geistig behinderten 17jährigen kann gestattet werden, den Weg zur Sonderschule allein zurückzulegen, wenn über lange Zeit kein Anlaß zur Begleitung vorlag (OLG Stuttgart Justiz 1986, 46 f).

bb) Die Kinder in Begleitung Erwachsener

101 Ein 2½jähriges Kind muß im Straßenverkehr noch an der Hand gehalten werden. Wenigstens aber müssen die Eltern in der Lage sein, „jederzeit in das Verhalten des

Kindes korrigierend einzugreifen" (OLG Düsseldorf VersR 1992, 1233). Bei Kleinkindern muß damit gerechnet werden, daß sie zu einer rationalen Steuerung ihres Verhaltens nur begrenzt in der Lage sind. So müssen zB die Eltern eines 2½jährigen Kindes stets damit rechnen, daß es unvermittelt und ohne Grund auf die Straße läuft. Außerdem kann zur Erfüllung der Aufsichtspflicht eine besondere Sorgfalt notwendig sein, wenn Eltern ihr 5jähriges Kind auf einem Spaziergang begleiten und ansonsten ohne Verletzung der Aufsichtspflicht berechtigt sind, es allein auf der Straße spielen oder Besorgungen ausführen zu lassen. Dem wird die Lebenserfahrung zugrunde gelegt, daß jüngere Kinder, die allgemein im Straßenverkehr zuverlässig sind, unaufmerksam werden und sich unsicherer benehmen, wenn sie zB in Begleitung ihrer Eltern unterwegs sind. Kinder können dann glauben, daß ein Teil der von ihnen sonst allein getragenen Verantwortung wieder von dem Erwachsenen übernommen wird (OLG Celle FamRZ 1966, 107). In einem solchen Fall muß eine Mutter ihr 5jähriges Kind an der Hand halten, wenn es auf der gegenüberliegenden Straßenseite seinen Vater erblickt. Es besteht dann die Gefahr, daß das Kind ohne Rücksicht auf den Verkehr die Straße überquert, um zum Vater zu gelangen.

c) **Die Kinder als Verkehrsteilnehmer mit Fahrzeugen oder anderen Mitteln zu schnellerer Fortbewegung**
aa) **Mit Fahrrädern**

102 Noch nicht schulpflichtige Kinder dürfen sich im öffentlichen Straßenverkehr grds noch nicht gänzlich unbeaufsichtigt bewegen. Es muß eine jederzeitige Eingriffsmöglichkeit der Eltern gewahrt sein (AG Frankfurt VD 1995, 67). So bedarf es zur Erfüllung der Aufsichtspflicht der Eltern über ein selbständig fahrradfahrendes 5jähriges Kind eines ständigen Sichtkontaktes (LG Düsseldorf VersR 1994, 484 f). Dagegen ist es dem Aufsichtspflichtigen nicht vorwerfbar, wenn er sich 15–20 Meter von einem auf dem Bürgersteig auf einem Fahrrad mit Stützrädern fahrenden 5jährigen entfernt (AG Darmstadt ZfSch 1992, 3, 4). Darüber hinaus muß das Kind in der Lage sein, weitgehend selbstständig die Funktionen eines Fahrrades zu beherrschen. Davon kann ausgegangen werden, wenn es bereits seit einem Jahr mit dem Fahrradfahren vertraut ist. Der Aufsichtspflicht genügt es dann jedenfalls, wenn das Fahrrad des Kindes zudem mit Stützrädern versehen ist (AG Bersenbrück VersR 1994, 108; AG Darmstadt ZfS 1992, 3 f). Dagegen dürfen sich schulpflichtige Kinder ab 6 Jahren unter bestimmten Voraussetzungen schon alleine im Straßenverkehr bewegen. Das hängt in erster Linie von der technischen Beherrschung des Gefährts, ihrer Fahrsicherheit und ausreichenden Vertrautheit mit den Verkehrsvorschriften ab. Das Maß an Kenntnis der Verkehrsvorschriften, die ein 7- oder 8jähriges Kind besitzen muß, ergibt sich aus dem Vertrauensgrundsatz, von dem ein Kraftfahrer bei der Begegnung mit ihnen ausgehen darf. Er darf erwarten, daß die Kinder eine angemessene Verkehrserziehung genossen haben und dadurch über die Verhaltensregeln im Straßenverkehr aufgeklärt sind (BGH VI ZR 148/95; OLG Celle NJW-RR 1988, 216; vgl auch LG Düsseldorf VersR 1994, 484 f, wo allerdings der Fall eines 5jährigen Kindes behandelt wird). Daneben kommt es auf die Verkehrsstärke und darauf an, ob das Kind mit der Wegstrecke vertraut ist (BGH NJW-RR 1987, 1430 f; OLG Celle NJW-RR 1987, 216). Dann darf ein bereits 7jähriges Kind zB den täglichen Schulweg alleine zurücklegen und ein 6jähriges Kind auf einem nahe der elterlichen Wohnung gelegenen Fuß- oder Radweg herumfahren. Auf unbekannten Strecken mit unbekannten Gefahrensituationen hingegen bedarf es einer besonderen Beobachtung des fahrradfahrenden Kindes. Weist ein 6- oder 7jähriges Kind die og Eigenschaften auf, können ihm die Eltern nur dann gestatten, auch sonst alleine auf unbekannten Wegen zu fahren, wenn sie das Kind zudem ernstlich zur Vorsicht anhalten und ggfs heimlich beobachten, ob es ihre Gebote befolgt (BGH VersR 1965, 606). Neben ausreichender Belehrung über die Verkehrsregeln verlangt das LG Stuttgart (NJW 1960, 1157) wegen der gestiegenen Anforderungen des Straßenverkehrs die unauffällige Überwachung noch bei einem 14jährigen Radfahrer (anscheinend einem Anfänger). In ländlichen Gegenden dürfen dagegen wiederum etwa 8jährige Kinder, die einen langen Schulweg zurückzulegen haben, ohne Begleitung Erwachsener auch auf Bundesstraßen mit dem Rad zur Schule fahren (OLG Oldenburg VersR 1963, 491). Eine ständige Beaufsichtigung könnte nur unter besonderen Umständen, etwa bei Neigung des Kindes zur Unbesonnenheit oder zu dummen Streichen, verlangt werden (OLG Köln VersR 1969, 44).

Insgesamt sind an die Überwachung des Kindes unterschiedliche Anforderungen zu stellen. Sie verringern sich, wenn das Kind längere Zeit unfallfrei gefahren ist (vgl OLG Nürnberg VersR 1962, 1116; Oldenburg NdsRpfl 1962, 188). Sie verschärfen sich, wenn die Eltern Kenntnis von Umständen haben, die das Radfahren als mit besonderen Gefahren für Dritte verbunden erscheinen lassen, etwa weil Anzeichen für unüberlegtes, tollkühnes oder rücksichtsloses Verhalten des Kindes hervortreten. So haften die Eltern für den von einem 6- und 12jährigen Kind verursachten Unfall, wenn sie vorher geduldet haben, daß es mit anderen Jungen Radrennfahrten auf der Straße unternahm oder wenn sie wußten, daß die Kameraden des Kindes solche Rennfahrten unternahmen und mit einer Beteiligung des Kindes zu rechnen war (BGH VersR 1961, 838 f; OLG Celle NJW-RR 1988, 216; OLG Düsseldorf VersR 1975, 864). Sie haften auch, wenn sie das Radfahren unter erschwerten Umständen zulassen, ohne über die besonderen Gefahren zu belehren und das Verhalten des Kindes zu überwachen (OLG München VersR 1958, 238 für den Fall, daß die 16jährige Tochter in einer Hand einen aufgespannten Regenschirm trug).

bb) Mit Rollern oder ähnlichen Fortbewegungsmitteln
Solche werden vielfach von Kindern in noch nicht schulpflichtigem Alter benutzt. **103** Die von ihnen ausgehenden Gefährdungen bestehen darin, daß sie sich auf die Fahrbahn begeben oder auf dem Bürgersteig Passanten anfahren. Dabei sind gummibereifte Stahlrohrroller gefährlicher als etwa Holzroller mit Abtrittmechanismus. Es ist nicht schlechthin unzulässig, einem 4jährigen Kind die Benutzung eines gummibereiften Stahlrohrrollers zu erlauben. Es kommt aber auf die Umstände des Einzelfalles an (BGH FamRZ 1968, 192; OLG Hamm NZV 1995, 112 f; LG Bochum ZfS 1986, 258). Jedenfalls müssen rollende Kinder belehrt und entsprechend überwacht werden, daß sie die Fahrbahn nicht benutzen dürfen. Weiterhin müssen sie ernstlich zur Vorsicht und Rücksichtnahme auf andere Straßenbenutzer angehalten werden (BGH VersR 1958, 85; 1965, 606). Unzulänglich ist eine Beaufsichtigung, wenn Eltern, die einem 4jährigen das Fahren mit einem gummibereiften Stahlrohrroller gestatten, sich mit allgemeinen Ermahnungen begnügen oder die Mutter nur aus einiger Entfernung, etwa vom Balkon der Wohnung aus, dem Kind zusieht (BGH FamRZ 1968, 192; OLG Hamm NZV 1995, 112 f). Zu einer ständigen Überwachung, wie sie hier erforderlich ist, gehört, daß der Aufsichtspflichtige bei einer sich plötzlich verwirklichenden Gefahr rechtzeitig eingreifen kann (BGH FamRZ 1965, 75). Haben die Eltern dem 6jährigen Sohn den Roller wegen „tollkühnen" Fahrens weggenommen und ihm verboten, Roller zu fahren, brauchen sie, wenn keine weiteren besonderen

Umstände gegeben sind, nicht noch Vorsorge dagegen zu treffen, daß er sich einen fremden Roller ausleihen könnte (LG Braunschweig VersR 1965, 248).

cc) Mit Rollschuhen

104 Ebenfalls keine Aufsichtspflichtverletzung liegt vor, wenn ein rollschuhlaufendes 11jähriges Kind auf der Fahrbahn mit einem entgegenkommenden Fahrzeug einen Unfall verursacht, sofern das Kind im allgemeinen folgsam ist und die Eltern es zusätzlich immer wieder darauf hingewiesen haben, es dürfe nicht auf der Fahrbahn Rollschuh laufen, und wenn sie dem Verbot gelegentlich durch Verstecken der Rollschuhe Nachdruck verliehen haben (BGH FamRZ 1965, 132, 134).

dd) Mit Kraftfahrzeugen

105 Soweit nach § 7 StVZO Minderjährigen die Führung eines Kraftfahrzeugs gestattet ist, hebt eine erteilte öffentlich-rechtliche Fahrerlaubnis die Aufsichtspflicht nach § 832 nicht auf (BGH VersR 1952, 238; LM § 546 ZPO Nr 9; OLG Frankfurt VersR 1955, 550). Sie beschränkt sich im allgemeinen auf unauffällige wiederholte Überwachung der Fahrweise (BGH aaO). Besondere, über die allgemeine, dem Alter angepaßte Beaufsichtigungspflicht hinausgehende Beaufsichtigungsmaßnahmen kommen in Betracht, wenn besondere Gründe (mangelnde Fahrpraxis, vorangegangener Alkoholgenuß, Neigung zu Alkoholgenuß) vorliegen (BGH LM Nr 1; OLG Nürnberg VersR 1958, 118; LG Bielefeld MDR 1968, 1010). Über die Haftung aus § 832 (neben der Haftung des Halters aus dem StVG), wenn das Kind den Wagen des Aufsichtspflichtigen zu *Schwarzfahrten* benutzt, s BGH VersR 1954, 558; 1955, 184; NJW 1984, 1463, 1464; OLG Celle VersR 1961, 739; OLG Nürnberg VersR 1980, 96; OLG München MDR 1984, 757.

106 **Einzelfälle**. Ein Landwirt, dessen 14jähriger Sohn den väterlichen Ackerschlepper hin und wieder auf Feldwegen fährt, nicht aber – ausdrücklichem väterlichen Verbot entsprechend – auf öffentlichen Wegen, verletzt seine Aufsichtspflicht nicht, wenn er den Zündschlüssel des Schleppers im nicht abgeschlossenen Werkzeugkasten verwahrt. Er ist nicht dafür verantwortlich, wenn der Sohn den Zündschlüssel daraus entnimmt und damit eine fremde auf öffentlicher Straße stehende Planierraupe anläßt (OLG Stuttgart VersR 1966, 860). Ist den Eltern die Fahrleidenschaft des Kinds bekannt, reicht ein bloßes Verstecken des Zündschlüssels im Wohnzimmerschrank nicht aus (OLG Stuttgart RuS 1984, 203). Eltern verletzen ihre Aufsichtspflicht, wenn sie Kleinkinder in einem Kraftfahrzeug allein zurücklassen und die Gefahr besteht, daß sie die Tür öffnen und auf die Straße gelangen (OLG Oldenburg VersR 1976, 199). Zur Haftung des KFZ-Führers für seine minderjährige Tochter, die beim Aussteigen aus dem Fahrzeug den parallel zur Fahrbahn laufenden Radfahrweg unvorsichtig überquert und dadurch Schaden verursacht, vgl BGH VersR 1964, 1202. In einem auf einer abschüssigen Straße geparkten Fahrzeug darf ein 4jähriges Kind nicht allein zurückgelassen werden (OLG-Rep Düsseldorf 1992, 58).

d) Der Umgang mit gefährlichem Spielzeug
aa) Die Begriffsbestimmung

107 Ein **gefährliches Spielzeug** iS der nachstehenden Ausführungen, die die Beaufsichtigungspflicht der Eltern bei gefährlichen Spielen des minderjährigen Kindes zum Gegenstand haben, ist ein Spielzeug nicht schon deshalb, weil es ausnahmsweise durch eine Verkettung besonders unglücklicher Umstände schon einmal erheblichen

Schaden angerichtet hat oder solchen anrichten kann (RGZ 50, 60, 65; LG Frankfurt NJW-RR 1986, 112). In Betracht kommt vielmehr Spielzeug, durch dessen Verwendung erfahrungsgemäß andere leicht verletzt werden können, wie beim Werfen mit Steinen und beim Hantieren mit Flitzbogen und spitzen Pfeilen, gefährlichen Wurfpfeilen, Speeren, Luftgewehr, Armbrust, Steinschleudern, feststehenden Messern (Fahrtenmesser) usw (BGH JZ 1955, 500; VersR 1957, 799; 1962, 1088; 1966, 368; 1973, 545; FamRZ 1964, 505; OLG Schleswig VersR 1978, 237; OLG München VersR 1979, 747; LG Aachen VersR 1971, 89; LG Wiesbaden VersR 1976, 549). Haben die Eltern Kenntnis vom Umgang des Kindes mit solchem Gerät, so müssen sie jede Sorge tragen, daß durch Belehrungen, Warnungen usw und die Kontrolle ihrer Beachtung Schäden vermieden werden (BGH VersR 1966, 368). Besteht Grund zu der Annahme, daß diese Maßnahmen nicht ausreichen, ist es wegen der besonderen Gefahr notwendig, das Hantieren damit gänzlich zu verbieten oder sonst (durch Wegnahme usw) zu verhindern – wie etwa das Bogenschießen mit spitzen Pfeilen (RG LZ 1915, 525) und das Werfen spitzer Wurfpfeile (BGH FamRZ 1966, 229). Solche Maßnahmen sind nicht nur bei Kindern mit Neigung zu aggressivem Verhalten und üblen Streichen erforderlich (OLG Düsseldorf VersR 1976, 1133), sondern auch bei einem sonst wohlerzogenen 12jährigen nicht entbehrlich, schon weil er Gefährdungen nicht übersieht, die sich durch Übergriffe im Spieleifer und ähnlichen nach der Lebenserfahrung möglichen Komplikationen und durch Verkettung von Umständen ergeben können (BGH FamRZ 1966, 228).

bb) Die Sorge um die Freizeitgestaltung des Kinds
Die Notwendigkeit zu Vorkehrungen gegen die Gefahren aus gefährlichem Spiel **108** setzt aber nicht erst ein, wenn der Aufsichtspflichtige von der Beteiligung des Kindes Kenntnis erhält. Die Eltern müssen sich vielmehr in weitem Umfang darum kümmern, wie das Kind seine Freizeit gestaltet (vgl oben Rn 92); nur so können sie ein Urteil gewinnen, ob das Kind die Freizeit nicht zu gefährlichem Tun verwendet, und gegebenenfalls die zur Abstellung von Gefahren erforderlichen Schritte tun. Betreibt das Kind seit längerer Zeit ein gefährliches Spiel, so können sich, wenn es zu einem Unfall kommt, die Eltern der Haftung nicht dadurch entziehen, daß sie nichts davon gewußt hätten, wenn dieses Nichtwissen darauf beruht, daß sie sich nicht in ausreichendem Maß um das Tun des Kindes in seiner freien Zeit kümmerten (BGH VersR 1958, 563: Haftung der Eltern für die Verletzung, die der 16jährige beim Schleuderschießen einem anderen zufügte, während die Eltern nicht wußten, daß er dies Spiel schon seit über einem Jahr betrieb). Strenge Anforderungen sind an die elterliche Aufsichtspflicht zu stellen, wenn die Eltern Anlaß zu der Annahme haben, daß das Kind sich an gefährlichen Spielen beteilige oder beteiligen könne. Anlaß zu solcher Annahme besteht nicht nur bei eigenen Wahrnehmungen der Eltern oder bei Mitteilung von dritter Seite über eine mögliche Beteiligung des Kindes, sondern schon, wenn solche Spiele in der Nachbarschaft oder im Verkehrskreis des Kindes verbreitet sind und die Eltern von solchen Spielen wissen oder ihre Unkenntnis durch mangelhafte Aufmerksamkeit und Uninteressiertheit gegenüber dem Verhalten des Kindes und seiner Gespielen zu erklären ist (BGH VersR 1955, 421; 1961, 838; 1962, 1088; 1966, 368). Namentlich gilt dies, wenn sie eine Neigung des Kindes zum Spielen mit bestimmten gefährlichen Instrumenten beobachtet haben (BGH FamRZ 1964, 505).

e) Der Umgang mit Zündmitteln
Besonders strenge Anforderungen an die Erfüllung von Aufsichtspflichten sind an **109** die Belehrung über die Gefahren des Feuers und an die Überwachung eines mög-

lichen Umgangs mit Zündmitteln zu stellen (BGH VersR 1983, 734; 1986, 1210; NJW-RR 1987, 13, 14; 1990, 1248; NJW 1984, 2574, 2575; 1993, 1003; 1995, 3385; 1996, 1404; OLG Oldenburg FamRZ 1994, 833; OLG Hamm NJW-RR 1996, 153). Dem hat die Rspr des BGH die Erfahrung zugrunde gelegt, daß durch Kinder nicht selten Brände mit erheblichen Schäden verursacht werden. Nach dem Grundgedanken von § 832 BGB aber solle dieses Risiko, das von Kindern für Dritte ausgehe, in erster Linie von den Eltern getragen werden. Ihnen sei es eher zuzurechnen als einem außenstehenden Geschädigten. Außerdem hätten sie als Sorgeberechtigte und Erziehungsverpflichtete auch die Möglichkeit zur gebotenen Einwirkung auf ihr Kind. Besondere Vorsicht ist also davor geboten, daß Kinder in unreifem Alter sich nicht unbefugt mit Streichhölzern zu schaffen machen. Bei der großen Verlockung, die für solche Kinder das Anzünden von Streichhölzern bedeutet, und der großen Gefahr, die hieraus entstehen kann, erfordert die pflichtgemäße Aufsicht in dieser Beziehung ein hohes Maß an Umsicht und Sorgfalt der Aufsichtspflichtigen (vgl dazu BGH VersR 1969, 523; NJW 1983, 2821; 1984, 2574, 2575; 1995, 3385; 1996, 1404; BayObLG VersR 1976, 570; OLG Düsseldorf VersR 1983, 89; OLG Oldenburg FamRZ 1994, 833 f; OLG Hamm NJW-RR 1996, 153; LG Heilbronn VersR 1975, 457). So ist zB ein Feuerzeug vor einem normal entwickelten 4jährigen Kind sicher zu verwahren, wenn eine angemessene Beaufsichtigung durch die Eltern berufsbedingt nicht sichergestellt werden kann. Erzieherische Maßnahmen allein reichen hier nicht aus, „da sie ein kleines Kind auch neugierig machen und zur Übertretung von Verboten reizen können" (OLG Hamm NJW-RR 1996, 153). Kinder im Alter von 6–8 Jahren sind von den Eltern über die Gefährlichkeit des Anzündens von Streichhölzern aufzuklären und auf einen etwaigen Besitz von Streichhölzern zu kontrollieren. Das gilt insbesondere in ländlichen Gegenden, in denen durch Entzünden von Stroh eine besondere Brandgefahr für Scheunen und Ställe besteht (OLG Düsseldorf RuS 1992, 197 f). Sie müssen auch verhindern, daß die Kinder im elterlichen Haushalt selbst in den Besitz von Streichhölzern gelangen. Deshalb enthebt zB die Möglichkeit, daß es für 7jährige heute im allgemeinen nicht allzu schwer ist, sich in Selbstbedienungsläden Streichhölzer zu verschaffen, die Eltern von Kindern in diesem Alter nicht ihrer Pflicht, im Rahmen des Möglichen und Zumutbaren zu verhindern, daß diese im häuslichen Bereich in den Besitz von Streichhölzern gelangen. Im Haushalt befindliche Streichhölzer sind so zu verwahren, daß Kinder dieses Alters sie nicht ohne weiteres erblicken und erreichen können (BGH NJW 1983, 2821; NJW 1984, 2574; NJW-RR 1987, 13, 14; OLG Karlsruhe VersR 1985, 599; OLG Oldenburg VersR 1987, 915; OLG Koblenz RuS 1987, 224; OLG Düsseldorf RuS 1992, 197). Allerdings kann von Eltern nicht verlangt werden, einem noch nicht 7 Jahre alten Kind das Verbot des psychischen Beistandleistens beim Spiel anderer mit Feuer zu vermitteln (BGH NJW-RR 1990, 1248). Bei schon größeren Kindern, etwa im Alter von 8 bis 9 Jahren, ist es zwar grundsätzlich weitgehend der elterlichen Entscheidung vorbehalten, von welcher Art der Überwachung sie sich den besten pädagogischen Erfolg versprechen. Wenn sich aber bei diesen Kindern die nicht seltene Gefahr der Verursachung eines Brandes beim Hantieren mit Streichhölzern verwirklicht hat, so sind **strenge Anforderungen an die Aufsicht** zu stellen, da das Risiko der Brandverursachung nicht primär zum von der Allgemeinheit zu tragenden „Lebensrisiko" gehört, sondern nach dem Grundgedanken von § 832 in erster Linie von den aufsichtspflichtigen Eltern zu tragen ist. Es genügt deshalb nicht der Nachweis, das Kind habe bis zum Brandvorfall niemals mit Streichhölzern gespielt, oder es seien ihm entsprechende pauschale Belehrungen erteilt worden, sondern die Eltern müssen – ggf im Wege der Parteivernehmung – dartun, daß sie dem Kind das Verbot, mit Streichhölzern zu spielen, unter Darstellung der damit verbundenen Gefahr eindringlich gemacht haben (BGH NJW 1984, 2574; vgl auch OLG Düsseldorf RuS 1992, 197).

Eine besonders energische Überwachung ist angezeigt, wenn die Zündelneigung **110** eines etwa 7- bis 9jährigen Kindes bekannt ist, das aufgrund seiner besonderen psychischen Situation zudem nicht in der Lage ist, die Gefährlichkeit des Zündelns zu erkennen (BGH NJW 1996, 1404, 1405). Dagegen darf bei einem altersgerecht entwickelten und besonnenen 12jährigen (oder beinahe 12jährigen) nicht derselbe Maßstab an die Erfüllung der Aufsichtspflicht angelegt werden (BGH NJW 1976, 1684; NJW 1993, 1003 f; vgl dazu oben Rn 59, 81). Hat etwa ein 12jähriger schon oft unter elterlicher Anleitung und Aufsicht ein Grillgerät unter Verwendung von Holzkohle und Brennspiritus bedient, kann ihm das selbständige Grillen (ohne Aufsicht) erlaubt werden, wenn er eindringlich und ausführlich über die besonderen Gefahren (wie mögliche explosionsartige Verpuffungen) belehrt und zur besonderen Vorsicht ermahnt worden ist (BGH NJW 1976, 1684; vgl auch BGH RuS 1992, 233 f). Allgemein kann von den Eltern nicht mehr verlangt werden, ihre dem Grundschulalter entwachsenen Kinder in gleicher Weise von Zündmitteln fernzuhalten. So stellt es gleichfalls keine Aufsichtsverletzung dar, wenn eine Mutter ihren Schmuckkasten, den sie hervorgeholt hatte, um ihren Kindern alte Ketten für den Flohmarkt herauszusuchen, nicht ständig so im Auge behalten hat, daß den Kindern ein unbemerkter Zugriff auf das im Kasten liegende Feuerzeug möglich war (BGH NJW 1993, 1003 f).

f) Der Umgang mit Schußwaffen
Strenge Anforderungen an die Aufsichtspflicht sind beim Umgang eines Minderjäh- **111** rigen mit Schußwaffen (einschließlich Luftgewehr, Luftpistole, Schreckschußpistole) zu stellen (BGH NJW 1980, 1044). Der Aufsichtspflichtige darf ihm, soweit die waffenrechtlichen Vorschriften dies überhaupt zulassen, ihren Gebrauch nur gestatten, wenn er sich von seiner Besonnenheit, seinem Geschick und Verständnis überzeugt hat oder wenn er in der Lage ist, den Gebrauch selbständig zu überwachen (RGZ 52, 75). Zu den erforderlichen Maßnahmen gehören auch die – notfalls wiederholte – eindringliche Mahnung, die Waffe niemals ohne Nachprüfung, ob sie geladen ist, in die Hand zu nehmen, auf Menschen zu zielen oder gar abzudrücken. Dies gilt auch, wenn der Aufsichtsbedürftige der Volljährigkeit nahe, aber geistig unbeholfen und noch ziemlich unreif ist (BGH VersR 1962, 157; FamRZ 1962, 116). Eine Verletzung der Aufsichtspflicht kann (neben der Verletzung der einschlägigen waffenrechtlichen Vorschriften) auch in der mangelnden Verwahrung von Schußwaffen liegen, die es dem Kind ermöglicht, an die Waffe zu gelangen und mit ihr zu hantieren (RG HRR 1934 Nr 1449; s dazu auch BGH VersR 1963, 1049; 1965, 572; OLG Schleswig VersR 1978, 238).

6. Die „unmittelbare" und „mittelbare" Aufsichtspflicht – Die Übertragung der Aufsicht als pflichteneinschränkender Faktor?

Größte praktische Bedeutung kommt der Frage zu, wie sich die Übertragung der **112** Aufsicht auf Dritte auf die Pflichtenstellung des Aufsichtspflichtigen auswirkt. Die Übertragung der Aufsicht zB über Minderjährige findet ständig statt. Allein schon die tägliche Berufstätigkeit nur eines Ehegatten geht regelmäßig mit einer (schlüssigen) Übertragung der auch dem Berufstätigen obliegenden Aufsicht auf den zu Hause bleibenden Partner einher (OLG Düsseldorf VersR 1992, 321, 322; ECKERT 37). Zu denken ist ferner an die kurzfristige Aufsichtsübernahme durch Nachbarn oder Babysitter.

a) Die herrschende Konzeption zur Übertragung der Aufsicht

113 Nach allgemeiner und zutreffender Auffassung ist die Aufsichtspflicht iSd § 832 **nicht höchstpersönlicher Natur**. Der Aufsichtspflichtige ist daher befugt, die Aufsicht – ohne besondere Voraussetzungen und Gründe (ALBILT 179 f; ECKERT 40) – **auf Dritte zu übertragen** (BGH LM Nr 8 c). Dadurch kann er sich freilich nicht vollständig entpflichten (BGH aaO; VersR 1965, 606; 1968, 301; NJW 1976, 1145, 1146; OLG Düsseldorf VersR 1992, 321, 322; SCHEFFEN/PARDEY Rn 129):

114 Einerseits besteht jenseits des Übertragungszeitraums die Aufsichtspflicht unverändert fort (BGH NJW 1968, 1672, 1673). Das gilt vor allem für die langfristigen und erzieherisch wirkenden Aufsichtsmaßnahmen (OLG Düsseldorf VersR 1992, 321, 322 [für die Belehrungspflicht]; ALBILT 192–196; DAHLGRÜN 189). So bleibt etwa der berufstätige Vater selbstverständlich in seiner Freizeit verpflichtet, stetig auf das Kind einzuwirken (RG Recht 1911 Nr 1553; BGH VersR 19958, 563; LG Mönchengladbach NJW 1968, 1970; DAHLGRÜN 189 f), es zB in die Verkehrsregeln einzuweisen oder Aufklärung über Feuergefahren zu betreiben.

115 Andererseits besteht die Aufsichtspflicht, soweit die Aufsicht übertragen worden ist, als „mittelbare" Aufsichtspflicht fort (SCHEFFEN/PARDEY Rn 128). Sie nimmt damit gewissermaßen einen anderen Inhalt an, zu dem Vierfaches gehört:

116 Der Aufsichtpflichtige muß eine **geeignete Person auswählen**. Sie muß zuverlässig und gewissenhaft sein sowie den Herausforderungen, die die Aufsichtsübernahme beinhaltet, physisch und intellektuell gewachsen sein (BGH NJW 1968, 1672, 1673; ALBILT 188). In Betracht kommen etwa: **rüstige Großeltern** (OLG Köln FamRZ 1962, 124; OLG Celle VersR 1969, 333, 334; OLG Nürnberg VersR 1973, 720; LG Heilbronn VersR 1975, 497; LG Aachen RuS 1987, 225), **ältere Kinder**, die wegen ihrer Umsicht zur Aufsicht imstande sind (RG WarnR 1912 Nr 28; OLG München VersR 1954, 545, 546; ALBILT 189), sowie generell **der andere Ehegatte**, sofern dieser nicht im Einzelfall wegen mangelnder Einsichts- oder Durchsetzungsfähigkeit keine Gewähr für eine ordnungsgemäße Aufsicht bietet (RG LZ 1919, 695 Nr 8; ALBILT 188).

117 Der die Aufsicht Übernehmende muß **instruiert** werden. Dazu gehört eine Absprache über die zu führende Aufsicht und eine Aufklärung über bestehende besondere Aufsichtsanlässe, wie etwa bestimmte gefahrträchtige Eigenschaften des Aufsichtsbedürftigen (OLG Hamm VersR 1990, 743, 744; BERNING/VORTMANN JA 1986, 12, 18; ALBILT 190).

118 Der Aufsichtspflichtige ist ferner gehalten, denjenigem, der die Aufsicht übernimmt, gelegentlich zu **„kontrollieren"**, dh sich von der Sachgerechtigkeit der von ihm geführten Aufsicht ein Bild zu machen (OLG Hamm VersR 1990, 743, 744 für Ehegatten).

119 Schließlich ist der Aufsichtspflichtige iRd „mittelbaren Aufsicht" dazu verpflichtet, sich beim Übernehmer eingehend über das Verhalten des Aufsichtsbedürftigen zu **informieren** (BGH Vers 1958, 563; 1966, 368; OLG Köln VersR 1955, 347, 349). Das ist erfor-

derlich, damit er sowohl die Kontrolle über den Übernehmer als auch seine eigene Aufsichtspflicht im übrigen sachgerecht wahrnehmen kann.

Für die Zeit der Übertragung kommt es danach zu einer (temporären) **Reduzierung** 120 der Aufsichtspflicht zu einer **Organisationspflicht** (BGH NJW 1976, 1145, 1146 für die Übertragung der Aufsicht innerhalb eines Krankenhauses, das seinerseits gem § 832 Abs 2 aufsichtspflichtig ist), welche die ordnungsgemäße Auswahl, Instruktion, Kontrolle und Information umfaßt. Die Reduzierung hat konsequenterweise zur Folge, daß der Aufsichtspflichtige seiner Pflicht iSd § 832 schon dadurch nachkommt, daß er die Aufsicht auf einen verläßlichen und geeigneten Dritten überträgt und die übrigen genannten Organisationsmaßnahmen vornimmt; ob der Dritte die erforderlichen Aufsichtsmaßnahmen tatsächlich trifft, spielt demgegenüber keine Rolle (BGH NJW 1968, 1672, 1673). Diese Reduzierung der Aufsichtspflicht erfolgt freilich nur in dem Umfang, wie die Aufsicht auf einen Dritten übertragen wird.

Uneinheitlich wird die Frage beurteilt, ob diese Inhaltsänderung der Aufsichtspflicht 121 davon abhängig ist, ob die Übertragung der **Aufsicht durch Vertrag oder bloß tatsächlich gefälligkeitshalber** erfolgt, ob also insoweit an die Stelle der unmittelbaren Aufsicht des Aufsichtpflichtigen die rechtlich fundierte Aufsicht eines kraft Vertrags iSd § 832 Aufsichtspflichtigen treten muß. Teilweise wird das angenommen (STAUDINGER/SCHÄFER[12] Rn 38; SCHNITZERLING BlGBW 1978, 28). Überwiegend wird dagegen für gleichgültig gehalten, „ob ein Vertrag oder nur eine tatsächliche Willensübereinstimmung der Aufsichtsführung durch Dritte zugrunde liegt, solange nur eine ordnungsgemäße Aufsicht gewährleistet ist" (OLG Köln FamRZ 1962, 124; ferner OLG Celle VersR 1969, 333; DEUTSCH JZ 1969, 233, 234; DAHLGRÜN 195; ALBILT 185 f; ECKERT 40 f). Zu verlangen sein wird insoweit jedoch, daß dem nur tatsächlich die Aufsicht Übernehmenden vom Aufsichtspflichtigen zumindest die Befugnisse, die die elterliche Sorge verleiht, zur Ausübung überlassen worden sind. Denn nur wenn der Übernehmer auch die Rechtsmacht gegenüber dem Aufsichtsbedürftigen innehat, Maßnahmen zu treffen, kann in diesem Sinne von einer ordnungsgemäßen Aufsicht die Rede sein. Die überwiegende Auffassung hat zur Konsequenz, daß im Einzelfall sich der Aufsichtspflichtige schon dadurch der Haftung entzieht, daß er die Aufsicht fehlerfrei organisiert, selbst wenn keine nach § 832 Abs 2 haftende Person an seine Stelle tritt. Es bliebe im Fall der Aufsichtsverletzung durch den tatsächlich übernehmenden Dritten ggfs nur dessen Haftung nach § 823 Abs 1 (s unten Rn 160 f).

b) Die Kritik

Nach herrschender Konzeption stellt die Übertragung der Aufsicht auf Dritte einen 122 die Reichweite der Aufsichtspflicht mindernden Faktor dar. Das erscheint nicht unbedenklich. In ihrem Ausgangspunkt freilich ist der **hM** beizupflichten: Die Aufsichtspflicht ist nicht höchstpersönlicher Natur. Deshalb kann sich der Aufsichtspflichtige bei der Erfüllung der an ihn gerichteten konkreten Anforderungen durchaus anderer Personen bedienen. Daher ist die Aufsichtspflicht iSv § 832 dahin zu verstehen, daß der Aufsichtspflichtige dafür Sorge tragen muß, daß die erforderlichen und angemessenen Aufsichtsmaßnahmen vorgenommen werden, um Dritte vor Schaden durch den Aufsichtsbedürftigen zu bewahren. Ob er das selbst oder durch Dritte gewährleistet, ist in Anbetracht des primären Schutzzwecks von § 832, effektive Gefahrenabwehr zu sichern, prinzipiell gleichgültig (vgl auch VOLLMER JZ

1977, 171, 172 zur parallelen Problematik bei den allgemeinen Verkehrssicherpflichten iRd § 823).

123 Problematisch aber ist, daß die **hM** mit der Aufsichtsübertragung auf Dritte eine grundlegende Inhaltsänderung der Aufsichtspflicht iSd § 832 eintreten läßt. Aus der Pflicht, bezogen auf den Aufsichtsbedürftigen die erforderlichen Aufsichtsmaßnahmen zu ergreifen, wird eine Pflicht mit anderem Anknüpfungspunkt und anderem Inhalt: Nach der Übertragung reduziert sich die Aufsichtspflicht als „mittelbare" (so treffend SCHEFFEN/PARDEY Rn 128 f) auf die aus § 831 bekannte Reichweite. Sie wird zu einer bloßen Pflicht zu ordentlicher Auswahl, Instruktion und Überwachung.

124 Es erscheint jedoch zumindest zweifelhaft, ob die sich aus § 1631 ergebende (also außerdeliktsrechtliche) Aufsichtspflicht, auf die § 832 Bezug nimmt, wirklich den von der **hM** vorausgesetzten flexiblen und durch eine einfache Disposition des Aufsichtspflichtigen wandelbaren Inhalt hat. § 832 verlangt dem Aufsichtspflichtigen nämlich nicht nur die Organisation der Aufsicht ab, sondern deren **tatsächliche konkrete Gewährleistung**. Wer aber einen an sich gut ausgewählten, trefflich instruierten und kontrollierten, aber in concreto jede gebotene Aufsicht unterlassenden Dritten betraut, der hat die ihm persönlich auferlegte Aufgabe, die konkreten Aufsichtsmaßnahmen zu gewährleisten, gerade nicht erfüllt. Versteht man § 832 in dem Sinne, daß der Aufsichtspflichtige für die gebotenen Aufsichtsmaßnahmen kausal geworden sein muß und für ihre tatsächliche Vornahme haftet – und für ein solches Verständnis spricht viel –, so impliziert das eine unbedingte Einstandspflicht des Aufsichtspflichtigen für seine Hilfspersonen. Dabei handelt es sich genau genommen nicht um eine Übernahme von § 278 in das Deliktsrecht, sondern um die Anwendung des Gedankens, aus dem § 278 mit der Einstandspflicht für Erfüllungsgehilfen nur die Konsequenz zieht: Jemand, der die Verpflichtung zu einem bestimmten Verhalten übernommen hat, erfüllt seine Schuld eben nicht allein dadurch, daß er einen geeigneten Dritten mit der Erfüllung beauftragt. Gegen die damit aufgezeigte alternative Konzeption läßt sich einwenden, daß eine solche von § 278 ausgesprochene unbedingte Einstandspflicht für Dritte zumindest nach **hM** dem Deliktsrecht fremd sei (MünchKomm/MERTENS § 823 Rn 196; ULMER JZ 1969, 163, 171; vBAR, Verkehrspflichten 240). Zudem ließe sich auf die Parallele bei den allgemeinen Verkehrssicherungspflichten verweisen, wo man ebenfalls überwiegend von einer mit der Übertragung der Garantenstellung verbundenen Verkürzung der Pflicht zu einer Organisationspflicht ausgeht (s nur BGH VersR 1983, 152; MünchKomm/MERTENS § 823 Rn 195). Doch einerseits ist auch diese Position nicht unangreifbar (s etwa vBAR, Verkehrspflichten § 9; VOLLMER JZ 1977, 171). Andererseits ist zu bedenken, daß es sich bei § 832 um den Sonderfall einer ausdrücklich normierten außerdeliktsrechtlichen, dem Familienrecht entstammenden Pflicht handelt. Die Gesetzesverfasser haben die Aufsichtspflicht iSd § 832 bewußt in die Nähe einer Sonderverbindung gerückt (vgl Prot II 595; JAKUBETZKY Bem 167 ging gar von einer Anwendung des § 278 auf diese Pflicht aus). Daher liegt hier der Gedanke nicht so fern, daß der persönlich Verpflichtete, wie es für Sonderverbindungen selbstverständlich ist (vgl VOLLMER JZ 1977, 171, 172), seine Pflicht nur durch Vornahme des geschuldeten Verhaltens, nicht aber allein durch die Beauftragung und Instruktion eines zuverlässigen Dritten erfüllt. Nach der hier aufgezeigten Alternativkonzeption zur **hM** läßt daher die Übertragung der Aufsicht auf Dritte die Reichweite der Aufsichtspflicht des Aufsichtspflichtigen unberührt (gegenüber der herrschenden Konzeption einschränkend bereits STAUDINGER/SCHÄFER[12] Rn 41, der eine uneingeschränkte Aufsichtspflicht des Aufsichtspflichtigen trotz Übertragung der Aufsicht auf einen Dritten annimmt, soweit er zur Aufsicht tatsächlich in der Lage ist). **Trifft der Dritte die in der konkreten Situation gebotenen Maßnahmen nicht, haftet der die Aufsicht übertragende Aufsichtspflichtige aus § 832, weil er im Ergebnis nicht die verlangte Aufsicht gewährleistet hat.** Ob und inwieweit der Dritte selbst haftet, ist demgegenüber gleichgültig.

Spricht viel dafür, die Übertragung der Aufsicht auf einen Dritten nicht als Umstand zu begreifen, der aus der „erfolgsbezogenen" Aufsichtspflicht eine Organisationspflicht macht, so ist insoweit jedoch eine **Einschränkung** am Platz: Für den Fall der gemeinsam sorgepflichtigen **Ehegatten** (§ 1626 Abs 1), von denen jeder aufsichtspflichtig ist (s oben Rn 12), ist eine Befugnis anzuerkennen, die Wahrnehmung der Aufsichtsaufgabe **intern aufzuteilen**; insoweit ist die familienrechtliche Zuteilung von Funktionsbereichen auch in deliktsrechtlicher Hinsicht anzuerkennen (MünchKomm/ MERTENS Rn 14; ECKERT 26; SCHEFFEN/PARDEY Rn 134 f). So kann etwa ein berufstätiger Elternteil für die Zeit seiner Abwesenheit die Aufsicht auf den anderen übertragen. Insoweit ist er nur noch zur partnerschaftlichen Kommunikation und Vereinbarung bzgl der Aufsichtsmaßnahmen sowie dazu verpflichtet zu überprüfen, ob der andere Elternteil den Erfordernissen der Aufsicht physisch und psychisch gewachsen ist. Er darf sich aber nicht einfach darauf verlassen, der andere Teil werde schon das Erforderliche tun (BGH VersR 1962, 157; vgl Rn 116). **125**

Folgt man der herrschenden Konzeption, wonach sich die Übertragung der Aufsicht generell als Reduzierung der Aufsichtspflicht auf eine Organisationspflicht auswirkt, so ist zumindest – entgegen der **hM** (s oben Rn 121) – eine Maßgabe zu beachten: Die Begrenzung auf Auswahl-, Instruktions-, Informations- und Kontrollpflichten kann jedenfalls nicht bereits durch eine bloß tatsächliche Aufsichtsübertragung eintreten. Erforderlich ist dazu vielmehr, daß durch **die Übertragung eine Aufsichtspflicht iSd § 832 Abs 2 begründet** wird, es also hinsichtlich der „unmittelbaren", uneingeschränkten Aufsichtspflicht zu einer Substitution kommt (STAUDINGER/SCHÄFER[12] Rn 38; SCHNITZERLING BlGBW 1978, 28). Denn der sekundäre Zweck von § 832, dem Geschädigten unter erleichterten Voraussetzungen zu einem Haftenden zu verhelfen, würde unterlaufen, könnte sich der Aufsichtspflichtige im Einzelfall unter erleichterten Voraussetzungen der Haftung entziehen, ohne daß eine nach § 832 haftende Person insoweit an seine Stelle träte. Eine eventuelle Haftung des Übernehmers nach § 823 vermag wegen der damit verbundenen beweisrechtlich schlechteren Position des Geschädigten die von der **hM** zugelassene Haftungslücke nicht vollständig zu schließen. Auch im Bereich der allgemeinen Verkehrssicherungspflichten wird die Rechtfertigung für die Begrenzung der Pflicht auf ordentliche Auswahl und Überwachung darin gesehen, daß jedenfalls der die Verkehrssicherungspflicht Übernehmende seinerseits äquivalent haftet (MünchKomm/MERTENS § 823 Rn 198; ULMER JZ 1969, 163, 171). Eine vertragliche Übernahme ist freilich im Verhältnis der gemeinsam **sorgeberechtigten Eltern** zueinander nicht erforderlich, da der die Aufsicht übernehmende Elternteil in jedem Falle kraft Gesetzes aufsichtspflichtig ist und eine „Haftungslücke" nicht entstehen kann. **126**

7. Die Erfüllung der Aufsichtspflicht in ihrer konkreten Gestalt

a) Allgemeines
Der Aufsichtspflichtige hat seine Pflicht erfüllt, wenn er für die konkret gebotenen **127**

Aufsichtsmaßnahmen Sorge getragen hat. Die Erfüllungswirkung, welche die Aufsichtshaftung ausschließt, ist nicht davon abhängig, daß der Schaden tatsächlich vermieden worden ist (RGZ 50, 62; WarnR 1911 Nr 3; 1914 Nr 217; BGB-RGRK/KREFT Rn 31). § 832 impliziert **kein Einstehenmüssen für den Erfolg der gebotenen Aufsichtsmaßnahmen**.

b) Die Erfüllung durch teilweise Aufsichtsübertragung

128 Da Aufsichtspflichten „unentrinnbar" sind, kann die Übertragung der Aufsicht auf einen Dritten **nicht zu einer privativen Pflichtenübernahme** führen (s oben Rn 28, 43). Die Aufsichtsübertragung ist ausschließlich unter dem Aspekt der **teilweisen Erfüllung der Aufsichtspflicht** zu bewerten. § 832 verlangt vom Aufsichtspflichtigen, daß er Rechnung dafür trägt, daß die gebotenen Aufsichtsmaßnahmen ergriffen werden; ob er die Maßnahmen in vollem Umfang selbst vornimmt oder sich teilweise Dritter bedient, ist gleichgültig (s oben Rn 113, 122).

129 Der ganz hM zufolge führt die Übertragung der Aufsicht auf einen Dritten dazu, daß sich die Aufsichtspflicht zu einer Organisationspflicht verkürzt (s oben Rn 112 ff). Entsprechendes gilt daher für das zur Erfüllung dieser Pflicht Erforderliche: Soweit wie er die Aufsicht überträgt – im übrigen bleibt es bei den normalen Aufsichtsanforderungen, wie sie sich nach Abwägung der Erforderlichkeit und der Angemessenheit darstellen (s oben Rn 56) – genügt der Aufsichtpflichtige seiner Pflicht bereits dadurch, daß er eine geeignete Person auswählt, diese hinreichend instruiert und kontrolliert und sich schließlich über das Verhalten des Aufsichtsbedürftigen und die getroffenen Aufsichtsmaßnahmen beim übernehmenden Dritten informiert (BGH NJW 1968, 1672, 1673; oben Rn 119). Für die Erfüllung dieser „mittelbaren" Aufsichtspflicht ist gleichgültig, ob der die Aufsicht übernehmende Dritte die gebotenen Aufsichtsmaßnahmen vornimmt oder nicht (BGH aaO). Jedenfalls aber wird man verlangen müssen, daß die Übertragung der Aufsicht „durch Vertrag" erfolgt, den Dritten also eine Aufsichtspflicht nach § 832 Abs 2 trifft (s dazu oben Rn 126).

130 Nach der hier (s oben Rn 122 ff) vorgestellten Gegenkonzeption ändert dagegen die Übertragung der Aufsicht auf Dritte grundsätzlich nichts an der Reichweite der einmal entstandenen Aufsichtspflicht. Der Aufsichtspflichtige erfüllt daher seine Pflicht aus § 832 nur, **wenn der mit der Aufsicht betraute Dritte seinerseits die erforderlichen Aufsichtsmaßnahmen vornimmt**. In diesem Sinne steht der Aufsichtspflichtige für das Versagen des Dritten ein. Eine Ausnahme gilt nur für die gemeinsam sorgeberechtigten und damit aufsichtspflichtigen Ehegatten: Ihnen ist entsprechend der ehelichen Funktionsverteilung die interne Aufteilung der erforderlichen Maßnahmen auch in deliktsrechtlicher Hinsicht zuzugestehen. So obliegt etwa dem allein berufstätigen Ehegatten im Umfang der Übertragung der Aufsicht auf den anderen Ehegatten nurmehr eine Organisationspflicht im obigen (Rn 125) Sinne (s oben Rn 116 ff).

8. Das Prinzip der Einzelverantwortung

131 Im Fall mehrerer Aufsichtspflichtiger, etwa gemeinsam sorgeberechtigter Eltern, verlangt das Gesetz für jeden Pflichtigen eine gesonderte Prüfung, ob er dem ihn betreffenden Gebot genügt hat. Jeder haftet nur für die **ihm persönlich vorzuwerfende Verletzung der Aufsichtspflicht (Prinzip der Einzelverantwortung)** (BGH VersR 1966, 369;

KOEBEL NJW 1960, 2227; DAHLGRÜN 180; ECKERT 26; ALBILT 151). Die gängige partielle Übertragung der Aufsicht auf einen Elternteil während der Berufstätigkeit des anderen ist im Einzelfall zu würdigen. Dabei ist davon auszugehen, daß die Eltern befugt sind, intern die Wahrnehmung der Aufsicht zu verteilen (s oben Rn 125). So kann ein berufstätiger Elternteil im Umfang der teilweisen (stillschweigenden) Übertragung der auch ihm obliegenden Aufsicht auf den anderen Teil seine Pflicht auf eine „mittelbare" Aufsichtspflicht reduzieren, die ihn nur noch zur partnerschaftlichen Absprache der Aufsichtsmaßnahmen sowie dazu verpflichtet, sich der physischen und psychischen Aufsichtseignung seines Partners zu versichern (s oben Rn 116, 125). Eine zuweilen in der Judikatur zu beobachtende Tendenz, hinsichtlich der Eltern bei der Prüfung der Pflichtverletzung entweder von vornherein eine Gesamtbetrachtung vorzunehmen (zB BGH VersR 1962, 1088; OLG Koblenz VersR 1971, 509) oder eine wechselseitige Zurechnung von Pflichtverletzungen einer Seite vorzunehmen (zB BGH FamRZ 1962, 116; OLG Oldenburg FamRZ 1969, 88 f), stellt eine fehlerhafte Gesetzesanwendung dar (GROSSFELD/MUND FamRZ 1994, 1504, 1507). Ein solches Vorgehen privilegiert regelmäßig den Geschädigten: Auf diese Weise wird zwischen dem berufstätigen, regelmäßig solventeren, sich aber oft exculpierenden Elternteil einerseits und dem zu Hause bleibenden und wegen der „größeren Gelegenheit" häufig die eigentliche Pflichtverletzung begehenden, weniger solventen Elternteil andererseits ein Haftungsverbund hergestellt. Ein solches Ergebnis erscheint – de lege ferenda – durchaus erwägenswert: Es entspricht einerseits dem in § 1357 anklingenden Gedanken, andererseits wäre durch ein zwischen beiden Elternteilen bestehendes Gesamtschuldverhältnis (§ 840 Abs 1) ein Ausgleich dafür zu erreichen, daß bei einer nach dem Leitbild der Hausfrauenehe vorgenommenen Aufsichtsverlagerung auf die Mutter diese für ihr Opfer nicht auch noch mit einem gegenüber dem Vater erheblich gesteigerten Haftungsrisiko belastet ist (zurecht kritisch zu diesem Effekt der an sich konsequenten Befugnis der Eltern zu „Aufgabenteilung" bei der Aufsicht GROSSFELD/MUND FamRZ 1994, 1504, 1508).

9. Die Ursächlichkeit der Aufsichtspflichtverletzung für den Schadenseintritt

Der Tatbestand von § 832 setzt neben der Kausalität einer Handlung des Aufsichtsbedürftigen für den Schaden daneben noch eine weitere Kausalbeziehung voraus: Auch die Aufsichtspflichtverletzung muß für den Schadenseintritt ursächlich geworden sein. Anders gewendet scheidet eine Haftung aus § 832 aus, wenn der Schaden auch bei gehöriger Erfüllung der Aufsichtspflicht eingetreten wäre (§ 832 Abs 1 S 2 2. Alt). In diesem Fall fehlt es am **Rechtswidrigkeitszusammenhang zwischen Pflichtverletzung und Schaden** (FUCHS 251). Das ist der Fall, wenn dem Aufsichtspflichtigen zwar der Vorwurf gemacht werden muß, daß er gebotene Aufsichtsmaßnahmen unterlassen hat, diese Unterlassung sich aber konkret im Schaden nicht niedergeschlagen hat.

Beispiele: Es stellt eine Aufsichtspflichtverletzung dar, wenn Eltern ihrem Kind das Spielen mit einer vorn zugespitzten Holzstange gestatten oder dulden, daß das Kind zu Hause über einen besonders großen Flitzbogen und Pfeilen mit Eisenspitze und Gummipfropfen verfügt. Wenn aber der Schaden nach dem konkreten Verlauf nicht durch ein gefährliches und daher zu mißbilligendes Hantieren mit der Holzstange eintritt, sondern der Schaden dem Kind nicht zum Vorwurf gereicht, dann bleibt die elterliche Pflichtverletzung gleichsam abstrakt und schlägt sich nicht im konkreten

Schaden nieder (BGH VersR 1964, 1023, 1024). Gleiches gilt im Flitzbogenfall, wenn der Schaden nicht dadurch eintritt, daß sich die Pfeil und Bogen spezifisch anhaftende Gefahr realisiert, sondern durch ein Werfen mit dem gummibepfropften Pfeil (BGH VersR 1957, 799). Hier ist es nicht anders, als wäre mit einem Stock geworfen worden, der mit der Bogenausstattung nichts zu tun hatte.

134 In den Fällen der Übertragung der Aufsicht auf Dritte (oben Rn 112 ff) fehlt es an der von § 832 verlangten Kausalität, wenn der Aufsichtspflichtige unter Verstoß gegen die Organisationspflicht einen zwar ungeeigneten Dritten ausgewählt hat, dieser aber gleichwohl in der konkreten Situation alle gebotenen Aufsichtsmaßnahmen vornimmt (OLG München VersR 1979, 747 für den Fall der Übertragung auf einen Minderjährigen; ABILT 199 f).

V. Das Verschulden

135 § 832 regelt einen Fall der Verschuldenshaftung (s oben Rn 5). Die Haftung setzt voraus, daß die Aufsichtspflichtverletzung als der Anknüpfungspunkt der Haftung schuldhaft (§ 276) erfolgt. Die **Unzumutbarkeit** bestimmter Aufsichtsmaßnahmen schließt nicht das Verschulden aus. Sie begrenzt bereits die Aufsichtspflicht selbst (s oben Rn 71 ff), ist also schon bei der Festlegung der konkret gebotenen Aufsichtshandlungen zu berücksichtigen.

136 Eine zentrale Rolle für die Verschuldensfrage spielt die **Kenntnis der Aufsichtspflichtigen von den den konkreten Aufsichtsanlaß bestimmenden tatsächlichen Umständen** (etwa besondere Aufsichtsanlässe darstellende Neigungen des Aufsichtsbedürftigen oder bestimmte Umstände, die gefahrbegründend wirken). Allerdings **entlastet die mangelnde Kenntnis** von diesen Umständen **allein noch nicht**. Erst **wenn die Unkenntnis nicht auf Fahrlässigkeit**, etwa bei der Kenntniserlangung von den Aktivitäten des Aufsichtsbedürftigen, **beruht**, fehlt es am Verschulden (RGZ 50, 60, 63; BGH VersR 1961, 838, 839; NJW-RR 1987, 13, 14; FUCHS 235; ALBILT 245). Die Erkennbarkeit der den Aufsichtsanlaß bestimmenden Tatsachen stellt also keinen Umstand dar, der Auswirkungen auf die Konkretisierung der Aufsichtspflicht für den Einzelfall hätte. Sie spielt vielmehr eine maßgebliche Rolle im Bereich des Verschuldens. Zu beachten ist aber der Zusammenhang zwischen Aufsichtspflichtverletzung und Schuldvorwurf: Wer sich nicht genügend darüber informiert, womit sich der Aufsichtsbedürftige beschäftigt, verletzt nicht nur seine Aufsichtspflicht; zugleich läßt sich seiner Verteidigung, er habe von den Aufsichtsanlässen nichts gewußt, entgegnen, daß gerade die Unterlassung der Informationsbeschaffung den Fahrlässigkeitsvorwurf begründet (BGH LM Nr 8 c).

VI. Die Verteilung der Darlegungs- und Beweislast

1. Allgemeines

137 Die Darlegungs- und Beweislast ist in Ansehung folgender Haftungsvoraussetzungen zu verteilen: Aufsichtsbedürftigkeit, Aufsichtspflicht, kausale und zurechenbare Schadenszufügung durch den Aufsichtsbedürftigen, Rechtswidrigkeit der Schadenszufügung, Aufsichtspflichtverletzung, deren Kausalität für den Schaden, Rechtswidrigkeit und Schuldhaftigkeit der Aufsichtspflichtverletzung.

Schwierigkeiten bereitet die Struktur der Haftungsvoraussetzung der **Aufsichts- 138 pflichtverletzung.** Zergliedert man dieses Merkmal, so ist zu unterscheiden zwischen denjenigen **Tatsachen, die die Grundlage der richterlichen Wertung dafür darstellen,** welche Aufsichtsmaßnahmen konkret geboten waren, und denjenigen **Tatsachen, die die Vornahme eben dieser Maßnahmen bedeuten.** Zu trennen sind bei der „Aufsichtspflichtverletzung" also **zwei Tatsachenkomplexe:** einer auf der Tatbestandsseite der Pflicht, der ihre konkrete Ausgestaltung bestimmt, und einer, der dem „Erfüllungstatbestand" zuzuordnen ist.

Die Verteilung der Beweislast richtet sich nach allgemeinen Grundsätzen, sofern nicht 139 § 832 Abs 1 S 2 eine Beweislastumkehr anordnet. Entscheidend ist also deren Reichweite. Im übrigen bleibt es dabei, daß der Geschädigte die Voraussetzungen darzulegen und zu beweisen hat, welche die Haftungsfolge auslösen. Wo **Rechtswidrigkeit** verlangt ist – also bei der Schadenszufügung durch den Aufsichtsbedürftigen und bei der Aufsichtspflichtverletzung selbst – wird diese durch die Tatbestandsmäßigkeit des jeweiligen Verhaltens **indiziert** (vgl STAUDINGER/SCHÄFER[12] § 823 Rn 446).

2. Die Beweislastumkehr nach § 832 Abs 1 S 2

a) Die ratio
Zu den rationes der Vorschrift s oben Rn 3. 140

b) Die Reichweite der Beweislastumkehr
aa) Hinsichtlich des „Genügens der Aufsichtspflicht" (§ 832 Abs 1 S 2 1. Alt)
Abs 2 S 1 ordnet in seiner 1. Alternative an, daß die Ersatzpflicht nicht eintritt, wenn 141 der Aufsichtspflichtige „seiner Aufsichtspflicht genügt". Daraus folgt, daß er darlegen und beweisen muß, daß er dem konkreten aus der Aufsichtspflicht folgenden Gebot entsprochen hat. Erfaßt von der implizierten Beweislastumkehr ist also die „**Pflichterfüllung**" (OLG Celle VersR 1979, 476; FUCHS 211; SCHEFFEN/PARDEY Rn 138) oder genauer: die **Tatsachen, welche die Erfüllung der Aufsichtspflicht konkret bewirken.** Der Aufsichtspflichtige muß also die Handlungsweisen darlegen und beweisen, die den gebotenen Aufsichtsmaßnahmen entsprechen.

Gerade in Anbetracht langfristiger erzieherisch wirkender Aufsichtsmaßnahmen 142 (Ermahnungen, Unterweisungen etc), die im abgeschirmten familieninternen Bereich stattfinden, ist schon eine zeitliche Fixierung und Substantiierung für den Aufsichtspflichtigen oft äußerst schwierig. Dem ist sowohl bei der Darlegung wie beim Beweis dadurch Rechnung zu tragen, daß die Anforderungen jeweils nicht allzu hoch anzusetzen sind (BGH NJW 1990, 2553, 2554 [insoweit in BGHZ 111, 282 nicht abgedruckt]; OLG Nürnberg RuS 1992, 233, 234; SCHEFFEN/PARDEY Rn 139). Auch an die Voraussetzungen einer Parteivernehmung sind keine überhöhten Anforderungen zu stellen (BGH aaO: Es genügt ein „gewisser Beweis, daß die Eltern im allgemeinen ihrer Aufsichtspflicht genügt haben").

§ 832 Abs 1 S 2 1. Alt vermutet dagegen **nicht die Erforderlichkeit von Aufsichtsmaß-** 143 **nahmen.** Dabei handelt es sich allein um eine Rechtsfrage (MünchKomm/MERTENS Rn 28), die gar nicht Vermutungsgegenstand sein kann (wie sollte auch ein bestimmtes Pflichtenmaß vermutet werden?).

144 Vereinzelt wird, gestützt auf den der Regelung zugrunde liegenden Gedanken der Leichtigkeit der Beweiserbringung (s dazu oben Rn 3), eine **teleologische Reduktion der Beweislastumkehr** bezüglich der Erfüllungshandlungen vertreten (FUCHS 222 ff). Danach soll die Beweislastumkehr nur hinsichtlich der Vornahme derjenigen Aufsichtsmaßnahmen gelten, die tatsächlich „leicht beweisbar" sind. Das seien jedoch allein diejenigen Aufsichtsmaßnahmen, die unmittelbar auf die konkrete Gefahrensituation bezogen sind und eine enge zeitliche Nähe zum Delikt aufweisen (FUCHS 222). Allgemeine Aufsichtsmaßnahmen, die (wie etwa Belehrungen oder Unterweisungen) auch eine stark erzieherische Komponente aufweisen und „deliktsferner" sind, sollen demnach nicht dem § 832 Abs 1 S 2 1. Alt unterfallen (FUCHS 224). Ihre Unterlassung wäre danach vom Geschädigten zu beweisen. Das überzeugt nicht. Zum einen ist das Kriterium der „leichten Beweisbarkeit", auf das sich die teleologischen Reduktion stützt, ohnehin zweifelhaft (s oben Rn 3) und zudem nicht dafür tauglich, die der Beweislastumkehr danach unterfallenden Aufsichtsmaßnahmen einigermaßen sicher von denen zu sondern, die ihr nicht unterfallen. Zum andern ist der Aufsichtspflichtige gerade bei den deliktsferneren, langfristig angelegten erzieherischen Aufsichtsmaßnahmen – trotz aller für ihn bestehenden Beweisschwierigkeiten – erst Recht beweisnäher als der Geschädigte. Dieser müßte Umstände beweisen, die in einer vor fremdem Einblick gerade geschützten familiären Sphäre begründet sind. Da es sich für ihn schließlich insoweit auch noch um den Beweis negativer Tatsachen handeln würde, ist eine solche Restriktion der Beweislastverteilung dem Geschädigten nicht zuzumuten und nicht sachgerecht. Der Aufsichtspflichtige muß vielmehr alle die Maßnahmen – deliktsnahe wie -ferne – belegen, die im Einzelfall als geboten anzusehen sind. Den von FUCHS mit Recht benannten besonderen Beweisschwierigkeiten bei den erzieherischen Aufsichtsmaßnahmen ist dadurch Rechnung zu tragen, daß an deren Beweis keine zu hohen Anforderungen zu stellen sind (s oben Rn 142).

bb) Hinsichtlich der Kausalität der Pflichtverletzung für den Schaden (§ 832 Abs 1 S 2 2. Alt)

145 Die Haftung des Aufsichtspflichtigen entfällt – den Vorschriften der §§ 831 Abs 1, 833, 834 entsprechend – nach § 832 Abs 1 S 2 auch, wenn er zwar schuldhaft die Aufsichtspflicht verletzt hat, diese Verletzung aber deshalb nicht kausal für den Schaden ist, weil er auch im Fall gehöriger Aufsichtsführung eingetreten wäre. Damit ist angeordnet, daß die **Beweislast für die fehlende Kausalität** den Aufsichtspflichtigen trifft. Er muß also darlegen und beweisen, daß die von ihm begangene Pflichtverletzung sich in der Schadenszufügung nicht niedergeschlagen hat, daß also das von ihm gesetzte Risiko nicht mit demjenigen identisch ist, das sich tatsächlich realisiert hat. Der Nachweis iSd § 832 Abs 1 S 2 2. Alt wird oftmals – aber keineswegs immer (vgl die in Rn 133 f genannten Beispiele) – kaum zu führen sein. Denn es **genügt für den Beweis mangelnder Kausalität nicht**, daß die Schädigung **möglicherweise** auch bei genügender Beaufsichtigung eingetreten wäre (RG WarnR 1910 Nr 60; 1912 Nr 28; Recht 1911 Nr 3321; 1922 Nr 1154). Zudem wird etwa die Darlegung, daß ein Verkehrsunfall auch bei angemessener Verkehrserziehung in der konkreten Situation nicht vermieden worden wäre, über den Bereich reiner Spekulation kaum hinausgehen und selten zur gerichtlichen Überzeugung feststehen. Ergänzend wird wegen der Bedeutung der Vorschrift auf die Ausführungen zu der gleichlautenden Vorschrift des § 831 (dort ab Rn 111) verwiesen.

cc) Hinsichtlich des Verschuldens

Allgemein wird davon ausgegangen, daß § 832 einen Fall der Haftung für „vermutetes Verschulden" regele (s etwa BGH LM Nr 11). Vergleicht man jedoch die Fassung des Abs 1 S 2 mit den Beweislastregeln in §§ 831, 833, 834, 836, so erscheint durchaus unklar, ob § 832 Abs 1 S 2 das Verschulden ebenso vermutet wie jene. Denn entgegen dem Beschluß der II. Komm (Prot II 593) und anders als bei den genannten Regeln fehlt hier die Bestimmung, daß sich die Entlastung auf die Beobachtung der „im Verkehr erforderlichen Sorgfalt" und damit auch auf das Verschulden zu beziehen habe (vgl Fuchs 206). Ein Umkehrschluß klingt zwar in einer Entscheidung des RG an (RGZ 50, 60, 63 widerspricht der Auffassung der Vorinstanz, daß der Beklagte die fehlende Kenntnis eines besonderen Aufsichtsanlasses – dem Schießen mit einem Flitzbogen – beweisen müsse, mit dem Hinweis, der Beklagte müsse nur die Erfüllung der Aufsichtspflicht beweisen), ist aber nicht gerechtfertigt. Wie §§ 282, 285 zeigen, ist der Gesetzgeber am ehesten geneigt, Beweiserleichterungen bei der Kategorie des Verschuldens zuzulassen. Vor diesem Hintergrund liegt es nahe anzunehmen, daß bei einer Vermutung sogar der Pflichtwidrigkeit und ihrer Kausalität für den Schaden erst Recht von einer Beweislastumkehr beim Verschulden auszugehen ist. Hinzu kommt, daß die Gesetzesverfasser die ratio der Beweislastumkehr auch darin sahen, daß es dem Charakter einer gesetzlichen Pflicht entspreche, wenn der Verpflichtete deren Erfüllung darzulegen habe (s dazu oben Rn 3). Damit wird die – vordeliktsrechtliche – Aufsichtspflicht in die Nähe einer Sonderrechtsbeziehung gerückt (s auch Rn 3), was zwar keine unmittelbare Anwendung der §§ 282, 285 rechtfertigt, wohl aber die Anwendung des darin zutage tretenden Gedanken (ähnlich Fuchs 234). § 832 (iVm dem Gedanken der §§ 282, 285) ist damit auch eine **Beweislastumkehr hinsichtlich der Schuldhaftigkeit der Aufsichtspflichtverletzung** zu entnehmen (so auch Baumgärtel, Handb I Rn 3).

Verbreitet wird es demgegenüber als Sache des Geschädigten angesehen, die **Vorhersehbarkeit des Aufsichtsanlasses** für den Aufsichtspflichtigen zu beweisen (RGZ 50, 60, 63; Aden MDR 1974, 9, 12; Dahlgrün 114, 177; Berning/Vortmann JA 1986, 12, 16). Dabei wird nicht berücksichtigt, daß die Erkennbarkeit des Aufsichtsanlasses nicht etwa die Reichweite der konkreten Aufsichtspflicht berührt, sondern ein **Verschuldensaspekt** ist (s oben Rn 136). Als solcher wird die Erkennbarkeit des Aufsichtsanlasses von der auch das Verschulden erfassenden Beweislastumkehr in § 832 erfaßt. Beweispflichtig dafür, daß er keine Kenntnis vom Aufsichtsanlaß und den ihn bestimmenden Tatsachen hatte und daß diese auch nicht erkennbar waren, ist also der Aufsichtspflichtige (BGH NJW-RR 1987, 13 f; Albilt 246; Fuchs 234 f).

3. Die für die Bestimmung der konkret gebotenen Aufsichtsmaßnahmen maßgeblichen Tatsachen

Die Beweislastumkehr des § 832 Abs 1 S 2 beschränkt sich auf Dreierlei: die die Erfüllung der konkreten Aufsichtspflicht bedingenden Tatsachen, dh die tatsächlich vorgenommenen Aufsichtsmaßnahmen, die Kausalität der Aufsichtspflichtverletzung für den Schaden sowie das Verschulden (Rn 141 ff). **Im übrigen bleibt es bei den allgemeinen Beweislastregeln.** Das gilt insbesondere für all die Tatsachen, auf deren Grundlage sich bemißt, welche Aufsichtsmaßnahmen konkret geboten waren: die den Aufsichtsanlaß bestimmenden (zB besondere Eigenschaften des Aufsichtsbedürftigen, oben ab Rn 58) und die die Aufsichtsanforderungen mindernden Tatsachen (zB die Zumutbarkeit für den Aufsichtspflichtigen, oben ab Rn 70).

a) Die den Aufsichtsanlaß kennzeichnenden Tatsachen

149 Die **Tatsachen, die den Aufsichtsanlaß kennzeichnen**, also Eigenschaften des Aufsichtsbedürftigen (oben ab Rn 59) und die Gegebenheiten des Umfelds, in dem er sich bewegt (oben ab Rn 67), hat nach allgemeinen Grundsätzen der **Geschädigte** darzulegen und zu beweisen (BERNING/VORTMANN JA 1986, 12, 16; SCHEFFEN/PARDEY Rn 138). Demgegenüber wird regelmäßig einschränkend formuliert, der Geschädigte habe nur die „besonderen", „atypischen" Aufsichtsanlässe darzutun (RGZ 50, 60, 63; BGH VersR 1955, 421; OLG Oldenburg SeuffA 75 Nr 159; OLG Celle VersR 1979, 476; ADEN MDR 1974, 9, 10; MünchKomm/MERTENS Rn 29; ALBILT 243). Ein Grund für diese Einschränkung ist nicht ersichtlich. Der Geschädigte ist vielmehr hinsichtlich **aller Tatsachen** beweisbelastet, die den Aufsichtsanlaß konstituieren, nicht nur der „besonderen" oder „atypischen". Allerdings sind die Tatsachen, die einen „normalen" Aufsichtsanlaß begründen, regelmäßig bereits mit dem Vortrag des konkreten Schadensgeschehens dargelegt (DAHLGRÜN 174; FUCHS 215 ff): Situation, Alter des Kindes, genauer Geschehensablauf. Diese Tatsachen genügen dem Richter, um unter Rückgriff auf Erfahrungsgrundsätze bzgl der „Normaleigenschaften" des Aufsichtspflichtigen (oben ab Rn 60) die „Normalanforderungen" zu bestimmen, die an die Aufsicht konkret zu stellen sind. Besondere Umstände, insbesondere gefahrsteigernde Eigenschaften des Aufsichtsbedürftigen, die andere, verschärfte Aufsichtsmaßnahmen gebieten würden, hat der Geschädigte darüber hinaus vorzutragen und zu beweisen (eingehend FUCHS 220, 227, 230 f). Wenn umgekehrt der Aufsichtspflichtige sich auf besondere gefahrmindernde Eigenschaften des Aufsichtsbedürftigen beruft, welche die Aufsichtsanforderungen herabsetzen würden, so ist insoweit er darlegungsbelastet (FUCHS 228).

150 Verbreitet wird eine tatsächliche Vermutung dahingehend angenommen, daß besondere Aufsichtsmaßnahmen gegenüber dem Aufsichtsbedürftigen nicht erforderlich seien (LG Heilbronn VersR 1955, 421; ADEN MDR 1974, 9, 10; DAHLGRÜN 114, 174; FUCHS 221; ALBILT 238). Das ist methodisch und sachlich zweifelhaft und im übrigen überflüssig.

b) Die die Aufsichtsanforderungen mindernden Tatsachen

151 Hinsichtlich der Tatsachen, die die Aufsichtsanforderungen im Rahmen der wertenden Abwägung mit dem Aufsichtsanlaß (dazu oben Rn 70) mindern, ist der sich darauf berufende Aufsichtspflichtige beweisbelastet. In Betracht kommen etwa besondere, eine individuelle Unzumutbarkeit bestimmter Maßnahmen begründende Umstände (dazu ab Rn 71).

4. Die Vermutungsbasis

152 Die dreifache Vermutung – der Nichterfüllung der Aufsichtspflicht, deren Kausalität für den Schaden sowie deren Schuldhaftigkeit – und die damit verbundene Beweislastumkehr greifen ein, wenn folgendes feststeht: Aufsichtspflicht, vom Aufsichtsbedürftigen zurechenbar verursachter rechtswidriger Schaden **und ein bestimmte Aufsichtsmaßnahmen erfordernder Aufsichtsanlaß** (OLG Düsseldorf VersR 1988, 56; aA FUCHS 212, der das letztgenannte Erfordernis ausnehmen und damit eine Beweislastumkehr ua bzgl der Nichterfüllung der gebotenen Aufsicht auslösen will, ohne daß feststeht, daß überhaupt eine konkrete Aufsicht geboten war).

VII. Die Bedeutung des Mitverschuldens des Verletzten

1. Das Mitverschulden des verletzten Dritten

Fällt dem verletzten Dritten bei der Entstehung des Schadens Mitverschulden zur Last, so hat er sich dieses iR der Bemessung des Schadensersatzanspruchs aus § 832 gem § 254 anrechnen zu lassen. **153**

2. Das Mitverschulden des Aufsichtspflichtigen bei Schädigungen seiner Person durch den Aufsichtsbedürftigen

Schädigt der Aufsichtsbedürftige den Aufsichtspflichtigen, so kann er diesem bei Deliktsfähigkeit gem §§ 823 ff, sonst ggfs aus § 829 haften. IR dieser Haftung kann er dem Aufsichtspflichtigen eine Verletzung der Aufsichtspflicht (in ihrer seinem Schutz dienenden Dimension) als Mitverschulden gem § 254 entgegenhalten (BGB-RGRK/Kreft Rn 9). **154**

VIII. Die Haftung wegen der Verletzung einer Verkehrssicherungspflicht

1. In der Haus- und Familiengemeinschaft

Verbreitet ist die Auffassung, daß ein Haushaltsvorstand Angehörige seines Hausstands (zB Ehegatten, volljähriges Kind, Stiefkind, Geschwister), die infolge von Krankheit hilfsbedürftig (für die Allgemeinheit gefährlich) sind, davon abhalten müsse, daß sie Dritte rechtswidrig verletzen (Schadensabwendungspflicht), auch wenn der Haushaltungsvorstand nicht iS von § 832 aufsichtspflichtig ist. Bei einer Haus- und Familiengemeinschaft könne sich für ihn die Verpflichtung ergeben, dafür zu sorgen, daß andere nicht durch Hausgenossen geschädigt werden, welche der Aufsicht bedürfen (RGZ 70, 48, 50; 92, 125; 152, 222, 226; BGH VersR 1954, 118; NJW 1958, 1774, 1775; OLG Hamm VersR 1975, 616; OLG Düsseldorf VersR 1976, 1133, 1134). Diese Pflicht bestehe nur im Hinblick auf die Gefahren, die im Bereich des Hauswesens ihren Ursprung haben oder aus dem Bereich des Betreuungsverhältnisses hervorgehen (so OLG München NJW 1966, 404, 405) und von hier aus andere bedrohen (BGH NJW 1958, 1775, 1776; anders OLG Düsseldorf VersR 1976, 1133, 1134 – keine Beschränkung auf den räumlichen Zusammenhang mit der Hausgemeinschaft; ähnlich OLG Celle NJW 1961, 223, 224). Die bloße Zugehörigkeit zur Familien- oder Hausgemeinschaft allein sei noch nicht geeignet, rechtliche Verpflichtungen des Haushaltungsvorstands oder Familienoberhaupts auszulösen, so daß dieser außenstehenden Personen gegenüber für jedes Fehlverhalten des zu Betreuenden haften müsse. Der Haushaltungsvorstand habe also nicht für das Wohlverhalten seiner Angehörigen einzustehen (BGH NJW 1958, 1775, 1776). Die schuldhafte Verletzung der Verkehrssicherungspflicht begründe die Haftung des Betreuungspflichtigen gegenüber dem Geschädigten unmittelbar aus § 823. **155**

Der BGH (LM Nr 3) und ihm folgend OLG Celle (NJW 1961, 223, 224) und OLG München (NJW 1966, 404, 405) haben die Haftung noch ausgedehnt, indem sie eine derartige Verkehrssicherungspflicht unabhängig von familienrechtlichen Beziehungen angenommen haben. Daher kann die Haftung auch den Betreiber eines Pflegeheims treffen (OLG München NJW 1966, 404, 405), sofern von dem Verhalten der **156**

„Insassen" gewisse Gefahren für Außenstehende ausgehen (MARBURGER VersR 1971, 777, 783). Die Haftung soll eingreifen, wenn eine Mehrzahl von Menschen, die wegen körperlicher oder geistiger Gebrechen eine gewisse Gefahrenquelle bedeuten, unter einheitlicher Leitung in einem offenen Heim untergebracht sind, ohne daß eine vertragliche Aufsichtsübernahme nach § 832 Abs 2 gegeben ist. So sei zB der Träger oder die Leitung eines Altenheims für einen Unfall nach § 823 verantwortlich, den der Bewohner eines Altenheims bei einem Spaziergang im Straßenverkehr verursacht, wenn sich dessen Pflegebedürftigkeit auch auf die Teilnahme am Straßenverkehr bezieht (der Betreffende also pflegebedürftig im Sinne einer von ihm ausgehenden Verkehrsgefährdung ist) und Träger oder Leitung davon Kenntnis hatten oder haben mußten (OLG Celle NJW 1961, 223). Entsprechendes soll gelten, wenn der Insasse eines offenen Heims für Geisteskranke, die keine Gefahr für die Allgemeinheit iS der Unterbringungsgesetze darstellen, bei einem Spaziergang einen Verkehrsunfall verursacht; in einem solchen Fall reicht, wenn keine besonderen Anhaltspunkte für eine von dem ungefährlichen Geisteskranken ausgehende Verkehrsgefahr vorliegen, die verkehrserforderliche Sorgfaltspflicht nicht soweit, daß ihm beim Verlassen des Hauses ein Begleiter mitgegeben werden müßte (OLG München NJW 1966, 404).

157 Die rechtliche Grundlage für die Verantwortlichkeit ist unklar. Das OLG Celle (NJW 1961, 223, 224) stützt sich darauf, daß es die Pflicht eines jeden sei, sein Verhalten im Verkehr so einzurichten, daß jede Benachteiligung anderer möglichst vermieden werde. Eine solche Rücksichtnahme auf Mitmenschen sei nicht bloß bei der Herrschaft über Sachen zu fordern, sondern auch von demjenigen, der infolge bestimmter Rechtsbeziehungen zu einem anderen eine Verfügungsmacht in Bezug auf das Tun und Treiben dieser Personen oder ihren Aufenthalt besitze. Es bestehe beispielsweise eine Aufsichtspflicht des Ehemanns über seine (geisteskranke) Ehefrau aus der ihm zugewiesenen Rechtsstellung im ehelichen Haushalt und seiner tatsächlich geübten Verfügungsmacht (OLG München NJW 1966, 404, 405). Herangezogen wird allgemeiner die Stellung als Haushaltungsvorstand; sie begründe eine *tatsächliche* „autoritative" Einwirkungsmöglichkeit, eine gewisse tatsächliche Verfügungsmacht in Bezug auf das Tun und Treiben der Haushaltsmitglieder. Diese Rechtsprechung ist in mehrfacher Hinsicht angreifbar: Vom Ansatz her widerspricht es Art 6 Abs 1 GG, haftungsrechtlich an das familienrechtliche Verhältnis anzuknüpfen; denn dadurch wird die Familie benachteiligt, anstatt – wie es Art 6 Abs 1 GG verlangt – sie besonders zu schützen. Im übrigen ist die Rechtsprechung durch das geltende Familienrecht überholt. Seitdem sich im Eherecht das Leitbild der partnerschaftlichen Ehe durchgesetzt hat, existiert kein „Familienoberhaupt" im Rechtssinn und steht keinem Ehegatten eine Aufsichtspflicht oder *tatsächliche* „autoritative" Einwirkungsmöglichkeit oder Verfügungsmacht gegenüber dem anderen zu; auch im Verhältnis zu den anderen Familienmitglieder fehlt dafür jede Rechtsgrundlage. Zwar besteht eine Beistandspflicht gegenüber dem kranken Familienangehörigen aufgrund des familienrechtlichen Verhältnisses, zB bei Ehegatten aus § 1353 (s BOSCH FamRZ 1980, 741). Diese zielt aber nur darauf ab, Schaden von dem Hilfsbedürftigen abzuwenden, und nicht von Dritten, die durch den Hilsbedürftigen geschädigt werden. Die Konstruktion, daß die Abwendungspflicht auch dem Geschädigten gegenüber bestehe – der Schutz des Dritten also nicht nur eine Reflexwirkung der gegenüber dem zu Betreuenden bestehenden Bewahrungspflicht darstelle – ist abzulehnen (vgl dazu BGH LM Nr 3; MDR 1961, 222; auch STRUPP SeuffBl 75, 315). Für etwaige deliktische Haftungsfolgen gegenüber Dritten ist die familienrechtliche Beziehung demnach unbeachtlich; denn sie entfaltet keine Pflichten mit Außenwirkung. Auch läßt sich eine derartige dem geschädigten Dritten gegenüber bestehende Verantwortlichkeit nicht aus einer Verkehrssicherungspflicht herleiten, die auf die Unterhaltung eines Haushalts gestützt wird, dem ein infolge von Krankheit gefährliches Haushaltsmitglied angehört.

Zu warnen ist vor einer übersteigerten Pflichtenbindung desjenigen, der für Kranke **158** sorgt, von denen Gefahren für die Allgemeinheit ausgehen. Denn die Furcht vor möglichen Haftungsfolgen darf nicht die Bereitschaft mindern, sich persönlich um hilfsbedürftige Personen zu kümmern. In diesem Zusammenhang die „Rücksichtnahme auf die Mitmenschen" (OLG Celle NJW 1961, 223, 224) in den Vordergrund zu rücken, wird der Fürsorge des Helfenden nicht gerecht. Wer – egal ob aufgrund familienrechtlicher oder sittlicher Verpflichtung oder selbstlos aus Mitmenschlichkeit – diese schwere Bürde trägt und damit letztlich die Gesellschaft entlastet, ist tendenziell haftungsrechtlich zu begünstigen. Aus dieser Sicht ist die analoge Anwendung der beweisrechtlich verschärften Haftung nach § 832 nicht angebracht, die MERTENS (MünchKomm § 832 Rn 9) ausnahmsweise befürwortet. Der Gedanke, altruistisches Handeln nicht mit übersteigerten Haftungsrisiken zu belasten, gebietet aber nicht, denjenigen, der eine hilfsbedürftige „gefährliche" Person in seine Obhut genommen hat, von jeglicher Verantwortung für diese freizuhalten und die von dieser verursachten Schäden als Risiko zu betrachten, das stets die Gesellschaft zu tragen habe. Zu fordern ist, daß die Sorgfaltsanforderungen gering gehalten werden. Der Haftungsgrund wird schon in RGZ 92, 125 angedeutet; danach muß der Vater, wenn er eingreift und auf die Lebensverhältnisse des volljährigen geisteskranken Sohns bestimmend einwirkt, dies mit der im Verkehr erforderlichen Sorgfalt tun. Bleibt die familienrechtliche Beziehung unberücksichtigt, so läßt sich folgendes Verhaltensgebot formulieren, dessen Mißachtung die Haftung nach § 823 Abs 1 auslösen kann: **Wer es übernimmt, umfassend für infolge ihrer Krankheit gefährliche Menschen zu sorgen, muß diese Aufgabe verantwortungsvoll ausführen.** Die Verantwortlichkeit besteht vor allem, aber nicht allein gegenüber dem Kranken; ein gewisses, deutlich geringeres Maß an Verantwortlichkeit übernimmt die betreuende Person auch gegenüber der Allgemeinheit. Derjenige, der die Obhut über eine für ihn erkennbar hilfsbedürftige „gefährliche" Person übernimmt und auf deren Lebensverhältnisse bestimmenden Einfluß ausübt, darf daher die Aufsicht über diese nicht rechtlich ungeordnet lassen. Zwar muß er nicht selbst die Aufsicht übernehmen, um dadurch Schäden von Dritten abzuwenden; ihm obliegt aber, beim Vormundschaftsgericht anzuregen, einen Betreuer nach § 1896 zu bestellen. Seine Pflicht ist darauf beschränkt, dafür zu sorgen, daß für die hilfsbedürftige Person ein Aufsichtspflichtiger eingesetzt wird, der uU nach § 832 haftet.

Beispiele aus der Rechtsprechung: Wegen Vernachlässigung der Verkehrssicherungs- **159** pflicht in ihrer Ausprägung als Beaufsichtigungspflicht macht sich zB der Ehemann verantwortlich, wenn er es schuldhaft unterläßt, die Verbringung seiner geisteskranken (gemeingefährlichen) Ehefrau in eine Heil- und Pflegeanstalt herbeizuführen oder andere geeignete Maßnahmen zu treffen, insbes wenn er den Gebrauch gefährlicher Gegenstände nicht verhindert und infolgedessen die Geisteskranke Dritte verletzt (RGZ 70, 48; OLG Hamm VersR 1975, 616), oder wenn er, auch ohne zum Vormund bestellt zu sein, keine Abhilfe dagegen schafft, daß die geisteskranke Ehefrau durch schwere Beschimpfungen Dritter fortdauernd den nachbarlichen Frieden erheblich stört (BGH MDR 1961, 322). Eine entsprechende Abwendungspflicht ergibt sich auch für die Ehefrau gegenüber dem geisteskranken Ehemann (RG WarnR 1934 Nr 53), für die Eltern gegenüber dem geisteskranken volljährigen Sohn, der in ihrem Haushalt lebt (vgl RGZ 92, 126; BayObLGZ 14, 494) und für den Stiefvater gegenüber dem Stiefsohn (BGH LM Nr 3; VersR 1954, 118; aM OLG Düsseldorf VersR 1976, 1133).

2. Bei Übernahme der tatsächlichen Aufsicht / Duldung von gefährlichem Tun

160 Auch bei nur tatsächlicher Übernahme der Aufsicht kann der Beaufsichtigende, wenn auch nicht aus § 832 Abs 2, so doch aus § 823 einem Dritten für Schäden verantwortlich sein, die diesem durch das Kind zugefügt werden. Wer ein Kind beaufsichtigt, hat dabei die allgemeinen Verkehrssicherungspflichten zu erfüllen: Der Beaufsichtigende muß ein gefährliches Treiben des Kindes unterbinden; er muß Vorsichtsmaßnahmen treffen, wenn er durch **vorangegangenes Tun** eine Gefahrenlage geschaffen hat (BGH FamRZ 1968, 149 betr Mitnahme von Kindern auf einen Friedhof, wo sie durch Umstürzen von Grabsteinen Schaden verursachen).

161 Unabhängig von der Haftung aus § 832 oder neben ihr kann sich eine Haftung aus § 823 wegen **Verletzung der allgemeinen Verkehrssicherungspflicht** ergeben, wenn jemand in seinem Herrschafts- und Einwirkungsbereich gefährliches Treiben von aufsichtsbedürftigen Personen iS des § 823 zuläßt, so zB wenn Eltern es ermöglichen, daß ihr Kind in ihrer Wohnung mit anderen Kindern unbeaufsichtigt ein gefährliches Spiel betreibt und einer der Spielkameraden einem anderen oder einer dritten unbeteiligten Person dabei Schaden zufügt (vgl BGH VersR 1965, 571; FamRZ 1968, 587 betr Überlassung einer Federpistole ohne Pfeil an knapp 4jährigen).

IX. Das Verhältnis zu anderen Vorschriften

1. § 823

162 § 832 regelt nur den Fall, daß die Vernachlässigung der Aufsichtspflicht zur Schädigung Dritter durch den Aufsichtsbedürftigen führt. Daher kann die (für den Geschädigten beweisrechtlich ungünstigere) Haftung nach § 823 neben derjenigen aus § 832 eingreifen, wenn der Aufsichtspflichtige entweder durch positives Tun einem (anderen) deliktischen Verhaltensgebot- oder -verbot zuwiderhandelt oder durch Unterlassung eine andere Pflicht als die Aufsichtspflicht verletzt: Der Vater überläßt dem Kind eine Schußwaffe und weist es in deren Bedienung ein (positives Tun).

163 Zu beachten ist aber, daß eine Haftung aus § 823 Abs 1 wegen Verletzung einer Verkehrssicherungspflicht insoweit nicht in Betracht kommt, als die in Frage stehende Unterlassung zugleich eine Aufsichtspflichtverletzung iSd § 832 darstellt. Dann verdrängt § 832 als lex specialis § 823 Abs 1. So obliegt einem Krankenhaus zwar eine allgemeine Verkehrssicherungspflicht gegenüber dem Patienten, seinen Schutz vor Schädigung durch andere Patienten oder Besucher zu gewährleisten (BGH NJW 1976, 1145). Wenn aber das Krankenhaus nicht verhindert, daß ein von ihm aufgenommenes Kind in der Kinderstation einen Säugling verletzt, so verletzt es damit seine Aufsichtspflicht gem § 832 Abs 2 (s dazu oben Rn 39). Die Pflichtverletzung fällt damit in den Bereich der Spezialvorschrift des § 832.

2. § 831

Zu tatbestandlichen Überschneidungen mit § 831 kann es kommen, wenn ein Aufsichtspflichtiger die Führung der Aufsicht pflichtwidrig einem anderen überläßt. Werden die Tatbestände von § 832 und von § 831 verwirklicht, weil die auf das Personal und die auf den Aufsichtsbedürftigen bezogenen Pflichten zugleich verletzt werden, kommt es zur Anspruchskonkurrenz (anders ALBILT 219, der ein Spezialitätsverhältnis annimmt). Diese kann nur entstehen, wenn der Aufsichtspflichtige (Übertragender) zugleich Geschäftsherr und derjenige, der die Aufsicht ausführt (Übernehmer), zugleich dessen Verrichtungsgehilfe ist (zum Begriff des Verrichtungsgehilfen § 831 Rn 59 f) (zB von den Eltern beschäftigte Tagesmutter oder von einem Krankenhausträger angestellte Kinderkrankenschwester). Haben die Eltern ein nachlässiges Kindermädchen ausgewählt und unterläßt dieses es rechtswidrig, das Kind davon abzuhalten, einen Dritten zu schädigen, haften die Eltern sowohl nach § 832 Abs 1, weil sie ihrer Aufsichtspflicht gegenüber dem Kind nicht genügt haben, als auch nach § 831 Abs 1, weil sie einen ungeeigneten Gehilfen zu einer Verrichtung eingesetzt haben. Setzt ein Krankenhausträger, der die stationäre Versorgung eines Kinds und damit die Aufsicht (§ 832 Abs 2) übernommen hat, in der Kinderstation für diese Aufgabe ungeeignetes Personal ein, so haftet er sowohl nach § 832 Abs 2 als auch nach § 831 Abs 1, wenn das Kind infolge mangelnder Aufsicht einen Dritten schädigt (MARBURGER VersR 1971, 777, 782). In einem Fall, in dem ein Krankenhausträger seine Organisationspflicht verletzt hat, stützte der BGH (NJW 1976, 1145, 1146) die Haftung allein auf § 832 Abs 2; daneben wäre aber auch die Haftung wegen Organisationsverschuldens aus § 831 Abs 1 in Betracht gekommen. Dagegen ist die Anspruchskonkurrenz ausgeschlossen, wenn derjenige, der die Aufsicht übernommen hat, selbständig, nicht weisungsgebunden handelt (zB Großvater des aufsichtsbedürftigen Kinds), also kein Verrichtungsgehilfe der Eltern ist (BGH NJW 1976, 1145, 1146; BERNING/VORTMANN JA 1986, 17, 19); in diesem Fall kommt eine Haftung der Eltern nur nach § 832 Abs 1 in Betracht, etwa wenn sie hätten wissen können, daß der Großvater wegen eines Gebrechens zur Aufsicht ungeeignet ist; ist er dagegen rüstig, scheidet auch die Haftung nach § 832 Abs 1 aus. Auch ein Krankenhaus, ein Erziehungsheim, ein Hort sind keine Verrichtungsgehilfen der Eltern. Die Anspruchskonkurrenz entsteht ferner nicht, wenn jemand, ohne selbst zur Aufsicht rechtlich verpflichtet zu sein (zB befreundete Eltern, Nachbarn), die (nur tatsächlich übernommene) Aufsicht einer anderen dazu nicht geeigneten oder nicht hinreichend kontrollierten Person (Verrichtungsgehilfe, zB Putzfrau, Kinderfrau) überträgt; schädigt das Kind Dritte, weil diese Person das Kind nicht beaufsichtigt hat, kommt eine Haftung der befreundeten Eltern oder Nachbarn als Geschäftsherren nur nach § 831 Abs 1, aber nicht als Aufsichtspflichtige nach § 832 Abs 2 in Betracht (BGH VersR 1968, 1043). Die Haftung nach § 832 Abs 2 scheitert daran, daß sie die Aufsicht nicht vertraglich übernommen haben.

Besteht eine Anspruchskonkurrenz zwischen § 832 und 831, so werden in aller Regel die Anforderungen an den jeweiligen Entlastungsbeweis hinsichtlich des Organisationsverschuldens identisch sein (ALBILT 217 f).

3. § 839

Nach ständiger Rechtsprechung (RGZ 154, 117 [allg zum Verhältnis von § 839 zu §§ 823 ff];

anders zuvor 65, 290 [Haftung des Lehrers nach § 832]; BGHZ 13, 25, 28; OLG Hamburg NJW-RR 1988, 799; LG Aachen NJW 1992, 1051) und hL (Esser/Weyers, Schuldrecht II § 58 II) verdrängt die Haftung nach § 839 diejenige nach § 832, wenn die Amtspflichtverletzung in der Verletzung der Aufsichtspflicht besteht. Denn die Haftung des Beamten (im haftungsrechtlichen Sinne) für die von ihm begangenen unerlaubten Handlungen ist in § 839 abschließend und selbständig geregelt, so daß daneben die allgemeine Deliktshaftung keine Anwendung findet (Staudinger/Schäfer[12] § 839 Rn 8); § 839 umschließt den allgemeinen deliktischen Eingriff (MünchKomm/Papier § 839 Rn 170). Beamtete oder angestellte Lehrer einer staatlichen Schule (anders bei einer Privatschule), die ihre Aufsichtspflicht gegenüber ihren Schülern vernachlässigen, haften daher nicht nach § 832, sondern nach § 839. Das gilt auch für einen Geistlichen, der an einer staatlichen Schule Religionsunterricht erteilt. Die Amtspflicht eines Lehrers, minderjährige Schüler zu beaufsichtigen, besteht nicht nur gegenüber den Mitschülern, sondern auch gegenüber Dritten (LG Aachen NJW 1992, 1051; MünchKomm/ Papier § 839 Rn 219). Auch der Amtsvormund haftet uU nach § 839, weil er in Ausübung eines öffentlichen Amts handelt (BGHZ 100, 313, 315).

167 Der BGH verkennt nicht, daß der in Ausübung eines öffentlichen Amts Aufsichtspflichtige beweisrechtlich günstiger gestellt ist als andere (private) Aufsichtspflichtige. Mit Recht bezweifelt Marburger (VersR 1971, 777, 788; kritisch auch Eckert 175) die sachliche Rechtfertigung dafür und hält es für sinnvoller, die Verteilung der Beweislast einheitlich aus § 832 zu entnehmen. Wie bereits ausgeführt (Rn 3, 146), entspricht es dem Wesen der Aufsichtspflicht als einer gesetzlichen Pflicht gegenüber dem Geschädigten, daß der Pflichtige Rechenschaft darüber ablege, was er zur Erfüllung seiner Pflicht getan habe (Prot II 595; Rechtsgedanke von §§ 282, 285). Dieses Prinzip gilt für Amtsträger nicht minder als für Private. Als Konsequenz wären staatliche und private Lehrer, Amtsvormünder und private Vormünder beweisrechtlich gleichgestellt.

X. Die Eigenhaftung des Aufsichtsbedürftigen

168 Ob der Aufsichtsbedürftige selbst für die Schäden verantwortlich ist, die er Dritten oder auch dem Aufsichtsbedürftigen zufügt, richtet sich nach §§ 827, 828 sowie dem eine subsidiäre Haftung des Aufsichtsbedürftigen eröffnenden § 829. Sind sowohl der Aufsichtsbedürftige als auch der Aufsichtspflichtige einem verletzten Dritten zum Schadensersatz verpflichtet, so haften sie als Gesamtschuldner. Im Innenverhältnis ist der Aufsichtsbedürftige ausgleichspflichtig (§ 840 Abs 2), im Fall der Haftung nach § 829 dagegen der Aufsichtspflichtige allein (§ 840 Abs 2).

XI. Exkurs: Die Schädigung des Aufsichtsbedürftigen

1. Die Schädigung durch den Aufsichtspflichtigen

169 Verletzt der Aufsichtspflichtige seine familienrechtliche Aufsichtspflicht gegenüber dem Aufsichtsbedürftigen und kommt dieser dabei zu Schaden, so kann seine Haftung aus Vertrag, § 823 (dazu BGHZ 73, 190, 194 = LM § 426 Nr 49 m Anm Dunz; BGH NJW 1984, 789) oder aus der Verletzung einer familienrechtlichen Pflicht folgen. Bei der Prüfung einer Haftung des Aufsichtspflichtigen ist ggfs der Verschuldensmaßstab des § 1664 zu beachten, der allerdings auf den Fall der sorge- oder zumindest umgangsberechtigten Eltern (zur analogen Anwendung auf den nur umgangsberechtigten Elternteil BGHZ 103, 338, 345) begrenzt und nicht im Wege der Analogie auf andere Obhutspersonen übertragen werden kann (BGH NJW 1996, 53 f für ein Au-pair-Mädchen). Eine Haftung des Aufsichtspflichtigen folgt dagegen **nicht aus** § 832 (BGHZ 73, 190, 194; OLG Koblenz NJW-RR 1991, 543; VersR 1995, 50): Hier geht es gerade nicht um eine Verletzung der Aufsichtspflicht in ihrer von § 832 allein erfaßten Drittschutzdimension (s zur Schutzrichtung des § 832 oben Rn 4), sondern um die Verletzung der dem Aufsichtsbedürftigen gegenüber bestehenden und seinem Schutz dienenden Aufsichtspflicht.

2. Die Schädigung durch einen Dritten und den Aufsichtspflichtigen

a) Das Gesamtschuldverhältnis

Verletzt ein Dritter den Aufsichtsbedürftigen, so haftet er diesem nach §§ 823 ff. Hat **170** im Rahmen der Schadenszufügung der Aufsichtspflichtige seine auf den Aufsichtsbedürftigen bezogene und dessen Schutz dienende Aufsichtspflicht schuldhaft verletzt (soeben Rn 169), haften dem Aufsichtsbedürftigen sowohl Dritter als auch Aufsichtspflichtiger. Zwischen beiden besteht ein zum Ausgleich verpflichtendes Gesamtschuldverhältnis (BGHZ 73, 190, 192 mit Recht gegen RG Gruchot 65, 477; OLG Frankfurt Zfs 1993, 116; BGB-RGRK/KREFT Rn 10). Der BGH (aaO) weist zu Recht darauf hin, daß das Gesamtschuldverhältnis nicht durch die elterliche Verpflichtung gem §§ 1601 ff begründet werden kann, etwa für Behandlungskosten aufzukommen, sondern nur durch eine Schadensersatzhaftung. Zu beachten ist: Wenn einem Elternteil der gemilderte Verschuldensmaßstab der §§ 1664, 277 zugute kommt, fehlt es bereits am haftungsbegründenden Merkmal des Verschuldens, so daß bereits der Haftungstatbestand nicht gegeben ist. Es handelt sich nicht um den Fall eines „gestörten Gesamtschuldverhältnisses"; es besteht vielmehr mangels Haftung des Aufsichtspflichtigen schon tatbestandlich kein Gesamtschuldverhältnis, das „gestört" werden könnte (BGHZ 103, 338, 347; OLG Hamm RuS 1995, 455). Ebenfalls ausgeschlossen kann ein Gesamtschuldverhältnis zwischen Drittschädiger und Aufsichtspflichtigem sein, wenn zwischen Aufsichtspflichtigem und Aufsichtsbedürftigem eine **Haftungseinheit** iR des § 254 anzunehmen ist (dazu BGH NJW 1996, 2023, 2024 f; eingehend ROTH, Haftungseinheiten bei § 254 BGB [1982] 98 ff).

Haftet einem verletzten Kind neben dem Aufsichtspflichtigen der Drittschädiger, so **171** ist die Legalzession des Ersatzanspruchs gegen den Drittschädiger gem § 116 SGB X (früher § 1542 RVO) zugunsten eines Sozialversicherungsträgers zu beachten. Analog § 67 Abs 2 VVG ist dann allerdings die Legalzession auf den Anteil der Haftung beschränkt, den der Drittschädiger im Innenverhältnis gegenüber dem Aufsichtspflichtigen zu tragen hätte (BGHZ 54, 256, 258; 73, 190, 195 = LM § 426 Nr 49 m Anm DUNZ; OLG Frankfurt Zfs 1993, 116).

b) Zur Anrechnung des Mitverschuldens des Aufsichtspflichtigen

Haften Dritter und Aufsichtspflichtiger dem Kind, besteht zwischen ihnen ein zum **172** Ausgleich verpflichtendes Gesamtschuldverhältnis (Rn 170). Demgegenüber kann der schädigende Dritte dem geschädigten Aufsichtsbedürftigen nicht ohne weiteres ein Mitverschulden des Aufsichtspflichtigen (gesetzlichen Vertreters) entgegenhalten (BGHZ 1, 248; 73, 190, 192 = NJW 1979, 973; BGHZ 103, 338, 342 f = NJW 1988, 2267; BGH FamRZ 1964, 505; VersR 1975, 133, 134 mNachw; OLG Frankfurt Zfs 1993, 116; OLG Schleswig RuS 1995, 11, 12). So zB wenn ein Kind, das an der Hand seines sich unvorsichtig verhaltenden Vaters die Straße überquert, von einem Kraftfahrzeug verletzt wird. Es gelten also die gleichen Grundsätze wie bei der Frage, ob sich ein nach § 828 Schuldunfähiger das Mitverschulden seines gesetzlichen Vertreters bei der Entstehung eines ihm zugefügten Schadens anrechnen lassen muß (vgl Staudinger/Schäfer[12] § 828 Rn 38). Eine Anrechnung des Mitverschuldens des Aufsichtspflichtigen entfällt auch, wenn der Aufsichtspflichtige dem verletzten Aufsichtsbedürftigen Unterhalt (Kosten der Heilung usw) gewährt hat und gegen den Schädiger aus Geschäftsführung ohne Auftrag oder aus ungerechtfertigter Bereicherung vorgeht; auch insoweit greift der Gedanke durch, daß § 832 dem Schutz Dritter gegen den Aufsichtsbedürftigen, nicht dem Schutz des Aufsichtsbedürftigen selbst dient (RGZ 53, 312; OLG Celle RdK 1933, 47; NJW 1962, 51; hM; aM Krückmann JherJb 55, 199).

173 Eine Anrechnung des Mitverschuldens des Aufsichtspflichtigen kommt jedoch in Betracht, wenn zwischen ihm und dem Aufsichtsbedürftigen eine **Haftungseinheit** besteht (zu deren Voraussetzungen s BGH NJW 1996, 2023, 2024; ausführlich Roth, Haftungseinheiten bei § 254 BGB [1982] 98 ff). Eine Haftungseinheit scheidet aus, wenn der nicht deliktsfähige Aufsichtsbedürftige den Schaden nicht in zurechenbarer Weise mitverursacht hat (BGHZ 103, 338, 344).

174 Eine **Anrechnung des Mitverschuldens** Dritter ist generell nur nach Maßgabe der insoweit von **§ 254 Abs 2 S 2** getroffenen Bestimmung möglich. Daher ist die Vernachlässigung der Aufsichtspflicht dann gem der Rechtsgrundverweisung § 278 (dazu Staudinger/Medicus[12] § 254 Rn 80) dem Aufsichtsbedürftigen zuzurechnen, wenn der Aufsichtspflichtige **gesetzlicher Vertreter** des aufsichtsbedürftigen Geschädigten ist und zwischen diesem und dem Ersatzpflichtigen schon vor dem Schadenseintritt eine rechtliche Sonderverbindung, insbes schuldrechtliche oder schuldrechtsähnliche Beziehungen bestanden, welche die Anwendbarkeit des § 278 rechtfertigen (vgl BGHZ 1, 248; 3, 46; 9, 316; 73, 192; 103, 338, 342 f; VersR 1959, 1009; 1962, 783; 1964, 730; 1975, 134; 1980, 938; 1981, 855; NJW 1980, 2080; VRS 62, 338, 342; OLG Köln VersR 1982, 154; Schmalzl VersR 1983, 280; s auch BGH NJW 1977, 1392 sowie § 828 Rn 38 und § 839 Rn 356). Als Sonderverbindungen kommen etwa in Betracht alle vom gesetzlichen Vertreter für den Aufsichtsbedürftigen abgeschlossenen Verträge, zB Beförderungs-, Behandlungsverträge etc. In diesem Rahmen ist auch das Mitverschulden von Personen anrechenbar, die der Aufsichtspflichtige mit der Beaufsichtigung betraut hat (vgl BGHZ 24, 325 betr Kinder, die als Fahrgäste der Bahn einen Unfall erleiden, wenn sie während der Fahrt im Einverständnis der Eltern von Angestellten des Jugendamts betreut werden). Ebenso muß sich der verletzte Aufsichtsbedürftige ein **Mitverschulden** des Aufsichtspflichtigen (gesetzlichen Vertreters) **bei der Schadensminderung** (§ 254 Abs 2 S 1) anrechnen lassen (vgl dazu BGHZ 33, 136, 142).

Die soeben dargestellten Grundsätze gelten auch, wenn ein weiterer Aufsichtsbedürftiger, der unter der Obhut desselben Aufsichtspflichtigen steht, vom Aufsichtsbedürftigen geschädigt wird. Auch ein anderer Aufsichtsbedürftiger, der unter der Obhut desselben Aufsichtspflichtigen steht, ist „Dritter" iSd § 832 (s oben Rn 47).

3. Die GoA

175 Zur Frage der **Bedeutung des § 832 für Ansprüche aus Geschäftsführung ohne Auftrag** (§ 683) gegen die Eltern, wenn jemand im Straßenverkehr Kinder aus Lebensgefahr rettet oder vor ernsten körperlichen Schäden bewahrt, vgl LAUFS NJW 1967, 2294, 2297.

XII. Die Reformtendenzen

Die Kommission zur Überarbeitung des Schuldrechts hat hinsichtlich § 832 keine **176** Änderungsvorschläge unterbreitet. Gleichwohl ist die Vorschrift in ihrer gegenwärtigen Fassung Gegenstand der Kritik. Einig sind sich die Kritiker im Gegenstand ihrer Beanstandungen, der Verschuldensvermutung mit Exculpationsmöglichkeit für den Aufsichtspflichtigen. Die Reformvorschläge gehen dabei jedoch in diametral entgegengesetzte Richtungen. Die eine Gruppe der Kritiker verlangt statt dessen eine objektive Einstandspflicht des Aufsichtspflichtigen für die vom Aufsichtsbedürftigen rechtswidrig verursachten Schäden (BERNING/VORTMANN JA 1986, 12, 20; SCHLEGELMILCH 121, 128; SCHEFFEN DAR 1991, 121, 124; DINSLAGE, Dt Verkehrsgerichtstag 17 [1979] 186, 193). Dabei wird teilweise eine Übernahme der Regelung in art 1384 code civil befürwortet, wonach lediglich der Nachweis der Unvermeidbarkeit die Haftung ausschließt (SCHLEGELMILCH aaO). Teilweise wird das Eintreten für eine Einstandspflicht mit Reformüberlegungen hinsichtlich der Anhebung der Deliktsfähigkeit auf 10 Jahre gekoppelt (SCHEFFEN aaO). Ganz entgegengesetzt haben GROSSFELD/MUND (FamRZ 1994, 1504, 1508 f) vehement für die Abschaffung der die Familien ungerechtfertigterweise belastenden Beweislastumkehr und für eine Haftungsbeschränkung analog der Arbeitnehmerhaftung auf Vorsatz und grobe Fahrlässigkeit plädiert. Von diesen beiden Strömungen heben sich jene ab, die aufbauend auf vHIPPEL (FamRZ 1968, 574) § 832 selbst unverändert lassen wollen und statt dessen, um der Haftungsrisiken Herr zu werden, eine Pflichtversicherung für Kinder verlangen (KÖTZ, Deliktsrecht Rn 332; BERNING/VORTMANN JA 1986, 12, 20).

Wenn eine Vorschrift reformiert wird, sollte feststehen, daß die bestehende Geset- **177** zeslage reformbedürftig ist. Dafür spricht zunächst, daß der verfassungs- und familienrechtliche Kontext, auf den § 832 Bezug nimmt, sich seit dem Inkrafttreten der Vorschrift geändert hat. Auch haben sich die Aufgabenverteilung innerhalb der Familie, das Eltern-Kind-Verhältnis und die Stellung der Familie in der Gesellschaft seitdem grundlegend gewandelt. Die Einstellung der Gesellschaft zum behinderten (aufsichtsbedürftigen) Menschen und seine Lebensführung haben sich ebenfalls verändert. Als Konsequenz daraus sind die Schadensrisiken, die von Minderjährigen oder geistig Behinderten ausgehen, heute anders zwischen dem Aufsichtspflichtigen und der Gesellschaft zu verteilen als noch beim Inkrafttreten der Vorschrift. Im einzelnen: Die Familie steht unter dem besonderen Schutz des Staats (Art 6 GG). Sein Bestreben muß es sein, zur Elternschaft zu ermutigen. Entsprechendes gilt für die Betreuung Behinderter. Daher darf der Gesetzgeber die Erziehung von Kindern oder die Sorge für Behinderte nicht mit unzumutbaren Haftungsrisiken belasten. Die Eltern bzw Betreuer nehmen selbstlos Aufgaben wahr, die von hohem Wert für die Gesellschaft sind. Das Erziehungsrecht dient vorrangig dem Kind, die Aufsichtspflicht dem Kind und der Allgemeinheit, einen eigenen Nutzen haben die Eltern kaum. Wer sich um Behinderte kümmert, nimmt selbstlos Belastungen auf sich. Das gesetzliche Leitbild für die Erziehung besteht darin, Kinder zu befähigen, selbstverantwortlich und eigenständig zu leben. Dazu müssen ihnen Freiheitsräume in einer kinderfreundlichen Gesellschaft überlassen werden. Akzeptiert die Gesellschaft, daß Kinder für ihre Entwicklung Spielräume benötigen, daß Behinderte nicht auszugrenzen, sondern in die Gesellschaft zu integrieren sind, muß sie in Kauf nehmen, daß daraus Gefahren erwachsen, die sich in Schäden Dritter realisieren, ohne daß stets jemand dafür haftet. Dennoch bleibt fraglich, ob § 832 reformiert werden muß. Die Vorschrift ist zwar alt, aber durch ihre Anpassungsfähigkeit nicht überholt. Ausschlaggebend ist, welche Anforderungen daran gestellt werden, ob der Aufsichtspflichtige seine Aufsichtspflicht erfüllt hat. An diesem Punkt ist die Norm für Wertungen offen, die sich aus Art 6 GG und dem Familienrecht ergeben. Sie legen es nahe, eine Verletzung der Aufsichtspflicht **nur noch bei groben Verstößen** des Aufsichtspflichtigen anzunehmen. Damit erübrigt sich die Abschaffung des Exculpationsbeweises. Müßte der Geschädigte nachweisen, daß der Aufsichtspflichtige seine Aufsichtspflicht nicht gehörig erfüllt hat, gelangte er aus Beweisnot fast nie zum Ersatz. Denn die familiäre Sphäre ist dem Geschädigten verschlossen, Art 6 GG verbietet Dritten, in diesen Bereich (nachforschend) einzudringen. Zweifelhaft ist auch, den Haftungsmaßstab aus § 1664 in § 832 zu übertragen. Warum ein Aufsichtspflichtiger, der in eigenen Angelegenheiten sorgfältig ist, gegenüber Dritten wegen Verletzung der Aufsichtspflicht schärfer haften soll als der Nachlässige, ist nicht recht plausibel.

§ 833

Wird durch ein Tier ein Mensch getötet oder der Körper oder die Gesundheit eines Menschen verletzt oder eine Sache beschädigt, so ist derjenige, welcher das Tier hält, verpflichtet, dem Verletzten den daraus entstehenden Schaden zu ersetzen. Die Ersatzpflicht tritt nicht ein, wenn der Schaden durch ein Haustier verursacht wird, das dem Berufe, der Erwerbstätigkeit oder dem Unterhalte des Tierhalters zu dienen bestimmt ist, und entweder der Tierhalter bei der Beaufsichtigung des Tieres die im Verkehr erforderliche Sorgfalt beobachtet oder der Schaden auch bei Anwendung dieser Sorgfalt entstanden sein würde.

Materialien: E I § 734 Abs 1; II § 756; III § 817;
Mot II 809–812; Prot II 2864–2868, 8497;
D 99; jetzige Fassung gemäß Reichsgesetz betr
Änderung des § 833 des BGB vom 30. Mai 1908
(RGBl 1908 S 313).

Schrifttum

ABELTSHAUSER, Verschuldens- oder Gefährdungshaftung für Mikroorganismen? – BGH, NJW 1989, 2947, JuS 1991, 366
BAUMGÄRTEL, Neue Tendenzen der Beweislastverteilung bei der Tierhalterhaftung, VersR 1983, Karlsruher Forum 85
BEMMANN, Das durchgehende Gespann – Zur Problematik des Schmerzensgeldanspruches, VersR 1958, 583
BERGLAR, Der Begriff des Tierhalters, dargestellt unter Heranziehung des französischen und schweizerischen Rechts (Diss Köln 1979)
BONDZIO, Immanente Haftungsbegrenzung des Tierhalters?, RdL 1972, 88
ders, Probleme der Tierhalterhaftung, RdL 1972, 147, 229, 258
ders, Zum Schutzbereich des § 833 Satz 1 BGB, SchlHA 1973, 126
BORNHÖVD, Die Grenzen der Tierhalterhaftung, JR 1978, 50

ders, Zur Tierhalterhaftung, VersR 1979, 398
DEUTSCH, Gefährdungshaftung für laborgezüchtete Mikroorganismen, NJW 1976, 1137
ders, Der Reiter auf dem Pferd und der Fußgänger unter dem Pferd – Irrwege der Rechtsprechung zur Haftung für die Tiergefahr, NJW 1978, 1998
ders, Die Haftung des Tierhalters, JuS 1987, 673
ders, Gefährdungshaftung für Mikroorganismen im Labor, NJW 1990, 751
DUNZ, Reiter wider Pferd oder Versuch einer Ehrenrettung des Handelns auf eigene Gefahr, JZ 1987, 63
EBERL-BORGES, Die Tierhalterhaftung des Diebes, des Erben und des Minderjährigen – Zugleich eine Konkretisierung des Tierhalterbegriffs, VersR 1996, 1070
HAASE, Zur Schadenszufügung „durch ein Tier" (§ 833 BGB), JR 1973, 10
HERRMANN, Die Einschränkung der Tierhalterhaftung nach § 833 S. 1 BGB in der modernen Judikatur und Literatur, JR 1980, 489
HOFF, Die Feststellung des Tierhalters – Kritische Bemerkungen zur Rechtsprechung zu § 833 BGB, AcP 154 (1955) 344
HONSELL, Beweislastprobleme der Tierhalterhaftung – Bemerkungen zu OLG Düsseldorf VersR 1981, 82, MDR 1982, 798
KNÜTEL, Tierhalterhaftung gegenüber dem Vertragspartner?, NJW 1978, 297
KREFT, Die Haftungsvoraussetzung „durch ein Tier" bei der Tierhalterhaftung (§ 833 BGB), VersR 1983, Karlsruher Forum 153
LITTEN, Die Ersatzpflicht des Tierhalters im Rechte des Bürgerlichen Gesetzbuches, zugleich ein Beitrag zur Lehre von der Kausalität im Rechtssinne (1905)
LORENZ, Die Gefährdungshaftung des Tierhalters nach § 833 Satz 1 BGB – Die funktionale Struktur der Gefährdungshaftung als Auslegungshintergrund für die Risikoverteilung im Tierschadensrecht (1992)
OEXMANN, Die zivilrechtliche Haftung des Pferdehalters unter Berücksichtigung reiterlicher Grundsätze und pferdepsychologischer Erkenntnisse (1988)

OHM, Zur Haftung des Tierhalters für Unfälle, die durch sein Weidevieh auf der Straße und dem Bahnkörper entstehen (§§ 831, 833, 823 BGB) VersR 1958, 744
ROTTLER, Die Tierhalterhaftung und ihre Begrenzung im deutschen, französischen und englischen Recht (Diss Freiburg 1994)
SCHLUND, Zur Tierhalterhaftung des § 833 BGB, in: FS Schäfer (1980) 223
SCHMID, Zur sachgerechten Eingrenzung der Tierhalterhaftung, JR 1976, 274
SCHRADER, Die Tierhalterhaftung (§ 833 BGB) – Im Anschluß an die Entscheidungen BGH, NJW 1974, 234 und OLG Köln, NJW 1974, 2051, NJW 1975, 676
SCHÜNEMANN, Die Verantwortlichkeit des Tierhalters – BGH NJW 1976, 2130, JuS 1978, 376
SIEGFRIED, Tier und Tiergefahr als tatbestandliche Voraussetzungen der Gefährdungshaftung des Tierhalters (Diss Mainz 1986)
STIERLE, Die Haftung für Tiere im Bürgerlichen Gesetzbuch (Diss Stuttgart 1904)
STÖTTER, Die Beschränkung der Tierhalter-Haftung nach § 833 Satz 1 BGB durch das von der Rechtsprechung entwickelte Tatbestandsmerkmal der Tiergefahr, MDR 1970, 100
TEPLITZKY, Die Verantwortlichkeit des Tierhalters für Verkehrsunfälle durch Kleinhaustiere, NJW 1961, 1659
TERBILLE, Der Schutzbereich der Tierhalterhaftung nach § 833 S. 1 BGB, VersR 1994, 1151
WEIMAR, Wann führen Verrichtungen an einem Tier zum Ausschluß der Tierhalterhaftung?, DRiZ 1956, 198
ders, Die Schadenszufügung durch ein Tier, JR 1958, 377
ders, Zweifelsfragen zur Tierhalterhaftung, JR 1963, 414
ders, Zweifelhafte Tierhaltereigenschaft, MDR 1967, 100
WESTERHOFF, Ist die Entscheidung gerecht? – Methodische Wertung am Beispiel eines Reitunfalls, JR 1993, 497
WILTS, Tierhalterhaftung für entlaufene Tiere?, VersR 1965, 1019.

Systematische Übersicht

I. Rechtsgeschichte
1. Früheres Recht — 1
2. Entstehungsgeschichte des § 833
   a) Die ursprüngliche Fassung des § 833 — 2
   b) Die Novelle vom 30. 8. 1908 — 3

II. Grundgedanken der Regelung
1. Satz 1 — 4
2. Satz 2 — 5

III. Tier — 7
1. Überblick über den Streitstand — 8
2. Die funktionelle Auslegung — 10
3. Die übrigen Auslegungsarten, insbes die Auslegung nach dem Wortlaut — 14

IV. Schaden, Kausalität, Rechtswidrigkeit
1. Schaden — 19
2. Kausalität — 21
3. Rechtswidrigkeit — 25

V. Tiergefahr
1. Die Tiergefahr als Tatbestandsmerkmal — 26
2. Die ältere Auslegung des Merkmals Tiergefahr durch die Rechtsprechung: willkürliches Tierverhalten — 27
3. Die neuere Auslegung des Merkmals Tiergefahr durch die Rechtsprechung: Unberechenbarkeit des tierischen Verhaltens — 35
4. Die neuere Lehre: selbsttätiges Tierverhalten — 38
   a) Bloß „mechanische Wirkung" eines Tieres (körperliche Massewirkung) — 40
   aa) Tier als mechanisches Werkzeug — 41
   bb) Größe oder Gewicht des Tieres als Schadensursache — 44
   cc) Stürzende Tiere — 45
   dd) Tier als passives Verkehrshindernis — 47
   b) Schädigungen durch den bloßen Anblick des Tieres — 49
   c) Verhalten eines Tieres unter physiologischem Zwang — 50
   d) Tiere unter menschlicher Leitung — 53
   e) "Natürliches" Tierverhalten — 58
   aa) Krankheitsübertragung durch ein Tier — 61
   bb) Tierische Ausscheidungen — 62
   cc) Deckakt — 63

VI. Tierhalter — 65
1. Die Entwicklung in Rechtsprechung und Lehre — 66
2. Die Indizien des Eigeninteresses
   a) Sorge für Obdach und Unterhalt — 72
   b) Kostentragung für den Unterhalt des Tieres — 73
   c) Verlustrisiko — 75
   d) Versicherung — 76
   e) Nutzung im Haushalts- oder Wirtschaftsbetrieb — 78
3. Unmittelbares Abstellen auf das Eigeninteresse – Kein Eigeninteresse bei Vornahme von Verrichtungen an einem Tier — 81
4. Zusammentreffen mehrerer Personen mit Eigeninteresse — 85
   a) Fälle mehrfacher Nutzung — 86
   b) Haltereigenschaft — 87
5. Die Indizien der Entscheidungsgewalt
   a) Unmittelbarer Besitz / tatsächliche Einwirkungsmöglichkeit — 91
   b) Eigentum — 93
   c) Mittelbarer Besitz — 95
   d) Einstellen in den Haushalts- oder Wirtschaftsbetrieb — 97
6. Unmittelbares Abstellen auf die Entscheidungsgewalt — 98
7. Verteilung der Entscheidungsgewalt auf mehrere Personen — 100
8. Einzelne typische Fallkonstellationen
   a) Verträge über Leistungen an oder mit dem Tier — 101
   b) Nutzungsüberlassungsverträge — 102
   c) Veräußerung von Tieren — 103
   d) Entlaufene Tiere — 104
   e) Gefundene oder zugelaufene Tiere — 106
   f) Gestohlene Tiere und sonstige Fälle der Besitzentziehung — 107
   g) Eheleute — 109
   h) Der Erbfall — 110
9. Voraussetzungen im Hinblick auf die Person des Halters

§ 833

a)	Geschäfts-/ Deliktsunfähige und beschränkt Geschäfts-/ Deliktsfähige	111	dd)	Hunde im Straßenverkehr	166
b)	Juristische Personen	114	c)	Kühe (Rinder)	
			aa)	Weidende Kühe	169
			bb)	Viehtrieb auf der Straße	174

VII. Von § 833 S 2 erfaßte Tiere 115
1. Haustier 116
2. Nutztier 120
a) Beruf, Erwerbstätigkeit, Unterhalt 121
aa) Beruf 125
bb) Erwerbstätigkeit 127
cc) Unterhalt 137
b) Die Bestimmung des Haustiers zum Nutztier 139

VIII. Der Entlastungsbeweis nach § 833 S 2 143
1. Die im Verkehr erforderliche Sorgfalt bei der Beaufsichtigung des Tieres 144
2. Beauftragung eines Dritten mit der Beaufsichtigung 149
3. Einzelfälle
a) Pferde 152
aa) Fortbewegung im Straßenverkehr 153
bb) Aufenthalt am Fahrbahnrand 156
cc) Pferde auf der Weide 157
dd) Sonstiges 159
b) Hunde 160
aa) Anforderungen an die Verwahrung im allgemeinen 161
bb) Besonderheiten bei großen Hunden 163
cc) Besonderheiten bei bissigen Hunden 165

cc) Sonstiges 176
d) Schafe 177
e) Geflügel 180
f) Katzen 183
4. Mangelnder Ursachenzusammenhang zwischen Sorgfaltspflichtverletzung und Schaden 184

IX. Einschränkung und Ausschluß der Haftung infolge eines dem Geschädigten zuzurechnenden Beitrags
1. Das Verhalten des Geschädigten als mitzuberücksichtigender Beitrag 185
a) Persönlicher Schutzbereich 186
b) Verdrängung des § 833 durch die vertragliche Risikoverteilung 190
c) Vertraglicher Haftungsausschluß 192
d) § 254 194
2. Berücksichtigung einer dem Geschädigten zuzurechnenden Tier- oder Betriebsgefahr 202

X. Zusammentreffen mehrerer Haftpflichtiger 204

Alphabetische Übersicht

Adäquanz 23 f
Anblick, bloßer – des Tieres als Schadensursache 49
Ausscheidungen, tierische – 32, 36, 62
Bakterien 7, 15
Bazillen 15
Beaufsichtigung 145
– durch Dritte 149 ff
Beruf 122, 125 f
Besitz 67, 69, 87 f, 91, f, 95 f
Beweislast 2, 26, 139, 143, 184, 194
Bestimmungsbefugnis 67 ff, 98
Biene 118
Blindenhund 138
Bösartiges Tier 148, 165

Dauer der Sorge für das Tier 66
– der Nutzung des Tieres 90
Deckakt 32, 36, 63 f
Deliktsunfähige und beschränkt Deliktsfähige als Halter 111 ff
Dieb 99, 107 f
Eheleute 89, 109
Eigeninteresse an der Tiernutzung 66 ff, 81, 84 f
Eigentum 69, 87 f, 93 f
Entlastungsbeweis 143 ff
Entlaufene Tiere 104 f
Entscheidungsgewalt 69 ff, 92, 98 f, 100
Erbe als Halter 110
Erwerbstätigkeit 122, 127 ff

Gefährdungshaftung — 4, 13, 26
Gefälligkeit — 186, 188
Gefundene Tiere — 106
Geschäftsunfähige und beschränkt Geschäftsfähige als Halter — 111 ff
Gewalt, tatsächliche Gewalt über ein Tier — 91 f
Gewicht des Tieres als Schadensursache — 44
Größe des Tieres als Schadensursache — 44

Haftungsausschluß, stillschweigender vertraglicher - — 192 f
Handeln auf eigene Gefahr — 186, 189
Haustier — 2, 116 ff
Huhn — 181
Hund — 160 ff
-, bissiger — 165
-, großer — 163

Jagdhund — 130
Juristische Personen als Halter — 114, 122

Katze — 133, 183
Kausalität — 21 ff
Kraftquelle, Tiere als eigene - — 4, 12, 39, 41 f, 44, 47 ff, 61 f
Krankheitsübertragungen bei Tieren — 32, 61
Kuh — 169 ff

Leihe — 102
Leitung, menschliche - — 31, 53 ff
Luxustier — 4, 121, 124

Mechanisches Werkzeug, Tier als - — 29, 41 ff
Miete — 102
Mikroorganismen — 7 ff, 15
Minderjährige als Halter — 113
Mitverschulden — 194 ff

Natürliches Tierverhalten — 32, 36, 58 ff, 63
Nießbrauch — 102
Nutztier — 5 f, 120 ff
Nutzungsüberlassungsvertrag — 102

Obdach, Gewährung von - — 66, 69, 72

Pacht — 102
Passives Verkehrshindernis, Tier als - — 47 f
Pferd — 152 f
- auf der Weide — 157 f

Physiologischer Zwang — 30, 50 f, 63

Rechtswidrigkeit — 25
Reitpferd — 132
Rennpferd — 131
Rind — 169 ff

Schaden — 19 f
Schaf — 177 ff
Schmerzensgeld — 20
Schreckreaktionen, menschliche - — 24, 49
Schutzbereich, persönlicher - — 186 ff
Selbsttätiges Tierverhalten — 38 ff
Sorge für das Tier — 66
Springpferd — 131
Straßenverkehr, Tier im - — 147, 153 ff, 166 ff, 183
Stürzende Tiere — 45 f

Taube — 180
Tier — 7 ff
Tiergefahr — 4, 11 f, 26 ff
- auf seiten des Verletzten — 202 f
Tierhalter — 65 ff

Unberechenbarkeit des Tierverhaltens — 35 ff
Unterhalt, Gewährung von - — 66, 69, 72
- des Tierhalters — 122, 137 f
Unterhaltskosten, Tragung der - — 69, 73 f

Veräußerung von Tieren — 103
Verlustrisiko, Tragung des -s — 69, 75
Verrichtungen, Vornahme von - an einem Tier — 80, 82 f
Versicherung — 76 f
Versicherungsprämien, Tragung der - — 69
Vertrag über Leistungen an oder mit dem Tier — 101
Viehtrieb auf der Straße — 174 f
Viren — 7, 15

Wachhund — 134 ff, 160 ff
Weidende Kühe — 169 ff
Willkürliches Tierverhalten — 27 ff, 36, 54
Wirtschafts- oder Haushaltungsbetrieb, Nutzung des Tieres im - — 66, 69, 78 ff, 97

Zugelaufene Tiere — 106
Zweckbestimmung — 140

I. Rechtsgeschichte

1. Früheres Recht

Nach römischem Recht begründete eine Beschädigung durch ein Tier, abgesehen von dem Fall, daß diese nachweisbar auf dem Verschulden eines Menschen beruhte, einen Anspruch auf Schadensersatz regelmäßig nur dann, wenn das Tier den Schaden gegen die Art und Weise seiner Gattung (contra naturam sui generis) angerichtet hatte (actio de pauperie). Gleiches galt nach gemeinem Recht, auf das auch heute noch im Zusammenhang mit der Auslegung des geltenden Rechts zurückgegriffen wird (vgl HAASE JR 1973, 10, 11, 12; DEUTSCH NJW 1976, 1137; 1978, 1998 f; SCHÜNEMANN JuS 1978, 376 f). Eine Ausnahme von dem Erfordernis der Beschädigung contra naturam sui generis bestand lediglich für den Fall, daß Vieh fremde Früchte abfraß (WINDSCHEID/KIPP, Lehrbuch des Pandektenrechts, Bd 2 [9. Aufl 1906] 985 f). Haftbar war der jeweilige Eigentümer des Tieres (noxa caput sequitur), doch konnte er sich von der Schadensersatzpflicht durch die Hingabe des Tieres an den Geschädigten (noxae datio) befreien (Mot II 809). Sämtliche zur Zeit der Entstehung des BGB geltenden neueren Gesetze wichen von diesen Grundsätzen ua insofern ab, als sie den Unterschied, ob das Tier den Schaden contra oder secundum naturam sui generis angerichtet hatte, aufgegeben hatten (s Mot II 810; RGZ 14, 316 ff [zum französischen Recht]; 20, 199 ff [zum gemeinen Recht]; weitere Angaben bei STAUDINGER/SCHÄFER[12] Rn 1; weitere rechtshistorische Hinweise bei DEUTSCH JuS 1987, 673).

2. Entstehungsgeschichte des § 833

a) Die ursprüngliche Fassung des § 833

E I § 734 Abs 1 erklärte den Halter eines Tieres für verpflichtet, unter Anwendung der Sorgfalt eines ordentlichen Hausvaters diejenigen Vorsichtsmaßregeln zu treffen, welche erforderlich sind, um das Tier an der Zufügung von Beschädigungen zu hindern. Nur für den aus einer schuldhaften Verletzung dieser Pflicht einem Dritten entstandenen Schaden sollte der Halter des Tieres ersatzpflichtig sein (Mot II 811 f).

Abweichend hiervon beschloß die II. Kommission, in Ansehung der Haustiere die Beweislast umzukehren, um den Geschädigten nicht schon an der Schwierigkeit des Beweises mit seinem Anspruch scheitern zu lassen. Für den durch andere Tiere entstandenen Schaden sollte unbedingt gehaftet werden, dh ohne Unterschied, ob dem Halter bezüglich der von ihm zur Abwehr der Gefahren getroffenen Vorkehrungen ein Verschulden zur Last falle oder nicht. Denn mit dem Halten wilder oder gefährlicher Tiere seien außergewöhnliche Gefahren verbunden, vor welchen auch eine sorgfältige Beaufsichtigung nicht immer schütze. Dagegen rechtfertige es sich nicht, auch bei dem Halten von Haustieren die weitergehende Haftung eintreten zu lassen, weil das Halten von Haustieren durch die moderne Kulturentwicklung bedingt sei, der Allgemeinheit zum Nutzen gereiche und der Verkehr sich auf das Halten von Haustieren eingerichtet habe (Prot II 2867 f; D II 99).

Die Reichstagskommission beschloß dagegen mit Rücksicht auf die öffentliche Sicherheit, auch denjenigen, der ein Haustier hält, für den durch das Tier verursachten Schaden unbedingt haften zu lassen (RTK 109).

Bei der dritten Lesung des Gesetzes im Reichstagsplenum wurde zunächst die Regierungsvorlage mit einer unwesentlichen Abänderung wieder hergestellt, gelegentlich der endgültigen Abstimmung aber die von der Reichstagskommission beschlossene, dem nunmehrigen Satz 1 des § 833 entsprechende Fassung angenommen (StB 3059, 3063).

b) Die Novelle vom 30. 8. 1908

3 Schon bald nach dem Inkrafttreten des BGB setzte eine Bewegung ein, die (insbesondere im Interesse landwirtschaftlicher Kreise) die Beseitigung oder wenigstens eine weitgehende Milderung dieser strengen Haftung erstrebte. Der 28. Deutsche Juristentag sprach sich zwar mit großer Mehrheit grundsätzlich gegen jede Einschränkung der Haftung des Tierhalters aus. Die Reformbemühungen führten aber schließlich zur Einführung des jetzigen Satzes 2 durch Gesetz vom 30. Mai 1908 (RGBl 313). Eine eingehende Darstellung der parlamentarischen Entstehungsgeschichte findet sich bei STAUDINGER/ENGELMANN[9] Anm 2.

II. Grundgedanken der Regelung

1. Satz 1

4 Satz 1 der Vorschrift statuiert eine Ausnahme von dem Verschuldensgrundsatz, der im allgemeinen die im BGB normierte Haftung aus unerlaubter Handlung beherrscht: Die Haftung des Halters setzt nicht voraus, daß ihm ein Verschulden zur Last fällt. Das bedeutet allerdings nicht, daß diese Haftung eine reine Verursachungshaftung darstellen würde. § 833 S 1 schützt vor den von Tieren ausgehenden Gefahren. Wer ein Tier hält, setzt in seinem Interesse andere diesen Gefahren aus (Prot II 2867). Als Ausgleich dafür, daß andere das Halten von Tieren und damit die von diesen ausgehenden Gefahren als „erlaubtes Risiko" dulden müssen, hat der Halter auch für die trotz aller Sorgfalt nicht zu vermeidenden Schädigungen einzustehen (vgl BGH LM Nr 7 = NJW 1974, 234, 235 = VersR 1974, 356, 357; BGH LM Nr 10 Bl 1 R = NJW 1977, 2158 = VersR 1977, 864, 865; TERBILLE VersR 1994, 1151, 1152). Die Tiergefahr ist nach dem Sinn und Zweck der Norm Tatbestandsmerkmal (näher u Rn 26). Damit ist die Luxustierhalterhaftung als Gefährdungshaftung ausgestaltet.

Die von Tieren ausgehende Gefahr beruht darauf, daß Tiere – im Gegensatz zu leblosen Sachen – als lebende, bewegliche Organismen eine eigene Kraftquelle darstellen (so SIEGFRIED 9; ähnlich BGB-RGRK/KREFT Rn 2; vgl auch LORENZ 172. Zu der – umstrittenen! – Auslegung des Merkmals Tiergefahr s näher u Rn 27 ff). Dadurch, daß sie sich selbst, gleichsam „von sich aus" bewegen, kommt es zu Situationen, die sich menschlicher Kontrolle entziehen.

Aufgrund von Satz 2 gilt die in Satz 1 statuierte Gefährdungshaftung nur für sog Luxustiere, dh solche Tiere, die nicht als Haustiere dem Beruf, der Erwerbstätigkeit oder dem Unterhalt des Tierhalters zu dienen bestimmt sind. Im Hinblick darauf, daß sich die Luxustierhaltung nach dem 2. Weltkrieg erheblich ausgedehnt hat, ist § 833 S 1 von relativ großer praktischer Bedeutung.

2. Satz 2

Der Halter eines sog Nutztieres, dh eines Haustieres, das dem Beruf, der Erwerbs- **5** tätigkeit oder dem Unterhalt des Halters zu dienen bestimmt ist, haftet nach Satz 2 der Vorschrift nur wegen Verschuldens. Im Interesse des Verletzten werden allerdings – wie in den Fällen der §§ 831, 832, 834, 836–838 (hinsichtlich der Ursächlichkeit vgl hierzu § 836 Rn 77, 99 f mwN; MünchKomm/Mertens § 836 Rn 36 mwN) – die schuldhafte Verletzung der im Verkehr erforderlichen Sorgfalt und die Ursächlichkeit dieser Sorgfaltspflichtverletzung für den Schaden vermutet. Diese Vermutung kann von dem Tierhalter durch den Nachweis widerlegt werden, daß er die im Verkehr erforderliche Sorgfalt bei der Beaufsichtigung des Tieres beobachtet habe oder der Schaden auch bei Anwendung dieser Sorgfalt entstanden sein würde (vgl dazu RG JW 1914, 36; BGH VersR 1955, 38 f).

Die ursprünglich auch für Nutztiere geltende Gefährdungshaftung nach § 833 S 1 **6** belastete in den Jahren nach Inkrafttreten des BGB in besonderem Maße die mittleren und kleineren landwirtschaftlichen und gewerblichen Betriebe, die weitgehend auf die Haltung von Nutztieren angewiesen waren (BGB-RGRK/Kreft Rn 5). Diese Härten gaben den Anstoß zur Ergänzung und damit Abschwächung der Norm durch den jetzigen Satz 2 (vgl dazu RGZ 79, 246, 249 f). Die Einschränkung der Gefährdungshaftung scheint heute nicht mehr unbedingt geboten. Selbst in kleineren gewerblichen Betrieben spielt die Tierhaltung kaum noch eine Rolle, und in der Landwirtschaft ist die früher unumgänglich notwendige Haltung von Zugtieren durch die Technisierung weit zurückgedrängt (BGB-RGRK/Kreft Rn 6). Auch sind die mit der Nutztierhaltung – nicht anders als die mit der Luxustierhaltung – verbundenen Risiken in zumutbarer Weise versicherbar (vgl dazu auch vCaemmerer, Reform der Gefährdungshaftung, Schriftenreihe der Juristischen Gesellschaft e.V. Berlin, Heft 42 [1971] 20 f; AK-BGB/Kohl Rn 1; MünchKomm/Mertens Rn 4).

III. Tier

Die Frage, ob das, worauf der Schaden möglicherweise zurückzuführen ist, ein Tier **7** darstellt, bereitet in aller Regel keine Schwierigkeiten. Problematisch ist der Tierbegriff lediglich im Hinblick auf Mikroorganismen (Bakterien, Viren).

1. Überblick über den Streitstand

Die Rechtsprechung hat bisher noch nicht dazu Stellung genommen, ob von Mikro- **8** organismen verursachte Schäden von § 833 erfaßt werden. Allerdings hat der BGH in einer Entscheidung, in der es um die Infektion einer Studentin mit „leptospira bratislava" (eine Bakterienart) aus dem Labor der Tierärztlichen Hochschule ging (BGH NJW 1989, 2947, 2948), lediglich §§ 823 Abs 1, 831, nicht aber § 833 angesprochen.

In der Literatur ist bereits unmittelbar nach Inkrafttreten des BGB eine lebhafte **9** Debatte zu dieser Frage entstanden, allerdings weitgehend beschränkt auf Bazillen (eine Grundform der Bakterien). Nach den ersten Jahrzehnten dieses Jahrhunderts ist diese Diskussion erloschen und wurde Mitte der siebziger Jahre erneut belebt (durch den Beitrag von Deutsch NJW 1976, 1137). Damals wie heute waren und sind sowohl die eine Anwendbarkeit des § 833 auf Mikroorganismen befürwortende Auffassung (ältere Literatur: KUHLENBECK, Das Bürgerliche Gesetzbuch für das Deutsche Reich nebst dem Einführungsgesetze, Bd I [1903] Anm 3; ISRAEL JW 1902, 238 Fn 1; KRETSCHMAR JherJb 67, 233, 239 f; weitere Nachweise auf die ältere Literatur bei STAUDINGER/ENGELMANN[9] Anm 4a; neuere Literatur: DEUTSCH NJW 1976, 1137, 1138; ders NJW 1990, 751 f; ders JuS 1987, 673, 674; ABELTSHAUSER JuS 1991, 366, 367 [im Hinblick auf Bakterien]; AK-BGB/KOHL Rn 2; MEDICUS, Schuldrecht BT 402; MünchKomm/MERTENS Rn 10; ERMAN/SCHIEMANN Rn 2; SIEGFRIED 50 [analoge Anwendung]; JAUERNIG/TEICHMANN Anm 2a [im Hinblick auf Kleinstlebewesen, anders bei Viren]; wohl auch HESS, Die Bestimmung des Ersatzpflichtigen in der Gefährdungshaftung [1978] 122 Fn 175) als auch die eine solche Anwendbarkeit verneinende Auffassung (ältere Literatur: ENNECCERUS/LEHMANN 1016 f; STAUDINGER/ENGELMANN[9] Anm 4a mwN; STIERLE 29; neuere Literatur: ABELTSHAUSER JuS 1991, 366, 367 [im Hinblick auf Viren]; LARENZ/CANARIS, Schuldrecht II/2 § 84 II 1 a; LORENZ 166; BGB-RGRK/KREFT Rn 9; PALANDT/THOMAS Rn 5; wohl auch SOERGEL/ZEUNER Rn 2) verbreitet. Dabei finden sich für das jeweilige Ergebnis unterschiedliche Begründungen. Für die Anwendbarkeit wird die nur unvollkommen kontrollierbare besondere Gefährlichkeit von Mikroorganismen geltend gemacht; die Gefährdung durch pathogene Mikroorganismen sei von derjenigen durch Makroorganismen strukturell nicht zu unterscheiden (DEUTSCH NJW 1976, 1137, 1138; MünchKomm/MERTENS Rn 10; ERMAN/SCHIEMANN Rn 2; SIEGFRIED 50, 147). Gegen die Anwendbarkeit des § 833 wird angeführt, Mikroorganismen seien keine Tiere, sondern Pflanzen (STIERLE 29; vgl auch PALANDT/THOMAS Rn 5). Andere Autoren stellen auf den Normzweck des § 833 S 1 ab, dh auf die Gefahrenquelle, vor welcher die Vorschrift schützen wolle: Sie wird zum Teil im aktiven Tierverhalten gesehen, so daß als Tiere nur Lebewesen in Betracht kommen sollen, die durch ihre Tätigkeit auf die Außenwelt einzuwirken befähigt und insbesondere mit Sinnesorganen und Nervensystem ausgestattet seien (BGB-RGRK/KREFT Rn 8 f). Eine andere Stimme stellt darauf ab, daß Mikro- und Makroorganismen in völlig verschiedener Weise verletzungsträchtig seien, Tiere durch ihren Körper und dessen Bewegungs- und Massewirkung auf andere Körper, Mikroorganismen durch ihre Toxizität und Vermehrungsfähigkeit innerhalb eines anderen Organismus; bei Mikroorganismen gehe die Gefahr nicht vom einzelnen Exemplar aus, sondern von ihrem massenhaften Auftreten, während die Halterhaftung immer auf das individuelle Tier abstelle (LORENZ 166; vgl auch LARENZ/CANARIS, Schuldrecht II/2 § 84 II 1 a). Schließlich wird die Anwendbarkeit des § 833 auf Mikroorganismen auch deshalb verneint, weil das Bundesseuchengesetz für Mikroorganismen eine abschließende Regelung enthalte und diese gerade auf eine zivilrechtliche Gefährdungshaftung verzichte (STAUDINGER/SCHÄFER[12] Rn 11; SOERGEL/ZEUNER Rn 2; ähnlich LARENZ/CANARIS, Schuldrecht II/2 § 84 II 1 a; gegen diese Argumentation zu Recht SIEGFRIED 22 ff).

2. Die funktionelle Auslegung

10 Die Auslegung des Tierbegriffs ist – so wie sie von den verschiedenen Ansichten vorgenommen wird, die zu unterschiedlichen Ergebnissen hinsichtlich der Anwendbarkeit des § 833 auf Mikroorganismen kommen – keine reine Wortlautauslegung: Diese Ansichten orientieren sich bei der Auslegung des Tierbegriffs an der Tiergefahr, so daß die Wortlautauslegung in eine Auslegung nach Sinn und Zweck des Gesetzes übergeht. Das ist methodisch grundsätzlich nicht zu beanstanden, führt aber hier zu Schwierigkeiten.

Dabei steht die generelle Gefährlichkeit von Mikroorganismen außer Frage: Sie können – insbesondere durch die Ausscheidung von hochgiftigen Stoffen (Toxinen) – bei Mensch, Tier und Pflanze schwerwiegende Infektionen auslösen und Krankheiten verursachen (Siegfried 147 mwN auf das naturwissenschaftliche Schrifttum). Die daraus beim Entweichen von Mikroorganismen resultierende Gefahr wird durch weitere besondere Eigenschaften noch verstärkt: Mikroorganismen vermehren sich außerordentlich schnell, sie haben eine weite Verbreitung und eine große Anpassungsfähigkeit an die Umweltbedingungen (Siegfried 147 mwN auf das naturwissenschaftliche Schrifttum); außerdem sind sie nicht sichtbar, was den Schutz vor ihnen erschwert.

Die Überlegung, ob Mikroorganismen in gleicher Weise gefährlich sind wie (sonstige) Tiere oder nicht, ist allerdings müßig. Über die schlichte Feststellung hinaus, daß Tiere gefährlich sind, läßt sich eine allgemeine Tiergefahr nicht definieren. Jede Tierart ist vielmehr auf ihre ganz besondere Art gefährlich, Hunde ua, indem sie beißen, Pferde ua, indem sie ihren Reiter abwerfen, Bienen ua, indem sie stechen (vgl auch Deutsch NJW 1978, 1998, 2000, der bei der Definition der Tiergefahr gerade auf die Gefährlichkeit jeweils der einzelnen Tierart abstellt). Insofern gibt es etwa eine spezifische Hunde-, Pferde- und Bienengefahr und ebenso eine besondere Mikroorganismusgefahr (bzw eine besondere Bakterien- und Virengefahr). Sind Mikroorganismen Tiere, dann ist die Mikroorganismusgefahr eine weitere Tiergefahr, sind sie es nicht, dann ist die Mikroorganismusgefahr keine Tiergefahr. Untereinander lassen sich die einzelnen Tiergefahren im Hinblick auf das Ausmaß des zu erwartenden Schadens und die Wahrscheinlichkeit des Schadenseintritts vergleichen. Auch mag die Art der Schadensverursachung bei manchen Tieren ähnlich sein. Ein generelles Schadensbild für Tiere an sich läßt sich jedoch nicht herausbilden.

Die von allen Tieren ausgehende Gefahr beruht letztlich darauf, daß Tiere – im Gegensatz zu leblosen Sachen – als lebende, bewegliche Organismen eine eigene Kraftquelle darstellen (so Rn 4). Das Merkmal der eigenen Kraftquelle unterscheidet allerdings nicht nur die Tiere von leblosen Sachen. Auch Pflanzen sind Lebewesen und entfalten als solche aus sich selbst heraus Kraft, vor allem durch ihr Wachstum: Die Wurzeln von Bäumen sprengen im Laufe der Zeit den Asphalt einer Straße; Blütenpollen einer Pappel verunreinigen ein unter dem Baum geparktes Fahrzeug (vergleichbar dem Tierschaden durch Ausscheidungen – etwa Wachs – von Bienen, vgl RGZ 141, 406 [Verunreinigung von Tierhäuten durch Ausscheidungen von Bienen]; dazu näher u Rn 32, 62); wucherndes Unkraut „erstickt" Nutzpflanzen; eine Kokospalme tötet durch eine herabfallende Nuß einen Menschen; eine Venusfliegenfalle (Dionaea muscipula) klappt zusammen und fängt (und verdaut anschließend) ein Insekt, das sich auf sie gesetzt hat. Sicher erfolgen derartige Bewegungen von Pflanzen bei weitem langsamer als die von Tieren im allgemeinen und sind daher in der Regel noch rechtzeitig erkennbar, was Pflanzen – im Unterschied zu Tieren – nicht als besonders gefährlich erscheinen läßt. Allerdings ist innerhalb des § 833 S 1 nicht zwischen langsamen und schnellen Tieren zu unterscheiden. Für einen durch Schnecken oder eine Schildkröte verursachten Schaden kann die Tierhalterhaftung genauso eintreten wie für einen durch einen Tiger verursachten. Bei der Auslegung des § 833 S 1 ist daher zu beachten, daß die für die ratio der Norm entscheidende Tiergefahr auf einem Moment – der eigenen Kraftquelle – beruht, die zwar allen Tieren, aber eben nicht nur Tieren zu eigen ist. Daher läßt sich unter den Tierbegriff – im Rahmen einer Auslegung nach Sinn und Zweck der Norm – nicht alles fassen, was eine eigene Kraftquelle besitzt – wie etwa Mikroorganismen.

13 Die Feststellung, Mikroorganismen seien in einer (sonstigen) Tieren vergleichbaren Schwere gefährlich, genügt aus einem weiteren Grund nicht, um sie unter die Tierhalterhaftung zu fassen, etwa im Wege einer funktionellen Auslegung des Tierbegriffs. Eine solche Auslegung würde sich nicht von einer analogen Anwendung des § 833 auf Mikroorganismen unterscheiden (vgl ABELTSHAUSER JuS 1991, 366, 367). Aufgrund der geschichtlichen Entwicklung von Gefährdungshaftungstatbeständen im deutschen Privatrecht ist jedoch bei der Gefährdungshaftung allgemein eine Analogie problematisch. Die Gefährdungshaftungstatbestände wurden nur ad hoc im Rahmen der technisch industriellen Entwicklung als sonderrechtliche Regelungen neben die nach wie vor vorherrschende Verschuldenshaftung nach § 823 Abs 1 gestellt (BRÜGGEMEIER, Deliktsrecht [1986] 49; vgl auch KÖTZ AcP 170 [1970] 1, 14 f; ders, Gefährdungshaftung, in: BMJ, Gutachten und Vorschläge zur Überarbeitung des Schuldrechts II [1981] 1779, 1785 ff; ders, Deliktsrecht [7. Auflage 1996] 134 ff). Es gilt daher der Satz „singularia non sunt extendenda" (ABELTSHAUSER JuS 1991, 366; aA SIEGFRIED 33 ff; kritisch auch BAUER, in: FS Ballerstedt [1975] 305, 310). Die höchstrichterliche Rechtsprechung und weite Teile der Literatur haben daher eine Analogie in der Vergangenheit nicht zugelassen: Gerade der „Ausnahmecharakter" beispielsweise der Eisenbahn- oder Kraftfahrzeughaftpflicht führe dazu, daß solche Gesetze nicht auf einen vollkommen anderen Tatbestand wie etwa den der Luftschiffahrt ausdehnbar seien (RGZ 78, 171, 172; vgl auch RGZ 116, 286, 287; 147, 353, 355 f; RG JW 1927, 184; BGH NJW 1960, 1345, 1346).

3. Die übrigen Auslegungsarten, insbes die Auslegung nach dem Wortlaut

14 Es kommt somit auf die sonstigen Auslegungsarten an. Dabei gibt die Systematik des Gesetzes nichts her. Auch die historische Interpretation ist wenig ergiebig. In den Materialien findet sich kein Hinweis auf Mikroorganismen. Auf dieser Grundlage läßt sich lediglich eine Vermutung dahingehend aufstellen, daß Mikroorganismen nicht unter die Tiergattungen fallen, die der Gesetzgeber des BGB von 1900 im Auge hatte. Daß sich § 833 nicht auf Mikroorganismen erstrecken sollte, kann daraus aber nicht gefolgert werden.

15 Demzufolge rückt bei der Bestimmung des Tierbegriffs die Auslegung nach dem Wortlaut in den Vordergrund. Bei der Bezeichnung Mikroorganismen handelt es sich um einen Oberbegriff für sehr unterschiedliche Phänomene. So stellen Viren lediglich Eiweißbausteine dar. Gelangt der Virus in einen lebenden Körper, sucht er sich eine Zelle, deren Oberfläche eine seiner eigenen Form entsprechende „Einbuchtung" aufweist. Er öffnet dann schlüsselartig die Zellwand und gelangt auf diese Weise in das Innere der Zelle selbst, wo er auf die Zellkernsubstanz verändernd einwirkt (vgl ABELTSHAUSER JuS 1991, 366, 367). Bakterien sind demgegenüber vielzellige Wesen, die als solche auch alle notwendigen Erbsubstanzen in sich tragen und selbständig lebens- und fortpflanzungsfähig sind (vgl ABELTSHAUSER JuS 1991, 366, 367 mwN auf das naturwissenschaftliche Schrifttum). Bazillen bilden eine Grundform der Bakterien.

16 Infolge neuerer naturwissenschaftlicher Erkenntnisse über derartige Kleinstlebewesen (zu der Frage, inwieweit Viren überhaupt Leben darstellen, vgl ABELTSHAUSER JuS 1991, 366,

367 Fn 14 mwN auf das naturwissenschaftliche Schrifttum) ist in der Biologie eine tiefgreifende Systemumstellung erfolgt. Es wird heute nicht mehr nur zwischen Pflanzen und Tieren unterschieden, vielmehr hat sich als dritter, eigenständiger Sonderbereich derjenige der Mikroorganismen herausgebildet. Danach stellen Mikroorganismen also keine Tiere dar (demzufolge gelangt etwa SIEGFRIED 31 ff zu dem Ergebis, auf Mikroorganismen sei § 833 nicht direkt anwendbar).

Allerdings ist bei der Auslegung nach dem Wortlaut einer Norm nicht eine naturwissenschaftliche Betrachtungsweise (so aber LITTEN 17 f; PLANCK/PLANCK³ Anm 2a; SIEGFRIED 27 f), sondern der Wortsinn im allgemeinen Sprachgebrauch maßgebend (vgl LARENZ, Methodenlehre der Rechtswissenschaft [6. Aufl 1991] 320). Der Gesetzgeber bedient sich der allgemeinen Sprache, weil und soweit er sich an den Bürger wendet und wünscht, von ihm verstanden zu werden (LARENZ 320. − SIEGFRIED 28 und LITTEN 17 f machen demgegenüber geltend, daß der allgemeine Sprachgebrauch erfahrungsgemäß der naturwissenschaftlichen Erkenntnis nachhinke. Das rechtfertigt es aber gerade nicht, die Begriffe [jetzt schon] im [richtigen] naturwissenschaftlichen Sinne zu verstehen.). Die Vorschrift des § 833 richtet sich an die Bürger im allgemeinen, nicht nur an die Naturwissenschaftler. **17**

Nach allgemeinem Sprachgebrauch ist ein Tier ein „mit Sinnes- und Atmungsorganen ausgestattetes, sich von anderen tierischen oder pflanzlichen Organismen ernährendes, in der Regel frei bewegliches Lebewesen, das nicht mit der Fähigkeit zu logischem Denken und zum Sprechen befähigt ist" (so die Definition nach DUDEN, Deutsches Universalwörterbuch [1983] Stichwort „Tier") bzw ein „einzelliges oder aus Zellen ohne feste Zellmembran aufgebautes Lebewesen (außer dem Menschen), das sich von organischen Stoffen ernährt und die Fähigkeit besitzt, sich zu bewegen und auf Reize zu reagieren" (so die Definition nach BROCKHAUS/WAHRIG, Deutsches Wörterbuch [1984] des allerdings als zoologischer Fachterminus gekennzeichneten Begriffs Tier). Danach sind Viren, die ua nicht über Atmungsorgane verfügen und nicht aus Zellen aufgebaut sind, keine Tiere. Zwar schließen die Definitionen der Wörterbücher, die im übrigen noch auf der alten Zweiteilung zwischen Tieren und Pflanzen beruhen (vgl DUDEN und BROCKHAUS/WAHRIG jeweils Stichwort „Lebewesen", „Organismus", „Mikroorganismus"), die Zugehörigkeit der Viren – kleinste Partikel, die nur auf lebendem Gewebe gedeihen (vgl DUDEN, Stichwort „Virus"; BROCKHAUS/WAHRIG, Stichwort „Virus") – zum Tierreich nicht ausdrücklich aus. Doch ist aufgrund der in den letzten Jahren stattgefundenen Aufklärung der Bevölkerung über die Funktionsweise des Aids-Virus davon auszugehen, daß Viren nicht als Tiere angesehen werden. Bakterien werden nach allgemeinem Sprachgebrauch den Pflanzen zugeordnet (vgl BROCKHAUS/WAHRIG, Stichwort „Bakterie"; nicht so eindeutig die Definition nach DUDEN, Stichwort „Bakterie"; demgegenüber definiert ABELTSHAUSER JuS 1991, 366, 367 Bakterien als Tiere, schließt dabei aber offenbar von der Qualität als Lebewesen auf die Zughörigkeit zum Tierreich und übersieht, daß Lebewesen auch Pflanzen sein können). **18**

Daraus folgt, daß Mikroorganismen nicht von § 833 erfaßt werden.

IV. Schaden, Kausalität, Rechtswidrigkeit

1. Schaden

Als ersatzfähige Schäden zählt Satz 1 diejenigen auf, die aus der Tötung, Körper- **19** oder Gesundheitsverletzung von Menschen oder aus einer Sachbeschädigung folgen. Diese Aufzählung ist abschließend. Sie kann nicht um sonstige – etwa im Rahmen des § 823 Abs 1 geschützte – Rechtsgüter ergänzt werden (ERMAN/SCHIEMANN Rn 3; aA MünchKomm/MERTENS Rn 2, 11 zum Recht am eingerichteten und ausgeübten Gewerbebetrieb).

20 Für den Schadensersatz wegen Tötung und Körper- oder Gesundheitsverletzung gelten die §§ 842–847. Demnach ist durch Zahlung von Schmerzensgeld auch der Nichtvermögensschaden zu ersetzen (BGH LM Nr 10 = NJW 1977, 2158, 2159 = VersR 1977, 864, 866; BGH VersR 1982, 348, 349; OLG Stuttgart VersR 1978, 1123, 1124; BORNHÖVD JR 1978, 50, 54; DEUTSCH JuS 1987, 673, 679; BGB-RGRK/KREFT Rn 35; MünchKomm/MERTENS Rn 12; aA LARENZ/CANARIS, Schuldrecht II/2 § 84 II 1 f; kritisch auch OLG Zweibrücken NJW 1971, 2077 f). Unter der Beschädigung einer Sache ist ebenso wie bei der Verletzung des Eigentums in § 823 Abs 1 auch die Entziehung (Verschleppung durch ein Tier; BGB-RGRK/ KREFT Rn 35; MünchKomm/MERTENS Rn 11) sowie die Beeinträchtigung des Nutz- und Gebrauchswerts einer Sache (z.B. das ungewollte Decken eines weiblichen Tieres oder das Decken eines Rassetieres durch ein Tier anderer Rasse: BGHZ 67, 129, 134 = NJW 1976, 2130, 2131; OLG Karlsruhe VersR 1969, 808, 809; OLG Köln VersR 1972, 177, 178 = JZ 1972, 408, 409 m zust Anm STÖTTER; OLG Nürnberg VersR 1970, 1059, 1060; BGB-RGRK/KREFT Rn 35) zu verstehen. Bei Sachbeschädigungen gelten für den Umfang des Schadensersatzanspruchs §§ 249 ff.

2. Kausalität

21 Für die Haftung aus § 833 S 1 ist weiter Voraussetzung, daß das Tier adäquat kausal für den Schaden ist. Insofern gelten die allgemeinen Regeln (vgl BGH NJW 1975, 867, 868; OLG Celle VersR 1980, 430, 431; ERMAN/SCHIEMANN Rn 5; BGB-RGRK/KREFT Rn 28; kritisch hinsichtlich der Adäquanz DEUTSCH JuS 1987, 673, 674).

22 Wie auch sonst mittelbare wie unmittelbare Kausalität für eine Schadensverursachung ausreichen, ist es bei der Tierhalterhaftung nicht erforderlich, daß das Tier – etwa durch Beißen, Stechen – den Schaden unmittelbar herbeigeführt hat. Es genügt vielmehr auch ein mittelbarer Zusammenhang, eine mittelbare Mitverursachung (RGZ 50, 219, 221 f; JW 1911, 982; 1914, 471, 472; OLG Nürnberg VersR 1967, 361; NJW 1965, 694, 695; OLG Hamm VersR 1981, 85; MünchKomm/MERTENS Rn 17; ERMAN/SCHIEMANN Rn 5; PALANDT/THOMAS Rn 8). So ist § 833 S 1 anwendbar, wenn ein Briefträger vor einem Schäferhund, der zähnefletschend auf ihn zukommt, die Flucht ergreift und sich dabei verletzt (OLG Schleswig VersR 1988, 700), wenn sich Kühe auf der Straße befinden, ein Motorradfahrer deshalb bremsen muß, auf die Straße stürzt und von einem nachfolgenden LKW getötet wird (BGH VersR 1957, 167), wenn ein Hund ein Reh aufstöbert, das bei seiner Flucht einen Verkehrsunfall verursacht (OLG Nürnberg VersR 1959, 573 f), wenn ein Hund eine Schafherde in Panik versetzt, die auf eine Eisenbahnstrecke getrieben wird und mit einem S-Bahn-Zug kollidiert (OLG München VersR 1984, 1095, 1096) oder wenn ein kleiner Hund angesichts eines größeren ängstlich zurückweicht und dadurch eine ältere Dame zu Fall bringt, die ihn an der kurzen Leine führt (LG Hamburg VersR 1993, 1496, 1497).

23 Ebenso greift die Tierhalterhaftung – entsprechend den Grundsätzen zu den sog Verfolgungs- oder Herausforderungsfällen – ein, wenn sich ein Mensch durch die von

dem Tier herbeigeführte Gefahr zu helfendem Eingreifen veranlaßt sieht, so wenn er ein außer Kontrolle geratenes Tier – etwa ein durchgehendes Pferdegespann – zwecks Abwendung der Gefahr zu bändigen (RGZ 50, 119, 223; aA BEMMANN VersR 1958, 583 f), ein in sein Grundstück eingedrungenes Tier zu vertreiben (OLG Hamm VersR 1982, 860 betr in den Hausgarten eingedrungene Pferde) oder zwei ineinander verbissene Tiere zu trennen versucht (OLG Celle VersR 1981, 1057, 1058 m Anm SCHULZE) und dabei verletzt wird oder sonstige Schäden herbeiführt. Bei unsinnigem und leichtfertigem Einschreiten kann die Adäquanz zu verneinen sein. UU ist nur der Umfang der Haftung wegen Mitverschuldens des Verletzten gem § 254 eingeschränkt (vgl OLG Celle VersR 1981, 1057, 1058; OLG Hamm VersR 1982, 860).

Bei menschlichen Schreckreaktionen ist in Anwendung der allgemeinen Regeln **24** danach zu unterscheiden, ob es sich um eine ganz ungewöhnliche Reaktion handelt oder nicht. Dabei bildet die Bevölkerungsgruppe den Maßstab, der der Verletzte angehört. Bei kleinen Kindern, kranken oder sehr alten Menschen kann bereits das Anbellen durch einen Hund adäquat kausal für eine zum Schaden führende Schreckreaktion sein. Es kommt dabei nicht darauf an, ob von dem Tier eine Gefahr (des Beißens, Umwerfens) objektiv zu befürchten war und ob es sich um einen bissigen oder gutmütigen Hund handelte. Daher ist die Tierhalterhaftung zu bejahen, wenn eine alte Dame aus Furcht vor dem möglichen Biß eines bellend anlaufenden großen Hundes wegläuft und dabei stürzt (vgl auch RG JW 1906, 350, 351; OLG Stuttgart Recht 1918 Nr 1532), wenn sie eine Kaufhaustreppe hinaufgeht und erschrickt und stürzt, weil sich ein mit langer Leine auf dem Treppenabsatz angebundener Hund auf sie zubewegt (OLG Hamm VersR 1981, 85) oder wenn sie aus Angst vor einem großen Hund, der schwanzwedelnd auf sie zukommt, zurücktritt und stürzt (OLG Nürnberg NJW-RR 1991, 741). Außerhalb solcher, für die jeweilige Bevölkerungsgruppe nicht ganz ungewöhnlichen Reaktionen ist die Adäquanz zu verneinen. Das gilt etwa, wenn eine besonders furchtsame oder ungewöhnlich nervenschwache Person schon durch das Anbellen oder Anspringen eines offenbar nicht zu fürchtenden kleinen Hundes erschrickt und (bei Fluchtbewegungen usw) zu Boden stürzt und sich verletzt (vgl RG JW 1908, 41, 42).

Die Adäquanz fehlt beispielsweise auch, wenn sich jemand angesichts einer Rauferei seines Hundes mit einem anderen Hund so sehr aufregt, daß er einen Herzinfarkt erleidet (OLG Karlsruhe VersR 1993, 614, 615).

3. Rechtswidrigkeit

§ 833 S 1 ist ein Unterfall der unerlaubten Handlung. Die Norm ist deshalb unan- **25** wendbar, wenn die Einwirkung nicht rechtswidrig ist, zB wegen einer Duldungspflicht nach § 906 (BGHZ 117, 110, 111 f: Blütenbestäubung durch Bienen des Nachbarn; GEIGEL/SCHLEGELMILCH 18. Kap Rn 1; PALANDT/THOMAS Rn 1; WUSSOW/KUNTZ Rn 564; mit anderer Begründung LARENZ/CANARIS, Schuldrecht II/2 § 84 II 1 d).

V. Tiergefahr

1. Die Tiergefahr als Tatbestandsmerkmal

Der Wortlaut des § 833 S 1 („durch ein Tier") deutet darauf hin, daß die Norm alle **26** unter kausaler Beteiligung eines Tieres verursachten Schäden erfaßt. Eine derartige reine Verursachungshaftung ist von der Norm jedoch nicht bezweckt. Grund für die Einführung der Haftung waren die mit der Tierhaltung verbundenen außergewöhnlichen Gefahren (vgl Prot II 2867; D II 99). Die Auslegung der Norm hat sich hieran zu orientieren. Dementsprechend versteht die ganz hM § 833 S 1 als Gefährdungshaftung: Der Tierhalter muß für alle von dem Tier verursachten Schäden einstehen, die sich als Konkretisierung der Tiergefahr darstellen (RGZ 80, 237, 238 f; BGHZ 67, 129, 130 = NJW 1976, 2130; BGB-RGRK/KREFT Rn 2; grundlegend STIERLE 46 f, 57 f; TRAEGER, Der Kausalbegriff im Straf- und Zivilrecht – Zugleich ein Beitrag zur Auslegung des BGB [1904] 316 f; LITTEN 74 f, 79 f unter Anknüpfung an RÜMELIN, Die Gründe der Schadenszurechnung und die Stellung des deutschen bürgerlichen Gesetzbuchs zur objektiven Schadensersatzpflicht [1896] 45 f; ders, Der Zufall im Recht [1896] 41 f). Vereinzelte Stimmen in der Literatur lehnen es dagegen ab, den Tatbestand des § 833 S 1 um das Merkmal der Tiergefahr zu ergänzen (HAASE JR 1973, 10, 13; E WOLF, Schuldrecht BT 673). Auch sie befürworten allerdings eine Begrenzung des Anwendungsbereichs der Norm, indem Schäden durch Tiere unter menschlicher Leitung sowie Schäden, die das Tier nicht „durch seine Reaktion" verursacht hat, nicht erfaßt sein sollen (so HAASE JR 1973, 10, 11, 13), bzw eine „Tätigkeit des Tieres entsprechend seiner Natur" vorliegen müsse (so E WOLF, Schuldrecht BT 669, 671). Diese Ansichten ersetzen somit das Merkmal der Tiergefahr lediglich durch andere Formulierungen, legen dieses Merkmal an sich nur anders aus als die hM und sind daher letztlich allein als Kritik an dem (älteren!) Verständnis der Rechtsprechung von der Tiergefahr zu verstehen (in diesem Sinne auch SIEGFRIED 53, 56 f).

Zur Frage der Beweislastverteilung hinsichtlich des Merkmals „Tiergefahr" vgl BAUMGÄRTEL VersR 1983, Karlsruher Forum 85 f.

2. Die ältere Auslegung des Merkmals Tiergefahr durch die Rechtsprechung: willkürliches Tierverhalten

27 Für das RG bestand die Tiergefahr „in dem gefährlichen Ausbruche der tierischen Natur, in der von keinem vernünftigen Wollen geleiteten Entfaltung der tierischen organischen Kraft, in der selbständigen Entwicklung einer nach Wirkung und Richtung unberechenbaren tierischen Energie", so daß der Schaden „durch ein der tierischen Natur entspringendes, selbsttätiges willkürliches Verhalten des Tieres verursacht" worden sein müsse (RGZ 80, 237, 238 f; ähnlich RGZ 54, 73, 74; 60, 65, 68 f; 65, 103, 106; 141, 406, 407). Dieses Verständnis der Tiergefahr wurde vom BGH (BGH VersR 1959, 853, 854; 1966, 1073, 1074; NJW 1971, 509 = VersR 1971, 320; NJW 1975, 867, 868 = VersR 1975, 522), den Instanzgerichten (zB OLG Nürnberg VersR 1959, 573; 1963, 759; 1970, 1059, 1060; OLG Oldenburg VersR 1963, 444; OLG Hamburg VersR 1964, 1273, 1274; OLG Düsseldorf VersR 1975, 1122, 1123) und überwiegend auch von der Literatur übernommen (zum Grund für die ursprünglich restriktive Auslegung des Begriffs Tiergefahr vgl SIEGFRIED 72 f).

28 Eine Verwirklichung der Tiergefahr wurde anhand dieses Kriteriums des willkürlichen, dh von keinem vernünftigen Wollen geleiteten Verhaltens beispielsweise angenommen bei Scheuen (RGZ 60, 65, 68 f), Durchgehen (RGZ 50, 219, 221; 54, 73, 74 f; RG WarnR 1911 Nr 328) und Ausschlagen (RGZ 61, 316, 317 f; RG WarnR 1932 Nr 149; BGH VersR 1955, 38) von Pferden, bei Anspringen (gegen andere Tiere und Menschen) und Beißen von Hunden (OLG Stuttgart VersR 1978, 1123, 1124), bei Ausbrechen von Tieren aus einer Umzäunung auf eine Straße (BGH LM Nr 3 = VersR 1956, 127, 128: Der tierischen

Natur entspreche es, auf den Straßenverkehr nicht Rücksicht zu nehmen und sich unbekümmert um den Verkehr auf der Straßenfläche zu bewegen; OLG Nürnberg VersR 1966, 42; OLG Frankfurt NJW 1876, 573, 574; im Ergebnis ebenso BGH VersR 1957, 167) und in ähnlichen Fällen (vgl beispielsweise BGH VersR 1966, 1073, 1074 [Pferd bockt vor einem Hindernis, galoppiert weiter und springt zu früh los]; BGH NJW 1975, 867, 868 [festgebundenes Kalb zerrt an seinem Strick]). Ein willkürliches Verhalten des Tieres wurde nicht dadurch ausgeschlossen, daß dieses durch einen äußeren Anreiz zu einem besonderen Verhalten, insbesondere zu jähen gewaltsamen Bewegungen veranlaßt wurde (vgl die Beispiele mit Nachweisen bei BGB-RGRK/KREFT Rn 13).

Demgegenüber führte dieses Verständnis der Tiergefahr in verschiedenen Fallgruppen dazu, daß ein Anspruch aus § 833 S 1 abgelehnt wurde:

Ein willkürliches Tierverhalten wurde verneint, wenn das Tier nur als **mechanisches** **Werkzeug** gewirkt und es an einem selbsttätigen Verhalten des Tieres selbst gefehlt hatte. Das sollte beispielsweise der Fall sein, wenn ein Mensch einem anderen ein Tier ins Gesicht schleudert, so daß der andere durch den Anprall umfällt oder daß er durch den Anprall an die Krallen usw Verletzungen im Gesicht davonträgt (vgl BGH VersR 1978, 515 [zum neuen Begriff der Tiergefahr]; vgl auch BGH NJW 1976, 2130); wenn ein Mensch im Sturz auf ein Pferd aufprallt, so daß es die Stellung seiner Beine zwangsläufig verändern muß und dabei den Menschen verletzt; oder wenn ein Tier durch ein anderes Tier (für das dessen Halter einstehen muß) mit Gewalt fortgedrängt wird (vgl auch RGZ 61, 316, 318 f). 29

Ein willkürliches Verhalten wurde auch dann verneint, wenn auf den Körper oder auf die Sinne des Tieres ein äußeres Ereignis (vgl OLG Oldenburg VersR 1963, 444) mit übermäßiger Gewalt derart eingewirkt hatte, daß ihm gar keine Freiheit gelassen wurde, sich anders zu verhalten, das Tier also unter einem unwiderstehlichen **physiologischen Zwang** gehandelt hatte (RGZ 54, 73, 74 f: Pferd scheut, als von einem vorbeifahrenden Wagen ein Koffer herabfällt; 69, 399, 400 f: Verletzung durch einen zum Zwecke der Verschneidung niedergeworfenen Hengst; OLG München VersR 1978, 334: bei einem Hund in Vollnarkose werden durch Schmerzen oder einen äußeren Reiz nicht durch das Bewußtsein gesteuerte Muskelkontraktionen ausgelöst, wodurch die Tierärztin verletzt wird; LG Hechingen VersR 1958, 733: durch einen Bolzenschuß verletzter, aber nicht getöteter Hund beißt den mit der Tötung befaßten Tierarzt; vgl auch BGH NJW 1975, 867, 868). 30

Kein selbständiges, willkürliches, sondern ein unselbständiges Verhalten des Tieres sollte vorliegen, wenn das Tier – beispielsweise ein vom Reiter oder Kutscher gelenktes Pferd – dem Willen und der **Leitung des Menschen** gefolgt war (vgl RGZ 50, 180, 181; BGH NJW 1952, 1329; VersR 1966, 1073, 1074; OLG Hamburg VersR 1964, 1273, 1274 [Gang mit einem Blindenhund]; OLG München OLGRspr 28, 295 [Hetzen eines Hundes auf andere Menschen]). 31

Kein willkürliches, sondern ein **natürliches Verhalten** sollte vorliegen, wenn das Tier sich lediglich seiner natürlichen Veranlagung entsprechend verhalten hatte. Ein natürliches Verhalten wurde bejaht bei Krankheitsübertragungen bei Tieren durch Beschnüffeln (RGZ 80, 237, 240), bei tierischen Ausscheidungen (RGZ 141, 406, 407: Verunreinigung von Tierhäuten durch Ausscheidungen von Bienen; LG Köln MDR 1960, 924: durch Kuhdung verursachter Verkehrsunfall), beim Deckakt (OLG Düsseldorf VersR 1956, 226, 227 m 32 zust Anm Voss; OLG Karlsruhe VersR 1969, 808, 809; OLG Nürnberg VersR 1970, 1059, 1060; vgl auch LG Stade VersR 1958, 812, 813; s aber auch OLG Oldenburg VersR 1963, 444; NJW 1976, 573 mit kritischer Anm Radloff NJW 1976, 1270) und in anderen Fällen (vgl etwa OLG Oldenburg VersR 1976, 644: Verstopfung des Abflusses eines Forellenteiches durch von Enten ausgerupfte Gräser und Federn).

33 Gegen ein solches Verständnis von der Tiergefahr ist einzuwenden, daß nach den Erkenntnissen der Tierverhaltensforschung die Reaktion des Tieres gerade nicht – der Freiheit der Willensbildung wie beim Menschen entsprechend – „willkürlich", sondern als im tierischen Organismus angelegte Reaktion auf einen auslösenden Reiz angelegt, eher zwangsläufig ist (vgl BGHZ 67, 129, 133 = NJW 1976, 2130, 2131 mNw; BGH VersR 1976, 1175, 1176; OLG Köln VersR 1972, 177, 178 = JZ 1972, 408 m zust Anm Stötter; BGB-RGRK/Kreft Rn 21; Siegfried 64 f; Stötter MDR 1970, 100, 102). Das Tier verhält sich gemäß angeborenen oder erworbenen Instinktprogrammen. In diesem Bereich für menschliche Verhaltensweisen entwickelte Begriffe („willkürlich", „von keinem vernünftigen Wollen geleitet"; vgl besonders OLG Nürnberg VersR 1959, 573, 574, das das Verhalten eines aufgescheuchten Rehs als kopflos bezeichnet – dem Reh fehle eine kühle, verstandesmäßige Überlegung mit Abwägung der Vor- und Nachteile eines bestimmten Fluchtweges) können daher nicht einfach auf Tiere übertragen werden (vgl MünchKomm/Mertens Rn 13; gegen eine „Vermenschlichung" des Tieres auch Brüninghaus, Die Stellung des Tieres im Bürgerlichen Gesetzbuch [1993] 83).

34 Zu Recht hat daher der BGH in seiner Entscheidung vom 6. 7. 1976 (BGHZ 67, 129, 132 f = NJW 1976, 2130, 2131 = VersR 1976, 1090, 1091) dieses Verständnis des Merkmals Tiergefahr aufgegeben (wiederum offengelassen in BGH VersR 1976, 1175, 1176 [Urteil v 13. 7. 1976]; bereits das OLG Köln hatte in VersR 1972, 177, 178 = JZ 1972, 408 und in seiner in BGH VersR 1976, 1175, 1176 referierten Entscheidung die Unterscheidung zwischen willkürlichem und natürlichem Tierverhalten abgelehnt).

3. Die neuere Auslegung des Merkmals Tiergefahr durch die Rechtsprechung: Unberechenbarkeit des tierischen Verhaltens

35 Der BGH orientiert seine Definition der Tiergefahr nunmehr am „Sinn und Zweck der gesetzlichen Vorschrift", die Schutz vor „der Unberechenbarkeit des Verhaltens eines Tieres und der dadurch hervorgerufenen Gefährdung von Leben, Gesundheit und Eigentum Dritter" gewähren solle. Das Gericht schließt daraus, daß der Tierhalter „für all das einzustehen hat, was infolge dieser tierischen Unberechenbarkeit an Schaden entsteht". Die Tiergefahr liege ausschließlich in dem für den Halter „unberechenbaren Tierverhalten" (BGHZ 67, 129, 132 = NJW 1976, 2130, 2131; BGH LM Nr 4 = NJW 1965, 2397; VersR 1978, 515; LM Nr 11 = NJW 1982, 763, 764; NJW 1992, 2474 = VersR 1992, 1145, 1146; ihm folgend die Instanzgerichte, etwa OLG Düsseldorf VersR 1983, 115; OLG Karlsruhe MDR 1994, 453; OLG Schleswig NJW-RR 1994, 289; OLG Stuttgart VersR 1978, 1123, 1124 und in der Literatur Bornhövd VersR 1979, 398; Honsell MDR 1982, 798).

36 Dieser Wandel der Rechtsprechung in der Formulierung hat sich allerdings auf die inhaltliche Bedeutung des Begriffes Tiergefahr kaum ausgewirkt. Das ließ sich bereits in BGHZ 67, 129 absehen, wo das Gericht festgestellt hat, daß dann, wenn in bisheriger Judikatur von „willkürlichem Verhalten" bzw von „von keinem vernünftigen Wollen geleiteten Tierverhalten" die Rede gewesen sei, in der Sache nichts

anderes gemeint gewesen sei als die Unberechenbarkeit tierischen Verhaltens (BGHZ 67, 129, 132 f = NJW 1976, 2130, 2131; auch hat die ältere Rechtsprechung die Begriffe „willkürlich" und „unberechenbar" teilweise parallel verwandt, vgl OLG Koblenz VersR 1955, 313, wo das Verhalten eines Hundes als „typisch tierisch, willkürlich und unberechenbar" beurteilt wird; vgl auch die Verwendung der Begriffe bei HONSELL MDR 1982, 798). In der Folge haben denn auch Instanzgerichte häufig nach wie vor auf die Tiereswillkür abgestellt (vgl OLG Düsseldorf VersR 1980, 270; 1981, 82, 83; OLG Braunschweig VersR 1983, 347, 348; OLG Hamm VersR 1993, 238; OLG Schleswig VersR 1983, 470; OLG Köln VersR 1992, 846; ebenso in der Lit FIKENTSCHER, Schuldrecht[7] [1985] 784; WUSSOW/KUNTZ Rn 565, 567). In den schon bisher als Ausprägung der Tiergefahr anerkannten Fällen wird § 833 S 1 auch heute angewandt. Die Fallgruppen, in denen eine Verwirklichung der Tiergefahr abgelehnt wurde, sind im wesentlichen beibehalten worden. Lediglich beim sog natürlichen Tierverhalten (generell kritisch zu dieser Kategorie BGHZ 67, 129, 131 = NJW 1976, 2130; diese Kategorie gänzlich ablehnend OLG Köln VersR 1972, 177, 178 = JZ 1972, 408 m zust Anm STÖTTER) zeichnet sich eine Verschiebung ab: Anerkannt ist bereits, daß der tierische Deckakt (ebenso für sog Hengstmanieren als Reaktion auf die Stute OLG Düsseldorf NJW-RR 1994, 92, 93) heute dem Bereich der Tiergefahr zuzurechnen ist; allerdings bezieht sich diese Rechtsprechung nur auf den Fall, daß der Deckakt ohne Wissen und Willen des Tierhalters vollzogen worden ist (vgl BGHZ 67, 129, 133 = NJW 1976, 2130, 2131; OLG Köln VersR 1972, 177, 178; OLG Hamm NJW-RR 1994, 804; OLG Schleswig NJW-RR 1994, 289; ohne eine entsprechende Einschränkung OLG Düsseldorf NJW-RR 1994, 92, 93 im Hinblick auf sog Hengstmanieren). Nach OLG Karlsruhe (MDR 1994, 453) greift auch bei tierischen Ausscheidungen die Tierhalterhaftung ein (aA OLG Frankfurt VersR 1985, 1189, 1190 noch unter Bezugnahme auf das RG [Krankheitsübertragung zwischen Bienenvölkern]; AG Frankenberg-Eder AgrarR 1988, 318 [Beschmutzung der Außenfassade eines Hauses durch ein Kraftfahrzeug, das durch einen Kuhfladen fuhr]; offengelassen in BGHZ 67, 129, 131 = NJW 1976, 2130).

Dem „neuen" Begriff der Unberechenbarkeit ist entgegenzuhalten, daß er unscharf 37 und mißverständlich ist. Es bleibt offen, ob auf die abstrakte oder konkrete Unberechenbarkeit abgestellt werden soll. Abstrakt gesehen ist gerade damit zu rechnen, daß Hunde beißen, Pferde scheuen, Bienen stechen usw (vgl DEUTSCH NJW 1978, 1998, 2000; AK-BGB/KOHL Rn 5; MünchKomm/MERTENS Rn 13; SCHÜNEMANN JuS 1978, 376, 378; SIEGFRIED 69). Auch auf die konkrete Situation bezogen gibt es tierische Verhaltensweisen, die zumindest für den Halter berechenbar sind (Hund, der jeden Briefträger zu beißen versucht; Pferd, das durch ungewohnte Geräusche erschreckt wird und durchgeht; Hund, der läufigen Hündinnen nachzustellen versucht).

Gegen die praktischen Auswirkungen des Unberechenbarkeitskriteriums in der Rechtsprechung, die kaum zu anderen Ergebnissen gelangt als nach Maßgabe des Willkürlichkeitskonzepts, ist anzuführen, daß der Anwendungsbereich des § 833 S 1 dadurch seinem Sinn und Zweck zuwider zu sehr eingeschränkt wird (ähnlich BGB-RGRK/KREFT Rn 20; LARENZ/CANARIS, Schuldrecht II/2[13] [1994] 616; SCHÜNEMANN JuS 1978, 376, 378; SIEGFRIED 68).

4. Die neuere Lehre: selbsttätiges Tierverhalten

Mit einem Teil der Literatur (LORENZ 172, 178; MünchKomm/MERTENS Rn 13; SCHMID JR 38 1976, 274, 275; SIEGFRIED 68, 79, 98; in der Sache genauso BGB-RGRK/KREFT Rn 20; KREFT VersR 1983, Karlsruher Forum 153; außerdem DEUTSCH NJW 1978, 1998, 2000 f; TERBILLE VersR 1994,

1151, 1153 und AK-BGB/KOHL Rn 5 [die jeweils typischen tierischen Eigenschaften machten die Tiergefahr aus]) ist die Tiergefahr in dem selbsttätigen Verhalten des Tieres zu sehen (auch in der Rechtsprechung ist von der Notwendigkeit eines selbsttätigen Tierverhaltens die Rede, und zwar in dem Sinne, daß nur ein selbsttätiges Verhalten ein unberechenbares Verhalten sein könne, vgl BGH VersR 1978, 515). Allein diese Ansicht entspricht dem Sinn und Zweck des § 833 S 1.

39 Die als Gefährdungshaftung ausgestaltete Luxustierhalterhaftung nach § 833 S 1 wurde deshalb eingeführt, weil mit dem Halten wilder oder gefährlicher Tiere außergewöhnliche Gefahren verbunden sind (Prot II 2867; D II 99). Die Ursache dieser Gefahren liegt darin, daß Tiere – im Gegensatz zu leblosen Sachen – als lebende, bewegliche Organismen eine eigene Kraftquelle darstellen (so SIEGFRIED 9; ähnlich BGB-RGRK/KREFT Rn 2; vgl auch LORENZ 172; MünchKomm/MERTENS Rn 13 [„tierische Energie"]). Tiere bewegen sich „von selbst", und infolge mancher tierischer Eigenschaft kann diese Beweglichkeit gefährlich werden. Auf diese Weise ergibt sich eine Vielzahl möglicher Tiergefahren. Die Unberechenbarkeit tierischen Verhaltens ist nur eine davon, weitere sind etwa die Beeinflußbarkeit des Tieres durch den Menschen, die Neigung zu Schreckreaktionen oder der Verteidigungsinstinkt. Der Schutzbereich des § 833 S 1 würde verkürzt, wollte man nur die Kategorie der Unberechenbarkeit tierischen Verhaltens unter die Norm fassen. Sie muß sich vielmehr auf alle tier-eigentümlichen Verhaltensweisen erstrecken.

a) Bloß „mechanische Wirkung" eines Tieres (körperliche Massewirkung)

40 In der Fallgruppe, bei der das Tier lediglich wie ein lebloser Gegenstand („tote Masse") „mechanisch gewirkt" haben soll, werden verschiedene Konstellationen zusammengefaßt.

aa) Tier als mechanisches Werkzeug

41 Wird ein Tier wie eine leblose Sache gleichsam als Werkzeug zu einer Schädigungshandlung benutzt (Beispiel: Tier als „Wurfgeschoß"; vgl FLEISCHAUER JW 1901, 880, 881; SIEGFRIED 81), wirkt nach allgM keine Tiergefahr mit (RGZ 80, 237, 239; BGH VersR 1978, 515; BGB-RGRK/KREFT Rn 24; KREFT VersR 1983, Karlsruher Forum 153, 156; LORENZ 178; TERBILLE VersR 1994, 1151, 1153; vgl auch MünchKomm/MERTENS Rn 14), so daß die Tierhalterhaftung nicht eingreift. Dieser Ansicht ist beizupflichten. Die tierische Eigenschaft, die hier (mit-)kausal für den Schaden ist, liegt allein darin, daß das Tier eine Masse hat. Diese Masse hat das Tier aber nicht selbst eingesetzt, dh das Tier trat nicht als eigene Kraftquelle in Erscheinung. Damit ist das die Tiergefahr begründende Moment hier nicht mit im Spiel. Es hat vielmehr eine Eigenschaft des Tieres gewirkt, die keine Tiergefahr ausmacht. Diese Eigenschaft teilt das Tier mit allen anderen Bestandteilen der körperlichen Welt. Der Schädiger hätte sich genausogut einer Sache bedienen, etwa mit einer Sache werfen können. Es ist hier ohne Bedeutung, daß der Schädiger gerade zu einem Tier gegriffen hat.

42 Anders ist die Rechtslage allerdings zu beurteilen, wenn es bei dem Tier etwa zu einer Schreckreaktion kommt und diese wiederum zu einer Verletzung führt, beispielsweise wenn die auf einen Menschen geworfene Katze sich im Fallen festhalten will und dabei durch ihre Krallen Hautverletzungen verursacht. In diesem Fall wirkt das Tier (auch) als eigene Kraftquelle, so daß es um eine Tiergefahr geht. Es ist gerade typisch für ein Tier, daß es sich, wenn es geworfen wird, aus Schreck oder aus

einem Verteidigungsinstinkt heraus bewegt. Sachen, die auf einen Menschen geworfen werden, bewegen sich demgegenüber nur infolge physikalischer Kräfte, etwa der Schwerkraft, und nicht von selbst.

Bei mehraktigen Geschehensabläufen ist zu beachten, daß eine sich in einem Akt **43** verwirklichte Tiergefahr in den weiteren Akten fortwirken kann, so daß (auch) in letzteren das Tier nicht als mechanisches Werkzeug fungiert. So lag es in dem der Entscheidung LG Kiel VersR 1969, 456 zugrundeliegenden Sachverhalt: Ein Hund war plötzlich vor das erste von drei hintereinander fahrenden Kraftfahrzeugen gelaufen und wurde von diesem angefahren; dadurch prallte der Hund gegen den zweiten Wagen und flog schließlich noch gegen das dritte Fahrzeug. Das LG hat eine Tierhalterhaftung nur für die Schäden am ersten Fahrzeug bejaht. Die auf den ersten Zusammenstoß folgenden Bewegungen des Tieres ließen sich nicht mehr auf ein typisches Tierverhalten zurückführen. Der Hund sei vielmehr insoweit Spielball der verschiedenen, von den beteiligten Fahrzeugen ausgehenden Kräften gewesen. Dem LG ist entgegenzuhalten, daß die drei Akte dieses Geschehens nicht isoliert betrachtet werden können. Wie der erste Zusammenstoß für die beiden anderen kausal war, so erstreckt sich auch die beim ersten Zusammenstoß mitwirkende Tiergefahr auf die anderen beiden (im Ergebnis ebenso BGB-RGRK/KREFT Rn 25).

bb) Größe oder Gewicht des Tieres als Schadensursache
Die Tierhalterhaftung ist zu verneinen, wenn der Schaden ausschließlich durch **44** Größe oder Gewicht des Tieres verursacht worden ist. Das ist etwa der Fall, wenn eine auf einem Fahrzeug beförderte Giraffe lediglich infolge ihrer Größe einen in den lichten Raum über der Fahrbahn hineinragenden Gegenstand beschädigt oder wenn der Boden eines Fahrzeugs, mit dem ein Elefant befördert wird, ausschließlich infolge des großen Gewichts des Tieres (und nicht etwa wegen Trampelns oder ähnlichem) durchbricht (Beispiele nach KREFT VersR 1983, Karlsruher Forum 153, 156). In diesen Fällen wirkt sich nicht die eigene Kraftquelle des Tieres aus, vielmehr wirken die Tiere nicht anders als gleich große oder gleich schwere leblose Gegenstände (KREFT VersR 1983, Karlsruher Forum 153, 156; BGB-RGRK/KREFT Rn 27).

cc) Stürzende Tiere
Wenn in Rechtsprechung und Lehre von der Fallgruppe „Schädigung aufgrund der **45** bloßen Körpermasse" bzw „des Gewichtes des Tieres" die Rede ist (vgl OLG Dresden SeuffA 58 Nr 186; SächsA 1915, 8, 9 [Schädigung „durch die auf das Tier wirkende Schwerkraft"]; OLG Braunschweig VersR 1983, 347, 348; LORENZ 113; SIEGFRIED 94), geht es in der Sache meist um stürzende Tiere, insbesondere Pferde, die auf Menschen oder Sachen fallen und dadurch Schaden verursachen. Die hM hält in diesen Fällen § 833 S 1 für unanwendbar, weil das Tier nur als tote Masse wirke (OLG Braunschweig VersR 1983, 347, 348; im Ergebnis ebenso OLG Frankfurt Recht 1907 Nr 456; vgl auch OLG München VersR 1958, 424: Ein beladener Wagen rutscht auf Glatteis aus und reißt das den Wagen ziehende Pferdegespann mit, wodurch es zum Zusammenstoß mit einem entgegenkommenden Pkw kommt). Eine Tiergefahr soll lediglich dann vorliegen, wenn das Hinstürzen Folge vorangegangener typischer tierischer Aktivitäten war wie zB Durchgehen, Scheuen usw (RG JW 1911, 366; 1914, 36; OLG Dresden SeuffA 58 Nr 186; OLG Braunschweig VersR 1983, 347, 348; BGB-RGRK/KREFT Rn 24).

Eine Tiergefahr verwirklicht sich aber nicht nur in den zuletzt genannten Fällen. **46**

Stürzt ein Tier aus Erschöpfung (so wohl in OLG Dresden SeuffA 58 Nr 186), so hat die tiertypische Eigenschaft mitgewirkt, uU bis zur Erschöpfung weiterzulaufen bzw sich bis zur Erschöpfung vorantreiben zu lassen. Auch bei einer beim Kalben niederstürzenden Kuh (Fall des OLG Dresden SächsA 1915, 8) ist eine Tiergefahr mit im Spiel, da der Geburtsvorgang gerade Ausdruck des Lebens, der eigenen Kraftquelle des Tieres ist. Selbst das schlichte Stolpern geht auf die Eigenschaft des Tieres als lebendem, eigenbeweglichem Organismus zurück, so daß das Stürzen gerade eine der Gefahren ist, die von Tieren drohen. Bei Schäden durch stürzende Tiere tritt daher in aller Regel die Tierhalterhaftung ein (ebenso DEUTSCH NJW 1978, 1998, 2000 f; AK-BGB/KOHL Rn 5; MEDICUS, Schuldrecht BT 404; SCHÜNEMANN JuS 1978, 376, 378; SIEGFRIED 96; TERBILLE VersR 1994, 1151, 1153; SOERGEL/ZEUNER Rn 5; vgl auch KREFT VersR 1983, Karlsruher Forum 153, 156). Die Grenze ist erst dann überschritten, wenn das Tier niedergestoßen, also als mechanisches Werkzeug benutzt wird. Dann ist aber die zuerst genannte Fallgruppe einschlägig.

dd) Tier als passives Verkehrshindernis

47 In den Fällen, in denen ein Schaden durch ein ruhig auf einem Verkehrskörper befindliches Tier entsteht, hat die ältere Rechtsprechung eine Tiergefahr verneint (OLG Königsberg Recht 1908 Nr 69 [ein Eisenbahnzug überfährt ruhig auf den Gleisen stehende Kühe und entgleist dadurch]; RG Recht 1909 Nr 1779 [ein Radfahrer stürzt über einen auf der Straße liegenden (schlafenden) oder ruhig stehenden Hund]; ebenso BROX, Besonderes Schuldrecht 372; ESSER/WEYERS, Schuldrecht II § 58 III 1 b [Stolpern über einen schlafenden Hund]; WEIMAR JR 1963, 414, 415; ders MDR 1964, 901, 902), während die neuere zur Anwendung des § 833 S 1 gelangt (BGH LM Nr 3 = VersR 1956, 127 f; OLG Karlsruhe VersR 1955, 510; OLG Celle VersR 1980, 430, 431; OLG Hamm VersR 1982, 1009, 1010; OLG Frankfurt VersR 1982, 908; ebenso DEUTSCH NJW 1978, 1998, 2001; LARENZ/CANARIS, Schuldrecht II/2 § 84 II 1 c; MünchKomm/MERTENS Rn 15; KREFT VersR 1983, Karlsruher Forum 153, 156; MEDICUS, Schuldrecht BT 403; SIEGFRIED 86, 89 f). Der neueren Rechtsprechung ist zu folgen. Es kann nicht allein darauf abgestellt werden, daß sich das Tier zum Unfallzeitpunkt nicht bewegt hat, sondern ruhig auf der Straße lag, saß oder stand. Die eigene Kraftquelle des Tieres hat sich ausgewirkt, indem sich das Tier auf die Straße begeben hat. In der Situation des Tieres auf der Straße wirkt diese Kraftquelle fort. Die tiertypische Eigenschaft, die dabei die Tiergefahr begründet, liegt darin, daß sich Tiere ohne Rücksicht auf den Verkehr auf die Fahrbahn begeben und darauf verweilen (vgl BGH LM Nr 3 = VersR 1956, 127, 128; KREFT VersR 1983, Karlsruher Forum 153, 156). Die Wahl des Verkehrskörpers als Aufenthalts- bzw Ruheort ist eine der zahlreichen eigentümlichen, vom Menschen nicht voll beherrschbaren tierischen Eigenschaften, die eine Gefährdung mit sich bringen (SIEGFRIED 88 f).

Die gleichen Grundsätze gelten auch, wenn sich das Tier auf einem Gehweg befindet und ein Fußgänger darüber stolpert (vgl SIEGFRIED 92 f). Der Umfang der Tierhalterhaftung wird in solchen Fällen allerdings unter Umständen durch das Mitverschulden des Geschädigten eingeschränkt.

An der Beurteilung ändert sich nichts, wenn das Tier, als der Unfall passierte, bereits tot war, vorausgesetzt, es ist kraft seiner eigenen Energie in den Verkehr gelangt (vgl OLG Celle VersR 1980, 430, 431; MünchKomm/MERTENS Rn 15 Fn 17).

48 Die Tierhalterhaftung ist zu verneinen, wenn sich das Tier gerade keinen „unpassenden" Aufenthalts- oder Ruheort ausgesucht hat. Fällt etwa jemand über den Kopf eines Hundes, der sich in seine Hundehütte zurückgezogen hat und eben mit dem Kopf im Freien liegt, so hat bei dem Sturz keine Tiergefahr mitgewirkt. Entsprechendes gilt selbst dann, wenn das Tier in Bewegung war. So hatte im Fall des OLG Celle HRR 1935 Nr 1658 (vgl auch OLG Königsberg Recht 1908 Nr 69; RG Recht 1906 Nr 3194) ein Motorradfahrer einen ruhig des Weges laufenden Hund von hinten angefahren und war dabei zu Schaden gekommen. Der im Laufen begriffene Hund entwickelte zwar eigene Energie, trat also als Kraftquelle in Erscheinung. Da sich der Hund allerdings verkehrsgerecht verhielt, wurde diese Kraftquelle nicht aufgrund einer Tiereigenschaft gefährlich (im Ergebnis ebenso BGB-RGRK/Kreft Rn 26).

b) Schädigungen durch den bloßen Anblick des Tieres
Durch den bloßen Anblick eines Tieres entstandene Schäden können die Tierhalterhaftung begründen (ebenso Deutsch NJW 1978, 1998, 2001; BGB-RGRK/Kreft Rn 26; aA Lorenz 172, 178, nach dem nur das aktive, nicht aber das passive Tier als Ansatzpunkt der Tierhalterhaftung in Betracht komme). Bricht etwa ein Tiger aus dem Zoo aus und dringt er in ein Warenhaus oder ein öffentliches Verkehrsmittel ein, dann sind die Verletzungen, die die vor dem Anblick des Tieres flüchtenden Menschen sich zuziehen, selbst dann auf die „Tiergefahr" zurückzuführen, wenn sich das Tier völlig ruhig verhält und nicht einmal bewegt (Beispiel von Deutsch NJW 1978, 1998, 2001; vgl auch LG Hamburg VersR 1993, 1496, 1497: Ein kleiner Hund weicht angesichts eines größeren ängstlich zurück und bringt dadurch eine ältere Dame, die ihn an der kurzen Leine führt, zu Fall). Darauf, daß sich das Tier im Moment der Flucht- oder Schreckreaktion in Ruhe befindet, kommt es nicht an, weil die Kausalität hier nicht physisch, sondern psychisch vermittelt wird. Diese Reaktion wurde jedenfalls dadurch veranlaßt, daß die betreffenden Menschen wußten, was für schlimme Verletzungen Tiger verursachen können, und daß sie eine sofortige Flucht daher für notwendig hielten. Damit spielte die Eigenschaft des Tieres als eigene Kraftquelle eine entscheidende Rolle bei der Verletzung. Letztlich hat die tierische Fähigkeit zur Eigenbewegung zur Verletzung geführt. Die Tiergefahr ist in derartigen Fällen immer zu bejahen. Problematisch kann lediglich die Kausalität werden (dazu oben Rn 24).

c) Verhalten eines Tieres unter physiologischem Zwang

An der Fallgruppe des unter physiologischem Zwang handelnden Tieres, bei der die Rechtsprechung eine Tierhalterhaftung ablehnt (so Rn 30), sind die Voraussetzungen problematisch, unter denen ein physiologischer Zwang vorliegt. Es sollen nur seltene Fälle in Betracht kommen, „in denen ein äußeres Ereignis auf Körper oder Sinne eines Tieres mit so übermächtiger Gewalt einwirkt, daß dem Tiere gar keine Freiheit zu irgendeinem anderen Verhalten gelassen wird" (RG JW 1933, 693). Bei Vorkommnissen des täglichen Lebens (RGZ 60, 65, 68) wie zB beim Scheuen vor flatternder Wäsche (RGZ 60, 65, 68), vor einem herankommenden Kraftwagen (RGZ 82, 112, 113; vgl auch BGH VersR 1963, 1141, 1142) oder vor einem niederfallenden Papierdrachen (RG Recht 1913 Nr 3134) soll dagegen eine Tiergefahr zu bejahen sein. Die Unterscheidung ist allerdings nicht klar: Die Tierhalterhaftung wurde in Fällen, in denen ein Pferd beim Kupieren des Schwanzes vor Schmerzen ausschlug (RG Recht 1909 Nr 470) oder ein Rind bei einer Impfung mit den Hörnern stieß (RG JW 1933, 693 f) bejaht, in einem Fall, in dem ein zum Verschneiden niedergeworfener und festgehaltener Hengst um sich schlug (RGZ 69, 399, 400 f), verneint.

51 Mit der hL (AK-BGB/KOHL Rn 5; BGB-RGRK/KREFT Rn 22; KREFT VersR 1983, Karlsruher Forum 153, 155; MünchKomm/MERTENS Rn 13; SIEGFRIED 135; TERBILLE VersR 1994, 1151, 1153; SOERGEL/ZEUNER Rn 8) ist eine Einschränkung der Tierhalterhaftung durch die Kategorie des unter physiologischem Zwang handelnden Tieres abzulehnen. Durch Einwirkungen mit „übermächtiger Gewalt" werden die von Tieren drohenden Gefahren wie etwa Schlagen, Beißen, Stechen, Kratzen geradezu provoziert. Es liegt in der Natur von Tieren als lebenden, eigenbeweglichen Organismen, auf Einwirkungen verschiedenster Art in irgendeiner Form zu reagieren. Schädigende Verhaltensweisen werden dadurch gerade hervorgerufen und die tierische Energie mobilisiert. In allen diesen Fällen verwirklicht sich daher eine Tiergefahr (vgl BGB-RGRK/KREFT Rn 22; SIEGFRIED 136 f; TERBILLE VersR 1994, 1151, 1153; WEIMAR JR 1958, 377).

52 Einwirkungen mit „übermächtiger Gewalt" stehen der Tierhalterhaftung deshalb dann nicht entgegen, wenn die Einwirkung einen Anstoß zu einem Verhalten des Tieres gegeben hat. Eine Haftung ist dagegen zu verneinen, wenn es infolge der Einwirkung zu einer Kraftentfaltung kommt, die kein selbsttätiges Verhalten des Tieres darstellt, ähnlich der Fallgruppe, in der das Tier als mechanisches Werkzeug verwendet wird (vgl LITTEN 97; SIEGFRIED 144 f: ein orkanartiger Wirbelwind schleudert eine Taube in einen Korb Erdbeeren; vgl auch BGH VersR 1978, 515; PALANDT/THOMAS Rn 6; diese Fälle werden häufig unter dem Stichwort „höhere Gewalt" diskutiert, vgl RGZ 54, 407, 408; OLG Hamm Recht 1902, 588 Nr 2679; BGB-RGRK/KREFT Rn 33).

d) Tiere unter menschlicher Leitung

53 Tierisches Verhalten kann vom Menschen geleitet sein, wobei die Intensität der Leitung mehr oder weniger stark ausgeprägt sein kann. So wurde Leitung auch bejaht, wenn der Führer, ohne die Zügel zu halten, neben dem Fuhrwerk herging und gegebenenfalls durch Zurufe einwirkte (RGZ 65, 103, 105 f) oder wenn der Leitende zeitweise seiner Aufgabe nicht die nötige Aufmerksamkeit zuwandte, zB der Kutscher eingeschlafen war, das Pferd sich aber in der angegebenen Richtung weiterbewegte (OLG Colmar OLGRspr 14, 52). Leitung liegt auch vor beim Hetzen eines Hundes auf einen Menschen (OLG München OLGRspr 28, 295 f) oder beim Werfen eines Balles, den der Hund apportieren soll (OLG Oldenburg VersR 1954, 27 f).

54 Bei Schädigungen durch Tiere unter menschlicher Leitung versagt die **hM** einen Ersatzanspruch aus § 833 S 1, weil sich keine Tiergefahr verwirklicht habe (RGZ 50, 180, 181; 65, 103, 106; RG Recht 1908 Nr 1558; BGH NJW 1952, 1329; 1966, 1073, 1074; OLG Oldenburg VersR 1954, 27, 28; OLG Düsseldorf VersR 1970, 333, 334; 1981, 82, 83; OLG Schleswig VersR 1983, 470; 1990, 1024; OLG Hamm VersR 1993, 238; LG Nürnberg-Fürth NZV 1993, 282, 283; BORNHÖVD VersR 1979, 398 f; FLEISCHAUER JW 1901, 880, 881; SCHMID JR 1976, 274, 276; SCHÜNEMANN JuS 1978, 376, 378; PALANDT/THOMAS Rn 7; im Ergebnis ebenso HAASE JR 1973, 10, 11): Nicht das als Werkzeug gebrauchte Tier, sondern derjenige, der sich dieses Werkzeugs zu seinem Handeln bediene, sei Urheber des Schadens (RGZ 50, 180, 181; 65, 103, 106; BGH NJW 1952, 1329; OLG Düsseldorf MDR 1975, 229). Dabei setzt die Verneinung der Tiergefahr voraus, daß das Tier ausschließlich unter menschlicher Leitung handelte. War daneben noch tierische Willkür im Spiel (etwa beim Bocken, Beißen, Schlagen, Hochgehen; vgl RGZ 80, 237, 240; RG Recht 1908 Nr 2559; 1909 Nr 1308; BGH VersR 1966, 1073, 1074; NJW 1986, 2501; OLG Düsseldorf VersR 1981, 82, 83; OLG München VersR 1981, 937; PALANDT/THOMAS Rn 7), soll Tiergefahr vorliegen, nicht aber, wenn das

Tier nur aus aufgezwungener Notwendigkeit handelte (weil ihm das vom Menschen abverlangte Tun überhaupt nicht möglich ist, wenn etwa ein Pferd die bisherige Bewegung im Lauf nicht abbrechen kann; vgl RG WarnR 1908 Nr 377). Die menschliche Leitung soll unbedeutend sein, der Tiergefahr also nicht entgegenstehen, wenn sie selbst aus einem willkürlichen Tierverhalten erwachsen ist (etwa wenn ein Pferd bockt und der Reiter zur Behebung der Gefahr Maßnahmen trifft, die wiederum das Pferd zu einem schadensverursachenden Verhalten bringen; vgl WEIMAR MDR 1964, 901; offen gelassen in BGH NJW 1952, 1329).

Der **hM** ist entgegenzuhalten, daß eine besonders gefährliche tiertypische Eigenschaft, die zu einer haftungsbegründenden Tiergefahr führt, gerade darin besteht, daß Tiere menschlicher Leitung Folge leisten, daß sich beispielsweise Hunde hetzen lassen (vgl bereits FLEISCHAUER JW 1901, 880, 881). Daher sind auch Tiere unter menschlicher Leitung von § 833 S 1 erfaßt (im Ergebnis ebenso DEUTSCH NJW 1978, 1998, 2000; ders JuS 1981, 317, 321; AK-BGB/KOHL Rn 5; BGB-RGRK/KREFT Rn 23; KREFT VersR 1983, Karlsruher Forum 153, 156; LARENZ/CANARIS, Schuldrecht II/2 § 84 II 1 c; MünchKomm/MERTENS Rn 16; SIEGFRIED 125; SCHULZE VersR 1981, 1058 f; TERBILLE VersR 1994, 1151, 1153; ESSER/WEYERS, Schuldrecht II § 58 III 1 b; SOERGEL/ZEUNER Rn 7). Auch die Motive (II 813) sind bei gehetzten Tieren von einer Tierhalterhaftung (die zum damaligen Zeitpunkt allerdings noch als Haftung für vermutetes Verschulden konzipiert war) ausgegangen. Schließlich ist auf die Parallele zur Kraftfahrzeug-Halterhaftung nach § 7 StVG hinzuweisen: Dort bezieht die Rechtsprechung auch die vorsätzliche Verwendung eines Kfz als Waffe in den sachlichen Schutzbereich der Norm mit ein (BGHZ 37, 311, 315; dazu DEUTSCH NJW 1978, 1998, 2000). **55**

Die Bejahung der Tierhalterhaftung in den Fällen von Tieren unter menschlicher Leitung hat zur Konsequenz, daß der Geschädigte unter Umständen gegen zwei Schuldner – den Halter und den Leiter, die ja nicht identisch sein müssen – vorgehen kann: Der Leiter haftet aus § 823, sofern ihm ein Verschulden zur Last fällt. Im Innenverhältnis zwischen Leiter und Halter ist dann gem § 840 Abs 3 der Leiter allein verpflichtet. **56**

Wie in den Fällen menschlicher Leitung ist auch in denjenigen Fällen die Tiergefahr zu bejahen, in denen das verletzende Verhalten des Tieres erst durch unbefugte fremde menschliche Einwirkung veranlaßt oder ermöglicht wurde, so zB wenn ein Dritter den bisher friedlichen Hund durch Steinwürfe wild macht oder den angeketteten Wachhund von seiner Kette löst (vgl auch RG Gruchot 47, 404 f). **57**

e) **„Natürliches" Tierverhalten**
Bei sog natürlichen Tierverhalten hat früher die **hM** eine Tierhalterhaftung abgelehnt (so Rn 32). Inzwischen zeichnet sich in diesem Bereich ein Wandel in Richtung auf eine Bejahung der Tiergefahr ab; allerdings kann die Rechtsprechung bisher nur im Hinblick auf eine Unterfallgruppe als gefestigt gelten, nämlich den ohne Wissen und Willen des Tierhalters vollzogenen tierischen Deckakt (so Rn 36). **58**

Die Ablehnung der Tierhalterhaftung bei „natürlichem Tierverhalten" knüpft an römisch-rechtliches Gedankengut an (so Rn 1): Mit der actio de pauperie konnte der Geschädigte nur dann Ersatz vom Eigentümer des Tieres verlangen, wenn dieses den Schaden gegen die Art und Weise seiner Gattung („contra naturam sui generis") **59** angerichtet hatte. Dem lag die Vorstellung eines Tierverschuldens zugrunde (vgl RGZ 48, 259, 261; HAASE JR 1973, 10, 12; DEUTSCH NJW 1978, 1998, 1999; auch bei § 833 wurde teilweise von einem Tierverschulden gesprochen, vgl ISAY Gruchot 48, 511, 514; WEIMAR VersN 1951, 89). Mit diesen Vorstellungen hat der Gesetzgeber des BGB ausdrücklich gebrochen und eine weitergehende Haftung statuiert (so Rn 1 f). Durch die Kategorie des „natürlichen Tierverhaltens" werden die römisch-rechtlichen Vorstellungen entgegen dem Willen des Gesetzgebers wiederbelebt (ebenso SIEGFRIED 63 f).

60 Im übrigen ist die Kategorie des „natürlichen Tierverhaltens" in Abgrenzung zum willkürlichen Tierverhalten entwickelt worden, so daß die Unterscheidung auf Anschauungen beruht, die den Erkenntnissen der Tierverhaltensforschung widersprechen (so Rn 33). Das „natürliche Tierverhalten" ist daher als Merkmal für die Entscheidung über das Vorliegen einer Tiergefahr ungeeignet (ebenso BGB-RGRK/KREFT Rn 21). Es sind vielmehr oft gerade die für eine Tierart „natürlichen", dh typischen Eigenschaften und Verhaltensweisen, die eine Tiergefahr ausmachen (vgl auch BGH NJW 1976, 2130).

aa) Krankheitsübertragung durch ein Tier

61 In dieser Fallgruppe geht es um die Konstellation, daß sich ein krankes und ein gesundes Tier beschnüffeln und das gesunde Tier dabei angesteckt wird (vgl den RGZ 80, 237 zugrundeliegenden Sachverhalt). In derartigen Fällen ist die Tierhalterhaftung zu bejahen (ebenso MünchKomm/MERTENS Rn 15; SIEGFRIED 107; vgl auch BGB-RGRK/KREFT Rn 21). Es hat sich das der Tiergefahr zugrundeliegende Moment – die Tatsache, daß ein Tier eine eigene Kraftquelle darstellt – aktualisiert. Dabei ist nicht auf den schlichten Zustand des Tieres als Träger von Krankheitserregern abzustellen, sondern auf die im Beschnüffeln liegende Aktivität des Tieres (vgl auch MünchKomm/MERTENS Rn 15). Diese Aktivität braucht nicht unmittelbar kausal für den Schaden zu sein. Es genügt vielmehr, wenn das Tier mittelbar kausal geworden ist (s dazu o Rn 22), indem es durch seine Aktivität die Gelegenheit für eine Schädigung eröffnet hat – etwa indem es sich auf die Straße gelegt und dadurch einen Unfall provoziert hat (zur Fallgruppe „Tier als passives Verkehrshindernis" so Rn 47 f) oder indem es ein anderes Tier beschnüffelt und dadurch die Übertragung der Krankheit ermöglicht hat.

Daß Tiere andere Tiere oder Menschen beschnüffeln oder belecken, ist eine typische Eigenschaft vieler Tierarten. Die Tatsache, daß es sich somit um ein „natürliches" Tierverhalten handelt, hindert die Bejahung einer Tiergefahr gerade nicht.

bb) Tierische Ausscheidungen

62 Auch bei tierischen Ausscheidungen ist entgegen der **hM** (so Rn 32, 36) die Tiergefahr zu bejahen (ebenso OLG Karlsruhe MDR 1994, 453 [Hund uriniert auf einen wertvollen Teppich]; SIEGFRIED 111, 114; einschränkend AK-BGB/KOHL Rn 5 ["jedenfalls außerhalb von ländlichen Nebenwegen"]; BGB-RGRK/KREFT Rn 21 [Tiergefahr bejaht bei Hundekot auf dem Gehweg, verneint bei Kuhdung auf der Straße]; vgl auch die Vorauflage STAUDINGER/SCHÄFER[12] Rn 32). Daß es sich bei solchen Ausscheidungen um einen natürlichen Vorhang handelt, ändert an diesem Ergebnis nichts. Sie sind auf das Tier als eigene Kraftquelle zurückzuführen. Darüber hinaus ist es tiertypisch, daß das Tier da ausscheidet, wo es gerade steht oder geht, anstatt sich einen Ort auszusuchen, wo die Ausscheidung nicht gefährlich werden kann.

Eine Einschränkung der Tierhalterhaftung des Umfangs nach – uU bis auf Null – kann im Einzelfall gem § 254 aufgrund eines Mitverschuldens des Geschädigten erfolgen. So muß beispielsweise in ländlichen Gebieten mit Kuhdung auf der Straße gerechnet werden. Am Vorliegen einer Tiergefahr ändert das Mitverschulden allerdings nichts.

cc) Deckakt

Der tierische Deckakt ist generell verwirklichte Tiergefahr (ebenso AK-BGB/KOHL Rn 5; BGB-RGRK/KREFT Rn 21; SIEGFRIED 119; STÖTTER MDR 1970, 100, 103; vgl auch OLG Köln VersR 1972, 177, 178 = JZ 1972, 408 f m zust Anm STÖTTER). Das gleiche gilt für sog Hengstmanieren als Reaktion auf die Stute (OLG Düsseldorf NJW-RR 1994, 92, 93). Eine Tiergefahr läßt sich nicht mit der Begründung verneinen, das Tier stehe dabei unter dem physiologischen Zwang des Geschlechtstriebes (so zum Teil die ältere Rechtsprechung: OLG Nürnberg VersR 1975, 1059, 1060; LG Kassel VersR 1955, 699, 700) oder es verhalte sich nur seiner natürlichen Veranlagung gemäß (so zum Teil die ältere Rechtsprechung: OLG Düsseldorf VersR 1956, 226, 227 m zust Anm Voss; OLG München OLGZ 1971, 404, 405). Als Einschränkungen der Tiergefahr sind die Kategorien des physiologischen Zwangs und des natürlichen Tierverhaltens abzulehnen (zum physiologischen Zwang so Rn 51; zum natürlichen Tierverhalten so Rn 59). Die Tiergefahr läßt sich aber auch nicht auf die Fälle von Deckakten beschränken, die von den Tieren ohne Wissen und Willen ihrer Halter vollzogen werden (so aber OLG Düsseldorf MDR 1975, 229; LG Mainz MDR 1960, 496; SCHÜNEMANN JuS 1978, 376, 378 [tierische Deckakte, die nicht vom Menschen „geplant und gelenkt" sind]; PALANDT/THOMAS Rn 6; diese Möglichkeit läßt sich auch der BGH in seiner neueren Rechtsprechung, wonach die Tiergefahr aus dem unberechenbaren Tierverhalten herzuleiten sei, offen, vgl BGHZ 67, 129, 133 = NJW 1976, 2130, 2131; vgl auch BGB-RGRK/KREFT Rn 21: in der Regel vertraglicher, zumindest stillschweigender Haftungsausschluß). Der Deckakt des männlichen Hundes beispielsweise ist nichts anderes als die Resultante der jeweiligen Triebkonstellation von Hündinnen und Rüden (BGHZ 67, 129 = NJW 1976, 2130, 2131; vgl auch OLG Köln VersR 1972, 177, 178). Das Tierverhalten ist das gleiche, ob der Halter danebensteht oder nicht. Menschliche Leitung und Lenkung steht der Tiergefahr generell nicht entgegen (so Rn 55).

Ein Mitverschulden des Geschädigten kann auch in der Fallgruppe des tierischen Deckaktes den Ersatzanspruch umfangmäßig begrenzen (vgl LG Kassel ZfS 1981, 263: Der Halter des belegten Tieres verstößt gegen seine Schadensminderungspflicht, wenn er trotz Kenntnis des Deckaktes eine gefahrlos mögliche Abtreibung unterläßt). So endete auch das BGHZ 67, 129 (= NJW 1976, 2130) zugrundeliegende Verfahren, in dem es um die Deckung einer läufigen reinrassigen Chow-Chow-Hündin durch einen Bastard-Rüden ging, nicht mit der Verurteilung des Bastard-Halters, sondern mit der Abweisung der Klage des Chow-Chow-Halters: Diesem war wegen der Läufigkeit der Hündin, durch die der Rüde angelockt worden war, selbst eine Tiergefahr zuzurechnen, und er hatte ausreichende Schutzmaßnahmen gegen die Gefahr des Gedecktwerdens unterlassen (ganz ähnlich OLG Hamm NJW-RR 1994, 804). Auch im Fall des OLG Oldenburg NJW 1976, 573 hätte auf beiden Seiten eine Tiergefahr berücksichtigt werden müssen (ebenso RADLOFF in einer Anmerkung zu dieser Entscheidung, NJW 1976, 1270): Dort weideten auf der durch einen Elektrozaun eingefriedeten Wiese des Halters A Mastbullen, auf der unmittelbar angrenzenden, nur durch einen Graben getrennten Wiese des Halters B Rinder. Ein brünstiges Rind übersprang den Graben und kroch unter dem Elektrozaun hindurch zur Bullenweide. Ein Bulle brach sich beim Bespringen des Rindes ein Bein und mußte notgeschlachtet werden. Das OLG Oldenburg stellte bei der Verurteilung des Halters B allein auf die diesem zuzurechnende Tiergefahr ab, weil brünstige Rinder zu „willkürlicher" Aktivität neigten.

VI. Tierhalter

65 Nach § 833 S 1 haftet für den Schaden derjenige, der das Tier „hält". Für die Ermittlung des Halters geben weder das Gesetz noch die Gesetzesmaterialien weiterführende Hinweise. Rechtsprechung und Literatur haben eine Reihe von Entscheidungskriterien entwickelt, die nebeneinander Verwendung finden.

1. Die Entwicklung in Rechtsprechung und Lehre

66 In der Rechtsprechung des RG, die zunächst vom BGH und den Instanzgerichten übernommen worden ist, finden sich zwei verschiedene Umschreibungen des Begriffs Tierhalter. Das RG stellte auf den gewöhnlichen Sprachgebrauch ab und bezeichnete als Tierhalter denjenigen, der im eigenen Interesse durch Gewährung von Obdach und Unterhalt die Sorge für das Tier übernommen hatte, und zwar nicht nur zu einem ganz vorübergehenden Zweck, sondern für einen Zeitraum von gewisser Dauer (RGZ 52, 117, 118 und darauf Bezug nehmend RGZ 55, 163, 166; OLG Koblenz VersR 1955, 423, 424; OLG Hamm VersR 1970, 729, 730; vgl auch BGH LM Nr 10 = NJW 1977, 2158 = VersR 1977, 864, 865). Nach einer späteren Modifikation dieser Formulierung durch das RG ist Tierhalter, wer das Tier in seinen Wirtschaftsbetrieb oder – im weitesten Sinne verstanden – in seinen Haushaltungsbetrieb eingestellt hat, um es auf diese Weise dauernd seinen Zwecken dienstbar zu machen (RGZ 62, 79, 81 und darauf Bezug nehmend RGZ 66, 1, 3; BGH VersR 1956, 574; NJW 1971, 509 = VersR 1971, 320; OLG Frankfurt VersR 1956, 454; OLG Nürnberg VersR 1964, 1178, 1179; OLG Düsseldorf VersR 1972, 403; OLG Nürnberg MDR 1978, 757).

67 Heute sieht die Rechtsprechung die Kriterien des RG als regelmäßig hinreichende, nicht aber schlechthin notwendige Voraussetzungen der Gefahrverantwortung an (so ausdrücklich OLG Hamm VersR 1973, 1054). Ausreichen soll beispielsweise ein Eigeninteresse am Tier und eine Besitzstellung irgendwelcher Art, zumindest dann, wenn die Bestimmungsbefugnis darüber hinzukommt, ob und durch wen das Tier betreut werden und ob es am Leben bleiben, die Tiergefahr also fortbestehen soll (OLG Hamm VersR 1973, 1054). Je nach Fallgestaltung wird auf unterschiedliche Kriterien abgestellt (vgl etwa BGH LM Nr 10 = NJW 1977, 2158 = VersR 1977, 864, 865 [eigenes Interesse, Sorge für Obdach und Unterhalt, Kostentragung, Interesse am Wohlergehen des Tieres, Tragung des Verlustrisikos]; VersR 1988, 609, 610 [Bestimmungsmacht, eigenes Interesse, Kostentragung, Verlustrisiko]; OLG Köln VersR 1976, 197 f [tatsächliche Verfügungsgewalt für eine nicht nur vorübergehende kurze Zeit, Verwendung im eigenen Interesse und zum eigenen Nutzen, also im eigenen „Wirtschaftsbetrieb"]; OLG Celle AgrarR 1977, 178, 179 [Eigentum, Befugnis zur Erteilung von Weisungen an den unmittelbaren Besitzer]; OLG Frankfurt VersR 1976, 1138 [Eigentum, mittelbarer Besitz, Entscheidungsmacht, Kostentragung]; KG VersR 1981, 1035 [Besitz <auch mittelbarer> im eigenen Interesse, tatsächliche Übernahme der Sachherrschaft; Unterhaltskostentragung]; OLG Düsseldorf VersR 1983, 543 [Eigentum, Entscheidungsgewalt hinsichtlich Betreuung und Existenz]; OLG Saarbrücken VersR 1988, 752 [Eigeninteresse, Gewährung von Obdach und Unterhalt, Übernahme der Sorge, Dauerhaftigkeit, Verlustrisiko, Entscheidungsmacht]). Dabei sind – im Vergleich zur Rechtsprechung des RG – weitere Indizien für das Vorliegen des

Eigeninteresses, nämlich die Tragung der Unterhaltskosten (OLG Celle VersR 1979, 161; vgl dazu auch OLG Hamm VersR 1970, 729, 730), der Versicherungsprämien (OLG Celle VersR 1979, 161) oder des Verlustrisikos (BGH LM Nr 10 = NJW 1977, 2158 = VersR 1977, 864, 865), und der Bestimmungsbefugnis, nämlich das Eigentum an dem Tier (vgl OLG Hamm VersR 1973, 1054; OLG Frankfurt VersR 1976, 1138; vgl auch OLG Düsseldorf VersR 1983, 543), herausentwickelt worden.

Die Literatur (zu den weit auseinandergehenden Definitionsversuchen der Anfangszeit vgl STAU- **68** DINGER/ENGELMANN[9] Anm 5) zieht zur Bestimmung des Tierhalters dieselben Kriterien heran wie die Rechtsprechung und verwendet sie – ähnlich wie die neuere Rechtsprechung – als Indizien für die Haltereigenschaft. Die einzelnen Kriterien werden dabei unterschiedlich und nicht einheitlich gewichtet. Manche Autoren legen das Schwergewicht auf das Eigeninteresse (DEUTSCH JuS 1987, 673, 678; ESSER/WEYERS, Schuldrecht II § 58 III 1 a; ERMAN/SCHIEMANN Rn 7), andere auf die Bestimmungsbefugnis (BERGLAR 102 f; BORNHÖVD JR 1978, 50, 51; ders VersR 1979, 398; vgl auch HOFF AcP 154 [1955] 344, 364 ff; MEDICUS, Schuldrecht BT 403, die in erster Linie auf das Eigentum abstellen). Die meisten Autoren befürworten eine Kombination von Eigeninteresse und Bestimmungsbefugnis (BONDZIO RdL 1972, 229, 230; BGB-RGRK/KREFT Rn 39; LARENZ/CANARIS, Schuldrecht II/2 § 84 II 1 b; LORENZ 182 f; MünchKomm/MERTENS Rn 19; PALANDT/THOMAS Rn 9; WUSSOW/KUNTZ Rn 559).

Das Eigeninteresse und die Entscheidungsgewalt (Bestimmungsbefugnis, Herr- **69** schaft) bilden die beiden grundlegenden Aspekte der Tierhaltereigenschaft, auf die alle Kriterien, die in Rechtsprechung und Literatur zur Bestimmung des Tierhalters entwickelt worden sind, zurückgeführt werden können: Die Kriterien Obdach und Unterhalt sowie Tragung der Unterhaltskosten, Versicherungsprämien und des Verlustrisikos sind Indizien für das Eigeninteresse. Es ist davon auszugehen, daß die Lasten aus der Existenz eines Tieres regelmäßig derjenige trägt, der auch die Nutzungsvorteile daraus zieht. Die Kriterien des unmittelbaren und mittelbaren Besitzes sowie das Eigentum sind Anhaltspunkte für die bestimmende Herrschaft über Existenz und Verwendung des Tieres. Die Einstellung und Verwendung im eigenen Wirtschaftsbetrieb ist als Indiz doppeldeutig. Wer das Tier in seinen Wirtschaftsbetrieb einstellt, der nutzt und beherrscht es gleichzeitig (LORENZ 183 f).

Es ist richtig, bei der Bestimmung des Halterbegriffs auf das Eigeninteresse und die **70** Entscheidungsgewalt abzustellen. Diese beiden Aspekte ergeben sich aus der ratio des § 833 S 1: Für den Schaden durch ein Tier soll diejenige Person haften, die um ihres Interesses willen, also weil sie vom Tier den Nutzen hat, andere Menschen der Tiergefahr aussetzt. Halter ist deshalb, wer dafür verantwortlich ist, daß die Gefahrenquelle überhaupt besteht und in bestimmter Weise verwendet wird (Entscheidungsgewalt) und aus diesem Bestehen den Nutzen zieht (Eigeninteresse). Wer über die Existenz und Verwendung des Tieres bestimmt, also die bestimmende Herrschaft über die Gefahrenquelle ausübt, soll auch für die hieraus sich ergebenden Folgen verantwortlich sein. Daneben steht gleichwertig der Gedanke des gerechten Vorteilsausgleichs: Wer den Nutzen aus dem Tier zieht, soll andererseits die hieraus entstehenden Lasten tragen (LORENZ 182 f).

Durch die beiden Aspekte Nutzung im Eigeninteresse und Entscheidungsgewalt ist **71** die Halterschaft ein rein tatsächliches Verhältnis (ebenso OLG Kassel OLGRspr 9, 42 f;

ENNECCERUS/LEHMANN 1017; GEIGEL/SCHLEGELMILCH 18. Kap Rn 1; BGB-RGRK/KREFT Rn 39; WUSSOW/KUNTZ Rn 559; SOERGEL/ZEUNER Rn 12). Daß die Nutzung des Tieres etwas rein Tatsächliches ist, bedarf keiner näheren Begründung. Aber auch die Entscheidungsgewalt ist tatsächlicher Art. Sie ist als Herrschaftstatbestand, nicht als Herrschaftsbefugnis (Befugnis, über die Existenz und Verwendung des Tieres zu bestimmen) zu verstehen (aA LORENZ 222 f, s aber auch 226 f; vgl auch BORNHÖVD JR 1978, 50, 51). Zwar kann in einer Reihe von Fallkonstellationen von der Herrschaftsbefugnis auf die tatsächliche Herrschaft geschlossen werden, nämlich dann, wenn der Eigentümer das Tier einem anderen überläßt (zu diesen Fallkonstellationen näher u Rn 102). Diese Lösung für Fälle eines Herrschaftstatbestandes mit rechtsgeschäftlicher Grundlage ist jedoch nicht verallgemeinerungsfähig. Sie bedeutet jedenfalls nicht, daß die Herrschaftsbefugnis – ein Merkmal rechtlicher Qualität – die Halterschaft prägen würde. Denn auch, wer sich die Herrschaft über ein Tier anmaßt, kann – wie allgemein anerkannt ist (näher u Rn 108) – Halter werden.

2. Die Indizien des Eigeninteresses

a) Sorge für Obdach und Unterhalt

72 In Rechtsprechung und Lehre wird zur Bestimmung der Haltereigenschaft häufig auf die Sorge für Obdach und Unterhalt abgestellt (RGZ 52, 117, 118; RG WarnR 1910 Nr 332; 1911 Nr 121; BGH LM Nr 10 = NJW 1977, 2158 = VersR 1977, 864, 865; OLG Hamm VersR 1970, 729, 730; OLG Saarbrücken VersR 1988, 752; LG Aachen VersR 1991, 356; LARENZ/CANARIS, Schuldrecht II/2 § 84 II 1 b; WEIMAR MDR 1967, 100; vgl auch OLG Nürnberg VersR 1964, 1178, 1179; kritisch WUSSOW/KUNTZ Rn 559). Bei diesem Kriterium ist allerdings zwischen den Versorgungsmaßnahmen (Fütterung, Pflege etc) und der Lastentragung für diese Versorgung zu unterscheiden. Die tatsächliche Versorgung des Tieres allein genügt für die Haltereigenschaft nicht; hinzukommen muß, daß die Versorgung im eigenen Interesse des Betroffenen erfolgt (vgl OLG Hamm VersR 1970, 729, 730). Deshalb wird nicht Halter, wer gelegentlich das Vieh eines Dritten mitversorgt und kontrolliert (BGH VersR 1985, 665 f; LORENZ 186 f). Konkrete Sorgemaßnahmen können allenfalls als Anhaltspunkt für die Lastentragung dienen, die ihrerseits auf das Eigeninteresse hinweist (LORENZ 186).

b) Kostentragung für den Unterhalt des Tieres

73 Der Gedanke der Unterhaltskostentragung findet sich in der Rechtsprechung (BGH LM Nr 10 = NJW 1977, 2158 = VersR 1977, 864, 865; BGH VersR 1982, 348; 1988, 609, 610; OLG Frankfurt VersR 1976, 1138; OLG Celle VersR 1979, 161; 1986, 396; KG VersR 1981, 1035) und zum Teil auch in der Literatur (LARENZ/CANARIS, Schuldrecht II/2 § 84 II 1 b; BGB-RGRK/ KREFT Rn 39, 44; LORENZ 187 f). In BGH LM Nr 10 (= NJW 1977, 2158 = VersR 1977, 864) gelangte der BGH zur Haltereigenschaft des Eigentümers eines Reitpferdes, der dieses als Kapitalanlage erworben und es – weil selbst nicht Reiter – auf einem Gut untergebracht hatte, wo es auf seine Kosten zusammen mit anderen Pferden versorgt, aufgezogen und zugeritten wurde und eine Dressur- und Springausbildung erhalten sollte. Der Inhaber des Gutes (Verwahrer und Pfleger) nutzte das Tier auch für eigene Zwecke (Erteilung von Reitunterricht). Der BGH stellte darauf ab, daß der Eigentümer am Wohlergehen des Pferdes interessiert war und die Kosten hierfür trug. Die Kostentragung durch den Eigentümer gab – neben der Tatsache, daß das Pferd regelmäßig durch den Eigentümer bewegt wurde – auch den Ausschlag im Falle eines Pferdes, das bei einem Reitverein untergebracht war und dort auch zum

Reitunterricht zur Verfügung stand (BGH VersR 1982, 348). Bei dieser Argumentation blieb es auch in einem Fall, in dem ein Pferd zum Kutschpferd ausgebildet werden sollte, jedoch abredewidrig zum Reitunterricht verwendet wurde (BGH VersR 1988, 609, 610). Das OLG Celle (VersR 1979, 161) sah einen Verwahrer als Halter an, der alle Kosten für Unterhalt, Unterbringung, Pflege und tierärztliche Versorgung trug.

Die Tragung der Unterhaltskosten ist ein wichtiges Indiz für die Bestimmung der **74** Haltereigenschaft, kann jedoch nicht immer als ausschlaggebend angesehen werden (vgl etwa OLG Hamm 1970, 729, 730 f). Das folgt daraus, daß die Kostentragung zwar belegt, wer sich einen Nutzungsvorteil aus dem Tier verspricht, nicht aber, ob er ihn auch tatsächlich erlangt (vgl Lorenz 187). Die Fälle, in denen ein zur Pflege usw anvertrautes Tier abredewidrig verwendet wird, zeigen, daß das Eigeninteresse (auch) bei demjenigen liegen kann, der nicht die Unterhaltskosten trägt. Die Frage der Haltereigenschaft von Eigentümer oder unmittelbarem Besitzer kann dann nicht danach entschieden werden, wer die Kosten für das Tier trägt.

c) Verlustrisiko
Manche Autoren sehen im wirtschaftlichen Risiko des Verlustes einen – mitunter **75** sogar den wichtigsten – Hinweis auf die Haltereigenschaft (BGB-RGRK/Kreft Rn 39; MünchKomm/Mertens Rn 19; Erman/Schiemann Rn 7). Auch in der Rechtsprechung wird dieses Kriterium erwähnt; es hat aber bisher noch nie eine für die Entscheidung ausschlaggebende Rolle gespielt (vgl BGH LM Nr 10 = NJW 1977, 2158 = VersR 1977, 864, 865; VersR 1982, 348; 1988, 609, 610; OLG Saarbrücken VersR 1988, 752). In der Tat erscheint seine Reichweite begrenzt. Wird ein Tier zur Nutzung überlassen, also sowohl durch den Eigentümer (mittelbar, durch die Nutzungsüberlassung) als auch durch den unmittelbaren Besitzer genutzt, dann trifft der Wegfall der Vorteile aus der Nutzung (hierauf bezieht sich das Verlustrisiko) Eigentümer und unmittelbar Nutzenden gleichermaßen (vgl Lorenz 188). In diesen Fällen ist das Kriterium des Verlustrisikos nicht geeignet, den Halter zu bestimmen.

d) Versicherung
Manche Autoren sehen im Zweifel denjenigen als Halter an, der das Tier versichert **76** hat oder die Tiergefahr mit dem geringsten Aufwand versichern kann (AK-BGB/Kohl Rn 8; MünchKomm/Mertens Rn 19; vgl auch Deutsch JuS 1987, 673, 678). Auch in der Rechtsprechung finden sich Fälle, in denen auf die Versicherung des Tieres abgestellt wurde. So wurde die Haltereigenschaft eines Vereins, bei dem ein Pferd vom Eigentümer untergestellt war, daraus hergeleitet, daß der Verein neben den Unterhalts- und Unterbringungskosten auch die Kosten der Versicherung trug (OLG Celle VersR 1979, 161). Schließt eine Ehefrau für einen im ehelichen Haushalt gehaltenen Hund auf ihren Namen eine Haftpflichtversicherung ab, so soll sie grundsätzlich als Halterin anzusehen sein, zumindest neben ihrem Ehemann (KG VersR 1987, 1042).

Bei dem Kriterium der Versicherung/Versicherbarkeit ist zwischen der Sach- und der **77** Halterhaftpflichtversicherung zu unterscheiden. Eine Sachversicherung wird gegen den Verlust des Tieres abgeschlossen. Das Kriterium der Versicherung deckt sich in diesem Fall mit dem des Verlustrisikos und unterliegt den gleichen Bedenken. Auch der Abschluß einer Haftpflichtversicherung hat als Indiz einen begrenzten Wert. Er belegt in der Regel nur, daß die betreffende Person glaubt, die Halterhaftung fürchten zu müssen. Auf diese Weise zeichnet das Kriterium lediglich den Stand der

Rechtsprechung zur Haltereigenschaft nach. Allein in den Fällen, in denen ein Tier vom Halter einem anderen überlassen wird und die Parteien eine ausdrückliche Vereinbarung über die Versicherungspflicht treffen, bildet die Versicherung ein Indiz für das Eigeninteresse: Die Vereinbarung macht deutlich, wen die Parteien selbst als den überwiegend Interessierten angesehen haben (LORENZ 189).

e) **Nutzung im Haushalts- oder Wirtschaftsbetrieb**

78 Die Nutzung eines Tieres im eigenen Haushalts- oder Wirtschaftsbetrieb ist in Rechtsprechung (RGZ 62, 79, 81; RG JW 1911, 279; OLG Köln VersR 1976, 197) und Literatur (BORNHÖVD JR 1978, 50, 51; ENNECCERUS/LEHMANN 1017; LORENZ 190; MünchKomm/MERTENS Rn 20; ERMAN/SCHIEMANN Rn 7; SOERGEL/ZEUNER Rn 12) ein wichtiges Indiz für das Eigeninteresse. Eine solche Nutzung ist allerdings kein unerläßliches Merkmal, da ein Tier auch halten kann, wer selbst keinen Hausstand oder Geschäftsbetrieb unterhält (im Ergebnis ebenso OLG Hamm VersR 1973, 1054; HOFF AcP 154 [1955] 344, 348; E WOLF, Schuldrecht BT 670; vgl auch BGB-RGRK/KREFT Rn 39; LARENZ, Methodenlehre der Rechtswissenschaft [6. Aufl 1991] 222).

79 Dieses Kriterium ist insofern problematisch, als bei Nutzung durch eine weitere Person häufig zweifelhaft ist, ob das Tier nach wie vor im bisherigen Haushalts- oder Wirtschaftsbetrieb eingestellt oder bereits aus diesem ausgeschieden ist. Die Bedeutung dieser Nutzung gibt in solchen Fällen den Ausschlag, ob sich das Tier noch im bisherigen Haushalts- und Wirtschaftsbetrieb befindet. Damit wird auf das überwiegende Eigeninteresse selbst abgestellt, und das Kriterium des Haushalts- und Wirtschaftsbetriebs erscheint nur als Umweg. Diese Problematik machen einige Fallbeispiele aus der Rechtsprechung deutlich: Bei stundenweiser Vermietung eines Pferdes zum Reiten sollte dieses noch immer dem Wirtschaftsbetrieb des Eigentümers angehören und nicht (vorübergehend) daraus ausscheiden; gerade durch die Vermietung diene es weiterhin dessen eigenem Interesse und Nutzen (RG WarnR 1912 Nr 254; 1915 Nr 237). Ein Pferd, das vom Eigentümer einem anderen dauerhaft in Pension gegeben wurde, sollte damit nicht notwendig aus dem Wirtschaftsbetrieb des Eigentümers ausscheiden (OLG Köln VersR 1976, 197 f). Andererseits wurde eine Narrenzunft, die ein Pferd für einen Umzug entliehen hatte, für die Dauer der Überlassung als Halterin angesehen, weil das Tier aus dem Wirtschaftsbetrieb des Eigentümers ausgeschieden sei und ausschließlich den betriebsfremden Zwecken des Entleihers gedient habe, nicht aber, auch nicht wenigstens zugleich, dem Wirtschaftsbetrieb seines seitherigen und künftig auch wieder in diese Stellung einrückenden Halters (OLG Frankfurt VersR 1956, 454). Auch als ein Eigentümer sein Zugpferd für eine Fahrt vermietet hatte, sollte das Tier zwar nicht auf Dauer, wohl aber für eine gewisse Zeit aus dem Wirtschaftsbetrieb des Vermieters ausgeschieden und in den des Mieters eingestellt worden sein; es habe nicht mehr dem Eigentümer, sondern dem Mieter zu dessen alleinigem Nutzen als Betriebsmittel gedient, so daß die Tiergefahr nunmehr vom Betrieb des Mieters ausging, nicht von dem des Eigentümers (RGZ 62, 79, 84, 85). Bei Ehegatten sollte es maßgeblich darauf ankommen, daß der fragliche Wachhund im gemeinsamen Hausstand und im Eigeninteresse beider Ehegatten verwendet wurde; sie waren deshalb Mithalter (OLG Nürnberg VersR 1964, 1178, 1179).

80 Unproblematisch ist das Kriterium der Nutzung im Haushalts- oder Wirtschaftsbetrieb, wenn der unmittelbare Besitzer das Tier nicht nutzt, sondern nur Verrichtungen an ihm vornimmt. So dient ein Pferd, das einem Tiertrainer übergeben wird,

weiterhin den Zwecken des Eigentümers, scheidet also nicht aus dessen Betrieb aus (RG WarnR 1908 Nr 317; LORENZ 190).

3. Unmittelbares Abstellen auf das Eigeninteresse – Kein Eigeninteresse bei Vornahme von Verrichtungen an einem Tier

In Rechtsprechung (RGZ 66, 1, 3; 168, 331, 332; BGH VersR 1976, 1175, 1176; vgl auch BGH LM Nr 10 = NJW 1977, 2158 = VersR 1977, 864, 865) und Literatur (DEUTSCH JuS 1987, 673, 678; BGB-RGRK/KREFT Rn 39; LARENZ/CANARIS, Schuldrecht II/2 § 84 II 1 b; ERMAN/SCHIEMANN Rn 7; GEIGEL/SCHLEGELMILCH 18. Kap Rn 1; WUSSOW/KUNTZ Rn 559) wird bei der Bestimmung des Tierhalters häufig auch unmittelbar auf das Eigeninteresse an dem Tier abgestellt.

Mit Hilfe des unmittelbaren Heranziehens des Kriteriums Eigeninteresse werden diejenigen Fälle aus dem Halterbegriff ausgeschieden, in denen eine Person nur Verrichtungen an einem Tier vornimmt, es aber nicht selbst nutzt. Der Nutzer zieht Vorteile aus dem Tier: Er verwertet die Substanz oder Leistung des Tieres, so daß Gegenstand der Nutzung das Tier selbst ist (LORENZ 185). Nur in diesem Fall liegt das für die Haltereigenschaft erforderliche Eigeninteresse vor. Wer demgegenüber aufgrund eines Auftrags-, Geschäftsbesorgungs-, Arbeits-, Dienst- oder Werkvertrags Tiere vermittelt (vgl RGZ 66, 1), transportiert (vgl RGZ 168, 331, 332 f; dazu auch BGH VersR 1978, 515) oder versorgt (vgl RGZ 168, 331, 332 f; RG JW 1917, 287), zieht den Vorteil aus seiner eigenen Leistung am Tier oder mittels des Tieres, nicht aber – wie der Entleiher, Mieter oder Pächter eines Tieres – aus der Nutzung des Tieres (RGZ 66, 1, 3 f; 168, 331, 332; LORENZ 185). Er handelt nicht im Eigeninteresse, sondern in dem des Eigentümers.

So dient ein Pferd, das dem Tiertrainer übergeben wird, weiterhin den Zwecken seines Eigentümers, nicht etwa denen des Trainers, denn dieser versieht nur eine ihm aufgetragene Verrichtung; wenn der Trainer wegen des hierfür gezahlten Entgelts aus seiner Tätigkeit auch einen eigenen Vorteil erlangt, so entsteht dieser nicht aus der Nutzung des Pferdes, sondern ist der Ertrag seiner Arbeit (RG WarnR 1908 Nr 317; LORENZ 191). Ein Hund, der zum Tierarzt gebracht wird, um dort gebadet zu werden, dient weiter dem Interesse des Eigentümers (AG Berlin-Lichterfelde JW 1937, 3107; LORENZ 191). Ein Verwalter, der den Betrieb völlig selbständig führt, wirtschaftet nicht im eigenen Interesse, sondern im Interesse und für Rechnung des Eigentümers der im Betrieb gehaltenen Tiere und wird nicht deren Halter (RG Gruchot 47, 404; LORENZ 191).

Die Nutzung des Tieres im Eigeninteresse ist in den verschiedensten Formen möglich, zB um seine Arbeitsleistung zu nutzen (Zugtier, Wachhund), um Erzeugnisse des lebenden Tieres (Milch, Eier, Schafwolle, Jungtiere) zu gewinnen, Freude an seinem Besitz oder dem Umgang mit ihm zu haben (Hund, Katze, Papagei, Singvogel), aus seiner Veräußerung Gewinn zu erzielen, es künftig als Nahrungsmittel zu verwenden. Tierhalter ist etwa die Gemeinde bezüglich des von ihr zu Zuchtzwecken angeschafften Zuchtstiers, auch wenn sie diesen zur Unterbringung und Betreuung einem Gemeindeangehörigen übergibt (RG JW 1917, 287). Tierhalter ist auch ein Reitsportverein (Idealverein), der seine Pferde seinen Mitgliedern zur Erlernung des Reitens und zur Ausübung des Reitsports zur Verfügung stellt; sein eigenes Interesse an der Verwendung der Pferde besteht darin, daß er ohne Gewinnstreben seinen satzungsmäßigen Aufgaben nachkommt (vgl LM Nr 11 = BGH NJW 1982, 763, 764). Eine Nutzung im Eigeninteresse liegt auch dann vor, wenn das Tier erworben wird, um es alsbald zu töten und daraus Nutzen zu ziehen; Tierhalter ist daher der Fleischgroßhändler oder Metzger bzgl der zum Schlachten gekauften Tiere (RGZ 79, 246, 247; OLG Düsseldorf MDR 1982, 935, 936).

4. Zusammentreffen mehrerer Personen mit Eigeninteresse

85 Nutzen mehrere Personen ein Tier in gleichartiger Weise (zB Familienangehörige betreiben mit verteilten Aufgaben eine Hundezucht), so halten sie das Tier gemeinschaftlich und sind alle Halter.

Auch im Falle der Nutzungsüberlassung können mehrere Personen in Bezug auf dasselbe Tier ein (unterschiedliches) Eigeninteresse verfolgen. Der Eigentümer kann sein Tier nutzen, indem er es durch andere nutzen läßt. Der Mieter zieht Vorteile aus dem unmittelbaren Gebrauch, dem Eigentümer fließt der Mietzins zu. In diesen Fällen ist zu entscheiden, ob beide Nutzer Mithalter sind oder ob eine Person allein (diejenige mit dem überwiegenden Interesse) Halter ist.

a) Fälle mehrfacher Nutzung

86 Die Nutzung kann zentraler Gegenstand eines Vertrages zwischen den Beteiligten sein. Als solcher Nutzungsüberlassungsvertrag kommt in erster Linie der Mietvertrag in Betracht.

Ein Nutzungsrecht kann aber auch innerhalb eines sonstigen Rechtsverhältnisses zusätzlich vereinbart werden, etwa bei einem Tierpensionsvertrag (BGH LM Nr 10 = NJW 1977, 2158 = VersR 1977, 864 f: Der Eigentümer bringt sein Pferd auf einem Gut unter, wo es versorgt wird und Dritte es aufgrund vertraglicher Vereinbarung reiten dürfen; OLG Hamm VersR 1973, 1054: Der Eigentümer bringt seinen Jagdhund bei einem Förster unter, der das Tier auch für sich verwenden darf).

Schließlich kommen auch Fälle in Betracht, in denen der Nichteigentümer das Tier unberechtigt benutzt (BGH VersR 1988, 609, 610: Der Eigentümer stellt sein Pferd auf einem Reiterhof ein, wo es zum Kutschpferd ausgebildet werden soll; der Verwahrer nutzt es ohne Erlaubnis zum Reitunterricht).

b) Haltereigenschaft

87 Die Frage, welcher der beiden Nutzer oder ob beide Nutzer zugleich Tierhalter sind, beurteilt sich nach der jeweiligen Intensität des Eigeninteresses.

So bleibt in einer ersten Gruppe von Fällen der Eigentümer Halter, ohne daß der unmittelbare Besitzer ebenfalls Halter wird. Als Alleinhalter wurde beispielsweise der Eigentümer angesehen, der seine Pferde für kurzzeitige Ausritte vermietete (BGH VersR 1987, 198, 200; vgl auch OLG Köln VersR 1976, 197, 198), der seine Pferde auf lange Zeit für die Arbeit unter Tage an eine Zeche vermietete (RG WarnR 1915 Nr 237), der sein Pferd für zehn Wochenstunden einem Reitverein zur Verfügung stellte, dabei die Kosten für das Pferd und das Risiko seines Verlustes trug, sich um das Tier kümmerte und es regelmäßig bewegte (BGH VersR 1982, 348), der sein Pferd zur Pflege und Ausbildung langfristig an einen anderen übergeben hatte und weiterhin sämtliche Unterhaltskosten des Tieres trug (BGH VersR 1988, 609, 610) oder der seinen Jagdhund bei einem Förster unterbrachte, der das Tier auch für sich verwenden durfte, wobei daneben der Eigentümer den Hund noch regelmäßig selbst zur Jagd benutzte (OLG Hamm VersR 1973, 1054; vgl auch die Fälle BGH LM Nr 10 = NJW 1977, 2158 = VersR 1977, 864; OLG Frankfurt VersR 1976, 1138; OLG Celle VersR 1986, 396).

In einer zweiten Gruppe von Fällen wird der unmittelbare Besitzer zum Halter, **88** während der Eigentümer die Haltereigenschaft verliert. So lag es in einem Fall, in dem der Eigentümer sein Pferd auf Dauer einem Reitverein als Schulpferd überließ, der alle Kosten für Unterhalt, Unterbringung, Pflege und tierärztliche Versorgung trug und dem die Gebühren aus der Nutzung des Pferdes zuflossen; zwar durfte der Eigentümer das Pferd auch selbst reiten, wegen der vielfältigen Möglichkeiten, andere Pferde zu reiten, fiel das Interesse des Eigentümers am Reiten dieses Pferdes aber gegenüber dem Interesse des Vereins an der Verwendung als Schulpferd nicht ins Gewicht (OLG Celle VersR 1979, 161 f). Alleinhalter war auch ein Forstbeamter, der einen Jagdhund, der sich bei seinem Eigentümer nicht wohl fühlte, zu sich nahm und diesen – gegen Erstattung der Futter- und Arztkosten sowie Steuer und Versicherung durch den Eigentümer – versorgte und über Jahre als Begleithund im Revier benutzte, wobei er in der Verwendung des Tieres völlig frei war und eine Rückgabe an den Eigentümer nicht vorgesehen war (OLG Hamm VersR 1970, 729, 730 f). In einem Fall, in dem der Gerichtsvollzieher einen Hund pfändete und den Gewahrsam dem Gläubiger übertrug, weil er selbst den bissigen Hund nicht verwahren wollte, wurde der Gläubiger Halter, denn er verwahrte das Tier nicht nur als Pfandstück, sondern behandelte es wie einen ihm gehörenden Haushund (OLG Colmar OLGRspr 14, 50, 51). Alleinhalterin war auch eine Narrenzunft, die ein Pferd für einen Umzug entlieh (OLG Frankfurt VersR 1956, 454).

In einer dritten Gruppe von Fällen sind die Beteiligten Mithalter. So wurde ein **89** Ehemann als Mithalter des Wachhundes seiner Ehefrau angesehen, weil das Tier auch in seinem Interesse gehalten wurde: Hielt er sich am Wochenende in der Ehewohnung auf, diente das Tier auch seinem Schutz; solange er abwesend war, hatte er ein eigenes Interesse am Schutz seiner Ehefrau und seiner Wohnung (OLG Nürnberg VersR 1964, 1178, 1179).

Als Kriterium für die Haltereigenschaft wird auch die Nutzungsdauer herangezogen **90** (vgl RGZ 52, 117, 118; 55, 163, 166; RG JW 1915, 91, 92; BGH NJW 1971, 509 = VersR 1971, 320; VersR 1987, 198, 200; OLG Köln VersR 1976, 197, 198; OLG Düsseldorf VersR 1972, 403; OLG Hamm VersR 1970, 729, 730; OLG Saarbrücken VersR 1988, 752; DEUTSCH JuS 1987, 673, 678; ENNECCERUS/LEHMANN 1017; MünchKomm/MERTENS Rn 20 f; ERMAN/SCHIEMANN Rn 7 f; JAUERNIG/TEICHMANN Anm 2 b). Die Aussagekraft dieses Kriteriums ist allerdings begrenzt (kritisch auch RGZ 62, 79, 81 f, 84 f; OLG Frankfurt VersR 1956, 454; BGB-RGRK/KREFT Rn 39; LORENZ 196 f; gänzlich ablehnend BERGLAR 103 f). So hat es in der Rechtsprechung auch nicht zu einer eindeutigen Abgrenzung geführt. Einerseits wird der unmittelbare Besitzer in manchen Fällen bei nur kurzfristiger Nutzungsüberlassung als Halter angesehen (RGZ 62, 79, 84 f [Überlassung eines Pferdes für die Dauer einer Fahrt]; OLG Frankfurt VersR 1956, 454 [Vermietung eines Pferdes für einen Rosenmontagsumzug]). Andererseits soll die langfristige Nutzung durch ihn nicht zwangsläufig zum Wechsel der Halterschaft führen: So konnten langfristig vermietete Grubenpferde auch weiter dem

Wirtschaftsbetrieb des Eigentümers dienen, da sein Betrieb gerade in der langfristigen Vermietung bestand (RG WarnR 1915 Nr 237), und Pferde auch weiterhin den Interessen ihres Eigentümers dienen, während sie längerfristig einem anderen in Pension gegeben und von diesem auch genutzt wurden (BGH LM Nr 10 = NJW 1977, 2158 = VersR 1977, 864, 865; vgl auch BGH VersR 1988, 609, 610).

5. Die Indizien der Entscheidungsgewalt

a) Unmittelbarer Besitz / tatsächliche Einwirkungsmöglichkeit

91 Das RG (RGZ 55, 163, 165 f; RG JW 1916, 907, 908) und ein Teil der Lehre (ENNECCERUS/LEHMANN 1017) sehen im unmittelbaren Besitz bzw in der tatsächlichen Gewalt ein Indiz für die Haltereigenschaft. Aus diesem Grunde wurde der Entleiher eines Pferdefuhrwerks als Halter angesehen (vgl RGZ 62, 79, 84 f; vgl auch RG JW 1911, 279), ebenso der Pfandgläubiger, der schon vor der Verwertung eines gepfändeten Hundes an diesem Besitz erlangt hatte (OLG Colmar OLGRspr 14, 50, 51).

92 Der Aspekt der Entscheidungsgewalt meint allerdings nicht die konkrete tatsächliche Einflußmöglichkeit über das Tier, sondern die abstrakte Entscheidungsgewalt über Existenz und Verwendung des Tieres. Das ergibt sich aus dem Sinn und Zweck der Norm: Für Tierschäden soll einstehen, wer die Gefahrenquelle schafft und über die Art ihrer Verwendung bestimmt; hierfür maßgebend ist aber gerade nicht die unmittelbare Einflußmöglichkeit auf das Tier, sondern die Entscheidungsmöglichkeit über die Schaffung und Erhaltung der Gefahrenquelle (LORENZ 198). Die Möglichkeit, auf das Tier unmittelbar einzuwirken, besagt nichts über die Verantwortlichkeit für Existenz und Verwendungsweise des Tieres. Die tatsächliche Einflußmöglichkeit allein, über die etwa der unmittelbare Besitzer verfügt, kann daher nicht als Kriterium zur Ermittlung des Halters herangezogen werden (ebenso BORNHÖVD VersR 1979, 398; HOFF AcP 154 [1955] 344, 365; LORENZ 201). Erst recht ist der bloße Besitzdiener (§ 855) nicht Tierhalter (RGZ 52, 117, 118; BGB-RGRK/KREFT Rn 49). Auch die Rechtsprechung hat darauf hingewiesen, daß allein die tatsächliche Herrschaft über das Tier, dh der unmittelbare Besitz, für die Halterschaft keine Rolle spielt (BGH VersR 1988, 609, 610; vgl auch BGH VersR 1978, 515). Der unmittelbare Besitz bzw die sonstige tatsächliche Einwirkungsmöglichkeit können die Haltereigenschaft daher nicht begründen. Umgekehrt entfällt die Haltereigenschaft nicht durch die zeitweilige Aufgabe der unmittelbaren Einwirkungsmöglichkeit (RG WarnR 1908 Nr 317: Pferd in der unmittelbaren Verfügungsgewalt des Tiertrainers; AG Berlin-Lichterfelde JW 1937, 3107: eintägige Überlassung eines Hundes an einen Tierarzt; BGH VersR 1978, 515: zum Transport überlassenes Pferd; RG JW 1917, 287: Unterbringung des gemeindeeigenen Zuchtstiers für längere Zeit bei einem Bauern, der gegen Entgelt die Fütterung und Wartung des Tieres übernahm; vgl auch OLG Hamburg HRR 1936 Nr 872: Haltereigenschaft der Käuferin eines Tigers, der sich während des Transports auf hoher See befand, obwohl die Käuferin noch keinerlei Einflußmöglichkeit auf das Tier hatte).

b) Eigentum

93 In Rechtsprechung und Lehre ist immer wieder darauf hingewiesen worden, daß die Halterschaft ein rein tatsächliches Verhältnis sei und die rechtliche Herrschaft, also das Eigentum am Tier, für die Ermittlung des Halters keine Rolle spiele (RGZ 55, 163, 165; 62, 79, 84; RG WarnR 1910 Nr 332; RG JW 1916, 907, 908; BGH VersR 1956, 574; OLG Nürnberg VersR 1964, 1178 f; OLG Düsseldorf VersR 1972, 403; KG VersR 1981, 1035; ENNECCE-

RUS/LEHMANN 1017; ERMAN/SCHIEMANN Rn 7; SOERGEL/ZEUNER Rn 12; vgl auch OLG Hamm VersR 1970, 729, 730 f). Zum Teil hat die Rechtsprechung im Gegensatz dazu das Eigentum aber auch als Indiz für die Haltereigenschaft herangezogen (OLG Hamburg HRR 1936 Nr 872 [obiter]; OLG Hamm VersR 1973, 1054; OLG Frankfurt VersR 1976, 1138; OLG Düsseldorf VersR 1983, 543; vgl auch OLG Hamburg OLGRspr 14, 44). Eine Reihe von Autoren sieht im Eigentum einen bedeutsamen Hinweis auf den Halter (BORNHÖVD VersR 1979, 398; HOFF AcP 154 [1955] 344, 359, 365; LARENZ/CANARIS, Schuldrecht II/2 § 84 II 1 b [Eigenbesitzer]; LORENZ 202; MEDICUS, Schuldrecht BT 403; MünchKomm/MERTENS Rn 19; E WOLF, Schuldrecht BT 670).

Die für die Haltereigenschaft maßgebliche Entscheidungsgewalt über die Existenz 94 und Verwendung des Tieres ergibt sich regelmäßig aus dem Eigentum und liegt nur ausnahmsweise bei anderen Personen, wenn sie diesen übertragen oder von ihnen unberechtigt in Anspruch genommen wird. Das Eigentum kann daher als Indiz für die Haltereigenschaft herangezogen werden. Die Dauer der Eigentümerstellung spielt dabei keine Rolle. Auch Metzger und Viehhändler sind Tierhalter, selbst wenn sie die erworbenen Tiere alsbald schlachten oder weiterveräußern wollen (RGZ 79, 246, 247; 168, 331, 332; RG WarnR 1937 Nr 34; BGB-RGRK/KREFT Rn 39, 47).

c) **Mittelbarer Besitz**
In der Rechtsprechung wird neuerdings zur Begründung der Haltereigenschaft auf 95 den mittelbaren Besitz abgestellt (OLG Hamm VersR 1973, 1054; OLG Frankfurt VersR 1976, 1138; KG VersR 1981, 1035; vgl auch WUSSOW/KUNTZ Rn 559). Dagegen ist einzuwenden, daß für die Entscheidungsgewalt nicht der mittelbare Besitz als solcher, sondern die konkrete Ausgestaltung des Rechtsverhältnisses zwischen dem Eigentümer und dem unmittelbaren Besitzer von Bedeutung ist. Die Nutzungsvereinbarung berechtigt den unmittelbaren Besitzer zum Besitz auf Zeit und schränkt dadurch die Entscheidungsbefugnis des Eigentümers über sein Tier ein. Dessen Haltereigenschaft kann aufrecht erhalten bleiben, aber auch untergehen (vgl LORENZ 203 f).

Wie problematisch das Abstellen auf den mittelbaren Besitz sein kann, zeigt die 96 Entscheidung KG VersR 1981, 1035. In dem zugrundeliegenden Sachverhalt gab der Besitzer einen Hund, dessen Eigentümer im Gefängnis saß, bei einem Dritten in Pflege. Damit übernahm er nach Ansicht des Gerichts für mehrere Monate, also nicht nur vorübergehend, die Sachherrschaft und begründete dadurch seine Verantwortlichkeit für die Gefahrenquelle: Er habe bestimmt, daß der Hund nicht ins Tierheim kommen, sondern durch den Dritten verwahrt werden solle, bis der Eigentümer wieder aus der Haft entlassen werde; seine Handlungsweise habe die Existenz des Hundes gesichert und diesen gefährdend auf die Umwelt einwirken lassen. Dieser Begründung ist entgegenzuhalten, daß der mittelbare Besitzer hier im Auftrag oder zumindest in Geschäftsführung ohne Auftrag für den Eigentümer gehandelt hatte. Er hatte seine tatsächliche Einwirkungsmöglichkeit auf den Hund dazu genutzt, den (vermeintlichen) Willen des Eigentümers zu verwirklichen. Die Entscheidungsgewalt lag danach beim Eigentümer, nicht beim mittelbaren Besitzer (kritisch auch LORENZ 205).

d) **Einstellen in den Haushalts- oder Wirtschaftsbetrieb**
Die Verwendung des Tieres im eigenen Haushalts- oder Wirtschaftsbetrieb (gelegent- 97 lich wird allgemeiner vom Einflußbereich gesprochen, weil der Halter eines Reitpferdes heute idR

keinen eigenen Wirtschaftsbetrieb hat, noch das Tier im eigenen Haushaltungsbetrieb unterbringen kann, vgl OLG Celle VersR 1979, 161 [„Einfluß- und Verfügungsbereich"]) kann außer der wirtschaftlichen Nutzungsmöglichkeit für eigene Zwecke (dazu o Rn 78 ff) auch dessen Aufenthalt im eigenen räumlichen Machtbereich (einschließlich der Möglichkeit tatsächlicher Einflußnahme [darauf stellen ab: RGZ 62, 79, 85: Bei kurzfristiger Überlassung eines Pferdes übt der Eigentümer nicht mehr die tatsächliche Gewalt aus, die es ihm ermöglichen würde, der von dem Pferd ausgehenden Gefahr vorbeugend entgegenzuwirken; OLG Frankfurt VersR 1956, 454; vgl auch RG WarnR 1915 Nr 237: Bei Vermietung von Pferden an einen Grubenbetrieb übte der Stallmeister weiterhin die Aufsicht aus, auch während die Tiere in der Grube eingesetzt wurden]) oder die Entscheidungsgewalt in bezug auf das Tier (darauf stellt ab: RG JW 1911, 279: Der zeitweilige Nutzer konnte selbständig über die Arbeitspferde verfügen und Anordnungen treffen) umfassen. Die Nutzung im Eigeninteresse und die Entscheidungsgewalt sind Aspekte der Haltereigenschaft. Die tatsächliche Einwirkungsmöglichkeit sagt nichts über die Entscheidungsgewalt aus und kann die Haltereigenschaft daher nicht begründen (so Rn 92). Insofern ist das Kriterium des Einstellens in den Haushalts- oder Wirtschaftsbetrieb auch hinsichtlich des Aspekts der Entscheidungsgewalt problematisch (vgl Lorenz 205 f; zur Problematik hinsichtlich des Aspekts Eigeninteresse so Rn 79).

6. Unmittelbares Abstellen auf die Entscheidungsgewalt

98 In neueren Entscheidungen wird bei der Bestimmung der Haltereigenschaft unmittelbar auf die Bestimmungsbefugnis abgestellt (BGH VersR 1988, 609, 610; OLG Hamm VersR 1973, 1054: Der Eigentümer, der seinen Jagdhund bei einem Forstbeamten in Pflege gab, der das Tier als Wachhund, bei Dienstgängen und bei Jagden verwendete, blieb Halter, weil er die Vereinbarung jederzeit widerrufen und die Tiergefahr durch ständige Haltung des Hundes in einem Zwinger weitgehend oder durch Tötung des Tieres gänzlich ausschließen konnte; OLG Köln VersR 1976, 197, 198: Der Eigentümer, der die Aufsicht über sein Pferd dem Inhaber eines Gutes bzw dem dortigen Reitlehrer übertragen hatte, blieb Halter, weil ihm die Weisungsbefugnis verblieb; OLG Frankfurt VersR 1976, 1138: Der Eigentümer, der sein Pferd im Stall eines Reitvereins unterstellte, es dort füttern und versorgen ließ und Dritten gestattete, das Tier nach Belieben zu reiten, blieb Halter, denn er allein hatte nach wie vor darüber zu entscheiden, wer das Tier versorgte und was mit ihm geschehen würde, wenn das Tier – wegen bestimmter Unarten – eine erhebliche Gefahr für die Allgemeinheit darstellen sollte; OLG Celle AgrarR 1977, 178, 179: Ein Landwirt, der dem Viehhändler seine Kuh in Kommission gab, blieb Halter, weil er dem Kommissionär Weisungen hinsichtlich der Kuh erteilen konnte; vgl auch KG VersR 1981, 1035; OLG Düsseldorf VersR 1983, 543; OLG Saarbrücken VersR 1988, 752). Auch eine Reihe von Autoren erwähnt die Entscheidungskompetenz über Existenz und Verwendung des Tieres als wesentliches Kriterium der Haltereigenschaft (Berglar 102; Bondzio RdL 1972, 229, 230; Bornhövd VersR 1979, 398; ders JR 1978, 50, 51; Geigel/Schlegelmilch 18. Kap Rn 1; BGB-RGRK/Kreft Rn 39; Larenz/Canaris, Schuldrecht II/2 § 84 II 1 b; MünchKomm/Mertens Rn 19; Palandt/Thomas Rn 9; Schlund, in: FS Schäfer 223, 225; Wussow/Kuntz Rn 559).

99 Da die Entscheidungsgewalt eines der beiden Hauptkennzeichen der Halterschaft darstellt, ist es richtig, bei der Bestimmung des Halters hierauf abzustellen. Zu beachten ist allerdings, daß es auf die tatsächliche Beherrschung des Tieres ankommt, nicht auf die rechtliche Befugnis dazu. Zwar fällt oft beides zusammen, so daß von der Befugnis auf den Herrschaftstatbestand geschlossen werden kann. In Fällen, in denen jemand – zB ein Dieb – unberechtigt über ein Tier bestimmt, ist aber allein entscheidend, wer die Macht darüber ausübt, ob das Tier existiert und in welcher Weise es verwendet wird (su Rn 108).

7. Verteilung der Entscheidungsgewalt auf mehrere Personen

Ist die Entscheidungsgewalt über das Tier zwischen verschiedenen Personen aufgeteilt, so ist Mithalterschaft möglich (BORNHÖVD VersR 1979, 398; vgl auch BGB-RGRK/ KREFT Rn 42; LORENZ 207; OLG Hamm VersR 1973, 1054). Es kommt dann darauf an, welcher Grad von Entscheidungsbefugnissen zur Halterschaft führt. In den Nutzungsüberlassungsfällen kann die Verteilung der Entscheidungsbefugnisse zur Alleinhalterschaft des Eigentümers, zur Mithalterschaft von Eigentümer und Nutzungsberechtigtem oder zur Alleinhalterschaft des Nutzungsberechtigten führen.

8. Einzelne typische Fallkonstellationen

a) Verträge über Leistungen an oder mit dem Tier
Arbeits-, Dienst-, Werk-, Verwahrungs-, Auftrags- und Geschäftsbesorgungsverträge beinhalten regelmäßig keine Nutzungsübertragung, dh der Arbeitnehmer, Dienstverpflichtete usw hat kein Eigeninteresse an dem Tier. Tierhalter bleibt deshalb der Eigentümer (RGZ 52, 117, 118; 66, 1, 3; 168, 331, 332; RG WarnR 1908 Nr 317; RG JW 1917, 287; BGH VersR 1978, 515 [die Frage, ob auch der Transporteur Halter ist, wurde offengelassen]; OLG Celle AgrarR 1977, 178, 179 [Transport- und Kommissionsabrede]; OLG Saarbrücken VersR 1988, 752 [Betreuung eines Hundes während eines Krankenhausaufenthaltes des Halters]; BGB-RGRK/KREFT Rn 45 f; MünchKomm/MERTENS Rn 20; SOERGEL/ZEUNER Rn 13, 15).

b) Nutzungsüberlassungsverträge
Miete und Leihe berechtigen den Mieter bzw Entleiher zur Nutzung des Tieres auf Zeit, so daß eine Aufteilung von Nutzungsinteresse und Entscheidungsgewalt vorliegt. Bei kurzfristiger Nutzungsüberlassung bleibt es in der Regel bei der Halterschaft des Eigentümers (DEUTSCH JuS 1987, 673, 678; BGB-RGRK/KREFT Rn 44; AK-BGB/KOHL Rn 8; MEDICUS, Schuldrecht BT 403; MünchKomm/MERTENS Rn 20; SOERGEL/ZEUNER Rn 14; aA BERGLAR 98 ff, 103 f; vgl auch HOFF AcP 154 [1955] 344, 365; OLG Frankfurt VersR 1976, 1138), beispielsweise wenn er sein Pferd zum Ausreiten vermietet (RG WarnR 1912 Nr 254; BGH NJW 1986, 2883, 2884; VersR 1987, 198, 200), stundenweise einem anderen zum Ausreiten überläßt (OLG Köln VersR 1976, 197, 198) oder aus Entgegenkommen sein Pferd für einen Transport zur Verfügung stellt (RG JW 1915, 91, 92). Bei einer Nutzungsüberlassung für längere Zeit geht zumeist die überwiegende Bestimmungsgewalt und Nutzungsmöglichkeit auf den Mieter bzw Entleiher über. Es findet dann ein Halterwechsel statt (BGB-RGRK/KREFT Rn 44; MünchKomm/MERTENS Rn 20; SOERGEL/ ZEUNER Rn 14; vgl aber auch LARENZ/CANARIS, Schuldrecht II/2 § 84 II 1 b: Grundsätzlich bleibe es bei der Halterschaft des Vermieters) oder es kommt jedenfalls zur Mithalterschaft von Eigentümer und Mieter bzw Entleiher (DEUTSCH JuS 1987, 673, 678; BGB-RGRK/KREFT Rn 44; MünchKomm/MERTENS Rn 20; vgl OLG Hamm VersR 1973, 1054; vgl auch RG JW 1911, 279; GEIGEL/SCHLEGELMILCH 18. Kap Rn 9). Allerdings kann auch bei Nutzungsüberlassung des Tieres für längere Zeit der Eigentümer allein Halter bleiben, wenn er trotz der längerfristigen Überlassung seine Bestimmungsmöglichkeit nicht verliert; dieser Fall wurde bei der langjährigen Überlassung von Grubenpferden (RG WarnR 1915 Nr 237) oder der einwöchigen Vermietung von Zugpferden für Werbefahrten (BGH NJW 1971, 509 = VersR 1971, 320) angenommen. Umgekehrt ist auch bei kurzzeitiger

Nutzungsüberlassung ein Halterwechsel möglich (RGZ 62, 79, 85; OLG Frankfurt VersR 1956, 454).

Bei Pacht und Nießbrauch (etwa eines landwirtschaftlichen Betriebes) werden – zumeist langfristig – Nutzungsvorteile in erheblichem Umfang übertragen. Deshalb ist in der Regel der Pächter bzw Nießbraucher Halter (vgl OLG Frankfurt VersR 1956, 454; BGB-RGRK/Kreft Rn 44).

c) Veräußerung von Tieren

103 Wird ein Tier verkauft und übereignet, so gehen Entscheidungsgewalt und Eigeninteresse an dem Tier vom Verkäufer auf den Käufer über. Die Halterschaft zu einzelnen Zeitpunkten innnerhalb dieser Phase bestimmt sich danach, inwieweit Entscheidungsgewalt und Eigeninteresse noch beim Verkäufer oder schon beim Käufer liegen. Solange der Verkäufer Eigentümer ist und das Tier nicht übergeben oder versandt hat, ist er Halter (RG JW 1930, 2421, 2422; OLG Hamburg OLGRspr 14, 44; BGB-RGRK/Kreft Rn 47; Lorenz 216; MünchKomm/Mertens Rn 22; Erman/Schiemann Rn 8; Weimar MDR 1967, 100, 101; Soergel/Zeuner Rn 17). Er bleibt daher auch bei Annahmeverzug des Käufers weiter Halter (Weimar MDR 1967, 100, 101). Wenn der Eigentumsübergang und die Übergabe an den Käufer erfolgt sind, ist dieser Halter (Lorenz 216). Er bleibt es, auch wenn er berechtigterweise die Wandlung verlangt, bis zur Rückgabe des Tieres an den Verkäufer (vgl OLG Kassel SeuffA 59 Nr 257; OLG Naumburg SeuffA 58 Nr 210; Roth JW 1913, 69; Erman/Schiemann Rn 8). Problematischer ist die Bestimmung des Halters, wenn das Tier noch beim Verkäufer bleibt, obwohl dieser nicht mehr Eigentümer ist (vgl RG WarnR 1910 Nr 332), wenn sich das Tier auf dem Transport befindet, also vom Verkäufer abgesandt worden, aber noch nicht beim Käufer angekommen ist (vgl OLG Hamburg HRR 1936 Nr 872; BGB-RGRK/Kreft Rn 47), wenn das Tier an den Käufer übergeben wird, obwohl er noch kein Eigentum erworben hat, wie beim Vorbehaltskauf, oder beim Kauf auf Probe (§ 495; vgl dazu OLG Kassel SeuffA 59 Nr 257 [während der Probezeit Halterschaft nur des Probekäufers]; BGB-RGRK/Kreft Rn 47 [Halterschaft des Verkäufers; bei längerer Probezeit möglicherweise Mithalterschaft von Probekäufer und -verkäufer]). Die Entscheidungsgewalt und das Eigeninteresse von Verkäufer und Käufer an dem Tier sind in diesen Fällen im einzelnen zu gewichten. Oft hilft ein Vergleich mit der bei einzelnen Nutzungsüberlassungsverträgen bestehenden Situation weiter (vgl Lorenz 216). Beim Versendungskauf ist der Käufer bereits Halter des Tieres auf dem Transport (OLG Hamburg HRR 1936 Nr 872; BGB-RGRK/Kreft Rn 47; MünchKomm/Mertens Rn 22). Beim Kauf auf Probe ist zu berücksichtigen, ob der Kaufvertrag unter der aufschiebenden oder auflösenden Bedingung (§ 158) der Billigung bzw Nichtbilligung geschlossen ist. Bei aufschiebender Bedingung tritt der Gefahrübergang abweichend von §§ 446, 447 erst mit der Billigung ein (BGB-RGRK/Mezger § 495 Rn 7; Palandt/Putzo § 495 Rn 7), so daß bis zu diesem Zeitpunkt der Verkäufer das Verlustrisiko trägt, was für seine Halterschaft spricht.

d) Entlaufene Tiere

104 Bei entlaufenen Tieren wurde früher auf die unmittelbare Einwirkungsmöglichkeit abgestellt und zwischen vorübergehender Besitzentziehung und endgültigem Besitzverlust unterschieden (RG JW 1930, 2421 f; OLG Oldenburg SeuffA 75 Nr 21; Enneccerus/Lehmann 1017; vgl dazu Weimar JR 1963, 414, 415; Wilts VersR 1965, 1019, 1020 auch mNw aus der Lit). Die Halterschaft war beendet, wenn keine oder nur geringe Aussicht bestand, das Tier wiederzuerlangen. Heute vertritt der BGH die Ansicht, daß allein mit dem Entlaufen eines Tieres die Haltereigenschaft und damit die Haftung grundsätzlich noch nicht entfalle, auch wenn das Tier für den Halter als endgültig verloren gelten müsse (BGH LM Nr 4 = NJW 1965, 2397; VersR 1978, 515; ihm folgend Bondzio RdL 1972, 229, 230; Deutsch JuS 1987, 673, 678; Esser/Weyers, Schuldrecht II § 58 III 1 a; Larenz/Canaris, Schuldrecht II/2 § 84 II 1 b; Wilts VersR 1965, 1019, 1020 unter Auseinandersetzung mit abweichenden Auffassungen; Wussow/Kuntz Rn 563).

Fest steht, daß zumindest bei endgültigem Besitzverlust ein Nutzen des Tieres im **105** Eigeninteresse und eine Entscheidungsgewalt über das Tier nicht mehr vorliegen. Die Halterschaft ist damit nach den bisherigen Kriterien entfallen. Dennoch erscheint es unbillig, dem Geschädigten einen Ersatzanspruch zu verweigern. Eine Lösung dieses Konflikts ist möglich, wenn nicht auf das unmittelbar schadensstiftende Tierverhalten, sondern auf das Entlaufen selbst als Verletzungsursache abgestellt wird. Zum Zeitpunkt des Entlaufens bestand die Halterschaft noch, und auf die zwischenzeitliche Beendigung der Halterschaft kommt es nicht an: Der Halter haftet für die Schaffung und Unterhaltung der Gefahrenquelle, daher treffen ihn auch die Folgen des Entlaufens (ebenso AK-BGB/Kohl Rn 8; BGB-RGRK/Kreft Rn 40; Lorenz 218; Wilts VersR 1965, 1019, 1020 unter Hinweis auf § 7 Abs 3 StVG; Soergel/Zeuner Rn 12; vgl auch MünchKomm/Mertens Rn 21). Diese Nachwirkung der Halterschaft entfällt, sobald eine andere Person (zB der Finder) Halter wird (ebenso Esser/Weyers, Schuldrecht II § 58 III 1 a; BGB-RGRK/Kreft Rn 40 für den Fall des Diebstahls; Lorenz 218; Wilts VersR 1965, 1019, 1020; Soergel/Zeuner Rn 12; offengelassen in BGH LM Nr 4 = NJW 1965, 2397).

e) Gefundene und zugelaufene Tiere

Nach Rspr (OLG Nürnberg MDR 1978, 757; LG Düsseldorf VersR 1968, 99; LG Mönchenglad- **106** bach VersR 1967, 486) und Lit (Deutsch JuS 1987, 673, 678; AK-BGB/Kohl Rn 8; BGB-RGRK/Kreft Rn 48; Larenz/Canaris, Schuldrecht II/2 § 84 II 1 b; Lorenz 218 f; Medicus, Schuldrecht BT 403; Erman/Schiemann Rn 8; Weimar MDR 1957, 658; Soergel/Zeuner Rn 19) wird der Finder eines Tieres nicht Halter, solange er es nicht im eigenen Interesse in Besitz nimmt, also solange er zu erkennen gibt, daß er das Tier an den Eigentümer zurückzugeben beabsichtigt. Das kann vor allem der Fall sein, solange er das Tier für den ihm bekannten Halter verwahren will oder solange er Ermittlungen nach dem unbekannten Halter anstellt. Daß der Finder in Erwartung eines Finderlohnes handelt, begründet keine Nutzung des Tieres im eigenen Interesse (Weimar MDR 1964, 901, 902). Tierhalter ist auch nicht ein Tierschutzverein, der herrenlos herumstreunenden Tieren Obdach und Pflege gewährt und sie bei Nichtermittlung des Eigentümers von Fall zu Fall an Tierliebhaber weiterverkauft (LG Mönchengladbach VersR 1967, 486; bei den Verkäufen machte der Tierschutzverein zur Bedingung, daß das verkaufte Tier an den Eigentümer zurückzugeben sei, wenn dieser sich später noch melde). Dagegen wird der Finder Halter, sobald er die Absicht kundtut, das Tier für sich zu behalten, oder die zunächst vorhandene Rückgabeabsicht später aufgibt. Ein Hinweis darauf kann sich auch aus der Besitzdauer ergeben (OLG Nürnberg MDR 1978, 757 [Zeitraum von fast sechs Monaten]).

f) Gestohlene Tiere und sonstige Fälle der Besitzentziehung

Die Tierhaltereigenschaft endet, wenn das Tier dem Halter auf Dauer, zB durch **107** Diebstahl, entzogen wird (OLG Oldenburg SeuffA 75 Nr 21; BGB-RGRK/Kreft Rn 40; Larenz/Canaris, Schuldrecht II/2 § 84 II 1 b). Das gleiche gilt, wenn ein tollwütiges oder tollwutverdächtiges Tier dem Halter zwecks Tötung weggenommen wird (vgl § 39

TierSG idF vom 29. 1. 1993, BGBl I 116). Dagegen endet die Tierhaltereigenschaft nicht schon dadurch, daß das Tier vorübergehend in amtliche Verwahrung genommen wird (RG JW 1913, 431 f betr die bei einer Hundesperre eingegangenen Hunde).

108 Durch einen Diebstahl wird nicht nur die bisherige Halterschaft beendet, sondern zugleich die des Diebes begründet (EBERL-BORGES VersR 1996, 1070, 1071 ; AK-BGB/KOHL Rn 8; LARENZ/CANARIS, Schuldrecht II/2 § 84 II 1 b; LORENZ 220; MEDICUS, Schuldrecht BT § 145 II 2; MünchKomm/MERTENS Rn 22). Der Dieb nutzt das Tier nicht für den Eigentümer, sondern für eigene Zwecke. Er erkennt nicht die Bestimmungsbefugnis des Eigentümers an, sondern bestimmt selbst über das Tier. Daß er unberechtigt die Bestimmungsbefugnis ausübt, hindert seine Halterschaft nicht. Für die Halterschaft genügt ein Herrschaftstatbestand, eine Herrschaftsbefugnis ist nicht erforderlich (so Rn 71): Die Entscheidungsgewalt besteht in der Verantwortlichkeit dafür, daß die Gefahrenquelle überhaupt besteht und in bestimmter Weise verwendet wird. Diese Verantwortlichkeit trifft auch den Dieb, der sich – unrechtmäßig – in den Besitz des Tieres gebracht hat (eingehend EBERL-BORGES VersR 1996, 1070, 1071).

g) Eheleute
109 Eheleute sind regelmäßig Mithalter der im gemeinsamen Haushalt lebenden Tiere, unabhängig davon, wer deren Eigentümer ist (vgl OLG Düsseldorf VersR 1972, 403). Solche Tiere werden von den Eheleuten meist gemeinsam genutzt, und die Eheleuten entscheiden auch gemeinsam darüber. Unabhängig vom Güterstand ist der Ehemann Tierhalter des der Frau gehörenden Tieres, wenn er es im eigenen Interesse (nämlich im Rahmen der Ehe als Lebens- und Schicksalsgemeinschaft und damit zu seinem und seiner Frau Wohl) in dem von ihm geleiteten landwirtschaftlichen Betrieb verwendet (vgl LG Kiel SchlHA 1955, 129; s auch RGZ 158, 341, 344).

h) Der Erbfall
110 Halter ist, wer ein Tier erbt, dessen Halter der Erblasser war. Zwar liegen die Halterkriterien, von denen bisher ausgegangen wurde, beim Erben nicht ohne weiteres vor. Das Tier mag sich im Nachlaß befinden, ohne daß es vom Erben im eigenen Interesse genutzt wird. Auch steht bei Eintritt des Erbfalls oft nicht fest, wer Erbe ist. Der Erbe kann die Erbschaft ausschlagen (§§ 1942 ff). Wer zur Zeit des Erbfalls bereits gezeugt, aber noch nicht geboren war (vgl § 1923 Abs 2), wird nur Erbe, wenn er nach dem Erbfall auch lebend zur Welt kommt (PALANDT/HEINRICHS § 1 Rn 7, PALANDT/EDENHOFER § 1923 Rn 5). In diesen Fällen ist (zusätzlich) die Entscheidungsgewalt zweifelhaft. Doch gelten die genannten Halterkriterien für den Erben nicht zwingend. Sie sind aus der ratio des § 833 S 1 entwickelt worden, und zwar im Hinblick auf die Situation des lebenden Menschen. Beim Erbfall ist wiederum auf die ratio der Norm zurückzugreifen. Danach soll bei Tierschäden eine Haftung eintreten, wenn andere der Tiergefahr zum eigenen Nutzen einer Person ausgesetzt wurden. Das bleibt auch dann der Fall, wenn diese Person später stirbt, denn das Tier und damit die Tiergefahr existieren nach wie vor deshalb, weil der Erblasser die gefährliche Situation geschaffen hatte. In Anbetracht der ratio des § 833 S 1 erscheint es nicht gerechtfertigt, einem nach dem Erbfall durch das Tier Geschädigten einen Ersatzanspruch zu versagen, nur weil der Halter gestorben ist. Es entspricht vielmehr der Billigkeit, Ersatz aus dem Nachlaß zu gewähren. Daher muß der Erbe, der in die vermögensrechtliche Stellung des Erblassers eintritt (§ 1922 Abs 1),

für den Tierschaden einstehen. Der Erbe ist in diesem Sinne Halter (eingehend EBERL-BORGES VersR 1996, 1070, 1072 f; vgl auch MünchKomm/MERTENS Rn 22).

9. Voraussetzungen im Hinblick auf die Person des Halters

a) Geschäfts-/ Deliktsunfähige und beschränkt Geschäfts-/ Deliktsfähige

Unter welchen Voraussetzungen Geschäfts-/ Deliktsunfähige und beschränkt Geschäfts-/ Deliktsfähige – insbesondere Minderjährige – Tierhalter sind und nach § 833 haften, ist umstritten. Ein Teil der Lit wendet §§ 104 ff analog an; die Halterschaft kann danach nur durch Handlungen des gesetzlichen Vertreters oder mit dessen Zustimmung begründet werden (so CANARIS NJW 1964, 1987, 1991; LARENZ/CANARIS, Schuldrecht II/2 § 84 II 1 b, I 2 g; GEIGEL/SCHLEGELMILCH 18. Kap Rn 12; JAUERNIG/TEICHMANN 2 b; WEIMAR MDR 1964, 208; 1967, 100, 101). Ein anderer Teil der Lit wendet §§ 828 f analog an (so BONDZIO RdL 1972, 229, 231; vCAEMMERER, in: FS Flume [1978] Bd I 359, 363; DEUTSCH JuS 1981, 317, 324; AK-BGB/KOHL Rn 8; MEDICUS, Schuldrecht BT § 145 II 2; vgl auch BGB-RGRK/KREFT Rn 42; LORENZ 221; MünchKomm/MERTENS Rn 19, 23; ERMAN/SCHIEMANN § 827 Rn 1: § 827 f gelte auch hinsichtlich der Begründung der Haltereigenschaft). Nach einer dritten Auffassung kann der Geschäfts-/ Deliktsunfähige und der beschränkt Geschäfts-/ Deliktsfähige auf dreierlei Art Halter werden: durch Handlungen seines gesetzlichen Vertreters, durch eigene Handlungen mit Einverständnis des gesetzlichen Vertreters sowie durch eigene Handlungen ohne Einverständnis des gesetzlichen Vertreters, wobei § 828 analog gilt; kommt es im zuletzt genannten Fall nicht zu einer Halterschaft, kann analog § 829 eine Billigkeitshaftung eintreten (DEUTSCH JuS 1987, 673, 678; HOFMANN NJW 1964, 228, 232; PALANDT/THOMAS Rn 9; ebenso offenbar MünchKomm/MERTENS Rn 23). Nach einer vierten (älteren) Ansicht kommt es weder für den Erwerb der Haltereigenschaft noch für die Haftung auf Geschäfts- oder Deliktsfähigkeit an (vgl die Nachweise bei CANARIS NJW 1964, 1987, 1990 Fn 26; HOFMANN NJW 1964, 228, 229 Fn 9).

Die Begründung der Haltereigenschaft ist nicht der richtige Ansatzpunkt für den Schutz Geschäfts-/ Deliktsunfähiger und beschränkt Geschäfts-/ Deliktsfähiger. Danach würde beispielsweise ein Volljähriger, der wegen Geisteskrankheit geschäftsunfähig wird, für solche Tiere haften, die er vor dem Verfall in Geisteskrankheit angeschafft hat, nicht aber für solche Tiere, die er erst nach diesem Zeitpunkt angeschafft hat. Für diese Unterscheidung gibt es keine Rechtfertigung.

Nach der ratio des § 833 S 1 ist für das Tier verantwortlich, wer die bestimmende Herrschaft über seine Existenz und Verwendung ausübt und die Vorteile aus der Nutzung zieht, ohne daß es darauf ankommt, wie diese Lage herbeigeführt worden ist. Ob ein Geschäfts-/ Deliktsunfähiger oder ein beschränkt Geschäfts-/ Deliktsfähiger Tierhalter ist, beurteilt sich daher nach den üblichen Kriterien, nämlich dem Eigeninteresse und der Entscheidungsgewalt. Dabei ist das Kriterium der Nutzung im Eigeninteresse unproblematisch, da hierzu nur die natürliche Willensfähigkeit erforderlich ist. Im Hinblick auf die Entscheidungsgewalt ist danach zu unterscheiden, ob der gesetzliche Vertreter des Geschäfts-/ Deliktsunfähigen bzw beschränkt Geschäfts-/ Deliktsfähigen Kenntnis von dem Tier hat oder nicht. Hat beispielsweise ein Minderjähriger ein Tier mit Wissen der Eltern, so entscheidet sich nach dem Reifegrad des Minderjährigen, ob er selbst oder seine Eltern kraft ihrer elterlichen Sorge (§ 1626 Abs 1) über das Tier bestimmen. Entsprechend ist die Entscheidungsgewalt über das Tier verteilt. Beherrschen die Eltern das Tier, so sind sie Halter, da sie das Tier auch nutzen: Sie belassen es ihrem Kind zu erzieherischen Zwecken. Haben die Eltern keine Kenntnis von dem Tier, so entscheidet der Reifegrad des Minderjährigen darüber, ob aus seiner Herrschaft über das Tier seine Verantwortlichkeit für die Existenz und Verwendung des Tieres abzuleiten ist (eingehend EBERL-BORGES VersR 1996, 1070, 1073 ff). In ähnlicher Weise kommt es bei Volljährigen darauf an, inwieweit der Betreffende seine Angelegenheiten selbst wahrnehmen kann (vgl § 1896 Abs 1 S 1), ob für ihn ein Betreuer bestellt ist (der dann dem Wohl des Betreuten verpflichtet ist, vgl § 1901) und wieweit dessen Aufgabenkreis reicht (vgl § 1896 Abs 2 S 1).

b) Juristische Personen

114 Auch juristische Personen, insbesondere der Staat, können Tierhalter sein (RGZ 76, 225, 226, 227 [Reichsmilitärfiskus]; RG JW 1917, 287 [Gemeinde]; BGH NJW 1971, 509 = VersR 1971, 320 [eingetragener Verein]; VersR 1972, 1047, 1048 [Land]; BGB-RGRK/KREFT Rn 42; MünchKomm/MERTENS Rn 19). So ist eine Stadtgemeinde, die in ihrem Stadtwald ein dem Publikum zugängliches eingezäuntes Wildgehege unterhält, Halterin der im Gehege frei umherlaufenden Tiere. Ihr Eigeninteresse folgt daraus, daß sie das Wild im Rahmen der Daseinsvorsorge für ihre Bürger hält; zur Förderung des Wohls ihrer Einwohner gehöre auch die kulturelle und soziale Betreuung (BGH VersR 1976, 1175, 1176). Durch Hinweise „Betreten auf eigene Gefahr" kann sie ihre Haftung nicht ausschließen (BGH VersR 1976, 1175, 1177). Halter sind nicht die einzelnen Amtsträger, denen von ihrem Dienstherrn Tiere (etwa Pferde oder Hunde) zur dienstlichen Verwendung zugewiesen worden sind (vgl BGH VersR 1972, 1047, 1048; OLG Hamm OLGRspr 20, 270; BGB-RGRK/KREFT Rn 49).

VII. Von § 833 S 2 erfaßte Tiere

115 Die Verschuldenshaftung nach S 2 gilt für Haustiere, die dem Beruf, der Erwerbstätigkeit oder dem Unterhalt des Tierhalters zu dienen bestimmt sind.

1. Haustier

116 Das Gesetz definiert den Begriff Haustier nicht. Maßgeblich für die Auslegung ist der gewöhnliche Sprachgebrauch. Danach sind Haustiere zahme – im Gegensatz zu den gezähmten (§ 960 Abs 3) – Tiere, die vom Menschen zu seinem Nutzen (zu haus-, land- und ernährungswirtschaftlichen Zwecken, vgl MünchKomm/MERTENS Rn 29) in seiner Wirtschaft gezogen und gehalten zu werden pflegen und dabei durch Erziehung und Gewöhnung der Aufsicht und dem beherrschenden Einfluß des Menschen unterstehen (RGZ 79, 246, 248; 158, 388, 391). Den Gegensatz zu den zahmen Tieren bilden die wilden und die gezähmten wilden Tiere (§ 960). Keine Haustiere sind zB Damwild in Gattern für die Fleischerzeugung (OLG Nürnberg NJW-RR 1991, 1500, 1501; vgl dazu auch MITZSCHKE/SCHÄFER, Kommentar zum Bundesjagdgesetz [4. Aufl 1982] § 20 Rn 21) oder Tiere in Pelzfarmen. Ebenso ist zB ein gezähmtes Reh, auch wenn es wie ein Haustier im Hause gehalten wird und die Gewohnheiten eines Haustiers angenommen hat, niemals ein Haustier. Dagegen gehört zum Begriff des Haustiers nicht, daß es stets oder hauptsächlich „im Haus" oder in bestimmter räumlicher Nähe dazu gehalten wird. Auch das Weidevieh auf Almen bleibt Haustier (OLG München OLGRspr 34, 124, 125).

Im einzelnen sind Haustiere danach Pferd, Esel, Maulesel, Rind, Schwein, Schaf, **117** Ziege, Hund, Katze, zahmes Kaninchen, Hausgeflügel (einschließlich Tauben und Pfauen) usw. Gezähmte Tiere sind dagegen ua im Haus gehaltene Raben, Kanarienvögel, Wellensittiche, Papageien, Meerschweinchen, Fische im Aquarium. Denkbar ist, daß im Lauf der Zeit durch Fortschritte der Tierzucht und Änderungen der Gewohnheiten und Bedürfnisse gewisse Tiergattungen, die in der Gegenwart keine Haustiere sind, diese Eigenschaften erlangen. Maßgebend für die Haustiereigenschaft ist im übrigen die inländische Verkehrsauffassung. Tiere, die in anderen Ländern, Breiten und Erdteilen bei veränderten klimatischen und sonstigen Verhältnissen Haustiere sein mögen wie Kamel, Büffel, Rentier und Lama, verlieren diese Eigenschaft, wenn sie aus ihrem Verwendungsland ins Inland verbracht werden.

Streitig ist, ob die Biene (vgl dazu §§ 961–964) ein Haustier ist. Die Frage ist mit der **118** hM zu verneinen. Danach sind Bienen entweder wilde Tiere oder, wenn zahme Tiere, so doch keine Haustiere, weil es an der zum Begriff des Haustiers erforderlichen Möglichkeit einer Beaufsichtigung und Beherrschung durch den Halter fehlt (RGZ 141, 406, 407; 158, 388, 391 f; OLG Karlsruhe OLGRspr 28, 298; OLG Kiel SeuffA 76 Nr 115; BGB-RGRK/KREFT Rn 75; MünchKomm/MERTENS Rn 9; Nachweise über das ältere Schrifttum bei STAUDINGER/ENGELMANN[9] Anm 7b ; aA ROHDE, Zur Haftung des Imkers als Tierhalter, VersR 1968, 227, 229, 230; WEBER DGWR 1942, 56, 66). Bei den parlamentarischen Beratungen des § 833 S 2 wurden mehrfach gestellte Anträge, die Haustiereigenschaft der Bienen ausdrücklich anzuerkennen, abgelehnt, weil – nach der Stellungnahme der Regierungsvertreter – die Biene dem menschlichen Haushalt zu ferne, nicht in dem engen Kulturzusammenhang mit dem Volksleben und nicht so in der Macht des Halters stehe, daß er darüber wie über die anerkannten Haustiere verfügen könne (vgl Verhandlungen des Reichstags, 12. Legislaturperiode, Bd 247 Nr 858, 943; s auch die Nachweise in RGZ 141, 406, 407). Über Abwehransprüche gegen den Bienenhalter zur Verhinderung des Eindringens von Bienen auf ein fremdes Grundstück, wo die Gefahr der Verletzung von Menschen durch Bienenstiche besteht, vgl OLG Köln RdL 1968, 46, 47 f.

Auch wenn ein Tier gattungsmäßig ein Haustier ist, fällt es nach Sinn und Zweck der **119** Vorschrift nicht unter § 833 S 2, wenn es nicht als Haustier, der Üblichkeit entsprechend, sondern etwa als Versuchstier in wissenschaftlichen Instituten, zur Serumgewinnung usw oder als Schaustück in zoologischen Gärten gehalten wird (allgM, s etwa RGZ 79, 246, 248; BGB-RGRK/KREFT Rn 75; MünchKomm/MERTENS Rn 29; ERMAN/SCHIEMANN Rn 9; PALANDT/THOMAS Rn 14).

2. Nutztier

Die Gefährdungshaftung entfällt nach S 2 nur für solche Haustiere, die dem Berufe, **120** der Erwerbstätigkeit oder dem Unterhalt des Tierhalters zu dienen bestimmt sind.

a) Beruf, Erwerbstätigkeit, Unterhalt

Den Gegensatz zum Nutztier bildet das Haustier als sog Luxustier wie zB der Hund, **121** der zum Vergnügen, zur Unterhaltung, oder ein Pferd, das zu Sportzwecken gehalten wird. Das gleiche Tier kann je nach der Person des Halters oder der ihm von diesem gegebenen Zweckbestimmung (su Rn 140) unter S 1 oder S 2 des § 833 fallen: Ein vom Landwirt zu Zuchtzwecken gehaltenes Vollblutpferd ist Nutz(Erwerbs-)-

tier, wird aber zum Luxustier, wenn es an einen Rentner übergeht, der es nur zu Spazierfahrten benutzt (RGZ 79, 246, 249), oder an einen Rennstall, der aus Liebhaberei gehalten wird (vgl BGH VersR 1955, 116).

122 Halter eines Nutztieres können auch der Staat und sonstige juristische Personen des öffentlichen oder privaten Rechts sein. Zwar hat eine juristische Person nicht einen „Beruf" im eigentlichen Sinn. An die Stelle des „Berufs" treten aber die Aufgaben, die für die juristische Person durch ihre Zweckbestimmung und die darauf beruhenden Verwaltungseinrichtungen gegeben sind. Ist das Tier dazu bestimmt, dem Aufgabenbereich und den Zwecken der juristischen Person zu dienen, so dient es dem „Beruf" oder der Erwerbstätigkeit, ggfs auch dem „Unterhalt" (zB bei einem Wohltätigkeitsverein, der ihm angehörige alte Menschen mit Essen versorgt und selbst Schweine mästet, vgl BGB-RGRK/KREFT Rn 77) seines Halters (vgl RGZ 76, 225, 227 f [Militärpferde]; BGH VersR 1972, 1047, 1048 [Polizeihund]; 1985, 646 [Polizeipferd]; OLG Celle OLGRspr 20, 271 f [Militärpferde]; OLG Celle VersR 1972, 469 f [Pferde eines Reitvereins werden bei Lehrgängen verwendet, die auch anderen als Vereinsmitgliedern offenstehen]; OLG Frankfurt VersR 1995, 1362 [Idealverein setzt Ponys für therapeutisches Reiten und Kinderreitunterricht ein]). Beispielsweise dienen dem „Beruf" einer öffentlichrechtlichen Körperschaft die Zuchtpferde staatlicher Gestüte, die Dienstpferde der Polizei, die Melde-, Rettungs- und Suchhunde der Polizei und Bundeswehr (BGH VersR 1972, 1047, 1048 [Polizeihund]; vgl OLG Celle VersR 1972, 469) und der von der Gemeinde zu Zuchtzwecken gehaltene Gemeindebulle (JOSEF Gruchot 53, 28, 41).

123 Keine Nutztiere sind Tiere, die ein Idealverein zu einem Gebrauch durch seine Mitglieder hält, wenn dieser Gebrauch – wären die Mitglieder selbst Tierhalter – nicht die Voraussetzungen des § 833 S 2 erfüllte. Keine Nutztiere sind beispielsweise die von einem Idealverein gehaltenen Reitpferde, die den sportlichen Zwecken seiner Mitglieder (Ausbildung beim Reiten, Zurverfügungstellen bei Ausritten) zu dienen bestimmt sind (BGH NJW 1971, 509 = VersR 1971, 320; LM Nr 11 = NJW 1982, 763, 764 = JR 1982, 330, 331 m Anm SCHLUND; LM Nr 12 = NJW 1982, 1589; VersR 1986, 345, 346; OLG München VersR 1981, 937, 938).

124 Die Pferde des Reitvereins bleiben auch Luxustiere, wenn der Verein sie in geringem Umfang wie ein wirtschaftlicher Verein, zB durch gelegentliches kurzfristiges Vermieten, nützt (BGH NJW 1971, 509 = VersR 1971, 320; BGH LM Nr 12 = NJW 1982, 1589; vgl aber auch OLG Celle VersR 1972, 469 f, wonach Pferde eines Reitvereins, die bei Lehrgängen verwendet werden, welche auch anderen als Vereinsmitgliedern offenstehen, Nutztiere sind). In diesem Fall kommt es nicht darauf an, ob das Pferd im Zeitpunkt der Schadensverursachung entsprechend seiner allgemeinen Zweckbestimmung für Sportzwecke oder aber ausnahmsweise wie ein Nutztier eingesetzt war (BGH NJW 1971, 509 = VersR 1971, 320; LM Nr 12 = NJW 1982, 1589). Pferde eines gewerblich betriebenen Reitinstituts sind dagegen Nutztiere (BGH LM Nr 10 = NJW 1977, 2158, 2159 = VersR 1977, 864, 866; OLG München VersR 1987, 493; vgl auch BGH VersR 1986, 345, 346).

aa) **Beruf**

125 Beruf iS des § 833 S 2 ist eine fortdauernde Tätigkeit, die – wie zB die des Beamten – nicht (primär) auf Erwerb gerichtet ist. Durch die fehlende Gewinnerzielungsabsicht unterscheidet sich der Beruf von der Erwerbstätigkeit. Eine Abgrenzung ist jedoch nicht erforderlich, da Beruf und Erwerbstätigkeit gleichermaßen von § 833 S 2 erfaßt

sind (vgl auch die neutrale Begriffsbestimmung des Berufs in RGZ 76, 225, 227 als „einer dauernden, selbstgewählten und den Lebenszweck eines Menschen bildenden Tätigkeit").

Dem Beruf zu dienen bestimmt ist zB der Jagdhund des Försters (OLG Bamberg NJW-RR 1990, 735), der Wachhund des Bahnwärters bei einem Schrankenposten in einsamer Gegend (OLG Königsberg JW 1932, 2089), der Hütehund des Schäfers (BGH LM Nr 4 = NJW 1965, 2397; vgl auch BGH LM Nr 2 = VersR 1953, 308 [Erwerbstätigkeit]), der einen Blinden bei der Berufsausübung – sei es auch nur auf dem Weg zur Arbeitsstätte – führende Blindenhund (BGB-RGRK/KREFT Rn 78). **126**

bb) Erwerbstätigkeit
Erwerbstätigkeit iS des § 833 S 2 ist eine auf die Erzielung von Einnahmen (Gewinn) gerichtete Tätigkeit. Sie muß einen wesentlichen Teil der Gesamttätigkeit des Halters darstellen (vgl OLG Düsseldorf VersR 1995, 186). Anderenfalls liegt im allgemeinen eine Tätigkeit aus Liebhaberei vor. Besitzt eine Brauerei ein Pferdegespann, das zu Reklamezwecken leere Bierfässer durch die Kölner Innenstadt fährt, so sind die Pferde Luxustiere (AG Köln NJW 1986, 1266). Auch wer neben seiner Hauptberufstätigkeit als Handwerker usw Kaninchen, Hühner oder Tauben züchtet, tut dies in der Regel zur Freizeitbeschäftigung und aus Liebhaberei. Eine wesentliche Grundlage des Erwerbs (ebenso wie des Unterhalts) bildet diese Tätigkeit auch dann nicht, wenn sich gewisse Einnahmen durch Verkauf (oder Ersparnisse durch Eigenverbrauch) ergeben. Daher dienen weder die Kleintiere selbst noch der zu ihrer Bewachung gehaltene Hund der Erwerbstätigkeit (OLG Frankfurt VersR 1965, 576 f). Ebenso ist der Jagdhund des Jagdpächters ein Luxustier, auch wenn das erlegte Wild verkauft wird. **127**

Der Erwerbstätigkeit dienen vor allem Haustiere, die in gewerblichen oder landwirtschaftlichen Betrieben als Zug-, Last-, Zucht- oder Schlachtvieh gehalten werden. Das Tier, das der Metzger kauft, um es zu schlachten und weiterzuveräußern, oder das der Viehhändler erwirbt, um es mit Gewinn lebend weiterzuverkaufen, „dient" ebenso ihrer Erwerbstätigkeit wie das Tier, das der Landwirt oder ein Züchter lediglich zum Zwecke des Verkaufs aufzieht und von dem er keinen anderen Nutzen hat und erwartet als den Verkaufserlös (RGZ 79, 246, 247; RG WarnR 1912 Nr 389; 1937 Nr 34; RG Recht 1921 Nr 1368; OLG Düsseldorf VersR 1983, 543). **128**

Der Erwerbstätigkeit des Landwirts dient die Kuh, deren Milch, und das Geflügel, dessen Eier er verkauft. Der Erwerbstätigkeit des Schäfers dient der Hütehund, der für das Zusammenbleiben der Herde zu sorgen hat (BGH LM Nr 2 = VersR 1953, 308). **129**

Jagdhunde fallen unter S 2, wenn die Jagdausübung, zu der sie verwendet werden, Erwerbstätigkeit, dh eine Erwerbsquelle darstellt, wie beim Jagdaufseher oder Wildhüter, oder wenn sie als Wachhunde benutzt werden. Dagegen ist der Jagdhund des Jagdpächters ein Luxustier. Die Jagdausübung durch den Jagdpächter stellt ihrer Idee nach (vgl § 1 BJagdG) keine Erwerbstätigkeit dar (vgl OLG Nürnberg NJW 1965, 694, 695; vgl auch OLG Nürnberg VersR 1959, 573). **130**

Renn- und Springpferde sind nicht schon deshalb Nutztiere, weil sie Gewinne einbringen können. Oft dienen sie einem sportlichen, nicht einem wirtschaftlichen **131**

Zweck, aus dem unter normalen Umständen ein bestimmter und sicherer Ertrag zu erwarten ist (vgl BGH VersR 1955, 116; LG Hamburg VersR 1954, 515). Das Pferd eines Trabertrainers zum Trainieren und zum Einsatz bei Trabrennen dient dagegen der Erwerbstätigkeit des Trabertrainers (OLG Düsseldorf VersR 1993, 115).

132 Die gewerbsmäßige Vermietung von Reitpferden dient der Erwerbstätigkeit des Vermieters, auch wenn sich die Nutzung durch den jeweiligen Mieter sonst nicht vom Ausritt des Pferdehalters auf einem Luxuspferd unterscheidet (hM: BGH NJW 1986, 2501, 2502; OLG Schleswig VersR 1983, 1084; HONSELL MDR 1982, 798, 799 f; vgl auch OLG Karlsruhe VersR 1983, 928). Die Gegenansicht (MünchKomm/MERTENS Rn 32) widerspricht dem klaren Wortlaut der Vorschrift.

133 Katzen dienen der Erwerbstätigkeit (oder auch dem Unterhalt), wenn sie in Mühlen, Gastwirtschaften, landwirtschaftlichen Betrieben usw zum Schutz von Vorräten gegen Mäuse und Ratten gehalten werden (OLG Oldenburg VersR 1957, 742; LG Oldenburg 1960, 840; LG Traunstein VersR 1966, 198; LG Bielefeld VersR 1982, 1083; LG Kiel NJW 1984, 2297).

134 Der Erwerbstätigkeit können insbesondere auch Wachhunde dienen. Ein Wachhund ist ein Hund, dessen Aufgabe darin besteht, den Eintritt Unbefugter in Grundstücke, Räume usw oder Zutritt zu bestimmten Sachen durch Bellen oder Angriff auf den Eindringling zu verhindern oder seinem Führer bei der Abwehr rechtswidriger Angriffe behilflich zu sein (zB der Begleithund eines Wächters auf seinen Kontrollgängen). Für die Nutztiereigenschaft des Wachhundes ist maßgebend, daß er zur Erwerbstätigkeit (oder auch zum Beruf) des Halters in unmittelbarer Beziehung steht. Ob eine solche Beziehung vorliegt, richtet sich wesentlich nach der Üblichkeit im Verkehr (OLG Stuttgart HRR 1930 Nr 110). Die Tendenz der Rechtsprechung ist deutlich einengend.

135 Unter § 833 S 2 fällt danach zB der Hund zur Bewachung nachts leerstehender Räume wie Geschäftsräume, Fabrikations-, Werk- und Produktionsstätten, auch einer Gaststätte innerhalb der Stadt (vgl OLG Karlsruhe VersR 1954, 562; OLG Nürnberg VersR 1963, 759). Nutztier ist auch der Hofhund eines Gehöfts, auf dem der Halter Landwirtschaft und eine Gastwirtschaft betreibt (RG JW 1917, 286 f; SeuffA 87 Nr 131; BGH VersR 1967, 1001, 1002; OLG Koblenz VersR 1955, 313, 314); der Hund zur Bewachung eines einsam gelegenen Ausflugslokals (BGH LM Nr 3a = VersR 1965, 719, 720); der Hund zum Schutz des öfter allein diensttuenden weiblichen Dienstpersonals einer nachts durchgehend geöffneten Gastwirtschaft und zur Bewachung der Vorräte und Zahlungsmittel einer Metzgerei (BGH VersR 1959, 853, 854); der Hund zur Bewachung eines Kiosks und der darin verwahrten Warenvorräte (OLG München VersR 1957, 119). Dagegen ist § 833 S 2 grundsätzlich unanwendbar, wenn der Hund der Bewachung von Wohngrundstücken und -räumen dient (OLG Frankfurt VersR 1965, 576, 577; LG Amberg VersR 1955, 768; LG Flensburg VersR 1987, 942) oder zur Beruhigung für besonders ängstliche Personen gehalten wird (OLG Stuttgart HRR 1930 Nr 110).

136 Der Hund muß ferner seiner Art nach als Wachhund geeignet sein. Das ist zB bei einem Schäferhund der Fall, auch wenn er nicht als Wachhund geschult oder abgerichtet ist; er schreckt allein durch seine Anwesenheit fremde Personen von dem Betreten des bewachten Geländes und von Diebstählen ab (OLG München VersR 1984,

1095, 1096). Seiner Art nach nicht als Wachhund geeignet ist demgegenüber ein Dakkel, der von Haus aus ein Jagdhund ist und von einem Nichtjäger vorwiegend aus Vergnügen und Liebhaberei gehalten wird (OLG München HRR 1941 Nr 230). Der Hund muß sich in einem zweckentsprechenden räumlichen Verhältnis zu den zu bewachenden Räumen oder Gegenständen befinden. Die Wachhundeigenschaft eines Hundes, der ein Grundstück bewachen soll, wird aber nicht dadurch ausgeschlossen, daß er vorwiegend in einem Zwinger gehalten wird und dort auch noch angekettet ist, denn durch eine solche Einschränkung seiner Bewegungsfreiheit wird die Zweckerreichung nicht unmöglich gemacht, da der Hund durch Bellen Unbefugte abschrecken und menschliche Hilfe herbeiführen kann (OLG Nürnberg VersR 1963, 759). Im übrigen ist es ohne Bedeutung, ob die konkrete Ausgestaltung des Wachhundschutzes notwendig war. Wenn mehrere Wachhunde gehalten werden, so kann die Anwendbarkeit des § 833 S 2 nicht deshalb in Frage gestellt werden, weil zum Schutz ein Wachhund genügt hätte (RG HRR 1931 Nr 111).

cc) Unterhalt
Unterhalt iS des § 833 S 2 sind die Mittel zur Fristung des Lebens auf andere Weise **137** als durch Berufsausübung oder Erwerbstätigkeit. Dem Unterhalt dient zB die Kuh, deren Milch, und das Schwein, dessen Fleisch im Haushalt des Halters verbraucht werden soll (vgl RGZ 79, 246, 247 f).

Ein Blindenhund (vgl dazu WEIMAR VersN 1954, 124; DEUTSCH JuS 1987, 673, 679) dient der **138** Erwerbstätigkeit, wenn er den Blinden auf seinen dem Erwerb dienenden Gängen (zur Arbeitsstätte usw) geleitet. Dagegen dient er bei einem blinden Invaliden, der keine Erwerbstätigkeit mehr ausübt, dem Unterhalt, wenn dieser des Hundes bedarf, um die zur Erhaltung seiner Existenz erforderlichen Wege (zum Einkaufen von Lebensmitteln und Kleidungsstücken, zum Arzt usw) auszuführen (vgl LG Mainz JW 1927, 1226; für Anerkennung der Nutztiereigenschaft des Blindenhundes im Ergebnis auch ESSER/WEYERS, Schuldrecht II § 58 III 1 c; BGB-RGRK/KREFT Rn 81; LARENZ/CANARIS, Schuldrecht II/2 § 79 V 2 a; WEIMAR JR 1982, 401, 402; aA noch ders VersN 1954, 124, 125).

b) Die Bestimmung des Haustiers zum Nutztier
Das Tier muß dem Beruf, der Erwerbstätigkeit oder dem Unterhalt zu dienen **139** bestimmt sein. Die Beweislast für diese Zweckbestimmung trifft den Halter.

Wo sich die Zweckbestimmung nicht ohne weiteres aus der Natur der Sache ergibt, **140** ist die dem Tier vom Halter verliehene Zweckbestimmung maßgebend (BGH VersR 1955, 116; 1962, 807, 808), es sei denn, daß sie mit den tatsächlichen Gegebenheiten nicht mehr im Einklang steht (vgl BGH NJW-RR 1986, 572, 573) oder daß sie nach den gegebenen Umständen mit vernünftigen Erwägungen eines verständigen Tierhalters nicht vereinbar ist (RG HRR 1931 Nr 111; BGH VersR 1962, 807, 808). Nicht erforderlich ist, daß das Tier für die ihm zugedachten Aufgaben bereits voll geeignet ist; auch ein erst in der Abrichtung befindlicher Hirten- oder Jagdhund ist Nutztier iS des § 833 S 2 (BGH LM Nr 4 = NJW 1965, 2397). Die verliehene Zweckbestimmung wird auch nicht schon dadurch bedeutungslos, daß das Tier wegen seiner individuellen Eigenschaften für die ihm zugedachten Aufgaben wenig geeignet ist wie zB bei der Bestimmung eines tauben Hundes zum Wachhund (OLG München HRR 1939 Nr 418). Daß die Zweckbestimmung nach außen (etwa für den Verletzten oder einen Dritten) erkennbar geworden ist, ist nicht erforderlich (ebenso BGB-RGRK/KREFT Rn 76).

141 Das Haustier muß im Zeitpunkt der Schadensverursachung den in Satz 2 bezeichneten Zwecken zu dienen bestimmt sein. Ein früheres Arbeitspferd, das im maßgeblichen Zeitpunkt wegen Altersschwäche das Gnadenbrot genießt, fällt ebensowenig unter Satz 2 (sondern unter Satz 1) wie der Jagdhund, der erst künftig als Wachhund verwendet werden soll. Dagegen ist es ohne Bedeutung, ob das Tier gerade im Zeitpunkt der Schadensverursachung entsprechend der ihm allgemein gegebenen Zweckbestimmung tatsächlich dient (RGZ 76, 225, 229; WarnR 1912 Nr 430; JW 1917, 286 f; BGH NJW 1971, 509 = VersR 1971, 320; LM Nr 12 = NJW 1982, 1589; OLG Koblenz VersR 1955, 313, 314; 1992, 1017). Daher haftet zB nur nach § 833 S 2 der Fiskus, wenn das Dienstpferd befugterweise zu einem privaten Ausritt benutzt wird (RGZ 76, 225, 229), der Landwirt, wenn er sein Ackerpferd zu einer Spazierfahrt benutzt, falls das Pferd bei dieser Gelegenheit Schaden stiftet, oder der Halter eines Wachhundes, welcher aus dem Zwinger entweicht und auf der Straße einen Unfall verursacht (vgl auch OLG Nürnberg VersR 1963, 759).

142 Die Anwendung des Satzes 2 setzt nicht voraus, daß das Tier ausschließlich einem der in Satz 2 bezeichneten Zwecke dienen soll (RG JW 1911, 45, 46). Es muß aber überwiegend einem solchen Zweck dienen (BGH NJW 1971, 509 = VersR 1971, 320). Es genügt beispielsweise nicht, daß der Halter das Tier nur nebenbei oder gelegentlich zu einer Erwerbstätigkeit benutzt, es etwa nur gelegentlich vermietet (RG WarnR 1910 Nr 445; RG JW 1911, 45, 46; BGH NJW 1971, 509 = VersR 1971, 320).

VIII. Der Entlastungsbeweis nach § 833 S 2

143 Der Tierhalter haftet für ein Nutztier nach § 833 S 2 nicht, wenn er bei der Beaufsichtigung des Tieres die im Verkehr erforderliche Sorgfalt beobachtet hat oder der Schaden auch bei Anwendung dieser Sorgfalt entstanden wäre. Daß dies der Fall ist – daß ihn also kein Verschulden trifft oder keine Kausalität vorliegt – hat der Tierhalter zu beweisen. Ähnlich wie in §§ 831 Abs 1 S 2, 832 Abs 1 S 2, 834 S 2, 836 Abs 1 S 2 vorgesehen, ordnet damit auch § 833 S 2 eine Umkehr der Beweislast an. Der Tierhalter hat insofern die Möglichkeit, sich zu entlasten.

1. Die im Verkehr erforderliche Sorgfalt bei der Beaufsichtigung des Tieres

144 Hinsichtlich des Verschuldens stellt § 833 S 2 auf die im Verkehr erforderlichen Sorgfalt ab. Die Formulierung entspricht der Definition der Fahrlässigkeit in § 276 Abs 1 S 2 und ist entsprechend auszulegen. Abzustellen ist daher auf das Maß an Sorgfalt, das von einem besonnenen und umsichtigen Tierhalter in der jeweiligen Situation verlangt werden muß (vgl BGH LM Nr 2 = VersR 1953, 308; VersR 1956, 574, 575; LM Nr 8 = VersR 1976, 1086, 1087; BORNHÖVD VersR 1979, 398, 401). Die Anwendung aller Sorgfalt kann nicht verlangt werden (BGH LM Nr 2 = VersR 1953, 308; LM Nr 8 = VersR 1976, 1086, 1087). Allerdings stellt die Rechtsprechung an die im Verkehr erforderliche Sorgfalt oft erhebliche Anforderungen (vgl zB OLG Köln MDR 1973, 582, 583; OLG Celle VersR 1975, 665, 666; OLG Frankfurt NJW 1976, 573, 574; VersR 1982, 908; OLG Düsseldorf MDR 1979, 1023; OLG Koblenz VersR 1992, 1017 f).

145 Unter „Beaufsichtigung" ist die Sorge zu verstehen, daß das Tier keinen Schaden anrichtet (OLG Nürnberg VersR 1968, 285). Sie umfaßt die Sorge für die Verwahrung, den Unterhalt, die Verwendung und die Leitung des Tieres. Wie in den Fällen der

§§ 831, 832 wird der Entlastungsbeweis nicht schon durch den Nachweis erbracht, daß der Tierhalter im allgemeinen regelmäßig bei Beaufsichtigung des Tieres die im Verkehr erforderliche Sorgfalt beobachtete, sondern nur durch den Nachweis, daß er diese Sorgfalt bei dem fraglichen Unfall beobachtet hat (vgl dazu OLG Karlsruhe VersR 1983, 928). Gelingt ihm dieser Nachweis, so ist es bedeutungslos, ob er bei anderen Gelegenheiten diese Sorgfalt vernachlässigt hat. Andererseits umfaßt aber die Sorgfalt „bei der Beaufsichtigung" nicht nur die Maßnahmen, die im Zeitpunkt des Unfalls zu dessen Vermeidung erforderlich waren, sondern erstreckt sich auf alles, was schon vorher nach den Erfordernissen des Verkehrs zumutbarerweise möglich und nötig war, um Schädigungen durch die Tiergefahr zu vermeiden. Der Tierhalter muß also zB nicht nur vermeiden, daß ein für eine bestimmte Fahrt ungeeignetes Pferd an den Wagen gespannt wird (vgl OLG Koblenz VersR 1992, 1017 f), sondern muß schon vorher generell darauf achten, daß für solche Fahrten nur geeignete Tiere verwendet werden, damit im Einzelfall die Auswahl gar nicht auf das ungeeignete Pferd fallen kann (vgl auch BGH LM Nr 2 = VersR 1953, 308 betr Anforderungen an den Hütehund des Schäfers).

Im übrigen kommt es für die Frage, welche Aufsichtsmaßnahmen im konkreten Fall **146** geboten waren, auf die Tierart, den Charakter des Tieres und die örtlichen Verhältnisse an (vgl OLG Nürnberg VersR 1963, 759 f). Beispielsweise muß der Halter bei Tieren auf der umfriedeten Weide nicht nur die Eignung der Umzäunung, Ausbrüche zu verhindern, genau überprüfen, sondern auch solche Tiere, die bei Einbruch der Dunkelheit wegzukommen trachten – etwa weil sie zum ersten Mal auf der Weide sind –, nach Einbruch der Dunkelheit besonders auf ihr Verhalten kontrollieren (OLG Nürnberg VersR 1966, 42 f).

Wer mit einem Tier am Straßenverkehr teilnimmt, hat wie jeder andere Verkehrs- **147** teilnehmer die allgemeinen Grundregeln des § 1 StVO zu beachten: Er ist zu ständiger Vorsicht und zur Rücksichtnahme gegenüber den anderen Verkehrsteilnehmern angehalten und muß sich so verhalten, daß kein anderer geschädigt, gefährdet oder mehr, als nach den Umständen unvermeidbar, behindert oder belästigt wird. Darüber hinaus konkretisiert § 28 StVO die Sorgfaltsanforderungen für die Teilnahme mit (bestimmten) Tieren am Straßenverkehr (vgl Mühlhaus/Janiszewski, StVO[14] § 28 Rn 1). Danach sind Haus- und Stalltiere, die den Verkehr gefährden können, von der Straße fernzuhalten; sie sind dort nur zugelassen, wenn sie von geeigneten Personen begleitet sind, die ausreichend auf sie einwirken können. Diese Vorschriften – die nicht nur für Nutztiere gelten – können auch zur Bestimmung der erforderlichen Sorgfalt nach § 833 S 2 herangezogen werden. Im Hinblick auf die heutige Dichte des Straßenverkehrs sind an geeignete Maßnahmen zur Vermeidung von Verkehrsgefährdungen strengere Anforderungen zu stellen als früher. Das ist bei Heranziehung älterer Rechtsprechung zu beachten.

Ein bösartiges Tier muß der Halter abschaffen, wenn ihm eine sichere Verwahrung **148** nicht möglich ist (RG DRiZ 1931 Rspr Sp 12; OLG Karlsruhe HRR 1940 Nr 422).

2. Beauftragung eines Dritten mit der Beaufsichtigung

Der Tierhalter kann die Beaufsichtigung des Tieres einem Dritten überlassen: Er **149** kann einen Tierhüter iS des § 834 bestellen oder sonst eine andere Person mit Verrichtungen betrauen, die mit der Beaufsichtigung des Tieres verbunden sind. In diesem Fall stehen die Tierhalterhaftung aus § 833 und die Haftung für den Dritten als Verrichtungsgehilfen nach § 831 selbständig nebeneinander (RGZ 76, 225, 230; OLG Koblenz VersR 1955, 313, 314; WEIMAR MDR 1964, 651; BAUMGÄRTEL, Handbuch der Beweislast im Privatrecht, Bd 1 [2. Aufl 1991] Rn 14; vgl auch BGH VersR 1956, 516, 517).

150 In Rspr und Lit findet sich die Ansicht, der Entlastungsbeweis des Tierhalters nach § 833 S 2 gehe über den Entlastungsbeweis des Geschäftsherrn nach § 831 Abs 1 S 2 hinaus (RGZ 76, 225, 230 f; OLG Oldenburg VersR 1954, 146; 1959, 218; OLG Nürnberg VersR 1968, 258; GEIGEL/SCHLEGELMILCH 18. Kap Rn 25; WEIMAR MDR 1964, 651). Dabei bleibt weitgehend unklar, inwieweit das der Fall sein soll. Es wird ausgeführt, der Tierhalter habe nicht nur – wie der Geschäftsherr im Rahmen des § 831 – bei der Auswahl der Verrichtungsgehilfen (Tierhüter) und ihrer Beaufsichtigung die im Verkehr erforderliche Sorgfalt zu wahren (vgl dazu OLG Düsseldorf VersR 1967, 1100, 1101), sondern er habe weiter alles zu tun, was die gehörige Sorgfalt bei der Beaufsichtigung der Tiere erfordert (RG WarnR 1911 Nr 377; 1912 Nr 389; 1915 Nr 21; 1927 Nr 160; RG JW 1928, 2318 f; OLG Nürnberg VersR 1964, 1178, 1179; 1959, 218). Er werde von seiner persönlichen Aufsichtspflicht niemals ganz frei und dürfe keinesfalls selbst ganz untätig bleiben und alles seinen Leuten überlassen (RG WarnR 1929 Nr 145; BGH VersR 1954, 531, 532 [der Tierhalter müsse überwachen, ob Gerätschaften, Zaumzeug usw in genügendem Umfang und in brauchbarem Zustand zur Verfügung stehen]; BGB-RGRK/KREFT Rn 83; vgl auch OLG Celle AgrarR 1977, 178, 179 [Mitteilungspflicht bei Wildheit des Tieres, Pflicht zur Verfolgung des entlaufenen Tieres]).

151 Richtig ist, daß sich die Beaufsichtigung in § 831 Abs 1 S 2 auf den Verrichtungsgehilfen, in § 833 S 2 dagegen auf das gehaltene Tier bezieht. In der Sache liegt allerdings kein Unterschied darin, ob ein Tier durch Einsatz eines Dritten beaufsichtigt wird (an § 833 S 2 angelehnte Formulierung) oder ob die Verrichtung, zu der ein Gehilfe bestellt wird und von der dessen Beaufsichtigung abhängt, in der Beaufsichtigung eines Tieres besteht (an § 831 Abs 2 S 1 angelehnte Formulierung). In beiden Fällen reicht es in der Regel nicht aus, daß der Tierhüter / Verrichtungsgehilfe mit der erforderlichen Sorgfalt ausgewählt wird. Dieser muß auch beaufsichtigt werden, insbesondere müssen die notwendigen Weisungen erteilt und deren Einhaltung überwacht werden (vgl OLG Koblenz VersR 1955, 313, 314; OLG Düsseldorf VersR 1967, 1100, 1101). Das gilt im Rahmen des § 831 Abs 2 S 1 genauso wie im Rahmen des § 833 S 2. Dem Dritten sind daher nicht nur als Tierhüter, sondern auch als Verrichtungsgehilfen besondere gefährliche Eigenschaften des Tieres – etwa seine „Wildheit" – mitzuteilen. Noch mehr ist in beiden Fällen erforderlich, wenn sich der Einsatz des Tierhüters / Verrichtungsgehilfen als nicht ausreichend erweist. So kann sich für den Tierhalter auch als Geschäftsherrn die Pflicht zur Verfolgung des entlaufenen Tieres ergeben. Nicht nur der Entlastungsbeweis nach § 833 S 2, sondern auch der nach § 831 Abs 2 S 1 mißlingt, wenn der Tierhalter / Geschäftsherr nicht für das notwendige Material (Gerätschaften, Zaumzeug) sorgt. Sofern sich ein geringerer Sorgfaltsmaßstab ergibt, gilt er ebenfalls im Rahmen beider Normen. So genügt auch der Tierhalter bei ruhigen und straßensicheren Pferden unter normalen Umständen seiner Pflicht zur sorgfältigen Beaufsichtigung der Tiere bereits dadurch, daß er sie einem zuverlässigen Tierhüter in die Hand gibt (so OLG Oldenburg VersR 1959, 218; ebenso OLG Oldenburg VersR 1954, 146 im Hinblick auf Kühe; OLG Nürnberg VersR 1964, 1178,

1179 im Hinblick auf Hunde; vgl auch OLG München VersR 1984, 1095, 1096; OHM VersR 1958, 744).

3. Einzelfälle

a) Pferde
Bei Pferdehaltung ergibt sich die Frage nach der erforderlichen Sorgfalt vor allem im **152** Hinblick auf Auswirkungen auf den Straßenverkehr.

aa) Fortbewegung im Straßenverkehr
Die sorgfaltsgerechte Verwendung von Pferden im Straßenverkehr setzt nach § 28 **153** Abs 1 S 2 StVO (dazu bereits o Rn 147) die Geeignetheit der Begleitperson(en) und eine ausreichende Einwirkungsmöglichkeit voraus. Die Anforderungen hieran hängen vom Charakter des Pferdes und von den Verkehrsverhältnissen ab. Es kommt darauf an, ob das Pferd verkehrssicher (verkehrsgewohnt) ist oder nicht, dh ob es im Straßenverkehr ruhig ist und auch keine gefährlichen Eigenschaften als Zugtier hat. Ob das Pferd auf einem Feldweg oder auf einer belebten Bundesstraße eingesetzt wird, macht für die Sorgfaltsanforderungen selbstverständlich einen großen Unterschied.

Das OLG Karlsruhe (NJW 1963, 498) hat den Führer eines verkehrssicheren Zugpfer- **154** des auch beim Befahren einer Bundesstraße mit lebhaftem Verkehr nicht für verpflichtet gehalten, neben dem Pferd einherzugehen und es am Zügel oder Halfter zu führen. Ob dies auch heute noch gilt, ist zweifelhaft. Es ist zu bedenken, daß sich ein nach heutigem Eindruck lebhafter Verkehr wohl von den damaligen Verhältnissen unterscheidet. Nach OLG Celle (VersR 1956, 593, 594) braucht der Führer eines verkehrssicheren Pferdes beim Herannahen von Kraftfahrzeugen – es sei denn, das Pferd gibt Zeichen von Nervosität von sich – nicht vom Bock zu steigen und das Pferd an die Zügel zu nehmen. Auch hier ist nach den heutigen Verkehrsverhältnisse genauer zu differenzieren.

Bereits früher war beim Führen junger, noch nicht verkehrssicherer Pferde auf belebter Straße besondere Vorsicht geboten (vgl BGH VersR 1961, 346 f).

Der Führer muß links von dem Pferd gehen. Er kann daher nicht zwei Pferde unge- **155** koppelt (dh wenn sie untereinander nicht durch Zügel verbunden sind), keinesfalls kann er mehr als vier Pferde zugleich führen. Ein Reiter hat über mehr als zwei Handpferde (dh solche, die er neben sich am Zügel führt) nicht die erforderliche Gewalt (MÜHLHAUS/JANISZEWSKI, StVO[14] § 28 Rn 7). Auch ein auf einem Pferdefuhrwerk mitfahrender Führer muß jederzeit in der Lage sein, einem Erschrecken und möglichen Durchgehen der Pferde sachgemäß zu begegnen. Nicht ausreichend ist es daher, wenn er seitlich auf dem Bodenbrett des (nicht mit einer Handbremse ausgestatteten) Wagens zwischen dem Vorder- und Hinterrad sitzt und dabei keinen festen Halt hat (OLG Schleswig VersR 1958, 472, 473).

bb) Aufenthalt am Fahrbahnrand
Nach § 14 Abs 2 StVG muß ein Führer, der sein Fahrzeug verläßt, die nötigen Maß- **156** nahmen treffen, um Unfälle oder Verkehrsstörungen zu vermeiden. Nach den Verwaltungsvorschriften zu § 14 bedeutet das, daß ein bespanntes Fuhrwerk nur

unbeaufsichtigt stehen gelassen werden darf, wenn die Zugtiere abgesträngt und kurz angebunden sind. Damit ist allerdings nur das Minimum der Vorsichtsmaßnahmen gekennzeichnet.

Zum Halten eines landwirtschaftlichen Gespanns am Straßenrand vgl AG Heidelberg VersR 1955, 448; zum Abstellen eines landwirtschaftlichen Gespanns auf einem Feldweg OLG Koblenz VersR 1953, 119.

Zu den Anforderungen an die Beaufsichtigung eines unruhigen Reitpferdes bei einer während eines Ausritts in Straßennähe eingelegten Rast vgl BGH VersR 1964, 1197 f.

cc) Pferde auf der Weide

157 Pferde auf der Weide (dazu SCHMIDT, Weidesicherung und Straßenverkehr, DAR 1965, 174 ff) müssen durch sichere Umschließung am Verlassen des Weideplatzes gehindert werden. Das Weide- (Koppel-)tor muß so beschaffen sein, daß es nicht nur gegen Einwirkungen der auf der Weide untergebrachten Tiere, sondern auch gegen voraussehbare Einwirkungen von außen, sei es durch fremde Tiere, sei es durch unbefugte Personen, hinreichende Sicherheit bietet. Das gilt ganz besonders bei Weiden an oder in der Nähe von verkehrsreichen Straßen (BGH VersR 1959, 759, 760; 1964, 595, 596; LM Nr 5 = VersR 1967, 906, 907; BORNHÖVD VersR 1979, 398, 401; vgl auch OLG Celle VersR 1971, 942 betr weidende Rinder). Ist mit einem Öffnen des Tores durch Unbefugte zu rechnen, so genügt der Verschluß des Koppeltores mit einer Drahtschlinge nicht (BGH VersR 1959, 759, 760; 1964, 595, 596; 1966, 186, 187; vgl auch OLG Celle VersR 1971, 942). Die Verschließung muß – jedenfalls bei Weiden zur Nachtzeit – durch ein nur mit einem Schlüssel zu öffnendes Schloß gesichert sein (BGH LM Nr 5 = VersR 1967, 906, 907; vgl auch bereits BGH VersR 1959, 759, 760). S zur Frage der Weidesicherung auch OLG Oldenburg DAR 1961, 233 f; 1964, 217 f; OLG Celle RdL 1962, 105 f (weidende Kühe). Vgl auch ergänzend u Rn 170 ff betr weidende Rinder.

158 Grundsätzlich besteht keine Verpflichtung, die gegen ein Ausbrechen von Pferden ausreichend schützende Umzäunung eines Pferdekrals zusätzlich auch dagegen zu sichern, daß kleine Kinder unter dem Zaun in den Kral hineinkriechen und sich so der Gefahr von Verletzungen durch einen Huftritt aussetzen (BGH VersR 1992, 844, 845).

dd) Sonstiges

159 Auch außerhalb des Straßenverkehrs muß der Pferdehalter selbst bei einem ruhigen Pferd mit unberechenbarem Verhalten rechnen (BGH VersR 1955, 38). Es muß deshalb auch auf dem Hof unter Beaufsichtigung bleiben, wenn es nicht abgesträngt ist (BGH RdL 1956, 186, 187).

Seiner Beaufsichtigungspflicht genügt der Pferdehalter nicht, wenn er Dritte ohne besondere Vorkehrungsmaßregeln veranlaßt, sich in die gefährliche Nähe eines Pferdes zu begeben (BGH VersR 1955, 38 = JZ 1955, 87).

b) Hunde

160 Bei der Haltung von Hunden als Nutztieren steht heute die Verwendung als Wachhund (dazu o Rn 134 ff) im Vordergrund. Dessen Beaufsichtigung besteht im allgemeinen in der gehörigen Verwahrung, wenn und soweit der Halter (oder ein von ihm bestellter Dritter) ihn nicht durch unmittelbare persönliche Einwirkung leitet.

aa) Anforderungen an die Verwahrung im allgemeinen
Der Wachhund für Gebäude oder Grundstücke darf zur Bewachung des Objekts nur **161** insoweit frei umherlaufen, als er dabei andere Personen als unbefugt Eindringende oder Verweilende nicht verletzen kann. Es muß verhindert werden, daß er sich unbeaufsichtigt von dem ihm zugewiesenen Platz entfernt, es sei denn, daß ausnahmsweise sein dabei eingeschlagener Weg (etwa zur Rückkehr in das Gebäude) und sein Verhalten auf diesem Weg infolge Abrichtung oder Gewöhnung als ungefährlich erprobt sind (OLG Nürnberg VersR 1963, 759, 760). Auf jeden Fall müssen Vorkehrungen getroffen werden (durch genügend hohe Umschließung, Anlegung an eine Kette), die verhindern, daß der Hund unbeaufsichtigt auf die Straße gelangt (su Rn 166).

Der kräftige Hofhund eines landwirtschaftlichen Anwesens, der bei freiem Herum- **162** laufen erhebliche Schäden an Körper und Gesundheit anrichten könnte, muß, falls er nicht unter Aufsicht einer hierzu geeigneten Person steht, in zuverlässiger Weise angebunden sein, wenn Kleinkinder ohne weiteres auf den frei zugänglichen Hof gelangen und sich dem Hund gegenüber unvernünftig verhalten können (BGH VersR 1967, 1001, 1002). Bei einem ausgewachsenen, als Wachhund eines Gehöfts eingesetzten Schäferhund, auch wenn er sich bisher als gutmütig und friedfertig erwies und tagsüber frei im Hof umherlief, ohne Schaden anzurichten, kann erfahrungsgemäß nicht ausgeschlossen werden, daß seine ursprünglichen Jagdinstinkte durchbrechen. Es muß deshalb durch Anketten oder andere geeignete Maßnahmen sichergestellt werden, daß er sich nicht ohne Aufsicht vom Hof entfernt und frei in der Flur herumläuft (LG Trier VersR 1978, 239: der Hund war in eine in größerer Entfernung vom Hof weidende Schafherde eingebrochen; ganz ähnlich OLG München VersR 1984, 1095, 1096).

bb) Besonderheiten bei großen Hunden
Auch ein an sich harmloser und gutmütiger Wachhund bedarf besonderer Beaufsich- **163** tigung, wenn er, wie ein ausgewachsener Bernhardiner, Dritten allein schon durch seine Größe und sein Gewicht gefährlich werden kann, zB indem er sich aufrichtend seine Pfoten auf die Schultern eines Menschen zu legen versucht (BGH LM Nr 3a = VersR 1965, 719, 720). Er muß – wie ein bissiger Hund (Rn 165) – so kurz angekettet sein, daß Verletzungen Befugter, die die normalen Zugänge des Anwesens benutzen, nach menschlichem Ermessen vermieden werden (BGH aaO).

Sehr viel geringere Anforderungen an die Aufsichtspflicht sind aber zu stellen zum **164** Schutz der auf einem Bauernhof wohnenden Angehörigen oder dort üblicherweise tätigen Personen, die mit dem gutartigen Wachhund vertraut sind. Wenn zB das 7jährige Enkelkind des Bauern aus täglicher Erfahrung weiß, daß der an einer Laufkette befestigte, an sich gutartige Hund die Angewohnheit hat, beim Herannahen von Hausbewohnern vor Freude hochzuspringen, so gehört es nicht zu den Aufsichtspflichten des Großvaters, dem Kind den Umgang mit dem Hund zu untersagen oder in anderer Weise Vorsorge zu treffen, daß der Hund das Kind innerhalb seines begrenzten Bewegungsraums nicht erreichen kann (BGH LM Nr 13 = NJW 1983, 1311 = JR 1983, 327, 328 m zust Anm SCHLUND).

cc) Besonderheiten bei bissigen Hunden

165 Ein bissiger Hund muß grundsätzlich angekettet liegen (LG Essen VersR 1956, 459; vgl auch OLG Düsseldorf VersR 1981, 1035, 1036), und zwar so kurz, daß er die normalen Zugangswege zum Haus nicht erreichen kann (LG Traunstein VersR 1955, 255). Der Halter eines Hofhundes genügt seiner Sorgfaltspflicht, wenn er den Hund an einer Laufkette ankettet, die den Hund nicht weiter als bis auf 3 m an die Hofeinfahrt und die dort befindliche Tür hingelangen läßt, und darüber hinaus ein Warnschild angebracht hat, das auf das Vorhandensein eines bissigen Wachhundes hinweist (OLG Stuttgart VersR 1955, 686; ähnlich OLG Frankfurt VersR 1983, 1040). Das Anbringen eines Warnschildes allein ist allerdings keine genügende Vorkehrungsmaßnahme, wenn auch für befugt sich Nähernde Gefahren drohen, etwa weil sie das Schild übersehen; jedoch stellt es im allgemeinen ein mitwirkendes Verschulden (§ 254) dar, wenn der Geschädigte die Warnung nicht beachtet (vgl aber auch OLG Düsseldorf VersR 1981, 1035, 1036). Wird der Hund in einem eingefriedeten Raum gehalten, so muß die Einfriedung so hoch sein, daß er nicht über sie hinweg nach Vorübergehenden schnappen kann (OLG Nürnberg VersR 1959, 933, 934). Wegen der Rücksichtnahme auf spielende Kinder s auch o Rn 162.

Ein bösartiger Hund, der trotz Vorkehrungsmaßnahmen schon einmal Unheil angerichtet oder sich von der Kette losgerissen hat, darf nicht mehr als Wachhund verwendet werden (vgl RG WarnR 1928 Nr 101).

dd) Hunde im Straßenverkehr

166 Im Hinblick auf § 28 StVO (vgl dazu o Rn 147) gehört zur Beaufsichtigung eines Wachhundes auch die Vorkehrung, daß er nicht unbemerkt führerlos auf die Straße gelangt (OLG Nürnberg VersR 1963, 759, 760; OLG Hamburg MDR 1969, 73 f). Ein großer Wachhund, selbst wenn er im allgemeinen friedlich ist, bedeutet auf der Straße eine Gefahr für die Verkehrsteilnehmer; deshalb sind strenge Anforderungen an den Nachweis gehöriger Beaufsichtigung zu stellen, wenn der Halter den Hund auf die Straße gelangen läßt (BGH VersR 1962, 807, 808). Ein Jagdhund darf nicht unangeleint zur Nachsuche auf ein angeschossenes Stück Wild angesetzt werden, wenn die Gefahr nicht auszuschließen ist, daß er ohne Einwirkungsmöglichkeit des Jägers in den öffentlichen Verkehr gelangt (OLG Oldenburg DAR 1962, 212 f).

Nach § 28 Abs 1 S 3 StVO ist es verboten, Tiere – also auch Hunde – von Kraftfahrzeugen aus zu führen. Zugelassen ist aber nach § 28 Abs 1 S 4 StVO das Führen von Hunden von Fahrrädern aus.

167 Nach der Verwaltungsvorschrift zu § 28 StVO ist es in der Regel nicht zu beanstanden, wenn Hunde auf Straßen mit mäßigem Verkehr nicht an der Leine, sondern durch Zuruf und Zeichen geführt werden (dazu BGH NZV 1991, 277; BayObLG VRS 57, 407, 410; 72, 366; OLG Düsseldorf VRS 68, 144). Auch hier gilt, daß besondere Situationen weitergehende Beaufsichtigungsmaßnahmen erfordern können. So muß die Begleitperson einen sonst verkehrssicheren (aufs Wort gehorchenden) Hund zurückrufen, wenn dieser sich unmittelbar am Fahrbahnrand so verhält, daß bei einem Fahrzeugführer die nicht unbegründete Befürchtung hervorgerufen werden kann, der Hund werde in die Fahrbahn laufen (OLG Köln VM 1964 Nr 75). Ein verkehrsungewohnter Hund muß auch auf Straßen mit mäßigem Verkehr rechtzeitig an Leine oder Halsband gehalten werden (OLG Koblenz VersR 1955, 313 f). Entsprechendes gilt bei schwerhörigen Hunden (OLG München HRR 1939 Nr 418).

Läuft der unbeaufsichtigt (nicht gehörig beaufsichtigt) gebliebene Hund einem **168** Kraftfahrzeug plötzlich in den Weg, so kann dem Fahrer nicht (iS eines Mitverschuldensvorwurfs) entgegenhalten werden, daß er, statt gefahrvoll zu bremsen oder dem Hund auszuweichen und dabei selbst Schaden zu erleiden, hätte weiterfahren sollen, auch auf die Gefahr hin, den Hund zu töten oder zu verletzen (OLG Nürnberg VersR 1963, 759, 760). Die mitursächliche Betriebsgefahr des Kfz-Halters, der, seinen natürlichen Hemmungen folgend, ein Überfahren des Hundes zu vermeiden sucht, wird meist hinter dem erheblich schwereren (vermuteten) Verschulden des Tierhalters als der Hauptursache des Unfalls so sehr zurücktreten, daß sie praktisch außer Betracht bleiben kann (vgl auch BGH VRS 10, 1 f).

c) Kühe (Rinder)
aa) Weidende Kühe
Die Maßnahmen, die notwendig sind, um das Ausbrechen weidender Kühe aus dem **169** Weideplatz zu verhindern, sind im wesentlichen die gleichen wie bei weidenden Pferden (so Rn 157 f).

Der Weideplatz muß auch hier so eingefriedet sein, daß ein genügender Schutz **170** gegen Ausbrecher gewährleistet ist. Dem genügt zB nicht ein 1,30 m hoher und aus drei bis vier Stacheldrahtreihen bestehender Weidezaun, da bekannt ist, daß Rinder auch einen solchen Zaun überspringen können, wenn sie durch von außen auf sie einwirkende Ereignisse, wie streunende Hunde, in eine gewisse Erregung geraten (OLG Hamm VersR 1982, 1009, 1010; vgl aber auch OLG Köln VersR 1993, 616). Die Einfriedung muß auf ihre ordnungsgemäße Beschaffenheit laufend überwacht werden (OLG Celle RdL 1967, 47; OLG Hamm VersR 1982, 1009, 1010).

Das Weidetor muß nicht nur gegen Einwirkung der auf der Weide untergebrachten **171** Tiere (vgl dazu OLG Celle VersR 1975, 665, 666), sondern auch gegen voraussehbare Einwirkungen von außen, sei es durch unbefugte Personen, sei es durch fremde Tiere, hinreichende Sicherheit bieten (BGH VersR 1959, 759 f; 1966, 758, 759 m zust Anm Schmidt VersR 1966, 849; BGH LM Nr 8 = VersR 1976, 1086, 1087; OLG Celle VersR 1971, 942). Ein ordnungsmäßig errichteter und ständig überwachter Elektrozaun (wegen der an ihn zu stellenden technischen Anforderungen vgl die Nachweise in OLG Frankfurt VersR 1982, 908), der nur eine psychologische Schranke (Erschrecken der Tiere durch Stromstöße) darstellt, mag zwar im allgemeinen geeignet sein, ein weidegewohntes und mit Futter ausreichend versorgtes Tier vom Verlassen des Weideplatzes abzuhalten (Hütefunktion); den Anforderungen an die im Verkehr erforderliche Sorgfalt zum Schutz Dritter entspricht er aber nur, wenn er auch in besonderen Situationen geeignet ist, das Ausbrechen in gleicher Weise zu verhindern wie ein fest verankerter Weidezaun, zB ein Unterkriechen ausschließt und einem gewaltsamen Ausbruch erschreckter Tiere standhält (BGH LM Nr 8 = VersR 1976, 1086, 1087; OLG Frankfurt NJW 1976, 573, 574; VersR 1982, 908; OLG Hamm VersR 1980, 197; Schmidt VersR 1966, 849; vgl auch OLG Frankfurt VersR 1978, 645; **aA** OLG München VersR 1984, 1095, 1097 im Hinblick auf Schafherden).

Besonders wirksame Sicherungsvorkehrungen sind – wie bei Pferden (o Rn 157) – **172** geboten, wenn die Weideplätze sich in der Nähe starken Verkehrs (von Autobahnen,

Bahnkörpern oder belebten Straßen) befinden (BGH VersR 1966, 758, 759; LM Nr 8 = VersR 1976, 1086, 1087; OLG Celle VersR 1971, 942; OLG Oldenburg NZV 1991, 115 f; OLG Köln VersR 1993, 616; LG Flensburg VersR 1987, 826; vgl auch OHM VersR 1958, 744). Weideplätze, die sich in der Nähe (etwa 300 m entfernt) einer Bundesstraße befinden und bei denen des öfteren fremde, nicht zu ihrem Betreten befugte Personen (Spaziergänger, Pilz- oder Holzsammler) gesehen worden sind, müssen durch Tore gesichert sein, die mit Vorhängeschloß und Kette versehen sind oder die sich zumindest nach ihrem Öffnen wieder selbsttätig schließen (OLG Celle RdL 1967, 47; vgl auch BGH LM Nr 5 = VersR 1967, 906, 907 [weidende Pferde]; OLG Bamberg ZfS 1982, 353 [weidende Schafe]).

Wegen der Umzäunung bei Weidevieh auf Almen vgl OLG München OLGRspr 34, 124 f.

173 Über eine ausreichende Einfriedung des Weideplatzes hinaus können weitere Aufsichts- und Überwachungsvorkehrungen geboten sein. So ist bei Jungrindern, die sich erstmals allein auf der Weide befinden, nicht nur die Sicherheit der Umzäunung genau zu prüfen, sondern auch ihr Verhalten auf der Weide nach Einbruch der Dunkelheit zu beobachten und zu kontrollieren (OLG Nürnberg VersR 1966, 42 f).

bb) **Viehtrieb auf der Straße**

174 Auch Vieh, das auf der Straße getrieben wird (dh sich unter der Aufsicht eines Hüters frei bewegt, also nicht an einer Leine geführt wird), muß gem § 28 Abs 1 S 2 StVO von geeigneten Personen begleitet sein, die ausreichend auf es einwirken können.

Kinder sind zum Treiben von Großvieh auf verkehrsreichen Straßen in der Regel ungeeignet (LG Paderborn VersR 1955, 176 betr 8jährigen Jungen). Ein gehbehinderter Erwachsener ist allein ungeeignet, vier Kühe auf einer befahrenen Straße zu treiben; er muß sie entweder paarweise zusammenkoppeln und an einem Seil leiten oder eine zweite Person oder einen Hütehund zur Unterstützung zuziehen (OLG Nürnberg RdL 1967, 78).

175 Die Zahl der erforderlichen Treiber bemißt sich nach der Menge des getriebenen Viehs und nach den Verkehrsverhältnissen der benutzten Wegstrecke. Mit der Steigerung des Verkehrs sind die Anforderungen an Zahl und Eignung der Treiber im Laufe der Zeit gestiegen. Im einzelnen ist auf die Kommentierungen zu § 28 StVO zu verweisen (zB GEIGEL/HAAG 27. Kap Rn 640 ff). Zum Treiben einer Herde von 9 bis 10 Kühen durch eine 6–7 m breite Ortsstraße mit lebhaftem Durchgangsverkehr sind – auch wenn die Kühe verkehrsgewöhnt und normalerweise (objektiv) friedfertig sind – mindestens zwei Personen (eine vorweg, eine am Ende der Herde) notwendig (OLG Nürnberg VersR 1968, 285 f). Mit Berufung auf Personalmangel kann sich der Halter nicht entlasten (vgl OLG Nürnberg VersR 1968, 285, 186).

Größte Sorgfalt ist geboten, wenn Vieh bei Dunkelheit quer über die Straße getrieben wird. UU müssen die Tiere einzeln geführt werden (BayObLG DAR 1973, 109 f zu § 10 StVO).

cc) **Sonstiges**

176 Beim Transport von Schlachtvieh ist der durch Wechsel der gewohnten Umgebung

erhöhten Gefahr, daß Tiere sich losreißen, durch besondere Überprüfung der mitgelieferten Stricke oder Ketten auf ihre Festigkeit Rechnung zu tragen (OLG Düsseldorf VersR 1983, 543, 544).

d) **Schafe**

Der Halter von Schafen genügt seiner Beaufsichtigungspflicht, wenn er zum Zusammenhalten seiner Herde einen Hütehund verwendet, der den Anforderungen bei einer Eignungsprüfung entspricht (OLG Oldenburg DAR 1957, 16, 17). Ist das der Fall, so scheitert der Entlastungsbeweis nicht an der Tatsache, daß sich einzelne Tiere abgesondert haben, denn damit muß der Verkehr rechnen (vgl auch LG Köln VersR 1953, 439 f). **177**

Zum Treiben einer Schafherde auf der Straße genügt bei Tageslicht nach der Verwaltungsvorschrift zu § 28 StVO in der Regel ein Schäfer, wenn ihm je nach Größe der Herde ein Hund oder mehrere zur Verfügung stehen. Mindestens zwei Schäfer sind aber erforderlich, wenn eine Beleuchtung nötig ist, also während der Dämmerung, bei Dunkelheit oder wenn die Sichtverhältnisse es sonst erfordern (§ 17 Abs 1 S 1 StVO). Denn sonst kann die Herde nicht vorn und am Ende – wie § 28 Abs 2 S 2 Nr 1 StVO es vorschreibt – genügend mit Warnleuchten abgesichert werden. Wird die ganze Straßenbreite in Anspruch genommen, ist der Gegenverkehr ausreichend zu warnen, sofern die Herde nicht rechtzeitig zu sehen ist (BayObLG NZV 1989, 482). Über die Sorgfaltsanforderungen, wenn große Schafherden Bahnübergänge mit automatischen Schranken überqueren sollen, vgl LG Düsseldorf VersR 1965, 390, 391. **178**

Über Nacht darf eine Schafherde nicht ohne Aufsicht oder anderweitige Sicherung auf freier Weide verbleiben (OLG München VersR 1984, 1095, 1096 f). Nicht erforderlich ist, daß die Sicherung bei einer durch außergewöhnliche Umstände (zB Einbrechen eines fremden Hundes) in der Herde entstandene Panik ein Ausbrechen der Schafe verhindert (OLG Karlsruhe VersR 1955, 510: Einsperren in einem – nicht notwendig ausbruchssicheren – Pferch genügt, auch in der Nähe einer Autobahn; OLG München VersR 1984, 1095, 1097: Elektrozaun genügt, auch bei nahegelegener, häufig befahrener Bahnstrecke; aA OLG München VersR 1991, 561). Auch muß der Schäfer nicht bei der Herde bleiben (OLG Karlsruhe VersR 1955, 510: Abwesenheit des Schäfers für einige Nachtstunden; OLG München VersR 1984, 1095, 1097: kurzzeitige Abwesenheit des Schäfers, weil dieser „Toilette" machte; LG Trier VersR 1978, 239, 240: Abwesenheit des Schäfers während der ganzen Nacht; WUSSOW/KUNTZ Rn 587). AA OLG Düsseldorf VersR 1967, 1100, 1101 betr eine Herde von 600 Schafen, die nachts aus einem als ausbruchssicher geltenden Pferch ausbrach und die in unmittelbarer Nähe befindlichen Gemüsefelder abfraß oder zertrampelte: Der Schäfer dürfe sich – jedenfalls, wenn bei einem Ausbruch der Schafe Dritte geschädigt werden können – mit seinem Schäferwagen nur soweit entfernen, daß ein außergewöhnliches Verhalten der Schafe bemerken könne. Das Gericht stellte darauf ab, daß wegen der schreckhaften Veranlagung von Schafen mit der Entstehung von Panik durch nächtliche Geräusche gerechnet werden müsse. **179**

e) **Geflügel**

Für **Tauben** gelten landesrechtlich angeordnete Flugsperrzeiten während der Saat- und Erntezeit. In diesen Zeiten müssen die Tauben eingesperrt sein, will der Halter seiner Beaufsichtigungspflicht genügen. Eine andere Möglichkeit, Tauben zu beauf- **180** sichtigen, gibt es nicht. Sie entziehen sich ihrer Natur nach jeder Einwirkung. Außerhalb der Flugsperrzeiten sind daher keine besonderen Sorgfaltsanforderungen einzuhalten. Auch § 28 StVO ist auf Tauben nicht anwendbar. Da sie sich nicht dauernd einsperren lassen, gehören sie nicht zu den Haus- und Stalltieren (BRUTSCHER, Tiere im Straßenverkehr – aus polizeilicher Sicht, Die Polizei 1992, 147, 148; MÜHLHAUS/JANISZEWSKI, StVO[14] § 28 Rn 2).

181 Dagegen gehören **Hühner** zu den Haus- und Stalltieren, die nach § 28 Abs 1 S 1 StVO von der Straße fernzuhalten sind (vgl die Verwaltungsvorschrift zu § 28 StVO). Der Halter muß daher den Hühnerauslauf einzäunen (vgl LG Osnabrück VersR 1979, 1019; BGB-RGRK/KREFT Rn 93; GEIGEL/SCHLEGELMILCH 18. Kap Rn 31; vgl zur älteren, weniger strengen Rechtsprechung STAUDINGER/SCHÄFER[12] Rn 139).

182 Auch **Großgeflügel** (Gänse, Puten, Enten) ist von der Straße fernzuhalten (vgl aber auch OLG Oldenburg DAR 1961, 344; LG Göttingen DAR 1956, 104).

f) Katzen

183 Auf Katzen ist – ebenso wie auf Tauben (so Rn 180) – § 28 StVO nicht anwendbar (OLG Oldenburg VersR 1957, 742; BRUTSCHER Die Polizei 1992, 147, 148; MÜHLHAUS/JANISZEWSKI, StVO[14] § 28 Rn 2). Sie entziehen sich ihrer Natur nach jeder Einwirkung, die sie am freien Umherlaufen hindert. Besondere Sorgfaltsanforderungen an den Halter einer Katze als Nutztier bestehen daher nicht, insbesondere muß sie nicht eingesperrt gehalten werden. Der Halter kann deshalb nicht in Anspruch genommen werden, wenn die Katze beim Laufen über die Straße einen Kfz-Unfall verursacht (OLG Oldenburg VersR 1957, 742 m zust Anm WEIMAR VersR 1958, 332; LG Oldenburg VersR 1960, 840; LG Bielefeld VersR 1982, 1083; LG Kiel NJW 1984, 2297; WUSSOW/KUNTZ Rn 589; JAGUSCH/HENTSCHEL, Straßenverkehrsrecht [32. Aufl 1993] § 28 StVO Rn 5; vgl auch BGB-RGRK/KREFT Rn 92; aA MünchKomm/MERTENS Rn 41; TEPLITZKY NJW 1961, 1659, 1660 f) oder – der Lebenserfahrung zuwider – einen Menschen oder einen Hund anfällt (LG Traunstein VersR 1966, 198). S in diesem Zusammenhang auch LG Augsburg NJW 1985, 499 f; AG Passau NJW 1983, 2885 f zum Unterlassungsanspruch des Grundeigentümers bei Besitzstörung durch vogeljagende Katzen eines anderen Grundeigentümers.

4. Mangelnder Ursachenzusammenhang zwischen Sorgfaltspflichtverletzung und Schaden

184 Die Haftung entfällt nach § 833 S 2 nicht nur dann, wenn der Halter bei der Beaufsichtigung die im Verkehr erforderliche Sorgfalt beobachtet hat, sondern auch dann, wenn der Schaden auch bei Anwendung dieser Sorgfalt entstanden wäre. Die Beweislast für die fehlende Kausalität zwischen Sorgfaltspflichtverletzung und Schaden trägt somit der Nutztierhalter. Entsprechende Vorschriften finden sich in §§ 831 Abs 1 S 2, 832 Abs 1 S 2 und 834 S 2.

IX. Einschränkung und Ausschluß der Haftung infolge eines dem Geschädigten zuzurechnenden Beitrags

1. Das Verhalten des Geschädigten als mitzuberücksichtigender Beitrag

Die Tierhalterhaftung kann im Hinblick auf die Person des Geschädigten eingeschränkt oder ganz ausgeschlossen sein, nämlich dann, wenn er sich dem Tier bewußt angenähert hat. Die Problematik tritt heute vor allem im Bereich des Reitsports auf: Beispielsweise verletzt das Pferd seinen Reiter (durch Beißen, Ausschlagen, Abwerfen des Reiters usw), der es vom Halter gemietet hat. Für eine Einschränkung oder einen Ausschluß der Tierhalterhaftung gibt es hier verschiedene dogmatische Ansatzpunkte, nämlich die Begrenzung des persönlichen Schutzbereichs des § 833 nach dessen ratio, die Verdrängung des § 833 durch die vertragliche Risikoverteilung, der vertragliche (stillschweigende) Haftungsausschluß sowie § 254. Die dogmatische Einordnung ist deshalb von erheblicher Bedeutung, weil in Schadensfällen, die nicht in den Schutzbereich des § 833 fallen, bei denen nach der vertraglichen Risikoverteilung keine Haftung eintritt oder bei denen ein vertraglicher Haftungsausschluß zum Tragen kommt, eine Haftung aus § 833 gänzlich ausgeschlossen ist, während durch die Anwendung des § 254 eine Quotierung ermöglicht wird (einschließlich einer Haftungsreduzierung auf Null).

a) Persönlicher Schutzbereich

Verschiedene Ansichten gelangen aufgrund des Normzwecks des § 833 zu einer Begrenzung des persönlichen Schutzbereichs dieser Norm in den Fällen, in denen der Geschädigte ohne sozialen Zwang oder soziale Notwendigkeit (OLG Zweibrücken NJW 1971, 2077, 2078; OLG Frankfurt VersR 1976, 1138; LG Duisburg VersR 1972, 475; LG Wuppertal VersR 1975, 435; LG Landau VersR 1976, 103, 104) oder überwiegend in seinem eigenen Interesse (BGH LM Nr 7 = NJW 1974, 234, 235 = VersR 1974, 356, 357; LM Nr 10 = NJW 1977, 2158 f = VersR 1977, 864, 865; LM Nr 11 = NJW 1982, 763, 764; OLG Köln VersR 1976, 197, 198; OLG Celle VersR 1981, 663; 1990, 794; vgl auch OLG München VersR 1981, 937; SCHRADER NJW 1975, 676, 677) der Tiergefahr ausgesetzt war, in denen er selbst die Gefahr beherrschte (OLG Zweibrücken NJW 1971, 2077, 2078; OLG Köln VersR 1976, 197, 198; 1982, 559; KG VersR 1986, 820, 821; OLG München VersR 1987, 493, 494; OLG Celle VersR 1990, 794; vgl auch BGH VersR 1972, 1047, 1048: Habe der Verletzte das Tier in seiner Obhut und Gewalt und unter seinem Einfluß gehabt, so müsse er bei Geltendmachung eines Anspruchs aus § 833 beweisen, daß er seiner eigenen Sorgfalt genügt habe und ihn an der Entstehung des Schadens ein eigenes Verschulden nicht treffe), ihm das Tier aus Gefälligkeit zur Nutzung überlassen war (vgl BGH LM Nr 10 = NJW 1977, 2158 = VersR 1977, 864, 865; OLG Celle VersR 1986, 396 f; OLG Düsseldorf VersR 1992, 251; offen gelassen in BGH LM Nr 7 = NJW 1974, 234, 235 = VersR 1974, 356, 357) oder er auf eigene Gefahr handelte (BGH LM Nr 7 = NJW 1974, 234, 235 = VersR 1974, 356; LM Nr 10 = NJW 1977, 2158 = VersR 1977, 864, 865; VersR 1978, 515; NJW 1986, 2883, 2884; OLG Frankfurt VersR 1981, 935; 1983, 1040; 1985, 670; KG VersR 1986, 820, 821; LG Itzehoe NJW-RR 1991, 1500; DEUTSCH NJW 1978, 1998, 2002; ders JuS 1987, 673, 677; DUNZ JZ 1987, 63, 67; AK-BGB/KOHL Rn 9; LARENZ/CANARIS, Schuldrecht II/2 § 84 II 1 e [freiwillige Selbstgefährdung]; SCHMID JR 1976, 274, 277; SCHRADER NJW 1975, 676, 677; SOERGEL/ZEUNER Rn 25). Ein Haftungsausschluß wegen Handelns auf eigene Gefahr wird von der Rechtsprechung und einem Teil der Literatur allerdings nur in Fällen befürwortet, in denen sich der Verletzte einer besonderen Tiergefahr ausgesetzt hat, die über die gewöhnliche Tiergefahr hinausgeht (erhöhte Tiergefahr), beispielsweise wenn ein Reiter ein Tier übernimmt, das erkennbar bösartiger Natur ist oder erst zugeritten werden muß, oder wenn der Ritt seiner Art nach besonders gefährlich war (Dressurreiten, Springen, Fuchsjagd; vgl BGH VersR 1955, 116; LM Nr 7 = NJW 1974, 234, 235 = VersR 1974, 356; LM Nr 10 = NJW 1977, 2158 = VersR 1977, 864, 865; VersR 1978, 515; NJW 1986, 2883, 2884; OLG Frankfurt VersR 1981, 935; OLG München VersR 1981, 937; OLG Köln VersR 1989, 62; ebenso AK-BGB/KOHL Rn 9). Ein anderer Teil der Literatur gelangt auch in Situationen gewöhnlicher Tiergefahr zu einem Haftungsausschluß wegen Handelns auf eigene Gefahr (vgl DEUTSCH NJW 1978, 1998, 2002; DUNZ JZ 1987, 63, 67; LARENZ/CANARIS, Schuldrecht II/2 § 84 II 1 e [freiwillige Selbstgefährdung]).

187 Alle diese Ansichten sind abzulehnen. Der Begriff des sozialen Zwangs ist zu unbestimmt, unklar und konturlos, um eine eindeutige Begrenzung des Schutzbereichs zu gewährleisten. Die Meinungen über das sozial Notwendige gehen weit auseinander. Darüber hinaus wird die Anwendbarkeit des § 833 durch das Merkmal des sozialen Zwangs entgegen dem klaren Wortlaut dieser Norm zu sehr eingeengt. Durch § 833 wird nicht nur geschützt, wer sich aus sozialer Notwendigkeit mit einem Tier abgibt, sondern jedermann, dem die Entfaltung der Gefahr nur gegen Schadloshaltung zugemutet werden kann (in diesem Sinne BGH VersR 1976, 1175, 1176 f; LM Nr 10 = NJW 1977, 2158, 2159 = VersR 1977, 864, 865 f; VersR 1976, 197, 198; OLG Düsseldorf VersR 1975, 1122, 1123; OLG Köln VersR 1977, 938; OLG Celle VersR 1979, 161; OLG Koblenz MDR 1979, 229; OLG München VersR 1981, 937; OLG Schleswig VersR 1990, 869; BORNHÖVD VersR 1979, 398, 399; DEUTSCH NJW 1978, 1998, 2001; ders JuS 1987, 673, 677; HERRMANN JR 1980, 489, 493; KNÜTEL NJW 1978, 297; AK-BGB/KOHL Rn 9; MünchKomm/MERTENS Rn 25; SCHMID JR 1976, 274, 276; STÖTTER JZ 1972, 409, 410; vgl auch OLG Köln NJW 1974, 2051).

188 Das Eigeninteresse des Geschädigten als unmittelbarem Tiernutzer ebenso wie die Gefahrbeherrschung durch ihn sind Merkmale, die zur Bestimmung des Halters dienen. Überwiegt das Nutzungsinteresse des Geschädigten gegenüber dem des Eigentümers und beherrscht der Geschädigte im Gegensatz zum Eigentümer die Tiergefahr, so ist der Geschädigte bereits selbst Tierhalter. Eine zusätzliche Begrenzung des Schutzbereichs kann sich aus den Merkmalen Eigeninteresse und Gefahrbeherrschung nicht ergeben (LORENZ 249; in diesem Sinne zum Eigeninteresse ebenso BORNHÖVD VersR 1979, 398, 399 f; ders JR 1978, 50, 53; HERRMANN JR 1980, 489, 493; MünchKomm/MERTENS Rn 27; SOERGEL/ZEUNER Rn 26; zur Gefahrbeherrschung BGH LM Nr 11 = NJW 1982, 763, 764; VersR 1986, 345, 346; 1993, 369, 370; HERRMANN JR 1980, 489, 493). Das gleiche gilt für das Kriterium der Überlassung aus Gefälligkeit, das lediglich als Indiz für das überwiegende Interesse des Geschädigten fungiert (vgl OLG Celle VersR 1986, 396 f; gegen einen Haftungsausschluß wegen Überlassung aus Gefälligkeit auch BGH NJW 1992, 2474 f = VersR 1992, 1145, 1146 f).

189 Auch der Aspekt des Handelns auf eigene Gefahr rechtfertigt keine Einschränkung des Schutzbereichs des § 833 (kritisch auch BORNHÖVD VersR 1979, 398, 400 f). In Fällen „gewöhnlicher" Tiergefahr läßt sich die Gefahrverantwortung nicht gänzlich – mit der Folge eines Haftungsausschlusses – vom Halter auf den Verletzten verschieben, denn die Halterschaft bedingt, daß (zumindest auch) der Halter für die Tiergefahr verantwortlich ist; trüge er insofern keine Verantwortung, wäre er nicht Tierhalter (so Rn 70). Eine daneben noch bestehende Gefahrverantwortung des Verletzten läßt sich nur dadurch berücksichtigen, daß das Gewicht der beiderseitigen Verantwortung gegeneinander abgewogen wird, was nur im Rahmen des § 254 möglich ist.

Aber auch im Hinblick auf die Situationen erhöhter Gefahr ist eine Begrenzung des persönlichen Schutzbereichs und damit ein gänzlicher Haftungsausschluß abzulehnen. Zwar kann in solchen Fällen dem Verletzten daraus, daß er sich der erhöhten Gefahr bewußt ausgesetzt hat, ein Schuldvorwurf gemacht werden, der über seine Verantwortung in Situationen gewöhnlicher Gefahr hinausgeht. Dieser Vorwurf bewirkt jedoch nicht, daß die Fälle aus dem persönlichen Schutzbereich des § 833 fallen. Denn auch bei erhöhter Gefahr ist die Tiergefahr – der Grund für die Haftung aus § 833 – gerade nicht ausgeschaltet, sondern die Verletzungswahrscheinlichkeit des Tierverhaltens wird gesteigert (vgl Lorenz 177). Die Frage der Haftung kann daher ebenfalls nur im Wege einer Gegenüberstellung und Abwägung der beiden mitwirkenden Beiträge (erhöhte Tiergefahr einerseits, Eigenverschulden des Verletzten andererseits) beantwortet werden.

b) Verdrängung des § 833 durch die vertragliche Risikoverteilung
Teilweise wird angenommen, daß die Risikoverteilung eines zwischen Tierhalter und **190** Geschädigten bestehenden Vertrages sich auch auf § 833 auswirke. So soll beispielsweise die Haftungsbeschränkung auf Vorsatz und grobe Fahrlässigkeit bei der Leihe (§ 599) zu einem Ausschluß der Tierhalterhaftung – als Haftung für Zufallsschäden – führen (BGH LM Nr 7 = NJW 1974, 234, 235 = VersR 1974, 356 f; OLG Düsseldorf VersR 1992, 251; im Ergebnis ebenso AK-BGB/Kohl Rn 10; ähnlich Wussow/Kuntz Rn 592; Knütel NJW 1978, 297, 298 mit dem zusätzlichen Erfordernis, der Halter dürfe dem Geschädigten gegenüber – anders als gegenüber Dritten – das Tier nicht im eigenen Interesse verwendet haben; vgl auch BGH LM Nr 10 = NJW 1977, 2158 = VersR 1977, 864, 865 [offen gelassen]).

Dieser Ansatz ist abzulehnen. Würde die vertragliche Risikoverteilung auch im Rah- **191** men des § 833 gelten, so wäre zumindest die Luxustierhalterhaftung grundsätzlich ausgeschlossen, falls ein Vertragsverhältnis zwischen Tierhalter und Geschädigtem besteht: Was für die Leihe gilt, müßte auch für andere Vertragstypen gelten, und im vertraglichen Bereich wird grundsätzlich nur bei Verschulden gehaftet (vgl Schrader NJW 1975, 676, 677).

c) Vertraglicher Haftungsausschluß
Rechtsprechung (vor allem die ältere, vgl RG JW 1905, 143; WarnR 1909 Nr 100; 1912 Nr 430; **192** RGZ 58, 410, 412 f; 67, 431, 433 f; vgl auch BGH LM Nr 5a = NJW 1968, 1932 f; LM Nr 10 = NJW 1977, 2158, 2159 = VersR 1977, 864, 866; OLG Celle VersR 1982, 704 f m Anm Kiel) und Literatur (BGB-RGRK/Kreft Rn 67; Herrmann JR 1980, 489, 495 f; vgl auch Weimar DRiZ 1956, 198, 199) berücksichtigen den eigenen Beitrag des Verletzten teilweise dadurch, daß sie einen stillschweigenden vertraglichen Haftungsausschluß annehmen (vgl dazu auch Bornhövd VersR 1979, 398, 401 f). Besteht ein Vertrag, so wird dieser ergänzend ausgelegt, anderenfalls ein isolierter vertraglicher Haftungsausschluß konstruiert.

Die Ermittlung eines nicht ausdrücklich geäußerten Parteiwillens erfolgt allgemein – **193** also auch im Falle von Tierschäden – auf der Grundlage der jeweils beteiligten Interessen. Dabei greifen Rechtsprechung und Literatur im Rahmen des § 833 auf dieselben Kriterien zurück, die auch für eine Einschränkung des persönlichen Schutzbereichs dieser Norm fruchtbar gemacht werden: die selbständige Herrschaft des Verletzten über das Tier (RGZ 58, 410, 412 f; RG JW 1905, 143; RG WarnR 1912 Nr 430; BGB-RGRK/Kreft Rn 67; Herrmann JR 1980, 489, 496; vgl auch Weimar DRiZ 1956, 198, 199), das überwiegende Eigeninteresse des Verletzten an dem Tier (OLG Saarbrücken NJW-

RR 1988, 1492, 1493; HERRMANN JR 1980, 489, 496; BGB-RGRK/KREFT Rn 67; PALANDT/THOMAS Rn 2 f), die Übernahme einer erhöhten Gefahr durch den Verletzten (RG JW 1905, 143; BGB-RGRK/KREFT Rn 67; HERRMANN JR 1980, 489, 496) und das Vorliegen einer Gefälligkeit (RGZ 67, 431, 434; RG WarnR 1908 Nr 157; Nr 158). Daß diese Kriterien nicht geeignet sind, einen Ausschluß der Tierhalterhaftung zu begründen, ist bereits aufgezeigt worden (so Rn 188 f). Ein vertraglicher Haftungsausschluß ist daher aus den gleichen Gründen abzulehnen wie eine Einschränkung des Schutzbereichs.

d) § 254

194 Der richtige Ort für die Berücksichtigung des Verletztenbeitrags ist nach alledem § 254 (ebenso BGH VersR 1982, 348, 349; NJW 1986, 2883, 2884; VersR 1992, 902; 1993, 369, 370; BORNHÖVD VersR 1979, 398, 400, 401; LORENZ 319, 321; MünchKomm/MERTENS Rn 27; ERMAN/SCHIEMANN Rn 6; vgl auch BGH LM Nr 10 = NJW 1977, 2158, 2159 = VersR 1977, 864, 866; LM Nr 11 = NJW 1982, 763, 764, 765; zur Beweislastverteilung vgl BAUMGÄRTEL VersR 1983, Karlsruher Forum 85, 87 f).

195 Ein relevanter Beitrag des Verletzten zur Schadensentstehung liegt dann vor, wenn er eine Situation erhöhter Verletzungsgefahr herbeigeführt hat und diese Gefahr erkennen und vermeiden konnte (LORENZ 288, 321). Die erhöhte Verletzungsgefahr muß sich aus einem Verhaltensfehler des Verletzten ergeben. Der Verhaltensfehler kann auch darin bestehen, daß sich der Verletzte – ohne weiteren Verhaltensfehler – in eine Situation besonders erhöhter Gefahr begeben hat, deren Entstehung von seinem eigenen Verhalten im übrigen unabhängig ist (LORENZ 288 f, 321). Im Rahmen der Abwägung gegenüber der Gefahrverantwortung des Tierhalters bemißt sich das Gewicht des Verletztenbeitrags nach seinem objektiven Anteil an der Verletzung und nach dem Grad des Sorgfaltsverstoßes gegen das eigene Sicherheitsinteresse des Verletzten (vgl LORENZ 289 f, 321 f). Hinsichtlich des Verletztenbeitrags ist ein strenger Maßstab anzulegen, wenn der Verletzte, etwa als Reiter, selbst unmittelbar auf das Tier einwirken konnte (BGB LM Nr 11 = NJW 1982, 763, 765; LORENZ 290).

196 Ein relevanter Verletztenbeitrag liegt danach vor, wenn die erhöhte Verletzungsgefahr aus einer **besonderen Schwäche** (etwa einem konstitutionellen Mangel) **des Verletzten** folgt. Der Verhaltensfehler besteht in diesem Fall darin, daß sich der Verletzte in Kenntnis seiner besonderen persönlichen Eigenschaften, welche die Wirkungsmöglichkeit des Tierverhaltens auf seine Rechtsgüter erhöhen, in die Nähe des Tieres begibt (vgl LORENZ 278 f). Bsp: Reiten ohne ausreichende Reitkenntnisse (BGH VersR 1993, 369, 370); ein als besonders ungestüm bekanntes Pony wird ohne Aufsicht von einem 10jährigen Mädchen geritten, obwohl dieses weiß, daß es selbst keine geübte und im Umgang mit Pferden erfahrene Reiterin ist (LG Berlin MDR 1974, 314); ein Reitschüler macht, obwohl er die ganze Nacht nicht geschlafen hat und im Verlauf der Reitstunde schon mehrfach abgeworfen worden ist, die besonders schwierige Übung „Traben ohne Zügel und ohne Bügel mit hinter dem Kopf verschränkten Armen" mit (BGH VersR 1982, 348, 349); jemand betreibt trotz leicht brüchiger Knochen („Glasknochen") weiterhin Reitsport (vgl BGH VersR 1984, 286, 287); jemand versucht trotz Kenntnis seiner latenten Erkrankung an Psoriasis und trotz Kenntnis, daß diese Krankheit jederzeit zum Ausbruch kommen kann, seinen Dackel mit Gewalt von einer Beißerei abzuhalten (OLG Celle VersR 1981, 1057, 1058).

197 Erheblich ist auch die erkennbar **gesteigerte Verletzungsträchtigkeit eines Tieres** (vgl

LORENZ 279 ff). Bsp: Ein Passant geht dicht an einem Pferdegespann vorbei, obwohl eines der Pferde durch einen Maulkorb als besonders gefährlich gekennzeichnet ist (RG JW 1906, 739); Reiten auf einem als besonders ungestüm bekannten Pony (LG Berlin MDR 1974, 314); bekannte Aggressivität einer Rasse von Kampfhunden (OLG Koblenz MDR 1979, 229); Warnung des Verletzten vor der Annäherung an das Tier (RG JW 1906, 349, 350), etwa durch ein Warnschild (vgl OLG Frankfurt VersR 1983, 1040; LG Memmingen VersR 1979, 874; s aber auch OLG Düsseldorf VersR 1981, 1035, 1036 zur zweifelhaften Aussagekraft des Schildes „Vorsicht bissiger Hund"). Auch das ungewöhnliche Verhalten eines Tieres kann es als unvorsichtig erscheinen lassen, weiterhin in dessen Nähe zu bleiben. Bsp: Jemand wird beim Springreiten von einem Hindernisteil getroffen, weil er sich nicht aus der Gefahrenzone entfernt hat, obwohl er aus Erfahrung wußte, daß ein bestimmtes Sprungpferd üblicherweise Schwierigkeiten macht (BGH VersR 1966, 1073, 1074).

Ein relevanter Verletztenbeitrag kann sich ferner aus einem **Verhaltensfehler im Umgang mit dem Tier** ergeben (vgl LORENZ 282 f). Bsp: Reiten ohne Schutzkappe (BGH VersR 1993, 369, 371; OLG Düsseldorf VersR 1983, 1039); Reiten in einer Gruppe ohne ausreichenden Sicherheitsabstand (OLG Hamburg VersR 1982, 779 f; OLG Hamm NZV 1994, 436, 437); Reizen des Tieres durch einen Schlag oder Zuruf (RG Recht 1915 Nr 881; ähnlich LG Rottweil NJW-RR 1988, 539 [Streicheln einer fremden Katze]; vgl auch BGH VersR 1981, 1178, 1179); jemand klopft in Gegenwart eines Hundes dessen Halter auf die Schulter, was das Tier als Angriff auffaßt (OLG Stuttgart VersR 1953, 293); jemand streichelt einen in zutraulicher Weise herankommenden, aber mit Bißwunden bedeckten Hund, der durch eine schmerzhafte Berührung seiner Wunden gereizt wird (RG WarnR 1908 Nr 291); Aufforderung an den Halter, seinen Hund freizulassen, wobei sich der eigene Hund im Raum befindet und die beiden Hunde sich nicht kennen (OLG Nürnberg VersR 1967, 361, 362); Nichtverschließen einer Stalltür (BGH NJW 1975, 867, 868); Duldung des Zurücklassens eines Hundes im später beschädigten Kfz (LG Nürnberg-Fürth VersR 1989, 1278). Auch eine fahrlässige Fehlsteuerung des Tieres ist im Rahmen des § 254 zu berücksichtigen: So etwa, wenn ein Reiter mit seinem Pferd auf einem Asphaltweg zu schnell in die Kurve galoppiert, das Pferd ins Rutschen gerät und fällt und dadurch der Reiter verletzt wird (MünchKomm/MERTENS Rn 16; vgl auch BGH LM Nr 11 = NJW 1982, 763, 764; OLG Düsseldorf VersR 1981, 82, 83) oder wenn der Reiter verletzt wird, weil er sein Pferd zu eng am Zügel führt und es ihm deshalb auf die Hacken tritt (MünchKomm/MERTENS Rn 16; vgl auch OLG Schleswig VersR 1983, 470).

Weiterhin können **Verhaltensfehler bei der Abwehr einer Tierbedrohung** zu einer Haftungseinschränkung wegen Mitverschuldens führen (vgl LORENZ 283 ff). Bsp: Ein Radfahrer versetzt einem angreifenden Hund vom Rad aus einen besonders heftigen Fußtritt (OLG Hamburg OLGRspr 14, 48); falsche Reaktion des Lenkers auf das Scheuen des Pferdes (OLG München VersR 1989, 861); jemand versucht, mit bloßen Händen beißende Hunde zu trennen (RG JW 1914, 471, 472; OLG Koblenz MDR 1979, 229; VersR 1986, 247; OLG Stuttgart VersR 1978, 1123, 1124). Im Hinblick auf die psychische Situation eines von einem Tier angegriffenen Menschen sind an die zu beachtende Sorgfalt allerdings in der Regel geringere Anforderungen zu stellen. Bsp: Ein Pferdefuhrwerk gerät außer Kontrolle, rast eine abschüssige Wegstrecke hinunter und droht jeden Augenblick umzustürzen; um sich zu retten, springt ein Mitfahrer vom Wagen ab, und zwar entgegen der Fahrtrichtung und trotz seiner Ungeschicklichkeit und Unbeholfenheit aufgrund seines großen Körpergewichts (RG JW 1907, 307, 308: Mitverschulden verneint); ein Reitpferd verweigert die Parade, und der Verletzte reagiert darauf unsachgemäß, weil er keine Zeit zu ruhiger Überlegung hat (BGH VersR 1986, 345, 346: Mitverschulden verneint).

200 Ein Mitverschuldensanteil kann sich schließlich daraus ergeben, daß der Verletzte **unzureichende Vorsorge gegen mögliche Tiereinwirkungen** getroffen hat (vgl LORENZ 285 f). Bsp: Die Besitzerin einer läufigen Rassehündin führt diese ohne weitere Schutzvorkehrungen spazieren, die Hündin wird durch einen Bastardrüden gedeckt (BGHZ 67, 129, 134 = NJW 1976, 2130, 2131; vgl auch OLG Hamm NJW-RR 1994, 804; zur Sicherung eines Geländes gegen das Eindringen von Bastardrüden vgl OLG Hamm NJW-RR 1990, 1052, 1053); ein Hundebesitzer betritt mit einem nicht angeleinten Hund ein Kasino und wird, als sich dieser mit einem anderen verbeißt, bei dem Versuch, die Hunde zu trennen, durch den anderen Hund verletzt (OLG Stuttgart VersR 1978, 1123, 1124: Der Verletzte hätte den von ihm mitgeführten Hund vor dem Betreten des Kasinos anleinen müssen); ein Motorradfahrer fährt mit erheblich überhöhter Geschwindigkeit und kommt deshalb beim Zusammenstoß mit einem Hund zu Fall (RG WarnR 1909 Nr 11); das regelwidrige Verhalten eines Autofahrers führt zu einem Unfall im Zusammenwirken mit einem Tier (BGH VersR 1961, 346, 347; OLG Nürnberg VersR 1966, 42, 43; OLG Celle VersR 1980, 430, 431; LG Wiesbaden VersR 1976, 179 f). Weiterer Fall: BGH VersR 1966, 1073, 1074; vgl auch BGH VersR 1981, 1178, 1179.

201 Allein die Annäherung an ein Tier stellt noch keinen relevanten Verletztenbeitrag dar (vgl OLG Hamm VersR 1973, 1054, 1055 [Aufenthalt in der Nähe eines Hundes]; OLG Saarbrücken NJW-RR 1988, 1492, 1493; OLG Schleswig VersR 1990, 869 [Betreten einer Pferdebox]). Insbesondere ist der Reitsport nicht generell aus der Tierhalterhaftung ausgegrenzt (BGH LM Nr 10 = NJW 1977, 2158 f = VersR 1977, 864, 865; LM Nr 11 = NJW 1982, 763, 764; NJW 1986, 2883, 2884; OLG Köln VersR 1976, 197, 198; OLG München VersR 1981, 937; OLG Frankfurt VersR 1985, 670; OLG Celle VersR 1986, 396; OLG Düsseldorf VersR 1986, 1244; BORNHÖVD VersR 1979, 398, 401 [Reiten sei grundsätzlich eine „sozialadäquate" Betätigung]; vgl auch OLG Karlsruhe VersR 1989, 860).

2. Berücksichtigung einer dem Geschädigten zuzurechnenden Tier- oder Betriebsgefahr

202 Wird ein Tier von einem anderen verletzt, hat dabei aber eine Tiergefahr des verletzten Tieres mitgewirkt, so erhält dessen Halter keinen vollen Schadensersatz, sondern der Anspruch wird analog § 254 gekürzt (BGH NJW 1976, 2130, 2131 [Deckakt bei Hunden], insoweit in BGHZ 67, 129 nicht abgedruckt; VersR 1985, 665, 666 [Pferdepfleger versuchen, ein Rind von der Pferdekoppel zu vertreiben, dabei erschreckt das Rind eine Stute, die davongaloppiert und sich verletzt]; OLG Düsseldorf VersR 1975, 1122, 1123 [zwei Pferde weiden gemeinsam auf einer Koppel, eines schlägt das andere mit den Hufen – direkte Anwendung des § 254]; NJW-RR 1994, 92, 93 [sog Hengstmanieren als Reaktion auf die Stute]; BGB-RGRK/KREFT Rn 60; MünchKomm/MERTENS Rn 43). Gleiches gilt, wenn einer der beiden Halter verletzt wird (OLG Celle VersR 1981, 1057, 1058 [Beißerei zwischen zwei Hunden und Verletzung des einen Halters, der die Hunde zu trennen versucht]; OLG Koblenz VersR 1984, 394 f [Ein Schäferhund stürzt sich auf einen Pudel, dieser läuft um seine Halterin herum, wodurch sich die Leine um ihre Beine schlingt und die Halterin hinfällt]; OLG Hamm NJW-RR 1995, 598 [Zwei Hunde spielen miteinander, dabei wird ein Halter vom Hund des anderen Halters umgerannt und verletzt]). Beide

Halter haben einen gekürzten Ersatzanspruch, wenn sich zwei Tiere gegenseitig verletzen (OLG Düsseldorf NJW-RR 1994, 92, 93). Die Anrechnung der eigenen (Tier- oder Betriebs-) Gefahr entspricht einem allgemeinen Grundsatz im Bereich der Gefährdungshaftung. Er ist in neueren Gesetzen, die eine Gefährdungshaftung statuieren, ausdrücklich festgelegt, so in § 17 Abs 1 S 2 StVG und in § 41 Abs 1 S 2 LuftVG.

Eine dem Geschädigten zuzurechnende Tiergefahr kann auch dann mitgewirkt **203** haben, wenn dieser keinen Schadensersatzanspruch aus Tierhalterhaftung, sondern aus anderen Gründen geltend macht. Hat der Schädiger schuldhaft gehandelt, so wird der Anspruch in entsprechender Anwendung des § 840 Abs 3 nicht nach § 254 gekürzt (OLG Hamm VersR 1991, 676, 677: Rinder fraßen giftige Abfälle).

Der Geschädigte muß sich auch eine sonstige Gefahr, deren Verwirklichung einen Gefährdungshaftungstatbestand verwirklicht – etwa die Betriebsgefahr seines Kraftfahrzeugs (vgl § 17 StVG) –, anrechnen lassen (vgl OLG Nürnberg VersR 1959, 573, 574; OLG Köln VersR 1992, 846).

X. Zusammentreffen mehrerer Haftpflichtiger

Sind mehrere Personen Halter desselben Tieres, so haften sie nach § 840 Abs 1 als **204** Gesamtschuldner (OLG Celle OLGRspr 5, 250). Ist der Schaden durch das Zusammenwirken mehrerer Tiere verschiedener Halter verursacht, so haften sie ebenfalls nach § 840 Abs 1 als Gesamtschuldner (vgl RGZ 60, 313, 315). Der Ausgleich im Innenverhältnis erfolgt nach § 426.

Wird ein Schaden durch ein Tier und zugleich durch die unerlaubte Handlung eines **205** Dritten verursacht (zB jemand macht bewußt ein Pferd scheu, das einen Dritten verletzt), so haften nach § 840 Abs 1 der Tierhalter und der aus unerlaubter Handlung Ersatzpflichtige dem Geschädigten als Gesamtschuldner. Im Innenverhältnis haftet gem § 840 Abs 3 nur der schuldhaft handelnde Verursacher.

Wird der Schaden eines Dritten durch ein Tier und ein Kraftfahrzeug verursacht, so **206** erfolgt nach § 17 Abs 2 StVG der Ausgleich zwischen den Haftpflichtigen in einer dem § 254 entsprechenden Weise. Bei Verschulden des Fahrers gelten auch § 9 StVO iVm § 254 (OLG Nürnberg VersR 1966, 42, 43). Bei der Abwägung von Kfz-Betriebsgefahr und Tiergefahr kann die erstere uU ganz zurücktreten, so zB wenn ein Tier aus einer schlecht gesicherten Weide ausbricht und plötzlich auf eine verkehrsreiche Fahrbahn läuft (vgl BGH VersR 1964, 595, 596; 1964, 1197, 1198; 1966, 186, 188; SCHMIDT VersR 1966, 849; vgl auch OLG Nürnberg VersR 1963, 759, 761 [1/4 Mitverursachungsanteil]). Ein Ausgleich nach § 17 Abs 2 StVG entfällt, wenn der Tierhalter den Entlastungsbeweis nach § 833 S 2 führt (RGZ 82, 112, 115; 96, 130, 132; 129, 55, 59).

Ein Ausgleich zwischen den Haftpflichtigen entsprechend § 254 erfolgt gem § 41 **207** Abs 2 LuftVG auch bei Schadensverursachung durch Zusammenwirken von Tier und Luftfahrzeug (RGZ 158, 34, 39 f zu § 27 Abs 2 aF LuftVG) sowie gem § 13 HPflG bei Zusammenwirken von Tier und Bahn oder Energieanlage.

§ 840 Abs 3 ist unanwendbar, wenn der Dritte nur aus Gefährdung, nicht aus Ver- **208** schulden oder vermutetem Verschulden haftet (OLG Hamm NJW 1958, 346, 347 = VersR

1958, 33 f mit insoweit zust Anm BÖHMER VersR 1958, 290; BGB-RGRK/KREFT Rn 54; vgl auch OLG Celle AgrarR 1977, 178, 179 f). § 17 Abs 2 StVG gilt auch dann für den Ausgleich zwischen Tierhalter und Kraftfahrzeughalter, wenn einer von ihnen oder beide auch aus Verschulden oder vermutetem Verschulden haften (RGZ 96, 68, 69 f).

§ 834

Wer für denjenigen, welcher ein Tier hält, die Führung der Aufsicht über das Tier durch Vertrag übernimmt, ist für den Schaden verantwortlich, den das Tier einem Dritten in der im § 833 bezeichneten Weise zufügt. Die Verantwortlichkeit tritt nicht ein, wenn er bei der Führung der Aufsicht die im Verkehr erforderliche Sorgfalt beobachtet oder wenn der Schaden auch bei Anwendung dieser Sorgfalt entstanden sein würde.

Materialien: E I § 734 Abs 2; II § 757; III § 818;
Mot II 812 f; Prot II 2864–2868, 8497; D 99.

Schrifttum

WEIMAR, Die Aufsichtshaftung des Tierhüters, MDR 1968, 640.

Systematische Übersicht

I. Grundgedanken der Regelung ___ 1	4. Selbständige Aufgabenerfüllung ___ 19
	5. Einzelbeispiele ___ 22
II. Schadensverursachung durch ein Tier 4	
	IV. Der Entlastungsbeweis ___ 23
III. Tierhüter ___ 5	
1. Gegensatz von Tierhüter und Tierhalter ___ 6	V. Das Verhältnis verschiedener Haftungsnormen
2. Führung der Aufsicht über ein Tier ___ 7	1. Das Verhältnis der Tierhalter- zur Tierhüterhaftung ___ 26
3. Übernahmevertrag ___ 9	
a) Vertragsschluß ___ 11	a) Die Haftung gegenüber Dritten ___ 26
b) Gesetzliche Pflicht zur Führung der Aufsicht ___ 15	b) Die Haftung zwischen den Vertragspartnern ___ 27
c) Geschäftsführung ohne Auftrag; tatsächliche Aufsichtsführung ___ 16	2. Das Verhältnis des § 834 zu § 831, wenn der Tierhüter sich eines anderen
d) Haftung außerhalb des § 834 ___ 17	Tierhüters bedient ___ 29

Alphabetische Übersicht

Amtspflicht ___ 18	Finder ___ 15 f
Aufsichtsführung ___ 7 f	
	Gesamtschuldner ___ 26
Ehegatten ___ 15	Geschäftsführung ohne Auftrag ___ 16
Entlastungsbeweis ___ 2, 23 ff	Gesetzliche Aufsichtspflichten ___ 10, 15, 17

Gesetzlicher Vertreter	15, 17 f	Staat als Halter	18
Hilfsdienste, unselbständige –	20	Tatsächliche Übernahme der Aufsicht	10, 16 f
		Tierhüter	5 ff
Kind, hausstandsangehöriges –	15		
Kutscher als Tierhüter	21	Übernehmerhaftung	3
Reitlehrer	22	Vertrag	9 ff
		Viehkommissionär	22
Selbständigkeit	17, 19 ff		

I. Grundgedanken der Regelung

Ist durch ein Tier ein Schaden entstanden, so haftet neben dem Tierhalter (§ 833) gem § 834 auch ein etwaiger Tierhüter, dh wer für den Tierhalter die Führung der Aufsicht über das Tier durch Vertrag übernommen hat. Dabei unterscheidet § 834 – anders als § 833 – nicht zwischen der Haftung für Luxustiere und der Haftung für Nutztiere. Der Tierhüter haftet – wie der Nutztierhalter nach § 833 S 2 – immer nur wegen Verschuldens. § 834 sieht keine Gefährdungshaftung vor. **1**

Die Haftung des Tierhüters beruht auf vermutetem Verschulden und vermutetem Ursachenzusammenhang zwischen – vermuteter – schuldhafter Verletzung der Aufsichtsführungspflicht und dem Schaden. Gegenüber dem vermuteten Verschulden und der vermuteten Ursächlichkeit steht dem Tierhüter nach § 834 S 2 der Entlastungsbeweis offen. Die Haftung des Tierhüters entspricht damit der Haftung des Geschäftsherrn nach § 831 Abs 1 (vgl § 831 Abs 1 S 2), der Haftung des Aufsichtspflichtigen nach § 832 Abs 1 (vgl § 832 Abs 1 S 2), der Haftung des Nutztierhalters nach § 833 S 2 und der Haftung des Grundstücksbesitzers, Gebäudebesitzers und Gebäudeunterhaltungspflichtigen nach §§ 836–838 (vgl § 836 Abs 1 S 2; hinsichtlich der vermuteten Ursächlichkeit vgl MünchKomm/MERTENS § 836 Rn 36 mwN). **2**

§ 834 stellt einen Fall der gesetzlich geregelten Übernehmerhaftung dar. Ähnliche Vorschriften finden sich in den §§ 831 Abs 2, 832 Abs 2 und 838 1. Fall. **3**

II. Schadensverursachung durch ein Tier

Gem § 834 S 1 muß ein Tier einem Dritten in der in § 833 bezeichneten Weise Schaden zugefügt haben. Hinsichtlich der erforderlichen Schadensverursachung durch ein Tier gilt also das gleiche wie zur Tierhalterhaftung (vgl OLG Hamm VersR 1993, 238). Vgl zur Tiereigenschaft, zum Schaden, zur Kausalität, zur Rechtswidrigkeit und zur Tiergefahr die Ausführungen zu § 833. Der Tierhüter haftet insbesondere auch auf Schmerzensgeld (BGH VersR 1982, 348, 350). **4**

III. Tierhüter

Gem § 834 S 1 ist Tierhüter, wer für den Tierhalter die Führung der Aufsicht über das Tier durch Vertrag übernimmt. **5**

1. Gegensatz von Tierhüter und Tierhalter

6 Der Tierhüter ist nicht selbst Tierhalter. Erfüllt derjenige, der die Tieraufsicht übernimmt, die Kriterien der Haltereigenschaft, ist er also – neben oder anstelle des ursprünglichen Halters – Tierhalter, so haftet er nach § 833. Eine Haftung nach § 834 – mit der generellen Möglichkeit der Exkulpation nach § 834 S 2 – kommt dann nicht mehr in Betracht.

2. Führung der Aufsicht über ein Tier

7 § 834 ist dem § 833 S 2 nachgebildet. Wenn § 834 beim Tierhüter von der „Führung der Aufsicht über ein Tier", § 833 S 2 beim Tierhalter dagegen von der „Beaufsichtigung des Tieres" spricht, so liegt darin kein inhaltlicher Unterschied (aA BGB-RGRK/KREFT Rn 1; anders auch noch STAUDINGER/SCHÄFER[12] Rn 2). Beidesmal ist die Tragung der Sorge gemeint, daß Dritten durch das Tier kein Schaden entsteht. Den Tierhüter treffen dabei dieselben Sorgfaltspflichten wie den Tierhalter, der das Tier unmittelbar selbst beaufsichtigt.

8 Unterschiede in der Aufsichtsführung bzw Beaufsichtigung ergeben sich nur je nachdem, ob die betreffende Person das Tier unmittelbar selbst beaufsichtigt oder einen anderen mit der Aufsicht betraut hat. Ob es sich bei der betreffenden Person um einen Tierhalter oder einen Tierhüter handelt, ist unerheblich. Auch der Tierhüter kann die Aufsicht einem anderen überlassen (vgl RGZ 331, 333), sofern nicht eine Aufsichtsführung durch den Tierhüter persönlich vereinbart ist. Wer einen anderen mit der Aufsicht betraut, wird nicht von seiner eigenen (gesetzlichen oder vertraglich übernommenen) Aufsichtspflicht frei. Zu der Sorge, daß das Tier Dritten keinen Schaden zufügt, gehört dann etwa die Bestellung eines oder, wenn erforderlich, mehrerer geeigneter Tierhüter, die Unterweisung und Leitung und die Überwachung der Befolgung erteilter Weisungen (vgl OLG Düsseldorf VersR 1967, 1100, 1101; OLG Nürnberg VersR 1968, 285, jeweils zu § 833 S 2).

3. Übernahmevertrag

9 § 834 setzt voraus, daß die Führung der Aufsicht über das Tier durch Vertrag übernommen worden ist. Aus der vertraglich übernommenen Aufsichtspflicht wird also kraft § 834 eine gesetzliche Verantwortung Dritten gegenüber (vgl WEIMAR MDR 1968, 640).

10 Die Worte „durch Vertrag" sind erst durch die Reichstagskommission in den Text der Norm eingefügt worden. Dadurch sollte klargestellt werden, daß die nur tatsächliche Übernahme der Aufsicht nicht von § 834 erfaßt ist (RTK II 108 f; vgl auch RG JW 1905, 202, 203). Auf eine bloß tatsächliche Übernahme der Aufsicht bezieht sich § 834 daher nicht (RGZ 50, 244, 247; RG JW 1905, 202, 203; OLG Nürnberg NJW-RR 1991, 1500, 1501). Wegen des klaren Wortlauts gilt die Norm darüber hinaus nicht im Falle gesetzlicher Aufsichtspflichten (WEIMAR MDR 1968, 640 f). Liegt kein Übernahmevertrag vor, so kommt keine Haftung nach § 834, sondern vor allem nach § 823 in Frage.

a) Vertragsschluß

Durch das Erfordernis, daß die Übernahme der Aufsichtsführung durch Vertrag **11** erfolgt sein muß, ähnelt § 834 dem § 832 Abs 2. Auf die dortigen Ausführungen zum Übernahmevertrag wird verwiesen (§ 832 Rn 29 ff).

Der Vertrag muß wirksam sein (vgl RG JW 1905, 202; aA MünchKomm/MERTENS Rn 2). **12** Daran ist aufgrund des klaren Wortlauts der Norm festzuhalten. Der Vertrag braucht nicht mit dem Tierhalter selbst geschlossen zu werden (RGZ 168, 331, 333; OLG München VersR 1957, 31). Erforderlich ist nur, daß nach dem Inhalt des Vertrages die Aufsicht für den Tierhalter übernommen wird.

Der Vertragsabschluß kann auch stillschweigend geschehen, wie zB wenn ein Vieh- **13** treiber den Transport des Tieres übernimmt (RG JW 1905, 202, 203; WEIMAR MDR 1968, 640, 641). Ob die Aufsichtsführung nur tatsächlich übernommen oder stillschweigend vertraglich vereinbart wurde, kann zweifelhaft sein. Für die Abgrenzung gelten ähnliche Grundsätze wie im Bereich des § 832 Abs 2 (s § 832 Rn 32 ff).

Nicht erforderlich ist, daß der Vertrag in erster Linie auf die Übernahme der Auf- **14** sicht, auf die Verhütung von Schädigungen Dritter durch das Tier gerichtet ist. Die Aufsichtsführung kann vielmehr Bestandteil eines anderen Vertrages sein. Beispielsweise bedeutet die Übernahme der Gewalt über das Tier zwecks Verwahrung, Abrichtung zur Jagd, Zureiten usw die stillschweigende Übernahme der Aufsichtsführung (RG JW 1905, 202, 203; OLG Hamburg VersR 1965, 1009).

b) Gesetzliche Pflicht zur Führung der Aufsicht

Infolge des Erfordernisses der vertraglichen Übernahme der Aufsichtsführung **15** bezieht sich § 834 nicht auf gesetzliche Aufsichtspflichten. Die Norm ist daher unanwendbar, wenn die Aufsichtsführung in Erfüllung einer gesetzlichen Verpflichtung zu Leistungen erfolgt, zu denen auch die Beaufsichtigung gehört. Das gilt etwa im Hinblick auf die Aufsichtspflichten des gesetzlichen Vertreters eines Tierhalters (elterliche Sorge, §§ 1626 Abs 1, 1631 Abs 1), auf die Pflicht eines Ehegatten zur Mitarbeit als Beitrag zum Familienunterhalt (§ 1360) oder aus der ehelichen Lebensgemeinschaft (§ 1353 Abs 1; dazu WEIMAR MDR 1963, 366, 347), auf die Dienstleistungspflicht des hausstandsangehörigen Kindes im Hauswesen oder Geschäft der Eltern (§ 1619; WEIMAR MDR 1968, 640, 641), auf die Verwahrungspflicht des Finders eines Tieres nach § 966 Abs 1 (WEIMAR MDR 1968, 640, 641; zur Verwahrungspflicht des Pfandgläubigers vgl WEIMAR MDR 1968, 640, 641 f). Tierhüter ist auch nicht, wer nach § 16 der NaturschutzVO vom 18. 3. 1936 (BGBl I 181) – soweit diese der Verfügung des Landesgesetzgebers unterliegende Vorschrift noch gilt oder sich in den neuen landesrechtlichen Naturschutzergänzungsgesetzen inhaltlich wiederfindet (dazu MITZSCHKE/SCHÄFER, Kommentar zum Bundesjagdgesetz [4. Aufl 1982] § 25 Rn 90) – eine fremde streunende Katze einfängt und auf begrenzte Dauer verwahrt.

c) Geschäftsführung ohne Auftrag; tatsächliche Aufsichtsführung

Mangels Übernahmevertrags ist § 834 außerdem unanwendbar, wenn der die Auf- **16** sicht Übernehmende nur als Geschäftsführer ohne Auftrag handelt oder wenn jemand die Aufsicht nur tatsächlich führt (RTK 108 f). Das gilt etwa für den Hausstandsangehörigen des Tierhalters, der während dessen vorübergehender Abwesenheit das Tier betreut (vgl WEIMAR MDR 1963, 366, 367; OLG Nürnberg NJW-RR 1991, 1500,

1501). Auch wer – wie ein Finder – einen ihm zugelaufenen Hund nur vorübergehend in Verwahrung und Pflege nimmt, um ihn nach Ermittlung des Eigentümers diesem zurückzugeben, ist nicht Tierhüter (LG Düsseldorf VersR 1968, 99).

d) Haftung außerhalb des § 834

17 Im Falle der Verletzung gesetzlicher Pflichten zur Aufsichtsführung über ein Tier spricht vieles für eine analoge Anwendung des § 834, sofern die erforderliche Selbständigkeit (dazu u Rn 19 ff) des Aufsichtspflichtigen gegeben ist. Die Einfügung des Merkmals „durch Vertrag" in den Text des § 834 diente der Klarstellung, daß eine nur tatsächliche Aufsichtsführung nicht erfaßt werde (RTK II 108 f). Wenn dadurch außerdem die Fälle gesetzlicher Aufsichtspflichten aus dem Anwendungsbereich des § 834 herausgefallen sind, so ist dies offenbar nur versehentlich geschehen. Die Motive zu § 834 (Mot II 812 f) weisen noch ausdrücklich darauf hin, daß auch der gesetzliche Vertreter des Tierhalters von der Norm erfaßt wird. Daher erscheint als eigentlicher Haftungsgrund des § 834, daß derjenige, den eine Rechtspflicht zur Beaufsichtigung eines Tieres trifft – und eine solche kann sich sowohl aus Vertrag als auch aus Gesetz ergeben –, bei Verletzung dieser Pflicht mit der Beweislastumkehr des § 834 haftet. Es ist kein Grund erkennbar, warum der gesetzlich Verpflichtete insofern besser behandelt werden sollte als der vertraglich Verpflichtete.

18 Im übrigen haftet, wer die Beaufsichtigung des Tieres nicht durch Vertrag für den Tierhalter übernommen hat, nur nach den allgemeinen Vorschriften für Schäden, die das Tier Dritten zufügt. In Frage kommt vor allem eine Haftung aus § 823. Die Haftung kann sich zB aus der Verletzung einer Verkehrssicherungspflicht oder der Pflicht zur Abwendung der durch vorangegangenes Tun geschaffenen Gefahrenlage ergeben. Bei dem gesetzlichen Vertreter des Tierhalters kommt auch eine Haftung aus § 832 in Betracht, wenn es um die Verletzung der Aufsicht über den Tierhalter geht. Ist der Staat oder eine sonstige öffentlichrechtliche Körperschaft Tierhalter – wie etwa im Falle von Polizeipferden und Polizeihunden –, so sind die dienstlich mit der Führung der Aufsicht über die Tiere betrauten Amtsträger nicht kraft Vertrags tätig. Ihnen obliegt es vielmehr aufgrund ihrer Amtspflicht, die Tiere zu überwachen (OLG Hamm VersR 1996, 237, 238; WEIMAR MDR 1968, 640, 641). Es finden in diesen Fällen ggf § 839, Art 34 GG Anwendung.

4. Selbständige Aufgabenerfüllung

19 Nicht jeder, zu dessen vertraglich übernommenen Verpflichtungen der Umgang mit Tieren und deren Betreuung gehört, ist Tierhüter iS des § 834. Der Begriff ist einschränkend auszulegen. Das folgt daraus, daß der Tierhüter wie der Halter eines Nutztieres nach § 833 S 2 aus vermuteter Schuld haftet. Das ist nur gerechtfertigt, wenn der Tierhüter dem Tier gegenüber eine Stellung innehat, die der des Tierhalters nahekommt. Zum Wesen der vertraglich übernommenen „Führung der Aufsicht über das Tier" iS des § 834 gehört deshalb, daß der Übernehmende auch bei einem zwischen ihm und dem Tierhalter bestehenden Abhängigkeitsverhältnis ein gewisses Maß selbständiger Gewalt über das Tier erlangt. Ihm muß also eine gewisse Selbständigkeit bei dem Ergreifen von Maßnahmen zukommen, die dem Schutz Dritter gegen die von dem Tier drohenden Gefahren dienen.

20 Der erforderlichen Selbständigkeit ermangelt, wer hinsichtlich der Behandlung des

Tieres völlig von den Weisungen des Tierhalters (Dienstherrn) abhängig ist (BGB-RGRK/KREFT Rn 3). Personen, die im allgemeinen nur unselbständige Hilfsdienste bei der dem Halter obliegenden Betreuung und Nutzung des Tieres leisten, die nur bei der dem Dienstherrn obliegenden Führung der Aufsicht mitwirken, sind nicht Tierhüter iS des § 834 (RGZ 50, 244, 248; OLG Stuttgart Recht 1914 Nr 1272; WEIMAR MDR 1968, 640, 641). Daher sind beispielsweise Pferdepfleger, Stallburschen oder -mägde regelmäßig nicht Tierhüter.

Ein Kutscher eines Pferdefuhrwerks ist Tierhüter, wenn er allein eine Fahrt durchführt. Dann hat er nämlich das gewisse Maß selbständiger Gewalt über das Tier und selbständiger Entschließung über die nach Sachlage nötigen und zweckmäßigen Gefahrverhütungsmaßnahmen. Es ist ihm also eine wirkliche Aufsicht übertragen. Dagegen ist der Kutscher nicht Tierhüter, wenn er das Pferdefuhrwerk lenkt, während der Dienstherr (Halter) selbst mitfährt (OLG Naumburg SeuffA 59 Nr 258).

Der Leiter eines Betriebes ist nicht schon in dieser Eigenschaft Tierhüter eines Hundes, der im Betrieb gehalten wird (RG JW 1911, 218, 219).

5. Einzelbeispiele

Als Tierhüter kommen zB in Betracht: ein Viehkommissionär, dem das Tier zum Verkauf übergeben ist (BGH VersR 1959, 802; OLG München VersR 1957, 31; 1958, 461); ein Schäfer oder ein anderer Hüter oder ein Treiber einer Viehherde (OLG Nürnberg VersR 1968, 285); derjenige, der ein fremdes Tier in „Pension" nimmt (OLG Hamm VersR 1975, 865); der Reiter, der ein fremdes Pferd vorübergehend zum selbständigen Ausreiten mietet (BGH NJW 1987, 949, 950; OLG Saarbrücken VersR 1988, 1080); ein Entleiher, sofern er nicht selbst Tierhalter wird. Tierhüter ist auch ein Unternehmer, der es vertraglich übernommen hat, auf einem städtischen Schlachthof das Schlachtvieh von der Laderampe zum Stall und von dort nach einer Ruhepause zur Waage in der Verkaufshalle zu bringen (RGZ 168, 331, 333). Der BGH hat den landwirtschaftlich ausgebildeten Schwiegersohn des Tierhalters, auf dessen Hof er in verantwortlicher Stellung mitarbeitete, als Tierhüter angesehen (BGH VersR 1963, 1141, 1142). Demgegenüber fehlt es nach OLG Düsseldorf VersR 1981, 82 dem an einer Reitschule angestellten Reitlehrer an dem zur Tierhütereigenschaft nötigen Maß selbständiger Gewalt über die beim Unterricht verwendeten Pferde.

IV. Der Entlastungsbeweis

Der Tierhüter haftet nach § 834 S 2 nicht, wenn er bei der Aufsichtsführung die im Verkehr erforderliche Sorgfalt beobachtet hat oder der Schaden auch bei Anwendung dieser Sorgfalt entstanden wäre. Daß dies der Fall ist – daß ihn also kein Verschulden trifft oder keine Kausalität vorliegt – hat der Tierhüter zu beweisen (RGZ 168, 331, 333). Ähnlich wie in §§ 831 Abs 1 S 2, 832 Abs 1 S 2, 833 S 2, 836 Abs 1 S 2 vorgesehen, ordnet damit auch § 834 S 2 eine Umkehr der Beweislast an. Der Tierhüter hat insofern die Möglichkeit, sich zu entlasten. Zur Beweislast bei § 834 insgesamt vgl BAUMGÄRTEL, Handbuch der Beweislast im Privatrecht, Bd 1 (2. Aufl 1991).

Die Rechtsprechung stellt an den Entlastungsbeweis nach § 834 S 2 – wie an den nach

§ 833 S 2 (s § 833 Rn 144) – strenge Anforderungen (vgl OLG München VersR 1957, 31). Beispielsweise hatte in einem vom OLG München (VersR 1966, 1083, 1084) entschiedenen Fall der Tierhüter ein Kalb am Kettenhalfter über einen schneebedeckten Hof zu führen; das Tier stürzte infolge der Schneeglätte zu Boden, riß den Tierhüter mit um, so daß dieser die Herrschaft über das Tier verlor, das auf die Autobahn lief, wo es mit einem Fahrzeug zusammenstieß. Der Entlastungsbeweis nach § 834 S 2 wurde als mißlungen angesehen, weil die Möglichkeit nicht auszuschließen war, daß der Tierhüter auch beim Sturz des Tieres nicht die Herrschaft darüber verloren hätte, wenn er die Schneeglätte vorher durch Bestreuen beseitigt hätte.

25 Zum Umfang der Sorgfaltspflicht beim Führen einer Kuh zum Schlacht- und Viehhof s OLG München VersR 1957, 31 f; 1958, 461. Zur Sorgfaltspflicht des Treibers einer Kuhherde, deren Beaufsichtigung im Straßenverkehr seine Möglichkeiten übersteigt, vgl OLG Nürnberg VersR 1968, 285, 286. Im übrigen wird auf die Ausführungen zum Entlastungsbeweis des Tierhalters nach § 833 S 2 verwiesen (§ 833 Rn 145 ff).

V. Das Verhältnis verschiedener Haftungsnormen

1. Das Verhältnis der Tierhalter- zur Tierhüterhaftung

a) Die Haftung gegenüber Dritten

26 Die Gefährdungshaftung des Tierhalters aus § 833 S 1 wird nicht dadurch berührt, daß er einen geeigneten Tierhüter bestellt hat und dieser sich entlasten kann. Über das Verhältnis von § 833 S 2 zu §§ 834, 831 s § 833 Rn 149 ff.

Sind sowohl Tierhüter als auch Tierhalter verantwortlich, so haften sie dem Verletzten gem § 840 Abs 1 als Gesamtschuldner (RGZ 60, 313, 315). Für die Ausgleichung im Innenverhältnis gilt nicht § 840 Abs 3, vielmehr ist nach Maßgabe des Vertragsverhältnisses in entsprechender Anwendung des § 254 auf die Verantwortungsanteile abzustellen (vgl Wussow/Kuntz Rn 581). Dabei wird sich oft ergeben, daß der Tierhüter den Schaden im Innenverhältnis voll zu tragen hat. Macht der Tierhalter gegen den Tierhüter auf Grund des bestehenden Vertragsverhältnisses nach den Regeln der positiven Vertragsverletzung Regreßansprüche geltend, so muß der Tierhüter entsprechend § 282 sein Nichtverschulden beweisen (Baumgärtel, Handbuch der Beweislast im Privatrecht, Bd 1 [2. Aufl 1991] § 834 Rn 3).

b) Die Haftung zwischen den Vertragspartnern

27 § 834 regelt nur die Haftung des Tierhüters gegenüber Dritten. Inwiefern der Tierhüter dem Tierhalter verantwortlich ist, wenn letzterer durch das Tier geschädigt wird, richtet sich nach den zwischen ihnen bestehenden vertraglichen Beziehungen, im übrigen nach den allgemeinen deliktsrechtlichen Vorschriften.

28 Da die Übernahme der Aufsichtsführung nicht ohne weiteres den Verzicht auf die Tierhalterhaftung in sich schließt, haftet der Tierhalter dem Tierhüter gegenüber grundsätzlich nach § 833, wenn letzterer Schaden durch das Tier erleidet (RG JW 1905, 393; OLG Frankfurt MDR 1996, 590; s aber auch § 636 RVO, der Ansprüche des Tierhüters [als Arbeitnehmer] gegen den Halter [als Unternehmer] weithin ausschließt). Aus dem vertraglichen Verhältnis folgt aber die Beweispflicht des Tierhüters dafür, daß ihn an der

Schädigung kein Verschulden trifft oder daß der Mangel in der Aufsichtsführung für den Schadenseintritt nicht ursächlich geworden ist (vgl RGZ 58, 410, 413; RG JW 1905, 393; BGH VersR 1972, 1047, 1048; BGB-RGRK/Kreft 7; Weimar MDR 1968, 640, 642). Gelingt ihm dies nicht, so ist sein Ersatzanspruch nach Maßgabe des § 254 zu kürzen (RGZ 58, 410, 413 f; RG JW 1905, 393; 1905, 528; OLG Hamm VersR 1975, 865; OLG Frankfurt MDR 1996, 590; Wussow/Kuntz Rn 582).

2. Das Verhältnis des § 834 zu § 831, wenn der Tierhüter sich eines anderen Tierhüters bedient

Der Tierhüter kann grundsätzlich einen Dritten mit der Aufsicht über das Tier betrauen (so Rn 8). Der Dritte kann dann selbst Tierhüter sein, muß es aber nicht. Hat es beispielsweise ein Unternehmer vertraglich übernommen, auf einem städtischen Schlachthof das Schlachtvieh von der Laderampe zum Stall und von dort nach einer Ruhepause zur Waage in der Verkaufshalle zu bringen, so trifft die Haftung aus § 834 sowohl den Unternehmer wie den als Viehtreiber Angestellten des Unternehmers (RGZ 168, 331, 333). Im Falle eines Tierschadens haftet der Unternehmer sowohl nach § 834 als auch nach § 831, die selbständig nebeneinanderstehen. Für das Verhältnis zwischen § 834 und § 831 gilt im übrigen das gleiche wie für das Verhältnis zwischen § 833 S 2 und § 831 (s § 833 Rn 149 ff).

§ 835

(aufgehoben durch Bundesjagdgesetz vom 29. 11. 1952)

§ 836

[1] Wird durch den Einsturz eines Gebäudes oder eines anderen mit einem Grundstücke verbundenen Werkes oder durch die Ablösung von Teilen des Gebäudes oder des Werkes ein Mensch getötet, der Körper oder die Gesundheit eines Menschen verletzt oder eine Sache beschädigt, so ist der Besitzer des Grundstücks, sofern der Einsturz oder die Ablösung die Folge fehlerhafter Errichtung oder mangelhafter Unterhaltung ist, verpflichtet, dem Verletzten den daraus entstehenden Schaden zu ersetzen. Die Ersatzpflicht tritt nicht ein, wenn der Besitzer zum Zwecke der Abwendung der Gefahr die im Verkehr erforderliche Sorgfalt beobachtet hat.

[2] Ein früherer Besitzer des Grundstücks ist für den Schaden verantwortlich, wenn der Einsturz oder die Ablösung innerhalb eines Jahres nach der Beendigung seines Besitzes eintritt, es sei denn, daß er während seines Besitzes die im Verkehr erforderliche Sorgfalt beobachtet hat oder ein späterer Besitzer durch Beobachtung dieser Sorgfalt die Gefahr hätte abwenden können.

[3] Besitzer im Sinne dieser Vorschriften ist der Eigenbesitzer.

Materialien: E I 735 Abs 1; II 759; III 820.

Schrifttum

BELLING/RIESENHUBER, Beweislastumkehr und Mitverschulden, ZZP 108 (1995) 455
ENGERT, Die Haftpflicht der Mineralöl- Fernleitungs-Unternehmer, BB 1963, 657
FILTHAUT, Straßenverkehr und gefährliche Anlagen im Sinne von § 2 HaftpflG, NZV 1989, 460
ders, Der nachbarrechtliche Ausgleichsanspruch (§ 906 Abs 2 S 2 BGB) als anderweitige Ersatzmöglichkeit zur Haftung für Schäden durch gefährliche Anlagen (§ 2 HaftpflG), VersR 1992, 150
SCHMID, Haftung für Überschwemmungsschäden, VersR 1995, 1269
WEIMAR, Die Haftung bei Ablösen von Firmenschildern, ZMR 1960, 328
ders, Die Verkehrssicherungspflicht bei Grabsteinen und Grabdenkmälern, MDR 1963, 985.

Systematische Übersicht

I. Der Grundgedanke der Regelung
1. Die Verschuldens- und Kausalitätsvermutung ____ 1
2. Die Bedeutung der Norm im System des deliktischen Haftungsrechts ____ 2
3. Die Reichweite des Tatbestands ____ 5
4. Die entsprechende Anwendung von § 836 ____ 12
5. Das Verhältnis zu anderen Haftungsnormen ____ 15

II. Der Einsturz eines Gebäudes oder eines anderen mit einem Grundstück verbundenen Werks
1. Das Gebäude ____ 17
2. Ein anderes mit einem Grundstück verbundenes Werk ____ 18
   a) Der Begriff des Werks ____ 18
   b) Beispiele von Werken iSv § 836 ____ 19
   c) Beispiele, in denen ein Werk iSv § 836 nicht vorliegt ____ 20
   d) Der Einsturz eines Gebäudes oder Werks ____ 21

III. Die Ablösung von Teilen des Gebäudes oder Werks
1. Die Teile des Gebäudes oder Werks ____ 22
2. Beispiele für Teile eines Gebäudes oder Werks ____ 23
3. Beispiele, bei denen die Eigenschaft als Gebäude- oder Werksteil nicht gegeben ist ____ 24
4. Unfertige Teile ____ 25
5. Dachlawinen ____ 26
6. Die Ablösung von Teilen ____ 27
7. Beispiele für die Ablösung von Teilen eines Gebäudes oder Werks ____ 28

IV. Die sonstigen Fälle ____ 29

V. Die Kausalität für den Einsturz oder die Ablösung ____ 30
1. Die fehlerhafte Errichtung bzw mangelhafte Unterhaltung ____ 31
2. Die adäquate Verursachung durch die haftungsbegründenden Tatumstände ____ 32
3. Der Schutzbereich der Norm ____ 34

VI. Die Kausalität für die Rechtsgutverletzung
1. Die Adäquanz der Verursachung ____ 35
2. Der Schutzzweck der Norm ____ 37
   a) Das Erfordernis der bewegend wirkenden Kraft in der Rspr ____ 37
      aa) Die adäquat verursachten Schäden ____ 38
      bb) Die nicht adäquat verursachten Schäden ____ 40
   b) Die Stellungnahme ____ 42
   c) Die Bestimmung des Schutzbereichs der Norm ____ 45
   d) Die Grenzen des Schutzbereichs ____ 49
      aa) Die hinzutretenden sonstigen Ursachen ____ 51
      bb) Die Schäden bei Herstellung und Abbruch von Bauwerken ____ 52

VII. Der nach § 836 zu ersetzende Schaden
1. Der Umfang ____ 53
2. Der Anspruch auf Vorbeugemaßnahmen ____ 54

VIII. Der Anspruchsberechtigte
1. Der Grundsatz 55
2. Der Ausschluß des Ersatzanspruchs .. 56

IX. Das mitwirkende Verschulden des Verletzten 57

X. Die Ersatzpflichtigen
1. Der Eigenbesitzer 61
   a) Der Grundsatz 61
   b) Der Begriff des Eigenbesitzers 62
   c) Der Besitz aus Erbschaft 63
   aa) Der Grundsatz 63
   bb) Der Umfang der Verkehrssicherungspflicht 64
   cc) Die abwesenden Erben 65
2. Der Fremdbesitzer 66
3. Die Haftung des früheren Eigenbesitzers 67

XI. Die Mehrheit von Ersatzpflichtigen ... 68

XII. Die Beweislast des Geschädigten
1. Der Umfang 71
2. Die Beweiserleichterung durch Anscheinsbeweis 73
3. Die Beschädigung durch einen Dritten 76

XIII. Der Entlastungsbeweis des Eigenbesitzers im allgemeinen
1. Der Eigenbesitzer 77
2. Die Inanspruchnahme von Hilfskräften 79

XIV. Der Beweis der Erfüllung der Sorgfaltspflicht
1. Der Maßstab 80
   a) Absperrungen, Betretungsverbote ... 81
   b) Die Grenzen der Sorgfaltspflicht 82
   c) Die verkehrserforderliche Sorgfalt im Einzelfall 83
2. Die erforderliche Sorgfalt bei der Errichtung eines Gebäudes (Werks) .. 84
   a) Die eigenhändige Errichtung 84
   b) Die Errichtung durch einen beauftragten Fachkundigen 85
   c) Die bauordnungsrechtlichen Anforderungen 86
3. Die Anforderungen an die ordnungsgemäße Unterhaltung 87
   a) Die regelmäßige Überprüfung 87
   b) Die Zeitabstände 90
   c) Die besonderen Anforderungen 91
   d) Die Nachprüfung durch einen befähigten Sachkundigen 93
   e) Das unzulängliche Entkräftungsvorbringen 94
   f) Die Kasuistik 95

XV. Die juristischen Personen als Eigenbesitzer 97

XVI. Die fehlende Kausalität bei Sorgfaltsvernachlässigung 99

XVII. Der vertragliche Ausschluß der Haftung 101

XVIII. Die landesgesetzlichen Vorbehalte .. 102

XIX. Die Reformvorschläge 103

Alphabetische Übersicht

Abbruch 15, 34, 52, 56
Ablösung 7, 27
Abnahme, baubehördliche – des Werks .. 86
Abriß s Abbruch
Abwesenheitspfleger 65
Adäquate Verursachung 32, 35
Anscheinsbeweis 73
Antenne 88
Ausbesserungsarbeiten 60, 89
Ausschluß der Haftung 56, 101
Bahndamm 19
Bau- und Ingenieurkunst
.... 3, 7, 10 ff, 29, 35, 42, 46, 104
Baugerüst 19
Baugrube 19
Bauzaun 19
Beherrschungswille 62

Behördliche Überprüfung — 86
Besitzer — 62
Bewegend wirkende Kraft — 37 ff
Beweiserleichterung — 73
Beweislast — 71 ff
Beweislastumkehr — 1 f, 10, 43, 47, 76
Bodenbelag — 23, 27, 35, 38, 89
Böschung — 19
Bösgläubigkeit — 62
Brunnen — 19

Dachlawinen — 26
Dachziegel — 23, 43, 50, 89, 92
Deich — 19, 21, 35
Deliktsrecht, Bedeutung des § 836 im — 2
Deliktsunfähiger Besitzer — 4
Dritte als Schädiger
— 16, 32, 50 ff, 62, 70, 76, 82, 100
Durchrostung — 32

Eigenbesitzer — 61
Einrichtungsteile — 11, 49
Einsturz — 21
Eiszapfen — 26
Entlastungsbeweis — 77
Entsprechende Anwendung — 12 ff
Erbe — 63 ff
Erdhaufen — 20
Erdvertiefung — 19
Erdwerk — 19
Errichtung, fehlerhafte — 31

Fahnenstange — 23
Fehlerhafte Errichtung — 31
Fensterladen — 23
Fensterscheibe — 23
Feuersicherheit — 88
Firmenschild — 19
Fremdbesitzer — 66
Früherer Eigenbesitzer — 67
Fußbodenbelag — 23, 27, 35, 38, 89

Gebäude — 17
Gefährdungshaftung — 1, 4, 14, 42, 103
Gemeingefährliche Mängel
— 3, 8, 10, 29, 42 f, 46, 49, 104
Gemeinschaftsverhältnis, nachbarliches
— 5, 15, 54, 104
Gesamtschuldner — 68 ff

Geschädigter — 55
Geschäftsführung ohne Auftrag — 54
Grabstein — 19, 62, 95
Grundgedanke des § 836 — 1

Hausverwaltung — 94
Hochspannungsdraht — 41

Jagdhochsitz — 19, 58
Jagdhütte — 58
Jugendlicher Besitzer — 4
Juristische Personen — 97, 98

Kamin — 23, 88, 95
Kanalschacht — 11, 19, 40
Kanalisation — 19, 40
Katastrophen — 17, 60
Kausalität — 1, 30 f, 35 f, 71, 99, 100
Kausalitätsvermutung — 1 f
Kausalzusammenhang s Kausalität und
 adäquate Verursachung
Kinetische Energie s bewegend wirkende
 Kraft
Körperschaften des öffentlichen Rechts — 98
Kraftstoffbehälter — 11, 19, 27, 40, 43 f
Kran — 18, 35

Landesrecht — 10, 102
Leuchtfeuer — 33

Mangelhafte Unterhaltung — 31, 87 f
Mast — 19, 23, 52, 83
Mechanische Mängel s Stabilitätsmängel
Mehrfache Haftung s Gesamtschuldner
 und Verhältnis zu anderen Normen
Mehrheit von Ersatzpflichtigen s Gesamt-
 schuldner
Mietverhältnis — 7 f, 60, 96
Miterbe — 65
Mitwirkendes Verschulden — 57 f

Naturerscheinungen — 20
Naturkatastrophen — 32, 75
Nebeneinanderbestehen von Haftungs-
 gründen — 15

Oberirdische Einrichtungen — 19

Reformvorschläge — 103 f

Rohbauten	9, 17, 25, 52	Trümmer	20, 40, 53
Rohrleitung	11, 19, 29, 39 f, 43 f, 49, 51, 98, 103	Trümmergrundstück	60, 92, 98
Rolladen	23	Überprüfung, regelmäßige	87 f
Ruine	9, 17, 49, 92	Überschwemmung	40, 55
		Umweltgefahren	5 f, 11, 14, 42
Schaden	57 f	Unbefugtes Betreten	81
Schlachthaus	23	Unterhaltung	87 f
Schlammasse	20, 40	Unterirdische Anlage	19
Schnee	26	Unzulängliches Entkräftungsvorbringen	94
Schneegitter	26	Ursache der Ablösung s Adäquanz	
Schornstein s Kamin			
Schutzbereich des § 836	15, 34, 40, 45 ff, 105	Verbot	58 f, 61
Schutzzweck	3, 30, 37, 45 f	Verfallene Baulichkeiten s Ruine	
Sorgfaltserfüllung	80 f	Verhältnis zu anderen Normen	15 f
Sphäre	1, 3, 47, 52	Verkehrssicherungspflicht	1 f, 7, 11, 19, 26, 33, 42 f, 45, 50 f, 64 f, 83, 98, 104
Stabilitätsmängel	7 f, 10 ff, 29, 46		
Stadtgemeinde	98	Verrichtungsgehilfe	34, 52, 97
Standfestigkeit	95	Verschuldensvermutung	1 f, 4, 98
Starkstromleitung	19, 23, 40 f, 44, 103	Versorgungsleitung	19
Staudamm	27, 35, 39, 44, 48	Vertragsverhältnis	15, 60
Steinkreuz	19	Vertrauen	3, 55, 96
Straßenbeleuchtungsanlage	19	Vorbeugemaßnahmen	54
Sturmschäden	32	Vorschriftsmäßige Errichtung	84 f
Substanzmängel	7, 46		
		Wahlfeststellung	32
Tatbestandliches Leitbild	7 f, 49	Werk, mit einem Grundstück verbundenes	18 f
Theatersaal	23		
Teerpappendach	23	Zubehör	2, 29, 49
Teil eines Gebäudes (Werks)	22 f	Zumutbares Maß der Sorgfaltsanforderungen	33, 54, 64
Terrasse	19		
Torpfeiler	19	Zweckbestimmung	1, 8 f, 47, 49, 55, 91
Treppengeländer	23		

I. Der Grundgedanke der Regelung

1. Die Verschuldens- und Kausalitätsvermutung

§ 836 statuiert die Haftung des Eigenbesitzers eines Gebäudes oder eines anderen **1** mit einem Grundstück verbundenen Werks für ein vermutetes eigenes Verschulden bei der Errichtung oder Unterhaltung des Gebäudes bzw des Werks. Die Norm stellt also – anders als etwa § 833 S 1 (vgl § 833 Rn 4) – nicht eine Ausnahme von dem das Deliktsrecht prägenden Verschuldensgrundsatz in Form einer Gefährdungshaftung (FIKENTSCHER, Schuldrecht Rn 1282) bzw der in Art 58 SchweizOR geregelten sog Kausalhaftung dar (vgl BREHM, Das Obligationsrecht Art 58 Rn 90 und zu abweichenden älteren deutschen Regelungen COSACK, Lehrbuch des Deutschen bürgerlichen Rechts I 606). Es wird widerleglich vermutet, daß den Eigenbesitzer ein Verschulden an der fehlerhaften Errichtung oder Unterhaltung des Gebäudes bzw des Werks trifft, weil er es unterlassen hat, die zur Abwendung der Gefahr im Verkehr erforderlichen Sorgfaltsmaßnahmen zu treffen (BGH LM Nr 4; BAUMGÄRTEL/LAUMEN Rn 1 mwN; BGB-RGRK/KREFT Rn 2). Weiterhin wird widerleglich vermutet, daß zwischen dem vermuteten schuldhaften Verhalten und dem Einsturz bzw der Ablösung von Teilen ein ursächlicher Zusammenhang besteht (RG LZ 1922, 232; BGH LM Nr 4; BGH NJW-RR 1988, 853; BGB-RGRK/KREFT Rn 2). Dagegen wird nicht von der Vermutung erfaßt, daß die mangelhafte Errichtung bzw Unterhaltung auch für den beim Dritten eingetretenen Schaden ursächlich geworden ist (BGH LM Nr 4; BAUMGÄRTEL/LAUMEN Rn 4). Die beiden Kausalitätsfragen sind daher sorgfältig zu trennen (MünchKomm/MERTENS Rn 25; ERMAN/SCHIEMANN Rn 6). § 836 enthält damit im Ergebnis eine uneingeschränkte *Verschuldensvermutung* sowie eine eingeschränkte *Kausalitätsvermutung*. Die Verschuldensvermutung gilt auch bei öffentlichrechtlicher Ausgestaltung der Verkehrssicherungspflicht und Haftung aus § 839, Art 34 GG (BGH NJW-RR 1990, 1500; OLG Köln NJW-RR 1991, 33). Die Beweislastumkehr beruht nicht darauf, daß Gebäude besonders gefährlich sind, oder darauf, daß den Gebäudebesitzer wahrscheinlich ein Verschulden trifft, weil Errichtungsfehler oder Instandhaltungsmängel besonders häufig sind *(keine tatsächliche*, sondern eine *technische Vermutung*, BELLING/RIESENHUBER ZZP 108, 455, 460; vgl BGHZ 51, 91, 106). Die Beweislastumkehr wegen Verletzung der *Gebäudesicherungspflicht* muß gegenüber der Beweislastverteilung bei der Verletzung *sonstiger Verkehrssicherungspflichten* sachlich gerechtfertigt sein, damit im wesentlichen gleiche Sachverhalte nicht beweisrechtlich willkürlich verschieden behandelt werden. Die Umkehrung der Beweislast hat ihren Grund und ihre Rechtfertigung darin, daß der Schadensfolge keine gewöhnliche, sondern eine spezifische, gerade durch fehlerhafte Errichtung oder mangelhafte Unterhaltung herbeigeführte Gefahrenlage zugrunde liegt (BGH NJW 1961, 1670). Die Beweislastumkehr nach § 836 ist dadurch zu erklären, daß der schadenverursachende Mangel und die dadurch ausgelöste Gefahr aus einer gegenüber Dritten abgeschirmten, dem Besitzer vorbehaltenen, aber von ihm eröffneten, nur vom ihm überschaubaren und nur von ihm beherrschbaren *Sphäre seines Gebäudes* (LARENZ/CANARIS, Schuldrecht II/2 § 79 VI 1 a) stammt (*Beweisnähe des Eigenbesitzers*). Für den Verletzten ist der den Schaden auslösende Mangel des Bauwerks nicht wahrnehmbar; denn ihm bleibt die Art und Weise der Errichtung und Unterhaltung des Gebäudes verborgen. Er kann nicht wissen, welche Maßnahmen der Besitzer zur Instandhaltung des Gebäudes ergriffen hat. Das schädigende Ereignis trifft ihn überraschend. Aus diesen Umständen erklärt sich seine Beweisnot. Diese dem Verletzten verschlossenen Vorgänge kann nur der Gebäudebesitzer aufklären. Die wesentliche Zweckbestimmung von § 836 liegt darin, daß der Gebäudebesitzer die *Aufklärungslast* für solche Umstände tragen soll, die nur er beherrschen und weitaus besser erkennen kann als der Verletzte; ihm sind allenfalls Rückschlüsse möglich. Dem *Gebäudebesitzer* ist das *Risiko der Unaufklärbarkeit* für Umstände aus der Gebäudesphäre zugewiesen (BGHZ 51, 91, 106).

2. Die Bedeutung der Norm im System des deliktischen Haftungsrechts

2   § 836 enthält nach heutigem Verständnis **keinen eigenständigen Tatbestand** für die Haftung des Eigenbesitzers bei Schädigungen Dritter aufgrund mangelhafter Errichtung oder Unterhaltung eines Gebäudes oder Werks. Geregelt wird lediglich eine besondere Ausprägung der für jedermann bestehenden, materiell auf § 823 beruhenden allgemeinen (Verkehrs-)Sicherungspflichten (LARENZ/CANARIS, Schuldrecht II/2 2 § 79 VI 1 a). Danach hat jeder für den durch seine Sachen verursachten Schaden einzuste-

hen, soweit er ihn bei billiger Rücksichtnahme auf die Interessen anderer hätte verhüten können (BGH NJW 1961, 1670; BGHZ 55, 229, 235; 58, 149, 156; BGH NJW 1985, 1076; BGH NJW-RR 1988, 853; OLG Celle OLG-Rp Celle 1994, 281; OLG Karlsruhe VersR 1989, 82; OLG Düsseldorf NJW-RR 1995, 1230; BGB-RGRK/KREFT Rn 1 mwN; zu Nachweisen aus der älteren Rechtsprechung vgl STAUDINGER/SCHÄFER[12] Rn 3). Trotz gewisser Parallelen wäre es zu eng, § 836 als eine *„Produzentenhaftung für Gebäude"* zu kennzeichnen; denn die Gebäudehaftung gilt weder dem Bauunternehmer, noch ist sie auf den Bauherrn oder auf den Herstellungsvorgang beschränkt, sondern trifft den jeweiligen Besitzer des Grundstücks fortwährend.

Die Bedeutung von § 836 erschöpft sich darin, eine dem Verletzten – im Vergleich zu § 823 Abs 1 – günstigere **Beweislastverteilung** anzuordnen (BGH VersR 1976, 1086; BGB-RGRK/KREFT Rn 3). Die Verschuldens- und eingeschränkte Kausalitätsvermutung erleichtert ihm den Beweis einer haftungsbegründenden Verletzung der Verkehrssicherungspflicht durch den Eigenbesitzer des Gebäudes oder Werks. Des Rückgriffs auf § 836 bedarf es daher nicht, wenn das Verschulden bzgl der in der Norm genannten Fälle der Verletzung der Verkehrssicherungspflicht feststeht (BGH VersR 1969, 517). Die Grundsätze des § 836 gelten auch, wenn die Lösung eines Teils des Gebäudes und der Schadenseintritt innerhalb ein- und desselben Gebäudes erfolgen, so etwa, wenn durch ein Zubehörstück einer Eigentumswohnung die Beschädigung einer anderen Wohnung verursacht wird (OLG Düsseldorf NJW-RR 1995, 587). In den Fällen, in denen es an einem Tatbestandsmerkmal von § 836 fehlt, kommt weiterhin eine Haftung des Eigenbesitzers wegen Verletzung der allgemeinen Verkehrssicherungspflicht (§ 823) in Betracht (MünchKomm/MERTENS Rn 3). Ein vorbeugender Abwehranspruch gegen die von einem Gebäude oder einem Werk ausgehenden Gefahren ist in § 908 geregelt.

§ 836 ist eine Sonderregelung für die *Gebäudesphäre*. Ohne Rekurs auf Wertungsgesichtspunkte ist die Bestimmung einer Sphäre nicht möglich. Deren Abgrenzung ist nach dem *Schutzzweck und dem Telos* der Norm vorzunehmen. Der Eigenbesitzer haftet für den seiner Kontrolle unterliegenden Gefahrenbereich (BGH NJW 1979, 309). Dementsprechend sollen der Eigenbesitzer bzw die ihm nach §§ 837, 838 gleichgestellten Personen auch nur für die besonderen, typischen Gefahren haften, die durch die Errichtung begründet werden und denen nur durch die Beachtung der Erfahrungsregeln der Bau- und Ingenieurkunst bei der Errichtung in Verbindung mit sachentsprechender Unterhaltung begegnet werden kann (BGH NJW 1961, 1670). § 836 ist auch eine Ausprägung der *Vertrauenshaftung*, wobei freilich ein geringerer Vertrauensgrad als in der Sonderbeziehung vorausgesetzt wird. Begibt sich jemand in die vom Gebäudebesitzer eröffnete Sphäre, verläßt er sich berechtigterweise darauf, daß die nach den Regeln der Bau- und Ingenieurkunst gebotenen Vorkehrungen gegen den Einsturz, die Ablösung von Teilen oder sonstige gemeingefährliche Umstände getroffen wurden. Unter dem Vertrauensschutzgesichtspunkt konzentriert sich die Gebäudesphäre auf den vom Gebäudebesitzer eröffneten Bereich, wenngleich typische Gebäudegefahren auch darüber hinauswirken können. **3**

Da es sich bei § 836 nicht um eine Gefährdungshaftung, sondern um eine *Haftung für* **4** *vermutetes Verschulden* handelt, finden die §§ 827, 828 Anwendung. Gegen den nicht deliktsfähigen Eigenbesitzer ist daher auch bei Vorliegen der sonstigen Voraussetzungen ein Anspruch aus § 836 nicht gegeben (RG WarnR 1914 Nr 332; 1916 Nr 278; JW

1915, 580). Bei jugendlichen Besitzern kommt es auf deren Einsichtsfähigkeit an, § 828 (RG WarnR 1916 Nr 278; OLG Hamm VersR 1977, 531). § 829 ist aber anwendbar (RG JW 1915, 580; RG WarnR 1916 Nr 278; OLG Hamm VersR 1977, 531).

3. Die Reichweite des Tatbestands

5 Die Reichweite des Tatbestands ist nicht abschließend geklärt. Die **hM** orientiert sich an dem eng gefaßten Wortlaut der Norm. Danach erfaßt die (beweisrechtlich erleichterte) Haftung nach § 836 nur die Fälle des Einsturzes eines Gebäudes oder Werks oder die Ablösung von Teilen. Andere Gebäude- oder Werkmängel, welche fremde Rechtsgüter, vor allem Leben und Gesundheit, gefährden, führen danach nur zur Haftung nach § 823 Abs 1, die für den Verletzten beweisrechtlich ungünstiger ist. Vor allzu *begrifflicher Einengung* des Tatbestands ist zu warnen. Elementare Gebäudegefahren haftungsrechtlich verschieden zu behandeln, läßt sich häufig sachlich nicht rechtfertigen. MünchKomm/MERTENS (§ 836 Rn 2) will daher praktisch *alle Umweltrisiken eines Grundstücks*, die sich aus *Errichtungs- oder Unterhaltungsmängeln* ergeben, in Übereinstimmung mit den gesetzlichen Wertungen der §§ 836 bis 838 behandeln. Geboten ist stattdessen die Analogie im Einzelfall, die sich an dem in § 836 erkennbaren Haftungsgrund orientiert. Zu vermeiden ist die vom Regelungsplan des Gesetzgebers allzu weit entfernte *konturenlose Ausweitung* des Tatbestands.

6 In der *historischen Entwicklung* gab es Tendenzen für eine weite ebenso wie für eine enge Gebäudehaftung. Orientiert am römischen Recht (vgl COSACK, Lehrbuch des Deutschen bürgerlichen Rechts, Bd I [2. Aufl 1899] 606) sah noch § 729 des 1. Entwurfs die Haftung für die durch Ausgießen, Auswerfen oder Aushängen von Sachen aus einem Gebäude entstehenden Schädigungen Dritter vor (MUGDAN II 448 ff, 1121, 1303; so noch heute das polnische Recht, Art 433 Zivilgesetzbuch vom 23. 4. 1964, vBAR 58). Eine Norm dieses Inhalts wurde aber weder als Einzelvorschrift in das BGB übernommen, noch wurden diese Tatbestände in den heutigen § 836 aufgenommen. Anders als im römischen Recht und anderen früheren Rechtsordnungen geregelt und noch in den Vorentwürfen zum BGB diskutiert, erfaßt die heutige Regelung des § 836 demnach *nicht derartige Gefahren*, die von einem Gebäude, schon gar nicht von einem Grundstück, ausgehen. Andererseits wurde im Laufe der Gesetzesberatungen entgegen den ersten Entwürfen (I § 735; II § 759) der Tatbestand erweitert, indem das Merkmal der Ablösung von Teilen etc hinzugefügt wurde. Auch in ausländischen Rechtsordnungen ist der Tatbestand teils enger, teils weiter gefaßt. Ausgedehnt ist die Haftung beispielsweise in England und in der Schweiz: So trifft den *occupier of premises* „*a duty to take such care as in all the circumstances of the case is reasonable to see that the visitor will be reasonably safe in using the premises for the purposes for which he is invited or permitted by the occupier to be there*" (Occupiers Liability Act 1957– zitiert nach vBAR 81). In der Schweiz hat der „Eigentümer eines Gebäudes oder eines anderen Werkes... den Schaden zu ersetzen, den diese infolge von fehlerhafter Anlage oder Herstellung oder von mangelhafter Unterhaltung verursachen" (Art 58 SchweizOR). Das schweizerische Recht läßt keine Beschränkung auf bestimmte Mängel erkennen. Zu beobachten ist die Tendenz zu einer verschärften und erweiterten Haftung, wenngleich das Schrifttum dagegen Bedenken äußert (OFTINGER, Schweizerisches Haftpflichtrecht II BT § 19 Rn 10 S 168). Das französische (Ccfr 1384 I, 1385) und das italienische Recht (Ccit 2951, 2053) sehen eine umfassende

Haftung für bewegliche und unbewegliche Sachen vor. Art 1384 Ccfr lautet: „*On est responsable non seulement du dommage que l'on cause par son propre fait, mais encore de celui qui est causé par le fait des personnes dont on doit répondre, ou des choses que l'on a sous sa garde*". Gemäß Art 1386 Ccfr wird insbesondere für den Verfall des Bauwerks gehaftet. Im Gegensatz dazu begrenzt das österreichische Recht (§ 1319 ABGB) – wie § 836 – die Haftung auf den Einsturz und die Ablösung von Teilen. Alle diese Haftungsnormen beruhen auf der *cautio damni infecti* des römischen Rechts (vgl ferner die Darstellung bei Oftinger § 19 Rn 5 f). Der historische Rückblick und der internationale Vergleich machen deutlich, daß der deutsche Gesetzgeber mit § 836 keine umfassende Haftung für alle Umweltrisiken eines Grundstücks schaffen wollte, die sich aus *Errichtungs- oder Unterhaltungsmängeln* ergeben; der Gesetzgeber war bestrebt, den Tatbestand zu begrenzen.

§ 836 Abs 1 nennt als *haftungsauslösendes Geschehen* nur den *Einsturz* eines Gebäudes oder eines anderen mit einem Grundstück verbundenen Werks und die *Ablösung* von Teilen des Gebäudes oder des Werks. Wenn infolgedessen der in der Bestimmung genannte Verletzungserfolg eintritt, wird die Haftung ausgelöst. Die Merkmale Einsturz und Ablösung, an denen sich die Gesetzesauslegung orientieren muß, sollen den Tatbestand nicht abschließend auf diese Vorfälle begrenzen; sie kennzeichnen aber das *tatbestandliche Leitbild*, das dem Gesetzgeber vorschwebte. Rechtstechnisch haben die Ereignisse Einsturz und Ablösung die Funktion, *Rückschlüsse* auf bestimmte Fehler oder Mängel bei der Errichtung oder Unterhaltung des Gebäudes oder Werks zu ermöglichen, die zu vermeiden die Verkehrssicherungspflicht des Besitzers gebietet. Der eigentliche *Haftungsgrund* besteht darin, daß der Gebäude- bzw Werksbesitzer durch bestimmte, noch näher zu definierende Fehler bei der Errichtung oder durch Mängel bei der Unterhaltung erhöhte Gefahren für Leben, Körper, Gesundheit und Eigentum anderer auslöst. Einsturz und Ablösung beschreiben *besonders gefährliche Folgewirkungen konkreter Gebäude- oder Werkmängel*, die ihrerseits aus der Verletzung *anerkannter Regeln der Bau- und Ingenieurkunst* resultieren. Der deutsche Gesetzgeber nahm freilich – anders als der schweizerische (vgl Art 58 SchweizOR) – *nicht sämtliche Fehler* bei der Anlage oder Herstellung von Gebäuden oder Werken und *nicht sämtliche Mängel* bei deren Unterhaltung zum Anlaß für die beweisrechtlich erleichterte Haftung nach § 836 Abs 1; insofern ist der Tatbestand nach § 836 auch erheblich enger als derjenige nach § 538, der an den Fehler iSv § 537 anküpft („Fehler, der die Tauglichkeit zu dem vertragsmäßigen Gebrauch aufhebt oder mindert"). Die Gefahren müssen aus Mängeln der Bausubstanz entstehen, wobei freilich nicht jedwede Substanzmängel gemeint sind, sondern nur solche, welche die *mechanische Festigkeit und Standsicherheit (Stabilitätsmängel)* beeinträchtigen. Einsturz und Ablösung umschreiben nämlich Gefahren, die sich aus der *Statik* und *Dynamik* eines Bauwerks ergeben. Sie müssen aus seiner Masse, seiner Dynamik und der Spannung seines Materials resultieren. Es geht um den gesamten *physikalischen Wirkungsbereich* eines Bauwerks (so für die gleichlautenden Tatbestandsmerkmale des § 1319 ABGB Rummel/Reischauer Rn 2). Physikalisch oder idS mechanisch wirken einstürzende Häuser, Gebäudeteile, die auf Passanten herabfallen, abreißende Brüstungen, die den Haltsuchenden in die Tiefe stürzen lassen. Sonstige Gefahren, etwa chemische Ausdünstungen durch Holzschutzmittel, Asbeststaub oder ähnliches wirken idS nicht physikalisch, weil sie die Stabilität des Bauwerks nicht betreffen.

8 Aus dem *tatbestandlichen Leitbild* ebenso wie aus der *Entstehungsgeschichte* von § 836 ist erkennbar, daß eine Haftung nur für *gemeingefährliche Mängel* gewollt war, also solche, die *erhebliche Gefahren für einen unbestimmten Personenkreis (jedermann)* auslösen. Die Notwendigkeit einer besonderen deliktischen Haftung wurde zunächst nur wegen des Einsturzes der auf einem Grundstück befindlichen Gebäude und sonstigen Werke gesehen, weil dadurch „zahlreiche Dritte in erheblichem Maße geschädigt werden" können (MUGDAN II 455 f). Die gleichen Einsturzgefahren verwirklichen sich, zwar in kleinerem Rahmen, aber mit demselben Gefährdungspotential, bei der *Ablösung einzelner Gebäudeteile*. Dementsprechend wurde der Tatbestand um dieses Merkmal erweitert, das vorher in der nicht übernommenen Sonderregelung von § 729 ALR geregelt und zunächst nicht Gegenstand der Diskussion um die Neuregelung war (vgl MUGDAN II aaO). Die Haftung nach § 836 ist auf gravierende Gefahren mit hohem Schadenspotential beschränkt. Die Beschränkung des Tatbestands auf erhebliche Gefahren, die durch Mängel der mechanischen Festigkeit und Standsicherheit (Stabilitätsmängel) ausgelöst werden, ist dadurch gerechtfertigt, daß die deliktische Haftung nur bei Verstößen gegen elementare Verhaltensgebote eingreift. § 836 muß gegenüber den vertraglichen und quasi-vertraglichen Haftungsinstituten unterscheidbar bleiben. Anders als nach § 538 begründet § 836 somit keine Haftung für jegliche, sondern nur für erhebliche, gemeingefährliche Mängel des Gebäudes oder Werks.

9 Sinn der Haftung ist ferner, eine besondere Verantwortlichkeit für einen bestimmten vom Besitzer *eröffneten* und *beherrschten* Bereich zu schaffen. Bis zur Fertigstellung des Gebäudes oder Werks fehlt es an der Zweckbestimmung des Gebäudes für den öffentlichen Verkehr. Entsprechendes gilt für Ruinengrundstücke oder leerstehende Häuser, die nicht mehr benutzt werden. In diesen Fällen ist daher § 836 nicht anwendbar.

10 *Zusammenfassend* ist festzustellen: Das eigentliche *Fehlverhalten*, das durch die Beweislastumkehr und die Haftung in § 836 sanktioniert wird, also der *Haftungsgrund*, besteht darin, daß der Besitzer in einem von ihm eröffneten und beherrschten Bereich erhebliche, jedermann drohende, verborgene Gefahren mit hohem Schadenspotential geschaffen hat, die auf Mängeln der mechanischen Festigkeit und Standsicherheit (Stabilitätsmängel) des Gebäudes oder Werks beruhen, welche durch die Beachtung der dem Schutz von Leben, Körper oder Gesundheit von Menschen oder dem Schutz von Sachen dienenden anerkannten Regeln der Bau- und Ingenieurkunst zu vermeiden sind. Anders gewendet: § 836 Abs 1 gebietet, Gebäude oder Werke entsprechend den anerkannten Regeln der Bau- und Ingenieurkunst so zu errichten und zu unterhalten, daß sie frei von verborgenen gemeingefährlichen Mängeln der mechanischen Festigkeit und Standsicherheit (Stabilitätsmängeln) sind, damit erhöhte Gefahren für die Schutzgüter des § 836 vermieden werden. Regeln der Bau- und Ingenieurkunst ergeben sich beispielsweise aus technischen Baubestimmungen, die von den Obersten Baubehörden der Bundesländer zur Wahrung der in den Landesbauordnungen beschriebenen öffentlichen Belange erlassen werden. Diese gelten iSd Bauordnungsrechts als allgemein anerkannte Regeln der Technik. Auch DIN-Normen können durch bauaufsichtliche Einführung zu technischen Baubestimmungen erhoben werden. Darüber hinaus kommt auch eine Verletzung ungeschriebener Regeln der Bau- und Ingenieurkunst in Betracht.

Den Haftungsgrund von § 836 auf die Schaffung solcher Gefahren zurückzuführen, **11** die durch die *Verletzung der anerkannten Regeln der Bau- und Ingenieurkunst zur Vermeidung von Stabilitäts- und Konstruktionsmängeln* ausgelöst werden, hat *Konsequenzen*. *Einerseits* greift § 836 *nicht bei jeglichen Gefahren* ein, die von einem Gebäude ausgehen: Werden aus einem Gebäude Flüssigkeiten gegossen oder Gegenstände geworfen, sind das – entsprechend der historischen Entwicklung – keine Fälle von § 836. Denn nicht die anerkannten Regeln der Bau- und Ingenieurkunst verbieten dieses Verhalten, sondern die allgemeine Pflicht zur Rücksichtnahme auf andere (vgl oben Rn 5). Auch andere Gefahren, die in einem Gebäude lauern, lösen nicht notwendig die Rechtsfolge von § 836 aus; bleiben beispielsweise gebohnerte Flächen ungesichert, verstößt dieser Zustand nicht gegen die Regeln der Bau- und Ingenieurkunst, sondern gegen die allgemeine Verkehrssicherungspflicht und wird somit der Verletzung der Streupflicht bei Schneeglätte gleichbehandelt. § 836 – in seiner unmittelbaren Anwendung – greift auch nicht bei jedweden Fehlern bei der Anlage oder Herstellung eines Gebäudes oder bei deren mangelhafter Unterhaltung ein, also nicht wenn beispielweise der Fluchtweg fehlt oder verstellt ist, die Feuerlöschanlage versagt (Konstruktionsmängel), verbotene Holzschutzmittel oder Asbest verwendet werden (chemisch wirkende Materialmängel). Zwar beruhen diese Fehler auf der Verletzung der anerkannten Regeln der Bau- und Ingenieurkunst; sie führen aber nicht zu Mängeln der mechanischen Festigkeit und Standsicherheit (Stabilitätsmängeln). § 836 gilt auch nicht für sämtliche Gefahren, die von einem Grundstück ausgehen, zB durch umstürzende Bäume oder herabfallende Äste (aA MünchKomm/MERTENS Rn 3: „Umweltgefahren"). Denn die Regeln der Bau- und Ingenieurkunst können nur bei von Menschenhand geschaffenen Gebilden beachtet werden (vgl RGZ 60, 138). Entsprechend stellt § 836 vorrangig auf die Begriffe Gebäude und Werk ab, nicht aber auf den Begriff des Grundstücks. *Andererseits* ist die Gebäudehaftung nicht auf die Fälle des Einsturzes oder der Ablösung beschränkt. Haben Mängel der mechanischen Festigkeit und Standsicherheit (Stabilitätsmängel) andere als diese Schadensereignisse zur Folge (zB um- oder abstürzender Tank, Bruch der Versorgungsleitungen durch Absenkung eines Gebäudeteils, Risse im Fußboden) und wird dadurch der in § 836 genannte Verletzungserfolg bewirkt, ist dessen Tatbestand erfüllt (anders die **hM**, weil nicht durch die kinetische Energie verursacht, zB RGZ 172, 156 [Feuer nach Gasrohrbruch]; BGH WM 1976, 1056 [Leck im Öltank]; vgl zum Begriff der kinetischen Energie Rn 37). So liegt gleichermaßen ein Stabilitätsmangel vor, wenn jemand auf einen mangelhaft gefaßten Kanalschachtdeckel tritt, dieser kippt und den Betroffenen verletzt, auch wenn sich der Deckel dabei nicht ablöst (Fall BGE 45 II 333/34 zu Art 58 OR).

4. Die entsprechende Anwendung von § 836

Die Besonderheit der in § 836 geregelten Gefahrenlage soll nach **hM** die entspre- **12** chende Anwendung der Vorschrift ausschließen (BGH VersR 1961, 608). Dem ist nicht zu folgen. Auf Ereignisse, die einem Einsturz oder einer Ablösung von Teilen im wesentlichen ähneln, ist die Vorschrift analog anzuwenden. Indem der Gesetzgeber durch seine Orientierung am Einsturz oder an der Ablösung nur Mängel der mechanischen Festigkeit und Standsicherheit (Stabilitätsmängel) und die dadurch ausgelösten Gefahren erfaßt hat, entstehen Wertungswidersprüche, die sich nur durch die Analogie überwinden lassen. So läßt sich kaum rechtfertigen, daß nicht nach § 836 gehaftet werden soll, wenn ein Mensch getötet oder verletzt wird, weil gegen die

Anforderungen des Brand- oder Blitzschutzes (Konstruktionsmängel) verstoßen wurde. Bei dem Brand eines Gebäudes, dessen Brandschutzanlage versagt, ist die verschärfte Haftung nach § 836 nicht nur gerechtfertigt, wenn das Gebäude oder Teile davon (zB Dachstuhl) das Opfer erschlagen, sondern auch wenn die Flammen oder der Rauch den Tod verursacht haben. Fehlt ein Fluchtweg, kann bei einem Brand die Lebensgefahr genauso hoch sein wie beim Einsturz eines Gebäudes. Gleiches gilt, wenn regelwidrig leicht entflammbare Materialien verbaut wurden oder der Rauchabzug nicht funktioniert, was verheerende Folgen haben kann, wie es beispielsweise bei Großbränden in öffentlichen Gebäuden immer wieder der Fall ist. Unstreitig ist der Tatbestand von § 836 erfüllt, wenn ein Mensch von einer Loggia stürzt, weil die mangelhaft angebrachte Sicherung beim Abstützen des Geschädigten bricht (Fall nach BGH NJW 1985, 1076). In diesem Fall war die Festigkeit der Brüstung ungenügend. Fehlt eine solche aber völlig, resultiert die Absturzgefahr offenkundig nicht aus ihrer mangelhaften Stabilität, sondern daraus, daß eine Brüstung gar nicht vorhanden ist. Im letzten Fall liegt keine Ablösung iSd § 836 vor; doch ist ein fehlendes Geländer nicht minder gefährlich als ein instabiles. Zwar liegt der Mangel nicht direkt in der Instabilität eines bestimmten Gebäudeteils, doch in der mangelhaften Konstruktion; beides sind Fehler der Bauwerkssubstanz mit gleichem Gefährdungspotential. Ebensowenig kann es einen Unterschied machen, ob ein Fenster wegen eines mangelhaft eingebauten Sturzes aus dem Rahmen gerissen wird, wenn sich jemand dagegen lehnt, oder ob sich ein Fensterflügel wegen seiner mangelhaften Konstruktion bloß öffnet, wenn in beiden Fällen jemand in die Tiefe fällt. Durch moderne Bautechniken und -materialien treten neuartige konstruktive Mängel an Bauwerken immer mehr in den Vordergrund und lösen eine Vielzahl von Gefahren aus, die beim Inkrafttreten der Vorschrift noch nicht bekannt waren. Die Hauptgefahren von Gebäuden oder Werken nur in Mängeln der mechanischen Festigkeit und Standsicherheit zu sehen, ist nicht mehr zeitgemäß.

Bei der analogen Anwendung von § 836 ist Zurückhaltung geboten, selbst wenn sich die beweisrechtliche Besserstellung des Gebäudebesitzers bzw die Benachteiligung des Verletzten, der auf § 823 verwiesen wird, im Einzelfall nicht ohne weiteres rechtfertigen läßt. Die *Beweisnähe* des Besitzers und die *Beweisnot* des Geschädigten sind bei vielen Mängeln gegeben, die aus dem Verstoß gegen die Regeln der Bau- und Ingenieurkunst folgen; das allein rechtfertigt die Analogie noch nicht. Sie setzt zunächst voraus, daß der Besitzer in einem von ihm eröffneten und beherrschten Bereich jedermann drohende verborgene Gefahren geschaffen hat, die auf Mängeln der Substanz oder Konstruktion des Gebäudes oder des Werks beruhen; diese Gefahren müssen die gleiche hohe Intensität aufweisen wie sie mit dem Einsturz des Gebäudes oder der Ablösung von Teilen verbunden ist. Die durch Analogie zu erfassenden Bauwerksmängel müssen hinsichtlich des Gefährdungspotentials ähnlich sein. Sie müssen in einem kurzen Zeitraum mit erheblicher Wirkintensität schwere Schäden verursachen können. Das ist zB der Fall, wenn in einem dem öffentlichen Verkehr dienenden Gebäude gegen die Regeln der Technik hoch brennbare Dämmaterialien verbaut wurden, nicht aber wenn dort formaldehydhaltige Holzschutzmittel erst bei langanhaltender und dauernder Einwirkung gesundheitsschädigend wirken.

13 *De lege ferenda* sollte der Gesetzgeber die Haftung nach § 836 davon abhängig machen, ob der Besitzer ein Gebäude oder Werk fehlerhaft angelegt oder hergestellt oder mangelhaft unterhalten hat und durch daraus resultierende Mängel ein Mensch getötet, der Körper oder die Gesundheit eines Menschen verletzt oder eine Sache beschädigt worden ist; fehlerhaft angelegt, hergestellt oder unterhalten ist ein Gebäude oder Werk, wenn seine Beschaffenheit den anerkannten Regeln der Bau- und Ingenieurkunst zum Schutz dieser Rechtsgüter nicht entspricht.

Soweit in früheren Entscheidungen versucht wurde, Unbilligkeiten durch eine Ausdehnung des Anwendungsbereichs des § 836 zu vermeiden (etwa BGHZ 55, 229, 232), haben diese Entscheidungen ihre Bedeutung durch die Erweiterung der Gefährdungshaftung nach § 2 HPflG verloren (vgl dazu FILTHAUT NZV 1989, 460). Der nach § 12 HPflG mögliche Rückgriff auf § 836 kommt bei Anwendbarkeit des § 2 HPflG nur noch in Betracht, um eine über die §§ 5 f HPflG hinausgehende Haftung des Eigenbesitzers nach den allgemeinen Vorschriften zu erreichen. Soweit dagegen im Schrifttum vertreten wird, alle denkbaren auf Errichtungs- oder Unterhaltsmängeln beruhenden Umweltrisiken eines Grundstücks nach den gesetzlichen Wertungen der §§ 836–838 zu behandeln (MünchKomm/MERTENS Rn 2 f, 24), trägt diese Ansicht der in § 836 geregelten besonderen Gefahrenlage nicht Rechnung.

5. Das Verhältnis zu anderen Haftungsnormen

§ 836 berührt weder die Haftung eines Beteiligten aufgrund sonstiger deliktischer Anspruchsgrundlagen, noch verschuldensunabhängige Ansprüche aus einem nachbarrechtlichen Gemeinschaftsverhältnis, die in entsprechender Anwendung von § 906 Abs 2 S 2 gegeben sein können, wenn zwar die sonstigen Voraussetzungen des § 836 vorliegen, es aber an einem Verschulden des Eigenbesitzers fehlt (BGHZ 58, 149, 158; VersR 1985, 740; zum nachbarrechtlichen Ausgleichsanspruch FILTHAUT VersR 1992, 150). Durch das Vorliegen eines Vertragsverhältnisses zwischen dem Eigenbesitzer und dem Geschädigten wird die Haftung nach § 836 nicht ausgeschlossen (BGH VersR 1959, 948). Anders kann es sein, wenn der zugrundeliegende Vertrag den Geschädigten zum Abbruch des in Rede stehenden Gebäudes oder zur Vornahme von Reparaturen daran verpflichtet. In diesen Fällen ist uU der Schutzbereich des § 836 nicht berührt (vgl unten Rn 34 und 52).

§ 254 gilt auch im Rahmen der Haftung aus § 836 für den Ersatzanspruch des Geschädigten (BGH NJW 1951, 229; VersR 1960, 427). Ein Mitverschulden kann vor allem in Betracht kommen, wenn der Einsturz oder die Ablösung sowohl durch fehlerhafte Errichtung bzw Unterhaltung als auch durch ein Verhalten des Geschädigten herbeigeführt wurde (vgl LG München VersR 1992, 193 und unten Rn 57 f). Umgekehrt begründet § 836 bei Beschädigung eines Gebäudes durch einen Dritten allein keine Vermutung für ein Mitverschulden des Besitzers an dem Einsturz etc (BGHZ 79, 259).

II. Der Einsturz eines Gebäudes oder eines anderen mit einem Grundstück verbundenen Werks

1. Das Gebäude

Der auch sonst im BGB (§§ 582, 908, 912) und in anderen Gesetzen (§§ 243 Abs 1 Nr 1, 4; 305, 306, 308 StGB) verwendete Begriff meint ein zum Aufenthalt von

Menschen oder Tieren oder zur Aufbewahrung von Sachen bestimmtes umschlossenes Behältnis, das nach den Regeln der Baukunst oder der Erfahrung hergestellt und mit dem Grund und Boden fest verbunden ist (BGB-RGRK/Kreft Rn 10). Dazu gehören auch unvollendete Rohbauten (BGH VersR 1958, 488) und zwar bereits bezogene, in einzelnen Teilen aber noch unfertige Häuser (BGH NJW 1985, 1076), sowie verfallene Bauten (RG WarnR 1912 Nr 78) einschließlich der infolge von Naturkatastrophen oder von Kriegsereignissen unbewohnbar gewordenen Gebäuderuinen (BGHZ 1, 103; LM Nr 2, 4 und 5 zu § 836; JZ 1962, 96). Der letzte Aspekt wurde vor allem in der ersten Nachkriegszeit relevant, vgl dazu Staudinger/Schäfer[11] Rn 90.

2. Ein anderes mit einem Grundstück verbundenes Werk

a) Der Begriff des Werks

18 Mit „Werk" ist ein einem bestimmten Zweck dienender, von Menschenhand nach den Regeln der Baukunst oder der Erfahrung unter Verbindung mit dem Erdkörper hergestellter Gegenstand gemeint (RGZ 60, 139; 76, 261; HRR 1930 Nr 904; BGH NJW 1961, 1670). Es macht keinen Unterschied, ob die Herstellung auf Dauer oder zu einem vorübergehenden Zweck (Fahrnisbauten) erfolgt (RG WarnR 1909 Nr 23; JW 1910, 288; BGHZ 58, 149) und welcher Art die Verbindung mit dem Erdkörper ist, ob es sich also um unterirdische Anlagen oder um mit dem Erdboden verbundene oberirdische Anlagen handelt, ob die Verbindung eher lose oder eine tiefergründige ist usw. In diesem Sinne mit dem Boden verbunden ist zB auch ein auf Schienen montierter beweglicher Baukran (OLG Düsseldorf VersR 1976, 94; OLG Bamberg RuS 1989, 357). Die begriffliche Abgrenzung zwischen Gebäude und Werk ist ohne praktische Bedeutung (Jauernig/Teichmann Anm 3 a) und wird in der Rechtsprechung häufig nicht vorgenommen.

b) Beispiele von Werken iSv § 836

19 Mit dem Boden verbundene Baugerüste (RG JW 1910, 288; HRR 1935 Nr 370; BGH VersR 1959, 694; OLG München SeuffBl 76, 438; OLGZ 28, 309); auf Schienen montierte Turmdrehkräne (OLG Düsseldorf VersR 1976, 94; OLG Bamberg RuS 1989, 357); eine Rutschanlage zur Beförderung von Gegenständen auf einem Bau (RG HRR 1935 Nr 730); mit dem Boden verbundene Zäune jeder Art, insbesondere Bauzäune (RG LZ 1921, 268); durch Einlassen von Pfählen mit dem Grund verbundene Zelte, Schaubuden und Verkaufsstände (RG DJZ 1908, 341; RG WarnR 1909 Nr 23; JW 1916, 1019); ein in den Boden fest eingerammtes Turngerät (RG Recht 1920 Nr 656); eine fest in das Erdreich eingelassene Kinderschaukel (OLG Celle VersR 1985, 35); Bretterverschläge (RG HRR 1938 Nr 436); Grabsteine (BGH NJW 1977, 1392; OLG Hamm NVwZ 1982, 333; LG Freiburg NJW-RR 1996, 476); ein in die Böschung einer Straße eingegrabenes altes Steinkreuz (BGHZ 37, 165; OLG Karlsruhe VersR 1978, 471); Umgrenzungsmauern und die damit verbundenen Torflügel (RG WarnR 1920 Nr 12); Torpfeiler einer Einfahrt (OLG Naumburg SeuffA 57 Nr 62); Terrassen und Gartentreppen, Signalmasten (RG JW 1913, 808); ein Carport (OLG Hamm NJW-RR 1995, 1230 mAnm K Schmidt JuS 1996, 172); Schleusenanlagen (RG HRR 1930 Nr 1104; OLG Kiel Recht 1906 Nr 690; SeuffA 64 Nr 92; OLG München VersR 1978, 554); Jagdhochsitze (OLG Stuttgart VersR 1977, 384; zum Umfang der Verkehrssicherungspflicht bei Hochsitzen vgl OLG Braunschweig RuS 1993, 339); Brücken (BGH VersR 1959, 948; BGH NJW-RR 1988, 853);

von Menschenhand geschaffene Erdwerke wie Wasserstaudämme (RGZ 97, 114),

Bahndämme (RG JW 1908, 196), Deiche (RG WarnR 1913 Nr 417), Böschungen (RGZ 60, 138), Kanäle;

von Menschenhand geschaffene Erdvertiefungen mit und ohne inneren Ausbau oder oberirdische Abdeckung wie Baugruben (RG WarnR 1909 Nr 303), Öltanks (BGH WM 1976, 1056), Brunnen, plattenbedeckte Durchlässe zur Regenwasserableitung (RGZ 76, 260), abgedeckte Kellerschächte, Überfluthydranten (OLG Karlsruhe OLGE 28, 310; LG Ellwangen VersR 1962, 75);

unterirdische Anlagen wie Luftschutzstollen (BGH LM Nr 9; VersR 1956, 348), Wasserleitungs- und Kanalisationsschächte (OLG Karlsruhe OLGE 28, 310; OLG Stuttgart VersR 1964, 1275; näher zur Haftung für Überschwemmungsschäden SCHMID VersR 1995, 1269); unterirdische Kraftstoffbehälter (BGH WM 1976, 1056);

unter dem Erdboden verlegte Versorgungsleitungen wie Gas-, Wasser- und andere Rohrleitungen (BGHZ 55, 229; OLG Hamm VersR 1978, 1146; zu Mineralölfernleitungen ENGERT BB 1963, 657);

oberirdische, mit dem Boden verbundene Versorgungsleitungen und -einrichtungen wie Wasserstaustufen (BGH MDR 1979, 206); Starkstromleitungen (RGZ 147, 353; SeuffA 79 Nr 168; HRR 1925 Nr 1633); Fernsprech – und Telegrafenleitungen (OLG Hamm JW 1927, 2438; OLG Stuttgart VRS 7, 246); Straßenlaternen jeder Art (RG Recht 1919 Nr 2121; SeuffA 75 Nr 76; AG Krefeld VersR 1968, 103);

an Häusern angebrachte Firmenschilder, wobei es auf die Größe des Schildes, die Art der Zusammenfügung seiner Bestandteile und die Gefahr der Ablösung einzelner Teile ankommt (RG JW 1916, 1019; OLG Celle OLGE 34, 127; WEIMAR ZMR 1960, 328).

c) **Beispiele, in denen ein Werk iSv § 836 nicht vorliegt**
Ein nur angelehnter Bauzaun ist zwar von Menschenhand zu einem bestimmten Zweck hergestellt, aber kein Werk iSv § 836, weil es an der Verbindung mit dem Grundstück fehlt (RG LZ 1921, 268; OLG Karlsruhe VersR 1955, 718);

weil nicht von Menschenhand zu einem bestimmten Zweck hergestellt, sind keine Werke iSv § 836 die Naturerscheinungen wie natürlich gewachsene Felsen, Bäume und natürliche Bodenbepflanzungen (RGZ 149, 205). Weil zwar menschliches Zutun vorliegt, aber keine Herstellung „nach gewissen Regeln der Kunst oder Erfahrung" gegeben ist, sind zusammengeschüttete Schlammassen und Erdhaufen keine Werke (RGZ 60, 138; anders OLG Kiel OLGE 9, 46). Nur eine Naturerscheinung liegt auch vor, wenn die im Wasser liegenden Trümmer einer im Krieg gesprengten Brücke sich durch Schlammansammlung im Laufe der Zeit zu einer Schlammauer verdichten und eine Art Sperrmauer bilden. Denn selbst wenn das für die Wasserwirtschaftsbehörde von Vorteil ist, so fehlt es doch an der für den Begriff des Werks erforderlichen Erstellung durch menschliches Tun zu einem bestimmten Zweck nach technischen Kunst- oder Erfahrungsregeln (BGH NJW 1961, 1670).

d) **Der Einsturz eines Gebäudes oder Werks**
Einsturz ist der Zusammenbruch des gesamten Gebäudes bzw Werks infolge Lösung

der Verbindungen, die es zusammenhalten (RG Recht 1913 Nr 2297). Ein Einsturz liegt auch vor, wenn eine Schleuse in einem Deich zwar nicht als solche einstürzt, aber als ganzes weggerissen wird, nachdem die umgebenden Deichteile, die zusammen mit der Schleuse ein einheitliches Werk bilden, weggespült sind (RG HRR 1930 Nr 1104). § 836 ist dagegen unanwendbar, wenn ein Gebäude oder ein Werk wegen Baufälligkeit, zur Errichtung eines Neubaus oder aus anderen Gründen planvoll eingerissen und niedergelegt wird (RG Recht 1912 Nr 1790; HRR 1929 Nr 1313; BGH NJW 1979, 30; vgl auch unten Rn 34 und 52).

III. Die Ablösung von Teilen des Gebäudes oder Werks

1. Die Teile des Gebäudes oder Werks

22 Teile iSv § 836 sind nicht nur die wesentlichen Bestandteile iSv § 93, sondern alle – auch kleinste – Gegenstände, die mit dem Gebäude oder Werk in eine derartige tatsächliche Verbindung gebracht werden, daß die dem Besitzer obliegende Fürsorge für die Beschaffenheit des Gebäudes oder Werks die Vermeidung einer fehlerhaften Errichtung bei der Herstellung der Verbindung oder einer mangelhaften Unterhaltung während der Dauer der Verbindung mitumfaßt (BGB-RGRK/KREFT Rn 14 im Anschluß an RGZ 60, 421). Eine solche tatsächliche Verbindung liegt aber nur vor, wenn die Sache zur Herstellung des Gebäudes oder Werks eingefügt oder sonstwie aus baulichen Gründen oder zu baulichen Zwecken an ihm angebracht ist, wenn also eine nicht bloß äußerliche, sondern der Bindung und dem Zweck des Ganzen dienende und in diesem Sinn organische „baumäßige" Verbindung der Sache mit dem Gebäude bzw Werk gegeben ist (RGZ 107, 337; HRR 1929 Nr 1313; BGH NJW 1961, 1670; OLG Celle BauR 1992, 251). Die Verfestigung der Verbindung durch Einmauern des Teils, Einmörteln, Anschmieden usw ist nicht erforderlich, es kann genügen, wenn das Teil nur durch seine Schwerkraft dem Ganzen eingefügt ist (BGH VersR 1959, 694). Entscheidend ist also nicht das Mittel der Verbindung, sondern die sachgerechte Einfügung der Teile zum bestimmungsgemäßen Zweck des Werks (OLG Celle BauR 1992, 251).

2. Beispiele für Teile eines Gebäudes oder Werks

23 Erker, Balkon, Schornstein (RG JW 1936, 2913; OLG Köln NJW-RR 1992, 858), Zimmerdecke (BGH LM Nr 11), Fußboden und Fußbodenbelag wie Holzdielen und Steinfliesen (RGZ 52, 238; RG JW 1904, 486; JW 1912, 242), Treppengeländer und Treppenstufen (OLG Hamburg OLGE 18, 86; RG JW 1911, 450; RG WarnR 1913 Nr 13), Fenster und Fensterscheiben (RGZ 113, 286; LG Aachen RuS 1989, 358), Fensterläden (RGZ 60, 421; OLG Karlsruhe VersR 1955, 718; OLG Stuttgart VersR 1958, 85), Vorfenster (OLG Karlsruhe OLGE 34, 128), Rolläden (RG WarnR 1909 Nr 101), Jalousiestücke (OLG Karlsruhe OLGE 14, 52), die Kette eines Klappfensters (RG BayZ 1907, 237), Riegel an Oberfenstern (RGZ 113, 286), Ziergitter (BGH VersR 1963, 94), die Platten eines Wellblechdaches (BGH VersR 1960, 426) oder eines Teerpappendaches (BGH NJW 1993, 1782; OLG Düsseldorf NJW-RR 1992, 1244), die Arretierungsvorrichtung eines Fahrstuhls (RG WarnR 1914 Nr 334), Garagentore (AG Nürtingen WuM 1989, 184).

Teile eines Gebäudes oder Werks sind ferner Dachaufsätze (RG JW 1904, 91), Gesimsstücke (RG JW 1903, 115), einzelne Steine und Dachziegel (RG HRR 1928 Nr 1978; OLG

Düsseldorf NJW-RR 1992, 1440; OLG Frankfurt OLGZ 1993, 188; LG Ansbach NJW-RR 1996, 278), Ösen zum Einhängen einer Treppe (RG JW 1932, 1208), der zur Befestigung eines Signalmastes dienende Nagel (RG JW 1913, 869), Haken für Gardinenstangen (KG JW 1924, 1380), Fahnenstangen (OLG Hamm Recht 1905 Nr 1860), eine auf die Duschwanne gesetzte Duschkabine, deren Rahmen fest mit dem umgebenden Mauerwerk verbunden ist (BGH NJW 1985, 2588). Die Galeriebrüstung ist Teil eines Theatersaals (RG JW 1909, 275), der zum Aufhängen der Tierkörper dienende Haken Teil eines Schlachthauses (OLG Marienwerder OLGE 28, 310).

3. Beispiele, bei denen die Eigenschaft als Gebäude- oder Werksteil nicht gegeben ist

Gebäudeteil ist zwar ein in die Wand eingelassener schwerer Spiegel, nicht aber, da **24** es an einer baumäßigen Verbindung fehlt, ein bloß an der Wand aufgehängter Spiegel, auch wenn er nach unten durch eiserne Klammern gestützt wird (RGZ 107, 337). Gleiches gilt bei Blumentöpfen, die in einer Vorrichtung am Balkongeländer aufgehängt sind, oder bei einer mit einer Kette an einem Gebäude befestigten beweglichen Treppe (RG Recht 1907 Nr 3513) sowie bei Gegenständen, die schon vor dem Unfall aus dem baulichen Zusammenhang herausgelöst worden sind (RG WarnR 1920 Nr 12; LZ 1921, 268).

4. Unfertige Teile

Bei einem erst im Aufbau begriffenen Gebäude (Werk) liegt ein Gebäudeteil vor, **25** wenn das den Unfall verursachende Teil schon so mit dem zu errichtenden Gebäude verbunden war, daß es seinen späteren Aufgaben zu dienen in der Lage gewesen wäre, wenn es nicht den Errichtungsfehler aufgewiesen hätte (BGH LM Nr 11). Damit ist Gebäudeteil eine neu gegossene Betondecke, die im wesentlichen abgebunden und deshalb tragfähig ist, aber nach der Entschalung zusammenstürzt (BGH aaO). Gebäudeteil ist auch ein einzelnes, einem Baugerüst lose eingefügtes Brett, wenn seine Schwerkraft eine genügend feste baumäßige Verbindung mit dem Baugerüst schafft (BGH VersR 1959, 694; 1969, 37). Dagegen ist ein noch nicht endgültig eingefügter Träger, der während des Einbaus abstürzt, noch kein Gebäudeteil, weil die baumäßige Verbindung fehlt (RG WarnR 1912 Nr 78). Das gilt auch für die auf dem Baugerüst erst zum Einbau bereitliegenden Ziegel (BGH LM Nr 11) oder den auf dem Gerüst stehenden Eimer mit Mörtel (BGH VersR 1953, 401).

5. Dachlawinen

Schnee und Eiszapfen auf Hausdächern oder Vorsprüngen sind mangels fester bau- **26** licher Verbindung mit dem Gebäude nicht Teile iSv § 836. Die Norm ist daher nicht anwendbar, wenn durch herabstürzenden Schnee oder durch sich lösende Eiszapfen Rechtsgüter Dritter geschädigt werden (BGH NJW 1955, 300; LG Berlin VersR 1967, 69). Die Haftung des Gebäudebesitzers kann sich nur wegen Verletzung der allgemeinen Verkehrssicherungspflicht aus § 823 Abs 1 ergeben. Hierbei hängt es von den Umständen des Einzelfalls ab, ob der Hauseigentümer für die Folgen eines Schneesturzes vom Dach haftet (OLG Stuttgart VersR 1983, 934). Grundsätzlich besteht eine Verkehrssicherungspflicht gegen das Abgehen von Dachlawinen nur unter besonderen Umständen. Das gilt auch, wenn eine Abstellfläche für Kraftfahrzeuge vorhanden ist (OLG Karlsruhe NJW 1983, 2946; OLG Köln VersR 1988, 1244). So kann es darauf ankommen, ob eine Gegend als schneereich oder -arm gilt und ob Schneeauffanggitter ortsüblich oder durch die Landesbauordnung vorgeschrieben sind (OLG Köln NJW-RR 1992, 858; OLG Saarbrücken VersR 1985, 299; OLG Köln VersR 1988, 1244).

6. Die Ablösung von Teilen

27 Der Begriff der Ablösung erfordert nicht die völlige Trennung des Teils vom Ganzen. Vielmehr genügt auch eine teilweise Loslösung oder eine Lockerung der baumäßigen Verbindung des Teils mit dem übrigen unversehrt bleibenden Ganzen (BGH VersR 1961, 806). Es reicht aber auch schon aus, wenn das Teil nur in seinem eigenen inneren Zusammenhang oder Zusammenhalt beeinträchtigt wird (RGZ 131, 1, 6; RG HRR 1940 Nr 154; OLG Celle BauR 1992, 251; OLG München NJW-RR 1995, 540). Eine Ablösung liegt demgemäß auch vor, wenn eine unterirdisch verlegte Gas- oder Wasserleitung bricht (BGHZ 55, 235; BGH VersR 1976, 1085; OLG Hamm VersR 1978, 1146) oder ein unterirdisch angebrachter Kraftstofftank infolge eines Risses undicht wird (BGH WM 1976, 1057), wenn das Brett eines Fußbodenbelags (RG JW 1912, 242), das Brett eines Laufstegs (RG HRR 1935 Nr 1515) oder die angerostete Platte eines Wellblechdaches (BGH VersR 1960, 426) beim Betreten durchbricht oder wenn von einem Damm Teile durch Überflutung abgetrennt werden (BGHZ 58, 149). Zum Begriff der Ablösung ist auch nicht erforderlich, daß das Werk teilweise zerstört oder vernichtet wird; sie liegt schon vor, wenn ein als Befestigungsmittel dienender Nagel herausgezogen (RG JW 1913, 868) oder der Deckel eines Wasserleitungsschachts verschoben wird (OLG Karlsruhe OLGZ 28, 310).

7. Beispiele für die Ablösung von Teilen eines Gebäudes oder Werks

28 Durchbrechen des Fußbodens (RGZ 52, 236), Abstürzen einzelner Steine, Balken, von Teilen des Verputzes oder einer Stuckverkleidung (OLG Hamburg OLGE 4, 285), Herunterklappen eines Klappfensters infolge unzulänglicher Befestigung (RG HRR 1940 Nr 154), Abbrechen der sichernden Laufstange von einer Galerie (RG HRR 1929 Nr 1313), Absturz eines Fahrstuhls infolge Zerreißens des ihn tragenden Seils (RG WarnR 1914 Nr 334), Bruch des eine Luke verschließenden Deckels (RG JW 1904, 486), Loslösung einer in Laufschienen geführten Tür (RG Recht 1911 Nr 1746), Herabfallen einer Starkstromleitung (RG HRR 1925 Nr 1633), Zersplitterung einer Glasscheibe (OLG Hamburg OLGE 5, 249; vgl aber OLG Düsseldorf VersR 1982, 1201).

IV. Die sonstigen Fälle

29 Daneben kann nach der oben Rn 5 f befürworteten Auslegung des Tatbestands die Gebäudehaftung bei Schädigungen eingreifen, die aus Stabilitätsmängeln resultieren, aber nicht durch den Einsturz des Gebäudes oder die Ablösung von Teilen verursacht worden sind. Haben Mängel der mechanischen Festigkeit und Standsicherheit (Stabilitätsmängel) andere als diese Schadensereignisse zur Folge (zB um- oder abstürzender Tank, Bruch der Versorgungsleitungen durch Absenkung eines Gebäudeteils, Risse im Fußboden), ist der Tatbestand von § 836 Abs 1 erfüllt (anders die hM, weil nicht durch die kinetische Energie verursacht, zB RGZ 172, 156 [Feuer nach Gasrohrbruch]; BGH WM 1976, 1056 [Leck im Öltank]; vgl zum Begriff der kinetischen Energie Rn 37).

§ 836 ist analog anzuwenden, wenn Gebäude oder Werke entsprechend den anerkannten Regeln der Bau- und Ingenieurkunst nicht frei von *gemeingefährlichen Mängeln* errichtet und unterhalten sind, so daß erhöhte Gefahren für das Leben, den Körper oder die Gesundheit von Menschen oder für Sachen entstehen. Das ist der Fall beim Brand eines Gebäudes, wenn nicht durch den Einsturz, sondern durch das Feuer Menschen zu Schaden kommen, weil Fluchtwege fehlen, verstellt oder nicht gekennzeichnet sind. Gleiches gilt bei der Verwendung leicht entflammbarer Materialien, bei einem nicht funktionierenden Rauchabzug oder beim Fehlen einer Brüstung zur Verhinderung des Absturzes. Bei schleichenden chemischen Ausdünstungen, etwa durch formaldehydhaltige Holzschutzmittel oder durch asbesthaltiges Dämmaterial, fehlt es dagegen an dem eine Analogie rechtfertigenden gemeingefährlichen hohen Schadenspotential. Auch werden Mängel des Zubehörs nicht erfaßt, das nicht zu der wesentlichen Gebäudesubstanz gehört, auch wenn es gleichermaßen gemeingefährlich wirken kann, zB beim Öffnen der Tür zu einem Fahrstuhlschacht, bevor der Fahrstuhl die Etage erreicht hat.

V. Die Kausalität für den Einsturz oder die Ablösung

Die Ersatzpflicht nach § 836 setzt voraus, daß der **Einsturz oder die Ablösung adäquat durch die fehlerhafte Errichtung oder die mangelhafte Unterhaltung des Gebäudes bzw des Werks** verursacht wurden (RGZ 52, 239; 97, 114). Das ist nicht der Fall, wenn die Möglichkeit eines Einsturzes oder einer Ablösung durch die in Rede stehende Ursache nach der allgemeinen Lebenserfahrung so wenig wahrscheinlich ist, daß sie vom Eigenbesitzer nicht berücksichtigt werden mußte. Darüber hinaus muß die konkrete Ursache des Einsturzes bzw der Ablösung vom Schutzzweck der Norm erfaßt sein. 30

1. Die fehlerhafte Errichtung bzw mangelhafte Unterhaltung

Die Fehlerhaftigkeit der Errichtung und die Mangelhaftigkeit der Unterhaltung lassen sich nicht allein nach formalen Kriterien wie der Einhaltung von Vorschriften der Landesbauordnungen oder technischer Normen beurteilen. Vielmehr ist materiell danach zu fragen, ob das Gebäude in einer Art und Weise errichtet bzw unterhalten wurde, daß es den Anforderungen entsprach, die unter Berücksichtigung der voraussehbaren – nicht ganz unwahrscheinlichen – Umstände an seine Widerstandsfähigkeit und Sicherheit zu stellen waren. Fehlerfrei sind Gebäude demnach, wenn sie weder einstürzen noch sich Teile von ihnen ablösen und die Gebäude daher nicht Rechtsgüter Dritter gefährden (RGZ 76, 260; BGHZ 58, 155; BGH DRiZ 1962, 423; BGB-RGRK/Kreft Rn 13). 31

2. Die adäquate Verursachung durch die haftungsbegründenden Tatumstände

Für den Einsturz bzw die Ablösung ist es grundsätzlich ohne Bedeutung, wie die Trennung oder Lockerung der Verbindung eintritt, ob also beispielsweise eine Wasserleitung ohne äußere Einwirkung – etwa durch Durchrostung – von selbst undicht wird (RGZ 133, 1; BGHZ 55, 229; MDR 1983, 1000) oder ob die Trennung etc auf eine äußere Einwirkung zurückzuführen ist. Solche äußeren Einwirkungen können vor allem in einem Verhalten des Eigenbesitzers bzw einer dritten Person oder in klimatischen Faktoren wie Stürmen, Überflutungen uä liegen. Bei einer (Mit-)Verursa- 32 chung durch menschliches Zutun kommt es nicht darauf an, ob schuldhaftes oder schuldloses Verhalten oder das Tun eines Schuldunfähigen vorliegt. Häufig wird ein menschliches Verhalten mitursächlich für von § 836 erfaßtes Geschehen etwa beim Haltsuchen des Verletzten an der provisorischen Absicherung einer noch nicht fertiggestellten Loggia, das den Bruch der Absicherung mit der Folge eines Sturzes des Verletzten bewirkt (BGH NJW 1985, 1076; vgl weiter OLG Naumburg SeuffA 57 Nr 62 [Einsturz eines Pfeilers infolge Anfahrens mit einem Erntewagen]; RG JW 1908 Nr 1561 [Festhalten eines Kindes an einem ungenügend befestigten Pfeilerkopf]; RG JW 1913, 869 [Herausziehen eines der Befestigung dienenden Nagels durch ein spielendes Kind]; RG WarnR 1913 Nr 365; OLG Hamm VersR 1972, 1173 [Anlehnung an eine ungenügend befestigte Säule, Stützen auf ein den Druck nicht aushaltendes Gesims]). Zur Anwendung von § 836 genügt es in derartigen Fällen, wenn die fehlerhafte Errichtung oder mangelhafte Unterhaltung die wesentliche adäquate Ursache der Ablösung ist (RG HRR 1929 Nr 1313), wenn also als Folge der fehlerhaften Errichtung oder der mangelhaften Unterhaltung eine Lage bestand, bei der das Hinzutreten eines besonderen auslösenden Umstandes wie etwa eines menschlichen Verhaltens die Ablösung bewirken konnte (RG WarnR 1919 Nr 169; BGH NJW 1985, 1076 mwN). Die fehlerhafte Errichtung oder mangelhafte Unterhaltung muß also einerseits die wesentliche, braucht aber andererseits nicht die alleinige Ursache des Einsturzes (der Ablösung) zu sein (BGHZ 58, 153; LM Nr 4). Die Freiheit von Fehlern bei der Errichtung und von Mängeln bei der Unterhaltung setzt also auch voraus, daß Gebäude oder Werk auch bei einer nach Lage der Dinge voraussehbaren – wenn auch seltenen – Einwirkung menschlicher oder klimatischer Art hinreichende Widerstandsfähigkeit gegen Einsturz oder Ablösung von Teilen bieten (RG WarnR 1913 Nr 965; BGHZ 58, 149; DRiZ 1962, 422). Läßt sich nicht klären, ob Einsturz bzw Ablösung die Folge fehlerhafter Errichtung oder aber mangelhafter Unterhaltung sind, so ist insoweit eine Wahlfeststellung zulässig, solange dem Eigenbesitzer dadurch nicht die Möglichkeit des Entlastungsbeweises abgeschnitten wird (BGH VersR 1962, 1105).

33 Nach den oben genannten Grundsätzen scheidet eine Haftung nach § 836 aus, wenn Einsturz oder Ablösung von Teilen ausschließlich auf einer außergewöhnlichen (Natur-)Katastrophe beruhen, mit der nach Lage der Dinge nicht gerechnet werden mußte (BGHZ 58, 153; VersR 1960, 428). Daher kommt es im Einzelfall darauf an, ob die den Schaden (mit-)verursachende Wetterlage bei Errichtung und Unterhalt des Gebäudes noch zu berücksichtigen war oder nicht (zB muß ein Leuchtfeuer in einer Art und Weise errichtet werden, daß es auch stärksten Stürmen trotzt). Diese Frage kann nur für den Einzelfall unter Berücksichtigung der lokalen Begebenheiten und etwaiger klimatischer Besonderheiten beantwortet werden, ggf unter Berücksichtigung eines Sachverständigengutachtens (OLG Köln NJW-RR 1992, 858; OLG Hamm OLG-Rp Hamm 1993, 65; OLG Düsseldorf OLG-Rp Düsseldorf 1992, 289). Ebenso ist § 836 auch nicht anwendbar, wenn Einsturz oder Ablösung die Folge eines vorsätzlichen menschlichen Verhaltens ist, gegen das Vorkehrungen zu treffen dem Eigenbesitzer nicht möglich oder aber nicht zumutbar ist (OLG Stuttgart VersR 1964, 1275; LG Hamburg VersR 1974, 915; OLG Hamm VersR 1978, 331; instruktiv BGH VersR 1987, 1096 [Auf einem Grundstück wird von Unbekannten ein Brand gelegt, bezüglich dessen eine Verletzung der Verkehrssicherungspflicht des Grundstückseigentümers ausscheidet. Beim Übergreifen des Brands auf das Nachbargrundstück wird das dort stehende Haus beschädigt] und LG Essen, ZfS 1988, 345 [Ein Garagendach bricht durch das Aufspringen eines Dritten ein, wodurch ein vom Mieter in die Garage eingestelltes KFZ beschädigt wird]).

3. Der Schutzbereich der Norm

Der Schutzbereich von § 836 ist nicht berührt und eine Haftung des Eigenbesitzers **34** daher ausgeschlossen, wenn ein Abbruchunternehmer oder seine Arbeitnehmer beim Einsturz des Gebäudes oder bei der durch die Abbrucharbeiten verursachten Ablösung von Teilen einen Schaden erleiden (BGH NJW 1979, 309; OLG Karlsruhe VersR 1989, 82). Durch seine Tätigkeit schafft der Abbruchunternehmer neue, von dem Eigenbesitzer nicht mehr uneingeschränkt beherrschbare, vom Gebäude ausgehende Gefahren. Die dadurch eintretende Neuverteilung der Risikobereiche entspricht nicht mehr dem § 836 zugrundeliegenden Gedanken, wonach der Eigenbesitzer für den seiner Kontrolle unterliegenden Gefahrenbereich haften soll (BGH NJW 1979, 309). Das gilt allerdings nicht, wenn die Abbrucharbeiter durch einen Einsturz oder eine Teilablösung geschädigt werden, die nicht durch die Abbrucharbeiten verursacht wurden. Entstehen beim Abbruch eines Hauses Schäden am benachbarten Grundstück, so ist der Schutzbereich von § 836 betroffen. Ein Anspruch aus § 836 besteht, wenn das Abbruchunternehmen nicht sorgfältig ausgewählt oder instruiert wurde. Ein Anspruch aus § 831 scheidet aus, da der Abbruchunternehmer nicht weisungsgebunden und daher nicht Verrichtungsgehilfe ist (BGH VersR 1987, 1096). Zum Schutzbereich des § 836 bei Arbeiten an Telegraphenleitungen vgl weiter OLG Karlsruhe NJW-RR 1988, 152.

VI. Die Kausalität für die Rechtsgutverletzung

1. Die Adäquanz der Verursachung

Der Einsturz des Gebäudes oder die Ablösung von Gebäudeteilen (oder besser allgemeiner: die Mißachtung der anerkannten Regeln der Bau- und Ingenieurkunst) **35** muß die **Verletzung von Leben, Körper, Gesundheit oder Eigentum** des Geschädigten adäquat kausal verursacht haben. Nach allgemeinen Kausalitätsgrundsätzen muß die Rechtsgutverletzung weder allein noch unmittelbar durch den Einsturz oder die Teilablösung verursacht sein. Es reicht aus, daß der Einsturz oder die Ablösung **eine adäquate Bedingung** für die Rechtsgutverletzung gewesen ist, wenn auch im Zusammenhang **mit anderen Umständen**. ZB ist die fehlerhafte Aufstellung eines Krans durch die Unterlassung einer Schienenfahrbegrenzung adäquate Bedingung für die Rechtsgutverletzung, wenn der Kran von den Schienen herunterfährt und umstürzt (OLG Bamberg RuS 1989, 357). Die Adäquanz kann auch gegeben sein, wenn der Einsturz oder die Ablösung von Teilen den Schaden nur **mittelbar** verursacht hat (RGZ 52, 239; JW 1913, 869; RG WarnR 1913 Nr 417; HRR 1930 Nr 1104; BGH VersR 1960, 427, 462; 1973, 43; NJW 1961, 1671; 1972, 725; JZ 1962, 96). Das ist zB der Fall, wenn durch den Einsturz oder die Ablösung *andere Massen* in Bewegung versetzt werden und den Schaden verursachen (RGZ 97, 114 [Bruch eines Staudamms]; JW 1905, 370; RG WarnR 1913 Nr 417 [Sturz durch einen abgelösten Bodenbelag]; HRR 1930 Nr 1104 [Deichbruch, bei dem erst das stehende Wasser auf Feldern Schaden stiftet]).

Auch ein unmittelbarer **zeitlicher Zusammenhang** ist nicht erforderlich. Es genügt, **36** daß durch die Ablösung eines (Befestigungs)teils ein Gefahrzustand verursacht wurde, der später zum Schadenereignis führt (RG WarnR 1913 Nr 365). Adäquat verursacht ist daher die Verletzung eines Arbeitnehmers, der durch ein Dach oder ein Fußbodenbrett bricht, wenn sich zuvor auch nur ein Teil des Dachs oder des Bodens in seinem inneren Zusammenhang getrennt oder gelockert hat, das übrige Werk aber unversehrt geblieben ist (OLG Celle BauR 1992, 251).

2. Der Schutzzweck der Norm

a) Das Erfordernis der bewegend wirkenden Kraft in der Rspr

37 Vielfach wird versucht, den Tatbestand des § 836 zu begrenzen, vermutlich weil häufig zu hohe Anforderungen an den Exculpationsbeweis gestellt werden. Um die haftungsbegründenden Ursachenabläufe einzuengen, wird verlangt, daß sich die Verletzung im Verlauf des Einsturzes oder der Ablösung von Teilen ereignet hat oder daß sie durch die *bewegend wirkende Kraft (kinetische Energie)* des Einsturzes oder der Ablösung herbeigeführt werden müsse. Die **hM** rechtfertigt dieses Erfordernis mit dem Sinn und Zweck der Vorschrift (RG Recht 1910 Nr 3921; RGZ 172, 161; BGH LM Nr 12; VersR 1961, 803, 805; 1976, 1084, 1085; BGB-RGRK/KREFT Rn 27; STAUDINGER/SCHÄFER[12] Rn 49; PALANDT/THOMAS[52] Rn 10). Die Norm nehme eine Sonderstellung nur für die *typischen Gefahren* ein, die sich aus der fehlerhaften Errichtung oder mangelhaften Unterhaltung von Gebäuden und anderen mit einem Grundstück verbundenen Werken ergeben (STAUDINGER/SCHÄFER[12] Rn 49). Verfehlungen, die im wesentlichen erst durch die Vernachlässigung etwa der auf den Verkehr und seine Sicherheit zu nehmenden Rücksichten Schaden gestiftet haben, sollen von § 836 nicht erfaßt werden (BGH VersR 1961, 803, 805). Nach zutreffender **aA** fehlt dagegen dem Erfordernis der bewegend wirkenden Kraft die innere Rechtfertigung zur Bestimmung der typischen Einsturz- und Ablösungsgefahr (MünchKomm/MERTENS Rn 27, 28). Das werde durch die Widersprüchlichkeit der dazu ergangenen Rspr belegt (SOERGEL/ZEUNER Rn 17; FIKENTSCHER Rn 1282).

aa) Die adäquat verursachten Schäden

38 Die Rspr hat die Haftung nach § 836 bejaht, sowohl wenn durch die Ablösung der Unterlagen eines Bodenbelags die abstürzenden Teile jemanden verletzen, als auch wenn jemand durch die entstehende Lücke stürzt und sich beim Aufprall auf den darunter liegenden Boden verletzt (RGZ 52, 236; RG WarnR 1913 Nr 417); ebenso wenn ein Glasreiniger durch die angerostete Platte des von ihm betretenen Wellblechdachs stürzt (BGH VersR 1960, 426) oder wenn jemand an einer provisorischen Brüstung einer Loggia Halt sucht und abstürzt, weil die Bretter nachgeben (BGH NJW 1985, 1076). Die Rechtsgutverletzung muß also nicht notwendig durch die schadhaften Gebäudeteile verursacht werden, sondern kann auch durch den Sturz ausgelöst werden. Um dem Erfordernis der bewegend wirkenden Kraft zu genügen, wurde mitunter folgende Begründung konstruiert: Sofern ein Werk dazu bestimmt sei, als Schutz gegen die Fortbewegung eines anderen Körpers zu dienen, sei es unerheblich, ob der Einsturz oder die Teilablösung positiv den anderen Körper fortbewegt oder ob negativ das Werk seine Schutzbestimmung nicht mehr erfülle und die Fortbewegung des anderen Körpers bedinge. Bemerkenswert ist, daß der BGH (BGH NJW 1985, 1076 – Loggia) neuerdings das Erfordernis der bewegend wirkenden Kraft (kinetische Energie) des Einsturzes oder der Ablösung unerwähnt läßt.

39 In den Fällen der **mittelbaren Verursachung** wurde die Ursächlichkeit angenommen, wenn zB freigesetztes ausströmendes Wasser Schäden verursachte, indem ein verankertes Schiff infolge der Teilablösung eines Flußstauwehrs losgerissen und beschädigt wurde (BGH MDR 1979, 206) oder bei dem Bruch eines Staudamms für Fischteiche

(RGZ 97, 112). Nicht nur das in Bewegung gesetzte Wasser soll ursächlich für die Schäden iSv § 836 sein, sondern auch dessen längeres Stehenbleiben auf den Feldern, das die Bodenbeschaffenheit verschlechterte (RG HRR 1930 Nr 1104). Wasserschäden an einem Grundstück durch Bruch einer Wasserleitung (BGHZ 55, 229, 235; RGZ 133, 1, 6; vgl dazu BGH WM 1976, 1056, 1057) oder an einer Wohnung durch den Bruch eines Wasserrohrs in der darüber liegenden Wohnung gelten auch als adäquat verursacht.

bb) Die nicht adäquat verursachten Schäden
In den Fällen, in denen die bewegend wirkende Kraft einem herabgefallenen Gegen- 40 stand nicht mehr innewohnt, wird dagegen regelmäßig die Adäquanz verneint. Löst sich ein Gebäudeteil, das sodann als Hindernis auf der Straße liegen bleibt, und stürzt ein Fußgänger später darüber, sind seine Verletzungen nicht mehr iSv § 836 verursacht (RG Recht 1910 Nr 3921; vgl dazu BGH NJW 1961, 1670). Ebenso sei zu urteilen, wenn ein Draht (als Teil eines Bauwerks durchaus von § 836 erfaßt) auf die Straße fällt und nach einiger Zeit ein Unfall durch das Überfahren des Drahts verursacht wird (LG Konstanz MDR 1958, 691). Von der Rspr wird die Adäquanz ferner abgelehnt, wenn das aus einem abgelösten Regenrohr fließende Wasser von der Straße her in einen Keller eindringt und dort Gegenstände durchfeuchtet (RG Prax VersR 1930, 7) oder wenn die Trümmer einer eingestürzten Brücke Schlamm anstauen und Überschwemmungen verursachen (BGH NJW 1961, 1670). Wird durch die Ablösung eines Verschlusses zum Kanalisationssystem ein Kanalschacht offengelegt und jemand beim Hineinfahren verletzt, gilt das gleiche (OLG Stuttgart VersR 1964, 1275).

Sofern ein gebrochenes Abwasserrohr sich mit Schutt füllt, der Wasser aufstaut und aus einer Schiebenaht austreten läßt, wobei es Schäden verursacht, ist nach der Rspr der Schutzbereich des § 836 auch verlassen (BGH VersR 1983, 588). Gleiches gilt, wenn aus dem Riß eines Öltanks der versickernde Kraftstoff durch seine chemische Wirkung das Grundwasser beeinträchtigt und nicht durch seine bewegend wirkende Kraft (BGH WM 1976, 1058). Wird ferner bei dem Einsturz oder der Teilablösung eines Gebäudes ein Gasrohr oder ein Stromkabel geöffnet und dadurch ein Mensch verletzt, ist nach der Rspr die Adäquanz zu verneinen, weil es an der kinetischen Energie fehlt.

Allerdings ist die Rspr nicht frei von Widersprüchen. Reißt ein Hochspannungsdraht 41 und fällt er zu Boden, so daß sich später ein Mensch durch die Berührung des Drahts verletzt, weil die Leitung noch unter Strom steht, ist zwar die bewegend wirkende Kraft mit dem Reißen des Drahts abgeschlossen; das hinderte aber nicht die Haftung aus § 836 (RGZ 147, 353, 356 und JW 1938, 1254; wegen der Inkonsequenz kritisch: BGB-RGRK/ KREFT Rn 27 und STAUDINGER/SCHÄFER[12] Rn 50).

b) Die Stellungnahme
Vom Ansatz her ist es einerseits richtig, § 836 nur für die *typischen Gebäudegefahren* 42 und nicht für sämtliche Umweltgefahren eines Grundstücks eingreifen zu lassen. Gefahren, die durch sonstige Verfehlungen (Verletzung allgemeiner Verkehrssicherungspflichten) entstehen, sind § 823 Abs 1 zuzuordnen (BGH VersR 1961, 803, 805). Um typische Gebäudegefahren handelt es sich nur, wenn sie aus der Verletzung der spezifischen *Gebäudesicherungspflicht* und nicht aus einer *sonstigen Verkehrssicherungspflicht* resultieren, der in gleicher Weise Nichtgebäudebesitzer unterliegen. Die

Gebäudesicherungspflicht wird verletzt, wenn Gebäude (oder Werke) nicht entsprechend den anerkannten Regeln der Bau- und Ingenieurkunst so errichtet und unterhalten werden, daß sie frei von *gemeingefährlichen Mängeln* sind, und dadurch erhöhte Gefahren für das Leben, den Körper oder die Gesundheit von Menschen oder für Sachen entstehen. Mehr als zweifelhaft ist dagegen die Annahme, daß *typische Gebäudegefahren* nur durch die bewegend wirkenden Kräfte des Einsturzes oder der Ablösung entstünden. Zwar ist das Merkmal der bewegend wirkenden Kraft geeignet, eine typische Gefahr durch ein Gebäude zu beschreiben (idS auch MünchKomm/MERTENS Rn 2, 27 f). Die bewegend wirkende Kraft ist jedoch keineswegs die einzige Gebäudegefahr, die der Tatbestand von § 836 in direkter oder analoger Anwendung erfaßt. Es gibt weitere Gefahren, die von der Bewegung unabhängig sind oder nach Beendigung der Bewegung noch fortwirken. Es läßt sich kaum leugnen, daß Gebäudegefahren zum einen auch im Stillstand bestehen (fehlende Brüstung, mangelhafte Brandsicherung, gefährliche Elektroinstallation), zum anderen nicht nur durch mechanische Kräfte, sondern auch durch die (chemische) Beschaffenheit vom Gebäude trennbarer Stoffe (Kontamination durch Asbest, leichte Entflammbarkeit von Dämmaterial) entstehen können. Die auf die RG-Rechtsprechung zurückgehende Tatbestandsverengung ist begrifflich und sollte von der modernen Rechtsprechung aufgegeben werden; in diese Richtung deutet BGH NJW 1985, 1076 (Loggia). Anders als bei der Gefährdungshaftung nach § 2 HaftPflG, bei welcher dem Zurechnungszusammenhang mangels der Erfordernisse der Rechtswidrigkeit und des Verschuldens die besondere Bedeutung zukommt, die Haftung einzugrenzen, kann das Haftungsmaß von § 836 besser durch die Anforderungen an die Sorgfaltspflichten sowie den Exculpationsbeweis bestimmt werden.

43 *Zur Verdeutlichung*: Ein porös gewordener Treibstofftank schädigt nicht durch die kinetische Energie des austretenden Inhalts, sondern durch dessen chemische Eigenschaften (dazu BGH WM 1976, 1056, 1057 f). Ein morsches oder fehlendes Geländer stellt eine typische Gebäudegefahr dar, obwohl die Rechtsgutverletzung dadurch verursacht wird, daß es den Sturz des Passanten zuläßt und nicht selbst Bewegungsenergie auf ihn ausübt. Eine typische Gefahr durch ein mangelhaftes Gebäude realisiert sich auch, wenn ein Dachziegel nicht im Flug einen Passanten oder ein Fahrzeug trifft, sondern auf die Straße unmittelbar vor ein Auto fällt und dieses nicht mehr über einen hinreichenden Bremsweg verfügt, einer schadensstiftenden Kollision zu entgehen. Zwar ist der Ziegel in einem Ruhezustand, seine kinetische Energie ist erschöpft; doch ändert das nichts daran, daß er soeben vom fehlerhaften Dach eines Hauses gefallen ist und einen Unfall verursacht hat. Hier kann sich eine gemeingefährliche Gefahr iSd § 836 realisiert haben, die keine sog *Normalgefahr* (STAUDINGER/SCHÄFER[12] Rn 49) ist. Einen ähnlichen Fall hatte der BGH (NJW-RR 1990, 1500) zu entscheiden. Ein mangelhaft befestigtes Regenfallrohr war von einer Autobahnbrücke auf die Fahrbahn gefallen. Unklar blieb der Umstand, wie lange es schon dort gelegen hatte, als der Kläger mit 160 km/h darüber fuhr. Das Ergebnis der Beweisaufnahme ergab, daß das Rohr so kurz vor das herannahende Fahrzeug fiel, daß dieses praktisch in das herabstürzende Hindernis hineinfuhr. Das Gericht ließ es als bewegend wirkende Kraft gelten, obwohl das Rohr mit hoher Wahrscheinlichkeit bereits die Fahrbahn erreicht hatte. Hätte es dort nur einige Sekunden länger gelegen und hätte der Fahrer bei angepaßter Geschwindigkeit ausweichen können, wäre ihm nicht der Vorteil der Beweislastumkehr nach § 836 zugute gekommen. Er hätte zur Haftungsbegründung wegen Verletzung der allgemeinen Verkehrssicherungspflicht die volle Beweislast getragen. Der Fall zeigt, daß bei der Einschränkung der Schadensverursachung durch die kinetische Energie die rechtliche Situation vom Zufall abhängt. Es gibt keine innere Rechtfertigung dafür, einen Unterschied zu machen, ob das Rohr von der Brücke auf den passierenden Wagen fällt oder bereits auf der Straße liegend den Fahrer so überrascht, daß er weder bremsen noch ausweichen kann.

Die Einschränkung auf die *kinetische Energie* eines Gebäudes als typische Gebäudegefahr führt zu *Widersprüchen* in der Fallpraxis der Rspr und zu gekünstelten Begründungen. Einerseits wird die Adäquanz auch bei mittelbaren und zeitlich auseinanderfallenden Bedingungen des Einsturzes und der Teilablösung angenommen, andererseits werden alle Gefahren, denen nicht mehr die bewegend wirkende Kraft innewohnt, als *Normalgefahren* (STAUDINGER/SCHÄFER[12] Rn 49) dargestellt. Die Widersprüche dieser Rechtsprechung zeigen sich auch in den Fällen mittelbarer Auswirkungen der kinetischen Energie. Es genügte den Anforderungen der Rspr für die Haftung nach § 836, daß die durch einen brechenden Damm in Bewegung gesetzten Wassermassen erst durch das *Stehenbleiben* Schäden auf den Feldern verursachten, genauso wie das *Durchbrechen* durch ein schadhaftes Dach und den dadurch dem Verletzten entstandenen Sturzverletzungen. In beiden Fällen hat sich die einem Bauwerk innewohnende kinetische Energie nur *technisch mittelbar* bzgl der einwirkenden Energie der Wassermassen, wie auch nur *zeitlich mittelbar* durch den Einbruch eines schon längere Zeit schadhaften Dachs verwirklicht. Zwar haben sich die Problemfälle der mittelbaren Einwirkungen durch § 2 HaftpflG (vorausgehend § 1a ReichshaftpflG) insofern erledigt, als eine Gefährdungshaftung für Schäden durch Rohr- und Leitungsbrüche eines Gebäudes geschaffen wurde. Diese umfaßt Schäden, die durch Gasexplosionen nach einem Rohrbruch entstehen, Stromschläge oder Wasserschäden durch beschädigte Leitungen oder eine Ölverseuchung durch einen undichten Tank, deren Subsumierung unter § 836 stets unklar und widersprüchlich gewesen ist. Doch bleiben alle übrigen Fälle der mittelbaren Schadensverursachung offen und bewirken rechtlich bedenkliche Konstruktionen. Wenn in dem als Bsp genannten Durchbruch durch eine Decke das Erfordernis der kinetischen Energie bejaht wird, weil es ohne Bedeutung sei, ob der Schaden positiv durch die Bewegung eines Gebäudeteils oder negativ durch die *Fortbewegung des menschlichen Körpers* verursacht werde, werden Ursache und Wirkung der Haftung vertauscht und der stürzende Körper einem fallenden Gebäudeteil gleichgesetzt. Ein in Bewegung gesetzter menschlicher Körper verletzt sich nicht an einem ruhenden Gebäudeteil durch die kinetische Energie dieses Teils, auch nicht durch die des Bodens, auf den der Körper prallt, sondern durch die eigene Fortbewegungskraft. Gleiches gilt, wenn jemand sich gegen eine ungenügend befestigte Brüstung lehnt, diese abreißt und sich die Person im Fallen verletzt.

c) Die Bestimmung des Schutzbereichs der Norm
Ob sich eine typische Gebäudegefahr in einem Schaden verwirklicht hat oder ob dieser aus der Verletzung einer sonstigen Verkehrssicherungspflicht resultiert, ist vor allem nach dem Schutzbereich von § 836 zu bestimmen. Während es hinsichtlich der Adäquanz nur auf die abstrakte Wahrscheinlichkeit des Schadenseintritts ankommt und dadurch allgemein nicht vorhersehbare Geschehensabläufe von der Haftung ausgeschlossen werden, wird die Haftung nach der Schutzzwecklehre dadurch eingeschränkt, daß der Haftungsgrund **(der Schutzzweck der Norm)** berücksichtigt wird (zur

Überschneidung der Schutzzwecklehre und der Adäquanztheorie LANGE, Schadensersatz § 3 IX 3). Der Schädiger soll nur für diejenigen Verletzungshandlungen haften, welche die in der betreffenden Norm zum Ausdruck kommende Verhaltenspflicht verhindern soll. Der Schaden muß Folge des verletzten Verhaltensgebots sein, das die Norm aufstellt. Jeder Schaden ist also darauf zu untersuchen, ob er aus dem Bereich der Gefahren stammt, zu deren Abwendung das Verhaltensgebot der Norm besteht. Es muß ein innerer Zusammenhang mit der vom Schädiger zu verantwortenden Gefahrenlage bestehen, nicht nur eine zufällige äußere Verbindung (BGHZ 27, 37; 35, 315; 57, 137, 142).

46 Regelmäßig wird der Schutzzweck der Norm durch Auslegung und Anwendung der einzelnen Tatbestandsmerkmale bestimmt. Wie bereits ausgeführt (Rn 5 f), besteht nach der Vorstellung des historischen Gesetzgebers das durch § 836 sanktionierte Fehlverhalten (Verletzungshandlung), also der *Haftungsgrund*, darin, daß der Besitzer in einem von ihm eröffneten und beherrschten Bereich erhebliche, jedermann drohende, verborgene Gefahren mit hohem Schadenspotential geschaffen hat, die auf Mängeln der mechanischen Festigkeit und Standsicherheit (Stabilitätsmängel) des Gebäudes oder Werks beruhen, welche durch die Beachtung der dem Schutz von Leben, Körper oder Gesundheit von Menschen oder dem Schutz von Sachen dienenden anerkannten Regeln der Bau- und Ingenieurkunst zu vermeiden sind. Nach heutigem, durch das Entstehen neuer Baugefahren verändertem, Verständnis der Norm gebietet § 836 Abs 1, Gebäude oder Werke entsprechend den anerkannten Regeln der Bau- und Ingenieurkunst so zu errichten und zu unterhalten, daß sie frei von *gemeingefährlichen Substanzmängeln* sind, um ein erhöhtes Gefährdungspotential bei der bestimmungsgemäßen Nutzung des Bauwerks für die in § 836 Abs 1 genannten Schutzgüter zu vermeiden.

47 Auch die innere Rechtfertigung für die Beweislastumkehr bietet gewisse Anhaltspunkte für die Abgrenzung typischer Gebäudegefahren von sonstigen Gefahren, deren Verwirklichung jeder Verursacher vorzubeugen hat, nicht nur der Gebäudebesitzer. Die Beweislastumkehr nach § 836 ist dadurch zu erklären, daß der schadenverursachende Mangel und die dadurch ausgelöste Gefahr aus einer gegenüber Dritten abgeschirmten, dem Besitzer vorbehaltenen, aber von ihm eröffneten, nur vom ihm überschaubaren und nur von ihm beherrschbaren *Sphäre seines Gebäudes* (LARENZ/CANARIS, Schuldrecht II/2 § 79 VI 1 a) stammt *(Beweisnähe)*. Dem Verletzten ist die Art und Weise der Errichtung des Gebäudes unbekannt; er kann auch nicht wissen, welche Maßnahmen der Besitzer zur Instandhaltung des Gebäudes ergriffen hat *(Beweisnot)*. Die wesentliche Zweckbestimmung von § 836 liegt darin, daß der Gebäudebesitzer die *Aufklärungslast* für solche Umstände tragen soll, die nur er beherrschen und weitaus besser erkennen kann als der Verletzte; diesem sind allenfalls Rückschlüsse möglich. Dem *Gebäudebesitzer* ist das *Risiko der Unaufklärbarkeit* für Umstände aus der Gebäudesphäre zugewiesen (BGHZ 51, 91, 106). Die Gebäudesphäre und damit der Schutzbereich von § 836 endet demnach dort, wo bei generalisierender Betrachtung keine – aus den genannten Gründen – besondere Beweisnähe des Gebäudebesitzers und keine über das normale Maß hinausgehende Beweisnot des Verletzten mehr besteht.

48 Unter diesen Gesichtspunkten ist es folgerichtig, daß die Haftung nach § 836 nicht schon endet, wenn der Schaden nicht unmittelbar während des Einstürzens oder der

Teilablösung eintritt. Die Haftung ist auch zu bejahen, wenn weder eine unmittelbare Einwirkung noch ein unmittelbar zeitlicher Zusammenhang bestehen, wie beim Wasserschaden nach einem Dammbruch bzw beim Sturz durch eine morsche Decke oder ein schadhaftes Brett. Freilich kann mit zeitlichem Abstand des Ereignisses (auf die Straße gefallene, nicht weggeräumte Ziegel) die Verletzung der Gebäudesicherungspflicht in die Verletzung einer sonstigen Verkehrssicherungspflicht übergehen. Auf der Straße vom Gebäudebesitzer liegengelassene Ziegel besitzen dann ein ähnliches Gefährdungspotential wie unsachgemäß gelagertes oder ungesichertes unverarbeitetes Baumaterial. Folglich ist das Aufklärungsrisiko nach der allgemeinen Beweislastregel (uU Beweis des ersten Anscheins) zu verteilen.

d) Die Grenzen des Schutzbereichs

Der Schutzbereich von § 836 erfaßt nicht jede erdenkliche Gefahr, die in einem **49** Gebäude droht und sich in einem Schaden verwirklicht: Weil nur die Mängel der *Bauwerkssubstanz* relevant sind (alle sonstigen Gefahren durch Herabfallen etc von Zubehör im Sondertatbestand des § 729 wurden nicht ins BGB übernommen s oben Rn 6), führen Schäden, die durch *Einrichtungen* verursacht werden, welche nicht Teile der Bauwerkssubstanz sind, nicht zur Haftung nach § 836. Das gilt für das Mobiliar ebenso wie für eingebaute technische Einrichtungen, zB einen Fahrstuhl. Indem das tatbestandliche Leitbild von § 836, ausgehend vom schlimmsten Fall, dem Einsturz, eine gemeingefährliche Wirkung der Bauwerksmängel verlangt, kommt es im Einzelfall auf das jeweilige Gefährdungspotential an. Dieses hängt ua davon ab, ob die durch den Mangel ausgelöste Gefahr erkennbar oder verborgen ist. So macht es einen Unterschied, ob ein Dachziegel in den fließenden Verkehr gefallen ist, wo er als erst im letzten Moment sichtbares Hindernis einen schweren Unfall verursachen kann, oder ob er auf dem Bürgersteig liegt, wo allenfalls ein unachtsamer Fußgänger darüber stolpern kann. Ein von einer Brücke abgelöstes und im Schatten auf der Autobahn liegendes Regenfallrohr gefährdet den Fahrer weitaus stärker, als wenn das Rohr im beleuchteten Parkhaus liegt, wo eine geringe Fahrgeschwindigkeit vorgeschrieben ist. Je offenkundiger die aus dem Bauwerksmangel resultierende Gefahr und je dementsprechend geringer das Gefährdungspotential ist, desto weiter entfernt sich der eingetretene Schaden aus dem Schutzbereich von § 836. Ferner werden vom Schutzbereich solche Gefahren nicht erfaßt, die nicht im Zusammenhang mit der Zweckbestimmung des Bauwerks auftreten. Die Zweckbestimmung eines dem öffentlichen Verkehr dienenden Gebäudes ist erst erfüllt, wenn der Zugang eröffnet ist. Solange es eine Baustelle ist, muß mit überall lauernden Gefahren gerechnet werden, nicht aber bei dem gewöhnlichen Betrieb. Diese Zweckbestimmung endet, wenn das Haus erkennbar nicht mehr bewirtschaftet, insbesondere nicht mehr bewohnt wird. In einem leerstehenden Gebäude oder in einer Ruine ist gleichermaßen mit allen erdenklichen Gefahren zu rechnen wie auf einer Baustelle.

Der Schutzbereich wird auch verlassen, wenn Bauwerksteile durch das **Zutun Dritter 50** eine Gefahr verursachen, etwa Kinder heruntergefallene Ziegel auf die Straße werfen (Bsp STAUDINGER/SCHÄFER[12] Rn 49). Unter diesem Gesichtspunkt erscheint die Ergebnisorientierung in einer der grundlegenden Entscheidungen des RG (Recht 1910 Nr 3921) richtig, wenn auch die Begründung nicht überzeugt. Die Haftung des Unterhaltungspflichtigen für die abgelöste Bürgersteigrinnenabdeckung, die auf der Straße liegend einen Schaden verursacht hat, ist nicht mangels der beweglich wirkenden Kraft abzulehnen, sondern bereits aus Adäquanzgesichtspunkten. Weil eine solche Rinnenabdeckung jedermann zugänglich ist, überdies wegen ihrer Beweglichkeit leicht vom Gesamtwerk abgelöst werden kann, ist hier ein Lebenssachverhalt gegeben, der nach allgemeinem Erfahrungswissen auf eine Einwirkung durch einen Dritten schließen läßt, wofür der Bauwerksverantwortliche zu Recht keine Haftung zu übernehmen hat. Eine andere Frage ist es, ob den Pflichtigen eine allgemeine Verkehrssicherungspflicht trifft, Vorkehrungen gegen die mißbräuchliche Handhabung solcher beweglichen Teile zu treffen. Ebenso ist es unwahrscheinlich, daß sich ohne die Einwirkung Dritter ein Stück Draht aus einem Zaun löst und auf die Straße gerät, wo es einen Unfall verursacht (LG Konstanz MDR 1958, 691).

aa) Die hinzutretenden sonstigen Ursachen

51 Schäden, die an einem LKW durch teilweisen Einsturz der Straßendecke entstehen, fallen nicht unter § 836, wenn die Ursache ein defektes Abwasserrohr war, durch das die Abwässer in ein unter der Straße liegendes Gewölbe eindrangen und es durch anhaltende Einwirkung und Durchfeuchtung instabil werden und schließlich einstürzen ließen (OLG Sachsen-Anhalt VersR 1994, 1432). In solchen Fällen von **Kausalitätsketten** sind die Grenzen ebenfalls mittels der Adäquanzlehre zu ziehen. Ein Straßenunterhaltspflichtiger kann sich nicht seiner Haftung dadurch entziehen, daß er die Straße über ein fremdes Bauwerk verlegt und bei Schäden auf die Unterhaltspflicht dessen Besitzers verweist.

Legt ein Unbekannter auf einem Grundstück einen Brand, ohne daß eine Verkehrssicherungspflichtverletzung des Eigentümers anzunehmen ist, und beschädigt das Feuer beim Übergreifen das Haus des Nachbargrundstücks, so ist kein Fall des § 836 gegeben (BGH VersR 1987, 1096), weil regelmäßig durch die Einwirkung eines Dritten der Zurechnungszusammenhang zum Bauwerkspflichtigen durchbrochen wird.

bb) Die Schäden bei Herstellung und Abbruch von Bauwerken

52 Unter dem Gesichtspunkt der Sphärenzuordnung ist der Schutzbereich des § 836 ferner verlassen, wenn durch das erlaubte oder in Auftrag gegebene Einwirken Dritter bei Arbeiten am Bauwerk **neue Gefahren** entstehen und Schäden verursachen, die nicht ihre alleinige Ursache in dessen fehlerhaftem Zustand haben. Läßt ein Mitarbeiter einer mit dem Abbau von Telegraphenleitungen beauftragten Fachfirma Sicherungsmaßnahmen außer acht und verletzt sich, weil er mit dem nicht ordnungsgemäß eingegrabenen Telegraphenmast zu Boden stürzt, ist der Schutzbereich von § 836 daher nicht mehr berührt (OLG Karlsruhe VersR 1989, 82). Der Eigentümer eines Grundstücks haftet für Schäden, die durch den Abbruch seines Hauses am Nachbargrundstück entstehen, nur, wenn er das beauftragte Abrißunternehmen, das mangels Weisungsbefugnis auch nicht sein Verrichtungsgehilfe ist, nicht sorgfältig ausgewählt und über die Einzelheiten der Maßnahme unterrichtet hat (BGH VersR 1987, 1096; LM Nr 16).

VII. Der nach § 836 zu ersetzende Schaden

1. Der Umfang

53 Nach § 836 werden Schäden ersetzt, die aus der Tötung eines Menschen, der Verletzung des Körpers oder der Gesundheit eines Menschen und der Beschädigung einer Sache entstehen, jedoch keine anderen Schäden, wie zB ein zeitweiliger Freiheits-

entzug nach Einschluß in den Trümmern eines Gebäudes. Die Erweiterung des Haftungsumfangs wird allgemein abgelehnt mit Hinweis auf den Ausnahmecharakter der Vorschrift (BGH WM 1976, 1056, 1058; BGB-RGRK/Kreft Rn 25; aM MünchKomm/Mertens Rn 24). Für den Umfang des Schadensersatzes nach § 836 gelten die allgemeinen Haftungsvorschriften (betr Tötung und Körperverletzung s §§ 842 ff), insbesondere § 847, da § 836 ein Fall der deliktischen Haftung ist.

2. Der Anspruch auf Vorbeugemaßnahmen

Nicht erst der eingetretene Schadensfall kann über § 836 reguliert werden, sondern unter besonderen Umständen besteht schon im Vorfeld ein Anspruch auf Vorbeugemaßnahmen. Nach einem in der II. Kommission gestellten Antrag sollte der Anspruch jedem zustehen, der vom Einsturz eines Bauwerks bedroht ist, konnte sich aber in diesem Umfang nicht durchsetzen (Prot II 657). Nunmehr kann jeder Grundstückseigentümer, der von der Einsturzgefahr eines Gebäudes auf dem **Nachbargrundstück** bedroht wird, von dessen Eigentümer im Rahmen des Zumutbaren Schadensvorbeugung verlangen (BGHZ 58, 149, 156). Ist gegebenenfalls die Durchführung sofortiger Maßnahmen zur Abwendung einer Gefahr unzumutbar und die drohende Beeinträchtigung vorübergehend hinzunehmen, steht aber dem Betroffenen ein Anspruch auf angemessenen Ausgleich zu (BGHZ 58, 149, 157 ff; vgl zu den nachbarrechtlichen Ansprüchen Erl zu § 908, zu Ersatzansprüchen aus GoA gem § 683 BGB nach Selbstvornahme vgl BGHZ 16, 12, 16; WM 1976, 1060).

VIII. Der Anspruchsberechtigte

1. Der Grundsatz

Jeder, der unmittelbar einen Schaden an den von § 836 bezeichneten Rechtsgütern erleidet, ist anspruchsberechtigt. Bei der Beschädigung einer Sache ist das deren Eigentümer oder Besitzer, zB ein Grundstückseigentümer, dessen Land beim Bruch eines Flußdeichs durch das stehenbleibende Überschwemmungswasser Schaden erleidet. Er war nach der Zweckbestimmung des Deiches, nicht nur Sonderzwecken der unmittelbaren privaten Anlieger, sondern auch zum Schutz der Allgemeinheit vor großflächiger Überschwemmung zu dienen, befugt, auf den dauernden Schutz durch den Deich zu vertrauen und die Bebauung seines Landes danach einzurichten (vgl RG HRR 1930 Nr 1104). Dagegen hat nach Schadenseintritt der Erwerber eines Grundstücks keinen Ersatzanspruch, wenn er zur Beseitigung des Schadens Aufwendungen macht, da es sich um einen nicht ersatzfähigen allgemeinen Vermögensschaden handelt (BGH WM 1976, 1058, auch kein Anspruch aus § 823 Abs 1).

2. Der Ausschluß des Ersatzanspruchs

Wer vertraglich Arbeiten an einem Bauwerk wie zB den Abriß übernimmt, hat grundsätzlich selbst keinen Ersatzanspruch für Schäden, die in seinem verantwortlichen Bereich durch Einsturz oder Teilablösung des Werks verursacht werden (zB OLG Karlsruhe VersR 1989, 82 [Arbeiten an einer Telegraphenleitung]). Denn durch seine eigenen eingesetzten Arbeiter und Gerätschaften schafft er innerhalb des Verantwortungsbereichs des Gebäudepflichtigen neue, von diesem nicht oder allenfalls beschränkt beherrschbare Gefahren (BGH NJW 1979, 309), deren Risiken er selbst zu tragen hat. Es ist die Aufgabe eines jeden gewissenhaften Unternehmers, sich vor Beginn der Arbeiten und während ihrer Ausführung ständig zu vergewissern, ob diese gefahrlos durchgeführt werden können. Nur wenn er zuvor seine begründeten Bedenken gegenüber dem Besitzer geäußert hat, kann er einen möglichen Anspruch offen halten. Trotz dieser Einschränkung, die sich aus dem Gedanken ergibt, daß jeder für den durch seinen Einsatz verursachten Schaden selbst einzustehen hat, soweit er diesen bei billiger Rücksichtnahme hätte verhindern können (vgl oben Rn 2), ist die Haftung des Gebäudepflichtigen gegenüber Abrißunternehmen nicht generell ausgeschlossen, sofern der Einsturz oder die Teilablösung unabhängig von der Verantwortung des Abbruchunternehmens Schäden verursacht. Offen gelassen wurde dabei die Frage, ob das auch gilt, wenn die Abbrucharbeiten, etwa bei der entstehenden Erschütterung, zwar für den Einsturz (die Ablösung) mitsächlich sind, der Abbruchunternehmer aber die Primärursache, zB einen Konstruktionsfehler bei der Bauerrichtung, nicht erkennen konnte. Fraglich ist, inwieweit diese Grundsätze auch für andere an einem Werk arbeitenden Unternehmer gelten (bejahend Münch-Komm/MERTENS Rn 30). Unberührt bleibt dagegen die Haftung des Gebäudepflichtigen gegenüber unbeteiligten Dritten (BGH VersR 1968, 972; offengelassen in BGH VersR 1978, 1160).

IX. Das mitwirkende Verschulden des Verletzten

57 Das mitwirkende Verschulden des Verletzten kann nach den allgemeinen Vorschriften (§ 254) zur Minderung oder zum Ausschluß der Haftung berücksichtigt werden. Das Mitverschulden ist vom Anspruchsgegner zu beweisen (vgl BGHZ 79, 259, 264; NJW 1981, 903, 984).

58 In der Regel ist vom Mitverschulden bei dem **unbefugten Betreten** eines Bauwerks durch den Verletzten auszugehen, auch wenn die Gefahr nicht unbedingt erkennbar gewesen ist (OLG Stuttgart VersR 1977, 385 [Jagdhütten, Hochsitze]; dazu auch MITZSCHKE/SCHÄFER, Komm zum BJG Rn 19 f des Anhangs zu § 18 BJagdG). Gleiches gilt, wenn sich jemand unbefugt an einem Werk iSv § 836 zu schaffen macht. So ist bei einem durch ein umfallendes Grabmal getöteten zwölfjährigen Schulkind das Hinwegsetzen über ein dahingehendes Verbot als Mitverschulden zu einem Drittel zu bewerten (LG Freiburg NW-RR 1996, 476). Das Verbot muß aber deutlich erkennbar gewesen sein. Kein Mitverschulden kommt daher in Betracht, wenn der Besitzer einer Scheune bei einer Veranstaltung ein Verbot, den Scheunenboden zu betreten, nur in einem Teil des Gebäudes durch ein Schild kenntlich macht, ferner den Zutritt nicht durch das Entfernen einer Leiter unterbindet und jemand in Unkenntnis des Verbots durch den Scheunenboden bricht und schwer verletzt wird (BGH VersR 1989, 203). Aus dem Normzweck des § 836 folgt, daß ein Mitverschulden des Geschädigten, der sein Kfz im Halteverbot parkte, wobei es durch herabfallende Fassadenteile beschädigt wurde, nicht in Betracht kommt (OLG Dresden NJ 1994, 225), weil die Zielrichtung des Verbots nur der Leichtigkeit des Verkehrs dienen soll, nicht aber zur Absicherung gefährlicher Grundstücke.

59 Unabhängig von einem Verbot seitens des Eigenbesitzers kann das Mitverschulden auch in **tatsächlicher Hinsicht** begründet sein. Wenn zB ein Passant auf der Straße strauchelt und sich an einer Steinsäule festhält, durch deren Umstürzen er verletzt wird, kann ihm ein hälftiges Mitverschulden zugerechnet werden (LG München VersR 1992, 193).

Vor allem im Rahmen eines **Vertragsverhältnisses** zwischen dem Pflichtigen und dem **60** Verletzten, bei dem die Haftung nach § 836 nicht generell ausgeschlossen ist (vgl oben Rn 15), kann der Einwand des Mitverschuldens erhoben werden. Den mit Ausbesserungsarbeiten betrauten Unternehmer trifft beim Betreten eines erkennbar gefährlichen Arbeitsplatzes, etwa eines alten Dachbodens zwecks Dachdeckerarbeiten, eine eigene Prüfungs- und Sicherungspflicht (BGH VersR 1965, 801). Zur Frage des Mitverschuldens des Mieters, der den Vermieter nicht gemäß § 545 auf eine drohende Gefahr hingewiesen hat, vgl RG Gruchot 56, 962; Recht 1912 Nr 1902; RG WarnR 1916 Nr 223; BGH NJW 1951, 229; 1977, 1237. Über Mitverschulden bei Verletzung durch Einsturz (Teilablösung) von Trümmergrundstücken aus Kriegs- und Katastrophenzeiten s BGHZ 1, 103; OLG Frankfurt NJW 1948, 426. Kein Mitverschulden ist gegenüber einer Mieterin anzunehmen, wenn sie das langsame Ablösen von Schrauben an einem Garagentor nicht bemerkte und nur ein Fachmann dies hätte sehen können (AG Nürtingen WuM 1989, 184).

X. Die Ersatzpflichtigen

1. Der Eigenbesitzer

a) Der Grundsatz

Nach § 836 Abs 3 ist der Eigenbesitzer und nicht der Eigentümer ersatzpflichtig. **61** Eigenbesitzer ist iSv § 872 die natürliche oder juristische Person, die das Gebäude oder Werk als ihr gehörend oder wie ihr gehörend besitzt (RG JW 1916, 39). Dabei haftet nach § 836 Abs 3 generell nur, wer Eigenbesitzer zur Zeit des Unfalls ist, bzw ein früherer Eigenbesitzer unter den Voraussetzungen des Abs 2. Der *Eigentümer* haftet nur insoweit, als er auch *Eigenbesitzer* ist. Die Unterscheidung ist wichtig, weil nicht jeder Eigentümer eines Grundstücks zugleich die Fürsorge für dort befindliche Bauwerke ausübt oder ausüben kann, zB wenn ihm der Besitz widerrechtlich vorenthalten wird. Möglich ist aber auch die Trennung der Pflichtigkeit vom Eigenbesitz. Das ist der Fall, wenn bei der Ergreifung des Eigenbesitzes an einem fremden Grundstück (zB der Fahrbahn angrenzenden Böschung durch den Wegebaulastpflichtigen bei Übernahme der Wegebaulast) der Besitz an Gebäuden und anderen Werken ausgenommen wird und dem Eigentümer als Eigenbesitzer verbleibt (BGH NJW 1962, 1565, 1567).

b) Der Begriff des Eigenbesitzers

Wer iSv § 872 eine Sache als Eigenbesitzer, „als ihm gehörig" besitzt, muß einen **62** darauf gerichteten Willen zur Beherrschung der Sache *wie eine eigene* haben. Das heißt, der Eigenbesitzer muß sich nicht unbedingt für den Eigentümer halten, es genügt sein Wille, eine dem Inhalt des Eigentums entsprechende Stellung zur Sache innezuhaben (RG JW 1916, 40; vgl ferner Erl zu § 872). Entscheidend ist daher der **Beherrschungswille** und seine Reichweite. Der Eigenbesitz an einem Grundstück schließt die darauf befindlichen Bauwerke und ihre Teile nur insoweit ein, als sich der Besitzwille darauf erstreckt (BGH LM Nr 9; VersR 1969, 517; s auch OLG Frankfurt VersR 1978, 967 betr nur zu einem vorübergehenden Zweck mit dem Grundstück verbundenes Gebäude). Eine Haftung besteht daher nicht für Werke, die ohne oder gegen den Willen und ohne die

Kenntnis des Grundstückeigentümers und Eigenbesitzers auf seinem Land oder an seinen dortigen Werken entstehen. Wird zB von dritter Seite auf einem Gelände der früheren Reichsbahn ein Luftschutzstollen angelegt, ohne deren Zutun und ohne daß sie es hätte verhindern können, haftet sie nicht für die Gefahren, die von dort ausgehen (BGH LM Nr 9). Allerdings kann später ein entsprechender **Besitzergreifungswille** entstehen. (Zur Frage der Haftung der beiden Grundstücksbesitzer, wenn sich von der auf beiden Grundstücken stehenden Grenzmauer [sog halbscheidige Mauer] Teile lösen, s LG Karlsruhe VersR 1955 Rspr Nr 23 S 492; zur Frage des Eigenbesitzes am Grabstein eines Erbbegräbnisses s WEIMAR MDR 1963, 985). Für den Eigenbesitzer kommt es nicht darauf an, ob er unmittelbaren oder mittelbaren Besitz gemäß § 868 hat oder ob er gut- oder bösgläubig ist (vgl BGH VersR 1961, 353, 355; RG LZ 1916, 57; RG JW 1924, 1380). Durch die Vermietung oder Verpachtung eines Grundstücks wird daher die den Grundstücksbesitzer nach § 836 treffende Haftung nicht berührt (RG LZ 1916, 57; KG JW 1924, 1380).

c) **Der Besitz aus Erbschaft**
aa) **Der Grundsatz**

63 Da der Erbe *kraft Gesetzes* in die Rechtsstellung des Erblassers einrückt, wird er, wenn der Erblasser Eigenbesitzer war, ohne weiteres Eigenbesitzer nach § 857, auch wenn er weder von dem Erbfall noch von dem Eigenbesitz des Erblassers Kenntnis hatte. Es ist also nicht notwendig, daß der Erbe oder die Miterbengemeinschaft erneut den Willen fassen, Eigenbesitzer eines Grundstücks zu sein (BGH LM Nr 6).

bb) **Der Umfang der Verkehrssicherungspflicht**

64 Der Alleinerbe und jeder Miterbe eines Bauwerks, der von dem Erbfall Kenntnis erlangt, muß sich zur Wahrung seiner Verkehrssicherungspflicht alsbald über die Erbmasse unterrichten und etwaige zur Gefahrenabwehr erforderliche und zumutbare Maßnahmen ergreifen. Ist er hierzu persönlich nicht in der Lage, muß er einen Vertreter oder Verwalter bestellen. Die Verkehrssicherungspflicht hängt dabei nicht davon ab, ob das Grundstück einen Gewinn abwirft. Das gilt namentlich dann, wenn der Erbe (Miterbe) über eigene Mittel verfügt; er muß auch sein übriges Vermögen in zumutbarer Weise verwerten, wenn er die Erbschaft behalten und deren Substanz erhalten will (BGH LM Nr 6).

cc) **Die abwesenden Erben**

65 Den abwesenden **Alleinerben**, der von dem Erbfall Kenntnis erlangt, trifft die Verkehrssicherungspflicht auch dann, wenn er zugleich erfährt, daß bereits ein Abwesenheitspfleger gemäß § 1911 Abs 1 bestellt ist. Denn die behördliche Bestellung eines Abwesenheitspflegers stellt den Erben nicht von jeder Verantwortung frei und hat nicht den Sinn, dem handlungsfähigen Erben die Obhutspflicht über das Erbe abzunehmen. Er muß nunmehr die notwendigen Schritte ergreifen, damit die Bestellung des Pflegers aufgehoben werden kann, und selbst die Verkehrssicherungspflichten erfüllen (BGH LM Nr 6). Erlangt ein **Miterbe** zunächst allein Kenntnis von dem Erbfall, während die übrigen Miterben nicht erreichbar sind, so kann er gemäß § 2038 allein berechtigt und verpflichtet sein, die im Interesse Dritter notwendigen Verkehrssicherungsmaßnahmen zu treffen. Andernfalls haftet er nach § 836, sofern er sich nicht entlasten kann (vgl BGHZ 6, 76 ff; BGH LM Nr 6).

2. Der Fremdbesitzer

Eine Haftung des Fremdbesitzers kommt nur aus § 838, nicht aber nach § 836 in Betracht. ZB haftete ein (in der Nachkriegsbesatzungszeit) von der Militärregierung gemäß MilRegGes Nr 52 bestellter Treuhänder (custodian) für den Schaden durch Einsturz eines von ihm verwalteten Gebäudes nicht unmittelbar aus § 836, aber aus § 838 iVm § 836 (BGHZ 21, 285, 290 ff, vgl § 838 Rn 4).

3. Die Haftung des früheren Eigenbesitzers

Nach § 836 Abs 2 ist auch der frühere Eigenbesitzer haftbar, wenn das schädigende Ereignis innerhalb eines Jahres nach Beendigung seines Besitzes eintritt. Hierdurch soll sich der Eigenbesitzer nicht durch Aufgabe des Besitzes seiner Verantwortlichkeit entziehen können (vgl Prot II 656). Über die Berechnung der Jahresfrist s §§ 187 Abs 1, 188 Abs 2. Wegen der Beendigung des unmittelbaren Besitzes vgl § 856, wegen des mittelbaren Eigenbesitzes s die Anm zu § 872. Früherer Besitzer iSd § 836 Abs 2 ist insbesondere der Erblasser (OLG Kassel OLGE 28, 311), dessen Eigenbesitz ohne weiteres auf den Erben übergeht (oben Rn 63).

XI. Die Mehrheit von Ersatzpflichtigen

Die **gegenwärtigen** gemeinschaftlichen Eigenbesitzer eines Grundstücks (Mitbesitz nach § 866, vgl Erl dort) haften dem Verletzten nach § 840 Abs 1 als Gesamtschuldner. Das gleiche gilt für mehrere **frühere** Eigenbesitzer (§ 836 Abs 2), nicht nur wenn sie Mitbesitzer nach § 866 waren, sondern auch, wenn sie innerhalb der einjährigen Frist nacheinander Besitzer des Grundstücks waren. Eine gesamtschuldnerische Haftung tritt schließlich ein, wenn **beide Besitzer**, sowohl der gegenwärtige nach § 836 Abs 1, als auch der frühere nach § 836 Abs 2, ersatzpflichtig sind (OLG Düsseldorf VersR 1952, 134). Die Grundsätze des § 830 Abs 1 S 2 sind auch im Rahmen der §§ 836, 838 anwendbar (BGHZ 55, 98; VersR 1956, 629).

Die Ausgleichung im Innenverhältnis richtet sich nach den eventuellen vertraglichen Beziehungen, ansonsten nach § 426, während § 840 Abs 3 in diesem Fall unanwendbar ist. Wegen des Ausgleichs, wenn dazu eine Haftung aus § 838 tritt, vgl § 838 Rn 2.

Besteht **neben einer Haftung aus § 836 die eines sonstigen Dritten**, zB aus § 823 oder § 831, gilt im Verhältnis zum Verletzten auch hier § 840 Abs 1. Dagegen ist für den Ausgleich im Innenverhältnis, soweit es sich um den aus den allgemeinen Vorschriften haftenden Dritten handelt, § 840 Abs 3 anwendbar. Dann muß der Dritte im Verhältnis zu dem Besitzer oder Besitzern den Schaden allein tragen (BGB-RGRK/Kreft Rn 36).

XII. Die Beweislast des Geschädigten

1. Der Umfang

Die Beweispflicht des Geschädigten besteht in fünffacher Hinsicht. Er muß erstens den gegenwärtigen oder früheren Eigenbesitz des in Anspruch Genommenen beweisen (BGH LM Nr 9) und zweitens seinen Schaden. Er hat drittens den Beweis der objektiven Fehlerhaftigkeit der Einrichtung, viertens der Ursächlichkeit der Mängel für den Einsturz oder die Teilablösung und fünftens deren Ursächlichkeit für den Schaden zu führen. Der Beweispflicht genügt der Kläger zB, wenn er darlegt, daß der schadensverursachende Einsturz oder die Teilablösung durch normale Witterungseinflüsse herbeigeführt wurden (RG JW 1936, 2913). Dagegen braucht er wegen § 836 Abs 1 S 2 nicht zu beweisen, daß den Besitzer oder jemand anderen ein Verschulden an Fehlern und Mängeln bei Errichtung und Unterhaltung trifft (RG Recht 1907 Nr 1835; HRR 1929 Nr 1313; BGH LM Nr 4; NJW 1954, 913, 914; VersR 1956, 627, 629; BB 1976, 1343; OLG Frankfurt VersR 1978, 966). Würde der Verletzte auch das Verschulden des Eigenbesitzers beweisen, haftete dieser schon nach § 823 Abs 1.

72 Gegenüber dem **früheren Besitzer** hat der Kläger weiter zu beweisen, daß ab der Beendigung seines (Eigen-)Besitzes bis zum Einsturz oder der Ablösung noch kein Jahr verstrichen ist.

2. Die Beweiserleichterung durch Anscheinsbeweis

73 Hat eine Einrichtung Mängel, die nach dem **natürlichen Verlauf** der Dinge und nach der Erfahrung des Lebens besonders geeignet sind, einen bestimmten schädlichen Erfolg zu begünstigen, und tritt dieser Erfolg ein, so ist, wenn keine andere Ursache des Schadens feststellbar ist, bis zum Beweis des Gegenteils anzunehmen, daß sie zu dem schädlichen Erfolg mindestens als eine der Ursachen beigetragen haben; diese faktische Vermutung hat durch Beweis des Gegenteils zu widerlegen, wer die Mängel vertreten muß (RG LZ 1919, 1014 betr fehlerhaft errichtete Mauer; OLG Düsseldorf MDR 1975, 843 betr Einsturz eines Turmdockkrans). S auch LG Heidelberg VersR 1977, 47: kein Erfahrungssatz, daß ein Wasserrohrbruch auf fehlerhafter Errichtung oder Unterhaltung beruht.

74 Kommt es schon **verhältnismäßig kurze Zeit** nach der Errichtung eines Gebäudes (Bauwerks) zum Einsturz oder zur Ablösung von Teilen, spricht die Vermutung dafür, daß es fehlerhaft errichtet ist, zB wenn eine Neubaudecke schon nach wenigen Wochen bricht (BGH MDR 1958, 326). Der Pflichtige kann sich dann nur durch andere Tatsachen entlasten, etwa die übermäßige Beanspruchung der Deckenfläche.

75 Der Anscheinsbeweis gilt auch bei **Witterungseinflüssen**, mit denen naturgemäß zu rechnen ist. Dem Geschädigten kommt für den Beweis des objektiven Mangels der erste Anschein der fehlerhaften Errichtung und Unterhaltung eines Gebäudes auch dann zugute, wenn infolge eines ungewöhnlich starken Sturms der Windstärke 12 bis 13 Beaufort Gebäudeteile losgelöst werden, etwas anderes gilt nur bei außergewöhnlichen Naturereignissen, denen auch ein fehlerfreies Bauwerk nicht standhalten könnte (BGH MDR 1994, 45 [Dachpappe]; OLG Hamm OLG-Rp Hamm 1992, 123 [7 Beaufort]). Keinesfalls außergewöhnlich idS sind Windgeschwindigkeiten von 120 km/h, wenn auch zB am Niederrhein selten damit gerechnet werden muß (OLG Düsseldorf VersR 1993, 841). Kann jedoch nach Schätzungen des Deutschen Wetterdienstes nicht ausgeschlossen werden, daß dieser Richtwert erheblich überschritten wurde, kommt ein Anscheinsbeweis nicht in Betracht (OLG Hamm OLG-Rp Hamm 1993, 65 [Hangartor]).

3. Die Beschädigung durch einen Dritten

In dem völlig anders gelagerten Fall, daß ein Gebäude von einem Dritten beschädigt 76
wird, zB durch Anprall eines von der Fahrbahn abgekommenen Kfz, und der Verletzer sich gegenüber dem Schadensersatzanspruch des Hauseigentümers darauf beruft, diesen treffe ein Mitverschulden (§ 254) an dem eingetretenen Schaden, weil er in diesem Ausmaß nur auf fehlerhafte Errichtung oder mangelhafte Unterhaltung des Gebäudes zurückzuführen sei, kommt eine Beweislastumkehr idS, daß der Geschädigte ein fehlendes Mitverschulden beweisen müßte, nicht in Betracht; auch eine entsprechende Anwendung des § 836 ist dann ausgeschlossen (BGHZ 79, 259 und dazu Anm DUNZ LM Nr 18).

XIII. Der Entlastungsbeweis des Eigenbesitzers im allgemeinen

1. Der Eigenbesitzer

Der **gegenwärtige Besitzer** kann einen Entlastungsbeweis in zweifacher Hinsicht füh- 77
ren. Er kann nachweisen, daß er während seiner Besitzzeit die zur Abwendung von Gefahren im Verkehr erforderliche Sorgfalt beobachtet hat, er kann aber auch beweisen, daß der Schaden trotz seiner Sorgfalt entstanden sein würde (RG LZ 1922, 232; BGH LM Nr 4). Seine Entlastungspflicht erstreckt sich nicht auf die Sorgfalt seines Vorbesitzers (RG JW 1904, 487; 1913, 867; OLG München OLGE 36, 139). Wer also als Käufer eines Grundstücks ein fertiges Haus übernommen hat, kann sich auf den Nachweis ordnungsgemäßer Unterhaltung beschränken, wozu aber auch gehört, daß ein später erkannter oder bei entsprechender Sorgfalt erkennbarer Errichtungsfehler beseitigt wird (vgl unten Rn 86).

Ein **früherer Besitzer** hat darzutun, daß er während seiner Besitzzeit die verkehrs- 78
erforderliche Sorgfalt für Errichtung bzw Unterhaltung beobachtet hat oder daß ein späterer Besitzer durch Beobachtung dieser Sorgfalt in der Lage gewesen wäre, die Gefahr abzuwenden (Prot II 655).

2. Die Inanspruchnahme von Hilfskräften

Der Entlastungsbeweis nach § 836 geht weiter als die allgemeine Exculpation des 79
Geschäftsherrn gemäß § 831 (BGH VersR 1959, 694; LM Nr 12a; OLG Stuttgart VRS 7, 246). Es genügt daher nicht die Entlastung des Besitzers, er habe die Wahrnehmung der ihm obliegenden Sorgfaltspflichten einem sorgfältig ausgewählten und allgemein überwachten Fachkundigen übertragen. Er hat den Entlastungsbeweis nach § 836 vielmehr darauf zu richten, daß der Eigenbesitzer die zur Abwendung der spezifischen Gefahren des § 836 verkehrserforderliche Sorgfalt beobachtet habe (RG HRR 1935 Nr 1515; BGH MDR 1968, 916). Das ist der Fall, wenn er seine Hilfspersonen mit den erforderlichen Weisungen und Unterrichtungen versehen und sich überzeugt hat, daß sie die übernommenen Aufgaben ordnungsgemäß versehen (BGH VersR 1965, 802; 1976, 67). Darüberhinaus muß er auch selbst alle erforderlichen Maßnahmen zur Gefahrenabwehr ergreifen (zur Verhinderung des Eigenbesitzers an der persönlichen Sorge vgl unten Rn 94).

XIV. Der Beweis der Erfüllung der Sorgfaltspflicht

1. Der Maßstab

80 Generell müssen an die Befolgung der Rechtspflicht zur Unterhaltung des Bauwerks und damit der sorgfältigen und fortgesetzten Überwachung seines Zustands sowie an die Substantiierungs- und Beweispflicht **hohe Anforderungen** gestellt werden. Dabei genügt es im allgemeinen zur Wahrung der im Verkehr erforderlichen Sorgfalt, wenn der Haftpflichtige einen **zuverlässigen Fachkundigen** mit der regelmäßigen Nachprüfung betraut (BGH VersR 1976, 66 mwN; VersR 1988, 629). Wie auch im sonstigen Recht der Verkehrssicherung können dabei die Sorgfaltsanforderungen auch über den DIN-Normen liegen (BGH VersR 1988, 629, 630 f).

a) Absperrungen, Betretungsverbote

81 Der Gebäudeunterhaltspflichtige braucht nicht alle erdenklichen Gefahren eines Bauwerks der in § 836 beschriebenen Art vollständig auszuschließen. Bei jeglichen Anforderungen an die Gefahrensicherung ist stets auf die Sicherungserwartungen des Verkehrs abzustellen (BGH VersR 1985, 336; VersR 1990, 1280). Der Besitzer eines Hochstandes ist gegenüber unbefugten Dritten nicht generell verpflichtet, diesen in einem gefahrenfreien Zustand zu erhalten, wohl aber **Maßnahmen** gegen die unerlaubte Benutzung zu ergreifen (OLG Braunschweig RuS 1993, 339). Ebenso muß der Gebäudebesitzer bei einer Baustelle diese nicht unbedingt so sichern, daß ein ungefährliches Betreten möglich ist, sondern er kann sich auch dadurch entlasten, daß er einen **deutlichen Hinweis** auf die Gefährlichkeit der Baustelle gegeben hat oder zur Schadensabwehr ein **Verbot** des Betretens ausgesprochen hat (BGH NJW 1985, 1076).

b) Die Grenzen der Sorgfaltspflicht

82 Die Anforderungen an die Entlastung dürfen auch **nicht überspannt** werden. Es muß zB bei der Errichtung nicht mit allen denkbaren Gefahren durch das *Fehlverhalten Dritter* gerechnet werden. Ein Gastwirt haftet daher nicht für die Verletzung eines Gastes durch den herabgefallenen Splitter eines Glasdachs, das durch den Aufprall eines Sektkorkens beschädigt wurde, weil er diese Gefahr bei der Errichtung nicht bedacht hat (RG LZ 1915, 1525). Wenn auch ein Besitzer idR den Anforderungen der verkehrsüblichen Sorgfalt genügt, indem er einen Fachkundigen mit der Herstellung und Unterhaltung beauftragt, kann das aber nicht generell gefordert werden, wenn es sich um **technisch einfache** und **prinzipiell ungefährliche** Werke handelt (dazu unten Rn 85). Oder falls ein zuverlässiger Handwerker die Arbeiten übernommen hat, bedarf es nicht mehr einer fachkundigen Nachprüfung der Arbeitsleistung, es sei denn der Besitzer hegt ernsthafte Zweifel (RG JW 1908, 480; 1932, 1208).

c) Die verkehrserforderliche Sorgfalt im Einzelfall

83 Im weiteren kommt es nicht nur allgemein auf die Erkennbarkeit des Mangels bei der sorgfältigen Untersuchung an, sondern darauf ob auch die **verkehrserforderliche Sorgfalt im Einzelfall** beobachtet worden ist (RG WarnR 1916 Nr 223). Die Bundespost genügt etwa ihrer Sicherungspflicht für einen angefahrenen und schrägstehenden Telefonmasten nicht durch eine sog Klopfprobe (OLG Koblenz VersR 1989, 159). Bei einer Hängeseilbrücke kann das Auftreten von Korrosionsschäden an den Bodenverankerungen gebieten, nicht nur exemplarisch eine der Aufhängungen freizulegen und zu überprüfen, sondern sämtliche kritischen Detailbereiche, vor allem wenn in

der Fachwelt dort auftretende Probleme allgemein bekannt sind (BGH MDR 1988, 758). Es gehört nicht zu den Verkehrssicherungspflichten eines Pensionsinhabers, nach jedem Gastwechsel alle in Frage kommenden Gebäudeteile auf etwaige durch den letzten Gast verursachte Mängel zu untersuchen (BGH NJW 1985, 2588 [Duschkabine]).

2. Die erforderliche Sorgfalt bei der Errichtung eines Gebäudes (Werks)

a) Die eigenhändige Errichtung

84 Wer ein Bauwerk errichtet, setzt sich der Haftung nach § 836 aus, wenn es nicht frei von objektiven Fehlern, dh unter Verletzung der anerkannten Regeln der Bau- und Ingenieurskunst gebaut wird (vgl dazu Rn 31), und er dabei als Bauherr nicht die im Verkehr erforderliche Sorgfalt beachtet hat. Worin die verkehrserforderliche Sorgfalt besteht, bemißt sich zum einen nach den gewöhnlichen Regeln des Handwerks, zum anderen aber auch nach den äußeren Umständen, wie den örtlichen Begebenheiten. Die Notwendigkeit des Anbringens von Schneefanggittern muß zB danach beurteilt werden, wie sich die örtlichen Witterungsbedingungen gestalten, ferner ob etwa wegen der Steilheit des Dachs verstärkt mit Dachlawinen zu rechnen ist und ob eine Gefahr für Dritte zB wegen der Verkehrsverhältnisse besteht (vgl hierzu Rn 26).

b) Die Errichtung durch einen beauftragten Fachkundigen

85 Sofern der Grundstücksbesitzer das Bauwerk nicht selbst, sondern durch einen beauftragten Sachkundigen errichten läßt, erfüllt er damit im allgemeinen seine Sorgfaltspflicht (RGZ 76, 260, 262; RG WarnR 1909 Nr 302; 1916 Nr 223; LZ 1922, 232; JW 1932, 1208; BGH LM Nr 8; LM Nr 1 zu § 837). Falls durch die Errichtung eines Bauwerks Gefahren für Dritte in Betracht kommen, die über die üblichen, von jedem Gebäude ausgehenden Gefahren hinausgehen, ist auch ein Laie als Bauherr verpflichtet, die ordnungsgemäße Errichtung zu überprüfen, ausgenommen die möglichen verborgenen Mängel (RG JW 1932, 1208).

c) Die bauordnungsrechtlichen Anforderungen

86 Allein die bauordnungsrechtliche Abnahme eines Werks durch die Baubehörde oder die sonstige baupolizeiliche Billigung ihres Zustands wirkt für sich allein nicht schlechthin haftungsausschließend. Sie ist zunächst nur ein Indiz und bietet damit nur eine gewisse Gewähr für die Beachtung der bauordnungsrechtlichen Vorschriften (RG JW 1909, 275; LZ 1921, 226; BGH NJW 1956, 508; LM Nr 8). Wenn aber die Errichtung vorschriftsmäßig nach den allgemeinen bauordnungsrechtlichen Vorschriften oder den besonderen baupolizeilichen Anforderungen erfolgt ist, kann dieser Umstand schon zur Entlastung genügen. Falls sich nämlich der Bauherr auf die Sachgerechtigkeit zentraler Weisungen oder die Sachkenntnis der Baubehörde verläßt, trifft ihn kein Verschulden, selbst wenn dann eine objektiv fehlerhafte Errichtung gegeben ist. Allerdings darf er nicht untätig bleiben, falls er eine Gefahr erkennt, auch wenn es ihm an entsprechender Sachkunde fehlt (BGHZ 1, 103). Das gilt erst recht, wenn er selbst sachkundig ist und etwa Fehler des Bauplans oder seiner Ausführung erkannte oder hätte erkennen müssen (RG LZ 1916, 1240; BGH LM Nr 1; BGB-RGRK/Kreft Rn 42). Die erfolgte bauordnungsrechtliche Abnahme entläßt also den Besitzer nicht allgemein aus seiner Verantwortung, sondern bietet nur die Gewähr, daß die einschlägigen Vorschriften beobachtet worden sind.

Fehlt es dagegen an einer erforderlichen Baugenehmigung des eingestürzten Bauwerks, so scheitert daran bereits der Entlastungsbeweis, da im Genehmigungsverfahren der Nachweis der Standsicherheit erbracht werden muß, unabhängig davon, ob der Pflichtige die Notwendigkeit der Baugenehmigung kannte (OLG Hamm NJW-RR 1995, 1230 [Carport]).

3. Die Anforderungen an die ordnungsgemäße Unterhaltung

a) Die regelmäßige Überprüfung

87 Eine der Sorgfaltspflicht entsprechende Fürsorge für ein Gebäude oder ein Werk erfordert die regelmäßige Überprüfung dessen Zustands. Dabei ist nicht nur zu kontrollieren, ob es den Anforderungen zur Zeit der Errichtung noch entspricht, sondern es sind auch spätere Einwirkungen zu berücksichtigen, mit denen zuvor noch nicht gerechnet werden konnte. Insbesondere darf der Pflichtige bei konkreten Anhaltspunkten für eine Gefahr nicht so lange warten, bis über die Presse Warnungen herausgegeben werden (vgl BGH LM Nr 17 bzgl der Teilzerstörung einer Wasserstaustufe durch die Explosion einer Faulschlamm-Gasbildung als Folge einer erst in neuester Zeit eingetretenen anorganischen Verunreinigung des Flußwassers). Das Erfordernis der Regelmäßigkeit der Überprüfung bedeutet, daß es nicht genügt, wenn erst *anläßlich* der offensichtlich zutage tretenden Mängel Vorkehrungen zur Schadensverhinderung getroffen werden, insbesondere reicht der Nachweis der regelmäßig nach Schäden vorgenommenen Reparaturen nicht aus (OLG Düsseldorf NJW-RR 1996, 278, bei einem steilen und alten Kirchturmdach in exponierter Lage, anders zuvor OLG Düsseldorf Zfs 1989, 154). Je älter ein Gebäude ist, desto höher sind die Anforderungen an die Überprüfungsmaßnahmen zu stellen (BGH NJW 1993, 1782).

88 Außer bei einfach aufgebauten Werken muß der Pflichtige die regelmäßige Prüfung durch **zuverlässige Sachkundige** durchführen lassen (BGH VersR 1976, 66). An die Entlastung des Eigenbesitzers nach § 836 Abs 1 S 2 sind hierbei strengere Anforderungen zu stellen als an die Entlastung des Geschäftsherrn nach § 831 Abs 1 S 2 (BGH MDR 1968, 916). Die Nachprüfung muß **gefahrspezifisch** erfolgen. Sofern eine Fernsehantenne an einem Kamin bereits fehlerhaft errichtet ist und diesen bei einem Sturm zum Einsturz bringt, kann sich daher der Unterhaltspflichtige nicht damit entlasten, daß der Schornsteinfeger, der den Kamin regelmäßig gesäubert und untersucht hat, ihn nicht auf den Mangel hingewiesen habe (OLG Köln VersR 1992, 1018). Die periodische Kontrolle der Feuersicherheit eines Hochkamins durch den Bezirksschornsteinfegermeister befreit auch nicht den Besitzer von der Pflicht zur Überprüfung des Kamins auf Standsicherheit, weil diese Prüfungen nicht notwendig übereinstimmen (BGH NJW 1956, 506).

89 Auch eine bloße **Teilprüfung** und **Teilausbesserung** ist ungenügend, ebenso, wenn ein Sachkundiger nicht mit einer umfassenden Nachprüfung betraut wird. Die Prüfung des Dachziegelbelags und eines Teils des Dachbodenbelags (und dessen Erneuerung) auf Undichtigkeit reicht nicht aus, wenn von der Prüfung des gesamten Dachbodens abgesehen wird (BGH VersR 1965, 801; 1976, 67; vgl auch Teilprüfung einer Eisenkonstruktion bzgl der offensichtlich mangelhaften Stellen RG Recht 1914 Nr 350). Hinsichtlich der bauordnungsrechtlichen Erfordernisse und Genehmigungen gilt das zur Errichtung Gesagte entsprechend (s oben Rn 86).

b) Die Zeitabstände

Ist der Gebäudeteil, von dem das schädigende Ereignis ausging, drei Jahre zuvor **90** saniert worden, kann sich der Besitzer nicht ohne weiteres auf die Fehlerfreiheit verlassen, insbesondere wenn nur ein Teilbereich betroffen war. Andererseits ist es auch nicht selbstverständlich, daß der Besitzer bereits wieder mit ernsthaften Schäden zu rechnen hatte. Doch kann eine anschließende **jährliche** Kontrolle von einem Fachunternehmen durchaus genügen (BGH NJW 1993, 1782). ZB wird für eine über die Straße ragende Markise mindestens eine jährliche Untersuchung verlangt (RG JW 1931, 194).

c) Die besonderen Anforderungen

Es können sich besondere Sorgfaltsanforderungen zum einen aus der jeweiligen **91** Beschaffenheit und Zweckbestimmung eines Gebäudes ergeben, zum anderen aus seiner örtlichen Umgebung. Eine erhöhte Sorgfalt ist immer dann zu fordern, wenn ein Gebäude dem **öffentlichen Verkehr** gewidmet ist und stark frequentiert wird, vor allem der verstärkten Ansammlung von Menschen dient (Bahnhöfe, Verwaltungsgebäude, Vergnügungsstätten). Das gilt insbesondere bei Schulen und Kindergärten, weil bei Kindern, anders als bei Erwachsenen, nicht die Beobachtung der eigenen Sorgfalt zu erwarten ist, so daß häufigere und umfassende Überprüfungen geboten sind (RG LZ 1921, 226).

Der **generell schlechte Zustand** von Gebäuden in den **neuen Bundesländern** rechtfertigt **92** insgesamt keine Haftungsfreistellung von Gebäudeeigentümern, ist aber für das Maß der im Verkehr erforderlichen Sorgfalt zu berücksichtigen, das sich zudem nach den weiteren örtlichen Begebenheiten und Zeitumständen richtet (OLG Dresden DtZ 1994, 79 [herabstürzende Fassadenteile]). Damit wird die Rspr fortgeführt, die bereits anläßlich der Sorgfalt für **Trümmergrundstücke** und Gebäuderuinen aufgestellt wurde (vgl grundlegend BGHZ 1, 103, 105, umfassende Darstellung bei Rn 90 in der 11. Auflage; BGB-RGRK/Kreft Rn 49–51). Auch der Umstand, daß ein Bauwerk dem *Denkmalschutz* untersteht und zB an die Sanierung besondere Anforderungen gestellt werden, enthebt nicht von der Sorge um die Gefahrenfreiheit (BGH VersR 1958, 178, 179). Der Entlastungsbeweis wird auch nicht dadurch geführt, daß der Verpflichtete erklärt, daß infolge eines Unwetters nicht nur Dachziegel vom eigenen als **unbewohntes Sanierungsobjekt** erworbenen Gebäude gefallen seien, sondern auch von den Dächern neuerer Gebäude, wenn keine detaillierten Angaben über deren Zustand gemacht werden (OLG Frankfurt NJW-RR 1992, 164).

d) Die Nachprüfung durch einen befähigten Sachkundigen

Sofern der Eigenbesitzer sachkundig ist und die Überprüfung selbst vornimmt, trifft **93** ihn die volle Darlegungslast des § 836 Abs 1 S 2. Im allgemeinen aber genügt der Haftpflichtige seiner Sorgfaltspflicht, wenn er zuverlässige Fachkräfte mit den Instandhaltungsarbeiten und der erforderlichen Überprüfung beauftragt (BGH NJW 1993, 1782; VersR 1976, 66). Insofern gilt auch das zur Sorgfalt bei der Errichtung Gesagte (vgl oben Rn 85 f). Ist er aber selbst nicht überzeugt, daß die Nachprüfung ordnungsgemäß erfolgt ist (vgl RG JW 1906, 336; LZ 1916, 1241), oder kennt er sogar den gefahrdrohenden Zustand, kann er sich nicht mit Verweis auf den sachkundigen Prüfer entlasten, wenn er selbst nicht die erforderlichen Maßnahmen ergriffen hat, um die Gefahr abzuwenden (RG HRR 1935 Nr 1515; BGHZ 1, 103, 106; LG Karlsruhe VersR 1955, 492).

e) Das unzulängliche Entkräftungsvorbringen

94 Eine Vielzahl von Entlastungsvorbringen richten sich darauf, daß etwa das Dach, von dem die schädigenden Ziegel gefallen waren, gerade erst repariert worden war. Dieses Vorbringen ist ungenügend, da eine Reparatur idR nur die teilweise Überprüfung der gesamten Konstruktion bedeutet, nämlich nur der Stelle, die gerade schadensanfällig gewesen ist. Außerdem deutet der zuvor behobene Schaden gerade auf den unzulänglichen Zustand der Bausubstanz hin und sollte dem Pflichtigen als Indiz dienen, daß noch weiteres Schadenspotential gegeben ist (Rn 89). Zur Entkräftung des Vorwurfs mangelhafter Unterhaltung reicht es auch nicht aus, wenn der Besitzer geltend macht, er sei durch auswärtigen Wohnsitz, Abwesenheit, Krankheit usw an der persönlichen Sorge für Gefahrenfreiheit verhindert gewesen. Bei persönlicher Verhinderung muß er seiner Sorgfaltspflicht durch Bestellung, Unterweisung und allgemeiner Überwachung eines in Bausachen erfahrenen zuverlässigen Verwalters genügen (vgl RG WarnR 1910 Nr 333; JW 1932, 1210; HRR 1935 Nr 1515; BGH LM Nr 6), während die Übertragung der Hausverwaltung als solche an einen Rechtsanwalt oder eine Grundstücksverwaltungsgesellschaft nicht ausreicht (BGH VersR 1976, 66). Der Besitzer kann sich auch nicht darauf berufen, daß ihm die zur Gefahrenabwehr erforderlichen erheblichen Geldmittel gefehlt hätten (RG LZ 1920, 46; Recht 1921 Nr 2381; OLG Kiel OLGE 9, 47). Zur Entlastung genügt auch nicht, wenn der nicht fachkundige Besitzer Arbeiten, die Fachkunde erfordern, selbst vornimmt, ohne die Arbeit durch einen Fachkundigen nachprüfen zu lassen (vgl RG Gruchot 56, 926).

f) Die Kasuistik

95 Die Kasuistik zur Frage der Erfüllung der Sorgfaltspflicht bei der Unterhaltung (in Auswahl): RG JW 1904, 91 betr zulässige Zeitabstände für Nachschau durch den Hausbesitzer; RG JW 1907, 45 betr Prüfung der Sicherheit von Dachfenstern; RG JW 1909, 275 betr Nachprüfung eines Theatersaals; RG JW 1915, 190; 1916, 1910 betr Nachprüfung der Festigkeit des Verputzes in Gastwirtschaften und Räumen, in denen Tanzveranstaltungen stattfinden; RG WarnR 1914 Nr 55 betr Vermeidung der Ablösung eines Fensterflügels; RG LZ 1916, 475 betr Nachprüfung der Befestigung einer außen am Haus angebrachten Bogenlampe; RG JW 1931, 194 betr Nachprüfung der Befestigung einer in den Luftraum über einer öffentlichen Straße hineinragenden Markise; RG JW 1931, 3446 betr Nachprüfung eines Hof-(Schiebe)tores; BGH NJW 1956, 506 betr Nachprüfung der Standfestigkeit eines Hochkamins; OLG Hamburg VersR 1978, 747 betr Überprüfung der Verschraubung einer Dachluke; OLG Hamm VersR 1978, 1146 betr Überprüfung der Sicherheit eines Wasserbauwerks. Wegen der Haftung für die Standfestigkeit eines Grabsteins vgl § 837 Rn 6.

96 Verneint wurde (unter gewöhnlichen Umständen) eine Verletzung der Sorgfaltspflicht, wenn der Erwerber eines Hauses es nicht unmittelbar nach der Übernahme eingehend auf nicht wahrnehmbare Schäden untersuchen läßt (vgl RG Recht 1910 Nr 699; RG WarnR 1916 Nr 223; s auch OLG München OLGE 36, 138); wenn der Besitzer das erst vor verhältnismäßig kurzer Zeit (ein halbes Jahr) vor dem Unfall errichtete Gebäude, mit dessen Überwachung er überdies einen zuverlässigen Mieter beauftragt hatte, nicht in der Zwischenzeit bis zum Unfall durch einen Sachverständigen untersuchen ließ (RG JW 1907, 45; LZ 1918, 843); wenn der Hausbesitzer im Vertrauen auf die von der Baubehörde veranlaßten Sicherungsmaßnahmen in den darauffolgenden ersten Monaten erneute Vorkehrungen nicht für erforderlich hielt (BGH VersR 1958, 178).

XV. Die juristischen Personen als Eigenbesitzer

Für die Erfüllung der Sorgfaltspflicht gelten die Maßstäbe, die an eine Privatperson 97
angelegt werden, gleichermaßen auch für juristische Personen. Für den nach § 836 zu
führenden Entlastungsbeweis ist es daher unerheblich, ob der Verantwortliche, dessen Verschulden zu überprüfen ist, Vertreter gemäß §§ 30, 31, 89 oder Verrichtungsgehilfe nach § 831 ist, Inhalt und Anforderungen an den zu führenden Nachweis zur Widerlegung der Verschuldensvermutung sind jeweils gleich (RG JW 13, 867; OLG Hamburg HRR 28 Nr 1978). Hiernach haftet zB eine Aktiengesellschaft für die verschiedenen örtlichen Leiter der einzelnen Werksniederlassungen (RG HRR 35 Nr 1515) allein nach dem strengeren Maßstab des § 836 (vgl oben Rn 79), ohne daß es auf die Unterscheidung nach verfassungsmäßigem Vertreter oder Verrichtungsgehilfen ankommt (so auch BGB-RGRK/Kreft Rn 47).

Genauso nach § 836 haften die **Körperschaften des öffentlichen Rechts** als Eigenbesit- 98
zer von Gebäuden und anderen Werken (vgl für Wegweisertafeln OLG Köln NJW-RR 1991, 33), weil sie für die Erfüllung der Verkehrssicherungspflichten nach privatrechtlichen Grundsätzen einzustehen haben. Eine **Gemeinde** haftet als Eigenbesitzerin des Friedhofs bereits nach § 836 Abs 1 und Abs 3 für vermutetes eigenes Verschulden (LG Freiburg NJW-RR 1996, 476 f), ebenso als Trägerin der Straßenbaulast beim Einbruch einer Brücke (OLG Celle OLG-Rep Celle 1994, 281; vgl auch BGH LM Nr 5 [Trümmergrundstück]; BGH VersR 1958, 194 [Wasserrohrsystem]; RG JW 1923, 1026 [Sielanlagen]; RG Recht 1921 Nr 2180 [Bahnhofsgebäude]). Bei einer gleichzeitig erfüllten Amtspflichtverletzung ist die in § 836 enthaltene Beweislastregelung und Verschuldensvermutung nicht durch § 839 als lex specialis ausgeschlossen (OLG Köln NJW-RR 1991, 33).

XVI. Die fehlende Kausalität bei Sorgfaltsvernachlässigung

Auch wenn die Nichtbeachtung der im Verkehr erforderlichen Sorgfalt feststeht, 99
kann sich der verantwortliche Besitzer dahingehend entlasten, daß der Schaden auch bei Anwendung der nötigen Sorgfalt entstanden wäre. Das ist zB möglich, wenn er zwar nicht nachweisen kann, die erforderliche Sorgfalt aufgebracht zu haben, wohl aber, daß der Mangel derart verborgen war, daß ihn auch ein sachkundiger und zuverlässiger Unternehmer bei einer eventuellen Inspektion nicht hätte finden können. Von dieser Ursächlichkeit ist die objektive Kausalität einerseits zwischen Mangel und Einsturz (Teilablösung) und andererseits zwischen letzteren und der Rechtsgutverletzung zu unterscheiden, deren Beweislast beim Geschädigten liegt (vgl oben Rn 71).

Weist der Pflichtige den Umstand fehlender Kausalität zwischen Schaden und 100
schuldhafter Sorgfaltspflichtverletzung nach, wird er nach hM von der Haftung frei, obwohl diese Rechtsfolge in § 836 anders als in den §§ 831 bis 834 **nicht ausdrücklich geregelt** ist (RG LZ 1922, 222; BGH LM Nr 4; BGB-RGRK/Kreft Rn 52; Weimar ZMR 1960, 328; Baumgärtel Rn 9 Fn 30 mwN).

Den Beweis muß der Besitzer in vollem Umfang zur Überzeugung des Gerichts führen, Zweifel hinsichtlich der Kausalität zwischen Verschulden und Schadenseintritt gehen zu seinen Lasten (BGH LM Nr 4). ZB haftet ein Gebäudebesitzer nicht, wenn ein Dritter durch einen Sprung durch ein Garagendach einbricht und das darin stehende Fahrzeug beschädigt, auch wenn bei der Errichtung der Garage unter vollständiger Beachtung der Herstellerangaben der Schaden möglicherweise hätte vermieden werden können (LG Essen Zfs 1988, 345).

XVII. Der vertragliche Ausschluß der Haftung

101 Der **vertragliche Ausschluß** der Haftung aus § 836 ist – im Rahmen der §§ 276 Abs 2, 138 – nach den allgemeinen Vorschriften zulässig (OLG München SeuffA 70 Nr 174). Ein Haftungsausschluß durch einseitige Willenserklärung ist ausgeschlossen (BGH VersR 1957, 132).

XVIII. Die landesgesetzlichen Vorbehalte

102 Vgl EGBGB Art 105–107; s auch Art 67.

XIX. Die Reformvorschläge

103 Der **Referentenentwurf** eines Gesetzes zur Änderung und Ergänzung schadensersatzrechtlicher Vorschriften 1967 (E-1967, vgl insbesondere zu § 831 Rn 125) sah keine Änderung der §§ 836 bis 838 vor. Andere in Art 3 des E-1967 vorgesehene Erweiterungen der Gefährdungshaftungstatbestände sind dagegen umgesetzt worden, wie § 2 HaftpflG, der nunmehr die von § 836 bisher ausgeschlossenen Fälle mittelbarer Schadensverursachung erfaßt, etwa durch Gasrohr- und Stromleitungsbrüche bei Einsturz bzw Teilablösung eines Gebäudes (vgl oben Rn 14).

104 Gegen die bestehende Fassung von § 836 wurden aber im Schrifttum Bedenken geäußert, weil der Tatbestand Schäden durch unsachgemäße Tiefbauweise nicht erfassen könne (ESSER/WEYERS, Schuldrecht II [6. Aufl 1984] § 58 III 2 a; deutlicher ESSER, Schuldrecht II [3. Aufl 1969] § 110 II 2); Schäden durch die Absenkung des Grundwassers (RGZ 167, 14) oder infolge von Erschütterungen durch Rammstöße (BGH VersR 1965, 1204, 1205; 1966, 757) würden nicht erfaßt, weil in diesen Fällen es an einem Einsturz bzw einer Teilablösung mangelt. Der Forderung nach einer entsprechenden Tatbestandserweiterung ist entgegenzuhalten, daß die genannten Gefahren bereits im Vorfeld der Gebäudehaftung entstehen, nämlich durch die Erschließung des Grundstücks und Vorarbeiten zur Errichtung des Bauwerks. Der Herstellungsvorgang ist mit eigenen Gefahren verbunden, die ebenso wie diejenigen beim Abriß eines Gebäudes von § 836 nicht erfaßt werden (STAUDINGER/SCHÄFER[12] Rn 96). Diese Gefahren fallen nicht unter die Verkehrssicherungspflicht für Einsturz und Teilablösung, weil sie nicht vom Zustand des Gebäudes ausgehen. Neben der Haftung aus § 823 für die Verkehrssicherungspflichtverletzung bei dem Bauvorhaben kommt in diesen Fällen aber eine nachbarrechtliche Haftung in Betracht (vgl oben Rn 15). Rechtspolitisch zu kritisieren ist, daß § 836 in seiner heutigen Fassung überholt wirkt, weil gemeingefährliche Gefahren von Gebäuden oder Werken nicht mehr nur von Mängeln der mechanischen Festigkeit und Standsicherheit ausgehen. *De lege ferenda* sollte der Gesetzgeber die Haftung nach § 836 davon abhängig machen, ob der Besitzer ein Gebäude oder Werk fehlerhaft angelegt oder hergestellt oder mangelhaft unterhalten hat und durch daraus resultierende Mängel ein Mensch getötet, der Körper oder die Gesundheit eines Menschen verletzt oder eine Sache beschädigt worden ist; fehlerhaft angelegt, hergestellt oder unterhalten ist ein Gebäude oder Werk, wenn seine

Beschaffenheit den anerkannten Regeln der Bau- und Ingenieurkunst zum Schutz dieser Rechtsgüter nicht entspricht.

Die überwiegende Kritik des Schrifttums im Rahmen des § 836 richtet sich weniger **105** gegen die geltende Regelung als vielmehr gegen die Einschränkung ihres Anwendungsbereichs, wie sie seit den Entscheidungen des RG (zB RG Recht 1910 Nr 3921; RGZ 172, 161; BGH LM Nr 12) von der Rspr praktiziert und von der Lehre überwiegend akzeptiert wird. Hauptziel der Kritik ist die Beschränkung der Haftung auf Schäden, die durch die bewegend wirkende Kraft des Einsturzes oder der Teilablösung herbeigeführt wurden (ERMAN/SCHIEMANN Rn 7; MünchKomm/MERTENS Rn 27, 28; SOERGEL/ZEUNER Rn 17; FIKENTSCHER Rn 1282). Wie oben dargestellt (Rn 41 f), führt diese Begrenzung des Schutzbereichs des § 836 zu sachlich nicht zu rechtfertigenden Unterscheidungen. Statt einer Reform bedarf es einer Neubestimmung des Schutzbereichs der Norm.

§ 837

Besitzt jemand auf einem fremden Grundstück in Ausübung eines Rechtes ein Gebäude oder ein anderes Werk, so trifft ihn an Stelle des Besitzers des Grundstücks die im § 836 bestimmte Verantwortlichkeit.

Materialien: E I § 735 Abs 2; II § 760; III § 821; Mot II 819; Prot II 657.

Schrifttum

MÜLLER-HANNEMANN, Die Haftung für Schäden durch umgestürzte Grabsteine, MDR 1975, 796.

I. Der Grundgedanke der Norm

Durch § 837 kommt es zu einer Verlagerung der Haftung aus § 836 auf den in Aus- **1** übung eines Rechts handelnden Besitzer des Gebäudes oder sonstigen Werkes. Dieser haftet an Stelle des Eigenbesitzers des Grundstücks, weil er die von dem Werk ausgehenden Gefahren eher beherrschen und entsprechende Abwehrmaßnahmen treffen kann als der Eigenbesitzer des Grundstücks (vgl Mot II 819 und Prot II 657; RGZ 59, 8; PALANDT/THOMAS Rn 1). § 837 setzt also voraus, daß der Besitz am Grundstück und an dem auf dem Grundstück befindlichen Gebäude oder sonstigen Werk auseinanderfallen (RGZ 59, 8; BGB-RGRK/KREFT Rn 1 mwN).

Anders als bei § 838 tritt die Haftung aus § 837 nicht neben, sondern an die Stelle der Haftung des Eigenbesitzers aus § 836. Fallen Eigenbesitz am Grundstück und Eigenbesitz am Werk auseinander, so greift allein § 837 ein, die beiden Vorschriften schließen einander also aus (BGH NJW 1977, 1392). Das gilt auch, wenn im konkreten Fall ausnahmsweise auch der Eigenbesitzer des *Grundstücks* in der Lage ist, die zur

Abwehr der von dem *Werk* ausgehenden Gefahr erforderlichen Maßnahmen zu treffen, da auch in diesem Fall der Grund für die gesetzliche Haftungsverlagerung, die an den Besitz des Werkes anknüpft, eingreift (BGH NJW 1977, 1392; aA KG NJW 1971, 661; vgl auch MÜLLER-HANNEMANN MDR 1975, 796). Allerdings kommt auch in diesem Fall eine – gesamtschuldnerisch neben die Haftung des Werkbesitzers aus § 837 tretende – Haftung des Grundstückseigenbesitzers aus § 823 wegen Verletzung der Verkehrssicherungspflicht in Betracht (BGH NJW 1977, 1392), für die dann aber nicht die Erleichterung der Verschuldensvermutung des § 836 gilt.

2 Haftet neben dem aus § 837 Verpflichteten ein Dritter aus unerlaubter Handlung (als Erbauer, Träger der Verkehrssicherungspflicht oder auch als früherer Besitzer nach § 836 Abs 2, vgl BGB-RGRK/KREFT Rn 7), so haften beide gemäß § 840 Abs 1 als Gesamtschuldner (BGH NJW 1971, 2308; 1977, 1392). Im Innenverhältnis haftet der Dritte allein (vgl § 840 Abs 3 als Ausnahme zu § 426). Das soll aber nicht im Verhältnis zwischen dem früheren Grundstücksbesitzer und dem nach § 837 Haftpflichtigen gelten, § 426 also dann Anwendung finden (BGB-RGRK/KREFT Rn 7, zw).

3 Beweislast: Anstelle des Merkmals „Eigenbesitz am Grundstück" bei § 836 muß der Geschädigte den Besitz iSd § 837 beweisen (BAUMGÄRTEL/LAUMEN Rn 1; JAUERNIG/TEICHMANN Anm 3).

II. Die Anspruchsvoraussetzungen

1. Der Besitz an dem Gebäude oder sonstigen Werk

4 Nur der *Eigenbesitzer* haftet gemäß § 837 für die von dem Werk ausgehenden Gefahren, obwohl eine dem § 836 Abs 3 entsprechende Bestimmung bei § 837 fehlt (RGZ 59, 8; RG JW 1916, 39). Auf die Eigentumsverhältnisse am Gebäude oder sonstigen Werk kommt es nicht an (MünchKomm/MERTENS Rn 2).

2. Das Handeln in Ausübung eines Rechts

5 Das Besitzrecht kann öffentlich-rechtlicher oder privatrechtlicher Natur, schuldrechtlich oder dinglich sein (RG Recht 1913 Nr 1887; RG SeuffArch 79 Nr 168; RG HRR 1935 Nr 730; RG HRR 1940 Nr 1389). Das Besitzrecht muß nicht wirklich bestehen, es ist ausreichend, wenn der Besitzer es wie ein bestehendes Recht ausübt (RG JW 1916, 39), denn auch dann hat er allein die notwendige Einwirkungsmöglichkeit (JAUERNIG/TEICHMANN Anm 2). Inhalt des Rechts muß aber stets auch sein, daß den Besitzer des Werkes anstelle des Eigenbesitzers des Grundstücks die Verantwortung für die fehlerhafte Errichtung oder die mangelhafte Unterhaltung des Werkes treffen soll (RGZ 59, 8; BGH VersR 1961, 356; ERMAN/SCHIEMANN Rn 2; PALANDT/THOMAS Rn 2).

6 Als Rechte iSd § 837 kommen in Betracht: Nießbrauch, Grunddienstbarkeit (RG Recht 1914 Nr 1838: Hauseigentümer, der an dem Grundstück vor seinem Haus, wo sich ein Lichtschacht im Bürgersteig befindet, eine Dienstbarkeit hat), Erbbaurecht, soweit in Ausübung dieser Rechte ein Gebäude oder anderes Werk errichtet wird. Ein Bauunternehmer, der auf einem fremden Grundstück ein Baugerüst errichtet, hat ein Besitzrecht an dem Gerüst aus dem Bauvertrag, dessen Erfüllung die Errichtung bzw Unterhaltung des Gerüsts erfordert, und haftet nach § 837, obwohl er zur Errichtung des Gerüsts nicht nur berechtigt, sondern aufgrund des Vertrages auch verpflichtet ist (RG Recht 1910 Nr 1257; BGH VersR 1959, 694; GEIGEL/SCHLEGELMILCH 19. Kap Rn 17; weiter RG SeuffA 76 Nr 116 zu einem Bauzaun). Gleiches gilt für denjenigen, der auf einem fremden Grundstück zu Bauarbeiten einen freistehenden oder auf Schienen montierten Kran betreibt (LG Traunstein VersR 1956, 310; OLG Düsseldorf VersR 1976, 96) und für einen Maler, der ein Gerüst an einer Hauswand errichtet (OLG Hamburg LZ 1924, 239; vgl auch RG HRR 35, 730 für eine ebenfalls an der Hauswand errichtete Rutschwand). Der Besitzer einer elektrischen Leitungsanlage auf einem fremden Grundstück fällt unter § 837 (RG JW 1913, 868; 1916, 39; RG SeuffA 79, 168), ebenso der nutzungsberechtigte Inhaber einer Grabstelle, der dort einen Grabstein setzt (BGH NJW 1971, 2308; 1977, 1392 mwN). Der Anstaltsträger (Besitzer oder Eigentümer) des Friedhofs wird dagegen nicht von § 837 erfaßt, selbst wenn ihm nach der zugrundeliegenden Friedhofsordnung ein Mitspracherecht bezüglich der Gestaltung und Aufstellung zusteht (BGH NJW 1977, 1392; BGHZ 34, 206). Er kann aber neben dem Grabstelleninhaber wegen Verletzung der allgemeinen Verkehrssicherungspflicht haftbar sein (BGH NJW 1977, 1392). Die Bundespost haftet nach § 837, wenn sie aufgrund ihres Nutzungsrechts aus dem TelegrafenwegeG auf fremden Grundstücken Telegrafenmasten aufstellt (OLG Stuttgart VRS 7, 246). § 837 kommt auch zur Anwendung, wenn ein anderer als der Deicheigentümer und Deichbesitzer in einen Deich eine Schleuse einbaut und diese unterhält (RG HRR 1930 Nr 1104).

Mieter und Pächter eines Gebäudes oder Werkes unterliegen im Regelfall nicht der 7 Haftung aus § 837, da die Pflicht zur Unterhaltung der Mietsache gemäß § 536 den Vermieter trifft (RGZ 59, 8; JAUERNIG/TEICHMANN Anm 2). Auch besitzt der Mieter im Regelfall das Gebäude nicht abgesondert vom Grundstück, da der Besitz am Gebäude auch das Grundstück erfaßt, auf dem das Gebäude steht (RGZ 59, 8; OLG Frankfurt VersR 1951, 103; BGB-RGRK/KREFT Rn 6) bzw ist nicht Eigenbesitzer des Gebäudes (BGH NJW-RR 1990, 1423; LG Bad Kreuznach VersR 1986, 199; MünchKomm/MERTENS Rn 5). Eine Haftung des Mieters aus § 837 kommt aber für die von ihm selbst am Gebäude angebrachten Einrichtungen in Betracht (etwa für Firmenschilder, RG LZ 1916, 1241; OLG Celle OLGE 34, 127), sowie in den Fällen, wo der Mieter oder der Pächter auf dem gemieteten Grundstück ein Gebäude oder Werk iSd § 95 errichtet, an dem er Eigenbesitz hat (RGZ 59, 8; WUSSOW/KUNTZ Rn 611; vgl RG Recht 1908, 3265: Ein Gastwirt, der auf einem von ihm gemieteten Platz ein Restaurationszelt errichtet, haftet gemäß § 837; weiter RG WarnR 1910 Nr 242). Diese Konstellation kann auch gegeben sein, wenn der Mieter ein massives Gebäude auf dem Grundstück errichtet, das aufgrund der Parteivereinbarung entgegen § 94 nicht Eigentum des Grundstückseigentümers werden soll. Vorraussetzung ist dann aber, daß sich der Mieter vertraglich verpflichtet hat, nach Ablauf der Mietzeit den ursprünglichen Zustand des Grundstücks wieder herzustellen (OLG Frankfurt VersR 1978, 966). Hat der Vermieter im Mietvertrag die Unterhaltung übernommen, so folgt seine Haftung aus § 838, nicht aus § 837. Schließlich kommt immer eine Haftung des Mieters oder Pächters aus § 823 wegen Verletzung der allgemeinen Verkehrssicherungspflicht in Betracht (LG Bad Kreuznach VersR 1986, 199).

§ 838

Wer die Unterhaltung eines Gebäudes oder eines mit einem Grundstück verbundenen Werkes für den Besitzer übernimmt oder das Gebäude oder das Werk vermöge eines ihm zustehenden Nutzungsrechts zu unterhalten hat, ist für den durch den Einsturz oder die Ablösung von Teilen verursachten Schaden in gleicher Weise verantwortlich wie der Besitzer.

Materialien: E I § 735 Abs 3; II § 761; II § 822; Mot II 819, Prot II 657.

Schrifttum

WEIMAR, Haftet ein gesetzlicher Vertreter aus vermutetem Verschulden gemäß § 838 BGB?, MDR 1957, 272; ders, Haftet ein Hausverwalter gemäß § 838?, MDR 1959, 724.

I. Der Grundgedanke der Norm

1 Die Norm begründet – anders als § 837 – die zusätzliche Haftung des kraft Übernahme oder aufgrund eines Nutzungsrechts zum Unterhalt des Gebäudes oder sonstigen Werkes Verpflichteten neben der Haftung des Eigenbesitzers des Grundstücks aus § 836 bzw des Gebäudebesitzers aus § 837 (BGH NJW 1977, 1392; ERMAN/ SCHIEMANN Rn 1). In dieser Funktion – der Erweiterung des Kreises der Haftungsverpflichteten – entspricht die Vorschrift den §§ 831 Abs 2, 832 Abs 2 und 834 (JAUERNIG/TEICHMANN Anm 1). Bei der Bestimmung handelt es sich um einen gesetzlich geregelten Fall der Haftung des Übernehmers von Verkehrssicherungspflichten (MünchKomm/MERTENS Rn 1; vgl dazu BGH NJW-RR 1990, 1423) Der nach § 837 Unterhaltungspflichtige muß nicht selbst Besitzer des Gebäudes oder Werkes sein (BGB-RGRK/KREFT Rn 1).

2 Der Gebäudeunterhaltspflichtige und die nach §§ 836, 837 Verpflichteten haften bei einem Schadenseintritt gemäß § 840 Abs 1 als Gesamtschuldner. Der Grundstücksbesitzer kann sich aber uU durch den Beweis von der Haftung nach § 836 befreien, daß er sich auf den unterhaltungspflichtigen Dritten habe verlassen dürfen (BGB-RGRK/KREFT Rn 7). Der nach § 838 Unterhaltungspflichtige kann sich, da er in gleicher Weise wie der Grundstücksbesitzer verantwortlich ist, wie dieser durch den Beweis seines Nichtverschuldens von der Haftung befreien (RG WarnR 1913 Nr 13). Bei Vorliegen einer Gesamtschuld richtet sich der Ausgleich im Innenverhältnis nach § 426. Bei gesamtschuldnerischer Haftung mit einem Dritten, nicht in §§ 836, 837 Genannten – etwa dem Erbauer, PALANDT/THOMAS Rn 2 – gilt die Spezialregelung des § 840 Abs 3.

3 Die vertragliche Übernahme der Gebäudeunterhaltung bzw das Nutzungsrecht sind vom Geschädigten zu beweisen (BAUMGÄRTEL/LAUMEN Rn 1; JAUERNIG/TEICHMANN Anm 1).

II. Die Anspruchsvoraussetzungen

1. Die Übernahme der Unterhaltung für den Besitzer

Nach der früher vorherrschenden Betrachtungsweise lag eine „Übernahme" iSd 4 § 838 nur vor, wenn sich der in Anspruch Genommene vertraglich zur Unterhaltung des Gebäudes oder Werks verpflichtet hatte (so wohl auch heute noch GEIGEL/SCHLEGELMILCH 19. Kap Rn 21). Gegen diese Sichtweise spricht allerdings der Wortlaut der §§ 831 Abs 2, 832 Abs 2 und 834 Abs 1, nach denen die Haftung des Übernehmers nur eintritt, wenn die Übernahme der einem anderen obliegenden Unterhaltungspflicht durch Vertrag erfolgt. Eine entsprechende Einschränkung fehlt in § 838, so daß der Gesetzeswortlaut eine Beschränkung auf die vertragliche Übernahme nicht gebietet.

Eine solche Beschränkung entspricht denn auch – wenn auch die Übernahme in den meisten Fällen durch einen Vertrag erfolgen wird – nicht mehr der Rechtsentwicklung. Der BGH hat der vertraglichen Übernahme die Übernahme durch ein – aufgrund behördlicher Bestellung begründetes – gesetzliches Schuldverhältnis vertragsähnlicher Natur, das im Ergebnis ähnliche Verpflichtungen wie ein vertragliches Geschäftsbesorgungsverhältnis erzeugt, jedenfalls für den Fall gleichgestellt, daß der behördlich bestellte Verwalter freiwillig tätig wird und eine Vergütung erhält (BGHZ 21, 285 für die Haftung eines Custodian [Treuhänder] nach MilRegG Nr 52, eines Konkursverwalters oder eines Zwangsverwalters). Teilweise wird aus der Erweiterung des Adressatenkreises des § 838 durch die Entscheidung BGHZ 21, 285 gefolgert, daß es für die Anwendbarkeit der Norm genügt, wenn die Übernahme der Gebäudeunterhaltung einseitig und rein tatsächlich erfolgt, solange der Übernehmende damit nur ein eigenes Interesse verfolgt (BGB-RGRK/KREFT Rn 3; MünchKomm/MERTENS Rn 2 Fn 2). Diese Ansicht verkennt aber die für die Entscheidung des BGH ursächliche Konfliktlage: Würde durch einen Hoheitsakt die Verwaltung eines Grundstücks unter Ausschluß der Befugnisse und des Besitzes des bisherigen Besitzers auf einen Dritten übertragen werden, ohne daß dieser Dritte damit auch der Haftung aus § 836 unterliegt, weil er nicht Eigenbesitzer wird, so würde bei gleichbleibender Gefahrenlage der Geschädigte die durch die Beweislastverteilung in den §§ 836, 838 begründeten Vorteile verlieren. Zur Vermeidung dieser Unbilligkeit hat der BGH der vertraglichen Übernahme die Bestellung durch Hoheitsakt gleichgestellt. Eine vergleichbare Lage liegt aber nicht vor, wenn ein Dritter einseitig die Verwaltung übernimmt, denn damit ist kein Ausschluß des bisherigen Besitzers verbunden.

Der vereinzelt vertretenen Ansicht, daß auch der gesetzliche Vertreter etwa eines 5 Minderjährigen der Haftung aus § 838 unterliegt (DITTENBERGER, Der Schutz des Kindes [1903] 64; offengelassen von BGHZ 21, 285, 291; vgl auch WEIMAR MDR 1957, 272), kann nicht beigetreten werden. Die Haftung aus § 838 knüpft an die freiwillige Übernahme der Unterhaltungspflicht an. Davon kann beim gesetzlichen Vertreter nicht die Rede sein. Auch die Entscheidung BGHZ 21, 285 (dazu oben Rn 4) läßt für behördlich bestellte Vertreter (etwa einen Vormund) keinen anderen Schluß zu, da dieser zur Übernahme der Vormundschaft verpflichtet ist (§ 1785) und daher nicht wie die in der Entscheidung Genannten freiwillig tätig wird. Die Haftung der Eltern als gesetzliche Vertreter kommt daher nur in Betracht, wenn sie ein Nutzungsrecht am Kindesvermögen haben (dazu unten Rn 8).

6 Unabhängig von der Art und Weise der Übernahme greift die Haftung aus § 838 nur ein, wenn gerade die Verantwortlichkeit für Schäden des Gebäudes oder sonstigen Werkes Inhalt der übernommenen Verpflichtung ist (ERMAN/SCHIEMANN Rn 2). Die bloße Verpflichtung, das Gebäude oder Werk zu unterhalten, ohne aber für die möglichen Schäden einstehen zu wollen, ist nicht ausreichend (RG JW 1916, 1019; BGH VersR 1952, 207; BGB-RGRK/KREFT Rn 4). Andererseits kann sich aber die Übernahme der Verkehrssicherungspflicht lediglich auf bestimmte abgrenzbare Teile eines Gebäudes oder Werkes oder auf einzelne Aspekte der Verkehrssicherung beziehen (MünchKomm/MERTENS Rn 3). So kann die Unterhaltungspflicht iSd § 838 auf die Sorge für die Standsicherheit eines Gebäudes beschränkt sein (BGH LM Nr 3). Ob in einem konkreten Fall die Unterhaltungspflicht übernommen wurde, muß nicht ausdrücklich im zugrundeliegenden Vertrag geregelt sein, sondern kann sich auch aus dessen Sinn und Zweck ergeben (BGHZ 6, 315; LM Nr 2 zu § 836). Bei der Übernahme durch Vertrag muß dieser Vertrag nicht notwendigerweise mit dem Besitzer des Grundstücks oder des Gebäudes geschlossen sein (ERMAN/SCHIEMANN Rn 2). Der Wegfall der öffentlich-rechtlichen Polizeipflicht, für den ordnungsgemäßen Zustand der Sache zu sorgen, läßt die zivilrechtliche Haftung aus §§ 836, 838 nicht entfallen (BGHZ 6, 315).

7 Die Haftung aus § 838 kann den Mieter oder den Pächter treffen, sofern diese Personen unter Abweichung von §§ 536, 581 die Pflicht zur Unterhaltung des Gebäudes oder Werks übernommen haben (BGB-RGRK/KREFT Rn 4, zu den Anforderungen an eine solche Übernahme BGH NJW-RR 1990, 1423). Typischer Adressat der Norm ist allerdings der vertraglich bestellte Hausverwalter (vgl BGHZ 6, 315). Fraglich ist aber, ob dessen Haftung allein schon durch die Übernahme der Hausverwaltung ausgelöst wird. Nach BGH VersR 1952, 207 wird die Tätigkeit des Hausverwalters nicht von § 838 erfaßt, wenn er Reparaturen nur nach vorheriger Einwilligung und nach Weisung des Eigentümers vornehmen lassen darf (zustimmend MünchKomm/MERTENS Rn 4, vgl aber auch BGH VersR 1953, 340). Anders soll es aber sein, wenn der Verwalter die Pflicht übernommen hat, notwendige Reparaturen durchführen zu lassen, wobei nur solche Ausgaben mit dem Eigentümer abgesprochen werden müssen, die die laufenden Einnahmen übersteigen (BGHZ 6, 315), oder wenn der Hausverwalter nur für die Vornahme außergewöhnlicher Instandsetzungsarbeiten der Zustimmung des Eigentümers bedarf (MünchKomm/MERTENS Rn 4). Letztlich kommt es nach der Rspr für die Haftung des Hausverwalters nach § 838 auf die zwischen dem Eigentümer und dem Verwalter im Einzelfall getroffenen Abreden an (BGH LM Nr 3). Dagegen soll nach AG Mainz VersR 1955, 111; WUSSOW/KUNTZ Rn 613 und WEIMAR MDR 1959, 724 der Hausverwalter zur Vermeidung von Unsicherheiten immer von § 838 erfaßt sein. Dem kann aber nicht zugestimmt werden. Ohne Berücksichtigung des Umfangs der sich aus dem Innenverhältnis zwischen Eigentümer und Verwalter ergebenden vertraglichen Pflichten kann nicht beurteilt werden, ob im Einzelfall die Übernahme der Verpflichtung vorliegt, die Verkehrssicherungspflicht bezüglich des Gebäudes oder Werks zu übernehmen. Auch wenn eine Übernahme vorliegt, haftet ein Gebäudeverwalter nicht für Schäden, auf deren Eintritt er sich nicht vorbereiten konnte (LG Halle/Saale RuS 1994, 97: Keine Haftung für den Einsturz eines unterirdischen Gewölbes, das bereits seit Jahrzehnten in Vergessenheit geraten war).

Der Verwalter einer Wohnungseigentümergemeinschaft fällt – insbesondere im Hinblick auf § 27 Abs 1 Nr 2 WEG – unter § 838 (BGH NJW 1993, 1782; OLG Düsseldorf

NJW-RR 1995, 587; OLGZ 1993, 107). Zur Eigenhaftung der Wohnungseigentümer neben dem Verwalter der Eigentümergemeinschaft vgl OLG Düsseldorf NJW-RR 1995, 587; OLG Frankfurt OLGZ 1993, 188.

2. Die Unterhaltungspflicht aufgrund eines Nutzungsrechts

Die Unterhaltungspflicht kann sich gemäß § 838 HS 2 auch aus einem gesetzlichen oder rechtsgeschäftlichen (Weimar MDR 1957, 272) Nutzungsrecht ergeben. Durch die Erwähnung dieses Falles im Gesetz soll die Unterhaltungspflicht des Nutzungsberechtigten nicht nur gegenüber dem Eigentümer, sondern auch gegenüber Dritten verdeutlicht werden (Prot II 657). Das Nutzungsrecht kann am Gebäude allein oder zugleich auch am Grundstück bestehen (BGB-RGRK/Kreft Rn 6). Zu den Nutzungsrechten gehören der Nießbrauch (§ 1041; vgl BGH NJW-RR 1990, 1423), die Grunddienstbarkeit (im Fall des § 1021 Abs 1 S 2) sowie das Recht der Eltern am Vermögen ihres Kindes, soweit sie nach Maßgabe des § 1649 Abs 2 von ihrem Recht Gebrauch machen, die Einkünfte aus einem zum Kindesvermögen gehörenden Gebäude oder Werk für sich zu verwenden (Weimar MDR 1957, 272; MünchKomm/Mertens Rn 6; BGB-RGRK/Kreft Rn 6). Über diesen Fall hinaus besteht ein Nutzungsrecht der Eltern am Vermögen des Kindes nicht (Wussow/Kuntz Rn 613).

Sachregister

Die fetten Zahlen beziehen sich auf die Paragraphen, die mageren Zahlen auf die Randnummern.

Ablösung von Gebäudeteilen
s. Gebäudeeinsturz (Haftung des Eigenbesitzers)
Altenheim
Haftung wegen Verletzung einer Verkehrssicherungspflicht **832** 156
Alternative Kausalität 830 66 ff
Amtshaftung
und Aufsichtspflichtverletzung **832** 166, 167
Ausübung öffentlicher Gewalt **831** 41
Fiskalischer Bereich **831** 41
Haftung für Gebäudeeinsturz **836** 1
Animus-Theorie 830 21
Anlagenhaftung
Einstandspflicht für Hilfspersonen **831** 51
Anstaltsunterbringung
und Aufsichtsübernahme **832** 39
Anstiftung
Begünstiger, Strafvereiteler, Hehler **830** 48
Beweislast **830** 35
Deliktsunfähigkeit des Angestifteten **830** 35
Deliktsunfähigkeit eines Mitwirkenden **830** 59
Fortsetzungstat **830** 62
und mittelbare Täterschaft **830** 33
und Schadensausgleich **830** 26
Schuldform **830** 30 ff
Strafrecht **830** 27 ff
und Verursachungsprinzip **830** 2
Vorsatz des Anstifters **830** 8
Vorsatz-Fahrlässigkeit-Kombinationen **830** 30 ff
Arbeitnehmer
Geschäftsherrenhaftung für Verrichtungsgehilfen **831** 5
Haftung für Wettbewerbshandlungen der Angestellten **831** 48
Innerbetrieblicher Schadensausgleich **831** 15
Leiharbeitnehmer **831** 65, 66
als Verrichtungsgehilfe **831** 14, 15
Arbeitsunfall
Regreßhaftung des Unternehmers **831** 52
Arbeitsvertrag
Drittschützende Wirkung **831** 33
Leiharbeit, Verantwortungskreise **831** 65, 66
Architekt
Haftung des Bauherrn für Versäumnisse des – **831** 66

Arzt
Übernehmerhaftung **831** 123
Überwachung im Krankenhaus **831** 104
als Verrichtungsgehilfe **831** 66
Atomgesetz
Einstandspflicht für Hilfspersonen **831** 50
Aufsicht über ein Tier
s. Tierhüterhaftung
Aufsichtspersonal
Übernehmerhaftung neben Geschäftsherrenhaftung für Verrichtungsgehilfen **831** 123
Aufsichtspflicht (Haftung wegen Verletzung)
Abgrenzung zu §§ 823, 831, 839 BGB **832** 2, 162 ff
Adäquanz **832** 48
Analoge Anwendung des § 832 BGB
— Haftung des Ausbildenden **832** 21
— Kreis der Aufsichtsbedürftigen **832** 7
— Kreis der Aufsichtspflichtigen **832** 8
— Obhutnahme, Fälle tatsächlicher **832** 30, 44
Aufsichtsanlaß **832** 55, 58 ff
Aufsichtsanlaß, besonderer **832** 62 ff, 82 ff
Aufsichtsbedürftigkeit
— und Eigenhaftung **832** 168
Aufsichtsbedürftigkeit Minderjähriger **832** 9
Aufsichtsbedürftigkeit Volljähriger **832** 10
Aufsichtsmaßnahmen, im Einzelfall gebotene **832** 89 ff
Aufsichtsmaßnahmen, erzieherische **832** 91, 93, 114, 142
Aufsichtsmaßnahmen, Katalog **832** 90
Aufsichtsmaßnahmen, Verhältnismäßigkeit **832** 90
Aufsichtspflicht und Erziehungsauftrag, Abwägung **832** 80 ff
Aufsichtspflicht, Inhaltsänderung **832** 123 ff, 130
Aufsichtspflicht, Konkretisierung **832** 54
Aufsichtspflichten außerhalb des BGB **832** 21
Aufsichtspflichten, familienrechtliche **832** 11 ff
Aufsichtspflichten, gesetzliche **832** 11 ff
Aufsichtspflichten über Minderjährige **832** 11 ff
Aufsichtspflichten, mittelbare **832** 115 ff
Aufsichtspflichten über Volljährige **832** 24 ff

Aufsichtspflicht (Haftung wegen Verletzung)
(Forts.)
Aufsichtsübernahme, tatsächliche **832**, 29, 30, 32, 33, 41, 121, 126, 160
Aufsichtsübernahme, vertragliche **832** 21, 30, 31, 33, 40, 86
Auswahlpflicht bei Aufsichtsübernahme **832** 39, 42, 120, 123, 126
Auszubildende **832** 21
Behinderte **832** 86, 100, 177
Belehrungen **832** 90, 93
Berufstätigkeit des Aufsichtspflichtigen **832** 74
Besuche bei anderen Kindern **832** 36, 66
Betreuung **832** 10, 24, 25
Bewährungshelfer **832** 20
Beweislastumkehr
— Kausalität **832** 3, 6, 145
— Ratio **832** 3, 8, 140
— Reichweite **832** 141 ff
— Vermutungsbasis **832** 152
— Verschulden **832** 146, 147
Darlegungs- und Beweislast
— Aufsichtsanlaß **832** 148 ff
— Haftungsvoraussetzungen, einzelne **832** 137 ff
— Rechtswidrigkeit **832** 139
— Vermutung für normalen Aufsichtsanlaß **832** 150
Dritter als Geschützter **832** 47
Duldung gefährlichen Tuns **832** 161
Eigenhaftung des Aufsichtsbedürftigen **832** 168
Eigenschaften des Aufsichtsbedürftigen **832** 60 ff
Einstandspflicht des Aufsichtspflichtigen für Hilfspersonen **832** 124, 125
Einzelverantwortung als Prinzip **832** 131
Elterliches Umgangsrecht **832** 14
Entgeltlichkeit der Aufsichtsübernahme **832** 33, 38, 76
Entwicklung des Minderjährigen **832** 9, 59 ff
Entwicklungsfreiräume für Kinder **832** 82, 83, 91
Erfüllung der Aufsichtspflicht **832** 57, 127
Erfüllung der Aufsichtspflicht durch Übertragung **832** 28, 42, 43, 127 ff
Erziehung und Aufsicht, zu trennende **832** 63, 78, 91
Erziehung, Haftung für fehlgeschlagene **832** 84 ff
Erziehungerfolg **832** 63, 78, 79, 83, 84
Erziehungsauftrag **832** 56, 70, 77 ff
Erziehungsbeistand **832** 17, 20
Erziehungshilfe **832** 19, 95
Erziehungsmaßregel **832** 19
Erziehungsstand **832** 59, 63

Aufsichtspflicht (Haftung wegen Verletzung)
(Forts.)
Fahrräder **832** 61, 64, 102
Familienrechtliche Aufsichtspflichten **832** 11 ff
Feuer **832** 69, 73, 109, 114
Freizeitgestaltung des Kindes **832** 108
Fußballspiel **832** 64, 98
Gefährlichkeit des Verhaltens **832** 67 ff
Gefälligkeit **832** 32, 35, 36, 121
Gegenvormund **832** 17
Geisteskranke **832** 8, 25, 27, 156 ff
Gesamtschuldverhältnis **832** 131, 170, 171
Geschäftsführung ohne Auftrag **832** 175
Großeltern **832** 34, 74, 116
Haftung für vermutetes Verschulden **832** 6, 145
Haftungseinheit **832** 170, 172
Hilfspersonen und Einstandspflicht des Aufsichtspflichtigen **832** 124, 125
Informationspflicht bei Aufsichtsübertragung **832** 28, 42, 43, 119, 120, 126, 129
Instruktionspflicht **832** 28, 39, 42, 43, 117, 123, 124, 126, 129
Kausalität der Aufsichtspflichtverletzung für den Schaden **832** 3, 132 ff
Kausalität, doppelte Anknüpfung **832** 5
Kausalität des Verhaltens des Aufsichtsbedürftigen für den Schaden **832** 48
Kenntnis vom Aufsichtsanlaß **832** 136
Kinder als Fußgänger **832** 100, 101
Kinder, spielende **832** 97 ff
Kindergärtnerinnen **832** 38
Kinderheim **832** 31, 38
Kontrollpflicht **832** 92, 118, 120, 126
Kraftfahrzeuge **832** 105, 106
Krankenhaus **832** 39, 76, 120, 163, 164
Lehrer an öffentlichen Schulen **832** 22, 166
Lehrherr **832** 21
Mahnungen **832** 90, 93
Mehrere Aufsichtspflichtige **832** 18, 125, 131
Militärische Vorgesetzte **832** 23
Minderjährigkeit
— Aufsichtsbedürftigkeit **832** 9
— Aufsichtspflichten **832** 11 ff
Mitverschulden des Aufsichtspflichtigen bei Drittschädigung **832** 172 ff
Mitverschulden des Aufsichtspflichtigen bei Verletzung seiner Person **832** 164
Mitverschulden des verletzten Dritten **832** 153
Nichteheliche Kinder **832** 15
Organisationspflicht **832** 39, 74, 120, 125, 126, 130, 134, 164
Pädagogischer Ermessensfreiraum **832** 96
Personensorge **832** 11, 12, 14

Aufsichtspflicht (Haftung wegen Verletzung) (Forts.)
Pflegeeltern **832** 37
Pflegeheim **832** 38, 39, 156, 159
Pflegschaft **832** 10, 16, 24, 26, 27
Rechtswidrigkeit der Schadenszufügung **832** 50
Rechtswidrigkeitszusammenhang **832** 132
Reformtendenzen **832** 175, 176
Regelungsgedanke **832** 2, 3
Roller, Rollschuhe **832** 61, 94, 103, 104
Schadensgeneigtheit des Umfelds **832** 67 ff
Schadensverursachung **832** 5, 48, 145
Schädigung des Aufsichtsbedürftigen durch den Aufsichtspflichtigen **832** 169
Schädigung des Aufsichtsbedürftigen durch Dritten und Aufsichtspflichtigen **832** 170 ff
Schulen **832** 22, 38, 166
Schußwaffen **832** 111, 162
Schutzrichtung **832** 4
Spielzeug, gefährliches **832** 107, 108
Stiefeltern **832** 8, 159
Stiefkind **832** 37, 155
Strafvollzugsbeamte **832** 23
Straßenverkehr **832** 48, 68, 69, 97, 98, 100, 101
Tatbestandstruktur **832** 5
Tatsächliche Aufsichtsübernahme **832** 29, 30, 32, 33, 41, 121, 126, 160
Therapeutische Zielsetzungen **832** 77, 85
Übertragung der Aufsicht
— auf ältere Kinder **832** 116
— auf Ehegatten **832** 116, 125, 126, 130
— Erfordernis rechtsgeschäftlicher **832** 121, 126
— auf Großeltern **832** 116
Übertragung der Aufsichtspflicht **832** 28, 42, 43, 127 ff
Überwachung **832** 90, 92, 93
Umgangsrecht, elterliches **832** 14
Unerlaubte Handlung, Tatbestandserfüllung **832** 46, 49
Unterlassungsdelikt **832** 2
Verbot als Aufsichtsmaßnahme **832** 90, 92
Verhältnismäßigkeit der Aufsichtsmaßnahmen **832** 90
Verkehrssicherungspflicht **832** 2, 21, 41
Verletzung der Verkehrssicherungspflicht **832** 155 ff
Verschulden des Aufsichtsbedürftigen **832** 51
Verschulden des Aufsichtspflichtigen **832** 135, 136, 146
Verschuldenshaftung **832** 5
Vertragliche Aufsichtsübernahme **832** 21, 30 ff, 40, 86
Volljährigkeit

Aufsichtspflicht (Haftung wegen Verletzung) (Forts.)
— Aufsichtsbedürftigkeit **832** 10
— Aufsichtspflichten **832** 24 ff
Vormundschaft **832** 16
Zündeln (Neigung hierzu) **832** 64, 66, 69, 73, 74, 82, 93, 110
Zumutbarkeit der Aufsicht **832** 56, 58, 70 ff
Zurechenbarkeit des Schadens **832** 48
Ausgleichsansprüche
Beteiligte **830** 77
Geschäftsherrenhaftung für Verrichtungsgehilfen **831** 15, 16
Auskunfteiunternehmen
und Erledigungsstellen **831** 66
Auszubildender
und Aufsichtspflicht **832** 21
als Verrichtungsgehilfe **831** 66

Bakterien
und Tierhalterhaftung **833** 7 ff
Bank
Zweigstellenleiter, Stellung **831** 66
Baukunst
Verletzung anerkannter Regeln und Haftung des Gebäudebesitzers **836** 3, 7, 10 ff, 11, 29, 35, 42, 46, 104
Bauunternehmer
Besitzrecht und Haftung für Gebäudeeinsturz **837** 6
Haftung des Bauherrn für Versäumnisse des – **831** 66
Beamter
Amtshaftung, Eigenhaftung **831** 41
Bedienungspersonal
und Verrichtungsgehilfenstellung **831** 66
Beihilfe
Auslegung, restriktive **830** 50 ff
Begünstiger, Strafvereiteler, Hehler **830** 48
Beweislastumkehr **830** 44
Deliktsunfähigkeit eines Mitwirkenden **830** 59
Demonstration, unfriedlich verlaufende **830** 49 ff
Fahrlässigkeitstat **830** 45
Fortsetzungstat **830** 62
und Gefährdungshaftung **830** 55
Kausalität **830** 38 ff
und Mittäterschaft, Abgrenzung **830** 46
Psychische Beihilfe **830** 43, 52
Strafrecht **830** 37 ff
Subjektives Verständnis **830** 53
Versuchte oder vollendete Beihilfe, Abgrenzung **830** 41
und Verursachungsprinzip **830** 2
Vorsatz des Gehilfen **830** 8

Beistand
Personensorge, fehlende **832** 17
Beruf
und Tierhalterhaftung **833** 125
Beschaffungspflicht
Geschäftsherrenhaftung für Verrichtungsgehilfen und – **831** 106 ff
Beseitigungsanspruch
Beteiligte **830** 77
Besitz
Gebäudebesitz und Haftung für Gebäudeeinsturz, Ablösung von Gebäudeteilen **836** 61, 62
am Tier **833** 91, 92, 95, 96
Besitzrecht
und Haftung für Gebäudeeinsturz **837** 1 ff
Beteiligte
Ansprüche, erfaßte **830** 77
Beweislastverteilung **830** 105 ff
Beweisnotproblem **830** 65, 102
Deliktsfähigkeit, fehlende **830** 80
Demonstration **830** 81
Einheitlicher Vorgang **830** 100 ff
Ersatzanspruch, unzweifelhaftes Bestehen **830** 82
Folgeschadensfälle **830** 90 ff
Haftungstatbestände **830** 71 ff
Kanalschachtfall **830** 95 ff
Kausalität (alternative, kumulative, potentielle) **830** 66 ff, 86 ff
Kausalität, unaufklärbare **830** 89 ff
Mitverschulden **830** 83
Rechtswidriges Handeln **830** 79, 87
Subjektive Verbindung der Beteiligten **830** 101
Tatbestandsverwirklichung durch jeden der – **830** 78 ff
Teilnahme, Abgrenzung **830** 64
Verkehrsunfall **830** 85, 88
Verletzter als Verursacher **830** 83
Verschulden **830** 80, 88
Betreuung
und Aufsichtspflichten **832** 25
Betriebliche Organisationspflichten
Haftung des Geschäftsherrn **831** 19 ff
Betriebsrisiko
Geschäftsherrenhaftung für Verrichtungsgehilfen **831** 5
Bewährungshilfe
und Aufsichtspflicht **832** 20
Beweislast
Anstiftung **830** 35
Aufsichtspflichtverletzung **832** 137 ff
Beihilfe **830** 45
Beteiligte **830** 65, 72, 73, 105 ff
Folgeschadensfälle **830** 90 ff
Gebäudeeinsturz, Haftung eines Besitzberechtigten **837** 3

Beweislast (Forts.)
Gebäudeeinsturz, Haftung des Eigenbesitzers **836** 1, 2, 10, 43, 47, 72 ff, 76
Gebäudeeinsturz, Haftung des Übernehmers der Unterhaltung **838** 2, 3
Geschäftsherrenhaftung für Verrichtungsgehilfen **831** 6
Geschäftsherrenhaftung, Verschulden des Geschäftsherren **831** 92 ff
Mittäterschaft **830** 22 ff
Organisationsverschulden **831** 21
Produkthaftung **831** 127
Rechtswidrigkeit deliktischer Schädigung **831** 76
Tierhalterhaftung (Nutztier) **833** 143 ff
und Tierhüterhaftung **834** 23 ff
Umkehr der Beweislast **830** 4
Verkehrssicherungspflichten §§ 823, 831 BGB **831** 10

Chefarzt
Stellung **831** 66
Chemische Ausdünstungen
und Haftung des Gebäudeeigenbesitzers **836** 7

Deckakt
Tiergefahr **833** 63
Deliktsrecht
s. Unerlaubte Handlung
Demonstration
Beteiligte **830** 81
Haftung bei unfriedlicher Großdemonstration **830** 49 ff
Dienstvertrag
und Gehilfeneigenschaft **831** 60
Dritter, Dritte
Aufsichtsbedürftiger, Schädigung durch – **832** 170
Aufsichtsübertragung **832** 112 ff
Gebäudeeinsturz, Ablösung von Gebäudeteilen aufgrund Schädigung – **836** 16, 32, 50 ff, 62, 70, 76, 82, 100
Geschäftsherrenbesorgung, Übernahme **831** 121 ff
Tierbeaufsichtigung **833** 149 ff
Tierhalterhaftung und Tierhüterhaftung gegenüber – **834** 26 ff

Ehegatten
Haftung wegen Verletzung einer Verkehrssicherungspflicht **832** 159
und Tierhüterhaftung **834** 15
Tiermithalter **833** 109
und Verrichtungsgehilfenstellung **831** 66
Eigentum
am Tier **833** 93

Einsturz eines Gebäudes
s. Gebäudeeinsturz (Haftung des Eigenbesitzers)
Eisenbahn
Bahnangestellte als Verrichtungsgehilfen **831** 66
Einstandspflicht für Gehilfen **831** 46
Rechtswidrigkeit deliktischer Schädigung **831** 76
Elterliche Sorge
und Aufsichtspflicht **832** 12
England
Haftung des Gebeäudebesitzers **836** 6
Entschädigungsanspruch
Beteiligte **830** 77
Erbbaurecht
Besitzrecht und Haftung für Gebäudeeinsturz **837** 6
Erbfall
und Haftung für Gebäudeeinsturz, Ablösung von Gebäudeteilen **836** 63 ff
und Tierhalterhaftung **833** 110
Erfolgsunrecht
Rechtswidrigkeit, Lehre vom − **831** 69 ff
Erfüllungsgehilfe (Gehilfenhaftung)
und Ausdehnung der Vertragshaftung **831** 25 ff
Gehilfenhaftung des Geschädigten **831** 39
Gesetzlicher Vertreter natürlicher Personen **831** 61
und Haftung für Delikt, Zusammentreffen **831** 35
und Haftung für Verrichtungsgehilfen, Abgrenzung **831** 23, 24
Organe juristischer Personen **831** 61
und Verrichtungsgehilfe, Angleichungsverlangen **831** 125, 127
Errichtung des Gebäudes
Vermutetes Verschulden des Eigenbesitzers für fehlerhafte −
s. Gebäudeeinsturz (Haftung des Eigenbesitzers)
Erwerbstätigkeit
und Tierhalterhaftung **833** 127 ff
Erziehungsauftrag
Aufsicht und Erziehung **832** 78 ff
Ermessensfreiraum, pädagogischer **832** 96
und Kindesentwicklung **832** 81 ff
Mißerfolg der Erziehung **832** 84
Erziehungsbeistand
und Aufsichtspflicht **832** 19
Erziehungshilfe
und Aufsichtspflicht **832** 19
Erziehungsmaßregeln
und Aufsichtspflicht **832** 19
EU-Staaten
Bemühungen um ein einheitliches Schuldrecht **831** 127

EU-Staaten (Forts.)
Geschäftsherrenhaftung für Verrichtungsgehilfen **831** 127
Exzeß eines Mittäters 830 57
Fahrlässigkeit
Anstiftung **830** 31 ff
Beihilfe **830** 45
Geschäftsherrenhaftung für Verrichtungsgehilfen **831** 2
Haftungsbeschränkung und Anspruchskonkurrenz bei Integritätsverletzungen **831** 36
und Handlungsunrecht **831** 69a
Mittäterschaft **830** 17, 18
Faktische Verträge
Ausdehnung der Vertragshaftung **831** 34
Familiengemeinschaft
und Verletzung einer Verkehrssicherungspflicht **832** 155 ff
Fiskalhaftung
Haftung des Staates **831** 41
Folgeschadensfälle
Beteiligte und − **830** 90 ff
Fortsetzungstat
Anwendungsbereich **830** 62
Frachtführer
Einstandspflicht für Gehilfen **831** 45
Frankreich
Geschäftsherrenrisiko für Verrichtungsgehilfen **831** 127
Haftung des Gebäudebesitzers **836** 6
Freistellungsanspruch
Innerbetrieblicher Schadensausgleich und − **831** 15

Gastwirtshaftung
Einstandspflicht für Gehilfen **831** 43
Gebäudeeinsturz (Haftung aufgrund Besitzrechts)
Bauunternehmer **837** 6
Besitz an einem Gebäude, sonstigen Werk **837** 4
Erbbaurecht **837** 6
Grunddienstbarkeit **837** 6
Handeln in Ausübung eines Rechts **837** 5 ff
Mieter, Pächter **837** 7
Nießbrauch **837** 6
Verlagerung der Haftung des § 836 **837** 1
Gebäudeeinsturz (Haftung des Eigenbesitzers)
Abbruch
— Abbruchunternehmer und Schadenserleidung **836** 34
— Ausschluß eines Ersatzanspruchs **836** 56
— Schäden bei Bauwerksabbruch **836** 52
— Verpflichtung des Geschädigten zum − **836** 15
Abbruchunternehmen, tätiges **836** 34
Ablösung einzelner Gebäudeteile

Gebäudeeinsturz (Haftung des Eigenbesitzers)
(Forts.)
— Begriff **836** 27
— Tatbestandserweiterung **836** 8
— und Tatbestandsleitbild **836** 7
Ablösung von Gebäudeteilen
— Aufbau eines Gebäudes **836** 25
— Teile des Gebäudes, des Werkes **836** 22 ff
Abnahme des Werkes durch die Baubehörde **836** 86
Absperrungen, erforderliche **836** 81
Abstrakte Wahrscheinlichkeit des Schadenseintritts **836** 45
Abwesenheitspfleger **836** 65
Adäquate Verursachung **836** 32, 35
Äußere Einwirkungen **836** 32
Allgemeine Lebenserfahrung und Einsturzmöglichkeit **836** 30
Amtshaftung **836** 1
Analoge Anwendung des § 836 **836** 12
Andere Gebäude- oder Werkmängel als in § 836 genannte **836** 5
Anscheinsbeweis **836** 73
Anspruch auf Vorbeugemaßnahmen **836** 54
Antenne, einstürzende **836** 88
Asbeststaub **836** 7
Asbestverwendung **836** 11
Aufklärungslast des Eigenbesitzers **836** 1
Ausbesserungsarbeiten **836** 60, 89
Ausgießen, Auswerfen, Aushängen von Sachen aus Gebäuden **836** 6
Ausländische Rechtsordnungen **836** 6
Bahndamm **836** 19
Bau- und Ingenieurkunst **836** 3, 7, 10 ff, 29, 35, 42, 46, 104
Baugerüst **836** 19
Baugrube **836** 19
Bauordnungsrecht **836** 10, 86
Bauzaun **836** 19
Beauftragter Unternehmer **836** 60
Beherrschungswille **836** 62
Behördliche Überprüfung **836** 86
Besitz am Grundstück, am darauf befindlichen Gebäude: Auseinanderfallen **837** 1
Besitzer **836** 61, 62
Betretungsverbote, erforderliche **836** 81
Bewegend wirkende Kraft **836** 37 ff
Beweiserleichterung **836** 73
Beweislast **836** 71 ff
Beweislast bei Übernahme der Unterhaltungspflicht **838** 1
Beweislastumkehr **836** 1, 2, 10, 43, 47, 76
Beweisnot des Geschädigten **836** 12
Billigkeitsrechtsprechung **836** 14
Bodenbelag **836** 23, 27, 35, 38, 89
Böschung **836** 19

Gebäudeeinsturz (Haftung des Eigenbesitzers)
(Forts.)
Bösgläubigkeit **836** 62
Brandstiftung **836** 33
Brunnen **836** 19
Bundespost **836** 83
Chemische Ausdünstungen **836** 7
Chemische Eigenschaften als Schadensursache **836** 43
Dachlawinen **836** 26
Dachziegel **836** 23, 43, 50, 89, 92
Deich **836** 19, 21, 35
Deliktsrecht, Bedeutung des § 836 **836** 2
Deliktsunfähiger Besitzer **836** 4
DIN-Normen **836** 10
Dritte als Schädiger **836** 16, 32, 50 ff, 62, 70, 76, 82, 100
Durchrostung **836** 32
Eigenbesitz am Grundstück, am Gebäude: Auseinanderfallen **837** 1
Eigenbesitzer **836** 61
Eigenbesitzer, Haftung des früheren **836** 67
Eigentümer, Haftung als Eigenbesitzer **836** 61
Einrichtungen ohne Eigenschaft als Bauwerkssubstanzteil **836** 49
Einrichtungsteile **836** 11, 49
Einsturz **836** 21
Eiszapfen **836** 26
Elektroinstallation **836** 42
Elementare Gebäudegefahren und Wortlaut des § 836 **836** 5
Entlastungsbeweis **836** 77
Erbfall **836** 63 ff
Erdhaufen, Erdvertiefung **836** 19, 20
Erdwerk **836** 19
Errichtung des Gebäudes, fehlerhafte **836** 31
Fahnenstange **836** 23
Fallpraxis, Widersprüche **836** 44
und Fehlerbegriff des § 537 BGB **836** 7
Fensterladen **836** 23
Fensterscheibe **836** 23
Fertigstellungszeitpunkt, entscheidender **836** 9
Feuersicherheit **836** 88
Firmenschild **836** 19
Fremdbesitzer **836** 66
Früherer Eigenbesitzer **836** 67
Fußbodenbelag **836** 23, 27, 35, 38, 89
Gebäude **836** 17
Gebäudesicherungspflicht und typische Gebäudegefahren **836** 42
Gefährdungshaftung **836** 1, 4, 14, 42, 103
Gefahren, von der Norm nicht erfaßte **836** 5, 11
Gefahreneinschränkung **836** 11

Gebäudeeinsturz (Haftung des Eigenbesitzers) (Forts.)
  Gemeingefährliche Mängel **836** 3, 8, 10, 29, 42, 43, 46, 49, 104
  Gemeingefährlichkeit, Normalgefahr **836** 43
  Gesamtschuldner **836** 68 ff
  Geschädigter **836** 55
  Geschäftsführung ohne Auftrag **836** 54
  Grabstein **836** 19, 62, 95
  Grundstücksbegriff, nicht maßgeblicher **836** 11
  Grundstücksverbindung, erforderliche **836** 20
  Haftungsausschluß **836** 56, 101
  Haftungsersetzung bei Besitzrechtsausübung eines Dritten **837** 1 ff
  Haftungsgrund, eigentlicher **836** 7
  Haftungsgrund und Schutzzweck **836** 45
  Hausverwaltung **836** 94
  Hochspannungsdraht **836** 41
  Holzschutzmittel **836** 7, 11
  Inanspruchnahme von Hilfskräften **836** 79 ff
  Jagdhochsitz **836** 19, 58
  Jagdhütte **836** 58
  Jedermann, möglicher Betroffener **836** 8
  Jugendlicher Besitzer **836** 4
  Juristische Personen **836** 97, 98
  Kamin **836** 23, 88, 95
  Kanalisation **836** 19, 40
  Kanalschacht **836** 11, 19, 40
  Katastrophen **836** 17, 60
  Kausalität **836** 1, 2, 30, 31, 35, 36, 71, 99, 100
  Kausalitätsketten und Adäquanzlehre **836** 51
  Kinetische Energie **836** 37
  Körperschaften des öffentlichen Rechts **836** 98
  Konstruktionsmängel **836** 11, 12
  Kontaminierungen **836** 42
  Kraftstoffbehälter **836** 11, 19, 27, 40, 43 f
  Kran **836** 18, 35
  Landesrecht **836** 10, 102
  Leerstand **836** 9
  Leuchtfeuer **836** 33
  Mangelhafte Unterhaltung **836** 31, 87, 88
  Maßstab für die Erfüllung der Sorgfaltspflicht **836** 80 ff
  Mast **836** 19, 23, 52, 83
  Materialmängel **836** 11
  Mehrheit von Ersatzpflichtigen **836** 68 ff
  Menschliches Verhalten **836** 32
  Mietverhältnis **836** 7, 8, 60, 96
  Miterbe **836** 65
  Mittelbare Verursachung **836** 39
  Mitverschulden **836** 57, 58

Gebäudeeinsturz (Haftung des Eigenbesitzers) (Forts.)
  Naturerscheinungen **836** 20
  Naturkatastrophen **836** 32, 75
  Oberirdische Einrichtungen **836** 19
  Öltankriß **836** 40
  Physikalischer Wirkungsbereich des Bauwerks **836** 7
  Rauchabzug **836** 12
  Rechtsgutverletzung und Kausalitätserfordernis **836** 35 ff
  Rechtsgutverletzung und schadhafter Gebäudeteil **836** 38
  Reformvorschläge **836** 103, 104
  Rohbauten **836** 9, 17, 25, 52
  Rohrleitung **836** 11, 19, 29, 39, 40, 43, 44, 49, 51, 98, 103
  Rolladen **836** 23
  Rücksichtnahmepflichten, Verletzung allgemeiner **836** 11
  Ruine **836** 9, 17, 49, 92
  Schaden **836** 57, 58
  Schlachthaus **836** 23
  Schlammasse **836** 20, 40
  Schnee **836** 26
  Schneegitter **836** 26
  Schutzbereich des § 836 **836** 15, 34, 40, 45 ff, 105
  Schutzzweck **836** 3, 30, 37, 45, 46
  Sonderregelung des § 836 BGB **836** 3
  Sorgfaltserfüllung **836** 80, 81
  Sphärenzuordnung und Schutzbereich des § 836 **836** 52
  Stabilitätsmängel **836** 7, 8, 10 ff, 29, 46
  Stadtgemeinde **836** 98
  Standfestigkeit **836** 95
  Starkstromleitung **836** 19, 23, 40, 41, 44, 103
  Statik, Dynamik des Bauwerks **836** 7
  Staudamm **836** 27, 35, 39, 44, 48
  Steinkreuz **836** 19
  Straßenbeleuchtungsanlage **836** 19
  und Straßenhindernis **836** 40
  Sturmschäden **836** 32
  Substanzmängel **836** 7, 46
  Tatbestandliches Leitbild des § 836 **836** 7, 8, 49
  Technische Einrichtungen **836** 49
  Teerpappendach **836** 23
  Teil eines Gebäudes, eines Werkes **836** 22, 23
  Terrasse **836** 19
  Theatersaal **836** 23
  Torpfeiler **836** 19
  Treppengeländer **836** 23
  Trümmer **836** 20, 40, 53
  Trümmergrundstück **836** 60, 92, 98

Gebäudeeinsturz (Haftung des Eigenbesitzers)
(Forts.)
Typische Gefahren und Schutzzweck der Norm 836 37
Übernahme der Unterhaltungspflicht 838 1 ff
Überprüfung, regelmäßige 836 87, 88
Überschwemmung 836 40, 55
Umweltgefahren 836 5, 6, 11, 14, 42
Unbefugtes Betreten 836 81
Unbefugtes Betreten des Bauwerks 836 58
Unfertige Gebäudeteile 836 25
Unterhaltung 836 87, 88
Unterirdische Anlage 836 19
Verbindung mit dem Grundstück, erforderliche 836 20
Verbote 836 58, 59, 61
Verkehrssicherungspflicht 836 1, 2, 7, 11, 19, 26, 33, 42, 43, 45, 50, 51, 64, 65, 83, 98, 104
Verkehrssicherungspflicht, allgemeine zur Treffung von Vorkehrungen 836 50
Verkehrssicherungspflicht, Übergang von der Gebäudesicherungspflicht zur allgemeinen 836 48
Verkehrssicherungspflicht, verletzte und Haftung aus § 823 836 2
Verkehrssicherungspflichten und spezifische Gebäudesicherungspflichten 836 42
Verkehrssicherungspflichten, von § 836 nicht erfaßte 836 11
Verkehrsunfall als Folge 836 40
Verrichtungsgehilfe 836 34, 52, 97
Verschuldensvermutung 836 1, 2, 4, 98
Versorgungsleitungen 836 19
Vertragsverhältnis 836 15, 60
Vertrauenshaftung 836 3, 55, 96
Vorbeugemaßnahmen 836 54
Vorsätzliche Herbeiführung 836 33
Vorschriftsmäßige Bauwerkserrichtung 836 84, 85
Werk, mit einem Grundstück verbundenes 836 18, 19
Witterungseinflüsse 836 75
Zeitlicher Zusammenhang, nicht erforderlicher 836 36
Zeitpunkt der Fertigstellung 836 9
Zubehör 836 2, 29, 49
Zumutbares Maß an Sorgfaltsanforderungen 836 33, 54, 64
Zweckbestimmung 836 1, 8, 9, 47, 49, 55, 91

Gebäudeeinsturz (Haftung des Gebäudeunterhaltspflichtigen)
Gesamtschuldner §§ 836, 837, 838 838 2
Gesetzlicher Haftungsfall für Übernahme von Verkehrssicherungspflichten 838 1
Gesetzlicher Vertreter 838 5

Gebäudeeinsturz (Haftung des Gebäudeunterhaltspflichtigen) (Forts.)
Haftung, zusätzliche kraft Übernahme, aufgrund Nutzungsrechts 838 1
Mieter, Pächter 838 7
Nutzungsrecht und Unterhaltungspflicht 838 8
Übernahme der Unterhaltung für den Besitzer 838 4 ff
WEG-Verwalter 838 7

Gebäudeunterhaltung
Haftung für Gebäudeeinsturz bei Übernahme der Verpflichtung zur – 838 1 ff

Gefährdungshaftung
Beteiligte 830 72, 88
Beteiligte (§ 7 StVG) 830 85, 88
Gebäudeeinsturz, Ablösung von Gebäudeteilen und Haftung des Eigenbesitzers 836 1, 4, 14, 42, 103
HaftpflichtG (§ 2) 836 42, 44
Luxustierhaltung 833 4
Mittäterschaft, Anstiftung und Beihilfe, jeweils ausgeschlossene 830 55
Nutztierhaltung, frühere 833 6

Gefährliches Spielzeug
Beaufsichtigungspflichten 832 107

Gefälligkeitsverhältnis
Aufsichtsübernahme 832 35

Gefahrenquelle
und Verkehrssicherungspflichten 831 9 ff

Gegenvormund
Personensorge, fehlende 832 17

Gehilfenhaftung
s. Erfüllungsgehilfe; Verrichtungsgehilfe

Geisteskranke
Haftung wegen Aufsichtsverletzung 832 8, 25, 27, 156 ff

Gemeindliches Unternehmen
Verrichtungsgehilfen (Beispiele) 831 66

Gemeingefährliche Mängel
und Haftung des Gebäudeeigenbesitzers 836 3, 8, 10, 29, 42, 43, 46, 49, 104

Gemeinschaftsverhältnis
Haftung des Gebäudeeigenbesitzers und nachbarliches – 836 5, 15, 54, 104

Gerichtsvollzieher
Haftung 831 66

Gesamtschuld
Aufsichtspflichtiger und schädigender Dritter 832 170, 171
Gebäudeeinsturz 837 2; 838 2
Gebäudeeinsturz, Ablösung von Gebäudeteilen 836 68 ff
Geschäftsherrenhaftung und Haftung des Verrichtungsgehilfen selbst 831 13
Haftung Verantwortlicher aus Delikt 830 5

Geschäftsfähigkeit
und Tierhaltung 833 111 ff

Geschäftsführer
Haftung für unerlaubte Handlung **831** 123
Geschäftsführung ohne Auftrag
Ansprüche gegen den Aufsichtspflichtigen **832** 175
Gebäudeeinsturz, drohender **836** 54
Tierhüterhaftung **834** 16
Geschäftsherrenhaftung
s. Verrichtungsgehilfe (Geschäftsherrenhaftung)
Gesetzliche Vertretung
und Tierhüterhaftung **834** 15
Gesetzliches Schuldverhältnis
und Übernahme der Gebäudeunterhaltung **838** 4
Gewerkschaften
Streik, Unterstützung eines unzulässigen **830** 47
Grunddienstbarkeit
Besitzrecht und Haftung für Gebäudeeinsturz **837** 6
Gebäudeunterhaltungspflicht aufgrund Nutzungsrechts **838** 8

HaftpflichtG
Gefährdungshaftung (§ 2) **836** 42, 44
Haftung
Ausdehnung der Vertragshaftung **831** 25 ff
für eigene unerlaubte Handlung **831** 5
für Erfüllungsgehilfen (Gehilfenhaftung)
s. dort
für fremde Schuld **831** 5
für Gebäudeeinsturz
s. dort
des Geschäftsherren für Verrichtungsgehilfen
s. Verrichtungsgehilfe (Geschäftsherrenhaftung)
in Sonderverbindungen **831** 5
Haftungsprivilegierungen
Anspruchskonkurrenzen bei Integritätsverletzungen **831** 36
Haftungsübernahme
und Übernehmerhaftung neben Geschäftsherrenhaftung für Verrichtungsgehilfen **831** 121 ff
Haftungsvereinbarungen
Gebäudeeinsturz, Ablösung von Gebäudeteilen **836** 56, 101
Geschäftsherrenhaftung für Verrichtungsgehilfen **831** 17
Tierhalterhaftung **833** 192, 193
Halter
Tierhalter
s. Tierhalterhaftung
Handlungsunrecht
Rechtswidrigkeit, Lehre vom – **831** 69 ff

Hausgemeinschaft
und Verletzung einer Verkehrssicherungspflicht **832** 155 ff
Haushaltsbetrieb
Tierverwendung **833** 97
Haustier
s. Tierhalterhaftung
Hebamme
als Verrichtungsgehilfin **831** 104
Hehlerei
Anstiftung, Beihilfe **830** 48
Heimunterbringung
und Aufsichtsübernahme **832** 39
Haftung wegen Verletzung einer Verkehrssicherungspflicht **832** 156
Hundehaltung
Sorgfalt des Tierhalters **833** 160 ff

Ingenieurkunst
Verletzung anerkannter Regeln und Haftung des Gebäudebesitzers **836** 3, 7, 10 ff, 29, 35, 42, 46, 104
Integritätsverletzung
Annahme vertraglicher Ersatzansprüche wegen – **831** 30
Internationale Rechtsvereinheitlichung
und Entlastung von der Geschäftsherrenhaftung **831** 125, 126
Italien
Haftung des Gebäudebesitzers **836** 6

Jagdausübung
Einstandspflicht für Gehilfen **831** 47
Haftung **831** 66
Jagdhütte
Haftung für Gebäudeeinsturz, Ablösung von Gebäudeteilen **836** 58
Jugendliche
Aufsicht **832** 83
Jugendlicher
Haftung für Gebäudeeinsturz, Ablösung von Gebäudeteilen **836** 4
Juristische Person
Haftung für Gebäudeeinsturz, Ablösung von Gebäudeteilen **836** 97, 98
Organe **831** 61
Organhaftung
s. dort
als Tierhalter **833** 114
Verrichtungsgehilfen als verfassungsmäßige Vertreter **831** 11

Kartell
Haftung der Mitglieder **831** 42
Katzenhaltung
und Tierhüterhaftung **834** 15

Kausalität
Aufsichtsbedürftiger und Schadensverursachung **831** 48
Aufsichtspflichtverletzung und Schadenseintritt **832** 132 ff, 145
Beihilfe **830** 38 ff
Beteiligte (alternative, kumulative, potentielle) **830** 66 ff, 86 ff
Beweislastumkehr **830** 4
Einsturz des Gebäudes, Ablösung von Gebäudeteilen **836** 1, 30, 31, 71, 99, 100
Folgeschadensfälle **830** 90 ff
Geschäftsherrnhaftung für Verrichtungsgehilfen **831** 5
Kanalschachtfall **830** 95 ff
Mittäterschaft **830** 10 ff
Pflichtwidrigkeitszusammenhang, Entlastung des Geschäftsherrn **831** 111 ff
Rechtsgutverletzung und mittelbare Ursachen **831** 69
Tierhalterhaftung **833** 21 ff
Tierhüterhaftung **834** 4

Kinder
Aufsichtspflichten
s. dort

Körperschaftliche Organisationspflichten
Organisationsverschulden **831** 9, 11

Konkursverwalter
Eigenhaftung, Gehilfenhaftung **831** 54

Kraftfahrer
Fahrzeugtyp und Überwachungsanforderungen **831** 104
Minderjähriger als – **832** 105, 106
Schwarzfahrt **831** 104
Überwachungssorgfalt gegenüber angestellten – **831** 104
als Verrichtungsgehilfen **831** 66, 86 ff

Krankenhaus
Aufsicht über angestellte Ärzte **831** 104
und Aufsichtsübernahme **832** 39
Hilfspersonal, Überwachung **831** 104
Verrichtungsgehilfen **831** 66

Kumulative Kausalität **830** 66 ff

Landesrecht
Haftung des Gebäudeeigenbesitzers **836** 10, 102

Landwirt
Reitpferdhingabe in Pension **831** 66

Lehrer an öffentlichen Schulen
und Aufsichtspflicht **832** 22

Mietvertrag
Besitzrecht und Haftung für Gebäudeeinsturz **837** 6
Drittschützende Wirkung **831** 33

Mikroorganismen
und Tierhalterhaftung **833** 7 ff

Militärischer Vorgesetzter
und Aufsichtspflicht **832** 23

Minderjährigkeit
und Aufsichtsbedürftigkeit **832** 9, 11 ff
und Tierhaltung **833** 111 ff
und Übernahme der Gebäudeunterhaltung **838** 5

Mittäterschaft
Animus-Theorie **830** 21
Auslegung, restriktive **830** 50 ff
und Beihilfe, Abgrenzung **830** 46
Beweislastumkehr oder Verzicht auf das Kausalitätserfordernis **830** 20
Deliktsunfähigkeit eines Mitwirkenden **830** 59
Demonstrationen, unfriedliche **830** 49 ff
Exzeß eines Mittäters **830** 57
Fahrlässigkeitstat **830** 17, 18
Fortsetzungstat **830** 62
und Gefährdungshaftung **830** 55
Haftungsbegründung **830** 14, 19
Haftungsklarstellung **830** 19
Kausalitätserfordernis **830** 13
Mitverschulden des Verletzten **830** 60
Rechtswidriges Handeln aller Mittäter **830** 58
Rücktritt von einer Vereinbarung **830** 61
Strafrecht **830** 11, 21
und Strafrechtsurteil **830** 63
Subjektives Verständnis **830** 53
Tätermerkmale, besondere **830** 56
Taterfolg und vorsätzliches Zusammenwirken **830** 16 ff
und Teilnahme, Abgrenzung **830** 8
Verletzung besonderer Pflichten **830** 56
und Verursachungsprinzip **830** 2
Vorsatz **830** 12

Mittelbare Rechtsgutverletzung **831** 69
Mittelbare Täterschaft **830** 33

Mitverschulden
des Aufsichtspflichtigen bei Schädigung durch Dritte **832** 172 ff
Aufsichtspflichtverletzung **832** 153, 154
Beteiligte **830** 83
Gebäudeeinsturz, Haftung des Eigenbesitzers **836** 16, 57, 58
Haftung für Verrichtungsgehilfen **831** 39 ff
Mittäterschaft **830** 66
Tierhalterhaftung **833** 185 ff

Naturkatastrophen
und Haftung des Gebäudeeigenbesitzers **836** 32, 75

Nebentäter
Beteiligung als potentielle Nebentäterschaft **830** 69

322

Nebentäter (Forts.)
Haftung **830** 6
Nichteheliche Kinder
Elterliche Sorge **832** 15
Nichtigkeit
eines Übernahmevertrages und Haftung aus Aufsichtsübernahme **832** 40
Nießbrauch
Besitzrecht und Haftung für Gebäudeeinsturz **837** 6
Gebäudeunterhaltungspflicht aufgrund Nutzungsrechts **838** 8
Nutztier
s. Tierhalterhaftung
Nutzungsrecht am Gebäude
und Unterhaltungspflicht für das Gebäude **838** 8
Nutzungsüberlassungsvertrag
über Tiere **833** 102

Österreich
Haftung des Gebäudebesitzers **836** 6
Organe juristischer Personen
und Haftung für Erfüllungsgehilfen **831** 61
Organhaftung
Arzt im Krankenhaus **831** 104
und Ausschluß der Haftung für Verrichtungsgehilfen **831** 42
Gehilfen, Abgrenzung **831** 42
und Geschäftsherrenhaftung für Verrichtungsgehilfen, Abgrenzung **831** 5
Haftungsausschluß **831** 42
und Organisationsverschulden **831** 42
Rechtsformen, betroffene **831** 42
Verfassungsmäßig berufener Vertreter **831** 42
Vertragshaftung, Deliktshaftung **831** 42
Zweigstellenleiter einer Bank **831** 66
Organisationspflichten
und Verkehrssicherungspflichten **831** 9, 11
Organisationsrisiko
Geschäftsherrenhaftung für Verrichtungsgehilfen **831** 5
Organisationsverschulden
Beweislast, Anscheinsbeweis **831** 21
Dezentralisierter Entlastungsbeweis **831** 118 ff
Haftung für betriebliches – **831** 19 ff
Körperschaftliche Organisationspflichten **831** 9
und Organhaftung **831** 42
und Unzuträglichkeiten der Geschäftsherrenhaftung für Verrichtungsgehilfen **831** 126

Pachtvertrag
Besitzrecht und Haftung für Gebäudeeinsturz **837** 6

Patentverletzung
Einstandspflicht für Hilfspersonen **831** 53
Personengesellschaft
Aufgabenteilung unter Gesellschaftern **831** 66
Personensorge
und Aufsichtspflicht **832** 11
Pferdehaltung
Hilfsdienste **834** 20
Sorgfalt des Tierhalters **833** 152 ff
und Tierhüterhaftung **834** 20
Pflegeheim
Haftung wegen Verletzung einer Verkehrssicherungspflicht **832** 156
Pfleger
Aufsichtspflicht **832** 16, 26
Pflichtwidrigkeitszusammenhang
Entlastung des Geschäftsherrn **831** 111 ff
Potentielle Kausalität 830 86 ff
Produkthaftung
und Geschäftsherrenhaftung **831** 127
Produzentenhaftung
und Haftung des Gebäudeeigenbesitzers, Unterschied **836** 2
Psychische Beihilfe 830 43, 52

Rechtsanwalt
als Verrichtungsgehilfe **831** 66
Rechtswidrigkeit
Aufsichtsbedürftiger, deliktische Handlung **832** 46 ff
Beteiligtenhandlung **830** 79
Erfolgsunrecht und Handlungsunrecht **831** 69 ff
Geschäftsherrenhaftung für Verrichtungsgehilfen **831** 4
HaftpflichtG (§ 2) **836** 42
Rechtfertigungsgrund verkehrsrichtigen Verhaltens **831** 76
Tierhalterhaftung **833** 25
Tierhüterhaftung **834** 4
Verrichtungsausführung, widerrechtliche **831** 67 ff
Reiseveranstalter
Haftung **831** 66
Römisches Recht
Haftung des Gebäudebesitzers **836** 6
Haftung für Hilfspersonen **831** 1
Tierhalterhaftung **833** 1
Rohrleitungen
und Haftung des Gebäudeeigenbesitzers **836** 11, 19, 29, 39, 40, 43, 44, 49, 51, 98, 103
Rücksichtnahmepflichten
und Haftung des Gebäudebesitzers **836** 11
Rücktritt
von der Verabredung einer unerlaubten Handlung **830** 61

Schadensersatzansprüche
  Anspruchskonkurrenzen bei Integritätsverletzungen **831** 35 ff
  Ausdehnung der Vertragshaftung **831** 25 ff
  Beteiligte **830** 76
  Deliktsrecht und Verursachungsprinzip **830** 1
  Folgeschadensfälle **830** 90 ff
  Gebäudeeinsturz, Ablösung von Gebäudeteilen **836** 57, 58
Schienenverkehr
  Rechtfertigungsgrund verkehrsrichtigen Verhaltens **831** 76
  Überwachungsanforderungen **831** 104
Schiffahrt
  Einstandspflicht für Gehilfen **831** 44
Schußwaffen
  Beaufsichtigungspflicht **832** 111
Schutzgesetz
  Fahrlässigkeitsdelikt **830** 34
Schweiz
  Geschäftsherrenhaftung für Verrichtungsgehilfen **831** 127
  Haftung des Eigenbesitzers eines Gebäudes **836** 1
  Haftung des Gebäudebesitzers **836** 6, 7
Sonderverbindungen
  Haftung **831** 5
Sozialadäquanz
  Rechtfertigungsgrund verkehrsrichtigen Verhaltens **831** 76
Sozialtypisches Verhalten
  Ausdehnung der Vertragshaftung **831** 34
Staatliches Unternehmen
  Verrichtungsgehilfen (Beispiele) **831** 66
Stabilitätsmängel
  und Haftung des Gebäudebesitzers **836** 7, 8, 10 ff, 29, 46
Statiker
  Haftung des Bauherrn für Versäumnisse des – **831** 66
Staudamm
  Haftung des Gebäudeeigenbesitzers **836** 27, 35, 39, 44, 48
Strafrecht
  Anstiftung **830** 27 ff
  Beihilfe **830** 37 ff
  Fortsetzungstat **830** 62
  Mittäterschaft **830** 11, 21
Straftaten
  von Hilfspersonen **831** 81
Strafvereitelung
  Anstiftung, Beihilfe **830** 48
Strafvollzugsbeamter
  und Aufsichtspflicht **832** 24
Straßenverkehr
  und Hundehaltung **833** 166 ff
  Kinder als Fußgänger im – **832** 100 ff

Straßenverkehr (Forts.)
  Kinder als Verkehrsteilnehmer **832** 102 ff
  Pferdehaltung und Fortbewegung im – **833** 152 ff
  Rechtswidrigkeit deliktischer Schädigung **831** 76
  Schadenszufügung durch Verrichtungsgehilfen **831** 86 ff
  Verkehrsunfall
    s. dort
  Viehtrieb auf der Straße **833** 174, 175
Streik
  Gewerkschaftliche Unterstützung unzulässigen – **830** 47
Stromleitungen
  Haftung des Gebäudeeigenbesitzers **836** 19, 23, 40, 41, 44, 103
Subunternehmer
  kein Verrichtungsgehilfe des Bauunternehmers **831** 66

Teilnahme
  Anstiftung
    s. dort
  Beihilfe
    s. dort
  und Beteiligte, Abgrenzung **830** 64
  und Gefährdungshaftung **830** 55
  und Mittäterschaft, Abgrenzung **830** 8
  und Verursachungsprinzip **830** 2
Testamentsvollstreckung
  Deliktische Haftung **831** 62
Therapeutische Zielsetzungen
  Aufsichtsmaßnahmen **832** 86
Tierhalterhaftung
  Abstrakte Unberechenbarkeit des Tieres **833** 37
  Adäquanz **833** 23, 24
  Allgemeiner Sprachgebrauch und Tierbegriff **833** 18
  Anblick eines Tieres als Schadensursache **833** 49
  Anwendungsbereich, Begrenzung **833** 26
  Ausscheidungen, tierische **833** 32, 36, 62
  Bakterien **833** 7, 15
  Bazillen **833** 15
  Beaufsichtigung des Tieres **833** 145
  Beaufsichtigung des Tieres durch Dritte **833** 149 ff
  Beruf **833** 122, 125, 126
  Besitz am Tier **833** 67, 69, 87, 88, 91, 95, 96
  Besitzentziehung **833** 107
  Bestimmung des Tierhalters **833** 67 ff, 98
  Bienen **833** 118
  Blindenhund **833** 138
  Bösartiges Tier **833** 148, 165
  Dauer der Nutzung des Tieres **833** 90

Tierhalterhaftung (Forts.)
Dauer der Sorge für das Tier 833 66
Deckakt 833 32, 36, 63, 64
Deliktsunfähige und beschränkt Deliktsfähige als Halter 833 111 ff
Dieb 833 99, 107, 108
Duldungspflicht § 906 833 25
Ehegatten 833 89, 109
Eigeninteresse und Tierhaltereigenschaft 833 66 ff, 81, 84, 85
Eigeninteresse an der Tiernutzung 833 81, 84 f
Eigeninteresse und Verrichtungsvornahme an einem Tier 833 81 ff
Eigentum am Tier 833 67, 87, 88, 93, 94
Entlastungsbeweis für den Nutztierhalter 833 143 ff
Entlaufende Tiere 833 104 f
Entscheidungsgewalt 833 92, 98, 99
Entscheidungsgewalt und Tierhaltereigenschaft 833 69 ff, 92, 98 f, 100
Erbe als Tierhalter 833 110
Erlaubtes Risiko 833 4
Erwerbstätigkeit 833 122, 127 ff
Fallgruppen zur Verwirklichung der Tiergefahr 833 36
Funktionelle Auslegung des Tierbegriffs 833 10
Gefährdungshaftung 833 4, 13, 26
Gefälligkeit 833 186, 188
Gefahr, vom Tier ausgehende 833 4
Gefundene Tiere 833 106
Geschäftsunfähige, beschränkt Geschäftsfähige als Halter 833 111 ff
Geschlechtstrieb des Tieres 833 63
Gesetzlicher Vertreter des Tierhalters 834 15
Gestohlene Tiere 833 107
Gewalt, tatsächliche über ein Tier 833 91, 92
Gewicht des Tieres als Schadensursache 833 44
Größe des Tieres als Schadensursache 833 44
Haftungsausschluß, stillschweigender vertraglicher 833 192, 193
Handeln auf eigene Gefahr 833 186, 189
Haustier 833 2, 116 ff
Haustier und Nutztier 833 121, 139 ff
Haustier und Verschuldenshaftung 833 115 ff
Haustier als Versuchstier 833 119
Huhn 833 181
Hundehaltung 833 160 ff
Hundehaltung und menschliche Leitung 833 55
Hundehaltung und Schreckreaktionen 833 24

Tierhalterhaftung (Forts.)
Indizien für das Eigeninteresse 833 72 ff
Jagdhund 833 130
Juristische Personen als Halter 833 114, 122
Katzenhaltung 833 133, 183
Kausalität 833 21 ff
Kausalität, Auslegung der Norm 833 26
Konkrete Unberechenbarkeit des Tieres 833 37
Kontrollverlust 833 23
Kraftquelle, Tiere als eigene 833 4, 12, 39, 41, 42, 44, 47 ff, 61, 62
Krankheitsübertragungen bei Tieren 833 32, 61
Kuh 833 169 ff
Leihe 833 102
Leitung des Tieres 833 31, 53 ff
Leptospira-bratislava-Fall 833 8
Luxustiere 833 4, 121, 124
Luxustierhalterhaftung als Gefährdungshaftung 833 39
Mechanisches Werkzeug, Tier als 833 29, 41 f
Menschliche Leitung und Tiergefahr 833 31, 53 ff
Miete 833 102
Mikroorganismen 833 7 ff, 15
Minderjährige als Halter 833 113
Mittelbare Schadenverursachung 833 22
Mitverschulden 833 23, 62, 64, 194 ff
Natürliches Tierverhalten und Tierhalterhaftung 833 32, 36, 58 ff, 63
Natürliches, willkürliches Tierverhalten, Abgrenzung 833 60
Naturwissenschaften und Kleinstlebewesen 833 16, 17
Nießbrauch 833 102
Nutztier 833 5, 6, 120 ff
Nutztiere, Entfallen der Gefährdungshaftung 833 120 ff
Nutzungsüberlassungsvertrag 833 102
Obdachgewährung 833 66, 69, 72
Pacht 833 102
Passives Verkehrshindernis Tier 833 47, 48
Pferdehaltung 833 152 ff
Pflanzen und Tiere, Vergleich 833 12
Physiologischer Zwang 833 30, 50, 51, 63
Rechtswidrigkeit 833 25
Reitpferd 833 132
Rennpferd 833 131
Rind 833 169 ff
Römisches Recht 833 1
Schaden, ersatzfähiger 833 19, 20
Schaf 833 177 ff
Schmerzensgeld 833 20
Schreckreaktionen, menschliche 833 24, 49
Schutzbereich, persönlicher 833 186 ff

Tierhalterhaftung (Forts.)
Selbsttätiges Tierverhalten **833** 38 ff
Sorge für das Tier **833** 66
Springpferd **833** 131
Straßenverkehr und Tier **833** 147, 153 ff, 166 ff, 183
Stürzende Tiere **833** 45, 46
Taube **833** 180
Tier als Werkzeug des Menschen **833** 54
Tierbegriff **833** 7 ff
Tiergefahr **833** 4, 11, 12, 26 ff
Tiergefahr auf seiten des Verletzten **833** 202, 203
Tierhalter **833** 65 ff
Tierhalter, Tierhüter: Gegensatz **834** 6
Tierhalter und Tierleiter als Schuldner **833** 56
Tierhalterhaftung und Tierhüterhaftung, Verhältnis **834** 26 ff
Tierverhaltensforschung **833** 33
Typische tierische Eigenschaften als Tiergefahr **833** 38
Unberechenbarkeit des Tierverhaltens **833** 35 ff
Unterhaltsgewährung **833** 66, 69, 72, 122, 137, 138
Unterhaltskosten, Tragung **833** 69, 73 f
Veräußerung von Tieren **833** 103
Verlustrisiko, Tragung **833** 69, 75
Verrichtungen, Vornahme an einem Tier **833** 80, 82, 83
Verschuldensgrundsatz, Ausnahme **833** 4
Verschuldenshaftung bei der Haustierhaltung **833** 115 ff
Versicherung **833** 76, 77
Versicherungsprämien, Tragung **833** 69
Vertrag über Leistungen an oder mit dem Tier **833** 101
Verwirklichung der Tiergefahr **833** 28
Viehtrieb auf der Straße **833** 174, 175
Viren **833** 7, 15
Wachhund **833** 134 ff, 160 ff
Weidende Kühe **833** 169 ff
Willkürliches, natürliches Tierverhalten, Abgrenzung **833** 60
Willkürliches Tierverhalten **833** 27 ff, 36, 54
Wirtschafts- oder Haushaltungsbetrieb, Tiernutzung **833** 66, 69, 78 ff, 97
Zahme Tiere, gezähmte Tiere **833** 116, 117
Zugelaufene Tiere **833** 106
Zusammentreffen mehrerer Haftpflichtiger **833** 204 ff
Zweckbestimmung des Tiers **833** 140
Tierhüterhaftung
Analoge Anwendung des § 834 **834** 17, 18
Aufsichtshaftung, vergleichbare **834** 2
Auslegung, einschränkende **834** 19

Tierhüterhaftung (Forts.)
Beauftragung Dritter durch den Tierhüter **834** 29
Begriff des Tierhüters **834** 5 ff
Entlastungsbeweis **834** 23 ff
Führung der Aufsicht über ein Tier **834** 7
Gefährdungshaftung, ausgeschlossene **834** 1
Geschäftsführung ohne Auftrag **834** 16
Geschäftsherrenhaftung, vergleichbare **834** 2
Gesetzliche Aufsichtspflichten **834** 10, 15
oder Haftung aus unerlaubter Handlung § 823 **834** 10
Hilfsdienste, bloße **834** 20
Kausalität, vermutete **834** 2
Luxustiere und Nutztiere, keine Unterscheidung bei der – **834** 1
Schadensverursachung durch ein Tier **834** 4
Schmerzensgeld **834** 4
Selbständige Aufgabenerfüllung, erforderliche **834** 19
Tatsächliche Übernahme statt vertraglicher Übernahme **834** 10
Tierhalter, Tierhüter: Gegensatz **834** 6
Tierhalterhaftung und Tierhüterhaftung, Verhältnis **834** 26 ff
als Übernahmehaftung, gesetzlich geregelte **834** 3
Übernahmevertrag **834** 9 ff
Verschuldenshaftung **834** 1
Verschuldensvermutung **834** 2
Weisungen des Tierhalters **834** 20

Übernahme
der Gebäudeunterhaltung für den Besitzer **838** 1 ff
Übernahme der Aufsichtsführung
Haftung aufgrund der – **832** 29 ff
Übernahmehaftung
des Tierhüters **834** 1 ff
Übernehmerhaftung
neben der Geschäftsherrenhaftung für Verrichtungsgehilfen **831** 121 ff
Umweltrisiken
eines Grundstücks aus Errichtungs- und Unterhaltungsmängeln **836** 5
Unerlaubte Handlung
Anspruchskonkurrenzen bei Integritätsverletzungen **831** 35 ff
eines Aufsichtsbedürftigen **832** 46 ff
Aufsichtsbedürftiger, Schädigung **832** 169 ff
Aufsichtspflicht, deliktsrechtliche **832** 8
des Aufsichtspflichtigen selbst **832** 162, 163
und Aufsichtspflichtverletzung **832** 163

Unerlaubte Handlung (Forts.)
Erfolgsunrecht, Handlungsunrecht
831 69 ff
Gebäudeunterhaltung, mangelhafte und
Grundtatbestand der – 836 2
Haftung für eigene – 831 5
Organhaftung 831 42
des Tierhüters ohne Übernahmevertrag
834 10
Tierleiter 833 56
Verantwortlichkeit, gezielte als Grundlage
des Rechts der – 831 127
Verkehrssicherungspflicht, verletzte durch
den Gebäudebesitzer 836 2
eines Verrichtungsgehilfen 831 2, 67 ff
Verschuldensgrundsatz, Ausnahmen 833 4
und Vertrag mit Schutzwirkungen zugunsten Dritter 831 31
Verursachungsprinzip 830 1
Unlauterer Wettbewerb
Haftung für Wettbewerbshandlungen der
Angestellten 831 48
Unterbringung
und Aufsichtsübernahme 832 39
Unterhaltung eines Gebäudes
Haftung für Gebäudeeinsturz bei Übernahme der Verpflichtung zur – 838 1 ff
Schäden als Folge mangelhaften –
s. Gebäudeeinsturz (Haftung des Eigenbesitzers)
Vermutetes Verschulden des Eigenbesitzers
für fehlerhafte –
s. Gebäudeeinsturz (Haftung des Eigenbesitzers)
Unternehmen
Dezentralisierter Entlastungsbeweis
831 118 ff
Geschäftsherrenrisiko und Unternehmerrisiko 831 127
Staatliche Unternehmen und Stellung von
Verrichtungsgehilfen 831 66
Unternehmer
Haftung unabhängig von der Eigenverantwortlichkeit des Unternehmers (Reformüberlegungen) 831 124 ff
Urheberrechtsverletzung
Haftung des Geräteherstellers 830 47

Vereinigte Staaten von Amerika
Geschäftsherrenrisiko für Verrichtungsgehilfen 831 127
Verfassungsrecht, Verfassungsmäßigkeit
Demonstrationsrecht und Gewaltanwendung 830 49
Verjährung
Haftungsbeschränkung und Anspruchskonkurrenz bei Integritätsverletzungen
831 35, 36

Verkehrsrichtiges Verhalten
Rechtfertigungsgrund des – 831 76
Verkehrssicherungspflichten
Allgemeine – 831 9
Betriebliche Organisationspflichten 831 20
und Gebäudesicherungspflicht, Beweislastverteilung 836 1
Geschäftsherrenpflichten für Verrichtungsgehilfen als gesetzlich normierte –
831 9 ff
Haftung des Übernehmers für Gebäudeeinsturz 838 1
Haftung wegen einer Verletzung in Haus- und Familiengemeinschaften 832 155 ff
Vertragliche Übernahme 831 121 ff
Vertragsrechtliche Bewehrung allgemeiner – 831 27
Verkehrsunfall
Beteiligte 830 85, 88
Einheitliches Geschehen 830 104
Folgeschadensfälle 830 90 ff
nach Gebäudeeinsturz, Ablösung von
Gebäudeteilen 836 40
Haftung wegen Verletzung einer Verkehrssicherungspflicht 832 156
Kinder als Fußgänger im – 832 100 ff
Kinder als Verkehrsteilnehmer 832 102 ff
Tier als passives Verkehrshindernis 833 47
Verkehrsgefahren durch spielende Kinder
832 97 ff
Vermögenssorge
Gebäudeunterhaltungspflicht aufgrund
Nutzungsrechts 838 8
Verrichtungsgehilfe (Geschäftsherrenhaftung)
Abgrenzung § 831 und § 823 831 10 ff, 18 ff
Allgemeine Aufsichtsanordnungen
831 119, 120
Amtliche Befähigungsnachweise 831 101
Amtspflichtverletzung 831 41, 66
Anscheinsbeweis 831 21, 116, 120
Anspruchskonkurrenz 831 21, 35, 37, 44
Arbeitnehmer
— ALR-Verantwortlichkeit des Geschäftsherrn 831 1
— Aufsichtspersonal 831 12
— Außenhaftung des Arbeitnehmers
831 13
— Auswahlsorgfalt bezüglich des – 831 101
— und Betriebsrisikotragung des Arbeitgebers 831 5
— Delegation der Auswahl, Beaufsichtigung und Leitung des – 831 118
— Drittschützende Wirkung zugunsten –
831 33
— Fahrt zur Arbeitsstelle 831 80
— Freistellungsanspruch 831 15
— Innerbetrieblicher Schadensausgleich
831 15

Verrichtungsgehilfe (Geschäftsherrenhaftung)
(Forts.)
— Leiharbeitsvertrag **831** 66
— Referentenentwurf E-1967 und Bereichshaftung des Arbeitgebers **831** 126
— Regreß des Arbeitgebers **831** 14
— Schiffsbesatzung **831** 44
— Unterbindung unerlaubter Handlungen der – **831** 9
— Weisungsgebundenheit **831** 60
Arbeitskräfteknappheit **831** 101
Arbeitsunfälle **831** 52
Architekt **831** 60, 66
Arzt **831** 41, 42, 56, 66, 96, 97, 105
Aufsichtsanweisungen **831** 20, 119
Aufsichtspflicht **831** 9, 11, 21, 66
und Aufsichtspflichtverletzung, Anspruchskonkurrenzen **832** 164
Ausdehnung der Vertragshaftung **831** 23 ff, 32, 36, 66, 122, 127
Ausführung bei Gelegenheit **831** 42, 45, 47, 79 ff
Ausführung der Verrichtung **831** 1, 5, 21, 44, 45, 66, 67, 77 ff, 87 ff, 105, 106, 125, 126
Auskünfte Dritter über Gehilfen **831** 101
Auskunfteiunternehmen **831** 66
Außenhaftung des Verrichtungsgehilfen **831** 13
Ausübung öffentlicher Gewalt **831** 41, 47, 66
Auswahl, Sorgfaltspflicht bei – **831** 1 ff, 10 ff, 21, 39, 40, 55, 65, 72, 75, 82, 87, 91 f, 102 ff, 112 ff, 118 ff, 121, 125
Auswahl, Überwachung des Gehilfen **831** 94, 95
Auswahlsorgfalt **831** 99 ff
Auszubildender **831** 59, 66, 80
Baggerführer **831** 64, 65, 84, 88, 95
Bahnangestellte **831** 66, 82
Bank **831** 42, 66, 84
Bauherr **831** 60, 66
Bauunternehmer **831** 60, 65, 66
Beschaffungspflichten des Geschäftsherrn **831** 106 ff
Bestellung zu einer Verrichtung
— Abgrenzung von Gehilfen und Selbständigen **831** 56
— Aufsichtsperson, unterbliebene Bestellung **831** 83
— Eignung des Bestellten, fehlende **831** 111
— Einzelfälle **831** 66
— Geschäftsherr **831** 63 ff
— Weisungsgebundenheit **831** 56 ff
Betriebliches Organisationsverschulden **831** 19, 42

Verrichtungsgehilfe (Geschäftsherrenhaftung)
(Forts.)
Betriebsrisiko **831** 5, 7, 40
Betriebsvorschriften **831** 105
Beweislast
— Abgrenzung §§ 823, 831 **831** 9 ff, 18
— Deliktsmerkmale, vermutetes Vorliegen **831** 91
— Deliktstatbestand § 831 und Besonderheit bezüglich der – **831** 91
— Entlastungsbeweis, dezentralisierter **831** 119
— Entlastungsbeweis durch den Geschäftsherrn **831** 115 ff
— Leitungssorgfalt, Erforderlichkeit der Ausführungsleitung **831** 108
— Mitverschulden, Schadensteilung **831** 40
— Organisationsverschulden **831** 21
— Rechtswidrigkeit und Verletzung besonderer Sorgfaltspflicht **831** 76
— Reformüberlegungen (E-1967) **831** 125 ff
— Verständnis des § 831 als Beweislastnorm **831** 23
Beweislast, besondere **831** 91 ff
Beweislastumkehr zu Lasten des Geschäftsherrn **831** 6, 126 f
Culpa in contrahendo **831** 31, 126
Culpa in eligendo **831** 1, 86
Dezentralisierter Entlastungsbeweis **831** 11, 12, 19, 114, 118 ff, 121, 124
Dienstanweisungen **831** 11, 105
Dienstvertrag **831** 60
Drittauskünfte **831** 101
Drittschäden **831** 24
Ehegatten **831** 66
Eigenhaftung des Beamten **831** 41
Eigenhaftung des nicht beamteten Mitarbeiters **831** 41
Eigenhaftung des Konkursverwalters **831** 54
Eigenhaftung des Verrichtungsgehilfen **831** 13, 40, 44, 120
Eignungsnachforschung, Heilung unterbliebener **831** 96
Eignungszweifel **831** 96, 97, 100, 101, 103
Eingrenzung des Betriebsbereichs (Gastwirtshaftung) **831** 43
Eingrenzung des Betriebsbereichs und Verkehrspflichten des Geschäftsherrn **831** 44
Einweisungspflicht **831** 94, 95, 101
Einzelanweisungen **831** 97
Eisenbahn **831** 21, 35, 36, 46, 66, 76, 84, 105
Entlastungsbeweis des Geschäftsherrn **831** 115

Verrichtungsgehilfe (Geschäftsherrenhaftung) (Forts.)
Erfolgsunrecht oder Handlungsunrecht 831 68 ff
Erfüllungsgehilfe, Abgrenzung 831 23, 39, 44, 45
Erlaubtes Risiko 831 69
Fahrlehrer 831 66, 92
Fahrschule 831 66
Faktisches Vertragsverhältnis 831 34
Fiktionshaftung 831 42
Freier Mitarbeiter 831 66
Freistellungsanspruch des Arbeitnehmers 831 14, 15
Führungszeugnis 831 101
Garantiehaftung 831 24, 46
Gastwirt 831 43, 66
Gebäudeeinsturz 836 34, 52, 97
Gefährdungshaftung 831 7, 49, 51, 69, 86 f
Gehilfenbestellung zu einer Verrichtung 831 56 ff
Gemeindliche Unternehmen 831 66
Gerätschaften, Vorrichtungen 831 6, 106 ff
Gerichtsvollzieher 831 66
Gesamtschuldner 831 13, 16, 44, 65, 121
Geschäftsführer 831 66, 101, 123
Geschäftsherr 831 63 ff
— Zurechnung von Eigenverschulden wegen der Auswahl des – 831 55
Geschäftsherr, Vermutung für eigene Schuld 831 2 ff, 10, 17, 23, 24, 39, 40, 46, 71, 91, 121
Geschäftsherrenpflichten 831 9 ff, 91 ff
Geschäftskreis des Bestellten 831 77 ff
Gesellschafter einer Personengesellschaft 831 66
Gesellschaftsjagd 831 66
Gesetzlicher Vertreter 831 31, 61
Gewässerverunreinigung 831 51
Gewerbetreibende 831 60
Gewerkschaft 831 42
Haftpflichtversicherung 831 125, 127
und Haftung des Verrichtungsgehilfen selbst 831 13
Haftungsausschluß 831 17, 44
Haftungsbegründendes deliktisches Verhalten 831 3, 19
Haftungsbeschränkung 831 35, 36, 43, 44
Haftungseinheit 831 16
Haftungskonzept des § 831 831 5
Haftungssubsidiarität 831 41
Handeln in Ausführung der Verrichtung 831 77 ff
Handelsvertreter 831 60
Handlungsunfähigkeit 831 4
Handlungsunrecht oder Erfolgsunrecht 831 68 ff

Verrichtungsgehilfe (Geschäftsherrenhaftung) (Forts.)
Handwerker 831 60
Hausangestellte 831 33, 66
Haushalt 831 66, 126
Hauskind 831 66
Hebamme 831 66
Individualistisches Haftungskonzept 831 5
Indizwirkung der Rechtsgutverletzung 831 69
Innenverhältnis 831 7, 13, 14, 16, 121
Integritätsverletzung 831 30, 35
Jagdaufseher 831 47, 66, 85, 105
Jagdausübungsberechtigter 831 66
Jagdgast 831 66
Jagdrevierinhaber 831 66
Jagdschaden 831 47, 66
Juristische Person 831 11, 39, 42, 61
Kartelle 831 42
Kausalität 831 78
Kernanlagen 831 50
Körperschaft des öffentlichen Rechts 831 41, 61, 66
Körperschaftliches Organisationsverschulden 831 19, 42
Konkursverwalter 831 54
Konstruktionsfehler 831 66
Kraftfahrer 831 66, 86
Kranführer 831 66
Krankenhausträger 831 66
Kreditvermittler 831 66
Landwirt 831 66
Leiharbeit 831 65, 66
Leitende Angestellte 831 12, 119, 123
Leitungspflicht 831 94 ff, 105, 106
Leitungssorgfalt 831 105, 106
Lotse 831 44
Maßstab der Verhaltenspflicht 831 92 ff, 97, 101
Mehrzahl von Gehilfen 831 98
Mehrzahl von Gesamtschuldnern 831 16
Mehrzahl von Geschäftsherrn 831 65
Mietvertrag 831 32, 33
Mitarbeit im Beruf, Geschäft des anderen Ehegatten 831 66
Miterben 831 66
Mitnahme betriebsfremder Personen 831 89 ff
Mitwirkendes Verschulden des Verletzten 831 40 ff
Nebenpflicht, vertragliche, vertragsähnliche 831 25 ff
Nichtrechtsfähiger Verein 831 42
Oberaufsicht des Unternehmens 831 20, 119
Obhutspflicht 831 28, 35
Ölheizungsanlagen 831 102
Organgemeinschaften 831 66

Verrichtungsgehilfe (Geschäftsherrenhaftung)
(Forts.)
Organhaftung, Abgrenzung **831** 5, 19, 42
Organisationshaftung **831** 21, 126
Organisationsmangel **831** 9, 11, 42, 66, 83
Organisationspflichten
— Allgemeine, betriebliche, körperschaftliche **831** 9 ff, 19, 20, 119
Organisationsverschulden
— Betriebliches **831** 19 ff
— Korporatives **831** 42
Organpflichten **831** 42
Organverschulden **831** 42
Patentverletzung **831** 53
Pflichtwidrigkeitszusammenhang **831** 21, 96, 111
Positive Forderungsverletzung **831** 24, 27, 126
Produzentenhaftung **831** 10, 21
Rechtfertigungsgrund verkehrsrichtigen, ordnungsgemäßen Verhaltens **831** 76, 114
Rechtsanwalt **831** 42, 66
Rechtswidrigkeit **831** 67 ff
Redakteur **831** 66
Reeder **831** 44
Referentenentwurf 1967 **831** 1, 66, 125
Reformkommission **831** 125
Regreß **831** 14, 15, 44, 52
Regreß im Innenverhältnis **831** 14
Reiseveranstalter **831** 66
Repräsentantenhaftung **831** 42, 127
Sachkundeprüfung **831** 57, 101
Schadensausgleich, innerbetrieblicher **831** 14, 15
Schiffseigner **831** 16, 44, 60
Schiffskollision **831** 44
Schmerzensgeld **831** 24, 52
Schuldhaftes Handeln des Verrichtungsgehilfen **831** 71 ff
Schuldlosigkeit, Nachweis **831** 40
Schuldunfähigkeit des Verrichtungsgehilfen **831** 74
Schutzbereich eines Vertrages **831** 33
Schutzwirkung für Dritte **831** 31
Schwarzfahrt **831** 86
Selbständig Handelnde **831** 24, 56, 57, 59, 60
Selbstauskünfte **831** 101
Sonderaufsicht **831** 105
Sonderverbindungen **831** 23, 26, 37, 39, 52
Sorgfaltsmängel **831** 96
Sorgfaltsmaßstab **831** 97
Staatliche Unternehmen **831** 66
Statiker **831** 60, 66

Verrichtungsgehilfe (Geschäftsherrenhaftung)
(Forts.)
Straftaten des Verrichtungsgehilfen bei der Verrichtung **831** 12, 81, 82
Streupflicht **831** 9, 21, 66, 119
Substantiierungslast **831** 93
Tätigkeit kraft Amtes **831** 62
Taxifahrer **831** 66
Testamentsvollstrecker **831** 23, 62
Transportunternehmer **831** 60, 66
Treibjagd **831** 66
Übernahmehaftung **831** 121 ff
Übernahmevertrag bezüglich Geschäftsherrenpflichten **831** 122
Überschreitung der aufgetragenen Verrichtung **831** 78
Übertragungssorgfalt **831** 102
Überwachungspflicht, Überwachungssorgfalt **831** 2, 94 ff, 103
Überwachungssorgfalt **831** 103
Universitätsklinik **831** 97
Unternehmer **831** 20, 24, 57, 60
Vereinsmitglieder **831** 33, 66
Verfassungsmäßig berufene Vertreter **831** 9, 11, 42, 66
Verfrachter **831** 44
Verjährung **831** 24, 31, 35, 36, 44
Verkehrssicherungspflichten **831** 2, 5, 8 ff, 18, 19, 100
Verleger **831** 66
Vermutung für eigene Schuld des Geschäftsherrn und Kausalzusammenhang **831** 2 ff, 10, 17, 23, 24, 39, 40, 46, 71, 91, 121
Verrichtungen
— und Beobachtung der im Verkehr erforderlichen Sorgfalt durch den Geschäftsherrn **831** 92
— Einweisung in die zu übernehmenden – **831** 102
— Erweiterungen der – **831** 97, 101
— Gehilfenbestellung **831** 56 ff
— Geschäftskreis des Bestellten **831** 78
— Handeln in Ausführung der – **831** 77 ff
— Kraftfahrzeugführung **831** 87
— Leitungssorgfalt **831** 105
— Mehrheit von Geschäftsherren **831** 65
— Tätigkeit für den Geschäftsherrn **831** 64
— und übertragener Aufgabenkreis, Zusammenhang **831** 78
— Übertragungssorgfalt **831** 102
— Überwachungssorgfalt **831** 103
— Vorsatzhandlungen des Bestellten **831** 81
— Zusammenhang zwischen Ausführung und Schadenszuführung **831** 84, 85
Verrichtungsgehilfe
— Bestellung zu einer Verrichtung **831** 56 ff

Verrichtungsgehilfe (Geschäftsherrenhaftung) (Forts.)
— Eigene Haftung **831** 13
— Haftung des Geschäftsherrn, Haftung des — **831** 13
— Innerbetrieblicher Schadensausgleich, Freistellungsanspruch **831** 15
— Qualifikation des — **831** 100 ff
— Rechtswidriges Handeln, erforderliches des — **831** 4
— Verantwortlichkeit, fehlende des — **831** 4
— Zurechnung von Eigenverschulden wegen der Auswahl des — **831** 55
— Zurechnung von Gehilfenverschulden (Übersicht) **831** 55
— Zuverlässigkeitsprüfung **831** 92, 97, 101, 113
Verschulden des Geschäftsherren **831** 92 ff
Verschuldensstufen **831** 40, 92
Vertragliche Übernahme der Verkehrssicherungspflicht **831** 121 ff
Vertraglicher Haftungsausschluß **831** 17, 42
Vertragshaftung **831** 22 ff, 25 ff, 31 ff, 35 ff, 42, 46, 122
Vertragshaftung, Ausdehnung **831** 23 ff, 32, 36, 66, 122, 127
Vertrauenstatbestand, Haftung aus — **831** 23, 87, 127
Vormund **831** 23
Vorrichtungen, Gerätschaften **831** 6, 106 ff
Vorsätzliche Schädigung durch den Verrichtungsgehilfen **831** 82
Vorstand juristischer Person **831** 42, 66
Vorstrafen **831** 95, 101
Wasserhaushaltsgesetz **831** 51
Wechselwirkung der Ansprüche **831** 36
Weisungsgebundenheit **831** 56 ff, 59 ff, 66
Weisungsrecht d. Geschäftsherrn **831** 57, 58
Weisungsrecht, Weisungsgewalt **831** 57, 58, 60, 63, 65 f
Werkvertrag **831** 28, 29, 33, 60
Wettbewerbshandlungen **831** 48
Zeugnisse **831** 101
Zivildienstleistende **831** 65
Zurechnung des Gehilfenverhaltens **831** 40, 42, 46, 54, 55, 66, 120, 127
Zusammenhang Haftung des Geschäftsherrn und Haftung des Verrichtungsgehilfen **831** 13 ff
Zusammenhang zwischen Verrichtungsausführung und Schadenszufügung **831** 84, 85
Zuverlässigkeitsprüfung **831** 92, 97, 101, 113
Zuweisung von Arbeitskräften **831** 101
Zweistufenaufsicht **831** 83
Zwischengehilfe **831** 65, 98, 118 ff

Versammlungsfreiheit
und unfriedlicher Demonstrationsverlauf **830** 49
Verschuldensprinzip
Aufsichtspflichtverletzung **832** 2, 5, 6, 51, 135, 136, 146, 147
Geschäftsherrenhaftung für Verrichtungsgehilfen **831** 5, 6, 8, 40, 120
Haftung des Eigenbesitzers eines Gebäudes **836** 1, 2, 4, 98
und Lehre vom Handlungsunrecht **831** 69a
Nutztierhaltung **833** 5
Tierhüterhaftung **834** 2
Verrichtungsgehilfe, schuldlos handelnder **831** 74 ff
Vertrag mit Schutzwirkung zugunsten Dritter
Ausdehnung der Vertragshaftung **831** 31 ff
Vertragliche Nebenpflichten
und deliktische Verkehrspflichten **831** 35 ff
Verursachungsprinzip
s. Kausalität
Viren
und Tierhalterhaftung **833** 7 ff
Volljährigkeit
und Aufsichtsbedürftigkeit **832** 10, 24 ff
Vormundschaft
Aufsichtspflicht **832** 16
Vorsatz
Anstiftervorsatz **830** 8
Gebäudeeinsturz **836** 33
und Gefährdungshaftung **830** 55
Gehilfenvorsatz **830** 8
Haftungsbeschränkung und Anspruchskonkurrenz bei Integritätsverletzungen **831** 36
Mittätervorsatz **830** 12
Verrichtungsgehilfenhandlung **831** 81 ff
Werk
Haftung für ein mit einem Grundstück verbundenes —
s. Gebäudeeinsturz (Haftung des Eigenbesitzers)
Werkvertrag
Besitzrecht und Haftung für Gebäudeeinsturz **837** 6
Drittschützende Wirkung **831** 33
Elemente des Deliktsschutzes **831** 29
und Gehilfeneigenschaft **831** 60
Widerrechtlichkeit
s. Rechtswidrigkeit
Wirtschaftsbetrieb
Tierverwendung **833** 97, 121
Wohnungseigentümergemeinschaft
Verwalter als Übernehmer des Gebäudeunterhalts **838** 7

J. von Staudingers
Kommentar zum Bürgerlichen Gesetzbuch
mit Einführungsgesetz und Nebengesetzen

Übersicht Nr 42/10. Juni 1997

Die Übersicht informiert über die Erscheinungsjahre der Kommentierungen in der 12. Auflage und in der 13. Bearbeitung (= Gesamtwerk Staudinger). *Kursiv* geschrieben sind diejenigen Teile, die zur Komplettierung der 12. Auflage noch ausstehen.

	12. Auflage	13. Bearbeitung
Erstes Buch. Allgemeiner Teil		
Einl BGB; §§ 1 - 12; VerschG	1978/1979	1995
§§ 21 - 103	1980	1995
§§ 104 - 133	1980	
§§ 134 - 163	1980	1996
§§ 164 - 240	1980	1995
Zweites Buch. Recht der Schuldverhältnisse		
§§ 241 - 243	1981/1983	1995
AGBG	1980	
§§ 244 - 254	1980/1983	
§§ 255 - 292	1978/1979	1995
§§ 293 - 327	1978/1979	1995
§§ 328 - 361	1983/1985	1995
§§ 362 - 396	1985/1987	1995
§§ 397 - 432	1987/1990/1992/1994	
§§ 433 - 534	1978	1995
Wiener UN-Kaufrecht (CISG)		1994
§§ 535 - 563 (Mietrecht 1)	1978/1981 (2. Bearb.)	1995
§§ 564 - 580 a; 2. WKSchG (Mietrecht 2)	1978/1981 (2. Bearb.)	
§§ 581 - 606	1982	1996
§§ 607 - 610	1988/1989	
§§ 611 - 615	1989	
§§ 616 - 619	1993	1997
§§ 620 - 630	1979	1995
§§ 631 - 651	1990	1994
§§ 651 a - 651 k	1983	
§§ 652 - 704	1980/1988	1995
§§ 705 - 740	1980	
§§ 741 - 764	1982	1996
§§ 765 - 811	1982/1985	
§§ 812 - 822	1979	1994
§§ 823 - 829	1985/1986	
§§ 830 - 838	1986	1997
§§ 839 - 853	1986	
Drittes Buch. Sachenrecht		
§§ 854 - 882	1982/1983	1995
§§ 883 - 902	1985/1986/1987	1996
§§ 903 - 924	1982/1987/1989	1996
Umwelthaftungsrecht		1996
§§ 925 - 984	1979/1983/1987/1989	1995
§§ 985 - 1011	1980/1982	1993
ErbbVO; §§ 1018 - 1112	1979	1994
§§ 1113 - 1203	1981	1996
§§ 1204 - 1296	1981	1997
§§ 1-84 SchiffsRG		1997
WEG		

	12. Auflage	13. Bearbeitung

Viertes Buch. Familienrecht
§§ 1297 - 1302; EheG u.a.; §§ 1353 - 1362 _____ 1990/1993
§§ 1363 - 1563 _____ 1979/1985 _____ 1994
§§ 1564 - 1568; §§ 1-27 HausratsVO _____ 1994/1996
§§ 1569 - 1586 b
§§ 1587- 1588; VAHRG _____ 1995
§§ 1589 - 1625 _____ 1983/1985/1992/1993
§§ 1626 - 1630 _____ 1992
§§ 1631 - 1633; §§ 1-11 RKEG _____ 1997
§§ 1634 - 1665 _____ 1989
§§ 1666 - 1772 _____ 1984/1991/1992
§§ 1773 - 1895; Anh §§ 1773 - 1895 (KJHG) ___ 1993/1994
§§ 1896 - 1921 _____ 1995

Fünftes Buch. Erbrecht
§§ 1922 - 1966 _____ 1979/1989 _____ 1994
§§ 1967 - 2086 _____ 1978/1981/1987 _____ 1996
§§ 2087 - 2196 _____ 1980/1981 _____ 1996
§§ 2197 - 2264 _____ 1979/1982 _____ 1996
§§ 2265 - 2338 a; BeurkG _____ 1981/1982/1983
§§ 2339 - 2385 _____ 1979/1981 _____ 1997

EGBGB
Einl EGBGB; Art 1 - 6, 32 - 218 _____ 1985
Art 219 - 221, 230 - 236 _____ 1993 _____ 1996
Art 222 _____ 1996

EGBGB/Internationales Privatrecht
Einl IPR; Art 3, 4 (= Art 27, 28 aF), 5, 6 _____ 1981/1984/1988 _____ 1996
Art 7 - 11 _____ 1984
IntGesR _____ 1980 _____ 1993
Art 13 - 17 _____ 1983 _____ 1996
Art 18 _____ 1996
IntEheprozeßR _____ 1990/1992
Kindschaftsrechtl. Ü; Art 19 (= Art 18, 19 aF) ___ 1979 _____ 1994
Art 20 - 24 _____ 1988 _____ 1996
Art 25, 26 (= Art 24 - 26 aF) _____ 1981 _____ 1995
Vorb Art 27 - 37 _____ 1987
Art 10, 27 - 37
Art 38 _____ 1992
IntSachenR _____ 1985 _____ 1996

Demnächst erscheinen
§§ 244 - 248 _____ 1997
§§ 564 - 580 a (Mietrecht 2) _____ 1997
2. WKSchG (Mietrecht 3) _____ 1997
§§ 765 - 778 _____ 1997
§§ 779 - 811 _____ 1997
§§ 1 - 64 WEG _____ 1997

Nachbezug der 12. Auflage
Abonnenten der 13. Bearbeitung haben die Möglichkeit, die 12. Auflage komplett oder in Teilen zum Vorzugspreis zu beziehen (so lange der Vorrat reicht). Hierdurch verfügen sie schon zu Beginn ihres Abonnements über das Gesamtwerk Staudinger.

Dr. Arthur L. Sellier & Co. - Walter de Gruyter & Co.
Postfach 30 34 21, D-10728 Berlin